票据权利司法救济研究

Research on Judical Relief of Negotiable Instrument Rights

李　青／著

中国政法大学出版社

2018・北京

图书在版编目（CIP）数据

票据权利司法救济研究/李青著. —北京：中国政法大学出版社，2018.8
ISBN 978-7-5620-8473-0

Ⅰ.①票…　Ⅱ.①李…　Ⅲ.①票据法—民事诉讼—研究—中国
Ⅳ.①D925.104

中国版本图书馆CIP数据核字(2018)第179874号

出 版 者　中国政法大学出版社
地　　址　北京市海淀区西土城路25号
邮寄地址　北京100088信箱8034分箱　邮编100088
网　　址　http://www.cuplpress.com（网络实名：中国政法大学出版社）
电　　话　010-58908289(编辑部)　58908334(邮购部)
承　　印　固安华明印业有限公司
开　　本　880mm×1230mm　1/32
印　　张　7.75
字　　数　180千字
版　　次　2018年8月第1版
印　　次　2018年8月第1次印刷
定　　价　36.00元

CONTENTS

目 录

绪　论

在现实的经济生活中，票据由于其具有的经济性功能（支付功能、信用功能、汇兑功能、流通功能）而不可缺少；但同时亦因其具有的无因性、独立性、文义性、要式性等特质被恶意利用，而导致票据关系人之间形成非常复杂的债权债务关系，甚至是虚构“虚无票据”〔1〕或“合谋票据”。〔2〕

为保障票据使用的安全和效益的增加，票据法以特殊民商法的形式对票据权利义务关系做了规定。随着市场经济体系的建立和发展，票据关系愈发复杂，票据纠纷日益频繁。而票据纠纷案件的审理与普通民事纠纷相比具有相对独立性，成为法律关系最复杂、最难分析处理的一类新型案件。因此，研究票据诉讼制度，寻求票据纠纷的诉讼解决，提供票据权利的司法救济具有重要的理论和实践意义。本部分主要阐释研究的背景

---

〔1〕 虚无票据是将实际上无价值的票据，伪装成有价值的票据，然后取得贴现。以虚构人的名义进行出票或者承兑。在德国这种票据又称为地窖票据或者烟囱票据。因为中间是空的，故称。参见［日］铃木竹雄：《票据法·支票法》，前田庸修订，赵新华译，法律出版社 2014 年版，第 47 页。

〔2〕 合谋票据是指无资力者之间合谋，在没有商事交易的情况下，相互签发以对方为付款人的票据，分别进行承兑，再取得贴现。参见［日］铃木竹雄：《票据法·支票法》，前田庸修订，赵新华译，法律出版社 2014 年版，第 47 页。

及目的，对票据诉讼制度的研究进行系统考察，总结利弊，修正研究范围，明确主要研究方法与创新点。

一、研究背景、目的及意义

票据法本身具有较强的技术性和专业性，其立法宗旨是促进票据流通、保障交易安全，因而对票据纠纷的及时、有效解决就显得至关重要。而现实的司法实务中票据纠纷难以及时解决，票据当事人的权益难以得到及时有效的维护。为此，本书展开票据诉讼制度的理论与实践研究，旨在保护票据权利人的实体权利获得充分的救济。

（一）研究背景

1. 票据业务引发的金融风险急需防范

近年来，我国票据业务步入了一个快速发展的轨道，获得了业务发展“量”与“质”的双重提升。一方面，全国境内企业累计签发的商业汇票总额、年度金融机构累计贴现额及票据承兑占全国 GDP 的百分比等指标均实现了飞跃式上涨，2016 年我国票据承兑余额和承兑发生量分别为 9 万亿元和 18. 1 万亿元，分别比 2001 年增长了 17. 6 倍和 14. 1 倍；票据贴现余额和累计买入量分别达到 5. 5 万亿元和 84. 5 万亿元，分别比 2001 年增长了 16. 2 倍和 46. 2 倍，相当于当年货币市场总体交易规模的 10. 8%，成为货币市场重要的交易类型。2016 年全国累计票据承兑量占 GDP 的比重达到 24. 3%，比 2001 年 11. 6%提高了一倍多。[1]另一方面，从市场主体看，目前票据交易成员已经逐步

〔1〕 肖小和等：《中国票据市场框架体系研究》，上海财经大学出版社 2017 年版，前言第 1 页。

扩展为以商业银行、政策性银行为主导，外资银行、城乡信用社、企业集团财务公司等金融机构和各类企业为伙伴，基金、证券、保险、各类资产管理公司乃至互联网金融公司为新生力量的多元化体系。目前，票据业务已成为金融支持实体经济发展的重要力量，对社会融资总量和融资结构产生了重要影响，并在完善企业支付手段、拓宽投融资渠道、改善金融机构资产质量、加强宏观调控功能等方面发挥了积极重要的作用。[1]

不过，在高速发展的过程中，我们也应该对当前票据市场蕴含的风险及面临的挑战予以警惕，据不完全统计，近十年来，国内银行业共发生亿元以上票据大案42起，涉案总额227亿元，平均涉案金额5.4亿元，最大的农行票据案件，涉案金额高达39亿元。尤其是随着金融深化改革的推进及经济新常态的到来，我国票据业务所面临的竞争将更为激烈，其风险的影响因素也更加复杂。

2. 票据纠纷案件的解决亟待指导

20世纪80年代以来，中国票据市场保持了较为强劲的增长态势，参与主体日渐增多，交易日趋活跃，产品创新日益丰富，市场深度和宽度日渐提升，行业竞争日趋激烈。根据人民银行《货币政策执行报告》，2001—2013年间，全年企业累计签发商业汇票金额由1.27万亿元增长到20.3万亿元，增幅达15倍，年均增幅26%；全年金融机构票据贴现量由1.76万亿元增加到45.7万亿元，增幅达25倍，年均增幅31.2%。

近年来，我国票据市场随着经济的高增长，而得到快速的发展。“1995—2006年，我国票据市场的交易规模从3836亿元

---

〔1〕 王红霞等：《票据市场：国际发展经验对我国的启示》，载《农村金融研究》2015年第7期。

增长到 139 200 亿元，增长了 35.2 倍。商业票据累计承兑量和累计贴现量由 2424 亿元和 1412 亿元增加到 54 300 亿元和 84 900 亿元”[1]，累计 139 200 亿元。而 2017 年全年国内票据承兑金额 145 387.7 亿元，贴现金额 71 392.72 亿元，累计已达 216 780.42 亿元。[2]同时，根据《2016 年最高人民法院工作报告》统计显示：全国各级法院审结一审商事案件 402.6 万件，同比上升 20.3%。审结股权、证券、期货、票据、保险等纠纷案件 124.8 万件，其中包括大量的票据纠纷案件。而《中华人民共和国最高人民法院公报》自 1985—2016 年发布的 242 期 1368 篇典型案例中，民商事案例共 663 篇，占 48.5%，其中涉及合同、无因管理、不当得利纠纷共 312 篇，占 47.1%，其次是与公司、证券、保险、票据等有关的民事纠纷，共计 95 篇，占比 14.3%。[3]由此可见，代表着现代市场经济高度发展的法律案件成为《公报》案例和裁判文书选编的主角，而票据作为市场经济活动的重要工具，因其引发的纠纷案件备受瞩目。因为票据纠纷案件的涉案标的额都非常巨大，几十万、上百万的案件并不少见。如果我们不能及时、妥善地处理这些票据纠纷，则不仅会给当事人的合法权益造成直接的损害，且有可能造成金融市场的混乱，进而严重影响我国社会主义市场经济的正常运行。与解决票据纠纷的其他三种途径：仲裁、行政调解和自

---

〔1〕 宋晓宁：《我国票据市场运行特征与发展模式研究》，浙江大学 2008 年硕士学位论文。

〔2〕 资料载上海票据交易所，载 http://www.shcpe.com.cn/list_15.aspx，最后访问日期：2017 年 12 月 28 日。

〔3〕《最高人民法院公报》历年民商事案例统计分析报告（1985—2016 年），载 http://weekly.pkulaw.cn/admin/content/static/8357c01f-2a82-4a8a-a9f4-664a056ca937.html，最后访问日期：2018 年 1 月 10 日。

行协商相比，通过法院提起票据诉讼应是最直接、最有效的方式。但由于我国对票据诉讼制度研究重视程度不够，导致目前此类案件的审理边界比较模糊。本书希望通过对大量的票据纠纷案件的梳理、归纳、评判，厘清票据诉讼的基本内容、范围以及票据诉讼区别于普通民事诉讼的特质与规律，为上述问题的解决寻求突破。

3. 票据诉讼制度的研究有待完善

在 2010 年和 2011 年全国“两会”期间，连续有人大代表和政协委员提出修订《中华人民共和国票据法》（以下简称《票据法》）的议案，足见这部法律的重要性和修订的紧迫性。在 2015 年 3 月举行的第十二届全国人大三次会议期间，周学东等 32 位代表提出议案认为，票据法颁布时间较早，未确立融资性票据的合法地位，未彻底体现票据无因性原则，未承认电子票据的法律效力，未确立票据影像和支付密码的合法性，部分规定与国际通行的票据规则不一致，限制了我国票据市场的发展，建议修订票据法。[1]

事实上，包括理论界、银行业金融机构、企业等票据业务和票据市场相关主体，对《票据法》相关条款和内容的修改已呼吁许久，学界对《票据法》的批评建议之声亦不绝于耳，甚至有的学者在《票据法》刚颁布的时候就说“这是一部令人失望的法律”。[2]与此同时，票据市场饱受遗失、损坏、抢劫、假票、克隆票、交易方式落后等问题的困扰，新型票据违法犯罪

〔1〕 周学东：关于修改《中华人民共和国票据法》的议案，载 http://topics.caixin.com/2015-03-07/100789046.html，最后访问日期：2018 年 1 月 10 日。

〔2〕 谢怀栻：《评新公布的我国票据法》，载《法学研究》1995 年第 6 期。

案件日益增多，而立法的稳定性和滞后性使涉及审判的空白领域越来越多，给案件的审理带来了相当难度。为了解决上述问题，修订和完善票据法律制度迫在眉睫。而票据诉讼制度作为解决票据权利的司法救济的理论，是贯穿整个票据法理论的核心要素，无论是票据无因性原则、票据抗辩切断理论，还是公示催告（除权判决）、利益返还请求权理论等，都使票据权利通过一定的救济途径得以最终实现，这也正是票据立法的本质追求。“没有救济就没有权利”，〔1〕这一法谚也印证了此项理论研究的必要性和迫切性。

（二）研究目的及意义

在市场经济发达的国家，票据的使用相当广泛，而对票据作用的认识也更为深入，国外学者们对票据的经济功能倍加赞誉甚至“顶礼膜拜”。

而随着我国市场经济体制的成熟与完善，商事立法的不断健全，使得商法的实践作用和价值愈发突出，作为商法的票据法亦不例外。其在为市场经济的发展提供法律服务，维护民商主体的合法权益方面将发挥更加重要的作用。当票据权利人由于各种原因受到来自于票据本身的对抗、票据当事人的对抗以及票据法上的规制等，从而使票据权利的行使遇到“障碍”时，为保障权利人顺利行使票据权利，促进票据流通与交易安全，需要通过提起票据权利诉讼、票据权利恢复诉讼、票据法上非票据权利诉讼，对权利人的票据权利进行救济。既然无救济即无权利，那么如果没有受到侵害获得救济的权利，任何权利都将是一纸空文，无法实现。

〔1〕 转引自程燎原、王人博：《权利及其救济》，山东人民出版社 2002 年版，第 370 页。

因此，研究票据诉讼相关理论与实务，对解决票据纠纷，实现票据权利人的权利救济，维护票据流通与交易安全，促进社会经济发展，具有非常重要的理论意义与实践功能。

二、研究现状

国内针对票据诉讼作为研究内容的专著只有五部，包括张德荣主编的《票据诉讼》，吴庆宝主编的《票据诉讼原理与判例》，叶永禄编著的《票据诉讼实务》和《票据诉讼制度研究》，以及祝铭山主编的《票据纠纷》。另外，还有部分学者以期刊或网络的形式，对票据诉讼的相关问题提出了自己的学术观点。如李伟群的《我国票据付款诉讼制度的研究》，任静的《架构我国的效益性票据诉讼制度》，余其营的《当前我国应确立票据诉讼制度》，陈云兰的《浅析我国票据丧失补救之普通诉讼制度》，于永龙的《票据纠纷处理中举证责任的特殊性》，叶永禄的《票据诉讼解析》，童凌的《略论票据诉讼主体》，陈小英的《论票据诉讼及其诉讼程序》，傅鼎生的《票据抗辩的举证责任研究》，王学兴的《票据纠纷及其诉讼制度浅谈》，于莹的《论票据的无因性原则及其相对性——票据无因性原则“射程距离”之思考》等多篇论文。

以上学术成果，尤其是专著，大部分将票据纠纷作为重点进行研究，如《票据纠纷》《票据诉讼》侧重票据纠纷的实体处理，阐述了各种票据纠纷的解决方式和对策，但极少涉及票据诉讼的具体理论研究；而《票据诉讼原理与判例》《票据诉讼实务》对票据诉讼的理论和实务研究进行了更紧密的结合，但对我国具体票据诉讼制度缺乏必要的补充和完善。相比之下，《票据诉讼制度研究》在票据诉讼制度理论研究上做到了新颖和创新，但缺少了判例的实证分析，略有遗憾。其他的期刊和网络文章受篇幅和文字所限，只能针对票据诉讼制度的一些局部问题开展研究和讨论。

总体上看，针对票据诉讼制度进行的全面的、系统的、深入的研究并不多见，尤其从票据权利的司法救济角度论述和阐释票据诉讼制度的研究就更付之阙如。本书将针对此关键点展开研析，力图完善票据诉讼体系即票据权利司法救济机制的制度设置。

三、研究内容、研究方法和主要创新

（一）研究内容

本书将围绕票据诉讼制度在救济诉讼当事人的票据权利，发挥司法保障机制作用这一问题，进行系统研究。具体内容如下：

第一，票据权利与票据诉讼。票据诉讼是票据权利的司法救济方式，是由于票据权利受到侵犯或行使受到阻碍，而由司法机关行使国家公权力而实施的救济，以维护票据权利人的合法权益。提起票据诉讼以拥有合法的票据权利为基础，因此，作者在本章首先对票据权利进行了阐述，明确了票据权利划分为票据上权利和票据法上权利两种权利类型。基于此两种票据权利类型，形成了相对应的票据上权利纠纷与票据法上权利纠纷，进而构成了本书研究的票据诉讼类型体系：票据权利诉讼、票据权利恢复诉讼、票据法上非票据权利诉讼。

第二，票据权利的生成。票据权利是指基于票据（汇票、本票、支票）而发生的各种权利，本章介绍了票据权利既包括基于票据行为而发生的票据权利（出票——票据权利的创设、背书——票据权利的移转、汇票承兑与票据保证——票据权利实现的保障），也包括基于票据法的特别规定而发生的票据权利（票据利益返还请求权、票据损害赔偿请求权、票据交付请求权、票据返还请求权和汇票回单签发请求权）。前者被称为票据上权利，后者被称为票据法上权利。票据法上的权利与票据权利相比，具有明显的辅助性和从属性，只有在票据权利无法实现时才能行使。

第三，票据权利的取得、行使、保全、消灭。票据权利的取得、行使、保全、消灭，牵涉到票据关系当事人之间的权利义务，尤其对票据权利人的影响甚巨，为保护票据权利人的合法权益，票据法对票据权利的取得、行使、保全、消灭均作了非常明确的规定。本章较为详尽地解读了票据权利的取得方式、行使顺序、保全方法、消灭类型。

第四，票据权利主张的对抗——票据抗辩。票据抗辩是票据法为票据义务人规定的一种自我保护方式，因而，票据抗辩权也是票据义务人所拥有的、与票据权利人的请求权相对立的一项权利。票据抗辩权是票据法权力体系中的重要组成部分，它与付款请求权和追索权相对立，有效地维护了票据债务人的利益，实现了票据权利体系内在的平衡。本章对票据抗辩提出了对物抗辩和对人抗辩的划分，对票据抗辩的作用和功能进行充分论述，并对票据抗辩排除予以了深刻解读。

第五，因票据上权利救济而提起的票据诉讼。本章通过具体案例，对因票据上权利救济而提起的票据诉讼进行了详细解析，对票据权利诉讼所包含的付款请求权诉讼和追索权诉讼，以及票据权利恢复诉讼中的公示催告程序和普通诉讼程序进行了论述。体现了票据权利诉讼和票据权利恢复诉讼虽然主体行使权利方式和寻求司法救济的途径不同，但两者都是以行使票据上权利为目的，进而引起的票据权利义务关系发生纠纷而提起的票据诉讼。只不过，票据权利诉讼是基于票据主张权利时，引起的票据权利义务纠纷而提起的诉讼，而票据权利恢复诉讼是基于恢复对票据权利行使的目的主张权利时，引起的票据权利义务纠纷而提起的诉讼。

第六，因票据法上权利救济而提起的票据诉讼。本章将因票据法上权利救济而提起的票据诉讼划分为五种类型，即票据利益返还请求权诉讼、票据损害赔偿请求权诉讼、票据交付请求权诉讼、票据返还请求权诉讼、汇票回单签发请求权诉讼，并对每一种诉讼类型都进行了实务判例分析。验证了票据法上权利虽然也因票据而发生，但并不表现在票据上。票据法上的非票据权利诉讼，能够保证票据债务人因其他票据关系人的过失而遭受的损失能够得到公平合理的补偿，最终使持票人在其票据权利依票据法律程序无法实现时，能够得到合理有效的救济。

第七，涉外票据诉讼。票据作为一种金钱支付工具，不限于一国之内流通，跨国间的涉外票据流通亦非常频繁，各国票据规则的差异导致涉外票据纠纷经常发生。本章在对涉外票据和涉外票据诉讼进行界定的基础上，分析了涉外票据诉讼管辖权冲突的形成原因和协调解决的相关规则，并通过具体的涉外票据诉讼案例验证了涉外票据诉讼管辖权的确定原则。凸显了协调各国涉外票据司法管辖冲突，选择相同的票据法律适用规则，对于维护国际票据流通的交易安全，促进贸易国际化，具有现实意义。

第八，票据诉讼制度的修正与完善。本章在对上开票据诉讼制度的基本原理与权利救济的基本类型进行论述和实证分析的基础上，揭示出票据诉讼在实体法与程序法上的缺陷与不足。明晰了票据无因性原则在构建票据诉讼制度上，所表现出的实体法上的基础作用；突出了程序法上的票据抗辩所赋予的抗辩人单纯程序法意义上的抗辩的权利，彰显着程序法上的抗辩在司法实践中对利害关系人强制保护的积极作用；对公示催告程序和普通诉讼程序进行了必要的修正和补充，使得票据权利人获得了更充分的司法救济和保护。

本书在对以上八章内容进行研究的基础上，将研究的背景、目的及意义，研究现状，研究内容、研究方法和主要创新的相关内容归入“绪论”部分进行探讨，并对全文在“结论”部分进行总结。

（二）研究方法

本书拟综合运用以下研究方法，对票据诉讼制度展开系统研究。

第一，法解释学的方法。法解释学的方法，既是法学研究的方法，也是法官裁判案件时采用的方法。包括狭义和广义法律解释方法，前者如文义解释方法，后者如目的性的扩张等方法。书中对这两个方面的内容均有涉及，如票据诉讼法律条文、内容意义、构成要件等解释方法的运用，以及票据诉讼制度的缺失补充、确定相关法律概念等解释方法的运用。

第二，比较研究的方法。比较研究方法是指对不同法系、国家的法律或法律制度进行比较，进而取长补短。本书中局部章节运用了比较研究的方法，如通过对英美法系的普通诉讼程序的比较分析，剖析其优缺点，从而借鉴并设计出较为完善的我国票据诉讼制度的普通诉讼程序。

第三，法经济学的方法。法经济学的方法，也被称作经济分析的方法。是用经济学的分析工具如效率、价值等分析法律制度。票据制度关乎市场经济发展，离不开经济学的分析和帮助。本书局部章节运用了法经济学的研究方法，如对票据诉讼制度所追求的价值原则，在进行了效率与安全的考量分析的基础上，最终做出了符合商品经济发展规律的，符合票据诉讼制度需求的，以效率为优位的价值选择。

（三）主要创新

第一，从票据权利的司法救济角度切入票据诉讼制度的研究。目前，针对此关键点展开研析的学术成果尚付阙如。票据法是典型的权利人法，票据权利是贯穿整个票据法制度的主线。而票据诉讼制度的建立，是为了实现对票据权利人的权利救济，票据诉讼所涉及的规则、主体、方式等都与票据权利救济直接相关，票据诉讼是票据纠纷解决的司法救济方式，也是最直接、最有效的救济方式。本书在票据诉讼制度的研究中，凸显了票据权利的主张与对抗的运行状态，展现了双方当事人的动态交涉过程，彰显了票据权利获得司法救济的理论意义与实践价值。

第二，对票据诉讼体系即票据权利司法救济机制的制度配置。在总结概括票据诉讼理论与实践的基础上，补充完善了票据诉讼的实体理论与程序规则，使票据权利能够获得更充分的司法保障与诉讼救济。进一步明确了票据诉讼制度作为票据法理论的重要组成部分，应坚守票据立法的根本宗旨，突出对票据权利的关爱与照顾，使受到阻碍、对抗的票据权利及时彻底地获得司法救济，完整地兑现票据权利。

第一章 票据权利与票据诉讼

票据法是典型的权利人法，票据权利是贯穿整个票据法制度的主线。而票据诉讼制度的建立，是为了实现对票据权利人的权利救济，票据诉讼所涉及的规则、主体、方式等都与票据权利救济直接相关，票据诉讼是票据纠纷解决的司法救济方式，也是最直接、最有效的救济方式。

一、票据权利

“票据法上的所有制度设计都与票据权利有关。出票是票据权利的创设，背书是票据权利的转让，保证和承兑是票据权利实现的保障，付款和追索是票据权利实现的方式，失票救济制度更是为了解决丧失票据情况下如何行使票据权利的问题。”[1]票据权利乃是一项民事权利，是一项财产性权利。票据债权虽然具有一般债权的基本特征，但同时又具有不同于民事债权的特征，表现为票据权利是证券性权利（票据上债权与票据所有权合而为一）、单一性权利（权利人的唯一性）、二次性权利（付款请求权和追索权的双重请求）。

---

〔1〕 于莹：《票据法》（第二版），高等教育出版社2008年版，第57页。

（一）票据权利的概念和特征

票据关系的核心是票据权利，保护票据权利、维护票据权利人的合法利益是《票据法》的首要价值取向。票据作为有价证券，为抽象的票据权利与纸化的有形证券之紧密结合，其权利性质既有证券之共性，又有票据立法的特殊性。

1. 票据权利的概念

票据权利是指持票人以取得票据金额为目的，依据票据所赋予对票据行为之关系人所得行使之权利。《票据法》第 4 条第 4 款规定："本法所称票据权利，是指持票人向票据债务人请求支付票据金额的权利，包括付款请求权和追索权。"

通过以上法律规定，可将票据权利划分为以下三个要件：

第一，票据权利是由持票人合法行使的权利。由于票据权利与票据本身不可分割，如欲取得票据权利，必须占有票据。票据权利的享有者即是票据的合法持有者。但以欺诈、偷盗或者胁迫等手段取得票据的，或者明知有前列情形，出于恶意取得票据的，不得享有票据权利。

第二，票据权利是对票据行为之关系人行使的权利。所谓票据行为关系人，不以发票人为限，即使背书人、保证人、承兑人等，均属之。在票据中，应当履行票据义务的人即票据债务人，是做出票据行为的人。

第三，票据权利是以直接达到支付票据金额为目的的权利。票据的目的，在于一定金额的支付，为直接达到此目的，《票据法》不仅赋予持票人付款请求权，并且还赋予了持票人在付款请求权不能实现时可以行使的追索权。《票据法》赋予持票人双重请求权，在于保障持票人的合法权利。

2. 票据权利的特征

票据权利属于一种特殊的民事金钱债权，其除具有一般民事金钱债权的基本特征外，还具有鲜明的自身特征。

（1）票据权利是依托于票据之上的证券性权利。所谓证券性权利，是指证券持有人对证券的所有权，使其进而享有证券内容所指向的金钱权利。证券权利必须通过证券的存在而存在。对于票据权利，持票人对票据的占有意味着其对票据权利的享有，抑或说票据所载之票据权利人应为票据的持有人。票据权利的实现必须以票据的占有为前提，离开对票据的占有，则无法主张票据权利。而一般债权则不以证券的存在为必要，假使证明债权债务关系的凭证不复存在，只要有其他佐证，债权人亦可行使请求权。

（2）票据权利是与票据基础关系相分离的无因性权利。票据关系独立于票据基础原因关系，称作票据的无因性。票据权利人行使票据权利只以持有票据为必要，票据权利的效力并不受票据权利发生的原因是否有效、是否合法等因素的影响，只要票据合法签章，形式要件符合法律规定，票据权利就有效成立，为持票人所独立享有。此外，票据权利的无因性还表现为票据权利的转让不必通知债务人即可生效。这与一般的民事债权截然不同，民事债权能否存在往往取决于发生的原因是否合法有效，且转让方负有通知的义务。

（3）票据权利是对不同票据债务人可以行使二次请求权的权利。普通的金钱债权仅为一次性的权利，即权利人仅对一个债务人行使请求权，当该请求权为能实现时，权利人只能通过其他途径如诉讼来获得救济。而票据权利则可能为二次性的权利，即权利人可能对两个以上的不同债务人行使请求权。权利人首先向主债务人行使请求权，即第一次请求权，也称为付款请求权。当第一次付款请求权未获实现时，则可以向从债务人行使第二次请求权，即追索权或称偿还请求权。如果第二次请求权仍未获实现时，可与普通金钱债权一样，通过诉讼或仲裁等方式求得法律救济。

（4）票据权利是不可能同时存在两个或两个以上权利人的单一性权利。由于票据权利体现为票据上债权与票据所有权统一而不可分割，不可能由两个以上不同的所有人，同时占有同一个票据。所以，就同一个票据来讲，也就不可能同时存在两个以上的票据权利。如果把票据本身视作一个物，那么，票据当然也就应该遵循“一物一权”原则，成为单一性的权利，可以说，就同一票据来说，可能同时存在着两个或者两个以上的义务人，但不可能同时存在着两个或两个以上的权利人。

（5）票据权利是一种须快速实现的短期性权利。票据是作为一种信用支付工具，为加速流通，需要当事人尽快行使票据权利，以免票据债务人的清偿能力发生变化，影响权利人的利益实现。另外，票据权利人如不能尽早行使权利，将导致票据债权债务关系始终无法清结，为督促权利人，加快清偿速度，票据法规定了较一般民事债权时效要短的票据权利消灭时效。例如，持票人对支票出票人的权利为出票日起的 6 个月；持票人对前手的追索权为自被拒绝承兑或拒绝付款之日起的 6 个月；持票人对前手的再追索权为自清偿日或被提起诉讼之日起的 3 个月等。如果持票人不在法定的短期的消灭时效期间内行使票据权利，就会丧失票据权利。

（二）票据权利的种类

根据我国《票据法》第 4 条第 4 款的规定，票据权利被分为两类，即付款请求权和追索权。

学理上，票据权利有时被分为主票据权利、从票据权利和辅助票据权利三类。[1]主票据权利是指不需要依赖其他条件即可存在的票据权利，即付款请求权；从票据权利是指附条件的票据权利，即追索权，其产生、存在和行使须以不获付款和作成拒绝证书为前提；辅助票据权利是指辅助前两种权利实现的票据权利。

1. 付款请求权——第一次请求权

付款请求权是持票人对主债务人所享有的、依票据而请求支付票上所载金额的权利。在票据权利的行使顺序上，付款请求权是第一次请求权，因而具有主票据权利的性质，持票人须向主债务人行使第一次请求权，在无法获得实现后方能行使第二次请求权，即追索权。

付款请求权的当事人包括权利人和义务人。一般来说，行使付款请求权的权利人是持票人，但并不是所有持票人都是票据权利人，只有合法取得票据的持票人才是票据权利人。持票人包括收款人、连续背书的最后被背书人。而付款请求权的义务人则包括票据记载的主债务人或关系人。例如汇票的承兑人为第一义务人，未承兑的付款人、受委托的票据关系交换系统和保证人为关系人。

严格来讲，汇票的付款人在未进行承兑之前，并不承担绝对的付款义务，不构成主债务人，而支票的付款银行在通常情况下也不承担绝对的付款义务，同样也不构成主债务人。因而，作为主票据权利的付款请求权，应该是对本票出票人的付款请求权、对汇票承兑人的付款请求权。对于未经承兑的汇票（包括无需承兑的汇票）和支票，由于持票人必须首先向汇票的付

〔1〕郭峰、常风编：《中外票据法选》，北京理工大学出版社 1991 年版，第 326 页。

款人和支票的付款银行行使请求权，因而，这一请求权在事实上构成了第一次请求权，所以也可以认为对其请求的权利，也是一种付款请求权。不过，需要注意的是，对于未经承兑的汇票的付款人以及支票付款银行的付款请求权，并非实质上的付款请求权，而仅是形式上的付款请求权。在该付款请求权不能实现时，不能通过诉讼程序强制获得实现，而只能转而行使第二次请求权即行使追索权。而且，对于该付款请求权来说，也不存在消灭时效的问题。〔1〕

2. 追索权——第二次请求权

追索权是指持票人在其所享有的付款请求权于票据到期时无法实现或所提示票据未获承兑，或者存在法律所规定的事由时，可以在依法行使票据权利并予以保全的前提下，向其前手要求返还票据金额以及所生法定孳息和为实现权利而发生的必要的法定费用的票据权利。在票据权利的行使顺序上，追索权是第二次请求权，具有从票据权利的性质，它以持票人的第一次请求权未能实现为行使的前提条件，因而，相对于主票据权利来说，是副次性的权利。

追索权主要分为期前追索权和到期追索权。期前追索权是指持票人在票据记载的到期日之前，鉴于已发生的法定事由而认为付款请求权无法实现时可行使的追索权。发生的足以产生付款不能的法定事由或存在的危险包括未获承兑、付款人或汇兑人死亡、逃匿、被人民法院宣告破产以及被行政执法部门中止其营业等。追索的票据金额中要扣除未到期的利息。到期追索权即为持票人提示票据要求付款人付款但遭到拒绝时产生的追索权。

---

〔1〕 赵新华：《票据法论》，吉林大学出版社 2007 年版，第 61 页。

3. 付款请求权与追索权的区别

付款请求权和追索权都是持票人请求支付一定金额的权利，但是二者在行使程序、内容、消灭时效及义务主体等方面仍有较明显的差别。

（1）权利主体不同。付款请求权的权利主体，无论是未经背书转让的，还是业已背书转让的，都只能是最终持票人（票载收款人或票据最后的被背书人）。而追索权的权利主体既包括最终持票人，也包括履行了追索义务而取得票据的人。

（2）义务主体不同。付款请求权的义务主体只能是一个，即票据的主债务人。无论是汇票的承兑人、本票的出票人，还是未经承兑的汇票的付款人以及支票的付款银行，均构成事实上的第一义务人。而追索权的义务主体包括所有的票据义务人，只要是实施了票据行为的当事人，即出票人、背书人、承兑人、保证人，就必须对持票人承担连带付款义务。

（3）行使次序不同。持票人如想获得票款，必须首先行使第一次请求权，即付款请求权。付款请求权如若顺利实现，则二次请求权追索权随即消灭。而追索权的行使，须有票据到期得不到付款、在到期日前得不到承兑或者发生其他法定事由如付款人或承兑人死亡、隐匿、被法院宣告破产、被行政部门责令终止业务活动诸情形出现时，方可行使。

（4）行使次数不同。付款请求权通常只能行使一次，之后无论付款人是否履行了付款义务，付款请求权均无法再行使。而追索权只要是主票据债务人没有进行清偿就一直存在，由履行了追索义务的持票人一直追偿下去，直到主票据债务人清偿票据债务为止，因此，追索权可以被多次行使。

（5）支付金额不同。付款请求权的请求支付金额即为票据所记载金额，而追索权请求支付的金额不仅包括票据金额，还包括票据金额自到期日或者提示付款日期至清偿日止的利息，以及取得有关拒绝证明和发出通知的费用；再追索的金额又有不同，不仅包括已清偿的金额，还包括自清偿日起至再追索清偿日止的利息，以及发出通知书的费用。

（6）消灭时效不同。我国《票据法》规定的付款请求权的消灭时效一般是2年，而追索权的消灭时效一般是6个月，再追索权的消灭时效一般是3个月。〔1〕

4. 辅助请求权

辅助请求权是指在付款请求权或者追索权未能实现时发生的，持票人对票据保证人所享有的、请求支付票上所载金额及其他有关金额的权利。这一票据权利，是为维护票据信用、保障票据流通而特别规定的，对付款请求权和追索权起辅助作用的票据权利。辅助请求权既不是付款请求权，也不是追索权，而是一项单独的票据权利。辅助请求权同付款请求权的区别，在于它并不是第一次请求权；而辅助请求权同追索权的区别，则在于它的义务人是特定的票据从债务人即票据保证人，而不是作为票据背书人的任意从债务人。当票据保证人系为本票出票人或者汇票承兑人等主债务人提供保证时，辅助请求权则具有相当于付款请求权的性质；而当票据保证人系为背书人等从债务人提供保证时，辅助请求权则具有相当于追索权的性质。鉴于这一点，在我国票据法上，并未将对票据保证人行使的辅助请求权，单独作为一类票据权利加以规定。

〔1〕王小能主编：《中国票据法律制度研究》，北京大学出版社1999年版，第63页。

（三）没有救济就没有权利

1. 权利为什么需要救济

救济制度，主要是指法律为权利受到侵害的主体提供有效的法律补救措施、方法等制度。法治的一条重要原则是有权利必有救济。救济制度是权利的“后续”力量，是防止权利受到侵犯的最后一道防线，因此它具有特殊的意义。“权利救济实质上是在解决纠纷，权利获得救济的过程就是纠纷得以解决的过程。”[1]权利受到侵害若得不到救济，不管权利的法律多么美妙动人都毫无价值。现代的民商法律制度组成了一套有机统一的救济体系，对权利的保障与实现发挥着重要作用。

没有权利就不存在救济，合法权利是救济得以存续的依据。康德认为“人只有一种天赋的权利，即与生俱来的自由。自由是独立于别人的强制意志，且根据普遍的法则，它能够和所有人的自由并存，使每个人由于他的人性而具有的独一无二、原生的、与生俱来的权利……根据这种品质，通过权利的概念，应当是他自己的主人”。[2]

所以，人因为有权利而具有主体性，也因此权利应该是人的自主性和完整性的体现。为权利而斗争就是为人的自主性而斗争。权利救济的重要性和权利是等同的，试想，如果没有受到侵害获得救济的权利，那任何权利都是一纸空文，无法实现。如果每一种权利都能如期实现，就无须救济可言。如果权利的合法实现受到来自社会不同方面的阻碍，那么消除阻碍，实现救济就是必要的。实际上，权利不仅受制于社会的政治、经济、

---

〔1〕 邵华：《自组织权利救济》，中国法制出版社 2007 年版，第 35 页。

〔2〕［德］康德：《法的形而上学原理——权利的科学》，沈叔平译，商务印书馆 1991 年版，第 50 页。

文化等各种客观条件，还会受到各方面的侵扰。法律不仅应宣示权利，还应同时配置救济的各种程序。

2. 救济的本质是一种权利

“救济是纠正、矫正或改正已发生或业已造成伤害、危害、损失或损害的不当行为。救济是一种纠正或减轻性质的权利，这种权利在可能的范围内会矫正由法律关系中他方当事人违反义务行为造成的后果。”〔1〕

救济在本质上是一种权利，即当实体权利受到侵害时从法律上获得自行解决或请求司法机关及其他机关给予解决的权利。这种权利的产生必须以原有的实体权利受到侵害为基础。也就是说，原权利没有纠纷或者冲突就不会产生救济。救济是相对于主权利的助权。从结果上看，救济是冲突或者纠纷的解决，即通过救济的程序使原权利得以恢复或实现。

权利救济的根本目的是使受到纠纷影响的合法权利及法定义务能够实际得到实现和履行。“换言之，救济追求的目标要么使权利主体的权利得到实现或者使不当行为所造成的伤害、危害、损失、损害得到一定补偿；要么使未履行的义务得以履行。通过排除权利行使的障碍，促使纠纷主体继续履行应该履行的义务，以使权利的原有状态得以恢复。在不能‘恢复原状’的情形下，通过和解或强制的方式使由纠纷的影响造成的实际损失、伤害、危害、损害得到合理补偿。”〔2〕

---

〔1〕［英］戴维·M. 沃克编：《牛津法律大辞典》，邓正来等译，光明日报出版社 1988 年版，第 764 页。

〔2〕程燎原、王人博：《权利及其救济》，山东人民出版社 2002 年版，第 360 页。

（四）票据权利的司法救济

1. 权利的三种救济形态

“救济方式”是指救济可以采取的形式。“在《牛津法律大辞典》中，‘救济方式’包括政治救济和法律救济。其中，法律救济可采取行政或民事救济方式，而民事救济可通过在民事法庭中进行诉讼取得。”[1]目前，更多的国家是将救济方式分为私力救济、公助救济和公力救济三种形态。

私力救济是人类解决冲突、寻求冲突的利益或权利补偿的最初形式。私力救济的本质是权利受到损害的一方凭借一定的暴力或非暴力手段，使自己的某种权利得以实现或补偿，并使对方得到一定的制裁和惩罚。公助救济又称为“类法律式”的救济，主要包括仲裁与调解两种形式。公助救济是介于私力救济与公力救济的中间形式。“公力救济是指在否弃私力救济的基础上产生的由公共规则支配的制度性救济。”[2]

2. 司法救济：票据权利救济的首选方式

公力救济乃是权利救济体系中最为重要的方法。诉讼是公力救济的主要表现形式，权利救济由私力救济向公力救济转变的标志就是诉讼的出现。诉讼的出现既表明了社会的进步，同时也表明了权利现实化的有序性特征。“救济的第一种方法是自助。自助无须诉诸法院便可实施，但它仅被限制在少数种类的案件中使用。更重要的、同时也是更为普遍的救济方法，是法

---

〔1〕程燎原、王人博：《权利及其救济》，山东人民出版社2002年版，第361页。

〔2〕贺海仁：《自我救济的权利》，载《法学研究》，2005年第4期。

院判决所给予的救济。”[1]

可见，司法救济具有公权性，体现着国家的力量与威信；同时，司法救济的程序性，确保了诉讼过程中对双方当事人的衡平保护；其强制性也体现了司法救济对当事人的强力约束。司法救济的这些特点与优势，都是其他权利救济方式所无法达到的。因此，司法救济应是各类权利进行救济时首选的方式。

在票据法领域中，为迅速达致对票据纠纷的解决，实现对票据权利人的权利救济，亦应予以实施法院判决救济，即指通过提起票据诉讼进行的票据权利的司法救济。票据权利的司法救济，就是法官行使审判权，对当事人诉诸司法的涉及票据权利义务的争议居中审理并作出裁判的过程。票据诉讼是票据纠纷解决的公力救济方式，也是最直接、最有效的救济方式。票据诉讼所涉及的规则、主体、方式等都与票据权利救济直接相关，其核心价值内涵正是对票据权利救济的追求和体现，并且二者已经融合为同一个理论和实践问题。

二、票据诉讼

票据诉讼制度的建立，是为了救济票据权利人的票据权利，促进票据的迅捷流通，保障市场经济和金融秩序，同时也是票据自身特殊属性（流通性、无因性、文义性、要式性、独立性）的要求。意欲准确把握票据诉讼制度，须正确认识和深刻了解什么是票据纠纷。

---

〔1〕［英］戴维·M. 沃克编：《牛津法律大辞典》，邓正来等译，光明日报出版社 1988 年版，第 746 页。

（一）票据诉讼缘起——票据纠纷

1. 票据纠纷界定

依据我国《民事诉讼法》第25条的规定："因票据纠纷提起的诉讼，由票据支付地或者被告住所地人民法院管辖。"而一案当前，什么纠纷属于是票据纠纷，法院是否应当受理，这是需要首先解决的问题。

学界对票据纠纷的界定，曾有较大争议。一种观点是把所有民法和票据法上因与票据有关的法律关系而发生的民事纠纷都归为票据纠纷，混淆了票据纠纷与民事纠纷的边界，导致法律适用的混乱，不利于审判。另一种观点认为，票据纠纷是因票据权利人行使票据权利而与票据债务人所发生的纠纷。此种划分将和票据有牵连关系的非票据权利义务纠纷排除在外，不利于对票据权利的行使发挥保护和限制补充的作用，减损了对票据权利人的票据权利进行合法有效的救济。

《最高人民法院关于审理票据纠纷案件若干问题的规定》（以下简称《审理票据纠纷案件若干规定》）第1条开宗明义，对票据纠纷给出了解释，即"因行使票据权利或者票据法上的非票据权利而引起的纠纷，人民法院应当依法受理"。这一规定已被学术界和司法实践部门确认为最高人民法院对"票据纠纷"的明确界定。即所谓票据纠纷，是指因行使票据权利或者票据法上的非票据权利而引起的纠纷。当事人因此类纠纷而向人民法院提起诉讼的，凡符合《民事诉讼法》第119条规定的起诉条件，人民法院都应当依法受理。

由《审理票据纠纷案件若干规定》所给出的票据纠纷定义可知，票据纠纷既应包括票据权利纠纷，即付款请求权纠纷和追索权纠纷，还应包括基于《票据法》规定的非票据权利纠纷。

根据最高人民法院《民事案件案由规定》的规定，非票据权利纠纷主要包括票据利益返还请求权纠纷、票据损害赔偿请求权纠纷、票据交付请求权纠纷、票据返还请求权纠纷、汇票回单签发请求权纠纷、票据保证纠纷、确认票据无效纠纷、票据代理纠纷、票据回购纠纷九种，即票据纠纷包括以上十一种案由。本书重点研究票据纠纷的前七种案由。对于争议的权利不涉及票据权利与《票据法》规定的非票据权利时，就不属于票据纠纷，如审判实务中大量存在的银行承兑汇票垫付款纠纷等。

2. 票据纠纷区别于一般民事纠纷的特质

票据纠纷是基于票据当事人之间的票据权利义务关系发生的争议而形成的，也就是基于票据的法律关系而形成，而票据法律关系的发生虽然和票据的基础关系相牵连，但票据法律关系一经形成，即与票据的基础关系（主要是原因关系）相分离，无论基础关系存在是否有效，都不影响票据权利义务关系的成立，因此，对票据纠纷案件的审理须遵循票据无因性的原则。而一般民事纠纷产生的基础是基于形成民事权利的民事法律关系争议，民事法律关系的有无对民事权利的存在有效与否，具有直接联系，直接导致民事权利是否有效存在。

由于产生票据纠纷的票据权利义务关系，是完全依据票据上的记载事项而确定的，亦即遵照票据的文义性原则，文义之外的任何理由以及事项都不能作为根据，不能用票据之外的其他方法变更或者补充。在一般情况下，在法院审理的票据纠纷案件中，不必对权利义务关系进行审查，而直接通过票据文义进行审判。而一般民事纠纷的当事人可以通过书面或口头的方式建立权利义务关系，并可以通过电报、传真等方式来变更或补充，这是与票据纠纷截然不同的。

票据纠纷的当事人是特定的，一方为持票人，另一方是与票据纠纷权利有关的其他当事人。票据纠纷中的权利人在转让票据权利时，无须通知票据债务人，直接通过背书或交付的方式即发生效力，并且票据转让后，票据债务人对原转让人的抗辩事由，原则上不得向票据的受让人主张。而一般民事纠纷中的普通债权转让时，债权人是一定要预先通知债务人的，否则不生债权转让的效力，债务人可以此事由行使对抗。

票据纠纷中的主债务如果因实质要件欠缺而消灭，有票据保证的，则票据保证人仍然要承担相应的责任，这是票据行为具有独立性的结果。而一般民事纠纷中，如果主债务消灭，则全体债务人的债务因从属性而免除。

（二）票据诉讼基本原理

1. 票据诉讼的概念及性质

票据诉讼的概念有广义、狭义之分。“狭义的票据诉讼，又称票据权利诉讼，是指票据关系的当事人之间在票据流通转让过程中，因票据权利的行使、票据债务的履行发生的纠纷，而就票据金额的支付以及与此相关的法定利息赔偿的请求所提起的诉讼。其他非因票据权利引起的纠纷虽然与票据有关，但由此而提起的诉讼并不属于票据诉讼。”〔1〕

广义的票据诉讼，是指权利人因行使票据权利或者票据法上的非票据权利，而与相对义务人发生纠纷后，直接向法院提起诉讼，要求法院确认和实现自己的权利，从而使权利人得以救济的一种法律制度。“票据诉讼和票据纠纷是紧密联系的，其

〔1〕 童凌：《略论票据诉讼主体》，载《上海市政法管理干部学院学报》2002年第3期。

内容就是因票据纠纷提起的诉讼，主要包括票据权利的救济请求和非票据权利的救济请求。”〔1〕

“将因行使《票据法》上的非票据权利引起纠纷而提起的诉讼归入票据诉讼的范畴，是因为《票据法》上的非票据权利虽然并不属于票据上权利范畴，但与票据密切相关，并由《票据法》调整；而且这种因特殊的《票据法》上的法律关系而引起的纠纷，不同于普通民事纠纷，其审理具有特殊性。”〔2〕本书对票据诉讼的界定采用广义定义法。

按照主体行使权利方式和寻求司法救济的途径不同，可以将票据诉讼分为票据权利诉讼、票据权利恢复诉讼和票据法上的非票据权利诉讼。票据权利诉讼和票据权利恢复诉讼都是以行使票据上权利为目的，进而引起的票据权利义务关系发生纠纷而提起的票据诉讼。只不过，票据权利诉讼是基于票据主张权利时，引起的票据权利义务纠纷而提起的诉讼，包括付款请求权诉讼和追索权诉讼；而票据权利恢复诉讼是基于恢复对票据权利行使的目的主张权利时，引起的票据权利义务纠纷而提起的诉讼，主要指公示催告程序和普通诉讼程序。

票据法上的非票据权利诉讼是指：为使票据权利人能够顺利地实现其票据权利，或者保证票据债务人因其他票据关系人的过失而遭受的损失能够得到公平合理的补偿，或者使持票人在其票据权利依票据法律程序无法实现时，能够得到合理有效的救济，而提起的票据诉讼。包括票据利益返还请求权诉讼、

〔1〕 王学兴：《票据纠纷及其诉讼制度浅谈》，载 http://www.148cn.org/data/2006/0508/article_1043_2.htm，最后访问日期：2017 年 10 月 2 日。

〔2〕 吴庆宝主编：《票据诉讼原理与判例》，人民法院出版社 2005 年版，第 41 页。

票据损害赔偿请求权诉讼、票据交付请求权诉讼、票据返还请求权诉讼、汇票回单签发请求权诉讼。

票据诉讼本质上属于民事诉讼，但属于区别于一般民事诉讼的特殊诉讼。票据债权是不同于一般民事债权的特殊债权，票据具有无因性、文义性、要式性、独立性等特殊属性，除公示催告程序外的一般民事诉讼程序已不适应票据诉讼的要求，对票据纠纷的迅速解决不利，也不能及时保障票据安全和促进票据流通，更使票据权利人的权利救济无法实现。

票据诉讼的效力是着眼于对票据责任的确认和分担，根据我国《票据法》第 4 条第 5 款的规定，票据责任是票据债务人向持票人支付票据金额的义务。这种票据义务与票据责任的内容是一致，票据责任具有连带性，所有票据当事人对持票人均负有共同的责任。

2. 票据诉讼案件的受理和管辖

我国《审理票据纠纷案件若干规定》第 1 条已经明确规定了“因行使票据权利或者票据法上的非票据权利而引起的纠纷，人民法院应当依法受理”。也就是说，人民法院应当依法受理票据权利诉讼案件和票据法上非票据权利诉讼案件，至于票据权利恢复诉讼的案件受理，则在《审理票据纠纷案件若干规定》第 24 条进行了规定：“票据丧失后，失票人直接向人民法院申请公示催告或者提起诉讼的，人民法院应当依法受理。”

关于票据诉讼案件的管辖，《审理票据纠纷案件若干规定》第 6 条第 1 款予以了规定：“因票据权利纠纷提起的诉讼，依法由票据支付地或者被告住所地人民法院管辖。”这里所规定的票据权利仅仅指票据上权利，而不包括票据法上的非票据权利。对于票据权利纠纷案件，票据支付地与被告住所地人民法院都享有管辖权，并且没有孰先孰后之分，诉讼当事人可以任选其一提起诉讼；同一票据纠纷案件的不同当事人分别向以上管辖法院提起诉讼的，一般应遵照受理优先原则进行管辖。《审理票据纠纷案件若干规定》第 6 条第 2 款对司法实践中极易引起争议的票据支付地进行了明晰，即“票据支付地是指票据上载明的付款地，票据上未载明付款地的，汇票付款人或者代理付款人的营业场所、住所或者经常居住地，本票出票人的营业场所，支票付款人或者代理付款人的营业场所所在地为票据付款地。代理付款人即付款人的委托代理人，是指根据付款人的委托代为支付票据金额的银行、信用合作社等金融机构。”不能将票据支付地理解为票据当事人间交付票据的地方，也不能将其理解为票据承兑地、收款人所在地或者收款人开户银行所在地等。

因非票据权利纠纷提起的诉讼，《审理票据纠纷案件若干规定》第 7 条规定了依法由被告住所地人民法院管辖。这与一般民事纠纷管辖法院确定的原则是一致的。实际上，排除票据支付地人民法院对票据法上非票据权利诉讼的管辖权，是为了增强管辖的确定性，减少或者避免票据纠纷案件的管辖争议。

对于票据权利恢复诉讼的案件，因其主要是通过公示催告程序来实施权利救济，而公示催告程序的适用范围，仅限于可以背书转让的票据，不能背书转让的票据即使被盗、遗失或者灭失的，也不能适用公示催告程序。根据《民事诉讼法》第 218 条的规定：“按照规定可以背书转让的票据持有人，因票据被盗、遗失或者灭失，可以向票据支付地的基层人民法院申请公示催告。”可见，申请公示催告的管辖，就级别而言，只能是基层人民法院，中级以上人民法院不受理公示催告的案件；就地域而言，只能是票据支付地的人民法院。

3. 票据诉讼的当事人确定及举证责任分配

票据诉讼当事人的确定，涉及双方当事人的票据权利义务的行使和履行，因此至关重要。一般来讲，票据诉讼的当事人包括票据的基本当事人和非基本当事人。基本当事人是指票据的出票人、收款人、付款人，非基本当事人是指背书人、承兑人、保证人等。

其中，在票据权利诉讼中，因行使付款请求权而提起诉讼的原告一方应该是持票人，被告应该是在票据上记载的票据债务人，包括汇票的出票人、承兑人和本票的出票人以及支票的付款人。因行使追索权而提起诉讼的原告一方应该是持票人，被告一方则是原告的全体前手债务人。而在票据权利恢复诉讼中，因提起公示催告程序而形成诉讼的原告一方应该是失票人，而被告应该是不确定的，因为无法得知确切的利害关系人，而一旦有明确的利害关系人出现，则进入普通诉讼程序，被告随即确定，即为目前拥有失票人票据的持有人。在《票据法》上非票据权利诉讼中，当事人的范围要区别对待。在票据利益返还请求权诉讼中，原告应该是持票人，被告则是受有额外利益的出票人或承兑人；在票据损害赔偿请求权诉讼中，需要根据具体的损害赔偿纠纷来确定原被告；在票据交付请求权诉讼中，原告一般为支付票据金额的票据债务人，被告则为接受了票款而未交出票据的持票人；在票据返还请求权诉讼中，原告应该是脱离对票据占有的票据上的正当权利人，而被告则是因恶意或重大过失取得票据的持票人；在汇票回单签发请求权诉讼中，原告一方应为汇票的持票人，而被告则是汇票的付款人。

依据《审理票据纠纷案件若干规定》第 9 条第 1 款的规定，票据诉讼的举证责任由提出主张的一方当事人承担。这也与民事诉讼中“谁主张、谁举证”的规定是相一致的。

具体来讲，在付款请求权诉讼中，根据《审理票据纠纷案件若干规定》第 9 条第 2 款的规定，持票人有责任向人民法院提供诉争票据，来证明自己就是票据的持有人；然后，还要基于票据债务人提出的持票人非法持有票据的抗辩来证明自己取得票据的合法性；再有，根据《审理票据纠纷案件若干规定》第 10 条的规定，持票人还要对基于基础原因关系提出的抗辩进行举证，来证明自己已经履行了约定的义务。

在追索权诉讼中，原告（持票人）应向法院提供有关拒绝证书或退票理由书，来证明付款请求权已遭拒绝。同时，根据《审理票据纠纷案件若干规定》第 11 条的规定，被人民法院依法宣告破产的票据债务人，原告应提供宣告破产裁定书或其他有关破产的证据。

在《票据法》上非票据权利诉讼中，票据利益返还请求权诉讼的举证责任应当由提起请求的原告持票人一方负担，如果被告出票人或承兑人主张抗辩的，则由被告进行相应的抗辩举证。票据损害赔偿请求权诉讼的举证责任由原告负担，如果有抗辩的事由存在，则由抗辩方举证。票据交付请求权诉讼应由原告票据债务人证明自己已经履行了票据义务，如果被告持票人能提出相反证明，则无须交付票据。票据返还请求权诉讼的举证人应该是票据的正当持票人，由其证明自己取得票据的合法性。汇票回单签发请求权诉讼应由原告持票人举证证明自己已将汇票交付给付款人，而付款人并未签发回单。

合法持有票据的正当持票人，向票据债务人主张票据权利时，因票据为无因证券，依据票据无因性原则，此时发生举证责任转换的法律效果。持票人在主张票据债权时，无须证明原因关系的存在，只要依票据上的记载内容即可向票据债务人主张相应的票据权利。反之，如果票据债务人欲对抗权利人的权利主张，则需举证证明存在符合票据法规定的、足以对抗权利人权利主张的抗辩事由。

《审理票据纠纷案件若干规定》第12条规定了在票据诉讼中，负有举证责任的票据当事人应在一审人民法院庭审辩论结束以前提供证据。因客观原因不能及时提供的，应在举证期限届满前向法院申请延期。审理期间隐匿票据、故意有证不举的当事人，应承担不利后果。

4. 票据诉讼的保全及法定事由

通常认为，票据诉讼的保全主要是指人民法院在审理、执行票据纠纷案件的过程中，在特定的情况下，依当事人的请求，依法对特定的票据及票据权利采取保全措施或者执行措施，其目的在于阻止非善意持票人行使票据权利。“也就是说，票据保全是在票据诉讼过程中，对当事人持有的票据所采取的一种禁止票据流通的司法强制手段。”〔1〕

依据《审理票据纠纷案件若干规定》第8条的规定：“人民法院在审理、执行票据纠纷案件时，对具有下列情形之一的票据，经当事人申请并提供担保，可以依法采取保全措施或者执行措施：①不履行约定义务，与票据债务人有直接债权债务关系的票据当事人所持有的票据；②持票人恶意取得的票据；③应付对价而未付对价的持票人持有的票据；④记载有‘不得转让’字样而用于贴现的票据；⑤记载有‘不得转让’字样而用于质押的票据；⑥法律或者司法解释规定有其他情形的票据。”

---

〔1〕 吴庆宝主编：《票据诉讼原理与判例》，人民法院出版社2005年版，第82页。

在实务中，采取票据诉讼保全的情况主要体现在票据权利恢复诉讼和票据法上非票据权利诉讼当中，如公示催告程序和票据返还请求权诉讼中，可对票据采取保全措施。票据诉讼一般采取止付通知、冻结止付、扣押票据的保全措施，采取前两种措施的，应该在付款人的营业场所或住所地进行，采取后一种措施的，应该在存放或保管票据的场所进行。对于已经申请票据诉讼保全的，申请人要提供一定的担保，担保的数额应和请求的数额相当。申请人不提供担保的，法院依法驳回保全申请。对于当事人因申请票据保全错误而给他人造成损失的，根据《审理票据纠纷案件若干规定》第 72 条的规定，应依法承担民事赔偿责任。这既是对被申请人合法权益的保障，也是对申请人滥用保全申请的限制与制裁。

三、票据诉讼适用的原则

（一）交易相对方保护优先原则

票据诉讼中对于票据转让前的原权利人的保护只是基础性的、最低限度的，如对无行为能力人的保护、对无权代理中的被代理人的保护等都是如此；而相对于原权利人的第三人或交易相对方则给予必要的、原则性的保护。如票据无因证券性、文义证券性、要式证券性在适用上，要尽可能做出有利于意思表示的相对方，即有利于票据权利人的解释；票据抗辩权中的票据权利人对票据债务人抗辩切断的使用；对丧失票据的票据权利人以公示催告和普通诉讼程序进行的补救；对从无票据权利处分权的让与人手中取得票据的善意受让人的善意保护；对因票据时效经过或权利保全手续欠缺而丧失票据权利的持票人的利益返还请求保护等票据理论制度，无一不是在确保对票据行为相对方即票据权利人进行特别的保护，其根本原因是票据法设立的立法宗旨谋求促进票据流通、确保交易安全的要求所在，也是票据法的生命力所在。

（二）票据记载的形式真实判定优先原则

“票据行为乃是存在于在不特定多数人之间辗转流通的证券上之法律行为，与不慎而为票据行为之行为人的利益相比，无任何过错而取得票据之持票人的利益显得更为重要，因此亦须承认表示主义具有优势地位。”〔1〕

可见，与民法采取的意思主义不同，票据法采取了彻底的表示主义，形成了票据外观解释原则，因而在对票据上意思表示内容进行真假判断时，仅以存在形式的意思表示内容来确定效力，即依据票据外观上的记载事项为判断标准，不允许综合票据记载外的情况来确定行为人的真实意思。“票据上已存在之记载，在其已满足形式要件的要求时，则即使该记载事项的内容与真实不符，票据债务人亦不得以其非真实而主张免除对善意持票人的票据债务，仅在票据取得人为恶意时，方得主张恶意之抗辩。”〔2〕

票据记载的形式真实判定优先原则，体现了票据对严格文义性的追求。“在票据法中，票据取得人完全是出于对票据上所载文义的信赖，而取得票据并确保行使相应的票据权利。”〔3〕在票据诉讼中当事人只要能够合法拥有票据，就可以当然地主张

〔1〕［日］鈴木竹雄:《手形法・小切手法》(新版)，前田庸补订，有斐閣1992年版，第140页。

〔2〕［日］河本一郎、田辺光政編著:《手形法・小切手法小詞典》，中央経済社1989年版，第188页。

〔3〕［日］村川澄、浪川正己:《手形法小切手法の理論と実際》，成文堂1989年版，第38页。

票据上的权利，而无须任何票据外关系证明，这种权利的救济过程是建立在对票据文义公信、信赖的基础之上的。如果票据授受的相对方缺乏公信，即恶意时，就不存在对其加以保护的必要，更无救济的可能。

（三）票据上权利救济的形式公平优先原则

法律以追求公平、正义为价值目标，并历经了从追求形式公平正义到追求实质公平正义的过程。而作为民商法特别法的票据法，却表现出了对形式公平追求的固守与执着。这完全是因为票据法基于无因性原则所建立起来的立法体系，要求票据上权利的实现要与票据上的文义记载匹配吻合，不能通过票据外的事实来对票据文义进行补充解释，即使发生票据文义记载错误（如票据金额大小写不一致）的特殊情形，也须按照错误的文义记载（依票载金额）确认当事人的权利义务。

票据诉讼中，形式公平优先原则的坚守，必然会打破利害关系人的实际上的权利义务的对等与平衡，但此种权利义务关系的失衡，只能通过票据外的救济来获得调整，而无法获得追求形式公平的票据上的权利救济。只有在票据授受的直接当事人之间，因基础原因关系的牵连，可主张票据外关系的抗辩。

（四）效率价值优先原则

1. 效率与安全的关系

票据权利的司法救济程序作为民事诉讼程序的一种，包含有相应的程序价值，其价值应与票据法追求的核心价值相一致。票据法的价值理念，台湾学者曾世雄先生曾精辟阐述，“任何一种法规莫不以公平、正义为其指导原理：正义决定权利义务之归属，公平决定权利义务之分量。正义、公平可以说是法规之一般立法精神。然则，各种法规类皆负有不同之任务，为达成各该不同之任务，必也有其独特之处。‘票据法’之独特立法精神为何？简言之有二，即票据流通与交易安全。”[1]

一方面，在票据流通中，人们异常关注安全，因为安全体现了票据当事人对秩序和稳定的追求。票据作为一种与商品交易活动紧密相连的债权清算手段，无论是从社会一般经济秩序的角度，还是从当事人的具体利益角度，都需要对债权的实现有确实的保证。为了实现这一目的，票据法在具体制度的设计上体现了极强的严格性，如票据记载事项的要式规定、汇票承兑人的绝对付款义务等。英国学者施米托夫指出“世界范围内关于流通票据法的一切法律都坚实地建立在法律的严格性原则的基础上，事实上，它是那些只有坚定地适用严格性原则才能发挥作用的法律规范”。[2]可见，“安全”这一法律价值的重要性不言而喻。

另一方面，票据作为一种便于流通转让而创设出来的完全有价证券，自始就表现出极强的流通性；其创设的宗旨，就是为了便于权利转让，可以说，票据权利天生具有动态的特征。票据法上票据无因性、文义性、要式性等都属于技术性制度设计。“技术性的法律制度是相对于伦理性的法律制度而言的，具有经济上实用的特色”[3]，侧重将保护的重心落在交易相对方即票据权利人一方，其根本宗旨在于确保票据权利能够在不特定的多数人之间顺畅流通。从这个角度出发，很多国家的票据法都将票据交易的效率价值安排在先，而将安全价值考虑在后。

---

〔1〕（台）曾世雄等：《票据法论》，中国人民大学出版社 2002 年版，第 16 页。

〔2〕［英］施米托夫：《国际贸易法文选》，赵秀文译，中国大百科全书出版社 1993 年版，第 78 页。

〔3〕徐学鹿主编：《商法教程》，中国财政经济出版社 1997 年版，第 1 页。

但是应该注重在效率与安全之间求得平衡，不能过于追求效率，而忽视票据流通所需要的安全保障。

安全与效率是相辅相成的，没有效率的安全是无价值的，没有安全的效率也将时刻使法益处于危险的状态。只有当二者冲突最小时，方能充分实现票据法各项制度的功能与目的。保护交易安全，将使票据当事人在票据流通转让过程中保持合法的信赖，省去了基于票据基础关系而进行的原因调查，从而极大地促进了票据流通。但如果片面强调交易安全而忽视票据的流通与效率，就会严重阻碍票据的使用和发展。如我国《票据法》第 17 条规定了票据权利的短期时效性，其中“持票人对支票出票人的权利自出票日起 6 个月；持票人对前手的追索权，自被拒绝承兑或者被拒绝付款之日起 6 个月；持票人对前手的再追索权，自清偿日或者被提起诉讼之日起 3 个月。”其目的就在于督促票据权利人及时将票据转让给第三人，避免票据长期处于闲置状态，进而加速商品或资本的周转与流通，实现社会资源的最优化利用，从制度上保障了票据的交易效率。同时，与之相对应的，票据法又规定了利益返还请求权制度，使超过票据权利时效和欠缺权利保全手续而丧失票据权利的持票人，可以请求出票人或承兑人在其所受利益限度内，返还该利益。这一制度体现了票据法对票据短期消灭时效制度的配置与补充，使得失去票据权利的持票人仍享有票据法上权利，兼顾了效率价值与安全价值。

2. 效率与安全的优化选择

法律的目的价值是多元的，并兼具有序性，根据其所要传递的价值观念、价值旨趣、价值诉求来对权利进行排序。即“法所追求的诸多目的价值是按照一定的位阶排列组合在一起的，当那些低位阶的价值与高位阶的价值发生冲突并不可兼得时，高位阶的价值就会被优先考虑。”〔1〕这种排序是解决权利冲突的基本依据。

实践中，效率与安全在更多的时候是处于对立和冲突的状态，使得票据权利的司法救济价值的选择时常偏向于某种特定价值，但这种倾斜或偏离应当在必要的限度内。既然理想的诉讼价值选择应该而且只能是在效率与安全之间维持一种有选择性的相对均衡，那么，在效率与安全之间，到底应该倾向于哪一个？或者说何者的价值位阶更高呢？尽管追求安全是民法之特别法——票据法产生的直接动因，但若理性地加以审视则不难看出，安全只可以被称为票据诉讼的基础性价值，而不能被等同于票据诉讼的首要价值。“安全价值也并非是一种绝对价值，在个人生活和社会生活中，一味强调安全，只会导致停滞，最后还会导致衰败。”〔2〕因此，票据诉讼的价值选择只能是而且一定是效率优位。

司法机关通过票据诉讼来解决纠纷实现救济时，既要注意节约司法资源、维护公平正义，又要做出合乎经济理性的选择，达到社会资源的优化配置，最终实现效率与安全的均衡与整合，从而达到一种理想的票据流通秩序状态。

---

〔1〕 张文显主编：《法理学》，北京大学出版社、高等教育出版社 1999 年版，第 212 页。

〔2〕［美］E. 博登海默：《法理学——法哲学及其方法》，邓正来译，华夏出版社 1987 年版，第 293 页。

第二章
票据权利的生成

概括来讲，票据权利是指基于票据（汇票、本票、支票）而发生的各种权利，即包括基于票据行为而发生的票据权利，也包括基于票据法的特别规定而发生的票据权利。前者被称为票据上权利，后者被称为票据法上权利。

所谓票据上权利，系指票据所表彰的金钱债权，亦即为达成票据的目的，票据所赋予持票人的权利。持票人对于票据上签名的票据行为人，依我国《票据法》第 4 条第 4 款的规定，所得行使的票据权利有两种：即付款请求权和追索权。

第一，付款请求权是持票人向票据主债务人或关系人提示票据，请求其按照票面记载事项足额支付票据金额的主票据权利。付款是票据权利得以实现的标志，也是整个票据流通过程的终点。我国《票据法》第 60 条规定："付款人依法足额付款后，全体汇票债务人的责任解除。"付款请求权是持票人享有的第一顺序权利，付款请求权实现之日亦即追索权消灭之时；对付款请求权而言，它是追索权产生的前提，即只有在其无法实现的情况下，才以追索的方式予以救济。

汇票付款请求权纠纷的当事人一般是持票人与承兑人或者付款人，本票付款请求权纠纷的当事人一般是持票人和出票人，支票付款请求权纠纷的当事人一般是持票人与办理支票存款业务的银行。

第二，追索权是在付款请求权未能实现时发生的，持票人对从债务人所享有的、请求偿还所载金额及其他有关金额的权利。追索权是持票人享有的第二顺序权利，是一种派生的救济权，是为补充付款请求权而专门设立，以更充分地保护票据权利的合法权益不受损失。追索权唯有在付款请求权被拒绝或者法定情形出现时才可以行使。因此，持票人不先行使付款请求权而先行使追索权遭拒绝提起诉讼的，法院一般不予受理，除非有《票据法》第 61 条第 2 款和《审理票据纠纷案件若干规定》第 3 条所列情形之一。追索权纠纷的当事人一般是持票人与票据的出票人、背书人、承兑人、保证人等。

追索权可以不断行使，追索权的首次行使为最初追索权，被追索人在清偿了票据债务后获得了对其他票据债务人的再追索权，其他票据债务人进行清偿后，又成为再追索权人，再向其前手行使追索权，直到票据债务清偿完毕，票据权利最终获得实现，票据权利义务关系消灭，追索权才随之消灭。

一、基于票据行为产生的票据权利

我国票据法理论上，一般所说的票据行为，是指狭义的票据行为。“是行为人在票据上完成的一种法律行为，是以行为人在票据上进行必备事项的记载、完成签名并予以交付为要件，以发生或转移票据上权利、负担票据上债务为目的的要式法律行为。”[1]行为人在票据上进行必备事项的记载并签名属于出票

---

〔1〕 赵新华：《票据法论》，吉林大学出版社 2007 年版，第 37 页。

行为，转移票据权利的行为属于背书行为，而承兑和保证属于负担票据上债务的票据行为。可见，在我国，狭义的票据行为只包括出票、背书、承兑、保证四种。由此而使票据行为表现为四个行为阶段。

（一）出票——票据权利的创设

我国《票据法》第20条规定：“出票是指出票人签发票据并将其交付给收款人的票据行为。”意即出票人按照《票据法》之规定制作票据，并将票据交付给收款人由其占有从而设定票据权利的票据行为。

票据权利产生于出票，在未完成出票时，只有原因关系上的权利存在，而无票据关系上的权利存在。出票时票据活动中的最初始的行为，也是创设票据、从而创设了票据权利的行为。可以说，作为有价证券的票据，是基于出票行为而诞生的；而全部的票据关系，也是基于出票行为而开始的。

在票据关系中，出票行为的性质在理论上存在两种较大争议的观点。

一种观点认为是契约行为说，该观点认为票据行为的成立包括出票人签发票据的行为和交付票据的行为，这两个行为相互衔接，密不可分。

另一种观点赞成单方行为说，认为出票人一经创设票据并签章，即可使出票行为成立，交付票据并不是出票行为的成立要件。

而我国《票据法》第20条的规定，明显是主张契约行为说，强调签发票据行为和交付票据行为不可分割。出票行为产生的法律后果是在票据当事人之间产生票据权利与票据义务关系，如果仅强调出票而否定交付，则仅有票据义务的承担而无票据权利的享有。出票人签发票据且应当将票据交付给收款人占有，否则会导致票据这一权利凭证掌握于票据义务人之手，而票据权利人无法直接有效地接触票据并主张或行使票据权利的情况发生，这样会导致票据关系名存实亡。

出票人为出票行为，要么因为是偿还货物买卖的价金，要么因为是返还到期的贷款，而引起出票行为的原因被称为票据原因或票据的原因关系。

出票的原因关系可能多种，但最主要的应是出票人与收款人之间的债权债务关系。除了为履行既存的原因债务而发出票据以外，票据也可能为了对既存债务提供担保而发出，还包括赠予的履行、信用的提供等非原因债务关系。特别是在作为信用提供手段而发出票据，在很多国家并不多见，为此而发出的票据，被称为“融通票据”。融通票据是一种既没有原因债务也没有对价的授受，专门为取得金钱的融通而发出的票据。这种票据也被称为“空票”或者“借票”。

很显然此种融通票据，在安全性和稳定性上，都存在着一定的问题，甚至可能成为欺骗的手段，因而，在有些国家是被禁止的。按照我国《票据法》第10条的规定，票据的签发，应当具有真实的交易关系和债权债务关系，不允许发出没有实际商品交易基础的票据，这表明在我国也不认可融通票据。不过，融通票据的发生，并不是单纯的禁止性规定所能阻止的。票据融资在解决一般经济实体短期资金融通中具有非常大的优势，可以极大提升经济实体在市场中的信用度。

在基于票据的原因关系而为出票行为之后，即出票人与收款人之间，形成了与原来的原因关系不同的新的法律关系，这就是票据关系，亦即票据上的债权债务关系，由此而产生了汇票上收款人的票据权利，也发生了出票人的票据义务。在出票行为完成后，票据关系即与原因关系相分离，票据上权利也与原因关系上权利相独立。作为票据权利人来说，仅凭票据，即可行使其权利或者转让其权利，而无须提供原因关系上的证明。

1. 出票的一般形式

在票据早期使用的时候，对票据的使用纸张并没有特殊的要求，通过出票行为制作的票据，只要具备了票据的必备要件，就是有效票据。到了近现代，随着银行业的发展和技术的进步，在完成出票时，要求出票人必须使用开户银行所提供的专门的统一印制的票据，排除了出票人自制用纸和随意用纸的习惯。此规定体现在我国《票据法》第 108 条第 1 款和第 2 款：汇票、本票、支票的格式应当统一，其格式由中国人民银行规定。

2. 出票的基本格式

票据权利的实现，必须要依托票据的文义性和要式性，通过在票据上的要式记载和文义体现，可以准确反映出票行为所创设的票据权利，而票据法将出票人记载内容和记载方式的相关规定称作出票的基本格式。

（1）出票的绝对必要记载事项。绝对必要记载事项，顾名思义，就是在票据上必须要进行记载的事项，如果缺少该事项，将会导致票据行为无效。出票时如果欠缺绝对必要记载事项，则不仅会导致出票行为无效，而且该张票据也将无效。

根据我国《票据法》第 22 条的规定，出票的绝对必要记载事项主要包括票据文句、支付文句、票据金额、付款人名称、收款人名称、出票日期和出票人签章。

第一，票据文句。是在票据上记载该票据为何种票据的文字表示，在汇票上就必须要记载表明“汇票”的文字。如果某票据上没有记载该票据文句时，则该票据因为欠缺绝对必要记载事项而属于无效票据。在票据上进行票据文句的记载，其主要功能是将票据同其他的一般债权文书或债务证书加以分别，从而确立和适用票据法律关系。当前的票据文句记载已经无须出票人自行记载，而是由金融机构统一在票据印纸上方分类印好，供出票人选择使用。如，汇票分为银行汇票和商业汇票，商业汇票又可分为商业承兑汇票和银行承兑汇票。

第二，支付文句。是表明出票人委托他人或者承诺由其本人向持票人无条件支付确定金额的文字表示。例如，在汇票上必须要记载“无条件支付的委托”字样，其实质是表明汇票的付款人必须要向收款人或持票人单纯地、不附加任何限制性要求的支付票据金额。正是因为这样的支付委托或支付承诺的无条件，才能确保最终票据权利的实现，从而利于交易安全和票据流通。实务中，票据的支付文句同样无须出票人自行记载，也是事先统一印制在票据用纸的相应位置上，通常印制包括“凭票祈付”“请于到期日无条件支付”“凭票付”等字样。

第三，票据金额。是持票人最终可以行使的票据权利的确定数额。票据作为债权证券，是以支付金钱为标的的。很显然，如果欠缺了金额，票据上的权利是无法确定的，当然也就无法实现，最终也会导致票据无效，所以票据金额的记载是绝对必须的事项。

目前，实务中对票据金额的记载通行的做法是重复记载，也就是一种以本国文字的形式记载，另一种以阿拉伯数字的形式记载。我国《票据法》第 8 条明确规定，票据金额以中文大写和数码同时记载。如果出现两种记载不一致的情形时，票据无效。可见，我国对票据金额记载的要求非常严格。《日内瓦统一票据法》中对此规定略有不同，认为两种形式的票据金额记载不一致时，票据仍然有效，最终以文字记载的金额为准。此类规定对保护持票人的票据权利是非常有利的，同时亦能有效促进票据流通。

在我国银行结算实践中，《支付结算办法》规定，如果票据当事人约定以现金进行票据金额支付的话，还需要在记载票据金额时，载明“现金”字样，否则不能要求支付现金。在现实经济生活中，在一些特殊情况下，可能会签发票据金额空白的票据，而在事后再将其补充完整。我国目前银行汇票是以最后填入银行汇票的实际结算金额，作为该银行汇票的票据金额，在一定程度上相当于发出了金额空白的汇票。

第四，付款人名称。付款人是出票人于出票时记载的，在票据到期后或者在见票时承担付款义务的人。由于汇票和支票属于委托他人进行付款的票据，所以在汇票和支票的基本票据上，必须记载付款人名称，而本票是因为出票人本人承担付款的责任，因而不需要记载付款人的名称。票据的实际使用过程中，注意要将票据上的付款人和实际结算关系中的付款人进行区别。票据上的付款人是出票人在出票人在出票时记载的付款人，而实际结算关系中的付款人是实际支付票据金额的人，他只是票据付款人的代理人，一般称为担当付款人。〔1〕

第五，收款人名称。收款人是出票人于出票时记载的、接受票据金额给付的人。收款人是票据上最初始的权利人，即第一持票人。票据本身是指示证券，所以出票人在出票时，一定要明确指示票据权利人，也就是载明收款人；之后可由票据上所载收款人，继续指示新的票据权利人，亦即以收款人为第一

〔1〕于莹：《票据法》（第二版），高等教育出版社2008年版，第117页。

背书人，进行票据的背书转让。我国票据法将收款人名称作为汇票和支票的绝对必要记载事项，根据《票据法》第 86 条规定，支票上未记载收款人名称的，经出票人授权，可以补记。

第六，出票日期。出票日期就是票据上载明的、出票人签发票据的日期。通过出票日期，可以确定相关法律事实，例如出票人在出票时是否具备行为能力。票据本身属于文义证券，因此其出票日期一定以票据所载的出票日期为准。而实际上真实的出票日期，是否和票载日期相符，并不能影响票据发行的效力。不过，票载出票日期必须是真实存在的日期，不能是事实上根本不存在的日期，如 2 月 31 日。另外，出票日期也不应该晚于票据的付款日期，否则该票据是无效的。

第七，出票人签章。出票人是票据行为的主体，是绝对不可缺少的记载，否则无法确认票据行为成立。但出票人签章和其他记载事项不同，其他出票记载是否由行为人本人亲自完成，并不具有特殊意义，而出票人签章则必须由行为人本人亲自完成，如果是代理人或代行人代为完成，则必须基于行为人的亲自授权。票据法将票据签章和其他票据记载事项共同作为票据的绝对必要记载事项进行安排，仅仅是基于立法技术上的考虑，实际上二者还是完全不同的要件。

（2）出票的相对必要记载事项。出票的相对必要记载事项，是指出票人应当记载，但如果没有记载，并不必然导致出票行为无效的事项。根据票据法的规定，可以视为出票人已经进行了法律规定的相应内容的记载，据此发生相应的法律效力。我国《票据法》规定，汇票的付款日期、付款地、出票地以及本票和支票的付款地和出票地为相对必要记载事项。

第一，付款日期。亦称为到期日，是付款人应该支付票据金额的具体日期。付款日期的记载，目的在于确定付款人开始履行付款义务的期限。在到期日之前，付款人得拒绝持票人的付款请求，仅在到期日届至后，才应当履行义务。而到期日届至，持票人并未提示票据请求付款，付款人即无当然履行的义务。相应的，到期日也成为持票人提示付款的起始日，持票人应在规定的提示付款期间内，进行提示付款，否则丧失对前手的追索权。

实务中，我国汇票付款日期的记载方式包括四种：见票即付、定日付款、出票后定期付款、见票后定期付款。出票人可以自行选择记载的方式。我国银行汇票一律为见票即付，无须记载到期日，而商业汇票通常为远期票据，应明确记载到期日。如果票据上记载的到期日是公历上并不存在的日期，此汇票是否无效呢？根据《票据法》第 107 条第 2 款的规定，按月计算期限的，按到期月的对日计算，无对日的，月末日为到期日。因此，此类票据依然有效，这样利于保护票据的交易安全。

第二，付款地。即票据上记载的、进行票据金额支付的地域，一般应为付款人进行票据金额支付时所在的行政区域。我国《票据法》第 23 条第 1 款规定，汇票上记载付款地，应当清楚、明确。票据上记载付款地，既可以使持票人方便查询付款人地点，以利于票据提示，又可以作为拒绝付款时票据的拒绝证书作成地，同时，便于确定因提起票据诉讼的管辖地域。票据上未记载付款地的，不影响票据的效力。我国《票据法》第 23 条第 3 款规定，票据上未记载付款地的，付款人的营业场所、住所或者经常居住地即为付款地。

第三，出票地。出票地是出票人为出票行为的行为地，即票据签发的地点。我国《票据法》第 23 条第 1 款规定，汇票上记载出票地事项时，应当清楚、明确。记载出票地的重要作用在于涉外票据准据法的适用。例如，我国票据法对于票据追索权的行使期限规定适用出票地法律。然而出票地并不是票据的绝对必要记载事项，如未记载并不影响票据效力。我国《票据法》第 23 条第 4 款规定，在出票地未记载时，出票人的营业场所、住所或者经常居住地即为出票地。

（3）出票的绝对有益记载事项。出票人在签发票据时，除必要事项记载之外，可以选择一些对自己有利的事项进行记载。而此类事项一经票据记载，即发生相应的票据效力，这类事项就属于绝对有益的记载事项。我国票据法规定了三项绝对有益记载事项。

第一，禁止转让文句。出票人在出票时，可以在票据上记载禁止转让文句，由此拒绝票据的流通，此时的票据仅仅作为支付工具而存在。我国《票据法》第 27 条第 2 款规定，出票人在汇票上记载“不得转让”字样的，汇票不得转让。汇票本为指示证券，票据权利人可依背书将票据转让，从而指定新的权利人，进而体现票据的流通性。如果出票人在签发票据时，基于特殊考量，并不希望自己签发的票据进一步的流通转让，此时，出票人即可依据票据法的规定，在票据上记载禁止转让文句。

第二，外币支付文句。我国票据金额的记载通常为人民币，但依照规定也可以使用外币支付的，可在票据上以外币进行票据金额的记载。此种记载，即为外币支付文句。我国《票据法》第 59 条进行了相应规定：票据金额为外币的，按照付款日的市场汇价，以人民币支付。但票据当事人对票据支付的货币种类另有约定的，从其约定。

第三，代理付款人。出票人签发票据时，可以记载代理付款人，有其代替付款人进行付款。此时，持票人应向代理付款人请求付款，而代理付款人要履行审查义务，否则应承担相应责任。代理付款人只是结算关系的当事人，并非票据关系当事人，所以其承担的仅是结算义务。

（4）出票的相对有益记载事项。出票的相对有益记载事项，是指出票人在票据法没有直接规定的情况下，自行决定在票据上进行记载的事项。该事项在记载前，不影响票据本身的效力，在记载后也仅发生票据法之外的相应法律效力。我国《票据法》第 24 条规定，汇票上可以记载本法规定事项以外的其他出票事项，但是该记载事项不具有汇票上的效力。此处规定的其他出票事项，即为相对有益记载事项。

实务中，票据的相对有益记载事项主要包括票据号码、票据金额的用途、票据所涉及的交易合同号码、银行汇票申请人名称、账号或住址、开户银行行号等。这些记载一般并不发生票据法上的效力，仅发生银行结算规则上的效力或其他相关法律上的效力。

（5）出票的无益记载事项。出票人签发票据的时候，也有可能记载一些既不是绝对必要、也非相对有益的记载事项，这些记载虽不能产生任何法律效力，但可能会导致出票行为甚至票据无效，此类记载事项就属于是无益记载事项。无益记载事项又可分为绝对无益记载事项和相对无益记载事项。

绝对无益记载事项是指能导致出票行为甚至票据无效的记载事项。例如出票人在票据上可能会记载一些附条件的付款要求。而此类做法违反了我国《票据法》关于付款必须无条件的规定，将直接导致该票据归于无效。

相对无益记载事项是指票据上的记载事项不发生包括票据法在内的任何法律效力，可以直接视为该票据上没有相应记载的事项，亦可被称作记载无效的事项。目前我国票据法没有明确规定记载无效的事项，但有类似条款，如《票据法》第26条规定，出票人签发汇票后，即承担保证该汇票承兑和付款的责任，在票据上记载免除担保承兑和担保付款责任的就属于记载无效的事项。

3. 出票的法律效力

出票行为完成之后，即可发生票据法上的法律效力，也就是会产生票据上的权利义务关系，即票据债权和票据债务关系。出票行为的法律效力对票据的出票人、付款人、收款人三方当事人同时产生。

（1）出票行为对出票人的效力。通常票据的出票行为一经完成，就会对出票人产生相应的票据债务。这种票据债务体现为直接的付款义务和担保义务两类。汇票和支票属于委付证券，出票人不直接付款，而是由付款人承担付款义务，此时出票人只是承担担保责任；如果持票人最终不能从付款人处获得付款时，出票人方得承担付款义务。一般被称为二次性义务或偿还义务，和直接的付款义务是不同的。

第一，担保承兑效力。所谓担保承兑就是出票人保证其所签发的汇票在到期前能够获得承兑，如若出现付款人拒绝付款、下落不明、破产等原因导致无法承兑时，出票人必须承担汇票付款的责任。我国票据法将汇票出票人的担保承兑义务作为法定义务，只要持票人在票据到期前不获承兑，出票人就必须承担汇票的付款责任，该义务不能约定免除。

第二，担保付款效力。所谓担保付款是指持票人在法定提示期限内向付款人请求付款遭到拒绝时，由出票人承担相应的偿还责任。担保付款责任是无论汇票抑或支票的出票人均要承担的责任。担保付款义务也是不能约定免除的，是法定义务。

我国目前使用的银行汇票，是由出票银行签发的，由其自己在见票时无条件支付给收款人或持票人的汇票；此时，出票人依出票行为产生了本人直接付款的义务，属于是一种对己汇票。

第三，付款的责任。此责任主要针对本票出票人，由于其在签发票据时承诺自己承担支付本票金额的付款责任，所以本票的出票行为使得出票人自己要承担绝对的付款义务。我国《票据法》第 77 条规定：本票的出票人在持票人提示见票时，必须承担付款的责任。据此，本票的出票人在签发本票之后，就负有在票据到期日向持票人支付票载金额的义务，而这项义务是第一性的义务，也是无条件的、绝对的、最终的义务。

（2）出票行为对付款人的效力。此处，所谓出票行为对付款人的效力，实质是指出票行为对汇票和支票的效力。因为本票出票行为对付款人的效力，上文已经论述，不再赘述。

汇票在出票时，出票人在票据上已载明其已委托付款人进行付款，但此委托，仅为出票人与付款人之间的票据外原因关系，而非票据上的委托关系。据此，出票人的出票行为虽已完成，但对付款人来讲，并未发生票据上效力；假使付款人产生了付款责任，也只是相对的付款责任，最终付款人能否付款，尚未能确定。所以，汇票行为完成后，付款人可以自主决定是否承兑，如若承兑，则主动成为票据义务人，必须履行付款义务；如果拒绝承兑，则其无须承担任何票据责任，最终只能由出票人支付票据金额。

（3）出票行为对收款人的效力。出票人通过出票行为作成票据，并将其交付收款人之后，将对收款人亦即第一持票人产生相应的法律效力，即确定金额的请求支付权，使收款人成为票据权利人。收款人所享有的权利主要包括：第一，提示权。收款人可向付款人提示承兑或提示付款。第二，付款请求权。付款期限届至，收款人有权行使付款请求权，要求付款人支付票载金额。第三，票据转让权。收款人可在获得相应对价的前提下，将票据进行背书转让，然后转变为票据义务人，而受让票据的持票人则享有与前述的收款人同样的权利。

4. 空白票据

空白票据制度在票据法理论体系中非常独特，甚至异化，它突破了票据法固守的设权性、文义性、要式性特质，通过空白票据补充权的行使，使未完成票据转换为完全票据，扩展了有效票据的范围，在促进票据进一步流通的同时，兼顾了对善意持票人利益的保护，对于空白票据纠纷诉讼案件审理具有重要的理论参酌和实践指导意义。

（1）空白票据的定义。票据是一种文义证券、要式证券，出票人在签发票据时，通过绝对必要记载事项的完全记载，来明确票据当事人的权利义务，如果票据上的绝对必要记载事项记载不完全，权利义务则无法确定，也就不能发生票据效力。但是，实践中由于经济发展和交易所需，出票人在出票时绝对必要记载事项无法及时确定但又必须交付票据，这时将此记载事项暂不记载，留待持票人日后填补记载，这就产生了空白票据。比如，订有定期结算合同的交易双方当事人，只有在交易后才能知道其交易的实际差额，票据金额在签发票据时是无法确定的；又如各国票据法都规定了对于见票即付的票据，持票人必须在法律规定的付款提示期请求付款，否则丧失对前手的追索权，而由于交易上的原因，当事人暂时无法确定提示付款的日期，或者当事人为了摆脱该期限的限制，不愿立即确定提示付款的期限时，就会不记载票据的出票日。无论票据是欠缺金额的记载，还是欠缺到期日等其他绝对必要记载事项的记载，都是出票人有意暂不记载该事项，而约定由收款人及其指定的人在能够确定有关事实时，补充记载该欠缺事项，使空白票据成为完全票据。

关于空白票据的定义，学界有狭义说和广义说。

狭义说的代表谢怀栻先生认为，“空白票据是发票人在签发票据时，有意将票据上应记载的事项不记完全，留待持票人以后补充的票据。”〔1〕

广义说的代表赵新华先生认为，“空白票据是指行为人对于票据必要记载事项的一部或全部不进行记载，就在票据上签名发行，预定其后由他人进行补充记载，并依据所载文义发生票据效力的一种特殊票据。”〔2〕

狭义说将空白票据的主体仅限于出票人，而广义说则不限于出票人，包括出票人以外的其他票据行为人。我们赞同广义空白票据说，这也是目前学界的通说。从票据实践来看，票据的出票、背书、承兑、保证阶段都存在着对空白票据行为的要求，而狭义说将空白票据局限在出票阶段，并不承认其他阶段的空白记载票据。这对增强票据流通是非常不利的。狭义说将空白票据的记载事项局限于支票金额和支票收款人名称。虽然《票据法》第 85 条规定：“支票上的金额可以由出票人授权补

〔1〕 谢怀栻：《票据法概论》（增订版），法律出版社 2006 年版，第 88 页。

〔2〕 赵新华主编：《票据法问题研究》，法律出版社 2007 年版，第 274 页。

记，未补记前的支票，不得使用。”以及第 86 条第 1 款规定：“支票上未记载收款人名称的，经出票人授权，可以补记。”但不能据此认为，我国票据法仅承认金额空白及收款人空白的支票，而将其他的空白票据均视为无效票据。[1] 因为如果排除了票据出票日和到期日的空白记载，就会使持票人无法对以上空白事项进行补记，对持票人的权利实现和保全是非常不利的，票据的流通性将大打折扣。

（2）空白票据的要件。空白票据也称为空白授权票据、未完成票据。空白票据不同于票据用纸和无效票据，空白票据的成立，须具备四个要件：①须有空白票据行为人的签名；②须欠缺绝对必要记载事项；③须对第三人授予空白票据补充权；④须有空白票据的交付。

而欲达成上述四要件，则须具备下列四行为：①签名于书面的行为；②由补充而发生票据债务为目的之行为；③须以证券之交付而成立之契约行为；④由补充而转化为完全票据之行为。[2]

我国《票据法》只规定了空白支票，并不承认空白汇票和空白本票，实务中最常见的空白票据也仅限于空白支票。

（3）空白票据性质。空白票据是否属于票据，理论上存在着争议，主要有肯定说和否定说两种主张。

第一，肯定说。根据票据法的规定，票据属于无因证券、文义证券、要式证券，欠缺绝对必要记载事项的票据双方当事人的权利义务是无法确定的，故此票据是无效的。肯定说认为

---

〔1〕 赵新华：《票据法》，人民法院出版社 1999 年版，第 183 页。

〔2〕 （台）梁宇贤：《票据法新论》（修订新版），中国人民大学出版社 2004 年版，第 58 页。

坚持票据的要式性实质上是为了促进票据流通、保障交易安全，而如果机械贯彻票据法的要式规定，将会影响到持票人的利益，尤其是善意第三人的利益。因此，从票据法的立法宗旨、促进票据流通、保护交易相对人的角度出发，应对票据的要式性从宽解释，承认空白票据属于票据，票据的相关规定完全适用空白票据。

第二，否定说。否定说认为空白票据是类似于票据的一种有价证券。票据的要式性是票据的根本特性，票据的格式（形式和记载事项）都是由票据法严格规定的，因此必须严格遵守和执行。空白票据因为绝对必要记载事项欠缺而不具备票据的要式性，所以不能称为票据。只有在行使空白票据补充权，使空白票据成为完全票据之后，才能称为票据。

否定说固守票据法要式性的严格要求，对空白票据的流通不利，而肯定说弱化甚至否认了票据成立的要式性规则，又显得过犹不及，两种学说都是试图通过票据法的现有理论来确认空白票据的性质，但却陷入选择保护票据流通利益还是保护票据行为人利益的两难境地。

"一般来说，应当坚持票据行为必须具备要式性，主张空白票据不是票据，但因考虑到贯彻票据法促进票据流通的理念，而适用外观主义，进而适用票据的流通规则。可以认为，在空白票据理论中，空白票据从其权利的性质上说，是一种期待权。"〔1〕那么，既然空白票据所表彰的"权利"性质是期待权，根据空白票据的完全性就决定了空白票据性质当然具有期待权的性质。

（4）空白票据行为性质。票据有票据行为，空白票据当然

〔1〕 赵新华主编：《票据法问题研究》，法律出版社 2007 年版，第 276 页。

有空白票据行为。关于空白票据中出票人授权行为的性质，学界有以下六种学说：

第一，要约说。此说以票据行为的性质属契约为前提，认为出票人将空白票据交付给收款人的行为，属于票据契约的要约，持票人行使补充权，即是承诺。但在补充权被滥用，要约与承诺不相一致的情况下，对于善意第三人的保护要约说无法说明。

第二，委任说。认为空白票据的补充，是在空白票据的签章人对第三人委任之下进行的，空白票据签章人与空白票据持有人之间是一种委任关系。委任说下的空白票据持票人行使补充权而使自己享有票据权利，并不是由委任人享有，与民法委任契约的性质不符，故不足取。

第三，代理权说。认为空白票据受领人是在被授予代理权的基础上，完成的对空白票据的补充，而这一补充是以空白票据签章人的名义进行的，其补充的效果应及于本人。但事实上补充权并不像代理权一样可以随时解除，此种观点无法自圆其说。

第四，准委任说及授权说。认为空白票据受领人对票据上的绝对必要记载事项的记载，仅仅是一种不受民法限制的票据要件欠缺补充的事实记载，并不是法律行为的委任。

第五，票据预约说。认为空白票据受领人基于空白票据的授受而缔结的契约，获得相应的补充权，而空白票据的签章人基于受领人的补充内容而负担票据债务。此说从票据行为系契约行为出发，仍属要约说。

第六，附条件票据行为说。认为空白票据行为是系属证券法理上的票据行为，但该行为是以附停止和法定条件为补充条件的票据行为。因此，该说虽有利于保护善意第三人的利益，却仍然无法克服票据行为是不允许欠缺绝对必要记载事项这一实际缺陷。

“一般而言，民法因实行意思自治原则，法律行为的形式一般不构成法律行为的有效要件，更不用说成立要件。但票据行为因实行严格的要式性，法定的形式要件既是票据行为有效的要件，同时也是票据行为成立的要件，票据行为的成立与有效在形式上的要求是同一的。由此我们可以得出结论：空白票据行为是一种准票据行为，或者说类似票据行为的行为。”〔1〕

（5）空白票据转换成完全票据的基础——空白票据补充权。补充权是空白票据理论中非常重要而又核心的概念，是指补充空白票据欠缺的记载事项从而形成完全票据的一种权利。

空白票据由于没有把票据法上所要求的应记载事项记载完全，使票据当事人的权利义务无法确定下来，与票据作为设权证券、文义证券、要式证券等特性不符，因此并非有效票据。而补充权的行使让空白票据经补记而成为完全票据，进而产生法律效力，并且因此种效力的溯及既往性，而使票据当事人的权利义务关系得以确定，持票人据此可以行使票据权利。“空白票据实际上是关于空白补充权的行使以及行使补充权之后产生的法律后果的规定。故此，有学者主张，空白补充权是各国空白票据立法的共同内容，是空白票据理论的核心问题。”〔2〕

在空白票据理论中，通说认为补充权在性质上是形成权。“所谓形成权，是指依权利主体一方的意思表示，使权利发生、

〔1〕 汪世虎：《票据法律制度比较研究》，法律出版社2003年版，第127页。

〔2〕（台）高金松：《空白票据新论》，台湾五南图书出版公司1986年版，第14页。

变更、消灭或发生其他法律上效果的权利。形成权系属一种辅助的权能，权利主体享有法律上之力。”〔1〕关于空白补充权授予的方式，主要有三种学说观点：

第一，补充权主观说。该学说主张认定补充权应基于空白票据上签名的行为人与相对人在票据外的合意，即基于补充权授予契约，而由空白签名人将补充权授予持票人，持票人行使补充权使空白票据转变成完全票据后，始具无因性及设权性。这种方式可以是书面的，也可以是口头的，书面形式的授权可以制成单独的授权文件，也可以直接将授权见诸票据之上，因此又称为明示授权说。日内瓦法系国家多采主观说。

第二，补充权客观说。又称为默式授权说，该学说主张只要有空白票据的外观可期待有补充记载权，即可认为有补充权的授予。如果客观上能够进行补充，就成立空白票据，而这种客观基于两个事实来确定，即空白票据行为人的签章和欠缺绝对必要记载事项，只要有这两个事实就可以推断可进行补充。英美法系国家多采客观说。

第三，补充权折衷说。该学说从属于客观说，是主观说客观化的理论。主张一方面按照主观说的要求，须有补充权，另一方面依据证券的外观来认定补充权的存在，又采客观说。

补充权主观说主张基于签章人的真实意思来探求空白票据补充权的本质，其结果却又危害到交易相对人的权利，无法回避签章人任意解释补充权的授予而拒绝持票人权利主张的随意性。而补充权客观说恰恰又忽略了签章人补充权授予的真实意思，主张从证券的外观出发来判断补充权授予的可能，这与补

〔1〕（台）王泽鉴：《民法学说与判例研究》（第二册），台湾三民书局 1980 年版，第 31 页。

充权的理论逻辑不相符，弊端明显；但该说侧重保护持票人的利益，有利于促进票据流通和商事交易。补充权折衷说采取的是拟制授权意思的存在，当不完全票据的客观形态具备，虽不具备补充权的授权，仍可被推定为空白票据，这显然有失公允；但该说兼顾主观说和客观说的优长，已为学界广泛接受，我国空白票据补充权理论也采折衷说，既强调授权，又注重保护善意持票人的权利。

（6）空白票据补充权的行使。空白票据补充权的行使，原则上应依据空白签章人和交易相对人之间达成的授权契约进行补充，如未约定，则可依基础关系或交易习惯来确定空白签章人的意思，进而行使空白票据补充权。关于空白补充权的行使期限的规定，学界至今仍有争论，主要体现在以下三种情形：一是空白补充权要在合理的期间内行使，此种情形英美法系国家居多。是指只要在空白票据出票人与补充权人约定的时间内行使空白补充权，就是在“合理的期间”内行使补充权。二是在任意期间内行使补充权。是指双方当事人没有约定补充期限，也没有在票据上记载或无法确定“到期日”，补充权人于何时行使的补充权，出票人或相对人根本无法知悉，逾期抗辩无法对补充权人主张，因此补充权的行使期间应不受期限限制，只能基于补充权的行使而消灭。三是在票据权利消灭时效内行使补充权。是指空白票据出票人和补充权人虽没有约定补充期限，但票据上已记载“到期日”，可以在票据提示付款期限届满之前行使补充权。

空白票据补充权的行使方法，原则上来说并没有什么特殊的限制，既可以对空白票据欠缺的绝对必要记载事项进行分别补充，也可以一次性补充完成。

（7）空白票据诉讼与判例。空白票据之所以在票据实务中存在，是有其合理性的，无论是金额空白，还是收款人或被背书人名称空白，抑或是日期空白的票据，都是由于商事交易或者其他需要，在不能完全记载或不想完全记载票据的绝对应当记载事项时，将空白票据作为将来完成的票据予以利用，这样空白票据不仅可以作为金钱借贷的担保而签发，并可以通过如背书空白记载而依单纯交付转让票据权利，使票据的流通更简易化。

空白票据的存在虽然有其合理性，但由于空白票据毕竟是票据上绝对应当记载的事项欠缺，所以在空白票据的流通转让过程中，势必会引起各种纠纷，从而形成空白票据的诉讼。如票据付款人以票据绝对应当记载事项欠缺而拒绝付款而引起的票据纠纷诉讼、票据补充权人越权补记而引起的票据纠纷诉讼、票据债务人以空白背书拒绝履行付款义务而引起的票据纠纷诉讼、以空白票据设定质权或贴现而引起的票据纠纷诉讼、空白票据丢失提起失票救济程序而引起的票据纠纷诉讼等。

在大连锦程国际货运有限公司与大连华德木业有限公司等票据纠纷案〔1〕中，原告大连锦程国际货运有限公司，于1997年12月24日收到一张由孟繁军（系孟繁丽之兄）单纯交付的转账支票，出票人为被告大连华德木业有限公司，收款人为空白。原告收到支票后即在收款人处填写自己的名称，并在有效期内提示银行付款，却被被告开户银行以存款账户余额不足为由退票，并将此支票没收，当原告向支票交付人孟繁军索款时，却得知此人已死亡，原告遂向法院提起诉讼，请求被告支付

〔1〕 中国应用法学研究所编：《人民法院案例选》（2000年第4辑），人民法院出版社2001年版，第226~228页。

票款。

一审法院认为原告取得的支票是合法有效的，故被告应对此空头支票承担责任，支付欠款及利息。被告不服提起上诉辩称：原告所持支票是由孟繁军给付所得，并欲作为给付孟繁丽的货款，而孟氏兄妹间是债权债务关系，同时支票不是通过连续背书转让取得的，故原告无权主张支票权利。二审法院还查明，原告所持支票是由孟繁丽从被告处取得并转借给孟繁军的。最终二审法院认为：原告由孟繁军处取得的支票是基于他们之间的债权债务关系，符合相关法律规定，并且该支票出票时未经背书，故无须背书连续，原告取得票据合法有效，并能证明其票据的权利，其请求被告支付票款的理由正当，应予支持。

本案属于因未记载收款人名称的空白支票引起的票据纠纷诉讼案件。我国《票据法》对未记载收款人名称的空白支票是承认其效力的，第 86 条第 1 款明确规定：“支票上未记载收款人名称的，经出票人授权，可以补记。”本案涉案支票在出票时并未记载收款人名称，根据以上空白票据补充权理论，在出票人（被告）将该空白支票交付给他人（孟繁丽）时，可以推定出票人授予他人对收款人名称的补充权，而且出票人对收款人的范围并不以直接从出票人手中取得票据的人为限，以此类推，孟繁军和原告都是通过直接交付的方式取得空白票据的，因此都可以行使空白票据补充权。最后持票人（原告）在空白票据上补记自己为收款人是符合票据法规定，同时原告亦支付了对价，因此依法可以主张自己的票据权利。

本案中被告以基础原因关系提出了抗辩，实际上收款人（原告）并不是出票人（被告）的直接后手，而是从出票人的后手处依单纯交付转让取得票据的持票人，并能够证明自己已经履行了相关基础关系义务，是以支付对价的方式取得的票据，从而可以否定出票人（被告）所主张的票据基础关系抗辩。

空白票据出现的根本原因在于其本身体现了票据主体间的意思自治，空白票据制度突破了传统票据法理论的票据行为要式性的约束，促进了票据流通，并注重保护了善意持票人的权利，使那些相信票据特有的经济机能的当事人更加放心地加入到票据流转的链条之中，有利于融资。

我国《票据法》规定的空白票据仅限于空白支票，不包括空白汇票和空白本票，在适用范围上过于狭窄，在效力认定上过于严格。因此，票据实务上迫切要求对《票据法》中有关空白票据立法进行修改与完善，并由司法机关对空白票据作出相应的司法解释，以适应司法实践中不断出现的空白票据纠纷审理要求。

5. 无效票据

（1）无效票据的性质。所谓无效票据，是指那些不能作为票据而发生法律效力的票据。所以，无效票据本身并不是真正意义上的票据，持票人持有此种票据并不能享有任何票据权利。但由于无效票据的认定涉及票据法的特性，所以在此加以研讨。

无效票据与前述的空白票据虽不是同一类型的票据，但都具有绝对必要记载事项欠缺的相同特征，如收款人记载事项的欠缺。但空白票据之后可由于出票人授予的空白票据补充权，而成为有效票据，所以仅是未完成票据。无效票据则完全不具备此种特性，因此只能是不完全票据，不具有票据法上的任何效力。

无效票据和伪造票据、变造票据也不相同，我国《票据法》第 14 条第 2 款规定，票据上有伪造、变造签章，不影响票据上其他真实签章的效力。鉴于此，伪造票据并不是无效票据，票据上记载的票据权利持票人仍然可以主张。而根据我国《票据法》第 14 条第 3 款规定，票据变造仅使票据义务人应承担的票据义务发生变化，并不必然使该票据无效。所以变造票据也不是无效票据。

无效票据和无效票据行为也有区别。如果一张票据被确认为无效票据时，其上无任何票据权利可言，而该票据上的任何票据行为将归于无效，在票据上签章的任何人也不必承担任何义务。而无效票据行为仅仅是出票行为会导致票据无效，其他附属票据行为基于票据行为的独立性，即使无效也不会影响票据效力，仍旧会发生票据法规定的效果，仅仅是无效票据行为的当事人不用承担任何票据义务。

（2）无效票据的认定。票据法由于是典型的技术立法，具有与其他民事法律制度不尽相同的特征，尤其是票据行为的无因性、独立性最为典型。故而在无效票据的认定上，也是遵循的票据外观解释原则，通过票据上记载事项的有无来认定票据是否有效。那些试图通过票据的基础关系上的事由来认定票据无效的做法，完全背离了票据法的宗旨，也不符合票据行为的无因性原则。

票据法上，主要有以下几种情况可以认定票据为无效票据。

第一，欠缺出票的绝对必要记载事项。我国票据法已经明确规定了票据出票的绝对必要记载事项，无论是确定金额、付款人名称，还是出票人签章、出票日期等，只要有任何此类事项的记载欠缺，该票据将成为无效票据。属于空白票据的除外。

第二，存在绝对无益的记载事项。票据法的宗旨是促进票据流通，保障交易安全，所以票据上均要记载无条件支付文句，以确保票据权利获得实现。如果票据上记载了附条件的付款要求，则会导致票据无效。

第三，存在瑕疵的记载事项。票据上的记载事项如果存在瑕疵，比如《票据法》第 8 条规定，票载金额的大小写不一致，会导致票据无效；《票据法》第 9 条规定，票载日期和收款人名称如被更改，则该票据无效。

第四，存在票据权利行使完毕的记载事项。持票人在得到付款人的付款后，根据票据法的规定，应当在该票据上进行签收记载；至此，票据上的票据权利顺利实现，相应的票据债务人的责任亦被解除。此时的票据因票据债权的实现而成为普通的证据证券，证明票据债务人已经完成了付款义务、履行了票据债务。

第五，存在票据权利实质消灭的情形。票据在形式上仍表现为有效票据，但依据票据法及其他相关法律规定，该票据上的票据权利已经归于消灭时，该票据将归于无效。此种情形主要包括两类：一类是依据我国《票据法》第 17 条第 2 款的规定，持票人对出票人或承兑人的付款请求权，因时效完成而归于消灭；另一类是依据我国《民事诉讼法》第 218 条的规定，在票据遗失后，根据失票人的请求，法院可进行公示催告。当公示催告期间届满，无权利人申报时，法院可依据公示催告申请人的请求，依法作出除权判决，宣告票据无效。

（二）背书——票据权利的移转

票据的流通性，依赖于票据的独特转让方式——背书转让。背书转让制度可以使票据更迅速、更有保障地进行流通，能在更广大的空间里激发票据的多种经济职能。我国《票据法》第 27 条第 1 款和第 3 款明确规定，持票人可以将票据权利转让给他人，或者将一定的票据权利授予他人行使。持票人行使第一款规定的权利时，应当背书并交付汇票。

背书是持票人在票据背面或粘单上记载有关事项并签章的票据行为。背书是票据法确认的票据权利转移方式。背书行为必须由持票人进行，持票人在票据上进行背书的权利称为背书权。行使背书权利的人，称为背书人，接受票据权利转让的人，称为被背书人。

依据出票人出票行为的完成而取得票据的收款人，作为第一持票人而当然享有背书权，而之后依背书人背书行为的完成而取得票据的被背书人，作为后续持票人也当然享有背书权。而通过一般债权转让、单纯交付取得票据的持票人，或者依据继承等而取得票据的持票人，是否享有背书权，则值得探讨。我国票据法上并没有特殊限制持票人背书权的规定，只是规定了被排除流通性的票据，不得再背书转让。

实务中，出于结算管理以及现金管理的特殊需要，我国《支付结算办法》对票据的背书转让进行了限制；例如第 27 条规定，对于填明“现金”字样的银行汇票、银行本票和用于支取现金的支票，不得背书转让；而区域性银行汇票，仅限于在本区域内进行背书转让。需要注意的是，《支付结算办法》的规定属于结算制度上的规则，如果违反此规则进行了票据的背书转让，该转让仍旧发生票据法上的效力，背书人也要承担相应地票据义务。

1. 背书转让的特征

（1）背书属于附属票据行为。出票行为是主票据行为，背书和承兑、保证一样属于附属票据行为，是以出票行为为前提的，出票行为的效力会影响到背书的效力。当出票行为无效时，就算背书行为完全符合票据法的要求，也会因此无效。反过来，如果背书行为无效，并不会影响到出票行为的效力，更不会影响到票据的效力。

（2）背书属于持票人的票据行为。背书是为了将票据权利进行转让或授予他人行使，非票据权利人无法实现该行为。通常情况下，由于票据的设权性、文义性，使得票据权利和票据无法分离，因此实施背书行为的人一般就是持票人。

（3）背书属于转让或授权票据权利的票据行为。我国《票据法》第 27 条第 3 款规定，在我国背书是转让票据权利的唯一合法方式。但由于实务中还是存在单纯交付而转让票据权利的情形，如支票可以授权补记收款人的名称。不过此种方式不被鼓励，还是通过委托收款背书等方式进行票据权利的授权为佳。

（4）背书属于在票据或粘单上完成的票据行为。通常情况下，背书需要在统一印制好的票据用纸的背面背书栏记载完成，背书栏在多次背书不敷使用时，可以通过空白纸张粘贴在票据上，继续进行背书行为及签章，该空白纸张就是我们所说的粘单。而在粘单上进行记载的第一个背书人，应当在汇票和粘单的黏合处签章。

2. 背书的种类

背书根据不同的标准可以进行不同的分类。

（1）按照背书的目的划分，可以分为转让背书和非转让背书。转让背书就是以转让票据权利为目的而进行的背书，又称作实质背书。非转让背书是以授予他人行使一定票据权利为目的的背书，又称为形式背书。

转让背书如果进一步划分，可以分为一般转让背书和特别转让背书。

一般转让背书是在背书双方当事人、背书时间以及背书记载上均无特殊情形的背书。此类背书是票据背书中最普通、也最具有代表性的背书。

特别转让背书是指除一般背书外、具有某些特殊情形的背书。其还可进一步分为限制背书、回头背书和期后背书。

第一，限制背书。是指在背书中附加某些特别的记载，从而对票据的转让效力给予一定限制的背书。例如，在背书中记载“不得转让”字样，则该背书成为禁止转让背书，进而产生禁止转让背书的效力。

第二，回头背书。是以先前已在票据上签名的票据义务人为被背书人的背书。在该种背书中，发生债权与债务的混同，所以在票据权利义务关系上，如抗辩关系、追索关系也发生相应的变化。

第三，期后背书。是在票据被拒绝承兑、被拒绝付款或超过付款提示期限以后，所进行的背书。此类背书亦称为受阻背书，是指票据权利的行使在受到阻碍以后进行的背书，所以该背书在效力上，与一般背书不同。

非转让背书进一步划分，可以分为委托收款背书和质押背书。

委托收款背书是指以委托他人代为收取票款为目的所进行的背书，又可称作委任背书、代理背书。背书人进行背书的目的，仅在于表明将收取票款的权利，委托给被背书人行使，而行使权利的结果，仍旧归于背书人。

质押背书是指以在票据权利上设定质权为目的所为的背书。背书人进行质押背书的目的，仅在于表明以被背书人为质权人，以该票据权利设定质权，而不直接移转该票据权利。

（2）根据背书的时候是否记载被背书人的名称，将背书分为完全背书和空白背书。完全背书是指背书人在进行背书文句的记载时，记载被背书人名称的背书。空白背书则是指背书人在进行背书文句的记载时，没有记载被背书人的名称，而在被背书人记载之处留有空白的背书。

票据权利除了通过背书进行转让之外，还可以像普通的民事权利一样，通过交付进行转让票据权利。一般来说，记名票据只能以背书的方式进行转让，而无记名票据和空白背书票据则可以通过单纯交付的方式进行转让。所谓单纯交付转让，是指票据的转让人不在票据上进行任何记载，直接将票据交付给受让人的票据权利转让方式。此种方式转让简便，利于票据流通。但转让人不在票据上签章，无须承担票据责任，导致持票人实现票据权利的安全性降低，风险增大。

3. 一般背书的形式要件

（1）一般背书的位置。背书是一种严格的要式性票据行为，所以，背书必须在票据的特定位置上完成才生效力。我国《票据法》第 27 条第 4 款规定，背书应在票据背面或者粘单上进行。因此，没有在票据法规定的特定位置进行的背书，是不能发生背书的效力的。在我国由银行印制的汇票用纸的背面上，已经统一印制了三栏背书栏，由背书人进行相应的背书记载及签章。当背书栏全部记载完成，没有空白位置时，可以在统一印制的粘单上，进行接续的背书记载及签章。

背书在背书栏依次进行、在票据与粘单的粘接处由粘单上的第一记载人签章的要求，属于是银行结算的规定，并不是票据法的规定。所以，背书即使未在背书栏依次进行，或者粘单上的第一记载人未在票据和粘单的粘接处签章，都不影响背书的效力。

《日内瓦统一票据法》并没有强制规定背书必须在票据的背面进行，所以，原则上票据的正面亦可进行背书；另外《日内瓦统一票据法》还规定，在票据发行复本或制作副本时，当然也可以在票据复本或副本上进行背书，并依复本或者副本的规定，确认背书的效力。目前，我国《票据法》上无此规定。

（2）一般背书的记载事项。和出票行为的记载事项一样，一般背书的记载事项，也分为必要记载事项、有益记载事项和无益记载事项三类。

首先，一般背书的必要记载事项。①一般背书的绝对必要记载事项。其一，背书人。背书行为通常由背书人完成，我国《票据法》第 29 条规定了背书人在票据上完成签章即产生背书的效力。签章的背书人如果是自然人，应该使用该自然人的签名或盖章或签名加盖章；签章的背书人如果是单位，其签章应该为该单位的财务专用章，或公章加其法定代表人，或其授权的代理人的签名或盖章。其二，被背书人。是通过背书方式受让票据权利的人。我国《票据法》第 30 条规定，被背书人的记载，也是背书的绝对必要记载事项。因此，采取记名背书转让票据权利，是背书人的法定义务。实务中，我国经常出现背书人进行背书行为时，被背书人记载欠缺，而最终持票人主张票据权利时，被背书人名称记载完整的情形。根据票据法的外观主义原则，只要背书连续持票人就可主张票据权利，而票据债务人无法主张对物的抗辩，所以，此类背书就成为有效背书。②一般背书的相对必要记载事项。我国票据法对一般背书的相对必要记载事项的规定，只包括背书日期的记载。很显然，背书日期是背书人完成背书行为的日期。我国《票据法》第 29 条规定，在进行背书时，应由背书人记载背书日期；但在背书未记载背书日期时，视为在汇票到期日前背书。背书日期的特点定位置是在统一印制的汇票用纸上的背书栏里，由背书人在空白位置进行明确记载。没有记载背书日期的也不影响背书行为的效力，可将该背书视为是汇票到期日前背书。我国票据法把背书日期规定为必要记载事项，但票据上背书行为的日期，并不一定就是背书日期的记载。基于票据的文义证券性，必须依据票据上所记载的背书日期，来认定背书的效力，而不能依据票据外的其他根据来认定。

其次，一般背书的有益记载事项 。①一般背书的绝对有益记载事项。我国票据法对一般背书的绝对有益记载事项规定了三项，即禁止转让记载、委托收款记载和设定质权记载。其一，禁止转让记载。是指背书人为免除对被背书人后手的担保义务，而在背书中附加的记载。我国《票据法》第 34 条规定，背书人得在汇票上记载“不得转让”字样，其后手再背书转让的，原背书人对后手的被背书人不承担保证责任。其二，委托收款记载。是背书人为委托他人代替其收取票款，而进行的背书记载。我国《票据法》第 35 条第 1 款规定，背书记载委托收款字样的，被背书人有权代背书人行使被委托的汇票权利。委托收款背书一方面实现了背书人请求支付票据金额的权利，另一方面也限制了被背书人的票据权利，对于背书人来说，属于绝对有益记载事项。其三，设定质押记载。是背书人为设定质押而进行的背书记载。我国《票据法》第 35 条第 2 款规定，汇票可以设定质押；质押时应当以背书记载“质押”字样。该记载内容称为设定质押文句，有设定质押文句记载的背书，称为设定质押背书。被背书人依法实现其质权时，可以行使汇票权利。②一般背书的相对有益记载事项。我国票据法对相对有益记载事项并没有特别的规定，依照我国《票据法》第 24 条的规定，凡属票据法未规定的、不影响背书效力的其他事项，均可作为背书时的相对有益记载事项，由背书人选择给予记载。如背书人的地址、银行账号等事项，可在发生追索时，及时得到持票人的通知。在《日内瓦统一票据法》中，还规定可以进行其他有益记载事项的记载。如对承兑期限、付款期限的指定，对拒绝证书予以免除，约定不担保承兑、不担保付款等。

最后，一般背书的无益记载事项。①一般背书的绝对无益记载事项。我国票据法规定了一般背书的绝对无益记载事项，包括部分背书记载和分别背书记载。以上事项如果在背书转让时进行了记载，则导致背书行为无效。其一，部分背书记载。是指在背书中表明将票据金额的一部分转让给被背书人的记载。因票据债权与票据书面不可分割，不可能进行部分转让。所以部分背书记载不发生法律效力。我国《票据法》第 33 条第 2 款规定，将票据金额的一部分转让的背书无效。其二，分别背书记载。是指将票据金额分别转让给两个以上不同的被背书人的背书记载。此种转让记载同样有违票据债权的不可分性，所以也是无效的，属于绝对无益记载事项。我国《票据法》第 33 条第 2 款规定，将票据金额分别转让给二人以上的背书无效。②一般背书的相对无益记载事项。我国票据法对一般背书的相对无益记载事项仅规定了附条件背书记载。附条件背书记载是指在背书中附加一定的条件，约定在该条件实现时，方能成立票据权利的转让。附条件背书同样有违票据金额支付的无条件性，也会严重阻碍票据流通，属于无益记载事项，但因其和附条件付款比危害性较小，所以属于相对无益记载事项，即该事项如果被记载，仅其记载本身无效，但不影响背书的效力。我国《票据法》第 33 条第 1 款规定，背书不得附有条件，背书时附有条件的，所附条件不具有票据法上的效力。

4. 一般背书的效力

（1）权利转移效力。背书的权利转移效力是背书人依据自己的意思表示而当然发生的效力，背书所转移的权利包括所有依票据所表示的一切权利。而当中最主要的权利为付款请求权，即对付款人或承兑人的付款请求权。另外，背书转让的权利还包括对出票人、背书人的偿还请求权即追索权。依背书所转移的权利，是票据上权利，对那些性质上属于票据外权利，如附着于票据的质权、抵押权、违约金请求权，并不与票据上权利依背书一并转移，只能依债权转让的方法转移。

（2）资格授予效力。当背书人记载的被背书人成为持票人时，该持票人就被推定为具有行使票据上权利的资格，亦即产生背书的资格授予效力。持有该票据的被背书人，当然就是合法的权利人。不过，也存在特殊情况，持票人本人并非真正的权利人，需要提供另外的证据来证明自己适合真实的权利人，此种情况很显然不利于票据流通。我国《票据法》第 31 条第 1 款规定，持票人以背书的连续，证明其汇票权利；只要持票人占有背书连续的票据，即为合法的持票人，除有恶意或重大过失的场合以外，均承认其依票据行使权利，而无须提供另外的证明。票据法的这一规定，实际上是在形式上对持票人的权利人资格的确认，并不是在实质上对其权利人资格的确认。背书在具备资格授予效力的同时，也具备免责的效力，亦即票据债务人如果向背书连续的票据持票人进行支付，只要是善意且无重大过失，即使持票人并非真实权利人，仍可获得免责。

（3）权利担保效力。是指背书人对于在其背书后的所有后手被背书人，均承担担保承兑及担保付款的责任，在后手未获承兑或未获付款时，则由背书人负责偿还相应的金额。我国《票据法》第 37 条有此相应的规定。背书人的权利担保效力不属于背书的本质性效力，只是背书人通过意思表示的一种特别约定的、从属性的效力。所以，对于背书的权利担保效力，可以依背书人的特别约定，而加以一定的限制。《票据法》第 34 条规定的背书人在汇票上记载“不得转让”字样，其后手再背书转让的，原背书人对后手的被背书人不承担保证责任，此类规定就属于特别约定的限制性规定。

（4）背书连续。一般背书具有的权力转移、资格授予和权利担保效力，是必须要通过背书的连续进行证明的。持票人持有的票据的背书是连续时，才能发生这三种效力。

第一，背书连续的定义。我国《票据法》第 31 条第 2 款针对背书连续做出了规定，即是指在票据转让中，转让票据的背书人与受让票据的被背书人在票据上的签章依次前后衔接，不发生间断，最后一次背书转让的被背书人就是票据的最后持票人。在票据的流通转让方式中，单纯交付虽然简单、快速，但同样也给票据带来了潜在的使用风险，持票人的票据权利保护受到影响。而依据背书转让的票据权利不仅方便、迅捷，而且有所有票据签章人的担保责任的承担，更有利于保证票据持票人的票据权利实现，利于促进票据流通。

票据债务人在履行票据债务时，要在形式上对票据的背书是否连续进行审查。如果背书连续则证明票据的流通是正常的、安全的，相反，则该票据就有可能出现被盗、遗失、遭抢等情形，此时，从保护票据流通安全的角度，必须要对持票人的票据进行实质审查，只有在持票人通过其他证据证明自己是真实的票据权利人时，才能获得票据权利的实现。

第二，背书连续的认定。首先，票据上的首次背书人应为票据上记载的收款人。我国票据法明确规定了汇票和本票的绝对必要记载事项包括收款人名称，如果没有进行记载，构成票据背书的不连续，则该票据无效。因为支票的收款人是可以经由出票人授权补记的，所以支票的首次背书人可能不是由收款人开始的。实务中，有时会出现持有票据的最初持票人并不是票据上所载的收款人，特别是在银行汇票中，实际签发银行汇票的汇款人并不显现在票据上，但其却实际持有该张银行汇票，票据上所记载的收款人并不是持票人。此时只需要将这张银行汇票交给票据的收款人就可以，无须在票据上另行背书。否则会造成票据背书的不连续。其次，两次以上的票据背书，从第二次背书开始，每次背书的背书人必须是前一次背书的被背书人。此种情形还要区分以下三种情况：其一，转让背书和非转让背书并存。如果在票据上既有转让背书，还有委托收款背书，顺序不变的前提下，只要委托收款背书后手的背书转让仍为委托收款背书，则不会影响背书的连续。如果顺序反过来，则会影响票据的背书连续。因为委托收款背书的被背书人只是有权代替背书人行使被委托的票据权利，无权再以背书转让票据权利。如果在票据上既有转让背书，还有质押背书，因为质押背书的被背书人并非背书人的代理人，而可能就是票据的权利人，当然可以行使票据权利。当质权实现时，质押背书的被背书人和其他票据权利人一样，可以享有票据的背书权，可以转让票据。我国票据法对此没有相关限制性规定，可以视为票据上的质押背书不影响票据背书的连续。其二，背书人与被背书人的名称记载是否同一的影响。票据法对背书人进行背书转让的时候，是否必须记载其全称，并没有规定。实务中，很多被背书人的名称被记载为简称，而被背书人在进行下次背书时，又在票据上记载的是全称。此种情况，如果该简称是被广大社会公众所认可、熟知的，则可以认定为背书连续；反之，如果简称容易造成他人误解，则认定为背书不连续。其三，无效背书的影响。背书连续的前提是指有效的背书，也就是背书要在形式上符合票据法的要求。如果前后连续的两个背书中，前一次背书是无效背书，可以肯定无法构成背书连续。无效背书对票据背书连续的影响，主要是因为此种背书不能产生票据法上转让票据权利的效力，因此，通过无效背书被背书人也不可能受让到任何的票据权利，所以被背书人再次进行的背书也没有效力，其后手的被背书人也不能依其背书取得任何票据权利。需要注意的是，背书连续的认定并不要求必须是实质上真实有效的背书构成，所以有些背书，例如伪造背书、无权代理人的背书或者无行为能力人的背书，也成立背书连续。最后，票据最终的持票人必须是最后一次背书的被背书人。如果请求支付票款的持票人不是最后一次背书的被背书人，根据票据背书的形式性要求无法确认该持票人是否享有票据权利，是否可以行使票据权利，最终支付票据金额的请求会遭到付款人以背书不连续为理由的拒绝。

第三，背书连续的法律后果。背书连续的法律后果，最本质的是体现为权利证明的效力，亦即彰显持票人的票据权利。除此之外，背书连续亦能证明被背书人所享有的其他民事权利，如委托收款背书能够证明被背书人享有的代理背书人请求付款的权利，质押背书可以证明被背书人享有的质权。

具体来讲，背书连续的权利证明效力主要体现在三个方面：首先，持票人当然地享有票据权利的证明。票据法为了保护持票人利益，促进票据流通，通过技术立法设计了背书连续的制度，免除了持票人证明自己是票据权利人的责任，只要票据上记载的背书认定为具有连续性，就无须任何其他实质性的证明。但若有证据证明该持票人确系无票据权利人，则可以拒绝其权利请求。也就是说，即使在票据法这样一个主张外观主义、强调票据行为形式性的法律中，形式上的效力，最终还是要服从于实质上的效力。[1]其次，票据债务人当然地付款且免责的证明。票据债务人在履行票据债务时，无须审查对方是否为真正的票据权利人，而只需审查票据上的背书是否连续即可。只要票据债务人在履行票据债务时是善意且无重大过失，票据债务人在向背书连续的持票人支付票据金额后，即使对方并非真正的票据权利人，也可以免责。最后，持票人的票据权利不受其前手背书人票据权利限制的证明。只要持票人是依背书连续取得的票据权利，则即使其前手背书人不享有票据权利或其所享有的票据权利存在瑕疵，该持票人也可依善意取得制度，取得票据权利。当然，该持票人必须为善意或无重大过失。如果其明知或应知票据权利上存在瑕疵，仍接受背书人的背书转让，也不能获得票据权利。我国《票据法》第 13 条规定，票据债务人不得以自己与出票人或者与持票人的前手之间的抗辩事由，对抗持票人。但是，持票人明知存在抗辩事由而取得票据的除外。

5. 特别背书

在实质背书当中，除了以上提到的一般背书之外，还存在

〔1〕 赵新华：《票据法论》，吉林大学出版社 1998 年版，第 236 页。

一些特别背书。如限制背书、回头背书、期后背书以及空白背书。而这些特别背书在权利限制、被背书人、背书作成期间等方面与一般背书的效力是有所区别的。

（1）限制背书。是指在背书中进行特别内容的记载，对背书转让加以一定限制的背书。同一般背书的效力相比，限制背书在权利转移和权利证明的效力上并无不同，而在权利担保的效力上，发生了一定的限制。亦即说，限制背书实际上乃是对背书人担保责任加以限制的背书。

我国票据法目前仅规定了禁止转让背书，而日内瓦统一票据法体系中，还包括了无担保背书。

第一，禁止转让背书。是指背书人在票据上记载“不得转让”等字样，从而对其转让的票据权利加以一定限制的背书。票据本身为指示证券，具有可背书性，但同时为了保护转让人的利益，我国《票据法》第 34 条规定，允许背书人在票据背书中记载禁止背书文句，限制受让人对该票据的再次转让。禁止背书文句一般包括“不得转让”“禁止背书”“禁止指示”或记载“本票据只可向×××进行支付”等字样。禁止背书文句除了在背书中可以记载之外，票据法也允许出票人在出票时进行记载。如我国《票据法》第 27 条第 2 款规定，出票人在汇票上记载“不得转让”字样的，汇票不得转让。前者由背书人记载的禁止背书文句的票据，属于禁止转让背书票据，后者由出票人记载禁止背书文句的票据，则属于禁止转让票据。二者在法律效力上并非完全一致。由出票人记载禁止背书文句的禁止转让票据，丧失票据的可背书性，不能再依票据法的规定的背书方式进行转让；只能依照一般指名债权的转让方式进行转让。出票人记载禁止背书文句的目的在于排除背书转让的效力，从而保持对受让人的抗辩权，并防止在受到追索时增加更多的偿还金额。在背书人记载禁止背书时，使该票据成为禁止转让背书票据。禁止转让背书的票据并不丧失票据的可背书性，背书人只是依背书将自己的担保责任限定在直接与被背书人的范围以内，对于此后的后手受让人不承担任何担保责任。此种担保责任的限定，只对禁止转让背书的背书人本人发生效力，并不对其前手背书人或后手背书人发生责任限定的效力。

第二，无担保背书。是指背书人在进行背书人时，记载免除其担保承兑或担保付款责任的背书，也称为免责背书。背书人在票据不获承兑或不获付款时，依法应当承担偿还票据金额的义务。但背书人的担保义务并不是绝对的，票据法允许背书人在背书时特别约定，免除上述担保责任。之所以允许背书人可以免除自己的担保责任，是因为背书人并不是最终的票据债务人，其担保责任的免除，只是相对减少了权利人实现权利的可能途径，并不是完全取消了权利人实现权利的可能。免除担保责任的记载，称为无担保文句，一般表示为“背书人不承担担保责任”“背书人不担保票据付款”或者“不予担保”。以上记载文句记载在汇票上时，可以视为既不担保承兑，也不担保付款；如果是本票或支票，则是不担保付款。无担保文句的记载属于有益事项的记载，必须依当事人的记载才能发生效力，如未进行记载，当然也就不发生免除担保责任的效力。背书人在无担保背书中，可以对全部金额或部分金额约定免除担保责任。由于无担保文句的记载不利于票据的流通转让，因此实务中较少采用，通常是采用空白背书的方式，无须经过背书而实际交付转让，达到事实上免除背书人自己的担保责任。我国票据法中，暂未规定允许进行无担保背书，所以背书人记载无担保背书时，应属于是相对无益的附条件记载，不发生票据上效力。

（2）回头背书。回头背书是指以原来的票据债务人如出票人、背书人等为被背书人的背书。即背书人将票据背书转让给原来的票据债务人，原来的票据债务人获得票据权利，又成为票据的权利人。回头背书并不因为在先的票据债务人成为票据债权人，而使票据上权利消灭，在先的票据债务人成为被背书人时，该票据依然有效，票据上权利也依然存在。接受背书的票据债务人，和其他的被背书人一样，也可以将该票据再行背书转让或向付款人请求付款。

回头背书和一般背书的效力是同样的，亦即均有权力转移、权利证明和权利担保的效力。但因为回头背书使得先前的票据债务人，变成了之后的票据权利人，其对所有票据上签名的人来说，都有主张票据的权利，同时亦是所有后手被背书人的当然义务人。因此，回头背书的被背书人在行使票据权利时，与一般的被背书人是有一定区别的，尤其是在权利担保的效力上。

依回头背书的被背书人如果先前在票据上的地位不同，那么其之后能够行使票据权利的范围也有所不同。

第一，依回头背书的被背书人是票据的出票人时，首先他一定是票据的权利人，但同时他也是票据最终的追索义务人。进一步说，他对付款人和其他被背书人来说是票据权利人，当发生期前追索或期后追索时，他又要承担票据不获承兑或不获付款时的追索义务，此时他是无法行使自己的票据权利的。如果票据的付款人最终确定承兑，此时承兑人成为主债务人，作为被背书人的出票人可以行使追索权。

第二，依回头背书的被背书人是票据的承兑人时，在票据还未到期前，承兑人原则上可以行使期前追索权。但又因为其承兑人的身份使其成为票据的主债务人，所以事实上追索权无法行使。在票据到期时，承兑人因为其享有的票据债权与履行的票据债务发生混同而归于消灭，所以其没有可以行使的任何权利。

第三，依回头背书的被背书人是票据的背书人时，由于他要对其先前的所有后手受让人承担担保责任，所以，不能向他作为背书人时的后手行使追索权，只能向他作为背书人时的前手包括出票人和承兑人行使追索权。

（3）期后背书。期后背书是指票据被拒绝承兑、被拒绝付款或超过付款提示期限时所进行的背书。期后背书与到期后背书是不同的，到期后背书是指票据到期后，尚未发生拒绝支付时进行的背书，或者提示期限尚未终了时进行的背书。期后背书并不是在票据到期后进行的背书，但已经确认票据权利不能正常行使，形成了所谓的受阻背书，而到期后背书并未确认票据权利不能正常行使。

在《日内瓦统一票据法》中，规定了期后背书具有通常的债权转让的效力，亦即对受让人不承认善意取得，也没有抗辩的限制。被背书人基于背书票据所获得的权利，以背书人所能够享有的权利为限，债务人可对抗背书人的一切抗辩事由，均可以对抗被背书人。

我国《票据法》第 36 条规定，票据被拒绝承兑、被拒绝付款或超过付款提示期限的，不得背书转让；背书转让的，背书人应当承担票据责任。此规定表明，期后背书已不再具有一般背书的转让效力，期后背书的背书人，是作为一般债权转让人承担责任。

对于期后背书的认定，主要是根据票据上的记载。依据文义性证券的特性，对于是否为期后背书，应该以票据所记载的背书日期为准。如果票据上没有确切记载背书日期，依据各国票据法的规定，视为到期日前的背书。我国《票据法》第29条第2款也规定，背书未记载日期的，视为在票据到期日前背书，持票人不负举证责任。

（4）空白背书。票据在流通转让过程中，通常要进行背书记载，而该记载应为完全背书，即要记载背书人、被背书人以及背书日期。实务中，经常会出现欠缺被背书人记载的情况，背书人自行签名后即交付被背书人，此处就构成了空白背书。

根据《日内瓦统一票据法》的规定，空白背书的效力和正式背书的效力完全一致，同样具有权力转移、权利证明、权利担保的效力。空白背书的被背书人是空缺的，也就是说此时的票据权利人是不特定的，需要根据实际的持票人来确定。由持票人在空白票据上自行签章补充被背书人，使空白背书的票据转换为正式背书的票据。

《日内瓦统一票据法》对空白背书票据的转让，列举了四种方式：①转让人在票据上补充自己的姓名或名称，然后进行背书转让；此种转让方式，实际上是将空白背书转为正式背书后进行转让，这与正式背书具有完全同一的效力。②转让人不在票据上进行任何补充，直接进行背书转让；此种转让方式，转让人是在前背书的被背书人空白的情况下，进行了后续的自己的背书，因而没有理由认为后一背书的背书人不是前一背书的被背书人，故此法律规定该种情况不影响背书的连续，并且因为转让人已经作为背书人在票据上签名，因而该背书也与正式背书具有完全同一的效力。③转让人在票据上直接补充受让人的姓名或名称，然后进行交付转让；此种转让方式实际上是由受让人直接代替了转让人的地位，从而成为票据权利人，转让人从此退出票据关系。这种转让相当于单纯的交付转让，转让人只承担将票据权利转移的义务，而不承担票据权利担保的义务。④转让人不在票据上进行任何补充，直接以空白背书票据交付转让。此种转让方式只是单纯的交付转让，和第三种转让方式相同，只有交付转让的效力，转让人不承担权利担保的义务。

我国《票据法》第 30 条规定，票据以背书转让或者以背书将一定的票据权利授予他人行使时，必须记载被背书人名称。据此，被背书人的记载成为背书的绝对必要记载事项。如果出现了事实上的空白背书，必须要将被背书人名称记载完成，否则无法行使票据权利。所以，在我国空白背书不发生权力转移的效力，又由于持票人无法依据背书连续而证明自己的票据权利，所以空白背书也不发生权利证明的效力。

6. 形式背书

形式背书是指只具有背书的外在形式，而不具有票据权利转让实质的背书。形式背书与实质背书是相对的，其是以背书的形式，为实现其他目的而进行的一种行为。通常包括委托收款背书和设定质押背书。

（1）委托收款背书。是指以委托他人代替自己行使票据权利、收取票据金额而进行的背书。根据定义我们可以得知，委托收款背书并不是进行票据权利的实质转让，仅仅是通过背书进行委托，背书人即委托人，被背书人即受托人。受托人在依据票据行使权利后，需要将获得的票据金额归于委托人。我国《票据法》第 35 条第 1 款规定，进行委托收款背书时，背书人必须在背书中载明“委托收款”字样。

委托收款背书只是具有形式上的权利转移效力，被背书人基于背书代替背书人行使票据权利的代理权。委托代理的权限范围既包括行使票据上的请求权，如请求承兑、付款的权利，不获承兑、付款时进行追索的权利；还包括行使票据法上的请求权，如因时效消灭而行使的利益偿还请求权；此外还可适时提起诉讼和请求强制执行。因为被背书人终究只是代理人，所以有些票据权利的行使是受限的，如不可再次进行转让背书或设质背书，未经特别授权不可接受反诉、同意和解、免除债务、承认请求。

委托收款背书并不转让票据权利，背书人仍为票据权利人，被背书人只是代为行使票据权利，其行使权利的结果也要归于背书人。所以，票据债务人当然可以能够对抗委托背书人的抗辩事由，对抗委托收款背书的背书人，不发生对人抗辩的切断。而另一方面，票据债务人又不得以其与被背书人之间基于原因关系所存在的抗辩事由，对抗被背书人的权利行使。

委托收款背书虽然不是实质上的背书，但因为具有背书的形式，所以同样具有形式上的资格授予效力，亦即权利证明效力。只要背书连续，被背书人就具有代替背书人收款的代理人资格，而不必提供另外已被授权代理的证明。对于票据债务人来说，在善意且无重大过失的情形下，对背书连续的委托收款背书的被背书人进行的支付，均为有效支付，亦当然免责。

如果背书人已经实际上撤销委托，但并未收回票据或将其背书涂销的情况下，对于善意且无重大过失的票据债务人同样亦可免责。由于委托收款背书的被背书人并非票据权利人，背书人与被背书人之间并不存在担保关系，所以，委托收款背书并不具有权利担保的效力。

（2）设定质权背书。设定质权背书亦称为设质背书、质押背书，是以设定质权、提供债务担保为目的而进行的背书。是背书人通过背书将票据转移给质权人，并以其取得票据金额的支付，作为对被背书人就其所拥有的债权获得清偿的担保。此类背书中，背书人就是设质人，被背书人就是质权人。质权人依该背书人占有票据，取得票据上权利，我国《票据法》第35条第2款规定，进行设定质权背书的时候，背书人必须在背书中载明“质押”字样。

设定质权背书与委托收款背书不同之处在于，前者可使被背书人成为票据的真实权利人，其本人可直接请求票据金额的支付，或者进行追偿请求；而后者通常无法实现。

设定质权背书与普通质权相比，效力有所区别。后者的质权人只能在已经设定的债权范围之内，获得相应的给付；而前者的被背书人在取得给付时，没有任何限制，可以依据票据请求支付全部票据金额。在票据到期而以设定质权背书担保的债权尚未到期时，被背书人亦可依据票据权利的行使而获得相应的金额。这种情况，对于质权人，会可能发生债务提前偿还或票据金额提存的情形。

设定质权背书的被背书人，只能为委托收款背书，不能进行转让背书，也不能再进行设定质权背书。限制被背书人进行背书行为的目的，在于保护背书人所提供的担保标的即质物的安全。

（三）汇票承兑与票据保证——票据权利实现的保障

票据法的技术性立法的宗旨，就是为了促进票据流通，保障交易安全，使人们放心使用和交易票据，而承兑和保证即可以保障票据权利得以顺利的实现。

1. 承兑——汇票权利得以确定

承兑是汇票所特有的制度，是汇票权利实现的特有保障。出票人通过出票委托他人向持票人付款，而该付款人在出票时并未在汇票上签章，因而并非是票据债务人，没有当然支付的义务。所以，为了确认付款人能够进行付款，就需要付款人进行承兑。

（1）承兑概念的界定。我国《票据法》第38条规定，承兑是指汇票上所载的付款人，在汇票上进行承兑文句的记载并完成签名，以表明在汇票到期日支付汇票金额的票据行为。就承兑的性质来说，因为票据行为是单方行为，所以承兑也不是付款人因出票人的委托而进行承诺的契约行为；并且承兑也不是付款人与提示承兑人即持票人之间的契约行为，而是付款人依自己的意思，表明承担票据债务的单独行为。付款人是否接受该委托，对该票据进行付款仍是一件不确定的事情。出票人和付款人之间的支付义务只是民法上的一般义务，并不是票据法上的支付义务，所以导致持票人的付款请求权是处于一种不确定的状态。为了使汇票上所载付款人的义务成为票据上义务，更是让持票人的付款请求权得到确定，义务人就需要对付款义务加以确认，这种确认的过程，就是付款人对汇票进行承兑。

经过承兑的汇票，可以极大提高票据的信用程度，促进票据的流通。尤其是汇票的承兑人如果是资信非常高的人担当时，比如银行，则该汇票的信用程度相当高，利于被他人接受。

在我国，本票的出票人自己承担付款义务，所以无须承兑；支票属于见票即付，对于付款人有无愿意付款的意思表示在所不问，所以承兑既无实益也无必要。

（2）承兑的一般原则。①自由承兑原则。主要是指汇票上所载付款人可以依自己独自的意思，决定是否进行承兑，而不受出票人指定其为付款人的限制。自由承兑原则的出现，主要是依据票据行为的独特特性，如独立性、无因性，才使得该原则得以实现，付款人可以自行决定是否承兑。②完全承兑原则。此原则要求承兑人对全部票据金额给予承兑，承兑人进行承兑时，票据上仅记载“承兑”字样，而不对票据金额做特别的限制，即属于完全承兑。我国《票据法》第 54 条规定，持票人依法提示付款时，付款人必须在当日足额付款。该条虽未明确规定承兑人在承兑时必须完全承兑，但足额付款已经表明事实上不接受部分承兑，如果承兑人进行部分承兑，则应被视为拒绝承兑。《日内瓦统一票据法》第 26 条第 1 款规定，在承兑人只进行部分承兑的场合，认为该承兑有效，承兑人只对其承兑部分，承担到期付款的责任。第 43 条规定未进行承兑的部分，视为部分拒绝承兑，持票人就该未获承兑部分，向其前手进行追索。③单纯承兑原则。我国《票据法》第 43 条规定，承兑人在进行承兑时，不能对承兑附加任何其他条件，如果附有条件视为拒绝承兑。此条款即说明承兑人的承兑必须是单纯承兑，不能附件条件或变更记载，否则不发生承兑的效力。附条件承兑包括“出票人交货后付款”“分期予以付款”以及“提单交付后予以付款”等；还有一种不单纯承兑包括变更记载承兑，如承兑的同时变更到期日、付款地等。对于以上这些不单纯承兑，票据法规定视为拒绝承兑，持票人得向前手背书人及其他票据债务人行使追索权。

（3）提示承兑。汇票的出票行为是出票人在无须经过付款人的承诺的前提下就可以完成的，所以通常情况下，付款人并不能预先知晓出票人是否已经记载其为付款人，更无法去主动承兑。只有持票人向付款人进行请求承兑时，付款人才能得知出票人已向其发出汇票，并进行承兑。此即提示承兑。

第一，提示承兑的概念和性质。我国《票据法》第39条第1款规定，提示承兑是指汇票持票人，向汇票上所载付款人出示汇票，请求其承诺付款的行为。提示承兑的行为人为提示人，而其相对人则为被提示人。

通常来说，提示人就是汇票上所记载的收款人，也就是第一持票人。通过背书转让而取得票据的受让人亦即被背书人，以及特殊情况下票据的单纯占有人（如汇票的受托寄存人）等，亦都可以作为提示人。我国实务中，银行承兑汇票通常都是由出票人依照其与开户银行之间的承兑协议，直接请求开户银行予以承兑，而后再将其交付票上所载收款人。此种情况使出票人成为实际上的提示人。被提示人一般为票据上记载的付款人。

我国《票据法》第16条规定，持票人进行提示承兑时，应在汇票上载明的付款人的营业场所和营业时间内进行；付款人无营业场所时，则应在其住所进行。

从票据关系看，提示行为是票据权利人的行为，是票据权利人为行使票据权利而进行的行为，并非其履行义务的行为，因而，在一定意义上说，作为提示行为的本质，应该是一种权利，而不是一种义务。[1]

第二，提示承兑的期间。首先，一般提示承兑期间。一般提示承兑期间，即对于在出票时付款日期已经确定的汇票，所规定的提示承兑期间。出票时付款日期已经确定的汇票，包括定日付款汇票和出票后定期付款的汇票。我国《票据法》第39

〔1〕 参见［日］鈴木竹雄：《手形法·小切手法》，前田庸补订，有斐閣1989年版，第334页。

条第 1 款规定，对于定日付款或者出票后定期付款的汇票，持票人应当在汇票到期日前向付款人提示承兑。亦即票据上有明确记载汇票到期日的，持票人应在出票日以后到期日以前的任何一天进行提示承兑。按照通常的交易习惯，法定休息日和节假日不能进行提示承兑，提示承兑期间也不因此而特意延长。

其次，特别提示承兑期间。是指对于在出票时付款日期不能确定的汇票，所规定的提示承兑期间。此类汇票是载明见票后定期付款的汇票，其付款日期需要在提示见票后，依见票的日期才能确定。我国《票据法》第 40 条第 1 款规定，见票后定期付款的汇票，持票人应当自出票日起 1 个月内，进行提示承兑。对此类汇票之所以规定明确的提示承兑期间，在于督促持票人尽快行使票据权利，防止发生使票据上的签名人应当承担责任的期限无限延长的情况。

最后，指定提示承兑期间。指定提示承兑期间，是在法定提示承兑期间之外的安排，在《日内瓦统一票据法》上有相关规定，如第 22 条第 1 款规定，出票人在发出汇票时，得记载必须请求承兑，并指定提示承兑的期间。汇票的行为人在汇票上未就提示承兑期间进行特别的指定时，可以适用法定提示承兑期间的规定；在汇票的行为人另行指定提示期间的情况下，法律承认行为人另行指定的优先效力。由行为人另行指定的指示期间就是指定提示期间。我国票据法目前仅规定了法定提示承兑期间，暂未规定指定提示期间，所以是不允许票据行为人对提示承兑期间进行法律规定以外的任何指定。

（4）承兑的要件。承兑作为票据行为，具有要式性特点。所以汇票承兑必须符合一定的形式要件，才能构成有效的承兑，并发生承兑的效力。

第一，承兑的书面要件。我国《票据法》第42条第1款规定，汇票的承兑应该在汇票正面记载“承兑”字样，说明了承兑的书面要件要求，具体来说，包括以下几个方面：

首先，承兑要在汇票上进行记载。汇票的承兑要在汇票的书面上进行，汇票书面以外的形式，例如口头方式的承兑，用普通纸张进行的承兑，这些均不能认定为进行了承兑。《日内瓦统一票据法》第29条第2款规定，当付款人已经以表明承兑意思的书面，通知持票人或其他票上签名人时，对于收到该书面通知的当事人，承兑人仍应该依其书面所表明的承兑的意思，承担相应的责任。我国票据法上，不承认此种以非票据书面所作出的承兑的效力。

其次，承兑要在汇票正本上进行记载。汇票的承兑须在汇票的正本上进行记载，不能在汇票的副本、复印本等正本以外的任何书面上进行，包括汇票的粘单上也不可以。《日内瓦统一票据法》第66条第1款规定了票据复本制度，汇票的复本与正本具有相同的效力，不影响在汇票的复本上进行承兑。我国票据法目前尚无票据复本的规定。

最后，承兑要在汇票正本的正面上进行记载。汇票承兑要在汇票的正面完成，而不能像背书行为那样在背面完成。实务中票据用纸都是统一印制的，所以在票据背面进行承兑的情况极少出现。我国银行目前使用的汇票用纸，已经在正面的相应位置印制了供承兑人进行承兑的空白记载栏，承兑人只需在该承兑栏进行承兑即可。在日内瓦统一票据法体系的国家中，允许承兑在票据的背面进行；只是为防止与空白背书混同，要求仅依付款人的签名表示承兑时，必须要在汇票的正面进行。

第二，承兑的记载事项。我国《票据法》第42条第1款规定，票据承兑的记载事项包括承兑文句、承兑人签章、承兑日期。

首先，承兑的绝对必要记载事项。我国《票据法》第 42 条第 1 款规定，承兑文句和承兑人签章是承兑的绝对必要记载事项；如果此事项没有记载，则不会产生承兑的效力。主要包括：其一，承兑文句。我国《票据法》第 42 条第 1 款规定，付款人承兑汇票，应当在汇票正面记载“承兑”字样。此即对承兑文句的记载要求。通常的承兑文句要记载“承兑”“已承兑”“同意承兑”“已经本人承兑，到期承担付款”等词句。目前，我国实务中，票据用纸上通常都印制好了相应的承兑文句，不用承兑人另行记载。如，我国的商业承兑汇票上，印制了“本汇票已经承兑，到期无条件付款”字样。其二，承兑人签章。承兑人签章实际上是与记载事项不同的票据行为要件，但票据法为规范简明要求，将承兑人签章与承兑文句一起作为一项绝对必要记载事项。承兑人实际上是票载付款人，所以要求该签章要与票载付款人的名称一样；若外观虽不一致，但实际上是同一人时，承兑依然有效。票载付款人以外的第三人承兑签章时，不发生承兑效力，但明确表明代理承兑的除外。

其次，承兑的相对必要记载事项。《票据法》第 42 条第 1 款规定的承兑日期属于是承兑的相对必要记载事项，第 42 条第 2 款规定，如果未记载的，并不影响承兑的效力，以付款人收到提示承兑汇票之日起的第三日为承兑日期。

最后，承兑的无益记载事项。我国《票据法》第 43 条规定，付款人承兑汇票不得附有条件，承兑附有条件的，视为拒绝承兑。所以，我国票据法上承兑的无益记载事项是附条件的记载事项，在承兑时记载付款条件的，会导致承兑行为无效。

我国对于部分承兑和承兑时改变汇票上原有事项的，也归为无益记载事项，视为拒绝承兑。

第三，承兑的时间。我国《票据法》第41条第1款规定，付款人对向其提示承兑的汇票，应当自收到提示承兑的汇票之日起3日内，进行承兑或拒绝承兑。之所以规定是3天的时间，是考虑到如果持票人在向付款人提示承兑时，如果让付款人立即决定是否承兑有些匆忙，甚至可能迫于时间压力会轻易作出拒绝承兑的决定。所以，给予付款人3天的宽限期，来慎重决定是否承兑。如果付款人在收到提示承兑汇票之日起3日内，没有明确表示是否承兑时，依据我国票据法的立法宗旨，可以推定为拒绝承兑，持票人可以据此进行追索。

《日内瓦统一票据法》规定了二次提示的制度，即持票人应当进行两次提示承兑，持票人第一次提示时，付款人可以不用表示同意承兑或拒绝承兑，持票人第二次提示时，付款人需要作出决定是否承兑。这段时间是给予付款人慎重考虑是否承兑的时间，被称为“考虑时间”。有了这段时间，付款人可以查阅账目、了解资金状况、确认票据真伪，最后再决定是否承兑。

（5）承兑的效力。付款人在规定的承兑期间内，在汇票上进行了承兑文句的记载并签章，将该票据交还给持票人，即发生了承兑的效力。承兑行为发生后将对以下票据当事人产生相应的效力。

第一，对付款人的效力。付款人经过承兑成为汇票的承兑人，也是汇票的主债务人，需要对到期汇票承担绝对付款的义务。即使承兑人和出票人之间没有事实上的资金关系也不影响承兑人的付款义务。汇票到期如果承兑人不能付款，还要承担相应的追索义务，对于履行了追索义务取得票据的票据义务人，承兑人承担再追索的义务。

第二，对持票人的效力。付款人的承兑行为，使得持票人请求付款的权利由期待权成为现实的权利。持票人在汇票到期时即可向承兑人主张票据权利，而不用考虑承兑人和出票人之间的票据基础原因关系。承兑人如果在汇票到期时拒绝承兑付款，持票人可向包括出票人在内的任何前手背书人请求偿还票据金额及其他必要的金额。

第三，对出票人的效力。付款人一经对汇票进行承兑，使得承兑前的票据主债务人亦即出票人，转变为票据的从债务人，而付款人成为票据的主债务人，出票人的担保承兑的责任被免除，只承担担保付款的责任。

第四，对背书人的效力。背书人通过背书行为，可以转让票据权利，但仍需承担对持票人的担保承兑和担保付款的责任。而这两种责任在付款人进行承兑之后被免除其一，也就是担保承兑的责任被免除。

2. 保证——票据债务人信用能力的增强

保证是指行为人在已签发的票据上，进行保证文句的记载，完成签章，并将其交付持票人，从而表明对特定票据债务人的票据债务履行承担保证的行为。我国《票据法》第 45 条第 1 款规定，汇票的债务可以由保证人承担保证责任。票据法中所规定的保证，就是票据保证。票据保证制度的目的和作用，就是通过增强票据债务人的信用能力，实现票据信用的升级，进而保障票据权利的实现，达到促进票据流通的目的。

（1）票据保证的特征。票据保证作为一种债务履行担保的方式，和一般民事保证有相似之处，如保证人都是由债务人以外的第三人担任等。但票据保证也具有一般民事保证不同的、独有的特征，可以更好地保护债权人的利益。这些特征主要包括以下四个方面：

第一，票据保证具有要式性。票据保证人在提供票据保证时，必须依照票据法的要求，在票据或粘单上记载票据保证的绝对必要记载事项，并完成签章，交付被保证人或持票人才能产生票据保证的效力。如果欠缺形式要件，会导致该票据保证无效。

第二，票据保证具有单方性。一般的民事保证是一种双方法律行为，其保证是依保证合同而成立的。而票据保证是一种票据行为，亦即是一种单方行为。票据保证的成立，无须票据保证人与票据债权人的合意，仅仅是票据保证人自己的独立意思，在票据上进行规定事项的记载，即可成立。票据保证的单方行为性，是符合票据转让的基本规则的。

第三，票据保证具有独立性。票据保证的能否成立，并不依赖主债务的成立，凸显了票据保证在成立上的独自特征。即使被保证的债务因实质上的原因，如被保证的票据债务人为无民事行为能力或被保证人的签章是伪造的等无效，被保证人无须承担票据债务，保证人则必须基于其保证行为而独立地履行保证义务。而一般的民事保证从属于被保证的主债务，当主债务无效时，保证也无效，保证人无须承担保证责任。

第四，票据保证具有无因性。票据保证同其他票据行为一样，也具有无因性特质。当票据保证行为完成后，相应的票据保证效力即独立地存在，不受其所保证的实质性原因关系的影响。此时，票据保证人依据票据抗辩原理，在与被保证人和票据权利人之间形成抗辩切断，票据保证人依被保证人的抗辩事由可对抗票据权利人。

（2）票据保证的种类。根据不同的划分标准，票据保证可以分为以下四类：

第一，单独保证与共同保证。此类票据保证是根据人数划分的，保证人是一个人的，是单独保证；保证人是二人以上的，是共同保证。我国《票据法》第 51 条规定，保证人为二人以上的，保证人之间承担连带责任。在票据保证中，每一个保证人均要在票据上签章，使得各个票据保证人为同一票据债务人进行保证，构成相互独立的票据行为。但这并不影响作为共同保证的各个票据保证人的责任承担。

第二，正式保证与略式保证。此类票据保证是根据保证的方式划分的，根据票据法的规定，进行完整的票据保证记载的为正式保证；只进行保证人签章的票据保证为略式保证。我国《票据法》第 46 条规定，保证人必须在汇票或粘单上记载表明“保证”的字样及保证人名称和住所等事项。据此说明，我国票据法并不认可略式保证的效力。而《日内瓦统一票据法》则既承认正式保证，亦承认略式保证。

第三，完全保证与部分保证。此类票据保证是根据保证的金额划分的，对票据金额全部承担保证的为完全保证；只对票据金额的一部分承担保证的为部分保证。我国票据法没有明确规定是否允许部分保证。《票据法》第 48 条规定，保证不得附有条件，附有条件的，不影响对票据的保证责任。而《票据法》第 50 条又规定，被保证的票据，保证人应当与被保证人对持票人承担连带责任。汇票到期后得不到付款的，持票人有权向保证人请求付款，保证人应当足额付款。以上两个条款可以认为，我国票据法将部分保证视为附条件保证，属于相对无益记载事项，保证依然有效，所记载的部分保证视为无记载，票据保证人仍应就票据金额的全部承担保证责任。

第四，单纯保证与不单纯保证。此类票据保证是根据保证的内容划分的，在票据保证时，不附加任何条件的票据保证为单纯保证；在票据保证时同时附加一定条件的保证为不单纯保证。我国《票据法》第48条规定，票据保证应该为单纯保证，即保证不得附有条件；但同时规定，保证附有条件的，不影响对汇票的保证责任。亦即表明我国票据法不承担不单纯保证，但不单纯保证并不影响票据保证的成立，可将其视为单纯保证。

（3）票据保证的记载事项。票据保证的记载事项包括如下几个方面：

第一，票据保证的必要记载事项。我国票据法规定的票据保证记载事项，主要包括绝对必要记载事项和相对必要记载事项。绝对必要记载事项包括保证文句和保证人签章；相对必要记载事项包括保证人名称和住所、被保证人名称和保证日期。

首先，绝对必要记载事项。其一，保证文句。我国《票据法》第46条第1项规定，保证人必须在汇票或粘单上记载表明“保证”的字样。表明了保证文句实际上是保证人为保证行为的记载事项。实务中凡能表明保证意思的任何词句均可作为保证文句。保证文句未经记载的，不发生票据保证的效力。由于票据保证的不是经常发生使用的票据行为，所以在票据用纸上并没有事先统一印制保证文句，而是需要保证人在进行票据保证时，要实际书写保证文句。《日内瓦统一票据法》承认略式保证，所以保证文句不属于绝对必要记载事项，未记载时，不影响票据保证的效力。其二，保证人签章。保证人签章是证明保证人已完成保证行为，以票据债务人的身份承担票据保证债务的重要记载事项。保证人签章的完成使得票据保证行为最终生效，所以没有保证人的签章票据保证是无效的，属于绝对必要记载事项。

其次，相对必要记载事项。其一，保证人名称和住所。保证人名称和住所是除了保证人签章之外，最能确切表明保证人信息的记载。通过记载保证人名称和住所，可以使票据权利人准确及时了解保证人情况，顺利行使票据权利。我国票据法并未明确规定该记载事项欠缺时，不影响票据保证的效力，但从理论上及实践需要上来看，可以认为其应如此。[1]其二，被保证人名称。保证人记载被保证人的名称后，将自己的保证责任进行了限定，仅对其载明的被保证人的票据债务承担保证责任，对其他票据债务不承担任何责任。所以被保证人名称的记载在票据保证上是必要的。但未记载时，也不影响票据保证的效力，因此属于相对必要记载事项。我国《票据法》第 47 条第 1 款规定，保证人未记载被保证人名称时，已承兑的汇票，承兑人为被保证人，未承兑的汇票，出票人为被保证人。如此规定，是为了在被保证人未被记载的情况下，保护最大多数人的票据利益，充分实现保证的效果。其三，保证日期。我国《票据法》第 47 条第 2 款规定，保证日期的记载属于相对必要记载事项，在未记载保证日期时，以出票日期为保证日期。保证日期的记载可以表明保证人实施保证行为的时间，但从票据法的规定来看，并没有特别的限制规定，因为保证日期是否明确记载，对于保证行为是否成立，没有太大的影响。无论是履行期限届至前，还是届至后，都不妨碍保证人继续为保证行为。

---

〔1〕 参见梁英武主编：《中华人民共和国票据法释论》，立信会计出版社 1995 年版，第 134 页。

第二，票据保证的有益记载事项。我国票据法上只规定了必要记载事项，没有明确规定有益记载事项。通常来说，保证人为票据保证行为时，可以在票据上记载一些票据法规定的应记载事项以外的其他事项，但是该事项并不属于绝对有益记载事项，同样也不发生票据上效力。

第三，票据保证的无益记载事项。我国《票据法》第 48 条规定，保证不得附有条件。此即属于附条件记载，属于无益记载事项。附条件记载可以有附停止条件的记载，也可以有附解除条件的记载，这些条件的记载均使得票据保证的效力无法依据票据法的规定来确定，因此，我国票据法不允许附条件的票据保证。

但附条件的票据保证并不是绝对无益记载事项，而属于相对无益记载事项，并不影响对票据的保证责任，亦即不影响票据保证的成立。至于所附条件的票据上效力，从票据法的理论和实践来看，均不认可。

（4）票据保证的效力。票据保证可以担保被保证的票据债务得以履行，除此之外，票据保证的成立，还将在保证人、票据权利人和被保证人之间就票据保证所发生相应的权利义务关系。

第一，保证人责任。我国《票据法》第 49 条规定，保证人对合法取得票据的持票人所享有的票据权利，承担保证责任，但被保证人的债务因票据记载事项欠缺而无效的除外。同时《票据法》第 50 条规定，保证人应当与被保证人承担连带责任，票据到期后得到不付款的，持票人有权向保证人请求付款，保证人应当足额付款。据此，保证人的责任特点如下：

首先，保证人责任的同一性。票据债务一般包括主债务人的付款义务和从债务人的偿还义务，而票据保证债务需要依据被保证人所承担的义务来确定；被保证人承担的是付款义务，那么保证人就承担付款义务，同样，被保证人承担的是偿还义务，保证人也承担偿还义务，二者之间的责任是完全相同的，具有同一性。而这种同一性在责任性质、责任范围和责任效力上都是一致的。

其次，保证人责任的独立性。票据保证行为既是保证行为，也是票据行为。作为保证行为的票据保证应该从属于被保证债务，所发生的责任具有从属性。作为票据行为的票据保证相对独立于被保证的票据债务，保证人承担的责任是独立责任。票据保证人责任的独立性，特点主要体现在票据保证不会因被保证的票据债务的实质上无效，而导致票据保证本身无效。只要被保证的票据债务形式上成立，相应的票据保证就当然发生效力，不会因被保证的票据债务因实质原因无效而无效。票据保证的责任独立性，符合票据法的立法宗旨，利于合法持票人主张票据权利。

票据保证也会出现无效的情形，主要包括被保证的票据债务自始不存在、被保证的票据债务因形式要件欠缺而无效、票据保证行为自身形式上不完备等。

最后，保证人责任的连带性。保证人和被保证人的责任具有性质、范围、效力等方面的同一性，但二者毕竟是分别成立、单独履行债务，所以必须要有先后履行的顺序，连带责任所表明的，则是在责任承担过程中的同位性，即履行义务先后上的同位性。

一般的保证债务，保证人承担的责任是补充责任，如果此时保证人先行被进行债务的清偿请求，则其可依据先诉抗辩权要求债权人首先向被保证债务的债务人即主债务人请求履行债务；此条件未成就之前，得拒绝履行保证债务。亦即被保证债务首先履行，只有在被保证债务出现履行不能的情形时，保证债务方可履行。

而票据保证和一般保证的区别是，前者是一种法定的连带保证债务，保证人在票据保证中的责任是连带责任而非补充责任。所以票据保证人也不能和一般保证中的保证人一样享有先诉抗辩权。票据债权人可以根据个人的考虑，选择向被保证人或保证人来请求履行债务，票据保证人无权拒绝，其和被保证人一样在责任承担上具有连带的同位性。

第二，保证人权利。保证人的权利通常包括两种，一种是对票据权利人所享有的抗辩权，另一种是履行保证义务之后对被保证人及其前手所享有的代位追偿权。

首先，保证人的抗辩权。其一，自有抗辩权。票据保证人作为票据行为人，享有票据法所规定的抗辩权。一是对物抗辩权。即票据法所规定的、票据保证得因被保证的票据债务在记载事项上的欠缺而无效，这是基于票据保证人的对物抗辩权而产生的必然结果。除此之外，因票据记载不完整而发生的各种对物抗辩事由，票据保证人均可主张。如票据金额已经付讫并记载时，票据保证人可以主张票据自身无效，并拒绝履行票据保证债务。在票据保证人的对物抗辩中，因时效消灭的票据债务抗辩比较复杂。因为票据保证债务在时效上可能发生三种情形：①是票据保证债务与被保证债务均未发生时效中断事由。此时，两种债务同时因时效完成而消灭，票据保证人自然可主张票据债务因时效消灭的抗辩。②是票据保证虽未发生时效中断，但被保证债务发生时效中断事由。此时，被保证债务因时效中断而延长，票据保证债务因具有独立性，不发生保证债务的延长，亦即票据保证债务已经因时效完成而归于消灭，票据保证人当然可主张此类抗辩。③是票据保证债务发生了时效中断事由，而被保证债务并没有发生。此时，需要通过票据保证人抗辩权援用来界定票据保证债务是否能够独自延长。如果承认票据保证人可以援用被保证人就被保证债务所享有的抗辩权，票据保证债务就不能单独延长，相反则能单独延长。二是对人抗辩权。亦即因票据保证人与票据权利人之间，就人的关系所存在的抗辩权。通常来说，作为票据行为的票据保证，使得票据保证人享有与其他票据债务人相同的对人抗辩权。但票据保证人的对人抗辩权的使用，必须和票据法的一般规定相符合，即只能对存在对人抗辩关系的票据权利人，方可主张对人抗辩。其二，对被保证人抗辩权的援用。因为票据保证具有独立性，使得票据保证债务亦具有独立责任性质。所以，票据保证人不能直接援用被保证人的抗辩权。只有在一些特殊情形下，方可援用。如在票据权利人发生权利滥用的情况下，允许票据保证人援用被保证人的对人抗辩权。

其次，保证人的代位追偿权。票据保证人在履行了自己的票据保证债务后，即解除了自己以及被保证人及其后手票据债务人的票据上责任，并产生了票据保证人的代位追偿权。我国《票据法》第 52 条规定，保证人在清偿了票据债务后，可以行使持票人对被保证人及其前手的追索权。亦被称为代位追偿权。

根据票据法的规定，保证人可以对被保证人及其前手行使代位追偿权。保证人向被保证人行使票据权利，是因为保证人替代被保证人履行了相关票据债务，从而享有的保证的追偿权。保证人向被保证人的前手行使追偿权，是基于保证人履行保证债务后，代替了被保证人在票据上的地位，行使的是持票人的追偿权。

票据保证人的代位追偿权，虽然表现为向被保证人及其前手的追索权，但并不是通常的持票人所享有的票据上追索权。票据保证人向被保证人的追索权，并不直接来源于被保证人的出票、背书或者承兑所具有的担保效力，而来源于保证人和被保证人之间的保证关系。因此，保证人对被保证人的追索权是保证的追索，并不是一般持票人的追索。

保证人代位追偿权可以行使的请求金额，需要依据被保证人在票据上的地位以及保证人履行保证债务的具体情况来确定。如果被保证人是汇票的承兑人或本票的出票人，保证人在履行了保证义务后，行使的是追索权。依据我国《票据法》第 70 条的规定。请求被保证人支付追索金额。除上述情况外，不论被保证人为何人，保证人代位权的性质均为再追索权，需要依据我国《票据法》第 71 条的规定，请求被保证人或者其前手票据债务人支付再追索金额。

保证人在行使代位追偿权时，有可能发生相对方对代位权的抗辩。因为保证人取得了持票人的地位，所以相对方对持票人的抗辩均都可以对行使代位权的保证人主张。需要注意的是，票据保证是具有独立性的票据行为，保证人也是依据独立的票据行为获得的票据权利，据此，票据债务人不得以其与被保证人之间的对人抗辩事由对抗保证人。

二、基于票据法的特别规定产生的票据权利

（一）《票据法》规定的票据法上权利

票据法上权利，又称为票据法上的非票据权利，是指基于

《票据法》的规定产生的但不是由票据行为直接产生的权利，是票据价款以外的债权关系，我国《票据法》分别规定了票据利益返还请求权（《票据法》第18条）、票据损害赔偿请求权（《票据法》第105~107条）、票据交付请求权（《票据法》第55条）、票据返还请求权（《票据法》第10、12条）和汇票回单签发请求权（《票据法》第41条）。这些权利虽然并不是依据票据当事人的意思、由票据行为而产生，却与票据上权利的行使密切相关，其主要作用就在于保障票据权利的实现，并在票据权利不能正常行使时，给权利人以合理的补偿。我国《审理票据纠纷案件若干规定》在第1条也明确规定："因行使票据法上的非票据权利而引起的纠纷，人民法院应当依法受理。"

（二）票据法上权利的行使特点

票据法上的权利与票据权利相比，具有明显的辅助性和从属性，只有在票据权利无法实现时才能行使。票据法上权利的行使期间参照普通民事债权的两年期限行使，而票据权利的行使期限要短得多，以加快票据的流通；票据法上权利的行使不以占有和提示票据为要件，而票据权利则正相反；因票据法上权利纠纷提起的诉讼，由被告住所地人民法院管辖，而因票据权利纠纷提起的诉讼，则由票据支付地或者被告住所地人民法院管辖。

"票据法上的权利虽然与票据权利不同，但票据法上权利的行使和享有并不能脱离具体的票据权利，须以票据权利的存在为前提。也就是说，只有享有票据权利的人，才能享有票据法上的权利，行使票据法上的权利。如果连票据权利都不享有，则根本就不可能享有票据法上的权利。"[1]

---

〔1〕 汪世虎：《票据法律制度比较研究》，法律出版社2003年版，第186页。

第三章 票据权利的取得、行使、保全、消灭

票据权利的取得、行使、保全、消灭，牵涉到票据关系当事人之间的权利义务，尤其对票据权利人的影响甚巨，为保护票据权利人的合法权益，票据法对票据权利的取得、行使、保全、消灭均做出了非常明确的规定。

一、票据权利的取得

票据权利的取得是指票据当事人依据法律规定成为票据权利人，并依法享有票据权利。

票据权利的取得与票据权利的发生含义有所不同。前者是指票据权利主体的确定，既可以通过票据行为实现，也可以通过票据法上或票据法外的方式实现，而后者是对票据权利内容的确定，其智能通过票据行为人的票据行为而产生。

和普通的财产权利取得的方式相同，票据权利的取得可以分为原始取得与继受取得。

（一）票据权利的原始取得

票据权利的原始取得是指持票人不经由其他前手权利人，而最初取得票据权利。依据取得的途径不同，票据权利的原始取得又可分为发行取得与善意取得。

1. 票据权利的发行取得

票据权利的发行取得是指权利人依据出票人的出票行为，而原始取得票据权利。因为出票行为是创设票据权利的初始行为，所以有了出票行为，其相对方即可通过票据交付实现票据的实际占有，进而原始取得票据权利。而作为其他取得方式的基础，发行取得是票据权利的最主要的原始取得方式，没有发行取得，票据权利的其他取得方式根本无法实现。

通过出票人签发票据而取得票据权利的，应当具备出票行为的有效要件，即应由出票人做成票据，在票据上签章，并交付与收款人。在中国票据法中，依出票人所签发票据种类的不同，收受票据的持票人也有所区别：在签发汇票、本票和记名支票时，票面记载的收款人即是凭出票行为取得票据权利的当事人；在无记名支票中，出票人做成票据后直接交付给他人，该人的名称虽未在支票上显示，但他已通过出票行为获取了该支票的票据权利。〔1〕

2. 票据权利的善意取得

善意取得是指票据受让人善意且无重大过失，从无权利人手中受让票据，从而原始取得票据权利。我国《票据法》第 12 条第 1 款规定，持票人系以欺诈、偷盗或者胁迫等手段取得票据的，或者明知有前列情形，出于恶意取得票据的，不得享有票据权利。可见，在我国对于持票人基于善意取得的票据权利是给予肯定和支持的。

善意取得的实质是通过牺牲真实权利人的票据利益，保护善意的受让人，维护票据的流通与交易安全。善意取得关系到

〔1〕 王秉乾编著：《比较票据法案例选评》，对外经济贸易大学出版社 2013 年版，第 60~61 页。

真实权利人和持票人的根本利益，因此必须要符合一定的要件才能实现。通常需要满足主观要件和客观要件。

票据权利善意取得的主观要件，是要保证受让人在受让票据时必须为善意且无重大过失。善意且无重大过失的判断标准，是受让人只要不知道其直接前手让与人为无权利人即可。票据权利善意取得的客观要件，是受让人必须是依据连续的背书转让方式取得票据的合法持票人。如果受让人是通过继承、合并、债权转让等方式取得的票据，就不能发生票据法上的善意取得效力。

善意取得的效力表现在受让人原始取得票据权利，但并不继受票据让与人的权利瑕疵。票据债务人不能以其前手让与人无权处分为依据来对抗善意取得的受让人。

（二）票据权利的继受取得

票据权利的继受取得是指持票人从有权处分票据权利的前手权利人受让票据，从而取得票据权利。票据权利的继受取得根据不同的获得途径，又可分为票据法上的继受取得与非票据法上的继受取得。

1. 票据法上的继受取得

票据法上的继受取得是指依据票据法规定的转让方式而继受取得票据权利。票据权利继受取得的最主要方式是背书转让，只要持票人通过前手权利人的连续背书而受让票据，就可以当然地从前手权利人处继受取得票据权利。票据保证人和票据背书人也可依票据法的规定，履行债务后承继持票人的地位，此亦可被认为是票据法上的继受取得。

2. 非票据法上的继受取得

非票据法上的继受取得是指并非依据票据法规定的转让方

式而继受取得票据权利。此类继受取得因为并非依票据法上的继受取得而受让票据权利，如普通债权转让、公司合并、营业受让等，所以只能获得一般的法律保护。

二、票据权利的行使

票据流通的最终目的是满足持票人的权利主张，使其获得票载金额。而持票人为实现其票据权利，可以首先行使付款请求权，请求票据债务人承兑或付款；如果票据在到期前未获承兑或期后未获付款，持票人依票据法可以行使追索权，可向票据上签章的任意债务人请求偿还票据金额及其他金额。

（一）主票据权利的行使——付款请求权

付款请求权是指持票人向票据主债务人请求按票据上所记载的金额付款的权利。付款请求权是票据上的第一次请求权，是主票据权利。付款是票据权利最终实现的标志，也是票据功能最终完成的标志。在票据获得付款后，票据权利得以实现，票据义务归于消灭。

1. 付款的含义和类型

（1）付款的含义。付款的含义有广义狭义之分。广义的票据付款，是指票据债务人依票据对票据权利所进行的一切金钱支付，既包括票据到期前付款人或承兑人对持票人的支付，也包括期后追索时，追索义务人对权利人进行的支付以及票据保证人对持票人所进行的支付。狭义的票据付款，是仅指票据到期前，付款人或承兑人对持票人进行的票据金额的支付。一般来说，票据付款是指狭义的付款。票据法为了这两种付款方式，将狭义的票据付款成为票据付款，而广义的票据付款被称为票据偿还。

我国《票据法》第60条规定，付款人依法足额付款后，全体汇票债务人的责任解除。该条款说明付款是票据活动的最终环节，也是最终终止票据法律关系的行为。

（2）付款的类型。汇票的付款依据不同标准可以分为以下四种类型：

第一，本人付款与代理人付款。本人付款是指汇票上所记载的付款人或承兑人本人直接向持票人付款；代理人付款是指付款人或承兑人指定他人（通常为银行）代替付款人完成付款。实务中，我国只有银行承兑汇票是由承兑人本人付款。银行汇票通常因为异地结算的需要，一般是由出票银行的代理人进行付款。商业承兑汇票也不是由作为承兑人的企业付款，而是由承兑人的开户银行作为代理人进行付款。代理付款人因为是受付款人的委托代为付款，所以其并非票据当事人，但无论其依法履行付款义务还是拒绝付款，均发生票据付款及拒绝付款的效力。

第二，全额付款与部分付款。对票据金额进行全部付款的称为全额付款。仅对票据金额的一部分进行的付款称为部分付款。票据上所记载的金额如果被付款人全额支付，则票据上的权利义务关系全部消灭，此时依据《票据法》第60条的规定，全体票据债务人的责任亦即解除，而部分付款不会发生此类效果。而且我国《票据法》第54条规定，持票人提示付款时，付款人必须在当日足额付款。说明我国票据法并不承认部分付款。

第三，现金付款与转账付款。顾名思义，现金付款是通过现金支付的方式完成的付款。转账付款则是采取转账的方式完成付款。我国票据法虽然没有对付款的方式采取现金还是转账作特别规定，但《支付结算办法》中规定汇票付款通常为转账付款，只有申请人和汇票上所载的收款人是个人的时候，才可以使用现金付款。

第四，到期付款和期外付款。到期付款是指在法律规定的付款提示期内进行的付款。期外付款是指在付款提示期外进行的付款。根据具体是在提示期前还是提示期后付款，又可将期外付款分为期前付款和期后付款。期前付款导致付款人的风险增大，因为票据的真实权利人身份尚未确定，如果错误付款将要自行承担期前付款的损失。并未承兑的期后付款人仅在付款提示期内付款才有效。如果已经承兑则作为承兑人无论期前还是期后都要承担绝对付款的责任。

2. 付款的程序

付款的程序由提示付款、付款审查、实际付款、交回汇票四个阶段构成。

（1）提示付款。提示付款是指持票人为取得票据金额的支付，向票上所载的付款人或承兑人出示票据，请求其付款的行为。提示付款和提示承兑一样，也被认为是持票人的一种权利，没有持票人的提示付款，付款人则无法确定票据权利人并完成付款。

如果持票人以获得票据金额为目的时，则提示付款可以在票据权利消灭时效到来之前的任何时候进行，无论是提示期限届满之前还是届满之后均不受影响。如果持票人是以保全对前手的追索权为目的时，则提示付款必须在提示付款期限届满之前。提示付款的当事人，一方为提示人，另一方为被提示人。提示人一般都是持票人，有时可以是受持票人委托的银行或票据交换中心。被提示人可以是付款人、付款人委托的付款银行和票据交换中心。我国《票据法》第53条第3款规定，持票人委托收款银行或者通过票据交换系统向付款人提示付款的，视同持票人提示付款。

提示付款的期间，依据汇票到期日记载的不同情况，可以分为即期汇票和远期汇票两种。即期汇票即见票即付的汇票，根据我国实际票据活动中汇票的使用习惯和支付结算办法的规定，我国银行汇票都是见票即付汇票，没有远期汇票。我国《票据法》第 53 条第 1 款第 1 项规定，见票即付的汇票，持票人应当自出票日起 1 个月内，向付款人提示付款。远期汇票包括定日付款、出票后定期付款和见票后定期付款。这些汇票都是到期日确定的汇票，因其到期日确定，所以要求持票人必须在较短期间内尽快行使票据权利。我国《票据法》第 53 条第 1 款第 2 项规定，对于定日付款、出票后定期付款或者见票后定期付款的汇票，持票人应当在自到期日起 10 日内，向承兑人提示付款人。

关于提示付款的方式我国票据法没有明确规定，通常认为持票人需现实地将票据出示给付款人或者其他付款义务人。

持票人按照上述期间已经进行提示付款的，如果付款人拒绝付款，持票人可以据此请求作成拒绝证书，向其他票据债务人行使追索权。如果持票人没有进行提示付款或者没有在规定的期间进行付款提示的，则丧失对其全体前手的追索权。但是我国《票据法》第 53 条第 2 款对持票人未在法定期间进行提示付款的情形另有规定，即使持票人未在法定期间内为提示付款，只要持票人对其行为做出说明，承兑人或付款人仍应对持票人承担付款责任。

持票人向票据债务人主张自己的付款请求权时原则上必须依法提示，但在一些特殊情况下，持票人可以免于提示。目前我国票据法上没有相关规定，但在实务中，丧失票据的票据权利人、请求承兑遭到拒绝取得拒绝证书的持票人、承兑人或付款人死亡、逃匿或其他原因无法取得拒绝证明的持票人、承兑人或付款人被人民法院依法宣布破产以及因违法被责令终止业务活动的持票人、取得人民法院司法文书或行政部门处罚决定的持票人均无须再进行提示付款行为。

（2）付款审查。持票人依法持有票据，得依票据行使权利，票据债务人依票据履行义务。为了保证票据债务人票据支付的有效性，票据法明确规定了付款人所应承担的审查义务，以及可以获得免责的条件。并依据不同的付款情形，形成三种不同性质的审查义务。

第一，形式审查义务。所谓形式审查义务，是指就票据本身，即从票据的外在形式上进行审查的义务。该审查义务仅限于票据上，依据票据的文义性即票据上的文字记载进行，不涉及票据外的其他事实或情况。票据付款人对持票人的付款提示票据进行形式审查，是最基本也是最必要的要求。如果放弃形式审查，极有可能导致阻碍票据流通和影响票据安全。所以，形式审查被我国票据法规定为付款人的法定义务。形式审查一般包括对持票人形式资格的审查和对票据自身形式的审查。对持票人形式资格的审查是指审查持票人在形式上是否为合法权利人，亦即通常所指的背书连续审查。我国《票据法》第 57 条第 1 款规定，付款人及其代理付款人付款时，应当审查汇票背书的连续。也就是重点对持票人是否为该票据的最后被背书人进行审查，包括前后背书是否连续没有中断。对票据自身形式的审查是要审查票据在形式上是否为合法的有效票据，亦即针对票据记载事项进行审查，主要包括必要记载事项是否完备、票据金额是否变造、是否存在绝对无益记载事项等。如果以上事项均为有效，则可认定此票据为有效票据。此时付款人对有效票据进行的付款，即为票据法规定的有效支付，据此可以解除自己的票据责任。

第二，实质审查义务。所谓实质审查义务是指对持票人是否为真实权利人、是否依真实有效的背书而受让票据权利等实质性问题所进行的审查。实质审查通常需要对票据外法律关系、票据外事实进行确认，而实务中要求付款人对每一票据都要进行逐一确认，确保真实性之后才进行付款，显然是无法完成的，同时和票据流通转让的宗旨也是相违背的。所以票据法并没有规定付款人的实质审查义务。

付款人进行付款主要表现在两个方面无实质审查义务。

首先，是对持票人是否为真实权利人无审查义务。因为票据为完全有价证券，只要是票载收款人作为持票人向付款人提示付款时，该持票人当然为合法权利人，而无须审查。同样，依据连续背书获得票据的持票人也被推定为合法权利人。以上票据合法权利人的确认，仅通过票据上的文义记载即可判断，均无须进行审查。

其次，是对背书人签章真伪无审查义务。只要提示付款的票据背书是连续的，即使背书中存在无权利人的背书签名、伪造的背书签名，甚至是假造、虚构的人的背书签名，均不影响背书效力，付款人无须进行实质上的认定。需要注意的是，我国票据法上虽然没有特别规定付款人的审查义务，但是结算规则中有此安排，如付款人对于出票人签章是否为银行预留签章或银行规定的签章需要在付款时进行审查。不过，此类审查只是结算规则上的审查，相应的责任也不属于票据法上的责任。

付款人既然没有实质审查的权利，则不得以实质上的原因提出抗辩，而拒绝履行票据债务。如果付款人基于实质上原因进行审查导致延期付款，则应承担延期付款责任。

值得一提的是，某些特别付款也可能发生实质审查义务。我国《票据法》第58条规定，对定日付款、出票后定期付款或见票后定期付款的汇票，付款人在到期日前付款时，由付款人自行承担所产生的责任。这一规定表明，付款人在进行期前付款时，仅通过形式审查确认持票人的合法持票人资格，并不能成立有效付款而免责，必须通过实质审查来确认持票人的合法持票人资格，才能成立有效付款并获得免责。

第三，附带审查义务。付款人除以上两种审查义务外，还有一种附带审查义务，是指对提示付款人证件的审查义务。我国《票据法》第57条第1款规定，付款人及其代理付款人在进行付款时，应审查提示付款人的合法身份证明或者有效证件。

附带审查义务和形式审查义务、实质审查义务在性质和效力上均不相同。付款人的形式审查义务是必须要履行完成的，反之，则可能承担票据上责任。实质审查义务则仅是在法律规定必须履行而未履行时，才会发生票据上责任。附带审查义务是法律规定应当进行的，没有进行或者没有认真进行，不发生票据上的责任，但可能发生其他责任。

附带审查从性质上来讲，并不是对持票人是否为真实权利人进行实质审查，只是对票据之外的相关事项进行审查。其内容仅是对提示付款人的合法身份证明或有效证件进行审查，不能起到证明提示付款人确为真实权利人的作用。

我国票据法规定付款人对提示付款人的合法身份证明或有效证件进行附带审查，其主要目的是用来防止或减少不法分子假冒他人骗取票款，侵害合法权利人的利益。实践中，附带审查的确在一定程度上发挥了防范的作用。但是，附带审查的作用也仅限于此，无法发挥票据上的效力。当付款人未进行附带审查，或者未认真进行附带审查而发生重大过失，使当事人因他人冒领票款而受到损害时，付款人也只是依其过失的程度，相应地承担票据外的过失赔偿责任，而不用承担票据上的再次付款责任。

（3）实际付款。是指付款人进行付款时，依法履行形式审查义务后，在无恶意和重大过失的情况下，对非真实权利人进行的付款。也就是说，实际付款是一种善意付款。对于付款人的善意付款，应当成立有效付款，从而免除其向真实权利人进行二次付款的责任。我国《票据法》第 57 条第 2 款规定，付款人及其代理付款人以恶意或者有重大过失付款时，应当自行承担责任。此款亦即说明，付款人在发生善意支付时，得免除付款人的责任。善意付款是对善意付款人履行义务的保护，其目的在于促进票据流通，保障票据支付安全。

在发生善意付款的情况下，因付款人得以免责，真实权利人受到的损害只能向因错付而接受支付者要求偿还，而不能向付款人要求新的支付。

付款人委托付款银行为代理付款人进行付款时，代理付款人的审查义务以及善意付款与免责同付款人一致。我国《票据法》第 57 条第 1 款规定，代理付款人代替付款人进行付款时，与付款人本人付款一样，也负有进行形式审查的责任。所以，在代理付款人因形式审查上的问题而发生错付，或以恶意、有重大过失而进行付款时，代理付款人亦应自行承担责任。

（4）回赎汇票。汇票属于交回证券，付款人履行付款义务，持票人获得付款，持票人负有在汇票上签收的义务，并将汇票交还给付款人。持票人委托银行收款的，受委托银行将代收的汇票金额转账收入持票人账户，视同签收。法律规定付款人收回汇票的目的是为彻底终结票据关系，防止票据未被收回而落入善意第三人手中时，付款人可能负担再次付款的危险。

我国《票据法》第55条规定，持票人获得付款的，应当在汇票上签收，并将汇票交给付款人。持票人委托银行收款的，受委托的银行将代收的汇票金额转账收入持票人账户，视同签收。

汇票在付款人进行付款的同时，经持票人签收并由付款人收回，这通常被称为票据的“回赎证券性”如果付款时未经持票人签收，亦未同时将票据收回，或者虽已由付款人收回，但未在汇票上记载签收，都可能发生该汇票继续流通的问题，特别是在该汇票由第三人善意且无重大过失而取得时，可能成立善意取得，因而仍得向汇票债务人请求付款，而付款人也仍有承担付款的义务。由此可见，汇票在付款时经持票人签收并由付款人收回是非常必要的，否则付款人有发生二重支付的可能。

在通过票据交换所进行票据金额的结算时，基于票据交换程序上的关系，通常不可能由持票人在汇票上进行签收，而仅在汇票上加盖相应的交换印章，在此种情况下，经票据交换程序而取得付款时，即可以此代替受取票据金额的记载。

3. 付款的效力

（1）对真实票据权利人付款的效力。我国《票据法》第60条规定，付款人依法足额付款后，全体汇票债务人的责任解除。因此，合法有效的付款使得票据权利人获得票据金额，票据债务解除，票据法律关系归于消灭。

付款人基于和出票人的委托付款关系，得向持票人无条件付款，之后对于未向付款人提供资金的出票人，付款人可向出票人进行求偿，要求出票人偿还已支付的票据金额。

（2）对非真实票据权利人付款的效力。付款人如果是对非真实的票据权利人进行了善意付款，期间正常履行了付款审查义务，其对错误付款没有恶意或重大过失，则付款人可以免责。反之，付款人则不能免责。对于何谓重大过失，我国《票据法》没有具体规定，但在《审理票据纠纷案件若干规定》第 69 条中，明确了付款人或代理付款人不能识别出伪造、变造的票据或身份证件而错误付款，即属于《票据法》第 57 条所规定的重大过失，如果给持票人造成损失，则应当依法承担赔偿责任。

善意付款和善意取得都属于票据活动中的善意人保护制度，目的都是促进票据流通、保障支付安全。但是上述《审理票据纠纷案件若干规定》中，关于恶意和重大过失的条文规定，引发了理论界与实务界的争论和质疑，主要如下。

第一，与民法理论相悖。民法理论认为重大过失是指一般人都能够注意到而行为人没有注意到，才为重大过失。而《审理票据纠纷案件若干规定》强调无论什么原因，只要付款人没有审查出票据上存在伪造或变造的情形均为重大过失。

第二，与票据法相抵触。根据《审理票据纠纷案件若干规定》付款人如果遇到票据伪造或变造将无所适从。因为如果其选择付款，根据《票据法》其将自行承担责任；若不付款，将直接违背《票据法》关于“票据债务人不得以自己与出票人或持票人的前手之间的抗辩事由对抗持票人”的规定。如果付款人据此拒付，将与票据行为独立性相左，更是无法体现票据流通性。

第三，与国际惯例相冲突。世界各国的票据法都对付款人只规定了形式审查义务，而不承担实质审查义务。只要付款人“对于背书在形式上连续之汇票付款者，即可免责”〔1〕。

第四，与实践流通相违背。由于票据的流通性，使得票据被多次转让，付款人无法了解期间的背书人姓名，也无从查验其签名的真伪。票据法要求付款人必须在持票人提示付款的当日足额付款，并强调如果票据付款人故意压票拖延支付的，由金融行政管理部门处以罚款，对直接责任人员给予处分，给持票人造成损失的，依法承担赔偿责任。对于一张经过多次流通转让的票据进行实质审查，并要在持票人提示付款的当日完成，几乎是不可能的。〔2〕

（二）从票据权利的行使——追索权

票据权利人如果未获得付款人的付款或承兑，那么持票人的主票据权利付款请求权的实现受阻，此时的持票人的票据权利需要借助票据法特别规定的追索制度来实现，此即追索权，属于从票据权利。

1. 追索权的概念和种类

（1）追索权的概念界定。追索权是指票据期前不获承兑或到期未获付款以及出现其他法定原因时，持票人在依法履行了保全手续以后，依法向其前手请求偿还票据金额及其他必要金额的权利。我国《票据法》第61条规定，汇票到期被拒绝付款时，持票人可以对背书人、出票人以及汇票的其他债务人行使追索权；在汇票到期日前发生法律规定的一定情形时，持票人

〔1〕（台）郑玉波：《票据法》，台湾三民书局2001年版，第177页。

〔2〕董翠香：《论我国票据法中票据付款人的审查义务》，载《当代法学》2002年第8期。

也可以行使追索权。

追索权也是一种票据权利，与付款请求权相对而言，追索权属于偿还请求权，是第二次请求权。通常票据权利的实现，一般是出票人签发票据，背书人经过背书转让，被背书人作为票据的最后合法持票人，可以依票据向票据上所载付款人行使票据权利。如果这种付款人正常付款的途径受到阻碍，持票人无法获得票载金额时，可以借助追索权，向前手进行追索，实现票据权利的救济。

追索权的行使也应当考虑例外情形下不需要持有票据也可行使追索权，不应当把持有票据作为绝对的无例外的规则。这些例外情形应当包括以下两种情形：[1]

第一，持票人因票据丧失而无法向被追索人出示票据的，在经过公示催告程序，法院作出除权判决后，可以凭拒绝证明及法院除权判决行使追索权。

第二，持票人行使追索权时向被追索人提示票据，被追索人拒绝返还的，持票人举证证明后可以向被追索人行使追索权。

追索权实质上是合法持票人作为追索权利人，对票据付款承担担保责任的前手请求履行担保责任。无论是出票人、背书人还是保证人作为追索义务人都应承担担保责任。

（2）追索权的种类

根据追索权发生的情形不同，可以分为期前追索权、期后追索权以及再追索权三类。

第一，期前追索权。是指汇票上所载的到期日到来之前，因发生到期付款的可能性显著减少的情况，而得进行追索的权利。持票人通常在票据到期前是不能请求票款支付的，票据到

---

〔1〕 吕来明：《票据法判例与制度研究》，法律出版社2012年版，第104页。

期日届至时，方可主张行使票据权利。但是如果在票据到期日前发生了某些特殊情况，使得持票人到期获得付款的可能性显著减少甚至已不可能，此时仍然要求持票人到期日届至才进行权利救济，有失公平。为避免上述情形，确保票据权利的实现，故允许持票人采取期前追索措施，减少损失，保障权益。

期前追索权只有远期汇票才可能发生，见票即付的汇票提示付款之日即为到期日，所以不能出现期前追索的问题。我国《票据法》第 61 条第 2 款规定，在汇票到期日前，如果汇票被拒绝承兑，承兑人或付款人死亡、逃匿、承兑人或付款人被依法宣告破产或因违法被责令终止业务活动任何情形之一时，持票人均可行使期前追索权。

第二，期后追索权。是指票据到期时，持票人因不获付款而得进行追索的权利。在通常情况下所发生的追索权，多数为期后追索权。无论是见票即付的汇票，还是已经承兑的到期日确定的汇票，只要汇票到期时，持票人虽经依法提示付款但未能获得付款时，即可发生期后追索权，持票人可行使到期追索的权利。

持票人在票据到期不获付款，主要包括票据的付款人、承兑人或代理付款人拒绝支付以及付款人下落不明或不存在等客观上无法实现支付两种情形。

第三，再追索权。是指被追索人在履行了自己的追索义务，向追索人偿还追索金额后，得向其前手追索义务人进行追索的权利。我国《票据法》第 71 条第 1 款规定，被追索人依法进行清偿后，可以向其他汇票债务人行使再追索权，请求其他汇票债务人支付相应的金额和费用。

期前追索权和期后追索权都是与付款请求权行使紧密相关，

在付款请求权无法实现时由合法持票人亦即追索人行使的，所以票据法将期前追索权和期后追索权统称为追索权。而再追索权与偿还请求权亦即二次请求权相关，是在持票人的偿还请求权已经实现时发生的，由履行了偿还义务的被追索权人行使的，所以票据法将其与追索权相对应称为再追索权。

2. 追索权的当事人

追索权的当事人包括追索人和被追索人。享有追索权并得进行追索的人，称为追索人，也称为追索权利人。而受到追索或应当受到追索的人，称为被追索人，也被称为追索义务人。

（1）追索权利人。我国《票据法》第61条规定，持票人可以对背书人、出票人以及其他票据债务人行使追索权。可见，持票人是当然的追索权利人，包括未经背书转让的汇票票载收款人、背书连续的最后被背书人、依合法方式取得票据（继承、举证）的持票人。另外，我国《票据法》第70条第2款规定，被追索人清偿债务时，持票人应当交出汇票；第68条第2款规定，在被追索人清偿债务后，即与持票人享有同一权利，因此，履行追索义务后的被追索人也可以成为追索权利人，行使追索权。

（2）追索义务人。根据上述《票据法》第61条，追索义务人应为背书人、出票人以及其他票据债务人。对于票据债务人的理解，我国票据法没有明文规定，依据票据行为人通常为票据债务人，以及我国《票据法》第68条第1款的规定，汇票的出票人、背书人、承兑人和保证人均须对持票人承担连带责任，可以认定被追索义务人应该包括保证人和承兑人。

3. 追索权的行使要件

追索权的发生，并不必然地表现为汇票到期被拒绝付款、到期日前被拒绝承兑等情形，行使追索权，必须要具备一定的实质要件和形式要件，才能由持票人进行实际的追索。

（1）追索权行使的实质要件。追索权行使的实质要件，是指追索权的发生原因，亦即持票人追索权已发生，进行追索的客观事实已经存在。追索权的种类不同，实质要件的表现也不尽相同。

第一，期前追索权与期后追索权的实质要件。无论期前追索还是期后追索，实质要件均表现为持票人的付款请求权无法实现，或可能性显著减少。当付款请求权已经实现，或尚未确定能否实现时，无法行使二次性的追索权。

值得一提的是，并不是所有的提示请求的拒绝，都能构成追索权行使的实质要件，只有符合持票人所提示的票据必须为形式上有效票据、持票人必须依法提示、持票人经依法提示后未获承兑或付款等情形时，才符合追索权行使的实质要件。特殊情况下，付款人自身支付能力显著障碍，也可直接构成追索权行使的实质要件，如付款人破产或被责令终止业务活动。

第二，再追索权行使的实质要件。再追索权的实质要件，是指被追索人履行了追索义务，向追索人偿还了票据债务，取得向其前手追索义务人进行追索的权利。我国《票据法》第 71 条规定，被追索人依法履行了追索义务后，可以向其他票据债务人行使再追索权，请求其他票据债务人偿还追索金额及其他必要金额。此外，在进行再追索时，也要求所依据的票据为完备且无瑕疵的票据，并且，对再追索的义务人主张权利的时效期间，应属尚未届满。

（2）追索权行使的形式要件。我国《票据法》第 62 条第 1 款规定，持票人行使追索权时，应当提供被拒绝承兑或者被拒绝付款的有关证明。此款即是规定追索权行使的形式要件，持票人必须在票据法规定的期限内，提供合法的证明，包括当事人出具合法证明、有关机关出具的合法证明、有关司法文书及处罚决定三种。

第一，当事人出具的合法证明。我国《票据法》第 62 条第 2 款规定，持票人提示承兑或者提示付款被拒绝的，承兑人或者付款人必须出具拒绝证明，或者出具退票理由书。作为被提示人的承兑人或付款人如果拒绝对持票人进行承兑或付款，则必须按照票据法的规定直接出具拒绝证明，如果违反了该项义务应承担相应的民事责任。

如果持票人是通过票据交换所进行的提示承兑或付款，相应的代理银行若拒绝，则需要出具退票理由书。退票理由书和拒绝证明具有同一效力，根据《票据管理实施办法》第 27 条第 2 款的规定，退票理由书的记载事项应包括所退票据的种类、退票的事实依据和法律依据、退票时间、退票人签章。

第二，有关机关出具的合法证明。我国《票据法》第 63 条规定，持票人因承兑人或付款人死亡、逃匿或其他原因，不能取得拒绝证明时，可以依法取得其他有关证明。此处所指的其他有关证明，即指有关机关出具的合法证明。

上述所指的有关机关，是指有资格就拒绝承兑或付款的有关情况，出具有证据力的证明机关，并非任意的机关或仅与持票人相关的机关。《票据管理实施办法》第 28 条明确规定，医院或有关单位出具的承兑人、付款人死亡的证明、司法机关出具的承兑人、付款人逃匿的证明、公证机关出具的具有拒绝证明效力的文书，都属于是有关机关出具的合法证明。

第三，有关司法文书及处罚决定。持票人在承兑人或付款人受到司法机关裁判或主管机关处罚时，因承兑人或付款人丧失对汇票的承兑或付款的能力，而无法直接获得当事人出具的拒绝证明。此时，司法文书或相关处罚决定，构成追索权行使的形式要件。我国《票据法》第 64 条规定，承兑人或付款人被人民法院依法宣告破产的，人民法院的有关司法文书具有拒绝证明的效力；承兑人或付款人因违法被责令终止业务活动的，有关行政主管部门的处罚决定具有拒绝证明的效力。

《日内瓦统一票据法》特别规定了出票人或背书人得在票据上记载免除作成拒绝证书，在票据上有该记载时，持票人可以不作成拒绝证书，即进行追索。我国票据法目前尚无允许出票人或背书人记载免除拒绝证书的规定。

4. 追索权行使的程序

追索权行使的程序，是指票据法规定的、对票据权利人的票据权利给予法律救济的特别程序，属于一种非诉讼的救济程序。

（1）发出追索通知。当持票人被拒绝承兑或付款的事由发生后，持票人应该在法律规定的额期限内，向前手发出追索通知。但该通知义务并不是持票人行使追索权的必经程序，若未通知只是承担一定的责任。《票据法》第 66 条规定，持票人应当自收到被拒绝承兑或被拒绝付款的有关证明之日起三日内，将被拒绝事由书面通知其前手；其前手应当自收到通知之日起三日内通知其再前手。持票人也可以同时向各票据债务人发出书面通知，未按前款规定期限通知的，持票人仍可以行使追索权。因延期通知给其前手或出票人造成损失的额，由没有按照规定期限通知的汇票当事人，承担对该损失的赔偿责任，但是所赔偿的金额以汇票金额为限。

追索通知一般是持票人通知其前手，其前手再通知自己的前手，依次发出追索通知。此外，持票人也可以同时向所有被通知人（持票人的一切前手）发出书面通知。我国票据法对追索通知的方式要求必须以书面方式进行，采取的是发信主义而非到达主义来判断是否在规定的期间内发出追索通知。根据《票据法》第67条的规定，追索通知的主要内容应包括票据的主要记载事项，并说明该票据已经被退票。

（2）追索权行使对象的确定。追索权行使对象的确定主要包括确定方式和追索对象的限制两方面。

第一，确定方式。根据我国《票据法》第68条的规定，出票人、背书人、承兑人、保证人均对持票人承担连带责任。据此，以上票据关系当事人都可以成为追索义务人，各被追索义务人在承担追索义务时没有时间上的先后，均有负责偿还票据金额以及其他必要金额的义务，不存在责任分担问题。不过，持票人在实际进行追索时，通常需要确定追索对象，一般可以遵循以下三个原则：

其一，选择追索。持票人在行使追索权时，可以自由选择行使追索的对象，不用按照票据债务人在票据上承担债务的先后顺序逐次向前追索，可对追索义务人中的任意一人进行追索。

其二，无限追索。持票人的追索权可以向追索义务人中的几人甚至是全体来行使，只要其中有一个追索义务人履行了追索义务，持票人的票据权利因为实现而退出追索程序。履行了追索义务的追索义务人应该依持票人返还的票据，向其他追索义务人行使再追索权，直至票据法律关系归于消灭。

其三，变更追索。依据《票据法》第68条第3款的规定，持票人对票据债务人中的一人或数人已经进行追索的，对其他票据债务人仍然可以行使追索权。即使已经向在先的追索义务人提出追索，也不妨碍他再对其后的追索义务人提出追索。持票人先前的追索权只要尚未实现，就可以再进行新的追索。

第二，追索对象的限制。追索权行使对象的限制，主要是指持票人的自身特殊地位，使得他不得对某些被追索义务人行使追索权。主要指以下两种特殊情况：

其一，持票人为出票人时的限制。当持票人是票据最后背书的被背书人时，根据票据法的规定，其可对任何前手行使追索权，没有任何限制。但是，如果该持票人是原出票人依回头背书而获得票据，继而成为最后背书的被背书人时，若允许其行使追索权，将发生循环请求的后果。我国《票据法》第69条前款规定，持票人为出票人时，对其前手无追索权。所以，通常情况下，持票人为票据的出票人时，不能再发生追索。除非该票据已被承兑，且承兑人和出票人之间不存在对人抗辩的情形，方可行使追索权。

其二，持票人为背书人时的限制。我国《票据法》第69条后款规定，持票人为背书人时，对其后手无追索权。所以，如果背书人成为持票人，只能向其为背书行为时的前手、亦即向在其签章之前的票据债务人行使追索权，即便是其先于后手受到追索，而后手未承担任何追索义务，也应该如此。此举的目的同样是为了避免发生循环请求的后果，所以对背书人的追索权行使对象加以限制。

（3）追索权行使内容的确定。追索权行使的目的，是为了获得追索金额，这也就是追索权行使的内容。追索金额分为两种，第一种是依据追索权的行使而得请求的金额，被称为追索金额；第二种是如果发生再追索，依据再追索权的行使而得请求支付的金额，则被称为再追索金额。二者统称为追索金额。追索金额通常和票据金额并不完全相同，一般均大于票据金额。

第一，首次追索金额的确定。首次追索金额是指第一次追索时持票人可以向被追索人请求支付的金额。我国《票据法》第 70 条第 1 款明确规定了追索金额的构成，即被拒绝付款的汇票金额、汇票金额自到期日或提示付款日起至清偿日止，按照中国人民银行规定的利率计算的利息、取得有关拒绝证明和发出通知书的费用。而被拒绝付款的汇票金额是追索金额中的最主要部分，也是持票人进行追索的主要目的。

值得一提的是，持票人行使期前追索和到期追索的追索金额是有所不同的，期前追索不应该包括利息，否则有可能发生不当得利。《日内瓦统一票据法》第 48 条第 2 款规定，在期前追索的追索金额中，不应当包括利息，而应当从票据金额中，扣除自履行追索义务而为清偿之日起至票据到期日为止，依法定贴现率计算的贴现利息。我国票据法尚无相关规定，从公平原则来讲，应采用扣除贴现利息的做法。

第二，再追索金额的确定。再追索金额是指追索义务人在清偿后，行使再追索权时向其前手请求支付的金额。我国《票据法》第 71 条明确规定了再追索金额的构成，强调被追索人依法进行清偿后，可以向其他汇票债务人行使再追索权，请求其他汇票债务人支付已清偿的全部金额、前项金额自清偿日起至再追索清偿日止按照中国人民银行规定利率计算的利息、发出通知书的费用。

（4）追索权行使的效力。追索权行使的效力是指持票人依法进行追索权的行使时，导致持票人、被追索人及其他票据债务人所发生的权利义务关系。由于行使追索权，不仅使原来的权利义务关系发生了改变，同时也产生了新的权利义务关系。

第一，被追索人的票据债务因清偿而消灭。依据我国《票据法》第 72 条的规定，被追索人在对持票人的追索权进行清偿后，其票据责任解除，从而使自己的票据债务归于消灭，个人不再承担任何票据义务。同时，被追索人的所有后手票据债务人的票据债务归于消灭，而其前手的票据债务依然存在，仍要承担再追索义务。

第二，追索人和再追索人相应义务的发生。我国《票据法》第 70 条第 2 款以及第 71 条第 2 款规定，被追索人清偿债务时，持票人或者行使再追索权的被追索人，应当交出汇票和有关拒绝证明，并出具所收到的利息和费用的收据。以上规定说明，被追索人完成清偿责任后，追索人和再追索人则要履行交出汇票、提供拒绝证明、出具收到的利息和费用收据等相应义务。如果拒不履行，被追索人可以拒绝履行清偿义务，该项义务既是票据证券性的体现，也是再追索权行使的便利性要求。

第三，被追索人对其前手再追索权的行使。被追索人因为履行了自己的追索义务，完成了清偿责任，取得了相应的票据权利，即对其前手的再追索权的行使，请求相应的再追索金额。

汇票当中的关系人，除了出票人和承兑人承担最终追索义务之外，其他被追索人的偿还义务，均具有暂时性。因为该偿还，都可以通过向其前手行使再追索权而获得补偿。

三、票据权利的保全

（一）票据权利保全的概念

票据权利的保全是指票据权利人为防止票据权利丧失而为的各种行为。如请求付款、提起诉讼而使时效中断，保全付款请求权；向票据主债务人或票载付款人在法定期限内请求付款以保全追索权的行为。[1]

（二）票据权利保全的方法

票据权利的保全首先是要进行票据提示，持票人欲要实现其票据权利，必须向票载付款人或代理付款人进行票据提示。除此之外，还可以采取票据法规定的方式来中断时效以保全票据权利。票据法的立法宗旨是促进票据流通、保障交易安全，所以设计了短期的消灭时效制度，督促持票人尽快行使自己的票据权利。所以，持票人为防止其票据权利因时效完成而归于消灭，可以采取法定方式来中断时效，保全票据权利。

根据我国票据法的规定，当事人可以通过向法院提起诉讼来中断时效，也可以通过搜集证据来证明本人已经行使票据权利未获实现，或者根本无法行使票据权利。例如可以在被拒绝承兑或被拒绝付款时，请求付款人或承兑人出具拒绝证书；在付款人或承兑人被宣告破产、因违法而被责令终止业务时，请求有关机关给付司法文书副本等。

（三）票据权利保全的时间和地点

我国《票据法》第16条规定，持票人对票据债务人行使票据权利，或者保全票据权利，应当在票据当事人的营业场所和营业时间内进行，票据当事人无营业场所的，应当在其住所进行。我国票据法关于票据权利保全的时间规定，和其他国家的规定基本一致，均要求在营业日的营业时间内进行。但是对票据权利保全的地点规定略显粗糙。我国台湾地区的“票据法”设计了较为详尽的安排，第20条规定：为行使或保全票据上权

---

〔1〕于莹：《票据法》（第二版），高等教育出版社2008年版，第65页。

利，对于票据关系人应为之行为，应在票据上指定之处所为之；无指定之处所者，在其营业所为之；无营业所者，在其住所或居所为之。票据关系人之营业所、住所或居所不明时，因做成拒绝证书得请求法院公证处、商会或其他公共会所调查其人之所在，若仍不明时，得在该法院公证处、商会或其他公共会所做成之。

票据权利的行使和保全既有区别又有联系。两者的区别表现在，一般情况下持票人只有行使票据权利即可以实现票据上的利益，而在票据权利无法实现的时候，才需要对票据权利进行保全。两者的联系表现在，有些票据权利的行使须以该票据权利得到合法保全为前提，如追索权的行使以做成拒付证书为必要。票据权利的保全是为了确保票据权利的有效存在和有效行使；有些票据权利的行使可以直接达到保全票据权利的目的，如持票人向付款人提示票据请求付款是行使票据权利的行为，该行为同时也达到了中断时效的目的，保全了票据权利。票据权利的行使与保全相辅相成。[1]

四、票据权利的消灭

票据权利的消灭，是指由票据所表现的权利亦即票据上债权，基于一定的原因而不再存在。因为票据权利分为付款请求权与追索权，所以票据权利的消灭也相应地分为付款请求权的消灭和追索权的消灭。

（一）付款请求权的消灭

付款请求权的消灭是指持票人基于票据得向票据主债务人

〔1〕 王秉乾编著：《比较票据法案例选评》，对外经济贸易大学出版社 2013 年版，第 66 页。

请求支付票据金额的权利，因一定原因而归于消灭。根据具体的消灭方式可分为付款请求权的一般消灭与付款请求权因时效完成而消灭。

1. 付款请求权的一般消灭

付款请求权的一般消灭，是指依一般债权的消灭原因，而使付款请求权归于消灭。因为付款请求权亦属于金钱债权，当然可以按照一般债权消灭原因对于消灭，如清偿、抵消、免除、提存等。但其最主要的消灭原因应是票据金额的清偿，我国《票据法》第60条规定，付款人依法足额付款后，全体票据债务人的责任解除。据此，票据金额的清偿可使付款请求权归于消灭。

值得注意的是，票据权利是金钱债权，具有证券性的特点，付款请求权也不例外。因此，付款请求权依据一般债权的消灭原因而消灭时，只是相对消灭而非绝对消灭，票据本身在形式上依然有效存在。该票据以“物”的形态所表现的权利就依然存在，如果被再次投入流通，有发生善意取得的可能。

为了避免这一问题的出现，票据债务人在履行了债务之后，得要求票据权利人返还票据，从而真实地占有该票据，并在该票据上进行相应的记载，表明付款请求权基于清偿而归于消灭。例如记载“付讫”“作废”等字样，或者将票据销毁、涂销，从而使作为有价证券的票据这一形态消灭，并由此而使付款请求权归于消灭。

2. 付款请求权因时效完成而消灭

付款请求权同一般债权一样，也有相应的消灭时效。是指票据权利人经过一定期间持续不行使付款请求权，导致付款请求权归于消灭，因而票据义务人据此可以拒绝付款。

付款请求权的消灭时效特点比较明显。其一是具有短期性，商事活动中使用票据的目的是为了便利交易、促进流通、保障交易安全，因此持票人如果长时间持有票据而不请求付款，会导致流通受阻，因此为付款请求权规定短期消灭时效是当然之选。其二是具有独立性，付款请求权的消灭时效是独立于票据原因关系债权的消灭时效的，作为证券上权利的付款请求权消灭，并不影响作为原因关系的债权的存续。只要原因关系债权的时效未至，仍然可以行使一般的民事债权，或依票据法的特别规定行使利益偿还请求权。

我国《票据法》第 17 条及《审理票据纠纷案件若干规定》的规定，持票人对汇票和本票的出票人及汇票承兑人的权利，自票据到期日起 2 年不行使，因时效完成而消灭；对于见票即付的汇票和本票，持票人的票据权利自出票日起 2 年不行使，因时效完成而消灭；持票人对支票出票人的权利，自出票日起 6 个月不行使，因时效完成而消灭。

（二）追索权的消灭

追索权的消灭是指持票人对前手背书人请求偿还票据金额的权利，因一定原因而归于消灭，根据追索权消灭的方式不同，可分为因保全行为欠缺而消灭和因时效完成而消灭。

1. 因保全行为欠缺而消灭

票据法为了保护合法权利人的追索权，要求票据权利人在一定期间内，进行票据的提示，或者出示有关证明文件，从而实现对追索权的特别保全。如果未能在法定期间进行票据提示或未能出示规定的证明文件时，就会丧失追索权，此即属于保全行为欠缺而导致的追索权消灭。我国《票据法》第 40 条第 2 款规定，汇票未按照规定期限提示承兑的，持票人丧失其对前手的追索权。同时，第 65 条规定了持票人不能出示拒绝证明、退票理由书或未按照规定期限提供其他合法证明的，丧失其对前手的追索权；第 79 条规定了本票未按照规定期限提示见票的，丧失对出票人以外的前手的追索权。

2. 因时效完成而消灭

追索权和付款请求权一样也属于金钱债权，同样可以因为时效完成而归于消灭。我国《票据法》第 17 条规定，持票人对前手的追索权，自被拒绝承兑或被拒绝付款之日起 6 个月不行使，因时效完成而消灭；履行追索义务的背书人对其前手的再追索权，自清偿之日或被提起诉讼之日起 3 个月不行使，因时效完成而消灭。

追索权的消灭时效和付款请求权的消灭时效同样具有独立性，而且时效中断只是对该中断事由的票据当事人发生时效中断的效力。这一特性会导致对同一票据上的各个票据债务人行使票据权利时，时效完成期间会各不相同。通常来说，如果对出票人行使票据权利的时效业已完成，则对其他票据债务人行使票据权利的时效即使尚未完成，也无法再对该票据债务人主张行使追索权。

追索权消灭时效的计算起点通常是被拒绝承兑或被拒绝付款之日，除此之外，我国《票据法》第 61 条又规定了一些其他行使追索权的事由，如付款人或承兑人死亡、逃匿、被宣告破产、被责令终止业务活动等。以上事由的消灭时效计算起点应以提示付款期限的最后一日为起算点。[1]

---

〔1〕 参见王小能主编：《中国票据法律制度研究》，北京大学出版社 1998 年版，第 80 页。

第四章

票据权利主张的对抗——票据抗辩

我国《票据法》第13条第3款规定，本法所称抗辩，是指票据债务人根据本法规定对票据债权人拒绝履行义务的行为。这是关于票据抗辩的法定概念。票据抗辩是票据法为票据义务人规定的一种自我保护方式，因而，票据抗辩权也是票据义务人所拥有的、与票据权利人的请求权相对立的一项权利。

票据抗辩权是票据法权力体系中的重要组成部分，它与付款请求权和追索权相对立，有效地维护了票据债务人的利益，实现了票据权利体系内在的平衡。票据抗辩权同时关注着票据债权人与票据债务人的权利享有，使票据诉讼各方当事人的权益得到法律上的平衡。“确切地说，票据抗辩权是指票据法规定的票据债务人得提出法定事由或约定事由，拒绝按照特定持票人或一般持票人的请求内容履行票据义务的法定权利。”[1]之所以将票据抗辩行为的对象界定为特定人或一般人，而不是特定或一般的票据债权人，是因为在票据抗辩的场合中，有的持票人并不享有票据债权（如票据欠缺法定要件无效）。

---

〔1〕 赵新华主编：《票据法问题研究》，法律出版社2007年版，第238页。

一、票据抗辩的种类

王泽鉴先生认为，“抗辩就是一方当事人行使权利时，他方当事人所提出的对抗或异议。”〔1〕票据抗辩其实质就是票据债务人对票据权利人所提出的权利主张进行对抗，从而拒绝履行票据债务的情形。在票据诉讼中，一方当事人行使票据权利，另一方的当事人多数会提出票据上的抗辩，根据对抗的事由和效力的不同，可将票据抗辩分为对物抗辩和对人抗辩，这种分类也是目前票据法理论界的通说。〔2〕其中，前者是基于对任意持票人的权利主张所提出的对抗，后者则是对特定持票人的权利主张所提出的对抗。

（一）可对任意票据权利主张进行的对抗——对物抗辩

对物抗辩是票据债务人基于票据本身所存在的事由，对票据权利人的权利主张进行对抗。对物抗辩是因为票据本身引起的具体的抗辩事由，属于绝对的抗辩，所以对任何持票人的权利主张均可对抗，不论持票人是出于善意还是恶意，抑或是重大过失均无不可。依抗辩发生的具体原因，可将对物抗辩分为

---

〔1〕（台）王泽鉴：《民法总则》（增订版），中国政法大学出版社第 2001 年版，第 95 页。

〔2〕［日］田中誠二：《手形法小切手法詳論》（上卷），勁草書房 1968 年版，第 237～246 页；［日］河本一郎：《手形抗弁》，《手形法小切手法講座》（3），有斐閣 1965 年版，第 165～168 页；［日］伊沢孝平：《手形法・小切手法》，有斐閣 1949 年版，第 206～207 页；（台）刘甲一：《票据法新论》，五南图书出版公司 1978 年版，第 127 页；（台）李钦贤：《票据法专题研究》（一），台湾三民书局 1996 年版，第 219 页；赵新华：《票据法论》，吉林大学出版社 2007 年版，第 81 页；于莹：《票据法》（第二版），高等教育出版社 2008 年版，第 82 页；王小能编著：《票据法教程》（第二版），北京大学出版社 2001 年版，第 101 页；谢怀栻：《票据法概论》（增订版），法律出版社 2006 年版，第 82 页。

以下三种：[1]

第一，有关票据记载的抗辩。主要是指权利义务关系人依票据上的记载文义提出的抗辩，通常情况下，此种抗辩任何票据债务人均可主张。一般包括票据要件记载欠缺导致票据无效的抗辩、背书记载不连续的抗辩、票据记载事项变更（票据变造）的抗辩、票据债权消灭记载（如记载已清偿、抵消、免除等）的抗辩、票据记载付款期尚未届至的抗辩、票据经除权判决失效的抗辩。由于票据是文义证券，因此在票据诉讼案件中，票据上的权利义务应该以票据上的记载为准，附加于票据以外的其他任何说明都不能产生票据法上的效力。

第二，有关票据签章的抗辩。在票据诉讼实务中，有相当一部分纠纷案件是由票据上的签章引起的。我国《票据法》第4条规定，票据行为人依法在票据上的签章，承担票据责任，持票人相应地享有票据权利。票据签章具有票据行为人同一性判定的功能，并以此来确定承担票据义务的票据行为人的真实性。票据签章较票据记载更具重要性，因为如果已经完成出票记载的票据尚未进行出票签章，则该票据自始无效；相反，具备了出票人签章的票据记载虽然欠缺，但可经补充记载而发生票据权利义务关系。有关票据签章的抗辩包括票据伪造的抗辩、无行为能力人及限制行为能力人的抗辩、无权代理及越权代理的抗辩。

第三，有关票据时效及权利保全的抗辩。主要是指票据权利曾经有效存在，但因票据权利时效完成或者权利保全手续的欠缺而导致票据权利消灭，因此而发生的物的抗辩，享有抗辩

[1] 参见赵新华：《票据法论》，吉林大学出版社2007年版，第81~84页。

权的是特定的票据义务人。主要包括票据权利因时效而消灭的抗辩、票据权利因保全手续欠缺而消灭的抗辩。在此种票据诉讼中，持票人因时效完成或欠缺保全手续而丧失了其对前手的追索权，使特定的票据债务人解除了票据责任，但持票人对出票人或承兑人依票据法的规定，仍享有票据权利，如利益返还请求权等。

（二）仅对特定票据权利主张进行的对抗——对人抗辩

对人抗辩是指票据债务人基于与特定的票据权利人之间所存在的事由，对其提出的权利主张进行的对抗。对人抗辩仅能对特定的票据权利人主张，属于相对抗辩，其抗辩的范围比对物抗辩的范围要宽泛一些，但应限制在相对应的当事人之间进行，而不能对抗善意第三人。

依抗辩发生的具体原因，可将对人抗辩分为以下三种：〔1〕

第一，原因关系抗辩。“原因关系抗辩是指基于票据义务人与票据权利人之间所存在的一定的原因关系而发生的抗辩。”〔2〕根据票据无因性原则，票据行为一经完成，便使票据关系与基础原因关系相分离，而不再受原因关系的有效存废与否的影响。但又因为“票据关系不过是其原因关系的手段”，〔3〕在票据直接当事人之间，享有票据外权利的票据债务人可以对享有票据上权利的票据权利人主张原因关系的抗辩。我国《票据法》第13条第2款对此作了规定。原因关系抗辩主要有原因关系无效、不存在或消灭的抗辩；欠缺对价的抗辩；特约的抗辩。其中，特约抗辩是当事人一方不履行授予票据时的特别约定的，如对

〔1〕 参见赵新华：《票据法论》，吉林大学出版社2007年版，第84~86页。

〔2〕 赵新华：《票据法》，人民法院出版社1999年版，第102页。

〔3〕 ［日］福瀧博之：《手形法概要》，法律文化社1998年版，第89页。

空白票据的补充约定，则另一方可以此约定为由行使抗辩。

第二，票据行为瑕疵抗辩。是指票据因票据行为的瑕疵而无法生效时，票据义务人依法对相对应的持票人的权利主张进行的抗辩。票据行为瑕疵抗辩一般包括因诈欺而为票据行为的抗辩和因胁迫而为票据行为的抗辩。对于这两种抗辩事由，都在我国《票据法》第12条进行了集中规定，即“以欺诈或者胁迫等手段取得票据的，或者明知有前列情形，出于恶意取得票据的，不得享有票据权利。持票人因重大过失取得不符合本法规定的票据的，也不得享有票据权利。”在具体的诉讼案件中，因欺诈和胁迫而为票据行为的人的表意，均非其真意表达，故而其相对方不得享有票据权利，票据义务人可进行抗辩。但对其相对人以外的其他持票人，仍然应基于其相应的票据行为而承担相关的票据责任。票据行为瑕疵可能使票据丧失其效力，但在多数情况下，仅使票据效力发生变化，并不导致票据权利的消灭。

第三，无权的抗辩。是指票据债务人对不享有任何票据上的权利的特定的票据持有人进行的对抗。无权抗辩一般是指针对持票人所持有的票据是通过偷盗、捡拾等非正当方式而取得时所发生的抗辩，对此，《票据法》第12条也有记载，即“以偷盗等手段取得票据的，或者明知有此种情形，出于恶意或者重大过失取得票据的，均不得享有票据权利。”此时的持票人属于无权利人，如果向票据债务人请求履行票据义务，当然会遭到相对应的抗辩。

二、票据抗辩的功能

（一）票据权利的减损和否定

票据抗辩是相对于票据权利的行使而言的，其意图是票据义务人对相对人的权利行使加以减损或否定。所谓减损，是指票据债务人在承认持票人享有票据权利的基础上，以抗辩事由使权利人的权利主张内容发生了消减，使最终体现的付款金额产生量的变化。而所谓否定，是指票据债务人在否认持票人享有票据权利的基础上，以抗辩事由使双方的权利义务关系彻底无效而消灭。

可以看出，因票据抗辩权的行使，致使票据权利发生了减损和否定，对票据权利产生了极大的破坏性。此点在票据债务人对票据金额记载行使抗辩权时最为明显。我国《票据法》第8条明确规定："票据金额以中文大写和数码同时记载，二者必须一致，二者不一致的，票据无效。"而日内瓦统一票据法体系规定以文字记载金额为准，英美法系则允许持票人向票据债务人以较小或最小记载金额付款。"我国现行《票据法》中对于票据记载金额的规定，在相当程度上反映出一种严格管理的指导思想。立法和实践中，我们应当遵循票据交易动态安全保护的原则，摈弃单纯的严格管理理念，以使票据权利人获得最大限度的票据法上的救济。"〔1〕

（二）诉讼当事人权利救济的衡平保护

"票据法上，票据权利的双重权利设置，以及众多的突出债

〔1〕 赵新华：《〈票据法〉上票据金额记载规定的立法完善》，载《法学》2011年第9期。

权人优势地位的规定，当然都是为了实现促进票据流通，确保票据支付的理念，但在突出权利后，义务则必然超常加重，为了平衡票据债权和票据债务的关系，减轻票据债务人的压力，票据法从长期的历史发展和票据实践中发展出了票据抗辩原理，明确指明票据债务人可以主张的抗辩，努力实现票据债权人和票据债务人之间的一种相对平衡与公平。"[1]

在具体的诉讼案件中，票据抗辩权的运用首先是票据债务人针对持票人的权利主张，来寻找自身是否有对抗事由的提出，如果有合法的对抗事由，则持票人的票据权利将受到减损甚至是否定，票据债务人可部分履行甚至无须履行票据义务。如果票据债务人没有合法的抗辩事由，则作为非直接当事人的持票人可主张票据抗辩的限制——票据抗辩切断，而直接当事人不能主张抗辩切断；抗辩切断主张成功的，票据债务人即应履行付款责任，反之，票据债务人若有对抗票据抗辩切断事由的，则发生票据抗辩的反限制；票据抗辩的反限制也就是抗辩切断的例外，是指持票人取得票据时为恶意或有重大过失。

票据抗辩权使票据债务人在发现票据存在瑕疵时能够拒绝履行法定的票据义务，从而保护了自我的权利；同时，票据抗辩避免了正当票据权利人的合法权益包括票据权利受到损害，使其他票据债务人免于陷入不利的境地，最终使票据债务人和票据债权人利益得到平衡、对等的保护。

---

[1] 董惠江：《票据抗辩论》，中国政法大学2006年博士学位论文。

三、票据权利人的抗辩排除及例外

（一）票据权利人的抗辩排除

票据所表现的是一定的债权，亦即是一种请求权，并且是一定金额的金钱给付请求权。作为债权的票据权利在行使过程中，可能受到他人的妨害，此时，权利人排除他人的意思、树立自己的意思，即为请求。对于权利人的请求，相对方加以阻止，即为抗辩。票据行为无因性的作用，主要表现为对票据义务人抗辩的限制，也就是发生抗辩切断。而“抗辩切断是指在就某一票据权利存在着对人抗辩事由的场合，当该票据权利依票据法规定的转让方式进行转让时，该抗辩事由不随之而转移，票据义务人不得以之对抗后手票据权利人，这也称为抗辩排除。”〔1〕

对人抗辩切断的制度，目的在于保护善意持票人，使其不因票据本身以外的、在受让时未能预知的抗辩事由，发生票据权利行使的障碍，从而放心地受让票据，促进票据的流通转让。我国《票据法》第13条第1款也明确规定了抗辩切断，即“票据债务人不得以自己与出票人或者持票人的前手之间的抗辩事由，对抗持票人。”票据抗辩切断理论排除了因票据债务人行使抗辩权，而破坏票据流通、损害票据权利人合法权益的可能。“票据抗辩切断是由票据抗辩的特征所决定的，而票据抗辩的特征又是由票据债权的流通性特征所决定的。所以由票据债权的流通性特征引申出的票据债权无因性理论也就成为票据抗辩切

〔1〕 赵新华：《票据法论》，吉林大学出版社2007年版，第86页。

断的理论依据。”〔1〕

票据是商品交换的产物，现代票据法律制度，是建立在票据流通的基础之上的。从一定意义上说，没有票据的流通，就不会产生现代票据法律制度。而票据流通，产生了票据的重要特质之一——票据无因性。

1. 票据无因性的基本含义

所谓票据的无因性，即“票据行为的无因性，是指票据行为与作为其发生前提的实质性原因关系相分离，从而使票据行为的效力，不再受原因关系的存废或其效力有无的影响。票据行为的这种无因性，也称为票据行为的抽象性或无色性。”〔2〕“票据行为的无因性，乃是基于社会经济生活对票据所提出的要求，而由法律即票据法所特别赋予的，而并非票据行为所固有的。”〔3〕

无因性概念和理论是由德国著名法学家萨维尼创设的，德国学者巴尔全面阐述了他关于无因债权契约及票据行为无因性的思想，将票据无因性原则发展成为私法的一项基本理论，并逐步为世界各国的票据立法、学说及实务所公认。英国学者杜德莱·理查逊就将票据无因性解释为：“票据作为一种权力财产，其完全的合法权利可以仅凭支付（或许要有转让人的背书）票据来转让。只要受让人取得票据时是善意的，并支付了对价给转让人，他便获得该票据及其所代表的全部财产的完全的所

〔1〕［日］長谷川雄一：《手形抗弁の限制》，成文堂1988年版，第29页。

〔2〕赵新华：《票据法论》，吉林大学出版社2007年版，第43页。

〔3〕赵新华主编：《票据法问题研究》，法律出版社2007年版，第18～19页。

有权而不受其他权益的约束。”〔1〕

日本以及我国台湾地区学者，在承袭德国的票据法理论的基础上，对票据行为无因性理论有了更加深刻的认识和详细的阐述。

日本学者龙田节认为：“票据上的债务是基于票据行为自身而发生和存在的，和作为票据授受原因的法律行为（买卖、消费借贷等）存在或有效与否无任何关系。即使买卖契约无效或被解除，由此产生的票据债务也不受影响。”〔2〕台湾学者李钦贤进一步解释到，“票据法律关系虽因基础法律关系而成立、发生，但票据行为本身决非将基础法律关系中的权利义务表彰于票据上，而是依票据法的规定，为创设另一新的权利义务之法律关系，因此基础法律关系的权利义务，与票据行为所创设的权利义务，系个别独立存在的，相互间不发生影响。”〔3〕我国台湾学者梁宇贤更是把票据行为无因性的含义概括为：“无因证券者，乃票据执票人得不明示其原因所在而主张享有证券上之权利谓也。票据如已具备法定条件，其权利即行成立，至其法律行为发生之原因如何，在所不问。”〔4〕

我国大陆的票据法理论及实务基本上继受德国、日本及台湾地区票据法理论关于票据无因性的理解。认为“所谓票据的无因性，是指票据如果具备票据法上的条件，票据权利就成立，

〔1〕［英］杜德莱·理查逊：《流通票据及票据法规入门》，李广英等译，复旦大学出版社 1990 年版，第 15 页。

〔2〕［日］龙田节：《商法略论》，谢次昌译，甘肃人民出版社 1985 年版，第 177 页。

〔3〕（台）李钦贤：《票据法专题研究》（一），台湾三民书局 1996 年版，第 299 页。

〔4〕（台）梁宇贤：《票据法实例解说》，台湾瑞兴图书股份有限公司 1995 年版，第 11 页。

至于票据行为赖以发生的原因，在所不问。”[1]票据关系的产生一般是基于一定票据行为的发生，并且以一定的票据金额的支付为内容。而票据债务人实施此种票据行为，并支付票载金额的原因，并不能通过票据法律关系体现出来，其根本原因就是票据的无因性导致票据关系所表现的是一种抽象关系，并不体现实质内容。

票据行为的无因性，使得票据行为的效力可以独立存在。也就是说，只要票据行为具备了法定要件，即使票据原因有瑕疵，票据关系仍然有效。因此，作为持票人来说，无须证明原因关系上的债务的成立与存续，仅依票据上所记载的文义就可请求给付一定的金额。票据债务人仅可对是由于诈欺、恶意或重大过失等不正当原因取得票据的持票人进行抗辩，但不能以原因关系对抗善意第三人。

“票据行为的无因性是票据理论的基础，在整个票据法理论体系中占有核心地位。”[2]正因为如此，票据法从 1871 年《德国汇票本票法》的规定发展到现在，近两个世纪以来，一个基本原则就是票据行为具有无因性。在票据关系中坚持票据行为的无因性，不仅仅是各国票据法理论所共同遵守的规则，也是现代各国票据立法所采纳的准则，是票据信用与流通功能实现的最充分保障，对国际票据结算、流通产生着积极的作用。

2. 票据无因性的宗旨——保护票据权利人

票据作为一种特殊的完全有价证券，产生、发展于商品经

---

〔1〕 于莹：《票据法》（第二版），高等教育出版社 2008 年版，第 37 页；王小能编著：《票据法教程》（第二版）北京大学出版社 2001 年版，第 35 页；谢怀栻：《票据法概论》（增订版），法律出版社 2006 年版，第 22 页；董安生主编：《票据法》，中国人民大学出版社 2000 年版，第 27 页。

〔2〕 董惠江：《票据无因性研究》，载《政法论坛》2005 年第 1 期。

济中，是商品经济建立与扩大的内在要求。其创设的宗旨，就是为了便于权利转让，可以说，票据权利的天然属性就是它的动态性，那么对于它的保护，也应该符合它的天然属性。动态安全保护在票据法上体现为票据无因性原则的技术性制度设计，其根本宗旨在于确保票据权利能够在不特定的多数人之间顺畅流通。基于这样一个宗旨，将保护的重心落在交易相对方即票据权利人一方。而票据的流通，也产生了票据的核心特质——无因性。

无因性原则使得票据成为“单纯的支付约定”或“单纯的支付委托”，[1]持有票据的人就当然成为票据权利人。在持票人主张票据权利时，无须证明授受票据的原因，而只以提示票据为要件。正因为票据具有这一其他有价证券所不具备的无因性，才使得票据在现代商业活动中，表现出了其他类型的有价证券所不具备的特殊功能和作用；同时，也决定了票据在现代社会经济生活中不仅是必不可少的，而且是不可替代的。

票据无因性是法律为适应经济生活的需要而特别创设的，是立法技术的处理结果。“只有当票据关系与票据基础关系（原因关系）相分离，独立于票据的原因关系而存在，使票据具有无因性，票据才能实现交易的安全和流通的顺畅，并确保票据权利人的票据权利。而要实现票据法的这一旨意，在程序上，就必须有一种简便易行的快捷程序，使双方当事人的票据权利义务得到迅捷的认定和审判，而票据无因性原则既使票据诉讼制度的产生成为必要，又使票据诉讼制度独特功能的发挥成为

〔1〕［日］田辺光政：《最新手形法・小切手法》（修订版），中央経済社1992年版，第31页。

可能。"[1]

票据无因性的意义就在于，"基于票据行为的票据关系一经成立，不管基础原因关系如何变化，票据上的权利均不受影响，票据债务人无须审查票据的原因关系是否存在或真实，也不得以票据原因违法或存在其他瑕疵为理由，拒绝对持票人支付票款（在直接相对人之间除外）。无因性原则之所以有这样的法律效果，在于它具有使人的抗辩切断的法律机能。"[2]

3. 票据无因性的作用——转换诉讼当事人的举证责任

"所谓举证责任是指在诉讼中就某一事实是否存在不能确定时，而由法院判由一方当事人所承担的不利益。"[3]举证责任的主体是诉讼中的双方当事人，具体某一事实应由谁举证，这就是我们所说的举证责任的负担问题。我国《民事诉讼法》第 64 条确定了当事人的举证责任，即"当事人对自己提出的主张，有责任提供证据。"

依据《审理票据纠纷案件若干规定》第 9 条第 1 款的规定，票据诉讼的举证责任由提出主张的一方当事人承担。这也与民事诉讼中"谁主张、谁举证"的规定是相一致的。例如，我国《票据法》第 31 条规定："持票人以背书的连续，证明其汇票权利；非经背书转让，而以其他合法方式取得汇票的，依法举证，证明其汇票权利。"所以说，一方面持票人应首先对自己持票的合法性、是否履行了约定义务、是否提供了相应的证据（如破产裁定书）进行举证。另一方面，合法的正当持票人主张票据

〔1〕叶永禄：《票据诉讼制度研究》，法律出版社 2008 年版，第 63 页。

〔2〕［日］前田庸：《手形行為の無因性と有因性》，载《商法の争点Ⅱ》，有斐閣 1993 年版，第 316 页。

〔3〕［日］末川博：《新法学辞典》，日本評論社 1991 年版，第 1093 页。

权利时，“依据票据无因性原则，在当事人（包括有直接原因关系的当事人）之间发生举证责任转换的法律效果。持票人在主张票据债权时，无须证明原因关系的存在，也就是无须证明自己以及前手是依何种实际的原因关系而取得票据债权，只要依票据上的记载内容即可向票据债务人主张相应的票据权利。反之，如果票据债务人欲对抗权利人的权利主张，则需举证证明存在符合票据法规定的、足以对抗权利人权利主张的抗辩事由。”〔1〕

（二）抗辩排除的例外——无因性原则的相对性

票据无因性原则在具体适用时，存在着射程距离的约束，如果是在其法律效力所不及的范围，则出现票据无因性原则的例外情况。

我国《票据法》第13条第2款对此作了规定，即“票据债务人可以对不履行约定义务的与自己有直接债权债务关系的持票人，进行抗辩。”可见，这种例外情形，仅应适用于票据关系当事人与票据基础关系的直接债权债务人相互重合的情况，以便更好地保护票据上最基本最直接权利人在票据关系及其基础关系中所共同拥有的合法利益。

故为追求法律的妥当性和衡平性，在坚持票据无因性原则的基础上，兼顾该原则的效力不及之处；在对该原则进行普遍适用的同时，对该原则例外情形予以严格适用，即“票据无因性应坚持相对无因性，只有这样才会确保实现票据法促进票据流通、保护交易安全的双重立法目的。”〔2〕具体来讲，相对无因

〔1〕 于莹：《票据无因性原理在审判实践中遇到的问题》，载《人民法院报》2003年8月1日。

〔2〕 于莹：《论票据的无因性原则及其相对性——票据无因性原则“射程距离”之思考》，载《吉林大学社会科学学报》2003年第4期。

性体现在以下两个方面。

1. 禁止权利滥用

禁止权利滥用原则是诚信原则的体现，禁止权利滥用是从反面对权利的核心——权利的行使进行了规制。票据无因性是为了促进票据的流通而进行的技术性立法，终极目的是为了保护票据权利的行使。但需要注意的是，票据权利是一种金钱证券权利，具有要式性、文义性、独立性的特点，对于票据基础关系之外的当事人来讲，通过票据无因性来保护其票据权利是非常必要的。对于票据基础关系中的持票人，具有形式上的权利资格，如果坚持绝对的无因性，则会以牺牲基础的实质合理性来保护形式的合理性。此种选择对于票据债务人实为苛刻，丧失了实质的正义和衡平。所以必须通过禁止权利滥用原则衡量持票人付款请求权的行使，而这必须通过票据关系的相对无因性才能实现，也才可排除持票人在将法律赋予的票据权利内容具体化时所产生的不当后果，实现权利行使的具体妥当性。

2. 防止不当得利

票据权利反映了持票人的利益，在票据基础关系当事人之间，持票人以形式权利资格要求票据债务人履行义务，如果坚持票据关系的绝对无因性，持票人因此而获利，但此利益不是来自于持票人的实质权利资格，所以就有可能损害票据债务人合法利益，继而形成不当得利。票据债务人也只能通过民事手段救济，这不仅会增加票据使用人的使用成本，减少其应得利益，也会因过度追求一般正义而无法兼顾个别正义。据此，票据关系的相对无因性应该是处理票据关系与票据基础关系的首选。

第五章 因票据上权利的救济而提起的票据诉讼

票据诉讼可以分为三大类型：即票据权利诉讼、票据权利恢复诉讼、票据法上非票据权利诉讼。其中，票据权利诉讼和票据权利恢复诉讼虽然主体行使权利方式和寻求司法救济的途径不同，但两者都是以行使票据上权利为目的，进而引起的票据权利义务关系发生纠纷而提起的票据诉讼。只不过，票据权利诉讼是基于票据主张权利时，引起的票据权利义务纠纷而提起的诉讼，而票据权利恢复诉讼是基于恢复对票据权利行使的目的主张权利时，引起的票据权利义务纠纷而提起的诉讼。《审理票据纠纷案件若干规定》第6条明确规定："因票据权利纠纷提起的诉讼，依法由票据支付地或者被告住所地人民法院管辖。"

一、票据权利诉讼

（一）付款请求权诉讼

1. 付款请求权诉讼概述

付款请求权又称为主票据权利、第一次请求权，是指持票人对主票据债务人所享有的、依票据而请求支付票据所载金额的权利。它在票据权利的行使顺序上，是必须首先行使的权利，而且在行使时不需要依赖其他条件。当票据权利人的付款请求权无法实现时，既可以行使第二次请求权即追索权，也可直接通过法院提起付款请求权诉讼，以实现对其票据权利的司法救济。

付款请求权诉讼，是指票据的最后持票人请求法院判令票据的主债务人依据票面记载金额履行票据义务而提起的诉讼。

付款请求权诉讼的当事人一般来讲，汇票为持票人与承兑人或者付款人，本票为持票人与出票人，支票为持票人与办理支票存款业务的银行。

根据《审理票据纠纷案件若干规定》第 4 条的规定："持票人不先行使付款请求权而先行使追索权遭拒绝提起诉讼的，人民法院不予受理。除有《票据法》第 61 条第 2 款和本规定第 3 条所列情形外，持票人只能在首先向付款人行使付款请求权而得不到付款时，才可以行使追索权。"可见，如果持票人没有首先向票据主债务人请求付款的，则不能向法院提起付款请求权诉讼。

基于票据无因性原则，在付款请求权诉讼中，票据债务人原则上不得以票据基础关系存在瑕疵为由，拒绝履行票据债务。即《票据法》第 13 条所规定的："票据债务人不得以自己与出票人或者与持票人的前手之间的抗辩事由，对抗持票人。"但若存在《审理票据纠纷案件若干规定》第 15 条规定的人的抗辩事由和第 16 条规定的物的抗辩事由〔1〕时，则票据债务人可以拒

〔1〕 人的抗辩事由包括：①与票据债务人有直接债权债务关系并且不履行约定义务的；②以欺诈、偷盗或者胁迫等非法手段取得票据，或者明知有前列情形，出于恶意取得票据的；③明知票据债务人与出票人或者与持票人的前手之间存在抗辩事由而取得票据的；④因重大过失取得票据的；⑤其他依法不得享有票据权利的。物的抗辩事由包括：①欠缺法定必要记载事项或者不符合法定格式的；②超过票据权利时效的；③人民法院作出的除权判决已经发生法律效力的；④以背书方式取得但背书不连续的；⑤其他依法不得享有票据权利的。

绝付款请求权人的付款请求。

票据付款请求权诉讼是由付款请求权纠纷而引起的，也就是在票据付款过程中所引起的纠纷，主要包括持票人未按法定方式（包括期限等）提示付款引起的纠纷、因票据付款人拒绝付款而引起的纠纷、因票据付款人错误付款而引起的纠纷、因付款人部分付款而引起的纠纷等。其中，以票据付款人拒绝付款引起的纠纷而提起的付款请求权诉讼最为典型。

2. 因付款人不当拒付提起的付款请求权诉讼判例分析

在北京鑫金帝华商贸有限公司（以下简称“鑫金帝华公司”）诉北京浩海易亨计算机技术中心（以下简称“浩海易亨中心”）票据付款请求权纠纷一案中，“被告浩海易亨中心向原告鑫金帝华公司订购价值 147 730 元的电脑主机等货物。在鑫金帝华公司向浩海易亨中心提供了所需货物后，浩海易亨中心同时向鑫金帝华公司签发了三张转账支票，但均被银行以空头为由退票。鑫金帝华公司即向北京市海淀区人民法院起诉，要求浩海易亨中心支付三张支票的金额共计 147 730 元。一审法院认为，三张转账支票系浩海易亨中心向鑫金帝华公司签发，出票时填写了出票日期、金额，并加盖了银行预留印鉴，支票票面无瑕疵，系有效的票据。浩海易亨中心未能提出证据证明鑫金帝华公司更改过支票日期，鑫金帝华公司系合法的票据持票人，作为票据债务人的浩海易亨中心应履行向鑫金帝华公司付款的义务。对浩海易亨中心提出的鑫金帝华公司未履行完全供货义务的抗辩，一审法院不予支持。被告不服一审判决，向北京市第一中级人民法院提起上诉。二审法院审理认为，浩海易亨中心给鑫金帝华公司签发的三张转账支票的出票日期不构成《票据法》第 9 条规定的票据更改，且该三张转账支票票面记载事项无欠缺，符合《票据法》的有关规定，应属有效票据，出票人浩海易亨中心对持票人鑫金帝华公司负有支付票面记载金额的义务。因出票人浩海易亨中心与持票人鑫金帝华公司之间系直接债权债务关系，根据《票据法》第 13 条第 2 款的规定，出票人浩海易亨中心对持票人鑫金帝华公司可以提出其未履行约定义务的抗辩。根据《审理票据纠纷案件若干规定》第 10 条的规定，‘票据债务人依照票据法第 13 条的规定，对与其有直接债权债务关系的持票人提出抗辩，人民法院合并审理票据关系和基础关系的，持票人应当提供相应的证据证明已经履行了约定义务。’基于鑫金帝华公司已向法院提举证人证明其已全部供货的事实，法院认为鑫金帝华公司已履行了约定的义务，对持有的三张转账支票享有票据权利，其向浩海易亨中心主张支付票据金额的诉讼请求法院予以支持。”[1]

本案是支票的出票人因行使票据基础关系的抗辩而拒不支付票据款项引起的纠纷诉讼。本案中的诉讼当事人是支票的出票人和收款人，由于涉案三张支票并没有进行背书转让，所以出票人和收款人属于授受票据的直接当事人。根据我国《票据法》第 13 条第 2 款的规定：“票据债务人可以对不履行约定义务的与自己有直接债权债务关系的持票人，进行抗辩。”在票据诉讼中，一方当事人行使票据权利，相对一方当事人多数会提出票据上的抗辩，这种抗辩最重要的就是举重责任的承担。因此，《审理票据纠纷案件若干规定》第 9 条第 1 款即规定，票据诉讼的举证责任由提出主张的一方当事人承担。另外第 9 条第 2 款

〔1〕 参见北京市第一中级人民法院（2001）一中经终字第 919 号民事判决书，载 http://www.110.com/panli/panli_51282.html，最后访问日期：2017 年 12 月 25 日。

和第 10 条规定，因行使票据付款请求权而提起诉讼的，持票人还对下列事实或主张负担举证责任：第一，持票人首先应当证明自己是票据的持有人，即向人民法院及对方当事人出示票据；第二，持票人有义务证明自己持有票据的合法性；第三，票据债务人向有直接债权债务关系的持票人提出抗辩的，持票人有义务证明自己已经履行了约定的义务。

在本案中，支票付款人浩海易亨中心所主张的抗辩是买卖合同义务未履行的抗辩，且双方当事人为直接债权债务关系人，因此持票人鑫金帝华公司有义务证明自己是否履行了合同当中约定的义务。此案中，鑫金帝华公司已提举相应的证据证明了其已经履行了原因关系合同中的交货义务，故法院支持其主张票据权利并收取货款。

（二）追索权诉讼

1. 追索权诉讼概述

《审理票据纠纷案件若干规定》第 3 条规定："依照票据法第 36 条的规定，票据被拒绝承兑、被拒绝付款或者汇票、支票超过提示付款期限后，票据持有人背书转让的，被背书人以背书人为被告行使追索权而提起诉讼的，人民法院应当依法受理。"由此条文可知，持票人因行使付款请求权被拒绝后，可向其前手行使追索，请求支付票据金额。票据当事人之间因追索权的行使发生争议，而向人民法院提出请求确认并保护的诉讼，即为追索权诉讼。

因行使票据追索权而提起诉讼的，原告首先应当举证证明其行使付款请求权被拒绝的事实，并提供有关拒绝证书或者退票理由书，这是提起票据追索权诉讼的起诉条件。这体现在《审理票据纠纷案件若干规定》第 4 条规定的："持票人不先行使付款请求权而先行使追索权遭拒绝提起诉讼的，人民法院不予受理。除有票据法第61条第2款〔1〕和本规定第3条所列情形外，持票人只能在首先向付款人行使付款请求权而得不到付款时，才可以行使追索权。”

追索权是持票人享有的第二顺序权利，即汇票到期被拒绝付款或者具有《票据法》第61条第2款所列情形的，持票人请求背书人、出票人以及汇票的其他债务人支付《票据法》第70条第1款〔2〕所列金额和费用的权利。同时，追索权也是可以多次行使的票据权利，持票人行使追索权时，在获得追索权人的清偿后，追索权并未消灭，被追索人成为第二次的追索权人，即再追索权人，也就是说，追索权具有代位性。追索权可以多次转移，直到最后债务人清偿后，整个票据关系才告消灭，追索权也才会消灭。

2. 持票人向全体票据债务人提起追索权诉讼判例分析

在原告长治煤运劳服公司诉被告背书人经贸公司等票据债务人汇票不能获得兑付追索至出票人付款一案中，“南证公司经红围工行开出一张收款人为经坊煤矿的银行承兑汇票，经坊煤矿因嫌其承兑期长达三个月而告知南证公司欲退回。南证公司遂书面告知经坊煤矿将此汇票背书转让给经贸公司。随后，南证公司与经贸公司签订了煤炭购销合同。后经贸公司因无能力

〔1〕《票据法》第61条第2款是指汇票到期日前，有下列情形之一的，持票人也可以行使追索权：①汇票被拒绝承兑的；②承兑人或者付款人死亡、逃匿的；③承兑人或者付款人被依法宣告破产的或者因违法被责令终止业务活动的。

〔2〕《票据法》第70条第1款是指持票人行使追索权，可以请求被追索人支付下列金额和费用：①被拒绝付款的汇票金额；②汇票金额自到期日或者提示付款日起至清偿日止，按照中国人民银行规定的利率计算的利息；③取得有关拒绝证明和发出通知书的费用。

履行该合同，其与煤运劳服公司签订了煤炭购销合同，并将该汇票又背书转让给煤运劳服公司。煤运劳服公司持票后通过其开户行查询，得到红围工行的答复‘此汇票属实请受理’。但因南证公司与经贸公司就双方签订的煤炭购销合同发生诉讼，受案法院武汉市武昌区人民法院冻结了该汇票。煤运劳服公司向该院申请要求解冻，并申报票据权利，该院未答复。因该汇票不能承兑，煤运劳服公司遂将以上全体票据债务人作为被告向长治市中级人民法院提起诉讼，请求汇票金额及银行利息，并承担因拒付给其造成的经济损失。长治市中级人民法院认为，原告煤运劳服公司所持被告南证公司开出的银行承兑汇票真实，为可背书转让汇票。原告持票合法，是该汇票的债权人。被告红围工行作为承兑人，经坊煤矿、经贸公司作为背书人，均是该汇票的债务人。南证公司在武昌区人民法院作出的判决确定了赔偿义务主体为经贸公司后，仍以与前手经贸公司的抗辩理由对抗该汇票的现合法持票人，违背《票据法》第 13 条之规定，使原告所持 35 万元汇票至今未能承兑，并造成原告 90 030 元经济损失，应承担全部责任。被告红围工行在法院冻结该汇票期满已超过半年后未予承兑，其行为违背《中国人民银行结算办法》第 18 条之规定。被告经坊煤矿和经贸公司作为汇票债务人均应承担连带赔偿责任。原告的诉讼理由成立，应予以支持。宣判后，被告红围工行不服，向山西省高级人民法院提起上诉。山西省高级人民法院认为，被上诉人煤运劳服公司所持南证公司开出的银行承兑汇票真实，为可背书转让汇票，并具备票据的形式要件，为合法有效票据。煤运劳服公司作为合法持票人，因南证公司原因不能获得兑付，南证公司理应承担相应的民事责任。红围工行对汇票不予承兑，给被上诉人煤运劳服公司造成损失，应当承担连带责任。”[1]

本案中，对涉案汇票的真实性均无争议，焦点是如何依据《票据法》的相关规定，明确被追索人也就是全体票据债务人责任的承担。

本案中承担追索责任的主体，首先应该是承兑人红围工行，因为承兑人是汇票的主债务人，承担着汇票到期付款的绝对义务，即使承兑人和出票人之间并不存在事实上的资金关系，承兑人也不能以此为由对抗持票人，而必须承担付款义务。如果汇票到期后，承兑人不能进行付款，还要承担追索义务。其次，应该是出票人南证公司和背书人经贸公司，因为有了承兑人对汇票进行承兑后，出票人和背书人均免除了担保承兑的责任，只承担担保付款的责任，使它们免受期前追索，但仍须承担期后票款遭拒付被追索的义务。

根据我国《票据法》第 61 条第 1 款的规定：“汇票到期被拒绝付款的，持票人可以对背书人、出票人以及汇票的其他债务人行使追索权。”也就是说，汇票如果到期后被拒绝付款，那么票据付款人无论以何种理由拒绝付款，持票人都可以行使票据追索权。具体到本案中，虽然承兑人红围工行以票据款项被人民法院冻结为由拒绝付款，但是作为持票人，煤运劳服公司仍然有权行使票据被拒绝付款后的最初追索权。另外，根据《票据法》第 68 条第 1 款的规定：“汇票的出票人、背书人、承兑人和保证人对持票人承担连带责任。”本案中，汇票已经到期且被拒付，因此持票人煤运劳服公司可以行使追索权；同时，

---

〔1〕 参见最高人民法院中国应用法学研究所编：《人民法院案例选·商事卷》（1992—1999 年合订本），中国法制出版社 2000 年版，第 792 页；转引自祝铭山主编：《票据纠纷》，中国法制出版社 2003 年版，第 142～145 页。

由于出票人南证公司、背书人经贸公司、承兑人红围工行全体票据债务人均应对持票人煤运劳服公司承担连带赔偿责任。因此，持票人煤运劳服公司可以选择其中一人、数人或者全体债务人提起追索权诉讼。

二、票据权利恢复诉讼

持票人丧失票据并不意味丧失其所享有的票据权利，其仍然是该票据的权利人，法律赋予该失票人寻求法律救济的途径，即通过票据权利恢复诉讼程序实施对失票人的司法救济，从而来维护其合法正当的权利。《审理票据纠纷案件若干规定》第 24 条已经明确规定："票据丧失后，失票人直接向人民法院申请公示催告或者提起诉讼的，人民法院应当依法受理。"

票据作为完全的有价证券，票据上记载的票据权利与票据本身密不可分，票据权利的创设、移转、行使均以占有票据为前提条件，持票人如果不能提示票据，就不能行使票据权利。但票据的丧失，并不必然导致持票人票据权利也随之消灭，非出于自己的本意而丧失票据占有的失票人依法经过法定救济措施的补救后，仍然可以享有并行使其票据权利，此为《票据法》规定的票据丧失的补救制度，旨在为保障合法持票人因票据丧失而无法行使的票据权利。

（一）票据丧失与补救

1. 票据丧失的概念

我国《票据法》第 15 条规定，票据丧失，失票人可以及时通知票据的付款人挂失止付。通说认为，票据丧失是指持票人并非出于自己的本意而丧失对票据的占有，包括绝对丧失和相对丧失。[1]

票据丧失通常包括三种情形：

第一，票据灭失。是指票据的物质形式被外力所破坏，如被分解、焚毁、浸泡等而无法以原来的面目出现，其内容也无法得知的情形，无法再成为票据；

第二，票据遗失。是指持票人因疏于管理而遗失票据，票据形式上完好无损，但已不被持票人所占有。

第三，票据被不法分子以偷窃、抢夺、诈骗、抢劫等违法行为违背持票人的真实意愿而使票据脱离出票人的占有。

2. 票据丧失的补救

票据如果丧失首先导致票据权利行使手段的丧失，票据权利并不必然丧失。丧失票据的失票人要通过采取一定的补救手段，一方面要保全自身票据权利，另一方面要寻求票据权利的实现。

票据如果相对丧失，极有可能被他人冒领，是真正的票据权利人利益受损。因此票据权利人要第一时间通知票据债务人对丧失的票据进行挂失止付。在此基础之上，票据权利人通过诉讼救济途径（公示催告、普通诉讼）来确保自己恢复对票据权利的行使。

（二）票据权利因失票而无法行使的补救条件

通常来讲，票据丧失是指持票人并非出于自己的本意而丧失对票据的占有，包括绝对丧失和相对丧失。票据权利人一旦丧失了票据就无法实现自己的权利，如果票据的丧失并不是出于权利人的本意，法律则为其设计了以下相应的补救条件，来

〔1〕 参见谢怀栻：《票据法概论》（增订版），法律出版社 2006 年版，第 92 页。

保障票据流通和维护票据权利人的正当权益。

1. 持票人丧失对票据的占有

“票据的丧失是指票据的持票人丧失对票据的占有，包括票据的灭失（物质的毁灭，如被焚、毁损）和因遗失、窃盗等非因自己的意思失去占有两种情况。前者为绝对的丧失，后者为相对的丧失。”[1]持票人既丧失对票据的直接占有，又丧失对票据的间接占有的，属于典型的票据丧失，故而可行使票据丧失的补救，自不待言；而持票人如果仅仅丧失对票据的直接占有，而依然间接占有票据（如委任背书中的背书人），则不构成票据丧失，也就不能行使票据丧失的补救。

2. 非出于本意失票

如果出现票据绝对丧失的情形，因体现和承载票据权利的相关票据已经不复存在，持票人暂时无法行使票据权利，经法定程序补救后方可实现。但如果持票人是出于自己的本意而实施票据绝对丧失行为的，或者以出质方式授予他人行使票据权利的，则应当认定其有意放弃票据权利，无须进行补救。

3. 失票主体为失票前的最后合法持有人

《审理票据纠纷案件若干规定》第 26 条规定：“票据法第 15 条第 3 款规定的可以申请公示催告的失票人，是指按照规定可以背书转让的票据在丧失票据占有以前的最后合法持票人。”此处所规定的享有救济权的失票人，一般认为应是票据权利人，然而在具体实务中，作为合法的票据持有人，票据权利人以外的义务人或者有资格对票据付款的票据关系人，也有丧失票据的可能性，也会因此而遭受损失。因此，对失票人的认定标准宜从宽理解，应依据票据丧失的事实是否对持票人构成损失风

[1] 谢怀栻：《票据法概论》（增订版），法律出版社 2006 年版，第 92 页。

险的标准来进行判断。

（三）票据权利因失票而无法行使的补救方法

票据的丧失致使票据权利人所享有的票据权利存在丧失的可能性，如果由于善意取得等原因使这种可能性成为现实时，则票据权利人的权利也就真正地丧失了。因此应采取必要的法律措施，来恢复失票人对票据权利的行使，以谋求对失票人的权利救济。我国《票据法》第15条对此进行了规定，即“票据丧失，失票人可以及时通知票据的付款人挂失止付，但是，未记载付款人或者无法确定付款人及其代理付款人的票据除外。收到挂失止付通知的付款人，应当暂停支付。失票人应当在通知挂失止付后3日内，也可以在票据丧失后，依法向人民法院申请公示催告，或者向人民法院提起诉讼。”可见，《票据法》对失票人提供了两种救济措施，一种是通过挂失止付进行的非诉讼救济，一种是通过公示催告和提起诉讼进行的诉讼救济。因为挂失止付制度属于非司法救济途径，故将其择选略去，而着重论述公示催告和普通诉讼两种司法救济途径。

非诉讼救济途径并未使票据权利人能够实际兑现其票据权利，必须借助于诉讼救济措施来最终恢复对权利的行使。对此，《审理票据纠纷案件若干规定》第24条规定，法院应当受理票据丧失的失票人依法申请的公示催告或提起的普通诉讼。可见，诉讼救济是借助法院特有的诉讼程序，对失票人的票据权利予以确认并最终兑现。在我国，这种诉讼救济途径包括公示催告特别程序和普通诉讼程序，此种立法同时借鉴了大陆法系和英美法系的救济方式，对失票人的权利救济照顾的十分周到，非常有利于票据权利的恢复和实现。

1. 特别程序救济——公示催告

（1）公示催告的一般意义及特征。“严格意义上来讲，公示催告不是票据法上特有的概念，该制度设计也并非全部为了解决票据丧失的问题，它的适用范围不仅仅是票据，还包括股票、提单、仓单、保险单等其他有价证券。但在我国，公示催告的适用范围至今仍很有限，除了股票外，主要适用于汇票、本票和支票的丧失。”〔1〕

“公示催告是在票据等有价证券丧失的场合，由法院依申请人的申请，向未知的利害关系人发出告知，告知其如未在一定期间内申报权利、提出证券，则通过相应的判决宣告其无效，从而催促利害关系人申报权利、提出证券的一种特别诉讼程序。”〔2〕

与一般的诉讼程序相比，公示催告程序有其显著特征：

第一，公示催告是一种通过司法手段使票据权利与票据本身相分离的一种权利救济制度。就其诉讼性质来讲，属于非诉程序，是一种特殊的确认之诉，而非给付之诉。

第二，申请人特定，相对人不明确。公示催告程序中当事人，一方为特定的申请人，即申请人必须是丧失票据等有价证券前的最后持票人；而另一方是不确定的利害关系人，或是有无利害关系人不明确，或是利害关系人虽存在，但无法知其姓名、住所或居所。如果是暂时的住所不明，则应认定为有明确的相对人，应依一般的诉讼程序进行民事诉讼，以公告的方式送达诉讼文书，而不能申请公示催告。

第三，实行一审终审。公示催告的目的在于催告，无论是否出现利害关系人，均可达到催告的目的，在事实上不存在当

〔1〕 江伟主编：《民事诉讼法》，高等教育出版社、北京大学出版社 2000 年版，第 333 页。

〔2〕 赵新华：《票据法论》，吉林大学出版社 2007 年版，第 110 页。

事人上诉的可能性。

（2）公示催告的适用。首先，公示催告的申请。在提出公示催告的申请时，应具备以下条件：

其一，申请的原因是确有票据丧失的事实。亦即票据因被盗、遗失或者灭失等权利人意志以外的原因，脱离了票据权利人的占有或控制，如已知票据的下落，则不能提出公示催告的申请。

其二，申请的客体必须是可背书转让的票据。根据我国《民事诉讼法》第 218 条，《票据法》第 34、36 条，以及《支付结算办法》第 27 条的相关规定，“不得背书转让的票据包括无记名票据、被拒绝承兑、被拒绝付款、超过付款提示期限的票据、填明‘现金’字样的银行汇票、银行本票和现金支票以及出票人记载‘不得转让’字样的票据，以上票据均不得适用公示催告程序。”

其三，申请的主体必须是按照规定可以背书转让的票据持有人。其中“票据持有人”是指票据被盗、遗失或灭失前的最后持有人，即记名票据中的权利人或者依票据上的手续而取得无记名票据的占有人。

其四，申请的法院必须是票据支付地的基层人民法院。申请公示催告的管辖，就级别管辖而言，只能是基层人民法院，中级以上的人民法院不受理公示催告的案件；就地域管辖而言，只能是票据支付地的人民法院。所谓票据支付地，是指票据上明确记载的付款地点。票据上如果没有明确记载付款地点的，包括代理付款人在内的票据付款人的住所地或主要营业地所在地为票据付款地。

其五，申请的方式必须是书面的，不能用口头的方式。即申请人应当向人民法院递交申请书，申请书中应当写明票据名称、号码、票面金额、出票人、背书人、承兑人、付款人、持票人、账号、住所、到期日等票据主要内容和申请的理由及事实。

其次，公示催告的进行。

其一，公示催告的公告和期间。根据我国《民事诉讼法》第219条的规定："人民法院受理申请，应当同时通知支付人停止支付，并在三日内发出公告，催促利害关系人申报权利。公示催告的期间，由人民法院根据情况决定，但不得少于60日。"

申请人向人民法院提交申请，并不能当然引起公示催告程序的发生，人民法院应当审查决定是否受理，符合条件的予以受理，并同时通知申请人，不符合受理条件的，7日内裁定驳回申请。

其二，公示催告的止付和终结。根据我国《民事诉讼法》第220条的规定："支付人收到人民法院停止支付的通知，应当停止支付，至公示催告程序终结。公示催告期间，转让票据权利的行为无效。"如果票据付款人在接到停止支付的通知后拒不止付的，人民法院可以对其采取强制措施，并且在判决后，付款人仍应承担支付义务。公示催告的终结，有两种情况：一种是经人民法院裁定终结公示催告程序，是在公示催告期间内或除权判决前，利害关系人提出权利申报或者申请撤回时，人民法院即应裁定终止公示催告。另一种是经人民法院判决终结公示催告程序。是在公示催告期间届满，没有利害关系人提出权利申报，或者申报人所申报的票据与申请人丧失的票据不具有同一性时，人民法院经申请人申请作出除权判决，宣告票据无效，从而结束公示催告程序。

（3）除权判决。除权判决就是宣告票据权利和票据本身相分离，从票据上把权利除去的判决。除去权利后，票据成为无效票据。除权判决是在公示催告期间届满后，无利害关系人申报权利，人民法院根据申请人的申请所作出的宣告已丧失的票据无效的判决，申请人（票据持有人）据以向义务人行使票据权利的法律文书。《民事诉讼法》第222条对除权判决的条件进行了规定："没有人申报的，人民法院应当根据申请人的申请，作出判决，宣告票据无效。判决应当公告，并通知支付人。自判决公告之日起，申请人有权向支付人请求支付。"

首先，除权判决的效力。除权判决一旦公告，即发生以下法律效力：①票据失去效力。票据因除权判决丧失了存在的基础，持有人不能再依该票据行使任何权利，即使是票据的善意取得人，也不能行使票据上的权利。②除权判决的申请人获得除权判决后，恢复其先前的票据持有人的地位，得不经票据提示依判决行使票据权利，如付款请求权和追索权等。③付款义务人对获得除权判决的申请人进行的付款清偿，与对票据持有人进行的清偿效力相同，付款人据此可以免责。

其次，除权判决的撤销。一般情况下，除权判决一经作出并公告后，即发生效力，但如果出现除权判决的特例情况，即《民事诉讼法》第223条所规定的"利害关系人因正当理由不能在判决前向人民法院申报的"，没有申报权利的利害关系人"自知道或者应当知道判决公告之日起1年内，可以向作出判决的人民法院起诉。"这是为保护利害关系人合法权益而设立的一种救济制度。"多数学者认为这是对除权判决撤销的规定。"[1]在这种情况下，因除权判决的撤销，而使程序回复到因申报人提

〔1〕王小能、肖爱华：《中国内地与台湾地区、香港地区票据丧失补救制度比较研究》，载《法制与社会发展》2000年第6期。

出权利申报而终结公示催告，并从票据权利恢复诉讼，转换为票据权利诉讼。

（4）公告程序存在瑕疵而提起的票据权利恢复诉讼判例分析。在莱州市海源盐场与无锡市双盛印染有限公司票据纠纷一案中，“无锡市京宇盛贸易有限公司签发一张银行承兑汇票，收款人为无锡市双盛印染有限公司（以下简称“双盛公司”）、金额为76万元、到期日为2004年2月29日，后该银行承兑汇票由无锡市商业银行承兑。2003年11月18日，双盛公司以上述银行承兑汇票遗失为由，向无锡市崇安区人民法院申请公示催告，并通过法院的除权判决而获得了票据款项76万元。而莱州市海源盐场（以下简称“海源盐场”）委托其开户银行向无锡市商业银行提示上述银行承兑汇票要求付款时，被无锡市商业银行以该票据被除权判决为由拒绝付款。海源盐场遂向崇安区人民法院提起诉讼，请求法院撤销除权判决，确认其享有票据权利。法院经审理认为，根据我国《民事诉讼法》第218条的规定，‘可以背书转让的票据持有人，因票据被盗、遗失或者灭失，可以向票据支付地的基层人民法院申请公示催告。’因此，原告双盛公司依法申请公示催告并无不妥，但在公示催告期间，未能在全国性媒体上进行公告，致使利害关系人无法及时获悉相关催告，更无法前来主张票据权利。同时，海源盐场所持票据为背书连续、记载完全的合法有效票据，作为善意取得涉案银行承兑汇票的海源盐场应享有票据权利，故法院撤销了除权判决，确认了海源盐场的票据权利。并判决双盛公司依法返还76万元及相应的利息。”[1]

---

〔1〕 参见吴庆宝主编：《票据诉讼原理与判例》，人民法院出版社2005年版，第457~458页。

本案牵涉到公示催告程序的瑕疵问题。根据《审理票据纠纷案件若干规定》第32条的规定："人民法院决定受理公示催告申请后发布的公告应当在全国性的报刊上登载。"此规定的目的非常明确，就是为保证公示催告程序的广泛告知性，使得利害关系人能够在第一时间获知催告，从而确保利害关系人的合法权益。具体到本案中，法院选择的是在《华东信息日报》进行刊登公告，无论从发行范围还是影响力上看，该刊物都无法被界定为全国性的刊物，因此导致海源盐场无法获知公司催告的内容，从而丧失了在公告期内主张权利的机会。

再有，本案涉案银行承兑汇票的到期日是2004年2月29日，而公示催告期限届满的日期为2004年1月18日，在公示催告到期后，银行承兑汇票到期日之前，持票人是无法主张其票据权利的，就算是经过了1月20日的除权判决，只要在银行承兑汇票到期日前，利害关系人都不能向票据付款人提示付款。因此，海源盐场向法院主张票据权利是不可能实现的。这里面也涉及除权判决的效力问题，对于早于票据到期日的除权判决，付款人可以行使抗辩，因为除权判决终归是票据发生意外后法律采取的特别措施，除权判决所载的权利仅等同于而不应优于原票据上的权利。

最后，根据我国《民事诉讼法》第223条的规定："利害关系人因正当理由不能在判决前向人民法院申报的，自知道或者应当知道判决公告之日起一年内，可以向作出判决的人民法院起诉。"本案中，海源盐场于2004年5月14日，向原作出除权判决的法院提起的诉讼，其未能申报权利的理由属于前面提到的正当理由，故而应该支持海源盐场的诉讼请求。

2. 公力救济——普通诉讼

（1）普通诉讼与公示催告的不同。公示催告主要为大陆法国家所采取，而普通诉讼则主要是英美法国家特有。

普通诉讼，是指丧失票据的失票人直接向人民法院提起民事诉讼，要求法院判令付款人支付票据金额的活动。“由于票据丧失后失票人不是采取公示催告这种特别程序救济其票据权利，而是采取一般民事诉讼程序，故称普通诉讼。”〔1〕我国《票据法》第15条第3款的规定：“失票人应当在通知挂失止付后3日内，也可以在票据丧失后，依法向人民法院申请公示催告，或者向人民法院提起诉讼。”表明，失票人除可以选择公示催告程序外，还可以通过提起诉讼的方式对其票据权利进行司法救济。此种诉讼，即为票据丧失时，失票人为获得法律救济，而适用普通程序进行的票据权利恢复诉讼。

普通诉讼和公示催告相比，两者根本的不同在于制度设计的理论基础不同。普通诉讼制度以有权认定论为理论基础。“有权认定论认为，失票人并不因丧失票据而失去票据权利，故其可以通过提供担保，以诉讼的方式来实现自己的票据权利。而公示催告制度的理论基础则是无权认定论，即失票人丧失票据就不能行使票据权利，只有经过公示催告，并在无人申报权利时，法院才能作出除权判决，使失票人持除权判决行使票据权利。”〔2〕所以说，“在公示催告程序中，法律规定了权利申报期间，法院通过‘不作为’的手段（消极地等待利害关系人来主张权利，进而推翻失票人无权的假定）来认定失票人的真正权利主体资格；在普通诉讼程序中，法律没有规定权利申报期间，法院通过‘作为’的手段（通过对失票人提供的证据的认定和

〔1〕 梁英武主编：《中华人民共和国票据法释论》，立信会计出版社1995年版，第45页。

〔2〕 赵威：《票据权利研究》，法律出版社1997年版，第237页。

担保的审查来证明失票人有权的假定）认定失票人的真正权利主体资格。”[1]

公示催告程序中，不存在明确的被告，相应地也没有原告，而只有申请人，当事人并非基于票据权利的争执而提起诉讼。失票人以普通程序提起诉讼时，是以自己为原告，而以付款人为被告，当丧失的票据出现并提示付款时，则发生票据权利的争议。

（2）普通诉讼程序的判决及权利争议的解决。失票人提起诉讼后，应就自己为票据的合法权利人、付款人有票据付款义务进行举证。举证内容包括丧失票据的票面金额、付款人名称及其他债务人的名称等，同时还要说明丧失票据的事实原因和经过。如法院认定证据充分，则可作出付款人向失票人支付票款的判决，但该判决并不具备公示催告的效力，因此在判决后该票据仍然有效。如果此时善意持票人主张票据权利时，则可能发生付款人的二次付款，为了规避这种损害，失票人有必要提供相应的担保；不能提供担保的，法院可以裁定以提存的方式进行票据付款。

在通过普通程序提起的票据权利恢复诉讼中，如果现实持票人持有丧失的票据提示付款时，必然会在失票人和现实持票人之间因票据权利的归属确认而产生争议，人民法院要针对此权利争议发生的时间另行审理，确认真实权利人，从而解决票据权利争议。

依权利争议发生的时间的不同，存在两种争议的情况：[2]

一种是判决作出前，现实持票人向付款人提示付款的，付

---

〔1〕 于莹：《票据法》（第二版），高等教育出版社2008年版，第208页。

〔2〕 赵新华：《票据法论》，吉林大学出版社2007年版，第117页。

款人不得付款，人民法院应先行裁定终结正在进行的票据丧失救济的普通诉讼程序，而由现实持票人或失票人另行提起票据权利确认之诉，来确定真实权利人，而后付款人再进行付款。另一种是判决作出后，付款人尚未遵照法院的判决进行付款，若此时丧失的票据出现，现实持票人向付款人提示付款的，如果失票人对提示人的票据权利没有争议，付款人可向提示人付款；如果有争议，应就失票人和现实持票人的票据权利纠纷提起诉讼，对经诉讼确认的真实权利人进行给付。倘若付款人在法院判决作出后已经直接付款，此时若经诉讼确认的真实权利人为失票人，则付款人不必再行给付；若经诉讼确认的真实权利人为现实持票人，则付款人必须在先前已经支付失票人款项的前提下，再次对现实持票人进行付款，付款人二次付款的损失可从失票人提供的担保或提存票款中取得补偿，在无担保也未提存时，则应由先前取得票款支付的失票人另行补偿。但是，恶意或重大过失付款的票据债务人应自担其责。

（3）失票人提起普通诉讼引起的票据权利恢复诉讼判例分析。在李凤山诉平遥县城市信用社（以下简称平遥信用社）银行汇票上诉案中，“平遥信用社应原告李凤山的申请，为其开出两张收款人均为李凤山的全省通兑的银行汇票。后该两张银行汇票在未经任何背书的情况下，由灵石信用社经提示付款人德诚公司的请求（但未在两张汇票背面提示付款处签章），将汇票款全部转入其账户。德诚公司又以张锦光为收款人开具现金支票一张，张锦光凭此支票从账户内支取了 20 万现金。后原告李凤山向平遥县人民法院提出了公示催告申请。法院受理后在报纸上予以公告，但未将此情况告知平遥信用社。公告期满后，原告李凤山持法院除权判决要求平遥信用社支付 90 万元汇票款，平遥信用社以该两张汇票已经在法院公示催告申请前被灵石信用社兑付为由拒绝付款。李凤山因索款未果，遂向人民法院提出诉讼。一审法院审理认为，平遥县人民法院对涉案两张汇票在公示催告程序中作出的民事判决，因程序违法，本院不予采信。汇票款被他人冒领是因灵石信用社未审查该汇票是否背书造成的，因而灵石信用社应赔偿李凤山汇票款45万元。其余45万元汇票款应由平遥信用社退还给李凤山。被告灵石信用社上诉辩称，该案涉嫌诈骗，应予移送并中止审理。同时，原告亦有过错，应承担民事责任。二审法院确认了一审法院的事实和证据，经审理认为，付款人灵石信用社未尽到对票据依法进行形式审查的义务，并且其主张的涉案票据涉嫌诈骗，应移送并中止审理的理由并不成立，其违法解付的行为并不受此影响，所以应承担全部赔偿责任和诉讼费用。综上，被告灵石信用社应承担对原告李凤山的90万元汇票款的全部赔偿责任。”[1]

首先，根据我国《民事诉讼法》第219条的规定：“人民法院决定受理申请，应当同时通知支付人停止支付，并在3日内发出公告，催促利害关系人申报权利。公示催告的期间，由人民法院根据情况决定，但不得少于60日。”具体到本案中，平遥县基层人民法院是在1999年1月12日受理了原告李凤山的公示催告申请，并在1月13日（3日内）通过报纸发出公告，公示催告届满期限也符合60日以上的规定，唯独没有在受理公示催告申请的同时通知付款人停止支付，因此公示催告程序违法，所以一审法院并没有采信。

其次，根据我国《票据法》第57条规定：“付款人及其代

---

〔1〕参见徐孟洲主编：《票据法教学案例》，法律出版社2006年版，第182~184页。

理付款人付款时，应当审查汇票背书的连续，并审查提示付款人的合法身份证明或者有效证件。付款人及其代理付款人以恶意或者有重大过失付款的，应当自行承担责任。”本案中，灵石信用社接受德诚公司的提示付款申请时，既没有对汇票是否背书连续进行必要审查，也没有对提示付款人的合法身份证明或有效证件进行审查，即使不是出于恶意，也构成重大过失，所以理应对造成的损失后果承担赔偿责任。

最后，本案中原告申请的公示催告程序，虽经除权判决，但因为程序违法，故除权判决并没有发生相应的效力。因此，使程序回复到因申报人提出权利申报进而终结公示催告，票据权利恢复诉讼也转换为票据权利纠纷诉讼。原告李凤山可基于票据关系上的付款请求权或追索权向出票人平遥信用社提起诉讼，平遥信用社应对原告负担最终付款责任，在其对原告付款后，可基于灵石信用社的重大过失付款行为，要求灵石信用社对其负担一般民法上的赔偿责任。

第六章

因票据法上权利救济而提起的票据诉讼

票据法上权利虽然也因票据而发生，但并不表现在票据上，不需凭借票据行使其权利。为使票据权利人能够顺利地实现其票据权利，或者保证票据债务人因其他票据关系人的过失而遭受的损失能够得到公平合理的补偿，或者使持票人在其票据权利依票据法律程序无法实现时，能够得到合理有效的救济，而提起的票据诉讼，均为票据法上的非票据权利诉讼。《审理票据纠纷案件若干规定》第 1 条规定："因行使票据权利或者票据法上的非票据权利而引起的纠纷，人民法院应当依法受理。"第 7 条规定："因非票据权利纠纷提起的诉讼，依法由被告住所地人民法院管辖。"

一、票据利益返还请求权诉讼

（一）票据利益返还请求权概念和特点

"利益返还请求权，即利益偿还请求权，又称'受益偿还请求权'或'利得偿还请求权'，系指票据上权利，因时效或手续之欠缺，致归于消灭，而执票人对于发票人或承兑人，于其所受利益之限度内，得请求偿还其利益之权利。”〔1〕我国《票据法》第18条对此也有相似规定。“利益返还请求权作为票据法规定的一种特别请求权或特定请求权”，〔2〕体现了票据法对因票据短期时效制度和追索权保全制度的严格性，而导致的票据权利人权利的丧失，所进行的必要救济。是票据关系和民事关系相互平衡、协调的产物。

“因此从形式上看，规定利益返还请求权，是票据法出于制度配置的需要。我们既然选择了短期时效和严格的追索权保全手续，设立利益返还请求权制度就是必然。”〔3〕

通过以上概念可知，票据利益偿还请求权的特点表现为：

首先，是利益返还请求权人对其所失利益的请求偿还。利益返还请求权人，应该是持有票据的合法持票人，否则其无法主张票据利益的返还和受领；如果因票据权利瑕疵而导致的票据无效，则因票据权利的自始不存在而根本未发生票据利益的受损。所以，持票人因正当地持有票据而依法享有票据权利，即可以依法行使票据的付款请求权和追索权，此即其票据利益。

票据法在侧重保护债权人的同时，也给予了票据债务人的平衡保护，基于此，为督促权利人迅速行使权利，便利债务人履行义务而解除票据责任，规定了票据时效制度。票据时效与普通债权时效相比的一个突出特点就是短期性，我国《票据法》第17条对此进行了详细规定，“持票人对票据的出票人和承兑人

〔1〕（台）梁宇贤：《票据法新论》（修订新版），中国人民大学出版社2004年版，第108页。

〔2〕（台）施文森：《票据法新论》，台湾三民书局1987年版，第95页。

〔3〕董惠江：《票据利益返还请求权制度研究》，载《中国法学》2001年第2期。

的权利，自票据到期日起 2 年。见票即付的汇票、本票，自出票日起 2 年；持票人对支票出票人的权利，自出票日起 6 个月；持票人对前手的追索权，自被拒绝承兑或者被拒绝付款之日起 6 个月；持票人对前手的再追索权，自清偿日或者被提起诉讼之日起 3 个月。”如果票据权利在上述期限内不行使的，当事人将丧失票据的实体权利，无法再请求任何保护。

对于追索权的行使，《票据法》规定应当提供被拒绝承兑或者被拒绝付款的有关证明。有关证明就是拒绝证明或者退票理由书，人民法院的司法文书、公安机关的逃匿证明、医院的死亡证明、行政机关的处罚决定等都具有拒绝证明的效力。《票据法》第 65 条规定了“持票人不能出示拒绝证明、退票理由书或者未按照规定期限提供其他合法证明的，丧失对其前手的追索权。”如果丧失了票据的追索权，则持票人实现票据上权利的途径已经最后消灭，其本应获得的票据上利益也完全丧失了，从而造成了已经支付了票据对价的持票人却没有获得应有的票据利益，破坏了票据当事人以及票据流通应有的平衡，于是票据法为匡救这一利益失衡，设立了利益返还请求权制度，以使利益返还请求权人对其所失票据利益向票据债务人请求偿还。

其次，是返还义务人在其所受利益的限度内给予偿还。票据利益返还请求权的义务人，通常包括汇票、本票、支票的出票人以及汇票的承兑人，特殊情况下，背书人、持票人因票据时效经过或怠于行使权利的保全手续而丧失票据权利的情形发生后，理应依据基础关系履行给付义务的出票人或承兑人因票据责任的免除而额外地受有利益。

“这里所说的受益，并非指由于持票人票据权利的丧失而予以免除的票据债务本身，即并不是出票人或承兑人未支付的票据金额，而是根据票据基础关系实际获得的利益（对价或资金），也就是利益返还请求权的标的，是指出票人或承兑人因票据权利丧失而实际受有的利益。”〔1〕返还义务人该种利益的获得，显然违反了等价有偿和诚实信用原则，利益返还请求权人基于票据法的规定可请求返还义务人在其所受利益的限度内给予偿还。

“利益返还请求权的成立，只需持票人对其想要请求的某一返还义务人的票据权利丧失即可，无须持票人对全体票据债务人的票据权利丧失。”〔2〕

由于利益返还请求权是一种特殊的票据法上的权利，不宜采取赴偿方式获取债权，而应采取往取方式，也就是以债务人的住所或营业场所为履行地，而不是债权人的住所。持票人在行使利益返还请求权时，应对自己能够行使该权利的事实进行举证，返还义务人如果提出未受领额外利益的抗辩，也必须进行举证，否则将承担不利后果。票据法上的利益返还请求权制度，有效减少了持票人实现债权的障碍，有利于实现实质公平。〔3〕

（二）票据利益返还请求权诉讼概述

票据利益返还请求权诉讼，是指票据权利人基于票据权利的消灭、为使票据权利人得到救济而行使的利益返还请求权，而与票据的出票人或者汇票的承兑人之间发生纠纷所提起的

---

〔1〕（台）郑玉波：《民商法问题研究》（一），台湾大学法学丛书编委会1991年版，第528页。

〔2〕［日］前田庸：《手形法·小切手法》，有斐閣1983年版，第332页；［日］鈴木竹雄：《手形法·小切手法》（新版），有斐閣1992年版，第338页。

〔3〕徐志新主编：《票据存单与委托理财》，中国民主法治出版社2014年版，第112页。

诉讼。

我国《票据法》第 18 条明确规定了票据利益返还请求权，即“持票人因超过票据权利时效或者票据记载事项欠缺而丧失票据权利的，仍享有民事权利，可以请求出票人或者承兑人返还其与未支付的票据金额相当的利益。”

由此可见，我国票据法律规定票据利益返还请求权诉讼当事人的原告，必须是持有票据的人，被告则是票据上的债务人，也就是义务人，主要包括汇票、本票、支票的出票人以及汇票的承兑人。台湾地区以及德国的票据法也有类似规定，而《日本票据法》则规定背书人也可成为义务人。

原告（持票人）行使利益返还请求权时，不以提示票据或除权判决为必要，但须就自己享有利益返还请求权负举证责任。即原告（持票人）应证明其原来依法享有的票据权利业已基于时效经过或保全手续欠缺而归于消灭，以及被告（偿还义务人）是否受有利益、受有利益的数额。如果被告（偿还义务人）主张票据债务已因清偿、抵消等原因消灭时，应由被告（偿还义务人）就其主张的债务消灭事实负举证责任。

（三）应当救济谁——《票据法》第 18 条的逻辑界定

利益返还请求权制度的根本宗旨是意在救济因法律的直接规定而丧失票据权利的持票人，而我国《票据法》第 18 条规定，应当得到救济的持票人包括因超过票据权利时效和欠缺票据记载事项而丧失票据权利的持票人。其中对因欠缺票据记载事项而丧失票据权利的持票人的救济的规定，有违利益返还请求权制度的初衷，因为符合此种规定的情况，要么基于出票人欠缺票据上记载事项，而使票据自始无效，根本无法产生票据权利，也就无从谈起票据权利的丧失；要么基于出票人以外的背书人、承兑人、保证人欠缺票据上记载事项，而无法从根本上影响票据的效力，持票人的票据权利依然存在并可提出主张。

也就是说，欠缺票据上记载事项，其结果只能是票据无效或有效，均不存在第18条规定的票据权利丧失的问题。而票据权利保全手续的欠缺，可以导致追索权的消灭。因此，《票据法》第18条得到救济的持票人除了应当包括超过票据权利时效的持票人以外，还应当包括因欠缺权利保全手续（未遵期提示、未依法取证）而丧失票据权利的持票人。应取消“票据记载事项欠缺”这一原因。

（四）票据权利因时效经过消灭而提起利益返还请求权诉讼判例分析

在某农业银行诉工商银行利益返还请求权一案中，“某保温瓶厂向某建筑公司开具了一张以保温瓶厂为出票人，建筑公司为收款人，某工商银行为承兑人的银行承兑汇票一张。该汇票几经背书由某饮料公司持有，该公司向某农业银行申请贴现，农业银行在受理并支付了贴现金额后，取得了该张汇票。汇票到期后，由于农业银行工作人员的失误，未能在法定期限内提示付款，亦未在汇票到期后的2年内行使追索权，致使其票据权利丧失。另外，保温瓶厂因资不抵债，于汇票时效期限届满后宣告破产。故工商银行向保温瓶厂破产清算组提出申请，要求将保温瓶厂按照承兑协议交付给工商银行的20万元用于准备支付票据权利人的款项退还给保温瓶厂，并因保温瓶厂在破产前欠其贷款而要求对该20万元款项优先受偿。之后，农业银行持汇票到工商银行要求付款被拒绝，遂于次日诉至法院，向工商银行主张票据利益返还请求权。一审法院认为，承兑人工商银行已将20万元票据款退还给出票人，没有实际占有该汇票的金额，所以，对农业银行的利益返还主张不予支持。二审法院认为，农业银行作为持票人在票据权利丧失后，符合行使票据利益返还请求权的各个要件。同时，承兑人工商银行基于承兑协议已实际收到出票人提供的资金而受有额外利益，并由于农业银行票据权利的消灭而使其付款的义务得以免除，故农业银行在其票据权利丧失后向承兑人工商银行主张权利，要求工商银行返还与票据记载金额相当的利益，符合法律规定，应予以支持。据此二审法院判决工商银行按照承兑汇票票面记载金额返还给农业银行 20 万元人民币。”〔1〕

本案属于票据权利人因行使利益返还请求权而提起利益返还请求权诉讼的典型案例。

根据我国《票据法》第 18 条规定，票据权利人行使利益返还请求权须具备以下要件：①票据上的权利曾经有效存在；②票据权利因时效经过或保全手续欠缺而消灭；③出票人或承兑人因持票人的票据权利消灭而受有额外利益。

而案中持票人农业银行因贴现而实际取得了涉案票据的票据权利，但因为银行自身工作人员的失误，未能在时效经过前提示付款，也未在汇票到期后的法定期限内行使追索权，致使其票据权利丧失；而承兑人工商银行因此不必向农业银行履行主债务人的付款义务，并因此而获得了出票人基于承兑协议而提供的资金，即受有额外利益。基于以上要件，票据权利人农业银行完全可以提起利益返还请求权诉讼，二审法院应当判决工商银行按照承兑汇票票面记载金额，返还给农业银行 20 万元人民币。

〔1〕 参见徐孟洲主编：《票据法教学案例》，法律出版社 2006 年版，第 40～42 页。

二、票据损害赔偿请求权诉讼

（一）票据损害赔偿请求权诉讼的具体案由

票据损害赔偿请求权诉讼，是指票据当事人由于违反《票据法》的规定，侵害有关当事人合法权益发生纠纷而提起的诉讼。票据损害赔偿的实质是民事赔偿，根据我国《票据法》及《审理票据纠纷案件若干规定》等相关规定，票据损害赔偿诉讼主要包括以下几种案由：

第一，《票据法》第104条第2款和《审理票据纠纷案件若干规定》第75条规定的，由于金融机构工作人员因前款行为（玩忽职守）给当事人造成损失的，由该金融机构和直接责任人员依法承担赔偿责任。其中，玩忽职守是指金融机构工作人员在票据业务中违反票据法的规定，对有关的票据进行承兑付款或者保证的行为。

第二，《票据法》第105条第2款规定的，“票据的付款人故意压票，拖延支付，给持票人造成损失的，依法承担赔偿责任。”其中故意压票、拖延支付是指票据付款人明知是见票即付或者到期的票据，不及时汇划款项和解付票据的行为。

第三，《审理票据纠纷案件若干规定》第67条规定的，“依据票据法第14条、第103条、第104条的规定，伪造、变造票据者除应当依法承担刑事、行政责任外，给他人造成损失的，还应当承担民事赔偿责任。”

第四，《审理票据纠纷案件若干规定》第69条规定的，“付款人或者代理付款人未能识别出伪造、变造的票据或者身份证件而错误付款，属于票据法第57条规定的‘重大过关’给持票人造成损失的，应当依法承担民事责任。”

第五，《审理票据纠纷案件若干规定》第72条规定的，“当事人因申请票据保全错误而给他人造成损失的，应当依法承担民事责任。”

第六，《审理票据纠纷案件若干规定》第73条规定的，“因出票人签发空头支票、与其预留本名的签名式样或者印鉴不符的支票给他人造成损失的，支票的出票人和背书人应当依法承担民事责任。”

第七，《票据法》第62条第2款规定的，“持票人提示承兑或者提示付款被拒绝的，承兑人或者付款人必须出具拒绝证明，或者出具退票理由书。未出具拒绝证明或者退票理由书的，应当承担由此产生的民事责任。”

第八，《票据法》第66条规定的，“持票人应当自收到被拒绝承兑或者被拒绝付款的有关证明之日起3日内，将被拒绝事由书面通知其前手……因延期通知给其前手或者出票人造成损失的，由没有按照规定期限通知的汇票当事人，承担对该损失的赔偿责任……”

第九，《票据法》第106条和《审理票据纠纷案件若干规定》第76条规定的，依照本法规定承担赔偿责任以外的其他违反本法规定的行为，给他人造成损失的，应当依法承担民事责任。具体包括出票人制作票据或者其他票据债务人未按照法定条件在票据上签章，以及持票人明知或者应当知道此种情形而接受票据。

（二）因票据付款人错误付款引起纠纷而提起的损害赔偿请求权诉讼判例分析

在B公司诉C银行因审票过错对A公司伪造的支票错误付款引起的票据赔偿纠纷一案中，“A公司因经营原因，造成资金周转困难，无力偿还陆续到期的银行贷款及其他债务。为了再次贷款偿还到期债务，A 公司通过甲某了解到 B 公司在 C 银行存有 1000 万元的存款，A 公司遂起意划拨 B 公司在 C 银行的存款，并先后伪造了 B 公司的财务专用章和法定代表人名章。之后，A 公司指使其工作人员乙某去 B 公司存款的 C 银行，由乙某以 B 公司出纳的名义骗取了出票人为 B 公司的银行转账支票，填写了金额 900 万元、收款人为 A 公司等相关内容，并在支票人上加盖了伪造的 B 公司的财务专用章和法定代表人名章，C 银行在按照《银行结算会计核算手续》的规定对该支票折角核对后，将该支票的上述款项打入 A 公司的账户内。后由于 B 公司到 C 银行核对存款数额时，发现存款数额减少，遂向公安机关报案，同时以 C 银行对伪造支票进行支付为由向法院提起损害赔偿的民事诉讼。本案经过一审和二审，两级法院均认为 C 银行在付款前按照规定对伪造的支票进行审查时，并没有审查出该支票系属伪造，并因此对 A 公司进行了付款，所以说该付款行为是存在重大过失的付款，C 银行应当对此承担责任，赔偿 B 公司因此而受到的损失，据此，判决 C 银行赔偿 B 公司因此而遭受的全部损失。”〔1〕

本案属于典型的因为伪造票据致使付款人过失错误付款而引起的损害赔偿诉讼案件。

根据我国《票据法》第 57 条的规定：“付款人及其代理付款人付款时，应当审查汇票背书的连续，并审查提示付款人的合法身份证明或者有效证件。付款人及其代理付款人以恶意或者有重大过失付款的，应当自行承担责任。”

另外，《审理票据纠纷案件若干规定》第 69 条也规定：“付

〔1〕 参见张德荣主编：《票据诉讼》，法律出版社 2002 年版，第 306~308 页。

款人或者代理付款人未能识别出伪造、变造的票据或者身份证件而错误付款，属于票据法第57条规定的‘重大过失’，给持票人造成损失的，应当依法承担民事责任。付款人或者代理付款人承担责任后有权向伪造者、变造者依法追偿。”

通过以上的相关规定可以得出，本案中的C银行因为对伪造票据未能尽到应有的审查责任，错误向持票人付款，导致B公司的利益受到损失，因此必须对B公司承担票据损害赔偿的民事责任，而C银行在履行赔偿责任后，可以向票据的伪造者，也就是A公司依法进行追偿。

三、票据交付请求权诉讼

（一）票据交付请求权诉讼的一般解读

票据交付请求权诉讼，是指票据债务人基于票据法的规定，在支付票据金额后要求持票人交出票据或接受票据转账签收引起纠纷而提起的诉讼。

票据是一种金钱债权证券，亦即是一定金额的金钱给付的请求权，持票人在行使票据权利时，必须提示票据。同时，票据也是一种缴回证券，票据权利人在实现了自己的权利，亦即受领了票据金额之后，应将原票据缴回给向自己付款的人，以便使票据关系消灭（如向自己付款的是承兑人或付款人）或使后者得以向前手行使再追索权（如付款的人为权利人的前手）。票据债权人如不缴回票据，债务人有权拒绝支付票据金额，这是因为付款人虽然可因付款而免责，但如果不收回票据，难免持票人再恶意转让，一旦票据落入善意第三人之手，付款人就得再次付款，这对付款人来说，损失甚巨。

我国《票据法》第55条规定：“持票人获得付款的，应当在汇票上签收，并将汇票交给付款人。持票人委托银行收款的，受委托的银行将代收的汇票金额转账收入持票人账户，视同签收。”此条已经明确规定了持票人在受领票据金额后，应当承担的相应义务：即首先在票据上进行签收，然后将票据交给付款人。如果是委托银行收款的，当委托银行将代其收取的票据金额转账到自己的账户时，视同持票人进行了签收。

在票据交付请求权诉讼中，票据债务人并不否认票据诉讼双方当事人的权利义务关系和地位，而是在其履行了相关票据义务后，有权要求票据权利人交出票据，从而使自己的责任彻底消除，或者使自己取得向其他债务人主张票据权利（如追索权）的资格。此种诉讼的处理结果一般不会直接导致被告向原告支付款项，但是有可能产生由被告向原告赔偿损失的后果。

（二）因股权转让合同纠纷牵连的票据交付请求权诉讼判例分析

在百邦公司诉庆安公司票据交付请求权纠纷一案中，“上诉人百邦公司因股权转让合同纠纷一案，不服海南省洋浦经济开发区人民法院（2000）浦经初字第32号民事判决，向洋浦经济开发区中级人民法院提起上诉。原判认定，原告百邦公司与被告庆安公司签订了《股权转让协议》，并约定：原告将其所有的海南泛华高速公路股份有限公司（以下简称“泛华公司”）500万法人股股权转让给被告庆安公司；付款时间为协议生效后，被告立即支付10万元给原告作为定金，余款于2000年6月内支付20万元，7月、8月、9月各支付15万元；被告向原告支付转让额达40%即30万元时，双方共同至泛华公司股权管理部门办理股权过户手续；被告在对原告付款完毕之前不能单独使用该股权；如需使用该股权，须由原告书面许可；如果原告不能交割股票或被告不能按进度付款以及被告未能按本协议最终付款日付款完毕，则视为违约，违约方应承担相应的违约责任。合同签订后，被告向原告支付人民币 10 万元，包括现金 2 万元，转账支票 8 万元，原告同时出具了收据。之后，被告又以转账支票形式向原告支付 5 万元，原告出具收据一份，证实其共收到被告款项 15 万元。之后，被告向泛华公司发函，要求将 15 万元转账支票代转给原告，并请其协助办理相关转股手续。同日，泛华公司向原告发传真，表示愿将被告交来的 15 万元人民币转账支票转给原告，并告知原告应拿走转账支票并办理转股手续。原告认为泛华公司不宜介入该合同的付款程序且对转账支票的真实性表示怀疑，故未去拿走支票及办理转股手续，并向被告发函，要求被告严格按合同约定付款至 40%。后被告将转账支票交到中国建设银行海南省分行直属海府支行军区二所分理处（以下简称“建行军区二所分理处”），该分理处立即开出进账单，并加盖了受理专用章。被告随后将该进账单传真给原告，并注明‘款已付，请百邦公司立即派员到泛华公司办理股权过户手续，我公司有人在泛华公司等候。’由于该笔款项尚未进入原告账户，原告未办理股权转让手续。被告鉴于原告未办理股权转让手续，致函开具进账单的银行分理处，要求暂停该张支票的支付。原告认为被告违约，遂向法院起诉，由此成讼。原判认为，原、被告双方在平等协商、合意一致的基础上达成股权转让协议，双方主体资格适合、意思表示真实、内容合法，应依法确认为双方达成的协议成立并生效，对双方当事人都有法律约束力。依据协议规定，被告必须于 2000 年 6 月内支付 20 万元。但双方对履行方式的约定并不明确，原告认为‘支付’为‘款项必须到本公司账户才可’，被告认为‘支付’为‘款项交付银行即可’。由于原、被告双方未就该条款的理解达成补充协议，依合同有关条款、合同所使用的字句、合同的目的、交易习惯以及诚实信用原则仍不能确定该条款的真实意思，故双方当事人按自己所理解的合同条款含义履行并不能视为违约。原告、被告要求对方承担违约责任的主张于法无据，不予支持。鉴于合同已过履行期，继续履行该合同已不可能，应依法予以解除。同时原告应返还所收款项，被告要求继续履行合同的主张不能支持。宣判后，原审原告百邦公司不服，向中级人民法院上诉，二审法院经审理查明，根据上诉人百邦公司的申请，中级人民法院对被上诉人庆安公司2000年6月30日的付款情况进行了调查。在中国建设银行海口市海府支行，提取了庆安公司于2000年6月30日的进账单（附件）一份。在该进账单上盖有‘中国建设银行海南省分行海口市海府支行省委大院营业处内部往来专用章’‘中国建设银行海南省分行海口市海府支行内部往来专用章’‘海口金融票据交换提出专用章’三枚印章。该进账单出票人系庆安公司，收款人为百邦公司，金额为人民币15万元。由于开户银行一栏应写‘建行海府支行省委大院营业处’而写成‘建行海府支行省委大院营业部’，被海府支行于7月3日退单（7月1日、2日分别为星期六和星期日）。除上述事实之外，原判认定的其他事实清楚，证据确实充分，双方当事人均不持异议。法院据此驳回上诉，维持原判。”〔1〕

本案中二审法院认为，上诉人与被上诉人签订股权转让协议后，被上诉人先后向上诉人支付人民币10万元、转账支票5

---

〔1〕参见海南省洋浦经济开发区中级人民法院（2001）浦中经终字第4号民事判决书，载 http://www.110.com/panli/panli_45380.html，最后访问日期：2017年12月26日。

万元。6 月 27 日，并通过泛华公司发函，要求将人民币 15 万元的转账支票转给上诉人，并请其协助办理相关转股手续。而上诉人因故并未取走支票及办理转股手续，并向被上诉人发函，要求其 6 月底之前严格按合同约定付款 40%。

被上诉人在约定期限前，到建行军区二所分理处办理了 15 万元转账支票手续。随后因进账单开户银行一栏填写错误，而被银行于 7 月 3 日退单。但被上诉人在 2000 年 6 月 30 日确已将人民币 15 万元交付银行。银行进账单上的内部往来专用章可以证明全部过程。被上诉人虽将进账单上“营业处”错写为“营业部”，但此瑕疵，不能认定其构成违约。从上诉方看，上诉人在有条件和时间履行合同时，却并未积极配合，而是无故拖延，因为合同并未约定股权管理部门不应介入付款程序，且法律法规亦不禁止。

根据我国《票据法》第 55 条的规定，“持票人委托银行收款的，受委托的银行将代收的汇票金额转账收入持票人账户，视同签收。”本案中，被上诉人的付款瑕疵行为，不能被认定为违约，所以，被上诉人要求上诉人百邦公司办理股权过户手续的请求，亦即要求上诉人对转账支票予以确认签收的请求（票据交付请求权）应当支持。法院应当认定被上诉人已通过上诉人委托的银行，将代收的支票金额转账收入上诉人（持票人）账户。

四、票据返还请求权诉讼

（一）票据返还请求权诉讼适用范围

票据返还请求权诉讼，是指基于票据法的规定，丧失票据占有的正当权利人，请求非法占有人或因恶意或重大过失而取得票据的持票人，返还其占有的票据引起纠纷而提起的诉讼。

该诉讼是针对票据权利人相对丧失票据后，并明确知道票据占有人的情况下，对失票人采取的救济措施；如果失票人并不知道票据的具体下落，就无法行使该项诉讼权利，而只能通过公示催告或普通诉讼等方式来进行相应的权利救济。另外，票据的拾得者或基于保管关系占有票据者，拒绝返还该票据的，原持票人也可提起返还请求权之诉。

我国《票据法》第 12 条明确规定："以欺诈、偷盗或者胁迫等手段取得票据的，或者明知有前列情形，出于恶意取得票据的，不得享有票据权利。持票人因重大过失取得不符合本法规定的票据的，也不得享有票据权利。"另外，《审理票据纠纷案件若干规定》第 37 条规定："失票人为行使票据所有权，向非法持有票据人请求返还票据的，人民法院应当依法受理。"可见，为了防止以非法、恶意或重大过失取得票据之人再次将该票据进行流通，损害债务人的权益，妨碍交易安全，票据法律法规及相关司法解释均规定此种情况下，现持票人不得享有票据权利，失票人可以提起返还请求权诉讼，来主张票据权利。票据返还请求权诉讼的实质就是确认谁是最终的合法持票人，从而对其进行司法救济。

（二）原告并非合法持票人的票据返还请求权诉讼判例分析

在多联公司与一统公司票据返还请求权诉讼一案中，"原告淮南市多联工贸有限公司（以下简称"多联公司"）遗失银行承兑汇票一张，并向常州市天宁区人民法院申请公示催告，利害关系人被告山东一统电器有限公司（以下简称"一统公司"）在判决前向法院申报权利，称其为该票据的合法持票人。为此，该院裁定终结公示催告程序。原告认为自己是该银行承兑汇票的合法持票人，并诉至本院，请求依法判令原告对涉案银行承兑汇票拥有所有权；判令被告返还原告涉案的银行承兑汇票。法院经审理查明，2009 年 3 月 16 日中国银行股份有限公司常州分行延陵支行营业部开出了涉案银行承兑汇票，该汇票出票人为江苏华达化工集团有限公司，收款人为淮南市天翼化工有限责任公司，出票金额为 25 万元，汇票到期日为 2009 年 9 月 13 日。该汇票经过淮南市天翼化工有限责任公司、山东世杰贸易有限公司背书转让到山东一统电器有限公司。该汇票上未记载原告多联公司的名称。法院经审理认为，票据是完全有价证券，具有无因性、要式性、文义性，以票据上的记载事项来证明当事人双方的权利义务关系。依照《票据法》的规定，判决驳回多联公司的诉讼请求。案件受理费及财产保全费由多联公司负担。”〔1〕

首先，对于本案，根据《票据法》第 27 条第 1、3 款规定，“持票人可以将汇票权利转让给他人或者将一定的汇票权利授予他人行使……持票人行使第 1 款规定的权利时，应当背书并交付汇票”；第 30 条规定，“汇票以背书转让或者以背书将一定的汇票权利授予他人行使时，必须记载被背书人名称。”具体到本案中，涉案汇票并未记载原告多联公司的名称。而原告所谓的票据权利，是通过“证明”来说明的，并没有完全背书的记载，违反了《票据法》的相关规定，不能享有票据权利。

其次，根据《票据法》第 31 条第 1 款的规定，“……非经背书转让，而以其他合法方式取得汇票的，依法举证，证明其汇

〔1〕 参见江苏省常州市天宁区人民法院（2009）天民二初字第 1038 号民事判决书，载 http://www.pl-lf.com/new_con.asp?ClassID1=255&ClassID2=0&ID=211，最后访问日期：2017 年 12 月 27 日。

票权利。”原告通过举证两份借款合同，来证明自己是以借款的方式取得诉争汇票，从而享有票据权利。而我国相关法律禁止企业之间进行借贷，原告多联公司即使在一定时间内以借款的方式取得汇票，但因取得方式不合法，不能享有票据权利。

最后，本案诉争汇票的背书是连续的，而一统公司为最后的被背书人。依照《票据法》的规定，被告持有汇票即为合法的票据权利人，除非有其他证据证明被告取得汇票存在非法、恶意或重大过失的情形，而原告未能提出相关证据。原告以汇票系丢失为由要求确认原告拥有诉争汇票的所有权和要求被告返还汇票，而原告经过长达一个月的时间才向法院申请公示催告，其可信程度不大，并且原告也未能提供足够证据证明自己曾经丢失了汇票。而被告却提供了相关的“收据”，证明诉争汇票已于2009年3月24日交给其他公司，该时间又恰与原告声称的票据丢失时间（2009年3月25日）相矛盾。

综上分析，原告多联公司不享有票据权利，其要求被告返还票据的诉讼请求缺乏事实依据和法律依据，法院应当不予支持。

五、汇票回单签发请求权诉讼

（一）汇票回单签发的司法保障

汇票回单签发请求权诉讼，是指提示汇票承兑的汇票持有人，依法为证明自己为汇票持有者的权利，要求付款人签发汇票回单发生争议而提起的诉讼。

承兑是汇票的特有制度，是汇票权利实现的特有保障。在汇票承兑之前，持票人的付款请求权处于一种不确定的状态，为了使汇票上所载付款人的义务成为票据上义务，更为了使持票人的付款请求权得以确定，需要义务人对自己的付款义务加以确认，这种确认的过程，就是付款人对汇票进行承兑。

我国《票据法》第 41 条第 1 款对汇票承兑的时间进行了规定，付款人应在收到提示承兑的汇票之日起 3 日内承兑或者拒绝承兑。在付款人思考是否进行承兑的 3 天时间内，持票人所提示承兑的汇票要暂时交由付款人进行保管，而为了证明持票人是真正的汇票持有人，并对付款人进行了相应的提示承兑，需要付款人给持票人签发收到汇票的回单，回单上记载的事项是汇票的提示承兑日期和付款人签章。对此，《票据法》第 41 条第 2 款也做出明确规定，即“付款人收到持票人提示承兑的汇票时，应当向持票人签发收到汇票的回单，回单上应当记明汇票提示承兑日期并签章。”

汇票回单的制作，证明持票人是真正的持有人，而付款人只是临时占有汇票的人。此种诉讼中，原告是汇票的持有人，并不一定就是票据权利人，原告主张的只是要求被告签发汇票的回单，以此来证明自己原持有人的身份。

（二）汇票回单签发请求权诉讼判例分析

在电工设备总公司与华成公司汇票回单签发请求权诉讼一案中，“ S 市无线电器材公司（以下简称“无线电公司”）与 B 市华成股份实业有限公司（以下简称“华成公司”）签订了一份购销视频器材合同，双方约定：由无线电公司向华成公司提供视频器材 1000 套，货款总金额 502 万元；同时，器材质量根据国家规定的相关标准，全部器材由需方运行检验合格后方可验收；由华成公司预付货款 200 万元，其余款项在华成公司按供货清单全部验收后一次性付清。8 月 5 日，无线电公司来电与华成公司协商，由于无线电公司欠 W 市电工设备总公司货款 200 万元，无线电公司拟开出一张以华成公司为付款人、以电工设备总公司为收款人、票面金额为200万元的商业汇票，华成公司随即表示同意。8月8日，无线电公司按约定条件开出了商业汇票一张，付款日期为见票后15天，并于8月9日将此商业承兑汇票交付给了电工设备总公司。8月12日，电工设备总公司持该商业承兑汇票向华成公司提示承兑，华成公司将提示的商业承兑汇票留下，却并未给持票人电工设备总公司签发收到汇票的回单。电工设备总公司几经催促无果后，遂于8月15日诉至法院，请求法院判决华成公司履行签发汇票回单的义务。法院经审理认为，涉案汇票完全符合《票据法》的规定与要求，属于合法有效的商业承兑汇票。在持票人电工设备总公司向付款人华成公司提示承兑时，根据我国《票据法》第41条的相关规定，付款人应该在收到持票人提示承兑的汇票时，向持票人签发收到汇票的回单。而本案中的被告也就是华成公司却拒绝履行《票据法》规定的相关义务。据此，法院判决被告华成公司向持票人电工设备总公司签发汇票回单。"〔1〕

本案涉及的是汇票回单签发请求权的诉讼问题。案中，出票人无线电公司、付款人华成公司和持票人电工设备总公司之间的票据法律关系清楚明确，真实有效。该涉案汇票为见票后定期付款的汇票，付款日期为见票后15天。根据《票据法》第40条第1款的规定，"见票后定期付款的汇票，持票人应当自出票日起1个月内向付款人提示承兑"，而持票人电工设备总公司于8月12日就向付款人华成公司提示承兑，符合要求。

根据我国《票据法》第41条第1款的规定，"付款人对向其提示承兑的汇票，应当自收到提示承兑的汇票之日起3日内

〔1〕参见吕来明主编：《票据法前沿问题案例研究》，中国经济出版社2001年版，第101～102页。

承兑或者拒绝承兑。”而本案中付款人华成公司在收到持票人提示承兑的汇票后，并没有表示是否承兑，虽然仍在法定提示承兑的期限内（3 日内），但却违反了《票据法》第 41 条第 2 款的规定，即“付款人收到持票人提示承兑的汇票时，应当向持票人签发收到汇票的回单。回单上应当记明汇票提示承兑日期并签章”。拒签汇票回单的后果将导致无法区分谁是真正的票据持有人，有害于交易安全和票据流通，所以，法院应当支持原告电工设备总公司的诉讼请求，判决被告华成公司向其签发汇票回单。

第七章 涉外票据诉讼

票据是一种金钱支付工具，具有广泛的流通性，这种流通不仅限于一国之内，在国际贸易繁荣发达的今天，跨国的票据流通也是经常发生，并且这种流通在很大程度上推进着世界经济的发展。各国票据立法几度力争达成国际统一之票据规则，并通过国际公约的签署，促成日内瓦统一票据法和英美票据法两大体系的相互借鉴与融合，但实因票据法律传统、结构形式、立法价值等诸多迥异而致涉外纠纷频生，针对同一问题产生的法院判决的不一致性和不确定性，在一定程度上动摇了国际票据流通的交易安全。为此，应充分协调各国涉外票据司法管辖冲突，选择相同的票据法律适用规则，促进票据流通和贸易国际化。

一、涉外票据与涉外票据诉讼界定

（一）争议观点

对涉外票据概念的法律界定，理论界与实务界纷纷提出了不同的看法。概括起来主要有两种观点：

第一种观点[1]从民事法律关系涉外的角度出发，认为涉外票据法律关系就是具有涉外因素的票据法律关系，这种涉外性表现为票据关系的主体、客体和产生、变更或消灭票据关系的法律行为三要素具有域外性，凡三要素中有一个或一个以上与外国有关，就属于涉外票据。

第二种观点[2]以票据行为为划分标准，认为票据的涉外性表现在同一票据上各种票据行为的跨国性上；还有的学者[3]同时将实施票据行为的任一行为人的行为不在其本国或其本法域的票据界定为涉外票据。

持第一种观点的学者认为：《票据法》的规定只采纳了法律行为涉外这一认定标准而忽视了其他涉外因素的认定，与《最高人民法院关于贯彻执行〈中华人民共和国民法通则〉若干问题的意见（试行）》第178条对涉外民事法律关系的通常解释有所背离。持第二种观点的学者认为：采用行为划分标准才能正确解决不同性质票据关系的法律适用问题。按此标准，同一票据上数个票据行为中，只要有一个或一个以上在外国实施，就属于国际票据，而同一票据上的各个票据行为都是在一国国内发生的，即使当事人国籍或住所不同，也属于国内票据；反

---

〔1〕 宋航、肖永平：《论涉外票据的法律适用》，载《现代法学》1996年第6期；陈云东：《涉外票据法律适用比较研究》，载《思想战线》1997年第1期；李健男：《涉外票据法律适用的一般问题及我国的涉外票据法律制度》，载《法学》2002年第4期；王承志：《涉外票据法律适用规则探析》，载《武大国际法评论》2006年第1期。

〔2〕 李寿双：《涉外票据法律适用论纲》，载 http://www.110.com/falv/piaojufa/piaojufalunwen/2010/0716/121462.html，最后访问日期：2017年12月27日；王瀚、黄静：《国际票据法律适用问题比较研究》，载《现代法学》1997年第5期。

〔3〕 贾和平：《涉外票据法律适用》，西南政法大学2005年博士学位论文。

之，如上述票据行为中有一个或一个以上在外国发生，即使当事人国籍或住所相同，也属于国际票据。

（二）个人见解

我国《票据法》第94条第2款规定："前款所称涉外票据，是指出票、背书、承兑、保证、付款等行为中，既有发生在中华人民共和国境内又有发生在中华人民共和国境外的票据。"从中可以看出，在对涉外票据的判断标准上，我国没有采用三要素的判断标准，而是将票据行为这一要素作为判断标准。前述的《票据法》规定所提到的五种行为中，出票、背书、承兑、保证是我国票据法理论上所指的票据行为，也称票据上行为，或狭义的票据行为，这些行为均是以发生或转移票据上权利、负担票据上债务为目的而进行的一种意思表示；而付款的目的是消灭票据关系，付款人付款时无须在票据上为任何意思表示，因而付款行为不是票据行为，而是票据法上行为。[1]

因此，笔者认为，我国《票据法》第5章关于涉外票据法律适用条文中，第94条规定中所指的"行为"，是指广义的票据行为，即以票据关系的发生、变更或消灭为目的而为的法律行为。作为广义票据行为，既包括前述的狭义票据行为即票据上行为，也包括狭义票据行为以外的行为即非票据上行为。"非票据上行为根据其发生原因及效力的不同，分为票据法上行为和票据违法行为两类。"[2]由此可以得出，第94条规定中的"等"字，应是指除了条款中列出的五种行为外，还应包括提

〔1〕《关于〈中华人民共和国票据法（草案）〉的说明》中指出："票据行为是承担票据责任的法律行为。草案借鉴国际上的通行做法，规定了出票、背书、承兑、保证、付款五种票据行为。"此种提法实有不妥。

〔2〕赵新华：《票据法论》，吉林大学出版社2007年版，第41页。

示、追索、更改等票据法上行为与票据伪造和变造等票据违法行为。票据行为采广义的界定，也可以从《票据法》第 100 条、第 101 条对非票据关系的法律适用问题上的特别规定得到验证。否则，前后法条的规定将相互矛盾。通过以上广义的各种票据行为，才能形成完整的票据法上的法律关系（票据关系和票据法上非票据关系），从而合理确定票据涉外与否，并准确揭示出不同票据关系的法律冲突与适用规则。

涉外票据诉讼是与涉外票据紧密相连的概念，是指对因涉外票据的争议与纠纷，导致权利人行使票据权利遇到障碍而进行的司法救济。在涉外票据纠纷审理中，遇到的经常性问题实际上就是法律冲突问题。“依法律冲突的发生阶段，涉外票据诉讼属于司法冲突阶段，是指不同法院对同一案件行使司法管辖权的冲突和法院在解决具体纠纷时选择所适用的法律的矛盾。对于司法冲突的解决，一是不同国家和地区加强管辖权的协调，采用相同的行使管辖权的规则。二是利用相同的法律适用规则，使在不同国家诉讼的案件适用相同的法律。”[1]

二、涉外票据诉讼管辖权的冲突与协调

（一）管辖权冲突的产生原因

票据法从 1673 年的法国路易十四时期的《陆上商事条例》，发展到 21 世纪的今天，历经 330 余年，始终未能达成一种国际上统一的票据法律制度。期间的《海牙统一票据法》《日内瓦统一票据法》和《联合国统一票据法》虽极尽争取，却终因差异与分歧而导致国际票据法统一化进程的搁置。其间

〔1〕 肖永平：《肖永平论冲突法》，武汉大学出版社 2002 年版，第 9 页。

题在于不同国家之间的票据法律制度冲突的长期存在，对同一涉外票据法律关系适用不同国家的法律，必然会产生不同的结果，从而导致法律冲突现象，它在本质上体现了相关国家票据法律在效力上的抵触。票据法律冲突，原指在国际票据活动中，因各国间票据法律规定的差异，而在票据关系处理方面引起的矛盾或抵触，并导致不同的结果的一种现象。事实上，票据法律冲突是法律选择上产生矛盾的反映。如果不同国家对同一国际民商事案件同时主张行使管辖权，势必造成涉外票据诉讼管辖权形成冲突。

由于涉外票据的跨国性，使票据的出票、背书、转让、权利争议往往发生在不同国家之间，票据的流通性使得建立在同一张票据上的不同票据行为有可能由不同国家法律来调整，法院地法不一定是解决纠纷应当或合适适用的法律。“如果诉讼地法院均以法院地实体法来认定票据的各项法律事实是否有效成立，涉外票据上已经建立的各种事实状态将被打破，特别是该票据如果经历了多次的跨国流转，最终被法院地法否定了一、两个中间事实的合法有效性，将使票据促进流通的作用受到极大的限制，严重影响法律关系的稳定性，不利于保护善意持票人的合法权益。因此，正确解决法律冲突于涉外票据纠纷的审理具有不同寻常的意义。”[1]

（二）管辖权冲突的协调解决

为了避免这种管辖权冲突的产生，国际社会自19世纪以来一直在寻求票据法的协调统一，先后通过了《日内瓦统一票据

---

〔1〕 孙应征主编：《票据法理论与实证解析》，人民法院出版社2004年版，第339页。

法公约》[1]和《联合国国际汇票和国际本票公约》。根据我国《票据法》第95条第1款的规定，“中华人民共和国缔结或者参加的国际条约同本法有不同规定的，适用国际条约的规定。但是，中华人民共和国声明保留的条款除外。”这是国际公约优先原则在《票据法》上的明显反映，国家缔结国际条约意味着自愿承担条约确定的某种国际义务。但我国至今尚未参加上述国际公约，因此，这些公约目前对我国并不发生效力。我国《票据法》对涉外票据做出国际条约优先的规定，应是基于对票据关系现在和未来极易发生涉外联系的一种预见性考虑。

我国《票据法》第95条第2款规定，“本法和中华人民共和国缔结或者参加的国际条约没有规定的，可以适用国际惯例。”由此可知，该款确认了国际惯例补缺原则。关于国际惯例，此处主要是指国际贸易支付方面的惯例，因为这样的惯例是在各国长期实践和反复适用的基础上形成的，很容易被当事人各方接受。这种惯例常常在国际上起着统一实体私法的重要作用。国际惯例可以是成文的，表现为经常从事国际贸易的商人团体或非政府性的国际民商事组织主持编撰的制定性规则，由贸易各方选择适用。也可以是不成文的，表现为长期实践中重复类似的行为。目前的司法实践中，法院经常性地采用的国际惯例是双方当事人在惯常交易中熟知且经常使用的习惯法则。如《托收统一规则》《跟单信用证统一惯例》等。当事人各方如果自愿选择适用相关票据的国际惯例，则该国际惯例将对各方当事人产生法律拘束力。

---

〔1〕 包括《汇票、本票统一法公约》《解决汇票、本票若干法律冲突公约》《汇票、本票印花税公约》《支票统一法公约》《解决支票若干法律冲突公约》《支票印花税公约》。

目前国际社会涉外票据诉讼管辖权冲突的协调解决主要依赖于各主权国家的国内法或判例，不同国家由于法系和传统差别而导致相关法律规定也不一样。

我国调整票据法律关系的法律既有《民法通则》《合同法》《民事诉讼法》，还包括《票据法》《物权法》《担保法》《票据管理实施办法》《金融违法行为处罚办法》《支付结算办法》《商业汇票承兑、贴现与再贴现管理暂行办法》《中国人民银行关于完善票据业务制度有关问题的通知》《中国人民银行关于对签发空头支票行为实施行政处罚有关问题的通知》等法律、法规和规章，以及《审理票据纠纷案件若干规定》的司法解释等。“在审理涉外票据纠纷案件时，同一张票据涉及的票据行为及法律后果的认定可能涉及不同国家的法律。除了《票据法》第96~101条的冲突规则要求选择其他国家的法律以外，均应根据《民法通则》涉外法律关系法律适用篇的规定及相关司法解释确定应当适用的准据法。特定情况下，适用中国法律可以作为无法确定和查明外国法律时的补救。”〔1〕

三、涉外票据诉讼管辖权的确认与选择

（一）管辖权的具体确认原则

涉外票据诉讼管辖权是指一国法院受理某一涉外票据案件并行使审判权的资格或权限。

涉外票据诉讼管辖权首先应该是对涉案案件的管辖国家进行确定，之后，这个国家对此案件按照本国国内法律的相关规

〔1〕孙应征主编：《票据法理论与实证解析》，人民法院出版社2004年版，第345页。

定来确定相应的具体管辖法院。只有确定了管辖法院后才能由该法院进行法律选择，决定适用内国法或外国法。如果管辖法院不同，可能导致法律选择不同，而影响当事人的实体权利和义务。由于涉外票据的复杂性可能会牵涉多个国家间的司法管辖权，法院应根据不同的管辖原则来予以确认。

关于涉外票据诉讼管辖权的确认原则，从我国《票据法》第 96 条至第 101 条规定可以看出，涉及票据行为能力的准据法适用的是属人法主义当中的本国法主义为原则，以行为地法主义为补充。即第 96 条所规定的："票据债务人的民事行为能力，适用其本国法律。票据债务人的民事行为能力，依照其本国法律为无民事行为能力或者为限制民事行为能力而依照行为地法律为完全民事行为能力的，适用行为地法律。"此种规定防止了依据本国法可能导致的票据行为无效，损害善意相对人利益的结果发生，但在司法实践中要注意以"本国法律"即属人法为主。而涉及票据形式、票据行为、票据追索权行使期限、票据提示期限以及票据权利保全的准据法适用的是行为地法主义为原则。如《票据法》第 97 条第 1 款规定："汇票、本票出票时的记载事项，适用出票地法律。"就是根据出票行为所在的地点来确定行为地法律进行适用的。其中比较特殊的是第 97 条第 2 款的规定："支票出票时的记载事项，适用出票地法律，经当事人协议，也可以适用付款地法律。"此条规定表明，我国《票据法》对涉外票据（支票）的记载事项，允许当事人之间通过书面协议的方式来选择受诉法院，从而确定管辖权。只有在涉外票据（支票）纠纷当事人双方没有合意选择法院，并且也没有相关国际条约义务的情况下才受"票据支付地或被告住所地"规定的约束。这种允许双方当事人根据自己的意思共同协商选择适用原则，一方面有利于当事人预见法律行为的后果和维护法律关系的稳定性，并有利于法院对纠纷的快速解决，但另一方面在一定程度上也会使法律适用处于一种非常不确定的状态，因为不同的当事人往往选择有利于自己的不同的法律，这势必会加大法院适用法律的负担与难度，因此我国《票据法》是有限制地适用这种协议选择管辖权。

（二）管辖权的法律适用选择

一个案件的审理会是什么样的结果，通过法律适用而选择的管辖权将对此产生直接影响。而法律适用的实质就是适用哪一国的相关法律来解决具体的涉外民商事法律冲突与纠纷。一个涉外票据纠纷案件的管辖权可能会涉及多个主权国家，就算是这个涉外票据纠纷案件明确了只能由某一个国家可以行使相应的管辖权，但是这个法院地国家仍然要选择到底适用哪一个国家的具体法律来解决该票据法律冲突，这也成为解决涉外票据法律纠纷的关键。

在韩国输出保险公社诉青岛阿普罗皮革制品有限公司票据纠纷一案中，“原告韩国输出保险公社根据出口商韩国世元公司与被告中国青岛阿普罗皮革制品有限公司签订 67 份合同约定：出口商向被告供应用于手提包的原材料及辅料，付款条件为承兑交单，按发票金额开立汇票，见票后 180 天付款。出口商在约定期限内将汇票通过银行提交给被告，被告亦进行了承兑。汇票承兑付款到期后。被告拒不履行承兑汇票的付款义务。该汇票经汇票指示收款人‘韩国中小企业银行’空白背书给原告。原告作为善意持票人曾数次催促被告付款未果，遂起诉至青岛市中级人民法院。”〔1〕

〔1〕 参见王开定：《票据法新论与案例》，法律出版社 2005 年版，第 467~468 页。

此案件中，基本法律事实清楚，原、被告均无异议。因本案的汇票的出票地在韩国，背书、承兑、提示付款行为均发生在中国，根据我国《票据法》第 94 条的规定，此票据应认定为是涉外票据。那么根据《票据法》第 95 条的规定，选择适用此涉外票据案件的准据法的顺序首先应该是国际条约，其次是国内法，最后是国际惯例。由于我国没有参加国际票据条约，因此可以选择适用国内法即《票据法》，本案中双方当事人也都认可选择将我国《票据法》作为准据法。那么，根据我国《票据法》第 98 条“票据的背书、承兑、付款和保证行为，适用行为地法律”的规定，此涉外票据可以适用行为地法律即中国《票据法》的规定进行审理。在这里票据行为适用的准据法与票据行为能力适用的准据法明显不同，没有将属人法与行为地法连接起来，在票据行为有效性问题上并没有适用当事人协议选择法律，主要是避免影响票据效力的稳定性，从而导致对其他票据当事人利益的侵害。根据《票据法》第 99 条“票据追索权的行使期限，适用出票地法律”的规定，此涉外票据可以选择适用出票地法律即《韩国票据法》的相关规定。《韩国票据法》第 70 条第 1 款关于票据追索权的行使期限规定：对承兑人的汇票上的请求权，自期满之日起 3 年不行使，则完成消灭时效。持票人如果不能在上述期限内行使追索权，将丧失票据权利，确定追索期间对于确认持票人追索行为是否有瑕疵，以及票据权利是否因此受到排斥或限制具有重要意义。本案中原告是在 3 年期限内行使的追索权，合法有效，法院最终给予支持，判决被告支付拒绝付款的汇票金额及利息。

票据的高度流通性，国际票据统一规则以及不同国家票据法律制度的差异性，决定了涉外票据的相互抵触，并制约着涉外票据纠纷的有效解决，我们应该在维护国内司法严肃性与尊重他国司法独立性的前提下，恰当、合理、有效地使用涉外票据纠纷案件的管辖权，选择相同的票据法律适用规则，促进票据流通和贸易国际化，保障当事人的合法权益。

第八章 票据诉讼制度的修正与完善

票据诉讼制度作为一种特有的诉讼制度，在最早产生票据制度的法国并没有形成，究其原因是注重强调票据当事人之间必须有资金关系，以有因性阻碍了票据的流通。1871 年德国汇票本票法施行后，票据无因性原则逐渐被确立并推行开来，票据诉讼制度也随之产生，具体的票据诉讼程序在《德国民事诉讼法》中已有充分的体现。日本的票据诉讼制度产生的也比较早，在 1890 年的《日本民事诉讼法》中给予了承认，而且较德国有了进一步的改进和创新，规定的更加简易、便捷。德国和日本的票据诉讼制度的产生、发展和完善，一个重要的原因就是两国的票据法都从根本上“强调票据的自治性质”〔1〕“将票据关系与作为其产生基础的原因即票据基础关系相分离，从而使票据成为典型的无因证券”〔2〕“使票据的无因性原则成为构建票据诉讼制度的实体法基础”。〔3〕

〔1〕 胡德胜、李文良：《中国票据制度研究》，北京大学出版社 2005 年版，第 17 页。

〔2〕 赵新华：《票据法》，吉林人民出版社 1996 年版，第 30 页。

〔3〕 叶永禄：《票据诉讼制度研究》，法律出版社 2008 年版，第 60 页。

一、无因性原则在实体法上的冲突与协调

（一）我国《票据法》第10条的有因性无因性之争

1. 学界观点

根据票据关系的效力是否受基础原因关系效力的影响，将否定者称之为票据的无因性，肯定者可称之为票据的有因性。我国《票据法》第10条对票据的基础关系做出了如下的规定，即“票据的签发、取得和转让，应当遵循诚实信用的原则，具有真实的交易关系和债权债务关系。票据的取得，必须给付对价，即应当给付票据当事人认可的相对应的代价。”这一规定，揭示了票据关系与票据基础关系的相互冲突问题，引发了广大学者对票据是有因性还是无因性的诸多质疑与争论。

“有的学者认为该条体现的是票据有因性”〔1〕“但并不当然地否定票据无因性”。〔2〕之所以将票据法的“商品交易关系”扩张为“商品交易关系和债权债务关系”，是为了规制我国票据制度建立初期可能出现的金融犯罪和金融违法活动，以维护票据流通转让的安全，保护金融秩序，稳定市场经济。

“有的学者认为此条款是对票据无因性的否定”〔3〕“与国际

---

〔1〕 钟灵、韦娌等：《票据的给付对价及其法律意义》，载《法制与经济》1996年第3期；王豪鸣：《试论票据的基础关系与票据关系的关系》，载《特区法制》1995年第6期。

〔2〕 汪世虎：《论票据行为的无因性》，载《海南大学学报》（人文社会科学版）2003年第3期。

〔3〕 林毅：《对〈票据法〉第十条的一点意见》，载《中外法学》1996年第3期。

上通行的票据无因性原则相悖”，[1]如果将交易关系和债权债务关系作为票据行为的有效要件，将导致票据行为附属于票据基础关系，基础关系的无效，会牵连票据行为的失效。但该票据行为人如若在票据上签章，则依《票据法》第4条第1款和第3款“谁签章谁负责”的规定，其仍然要承担相应的票据责任，这就会出现行为人的票据行为已因基础关系无效也要承担票据责任的冲突后果。可见，将票据的基础关系扩展到整个票据行为中，其结果只能是使各种票据行为丧失其独立性，进而阻碍票据的流通。

“还有的学者谈到，虽然无因性加速了票据的流通，但是如因票据的无因性而损害了交易的安全，法律则不能在所不问。人的抗辩是对无因性的一个修正，是作为例外受原因关系影响的场所，即票据的无因性不是绝对的。”[2]“在通常情况下，应当将票据的无因性作为票据立法和票据法律适用的普遍原则，同时将其相对性作为例外情形。”[3]

在欧洲，完全承认票据行为绝对无因性的只有德国等少数国家，其背景是该国民法理论对法律行为抽象原则的承认，并且这一理论仅停留在司法和学术研究中，于法律条文上并无体现。“大多数欧洲大陆国家只是承认票据行为的相对无因性，国

[1] 蒋大兴：《〈票据法〉的立法缺陷及其完善》，载《河北法学》1996年第4期。

[2] 张旭娟：《也谈对〈票据法〉第十条的一点意见——兼与林毅同志商榷》，载《中国法学》1997年第3期。

[3] 夏琳琳、闫辉：《票据无因性的相对性》，载《人民司法》2002年第7期；张澄：《试论票据行为的无因性及其相对性——兼评我国〈票据法〉第十条》，载《政治与法律》2006年第1期。

际统一立法也是如此。”〔1〕

2. 个人见解

《票据法》第10条对票据无因性的界定是模糊的，但并不能据此否认我国票据法体系对票据无因性的承认和运用。如《票据法》第13条第1款规定的“票据债务人不得以自己与出票人或者与持票人的前手之间的抗辩事由，对抗持票人……”这是对票据抗辩限制——抗辩切断的规定，抗辩切断产生的对人抗辩的效力正是票据无因性原则法律机能充分发挥的结果。《票据法》第22条第1款和第84条第1款规定了汇票和支票的绝对必要记载事项必须有“无条件支付的委托”的记载，第75条第1款规定了本票的绝对必要记载事项必须有“无条件支付的承诺”的记载。也就是说票据法实行严格的要式性、文义性，不允许在票据上对支付文句进行限制和约束，否则票据是无效的，这也是贯彻无因性的有力证明，同时关于背书连续、票据保证等大量的无因性条款的规定，相互辅证了我国票据法对无因性原则的承继与认可。

“但是，票据的无因性从来都不是绝对的，而是相对的。其相对的程度取决于一时、一地、一国的实际情况，取决于经济发展的阶段，取决于银行的信誉状况和其他票据当事人的信用程度。不从实际出发，盲目追求票据的绝对无因性，必然事与愿违。”〔2〕

〔1〕杨继：我国《〈票据法〉对票据行为无因性规定之得失——兼与欧洲立法比较》，载《比较法研究》2005年第6期。

〔2〕曹守晔、王小能等：《〈关于审理票据纠纷案件若干问题的规定〉的理解和适用》，载《人民司法》2001年第4期。

（二）无因性原则的司法确认与协调

1. 积极的判例支持

在1994年第4期《最高人民法院公报》上登载的“中国农业银行西宁市分行东郊办事处诉中银信托投资公司一案”〔1〕中，一审法院认为，原被告之间无真实商品交易关系，故该汇票为无效汇票。被告不服提起上诉，最高人民法院认为，该汇票记载事项完备，上诉人取得票据并无恶意且支付了相当对价，应为有效票据，且票据关系一经成立，即与原因关系相脱离，无论其原因关系是否存在以及是否有效，都不影响票据本身效力。可见，二审法院坚持了票据的无因性原则。另外，1995年第1期《最高人民法院公报》登载的“交通银行中山支行诉中国成套设备进出口公司武汉分公司经营处和中国人民建设银行海口市分行一案”，也明确了对票据无因性原则的坚持。最高人民法院对票据无因性的立场和态度，表明了司法实务界已经非常鲜明地支持和贯彻票据无因性原则。

2.《审理票据纠纷案件若干规定》的规定协调

《审理票据纠纷案件若干规定》是最高人民法院通过审理大量的票据纠纷案件，为便于理解票据法立法宗旨和正确适用票据法的相关条款而反复论证设计的，具有法律条文明确性、办案标准统一性、操作程序规范性、司法效力权威性的特点。

《审理票据纠纷案件若干规定》第14条规定了“票据债务人以票据法第10条、第21条的规定为由，对业经背书转让票据的持票人进行抗辩的，人民法院不予支持。”根据这一司法解释，将票据抗辩进行了严格的限制，也就是将《票据法》第10

---

〔1〕《中国农业银行西宁市分行东郊办事处诉中银信托投资公司银行承兑汇票纠纷上诉案》，载《中华人民共和国最高人民法院公报》1994年第4期。

条所提及的“交易关系”排除在了抗辩的范围之外，从而也排除了票据基础关系对票据关系的牵连与干涉。通过第14条的司法解释规定，对《票据法》第10条的冲突进行了相应的协调和纠正，明晰了对票据无因性原则的适用。

同时，《审理票据纠纷案件若干规定》在坚持票据无因性的原则下，第2条（受理）、第8条（保全）、第9条（举证责任）、第10条（举证责任）、第15条（抗辩）、第37条（受理）等都体现了在直接当事人之间票据无因性的相对性。使票据无因性原则贯穿在整个票据法体系之中，发挥着票据法核心原则的功能与作用。

二、票据抗辩在程序法上划分的尝试

票据法作为民商法中的特别法、技术法，汇集了大量的强制性规定，以此来规范、明确票据当事人的权利义务关系，体现侧重保护票据权利人、促进票据流通的立法宗旨。这使得票据的流通转让过程，犹如一条设计精密的自动生产线一样，少有利害关系人自由选择确定权利义务的空间。这同时也决定了票据债务人只需通过强制性的法条即可对抗持票人的权利主张，这种强制性的法律条文，实际上赋予了抗辩人单纯程序法意义上的抗辩的权利。如票据金额的记载不得更改，不得附条件支付等，违反这些强制性规定的，将导致票据失效，即使利害关系人对此未提出抗辩，法院也应依职权予以审究，这彰显着程序法上的抗辩在司法实践中的积极作用。

（一）程序法上的抗辩与票据抗辩

王泽鉴先生曾将“抗辩划分为权利障碍抗辩、权利毁灭抗辩和抗辩权三种，并将前两种称为诉讼上的抗辩，后者称之为实体法上的抗辩权。”〔1〕而有的学者认为“此种分类模糊了几者之间的逻辑关系，因为实体法上的抗辩权的行使也需要在诉讼中主张，或者借助其他方式将其抗辩权导入到诉讼程序中去。”〔2〕而权利障碍抗辩和权利毁灭抗辩也都是以实体法为基础，属于事实抗辩。因此，以上三种抗辩所为的诉讼上的抗辩，都可称为实体法上的抗辩。尤其在民事诉讼中抗辩的含义更为宽泛，除了包括上述提及的实体法上的抗辩，还包括程序法上的特有抗辩。

“程序法上特有的抗辩，是指当事人主张与实体法上的事项没有关系的事实或事项以排斥相对方的请求。它完全与实体抗辩无关，属于程序法上的法律强制形式，是程序性行动的合理根据。程序法上特有的抗辩包括妨诉抗辩和证据抗辩。”〔3〕“日本学者称其包括诉讼条件欠缺之抗辩和证据抗辩。”〔4〕“所谓妨诉抗辩，是指被告通过主张本诉为不合法或诉讼要件有欠缺等事项，以拒绝对原告的请求进行辩论（本诉辩论）。所谓证据抗辩，是指当事人对相对方提供的证据，以该证据不符合法定申请程序或没有证据资料以及缺乏证明力为理由，请求法院不采用该证据或不采用依证据得出的证据调查结果。”〔5〕

---

〔1〕（台）王泽鉴：《法律思维与民法实例》，中国政法大学出版社 2001 年版，第 172 页。

〔2〕［德］迪特尔·梅迪库斯：《德国民法总论》，邵建东译，法律出版社 2000 年版，第 82~84 页，第 87 页。

〔3〕陈刚：《证明责任法研究》，中国人民大学出版社 2000 年版，第 236~237 页。

〔4〕［日］我妻荣等编：《新法律学辞典》，董璠舆等译，中国政法大学出版社 1991 年版，第 298 页。

〔5〕陈刚：《抗辩与否认在证明责任法学领域中的意义》，载《政法论坛》2001 年第 3 期。

具体到此处，所指的票据抗辩，是指在诉讼中，被申请人或被告防御及对抗申请人或原告主张票据权利的一切行为。“而程序法上的票据抗辩，是指诉讼中的被申请人或被告从根本上否认申请人或原告票据权利的存在，而对抗申请人或原告主张的抗辩。也被称为票据权利否认之抗辩。”[1]此抗辩又分为两种情形，其一是因票据权利自始没有发生而行使的票据权利否定的抗辩，如出票人为无民事行为能力的抗辩；其二是因票据权利业已消灭而行使的票据权利否定的抗辩，如票据权利时效经过的抗辩。

（二）程序法上票据抗辩的举证责任分配

1. 票据权利自始未发生的举证责任分配

以持票人票据权利自始没有发生为由进行抗辩的，被申请人或被告无需对持票人的主张承担证明责任。提起诉讼而主张票据权利的持票人，则应当主动证明其与被申请人或被告之间的票据债权债务关系，如果不能证明的，应承担不利后果，如票据绝对必要记载事项欠缺的持票人主张票据权利的，票据债务人只需对其所持票据存在票据文义记载上的瑕疵指出即可，不必进行其他举证。如果票据上存在的记载瑕疵并不是显而易见的，如票据金额的更改，此时需要被申请人提出相应的证明，进行举证。对于申请人的权利主张，被申请人以自己无民事行为能力或限制民事行为能力进行抗辩时，应由其监护人或本人进行举证。“票据签章的伪造也属于票据权利自始无效的抗辩事由之一，抗辩的被申请人应对票据属于伪造的事实进行举证。主张持票人的票据是以欺诈或胁迫手段取得的，被申请人应负

---

〔1〕 傅鼎生：《票据抗辩的举证责任研究》，载《法学》1997年第5期。

举证责任。”〔1〕

2. 票据权利业已消灭的举证责任分配

以持票人票据权利保全手续欠缺为由进行抗辩的，被申请人或被告不必就此事由提出证明，而应由持票人提供完整的行使票据权利的保全手续。根据《票据法》第65条的规定，“持票人不能出示拒绝证明、退票理由书或者未按照规定期限提供其他合法证明的，丧失对其前手的追索权……”被申请人或被告可以据此主张抗辩。因票据时效经过导致票据权利消灭的，抗辩人无须举证。除空白支票以外的票据，若由于违反禁止转让而被持票人主张票据权利的，据此主张抗辩的被告不必进行举证。“如果是违反禁止转让规定的空白支票的持票人主张权利的，被申请人出票人应对实际转让的事实承担举证责任。”〔2〕

三、公示催告程序的完善

“法律既可以把权利和票据连结在一起，法律也可以通过一定程序将权利和票据分开，使票据成为一张废纸，使没有票据者也可以行使权利。”〔3〕公示催告程序就是我国《民事诉讼法》设立的这样一种特殊程序，在指定期限内如果没有利害关系人申报权利，法院通过除权判决来宣布丧失的票据无效，使失票人在不占有票据的情况下，恢复行使票据上的权利。此种司法程序对于救济丧失票据的失票人的票据权利起到了非常重要的

---

〔1〕 参见刘定华：《浅论票据抗辩的举证责任》，载《湖南财经高等专科学校学报》2000年第3期。

〔2〕 参见刘定华：《浅论票据抗辩的举证责任》，载《湖南财经高等专科学校学报》2000年第3期。

〔3〕 徐学鹿：《公示催告与我国商法制度的完善》，载《北京商学院学报》1994年第1期。

作用。另外，通过大量的审判实践检验，也暴露出了公示催告程序的缺陷与不足。如法院公告范围的局限性，使得利害关系人很难及时获知并申报权利，致使错过公告期限而被除权，合法权益受到侵害。同时，也易滋生伪报票据丧失，非法获利，损害诚信的票据纠纷乃至票据犯罪案件。因此，补充和完善公示催告程序的理论和实践意义已不言自明。

（一）公示催告的主体资格和适用范围应进一步明确

我国《民事诉讼法》第 218 条第 1 款对公示催告的主体资格和适用范围进行了规定，即“按照规定可以背书转让的票据持有人，因票据被盗、遗失或者灭失，可以向票据支付地的基层人民法院申请公示催告。依照法律规定可以申请公示催告的其他事项，适用本章规定。”

1. 公示催告的主体资格

公示催告程序具有非诉程序的性质，当事人之间并不是因为发生了票据权利的争执而提起相应的诉讼，因此公示催告程序只有申请人，而没有通常的原、被告。上述条款规定的公示催告的申请人限于票据的持有人，我国《票据法》第 15 条规定了公示催告的申请人是“失票人”，《审理票据纠纷案件若干规定》第 26 条则进一步解释强调，申请公示催告的失票人是丧失票据占有以前的最后合法持票人。然而，最后合法持票人的规定显然没有将出票人已经签发票据但在交付收款人之前，以及背书人已经背书但在交付给被背书人之前的失票救济问题包括进来，对于需要救济的失票人照顾的不够周全。

笔者认为，公示催告的申请人既可以是票据上所记载的收款人，或能够依背书连续证明自己为合法持票人的被背书人，也可以是完成票据记载和签章之后但尚未交付票据的出票人，也可以是已经进行了背书记载但尚未交付而丢失票据的背书人，以及已经对持票人未记载“付讫”字样的票据付款且又遗失该票据的付款人。

“至于票据持有人取得票据是否有恶意或重大过失，不应影响其公示催告申请人的资格。”〔1〕票据虽然丧失，但已知其现实持有人的情况下，丧失票据的人不能成为公示催告的申请人，其只能依普通民事诉讼程序，提出请求返还票据的诉讼。

2. 公示催告的适用范围

对于可以采取失票救济的票据范围，《票据法》第 15 条第 1 款将“未记载付款人或者无法确定付款人及其代理付款人的票据除外”。实际上，此种除外并没有意义。因为在具体的票据运作实务中，如果汇票和支票没有记载相应的付款人，则该汇票和支票属于无效票据，所以根本不用挂失；而本票的出票人和付款人为一个人，如果没有记载，则该本票也归于无效。所以，不存在对以上票据的救济问题。《民事诉讼法》第 195 条规定的是“可以背书转让的票据”，很多学者认为此种规定排除了对不能背书转让的票据的丧失救济。笔者认为，对“可以背书转让的票据”应理解为是对票据这种特性的描述，而不是对票据的限制性规定。因为《审理票据纠纷案件若干规定》对人民法院可以依法受理的公示催告程序的票据范围作出了扩张解释，第 25 条规定的“出票人已经签章的授权补记的支票丧失后，失票人向人民法院申请公示催告的”，第 27 条规定的“出票人已经签章但未记载代理付款人的银行汇票丧失后，失票人依法向付款人即出票银行所在地人民法院申请公示催告的”以及第 28 条

---

〔1〕 曹守晔：《关于公示催告程序的几个问题》，载《人民司法》1993 年第 3 期。

规定的“超过付款提示期限的票据丧失以后，失票人申请公示催告的”，人民法院均应当依法受理，这明显是对只强调“可以背书转让的票据”才能申请公示催告程序的票据范围的一种突破和扩大。

至于《支付结算办法》中“填明‘现金’字样的银行汇票和银行本票、用于支取现金的支票不得转让”的规定，只是银行出于维护自身利益的考虑而制订的结算规则，不具有票据法上的效力，因而并不影响此类票据申请公示催告程序。

关于空白票据能否申请公示催告程序，“我国部分学者认为根据空白票据的性质，不应允许其申请公示催告。”〔1〕然而，日本和我国台湾票据法规对此均持肯定态度。例如台湾“票据法施行细则”第5条第4项，准许“业经签名而未记载完成之空白票据”为止付通知对象。“既然空白票据的权利人能申请止付，当然也能申请公示催告。因为公示催告是止付通知的效力要件，并且，只有公示催告才能使止付通知发生保护票据权利人的利益的作用。”〔2〕因为空白票据经补充完全后，与自始完全的票据具有相同的法律效力，所以笔者认为，应当允许其申请公示催告程序，从而获得法律的救济与保护。而与完全票据不同的是，由于空白票据必要记载事项特别是金额记载的空白，失票人无法凭借除权判决申请付款人进行确切的付款，只能就原因关系另行提起诉讼，要求原因关系的债务人履行民事债务。

---

〔1〕刘家琛主编：《票据法原理与法律适用》，人民法院出版社1996年版，第183页；赵威主编：《国际票据法理论与实务》，中国政法大学出版社1995年版，第103页。

〔2〕王艳梅：《论空白票据的公示催告》，载《研究生法学》1999年第3期。

（二）公示催告期间善意取得问题的探讨

1. 对我国《民事诉讼法》第220条第2款的考察

我国《民事诉讼法》第220条第2款规定："公示催告期间，转让票据权利的行为无效。"可见，公示催告期间，我国法律在是保护失票人还是保护善意受让人的问题上，选择了前者，否定了公示催告期间的善意取得。这一规定引发了学界的争论与热评，并演变为两种对立观点。

其一为肯定说。"认为《民事诉讼法》第197条第2款的规定*是适宜的，是对票据的流通转让事前作出积极的命令性的限制和禁止。"〔1〕"既可以保护失票人的利益不受损害，保障其票据权利的实现"，〔2〕也可以有效防止原持票人及其后手的利益受到侵害。

其二为否定说。"认为《民事诉讼法》第197条第2款的规定**违背了大陆法系票据法的通行原则。是对票据行为无因性、独立性的否定，有悖于票据流通性。"〔3〕因此，"有学者建议在进行相关法律修改或立法的过程中，应该删除这一有悖于法理和实践需要的条款。"〔4〕

---

* 该条款现为《中华人民共和国民事诉讼法》第220条第2款。——作者注

〔1〕梁书文等编：《民事诉讼法及配套规定新释新解》，人民法院出版社1996年版，第697页。

〔2〕国务院法制局财政金融法规司编：《中华人民共和国票据法讲解》，法律出版社2000年版，第46页。

** 该条款现为《中华人民共和国民事诉讼法》第220条第2款。——作者注

〔3〕王峻、朱懂理等：《试述公示催告的几个问题》，载《甘肃政法成人教育学院学报》2004年第1期。

〔4〕王小能、肖爱华：《中国内地与台湾地区、香港特区票据丧失补救制度比较研究》，载《法制与社会发展》2000年第6期。

2. 公示催告期间对善意取得票据的持票人应给予肯定的保护

学说上两种截然不同的观点，反映了公示催告期间是否适用善意取得，是否保护善意受让人的理论抵触与试尝，那么究竟孰优孰劣呢？笔者认为，“公示催告期间，转让票据权利的行为无效”的规定，“主要是立法者基于当时的客观状况，出于保护票据流通静的安全的角度考虑的。”〔1〕因为在此期间，利害关系人暂未出现，丧失的票据的真实权利人究竟是申报人还是另有其人，法院无从知晓。一旦承认了票据权利的转让行为在此期间生效，将使票据权利法定地移转给善意第三人，致使真实权利人的利益受损。事实上，这一规定与大陆法系国家的立法趋势是背道而驰的。

日本法院在对待公示催告期间的善意取得问题上，也常常表现出摇摆不定的姿态。“2001 年日本最高法院在 1 月 25 日的判决中，首次明确表示优先保护公示催告期间的善意取得者的利益。这一判例具有十分深远的意义。”〔2〕

我国司法实务部门通过总结大量的审判实践经验，也做出了积极地调整，即最高人民法院针对《票据法》的司法解释第 34 条所规定的“依照《民事诉讼法》第 197 条第 2 款的规定*，在公示催告期间，以公示催告的票据质押、贴现，因质押、贴现而接受该票据的持票人主张票据权利的，人民法院不予支持，但公示催告届满以后人民法院作出除权判决以前取得该票据的除外。”通过此条款我们不难得出，在公示催告期间，将质押和

---

〔1〕 姜建初、章烈华：《票据法》，人民法院出版社 1998 年版，第 130 页。

〔2〕 李伟群：《除权判决的效力与票据善意取得之间的关系——从中、日票据法比较的角度》，载《法学》2006 年第 6 期。

* 该条款现为《中华人民共和国民事诉讼法》第 220 条第 2 款。——作者注

贴现之外的票据进行背书转让的，善意受让的第三人可不受《民事诉讼法》第 220 条第 2 款的影响，是可以主张票据权利的。

所以，笔者认为，公示催告期间对善意受让的持票人应给予肯定的保护。公示催告是否保护申报权利的利害关系人，其关键是看利害关系人取得票据时是否为善意，而不应该仅仅看其取得票据的时间是在公告期内还是公告期外（除权判决前）。这种解释无论是从理论上还是实践上都是有其合理性的，也符合公示催告的宗旨。

（三）除权判决救济票据上权利的局限与补足

除权判决公告后，将产生相应的法律效力，票据权利得到恢复确认的申请人，可以依除权判决恢复其先前的票据持有人的相应地位，也有权依该除权判决行使该票据上权利，包括付款请求权和追索权。那么，申请人依除权判决可以绝对地获得行使票据上权利的救济，还是有其限定的兑现条件，需要我们对除权判决的效力展开研析。

1. 除权判决效力的分析

除权判决一旦公告，公示催告程序即应终结，并发生相应的效力。首先，被公示催告的票据失去效力，成为一纸空文，票据因除权判决丧失了存在的基础，持有人不能再依该票据行使任何权利。其次，除权判决的申请人获得除权判决后，恢复其先前的票据持有人的地位，可直接依据判决行使票据上权利，如付款请求权和追索权等。最后，获得除权判决的申请人要求付款人进行付款清偿的，付款义务人进行清偿后，可以免除对票据持有人的付款清偿。

以上内容在我国《民事诉讼法》第 222 条可以显见，即公示催告法定期间结束后，没有人申报的，人民法院应当根据申请人的申请，作出判决，宣告票据无效。判决应当公告，并通知支付人。自判决公告之日起，申请人有权向支付人请求支付。仔细研读该条款就会发现，在具体的实务操作中，如果票据载明的付款期限是在除权判决的生效时间之前，那么申请人会及时、便利地实现其合法权益，得到付款人的付款。

但如果出现相反情形，票据载明的付款期限晚于除权判决的生效时间，这时的除权判决申请人是否还能马上兑现其票据权利呢？答案依然是肯定的。因为根据我国《民事诉讼法》第222条的规定，除权判决“自判决公告之日起，申请人有权向支付人请求支付”，可见当事人对于即时生效的除权判决并不享有上诉权。上开除权判决对票据记载时间的无视，使得失票人可基于除权判决早于票据上记载的付款时间而提前获得义务人的付款，从根本上否定了票据的文义性特征，有悖于票据法理。

2.《民事诉讼法》第222条的修正

“从诉讼法的角度看，在上述特定情况下，除权判决形成力的发生是附条件的。也即除了宣告之外，还必须丧失票据的支付期届至。申言之，这种公法拘束力（形成力）的发生，除了要满足公法上的要求（宣告）之外，还须另行满足私法（票据法）上的要求（付款期届至）。”〔1〕

“除权判决制度并不是用来确认失票者的实质权利，而仅以恢复失票者的形式资格为目的。”〔2〕“除权判决所载的权利仅能

〔1〕 杜闻：《简论确定除权判决的法律效力》，载《中国政法大学学报》2010年第3期。

〔2〕 ［日］田辺光政：《最新手形法小切手法》，中央経済社2001年版，第218页。

等同于而不应优于原票据上记载的权利。"[1]失票人对票据负有不可推卸的谨慎注意的保管义务，如因其看管疏忽导致票据的丧失，失票人也应该承担相应的不利后果（票据付款期限未届至，虽持有除权判决而不能请求付款）。因此，对于我国《民事诉讼法》第222条的规定应予以相应的修正，以体现法益平衡。即"没有人申报的，人民法院应当根据申请人的申请，作出判决，宣告票据无效。判决应当公告，并通知支付人。自判决公告之日起，申请人有权向支付人请求支付。"

3. 对除权判决另行起诉的救济补充

"除权判决是侧重救济真实票据权利人的一种司法举措，是在公示催告期间届满，没有利害关系人申报权利的基础上，作出的失票人就是丧失票据的真实权利人的一种推定。换言之，除权判决后，申请人如同持有票据一样，被推定为当然的权利者，无须用其他方法（例如票据的持有、票据的提示等）证明自己是票据权利者的情况之下就可以行使票据权利。"[2]

但事实上，在公示催告期间，利害关系人可能由于正当理由未能及时申报权利，而致合法利益受损。为了救济利害关系人的合法权益，我国《民事诉讼法》第223条规定："利害关系人因正当理由不能在判决前向人民法院申报的，自知道或者应当知道判决公告之日起一年内，可以向作出判决的人民法院起诉。"本条是关于利害关系人因正当理由未申报权利的，可以向人民法院另行起诉的规定。

---

〔1〕 刘学在：《公示催告程序的立法完善》，载《辽宁大学学报》（哲学社会科学版）2003年第4期。

〔2〕 李伟群：《除权判决的效力与票据善意取得之间的关系——从中、日票据法比较的角度》，载《法学》2006年第6期。

但就此规定，有必要根据除权判决是否具有实质既判力，来决定其后续的司法救济方式。“如果认定生效除权判决具有实质既判力，则先以‘撤销之诉’废弃确定的除权判决。在丧失票据权益被‘回复原状’的基础上，再由利害关系人等适格主体‘另行起诉’；反之，如果认定生效除权判决没有实质既判力，则其后续的司法救济方式可以直接为‘另行起诉’。”〔1〕

四、普通程序诉讼提起的制度安排

我国《票据法》第15条第3款规定，票据丧失后，失票人可以依法向人民法院申请公示催告，或者向人民法院提起诉讼。可见，我国对丧失票据的失票人的权利救济是比较周全的，甚至可以说是相当完备的。既有大陆法系传统的公示催告制度，也有英美法系推崇的普通诉讼制度。两种措施都是通过票据权利恢复诉讼达到对失票人的合法权益的保护，属于手段虽然有别，但效果却殊途同归。而前面论述的公示催告程序在具体的程序操作上有一定的难度，如公示催告进行公告的实际效果很难达到，导致很多利害关系人不能及时申报权利，延误甚至损害了利害关系人的权利救济。这也使得票据的经济功能与流通功能大打折扣。为此，人们开始尝试着寻求普通程序诉讼的救济。

（一）英美法系普通程序诉讼的参考

《英国票据法》针对票据之丧失，规定了两个救济条款。首先，第69条对丧失汇票之持票人有权取得副本汇票的规定，

〔1〕杜闻：《简论确定除权判决的法律效力》，载《中国政法大学学报》2010年第3期。

“如汇票在其丧失时尚未过期，该汇票之持票人得要求出票人出具另一同样文义的汇票。如有要求，应向出票人提供担保品，以赔偿出票人在声称丧失之汇票重又发现时因需对任何人负责而遭受的损失。如向出票人提出上述要求而被拒绝出具副本汇票，得强使出票人如此办理。”其次，第70条对丧失汇票的诉讼的规定，“在就汇票进行诉讼或控告时，如已向法庭或法官提供其认为满意之赔偿保证以应付任何人对丧失票据提出之权利主张，法庭或法官得下令：票据之丧失不应成为抗辩之理由。”

《美国统一商法典》在第3~309条中，对票据的丢失、毁损或被窃也有相关规定，即“即使票据所有人失去票据，不论是由于毁损、被窃还是由于其他原因，他仍可保留以自己名义进行诉讼的权利，并在适当证明其所有权、其无法出示票据的原因以及票据的条款后，可从任何对票据承担责任的人那里取得票据价值。法院可以要求权利主张人向被告提供担保，以便再次发生对票据的权利主张时，用以补偿被告的损失。”

通过对《英国票据法》和《美国统一商法典》的比较可以看出，“两国票据法在失票人以自己名义起诉、提供担保和以任何票据债务人为被告等方面是一致的。”[1]所不同的是，前者规定的失票人提起诉讼，不仅要求出票人补发票据副本，而且要失票人提供担保；而后者只需失票人提供适当证明，就可对票据上的任何债务人提起诉讼。

（二）我国救济失票人的普通程序诉讼的设计

在我国《票据法》第15条第3款对提起诉讼的略式规定的基础上，《审理票据纠纷案件若干规定》对救济失票人的普通程

---

〔1〕汪世虎：《票据法律制度比较研究》，法律出版社2003年版，第278页。

序诉讼进行了比较详细的补充。其中第35条规定了失票人在票据权利时效届满以前请求出票人补发票据，或者请求债务人付款，在提供担保的情况下，可对拒绝付款的付款人或拒绝补发票据的出票人提起诉讼。并强调了该诉讼的管辖法院是被告住所地或票据支付地人民法院。第36条规定了以第35条的情形提起诉讼的被告，应是与失票人具有直接债权债务关系的出票人、拒绝付款的票据付款人或承兑人。第38条规定了提起诉讼的失票人，既要向法院说明曾经持有票据及丧失票据的情形，还要提供相当于票载金额的担保。

这些司法解释进一步增强了提起普通程序诉讼的操作性，给予了失票人更多的获得权利救济的可能与便利。但在程序上还存在需要进一步澄清和完善的问题，笔者尝试提出如下补充设计：

第一，普通程序诉讼中的被告应包括票据上的所有债务人。一般来说，被告应该是承担支付义务的主债务人。但在主债务人不能付款时，也可以将其他的票据债务人，如背书人、保证人作为被告。这样可以使失票人获得支付救济的范围更大。

第二，普通程序诉讼中的原告（失票人），在提供了适宜的担保的情况下，可以请求出票人补发票据。当票据丧失的时候，票据权利时效尚未届至的，失票人可以在提供适宜担保的情况下向出票人请求补发票据，补发的票据应该在票据上有“补发”字样的文句记载，以区别于新签发的票据。特别是在票据绝对丧失的场合，补发票据可以发挥明显的功效。当然在目前的国情下，我国《票据法》暂时并不承认票据复本制度，因此这一措施的实行还需时日。

第三，失票人提供的担保，可以基于法定事由申请解除或免除。在普通程序诉讼中，当担保期限届至的，提供担保的失票人可以请求法院解除担保。虽然担保期限未至，但债务人提前履行了付款义务的，失票人也可以申请提前解除担保。如果票据在诉讼中发生绝对丧失的情形的，也可申请解除担保。在诉讼之前票据就绝对丧失的，付款人已经没有双重付款的可能，因此，此时可以免除失票人提供担保的义务。

第四，失票人无法提供担保的，法院可将应支付的票据金额进行提存。“在人民法院决定的提存期限内，没有利害关系人提出异议的，失票人可以获取提存的支付金额和必要的利息。提存期间发生的费用由失票人本人承担。”〔1〕同样，发生票据绝对丧失的场合的，失票人不受提存期限的限制，可直接兑现票据权利。

第五，丧失的票据出现并提示付款发生权利争议的，人民法院应根据权利争议发生时间的不同进行处置。首先，发生在提起诉讼后、作出判决前时，人民法院应先行裁定终结正在进行的票据丧失救济的普通诉讼程序，而由现实持票人或失票人另行提起票据权利确认之诉，来确定真实权利人，而后付款人再进行付款。其次，发生在判决作出后时，如果失票人对提示人的票据权利没有争议，付款人可向提示人付款；如果有争议，应就失票人和现实持票人的票据权利纠纷提起诉讼，对经诉讼确认的真实权利人进行给付。最后，倘若付款人在法院判决作出后已经直接付款，此时若经诉讼确认的真实权利人为失票人，则付款人不必再行给付；若经诉讼确认的真实权利人为现实持票人，则付款人必须在先前已经支付失票人款项的前提下，再次对现实持票人进行付款，付款人二次付款的损失可从失票人提供的担保或提存票款中取得补偿，在无担保也未提存时，则应由先前取得票款支付的失票人另行补偿。

---

〔1〕 李伟群：《我国票据诉讼制度探究》，载《上海金融》2007年第10期。

结　论

我国学界和实务部门，近年来对民商事诉讼领域的诉讼制度颇为关注，但唯独对涉及金融领域的票据诉讼少有探究与检讨。究其原委，盖因票据制度是商品经济的产物，票据这一完全有价证券，作为商业信用的载体，只有在高度发达的商品经济中才能完全释放出其经济上的多种功能，尤其是信用和融资功能。而我国囿于现有的市场经济体制，对天性崇尚流通的票据，存在着过重的规约和限制，致使其经济功能被人为削弱甚至切断，从而限缩了票据的广泛流通，阻碍了人们对票据的认识和使用，也使得人们对票据制度的理论和实务研究缺乏应有的热情和及时的跟进，从而使我国目前票据纠纷案件的审理缺乏明晰的理论依据和具体的实务指导。

票据诉讼制度作为一种特有的诉讼制度，是票据法律制度的重要组成部分，对于保障票据权利的实现具有重要的意义。而票据权利是贯穿整个票据法制度的主线，票据法上的所有制度设计都与票据权利有关。出票是票据权利的创设，背书是票据权利的转让，保证和承兑是票据权利实现的保障，付款和追索是票据权利实现的方式；一般来讲，当票据当事人对于票据权利没有争议的情况下，票据权利都将顺利实现；反之，对票据权利的类别、范围、期限、归属等存在争议的情况下，就会产生来自于相对方的对抗、阻碍，在权利争议与冲突无法协调时，需要借助相应的救济措施手段来保障或恢复票据权利的实现。而票据诉讼制度所要解决的核心正是票据权利受到阻碍、对抗的情况下如何行使并最终完整兑现的问题。其本质就是对票据权利人的票据权利如何实现司法救济。“没有权利就不存在救济，合法的权利是救济得以存续的依据，同样没有救济就没有权利，无法诉诸法律保护的权利根本就不是法律权利。”〔1〕通过司法救济获得实现的票据权利与原始存在的票据权利的重要性是等同的。

论文通过展现票据诉讼中双方当事人动态的、能动的交涉过程，以及实体规范和诉讼程序交互渗透、共同作用的效果，表明了票据权利如想获得强有力的司法救济，必须坚守票据无因性原则作为票据法律制度的核心原则，使其成为构建票据诉讼制度的实体法基础，才能有力地彰显票据法促进票据流通、保护交易安全的立法宗旨。其次，文中明确厘清了票据权利的司法救济——票据诉讼的三大类型（票据权利诉讼、票据权利恢复诉讼、票据法上非票据权利诉讼）、九种救济途径（付款请求权诉讼、追索权诉讼、公示催告程序、普通诉讼程序、票据利益返还请求权诉讼、票据损害赔偿请求权诉讼、票据交付请求权诉讼、票据返还请求权诉讼、汇票回单签发请求权诉讼），凸显了票据诉讼作为最直接、最强力、最有效的票据权利救济方式，在票据权利争议纠纷的解决上，享有一般民事诉讼所不可比拟的优势。

---

〔1〕 程燎原、王人博：《权利及其救济》，山东人民出版社2002年版，第349页。

通过司法救济实现票据权利的权利人将会更加信赖票据，更加愿意加入到新的票据流通转让关系中去，从而使票据的经济功能（尤其是信用功能、融资功能）不断地被强化扩大，最终将有利于促进整个商品经济的良性发展。此亦是本文研究在社会责任上的积极体现。

参考文献

著作类

中文专著

[1] 赵新华:《票据法论》，吉林大学出版社 2007 年版。

[2] 赵新华:《票据法》（修订版），吉林人民出版社 1996 年版。

[3] 赵新华主编:《票据法问题研究》，法律出版社 2007 年版。

[4] 于莹:《票据法》（第二版），高等教育出版社 2008 年版。

[5] 张文显主编:《法理学》，北京大学出版社、高等教育出版社 1999 年版。

[6]（台）王泽鉴著:《法律思维与民法实例》，中国政法大学出版社 2001 年版。

[7]（台）王泽鉴著:《民法总则》（增订版），中国政法大学出版社 2001 年版。

[8]（台）郑玉波:《民商法问题研究》（一），台湾大学法学丛书编委会 1991 年版。

[9] 谢怀栻:《票据法概论》（增订版），法律出版社 2006 年版。

[10] 王小能编著:《票据法教程》（第二版），北京大学出版社 2001 年版。

[11] 赵威:《票据权利研究》，法律出版社 1997 年版。

[12] 赵威主编:《国际票据法理论与实务》，中国政法大学出版社 1995

年版。

[13] 刘家琛主编:《票据法原理与法律适用》，人民法院出版社 1996 年版。

[14] 姜建初、章烈华:《票据法》，人民法院出版社 1998 年版。

[15] 董安生主编:《票据法》，中国人民大学出版社 2000 年版。

[16] 胡德胜、李文良:《中国票据制度研究》，北京大学出版社 2005 年版。

[17] 汪世虎:《票据法律制度比较研究》，法律出版社 2003 年版。

[18] 江伟主编:《民事诉讼法》，高等教育出版社、北京大学出版社 2000 年版。

[19] 徐学鹿主编:《商法教程》，中国财政经济出版社 1997 年版。

[20] 叶永禄著:《票据诉讼制度研究》，法律出版社 2008 年版。

[21] 吴庆宝主编:《票据诉讼原理与判例》，人民法院出版社 2005 年版。

[22] 张德荣主编:《票据诉讼》，法律出版社 2002 年版。

[23] 祝铭山主编:《票据纠纷》，中国法制出版社 2003 年版。

[24] 孙应征主编:《票据法理论与实证解析》，人民法院出版社 2004 年版。

[25] 王开定:《票据法新论与案例》，法律出版社 2005 年版。

[26] 徐孟洲主编:《票据法教学案例》，法律出版社 2006 年版。

[27] 梁英武主编:《中华人民共和国票据法释论》，立信会计出版社 1995 年版。

[28]（台）梁宇贤著:《票据法实例解说》，台湾瑞兴图书股份有限公司 1995 年版。

[29]（台）梁宇贤著:《票据法新论》（修订新版），中国人民大学出版社 2004 年版。

[30]（台）刘甲一著:《票据法新论》，五南图书出版公司 1978 年版。

[31]（台）李钦贤:《票据法专题研究》（一），台湾三民书局 1996 年版。

[32]（台）施文森:《票据法新论》，台湾三民书局 1987 年版。

[33]（台）曾世雄等:《票据法论》，中国人民大学出版社 2002 年版。

[34] 吕来明主编:《票据法前沿问题案例研究》，中国经济出版社 2001 年版。
[35] 梁书文等:《民事诉讼法及配套规定新释新解》，人民法院出版社 1996 年版。
[36] 国务院法制局财政金融法规司编:《中华人民共和国票据法讲解》，法律出版社 2000 年版。
[37] 邵华:《自组织权利救济》，中国法制出版社 2007 年版。
[38] 程燎原、王人博:《权利及其救济》，山东人民出版社 2002 年版。
[39] 肖永平:《肖永平论冲突法》，武汉大学出版社 2002 年版。
[40] 陈刚:《证明责任法研究》，中国人民大学出版社 2000 年版。
[41] 王秉乾编著:《比较票据法案例选评》，对外经济贸易大学出版社 2013 年版。
[42] 徐志新主编:《票据存单与委托理财》，中国民主法制出版社 2014 年版。
[43] 吕来明:《票据法判例与制度研究》，法律出版社 2012 年版。

中文译著

[1] [日] 铃木竹雄:《票据法·支票法》，前田庸修订，赵新华译，法律出版社 2014 年版。
[2] [德] 迪特尔·梅迪库斯:《德国民法总论》，邵建东译，法律出版社 2000 年版。
[3] [德] 康德:《法的形而上学原理——权利的科学》，沈叔平译，商务印书馆 1991 年版。
[4] [日] 我妻荣等编:《新法律学辞典》，董璠舆等译，中国政法大学出版社 1991 年版。
[5] [日] 大村敦志:《民法总论》，江溯、张立艳译，北京大学出版社 2004 年版。
[6] [英] 戴维·M. 沃克编:《牛津法律大辞典》，邓正来等译，光明日报出版社 1988 年版。

[7] [英] 施米托夫:《国际贸易法文选》,赵秀文译,中国大百科全书出版社 1993 年版。

[8] [英] 杜德莱·理查逊:《流通票据及票据法规入门》,李广英等译,复旦大学出版社 1990 年版。

[9] [美] E. 博登海默:《法理学——法哲学及其方法》,邓正来译,华夏出版社 1987 年版。

外文著作

[1] [日] 高窪利一:《口語手形小切手法》,自由国民社 2003 年版。

[2] [日] 田辺光政:《最新手形法小切手法》,中央経済社 2001 年版。

[3] [日] 龙田节:《商法略论》,甘肃人民出版社 1985 年版。

[4] [日] 田辺光政:《最新手形法·小切手法》(修订版),中央経済社 1992 年版。

[5] [日] 長谷川雄一:《手形抗弁の限制》,成文堂 1988 年版。

[6] [日] 末川博:《新法学辞典》,日本評論社 1991 年版。

[7] [日] 田中誠二:《手形法小切手法詳論》(上卷),勁草書房 1968 年版。

[8] [日] 伊沢孝平:《手形法·小切手法》,有斐閣 1949 年版。

[9] [日] 福瀧博之:《手形法概要》,法律文化社 1998 年版。

[10] [日] 前田庸:《手形法·小切手法》,有斐閣 1983 年版。

[11] [日] 鈴木竹雄:《手形法·小切手法》(新版),有斐閣 1992 年版。

[12] [日] 河本一郎、田辺光政编著:《手形法·小切手法小詞典》,中央経済社 1989 年版。

[13] [日] 村川澄、浪川正己:《手形法小切手法の理論と実際》,成文堂 1989 年版。

论文类

[1] 赵新华:《票据法上票据金额记载规定的立法完善》,载《法学》2011 年第 9 期。

［2］于莹:《论票据的无因性原则及其相对性——票据无因性原则“射程距离”之思考》，载《吉林大学社会科学学报》2003 年第 4 期。

［3］董惠江:《票据无因性研究》，载《政法论坛》2005 年第 1 期。

［4］董惠江:《票据利益返还请求权制度研究》，载《中国法学》2001 年第 2 期。

［5］汪世虎:《论票据行为的无因性》，载《海南大学学报》（人文社会科学版）2003 年第 3 期。

［6］吕来明:《票据权利善意取得的适用》，载《法学研究》1998 年第 5 期。

［7］王艳梅:《论空白票据的公示催告》，载《研究生法学》1999 年第 3 期。

［8］王小能、肖爱华:《中国内地与台湾地区、香港特区票据丧失补救制度比较研究》，载《法制与社会发展》2000 年第 6 期。

［9］李伟群:《除权判决的效力与票据善意取得之间的关系——从中、日票据法比较的角度》，载《法学》2006 年第 6 期。

［10］李伟群:《我国票据诉讼制度探究》，载《上海金融》2007 年第 10 期。

［11］曹守晔:《关于公示催告程序的几个问题》，载《人民司法》1993 年第 3 期。

［12］曹守晔、王小能等:《〈关于审理票据纠纷案件若干问题的规定〉的理解和适用》，载《人民司法》2001 年第 4 期。

［13］杜闻:《简论确定除权判决的法律效力》，载《中国政法大学学报》2010 年第 3 期。

［14］刘学在:《公示催告程序的立法完善》，载《辽宁大学学报》（哲学社会科学版）2003 年第 4 期。

［15］王峻、朱懂理等:《试述公示催告的几个问题》，载《甘肃政法成人教育学院学报》2004 年第 1 期。

［16］徐学鹿:《公示催告与我国商法制度的完善》，载《北京商学院学报》1994 年第 1 期。

[17] 傅鼎生:《票据抗辩的举证责任研究》，载《法学》1997 年第 5 期。
[18] 刘定华:《浅论票据抗辩的举证责任》，载《湖南财经高等专科学校学报》2000 年第 3 期。
[19] 陈刚:《抗辩与否认在证明责任法学领域中的意义》，载《政法论坛》2001 年第 3 期。
[20] 张旭娟:《也谈对〈票据法〉第十条的一点意见——兼与林毅同志商榷》，载《中国法学》1997 年第 3 期。
[21] 夏琳琳、闫辉:《票据无因性的相对性》，载《人民司法》2002 年第 7 期。
[22] 杨继:《我国〈票据法〉对票据行为无因性规定之得失——兼与欧洲立法比较》，载《比较法研究》2005 年第 6 期。
[23] 钟灵、韦娌:《票据的给付对价及其法律意义》，载《法制与经济》1996 年第 3 期。
[24] 王豪鸣:《试论票据的基础关系与票据关系的关系》，载《特区法制》1995 年第 6 期。
[25] 林毅:《对〈票据法〉第十条的一点意见》，载《中外法学》1996 年第 3 期。
[26] 蒋大兴:《〈票据法〉的立法缺陷及其完善》，载《河北法学》1996 年第 4 期。
[27] 宋航、肖永平:《论涉外票据的法律适用》，载《现代法学》1996 年第 6 期。
[28] 陈云东:《涉外票据法律适用比较研究》，载《思想战线》1997 年第 1 期。
[29] 李健男:《涉外票据法律适用的一般问题及我国的涉外票据法律制度》，载《法学》2002 年第 4 期。
[30] 张澄:《试论票据行为的无因性及其相对性——兼评我国〈票据法〉第十条》，载《政治与法律》2006 年第 1 期。
[31] 王承志:《涉外票据法律适用规则探析》，载《武大国际法评论》2006 年第 1 期。

［32］王瀚、黄静：《国际票据法律适用问题比较研究》，载《现代法学》1997 年第 5 期。

［33］贺海仁：《自我救济的权利》，载《法学研究》2005 年第 4 期。

［34］童凌：《略论票据诉讼主体》，载《上海市政法管理干部学院学报》2002 年第 3 期。

［35］于莹：《票据无因性原则在审判实践中遇到的问题》，载《人民法院报》2003 年 8 月 1 日。

［36］《中国农业银行西宁市分行东郊办事处诉中银信托投资公司银行承兑汇票纠纷上诉案》，载《中华人民共和国最高人民法院公报》1994 年第 4 期。

［37］谢怀栻：《评新公布的我国票据法》，载《法学研究》1995 年第 6 期。

［38］［日］河本一郎：《手形抗弁》，载《手形法小切手法講座》(3)，有斐閣 1965 年版。

［39］［日］前田庸：《手形行為の無因性と有因性》，载《商法の争点Ⅱ》，有斐閣 1993 年版。

学位论文

［1］董惠江：《票据抗辩论》，中国政法大学 2006 年博士学位论文。

［2］宋晓宁：《我国票据市场运行特征与发展模式研究》，浙江大学 2007 年硕士学位论文。

［3］贾和平：《涉外票据法律适用》，西南政法大学 2005 年博士学位论文。

电子文献

［1］《海南省洋浦经济开发区中级人民法院（2001）浦中经终字第 4 号民事判决书》，载 http://www.110.com/panli/panli_45380.html，最后访问日期：2017 年 12 月 26 日。

［2］《江苏省常州市天宁区人民法院（2009）天民二初字第 1038 号民事判决书》，载 http://www.pl-lf.com/new_con.asp?ClassID1=255&ClassID

2=0&ID=211，最后访问日期：2017 年 12 月 27。

[3]《北京市第一中级人民法院（2001）一中经终字第 919 号民事判决书》，载 http://www. 110. com/panli/ panli_51282. Html，最后访问日期：2017 年 12 月 25 日。

[4] 李寿双：《涉外票据法律适用论纲》，载 http：//www. 110. com/falv/piaojufa/piaojufalunwen/2010/0716/121462. html，最后访问日期：2017 年 12 月 27。

[5] 王学兴：《票据纠纷及其诉讼制度浅谈》，载 http://www. 148cn. org/data/2006/0508/article_1043_2. htm ，最后访问日期：2017 年 10 月 2 日。

一套引领和推动中国高校动漫游
教育事业和产业发展的优秀教材。

21世纪中国动漫游高等教育优秀教材出版工程

“十四五”普通高校动画专业拔尖创新艺术人才培养示范教材系列

专家委员会

指导单位

国际动画艺术研究院

亚太动画协会

总策划

北京电影学院中国动画研究院

北京电影学院动画学院

主　编

孙立军

出版策划

孙立军

李剑平

曹小卉

李　亮

黄　勇

马　华

刘　凯

秦仁华

周京艳

秦子玉

桂君莉

赵　敏

李梦娇

整体企划

周京艳

21 Century Higher Education Textbooks for Animation, Comics and Games
“十四五”普通高校动画专业拔尖创新艺术人才培养示范教材系列
动画专业拔尖创新艺术人才高等教育教材专家组／审定　孙立军／主编
北京电影学院中国动画研究院 China Animation Research Institute of BFA　北京电影学院动画学院 Animation School of BFA ／联合策划

影视动画
数字后期编辑与合成
Mastering Premiere & After Effects by Examples

著◎李晓彬

北京联合出版公司
Beijing United Publishing Co.,Ltd.

图书在版编目（CIP）数据

影视动画数字后期编辑与合成 / 孙立军主编 ; 李晓彬著. -- 北京 : 北京联合出版公司, 2024.8

ISBN 978-7-5596-7439-5

Ⅰ. ①影… Ⅱ. ①孙… ②李… Ⅲ. ①动画制作软件 Ⅳ. ①TP317.48

中国国家版本馆CIP数据核字(2024)第047682号

影视动画数字后期编辑与合成

著　　者：李晓彬
出 品 人：赵红仕
责任编辑：高霁月
文字编辑：桂君莉
封面设计：乔秀玉
整体企划：周京艳

北京联合出版公司出版
（北京市西城区德外大街 83 号楼 9 层 100088）
北京创意智慧教育科技有限公司发行
北京兰星球彩色印刷有限公司印制　新华书店经销
字数 435 千字　787mm×1092mm　1/16　17.5 印张（全彩印刷）
2024 年 8 月第 1 版　2024 年 8 月第 1 次印刷
ISBN 978-7-5596-7439-5
定价：68.00 元（含配套电子实训册）

本书若有印、装质量问题，可致电（010）82665789 发行部联系调换。

本书有配套学习资源包和电子实训册，需要者请致电 010-82665789 或致函 lelaoshi@163.com。

出版者的话
PUBLISHER'S PREFACE

中国动画新百年，站在新起点，拥抱新未来！

中国影视产业的发展和中国动画高等教育事业人才的培养一直得到文化和旅游部、教育部、国家新闻出版署、国家广播电视总局等国家相关部门领导的高度重视和大力支持。中国动画产业发展靠人才，而动画人才的培养最关键的是教材体系的完善和优秀教材的编写。教育部有关领导指出，在电影教育规模极速扩展的同时，提高教学质量已成为当务之急，特别要注重提高学生的实践能力、创造能力，以及在国际上的竞争能力，这就需要对电影人才培养模式加以改革，希望北京电影学院动画学院能发挥行业领军作用，建立面向需求的课程，打造权威化、系统化、专业化的动画类教材，形成动画类专业规范。

2009 年，北京电影学院和北京电影学院中国动画研究院秉承“严谨、科学、系统、服务”的一贯传统，以参会的京内外 20 多所高校专家代表为核心，组织海内外专家、大批一线优秀教师根据高校的不同需求、读者反馈的意见等，编写旨在指导和提高高校师生动画艺术创作素质、实践能力与创作能力的 21 世纪中国动漫游高等教育优秀教材出版工程——“十三五”普通高校动漫游专业规划教材，一套纯正、科学、权威、系统、标准的动画专业教材，是中国动漫游教学“产、学、研”一体化全新教学模式的成功尝试，对北京乃至全国的动漫教育事业和动漫产业的发展起到了示范作用，受到了中国广大高等院校动画专业教师和学生的普遍欢迎，在海外产生了很大的反响。

2016 年北京电影学院动画学院创新型《中国动画学派的传承与创新——动画拔尖创新人才培养体系的“中国方案”》①，经过数年一线的深入教学与实践，2023 年被中国教育部名列“2022 年高等教育国家级教学成果奖二等奖”，在创新融合的基础上调整学科定位，以提高动画人才培养质量为核心，以创新拔尖型动画人才培养模式为重点，以提高国际合作竞争力并推动经济社会发展为目标，在教学实践与成果、国内外教育与行业评价上激发动画人才在创作中的国际化表达，引起海

① 2021 教育部首批新文科研究与改革实践项目——动画拔尖创新人才培养体系的构建与实践，项目负责人孙立军，序号：879，项目编号：2021160014，教高厅函（2021）31 号。

内外学界的高度关注。创新的“‘十四五’普通高校动画专业拔尖创新艺术人才培养示范教材”系列和“‘十四五’普通高校动画专业拔尖创新艺术人才培养《动画创作》”系列，依然秉承“严谨、科学、系统、服务”的一贯传统，是创新的中国动画拔尖人才培养体系“中国方案”，融入了近几年来一线教师丰富的教学和实践丰硕成果。配套实训册中的大量典型范例则是教材中重点知识和技能的延伸，旨在极大地激发学生们的创新欲望，提高学生的实践力、创新力和竞争力，全面展示“最扎实的动画基础理论”“最新的动画技术”“最典型的项目应用实践”，是“中国学派动画的传承与创新——动画拔尖创新人才”全新教学模式的成功尝试，再次为北京乃至全国高等教育动画本科一流专业提供一套纯正、科学、权威、系统、规范的动画专业教材，为中国高等教育动画拔尖创新人才培养起到示范作用，必将成为中国动画新百年、再启新征程的中国动漫游教育事业和产业发展新的助燃剂。

北京联合出版公司
动漫游图书出版中心
动漫游专业高等教育教材编委会

丛书总序

CHIEF EDITOR'S WORD

中国动画新百年，再启新征程，拥抱新未来！

动画是一种文化，她在结合了本国文化传统和民族精神之后所产生的力量和获得的成就在世界上有着巨大影响力和意义，是任何国家都不能忽视的！

当前，在各国文化产业战略与大发展语境下，影视动画与动画产业间的强强联手推进了数字文化产业的高质量发展，成为数字文化产业的重要组成部分。中国正成为全球数字娱乐及创意产业成长速度最快的国家。党和政府高度重视，丰富的市场资源和庞大的市场消费群体使得中国成为国外数字文化产业巨头竞相争夺的新市场。

中国动画产业的发展和中国动画高等教育事业人才的培养一直得到文化和旅游部、教育部、国家新闻出版署、国家广播电视总局等国家相关部门领导的高度重视和大力支持。2022 年，教育部有关领导指出，中国动画教育事业蓬勃发展，在国际舞台上崭露头角。中国动画高等教育事业不断发展壮大，国际影响力不断增强。探索建立中国高等教育动画拔尖创新人才培养的有效机制，促进拔尖创新人才脱颖而出，是建设创新型国家，实现中华民族伟大复兴的历史要求，也是当前对教育改革的迫切要求。

面对教育部对培养动画人才的新要求和中国动画教育新局面，如何健全和完善高校动画、漫画、游戏教材体系？中国的动画产业发展靠人才，而动画人才的培养最关键的是教材体系的完善和优秀教材的编写。2009 年，北京电影学院和北京电影学院中国动画研究院秉承“严谨、科学、系统、服务”的一贯传统，以参会的京内外 20 多所高校专家代表为核心，组织海内外专家、大批一线优秀教师根据高校的不同需求、读者反馈的意见等，编写旨在指导和提高高校师生动画艺术创作素质、实践能力与创作能力的 21 世纪中国动漫游高等教育优秀教材出版工程——“十三五”普通高校动漫游专业规划教材，一套纯正、科学、权威、系统、标准的动画专业教材，是中国动漫游教学“产、学、研”一体化全新教学模式的成功尝试，对北京乃至全国的动漫教育事业和动漫产业的发展起到了示范作用，受到了中国广大高等院校动画专业教师和学生的普遍欢迎，也在海外产生了很大的反响。

北京电影学院动画学院作为中国高校动漫游教育事业的推动者和

引领者，其创新的《中国学派动画的传承与创新——动画拔尖创新人才培养体系的“中国方案”》，于 2023 年 5 月被教育部名列“2022 年高等教育国家级教学成果奖二等奖”，创新的“‘十四五’普通高校动画专业拔尖创新艺术人才培养示范教材”系列和“‘十四五’普通高校动画专业拔尖创新艺术人才培养《动画创作》”系列，依然秉承“严谨、科学、系统、服务”的一贯传统，也是创新的中国动画拔尖人才培养体系“中国方案”，融入了自 2016 年以来一线教师教学和实践的丰富经验，探索建立中国高等教育动画拔尖创新人才培养的有效机制，在创新融合的基础上调整学科定位，以提高动画人才培养质量为核心，以拔尖创新型动画人才培养模式为重点，促进拔尖创新人才脱颖而出，提高国际合作竞争力并推动经济社会发展为目标，在教学实践与成果、国内外教育与行业评价上激发动画人才在创作中的国际化表达，是建设创新型国家，实现中华民族伟大复兴的历史要求，也是当前对教育改革的迫切要求，对北京乃至全国的高等动画教育事业起到示范和促进作用。

北京电影学院和北京电影学院中国动画研究院“动漫游教材研发中心”以北京电影学院动画学院一线教师为核心，组织海内外专家、大批一线优秀教师根据本校的不同需求、读者反馈的意见等，努力编写好下面两个系列图书：

一、21 世纪中国动漫游高等教育优秀教材出版工程——“‘十四五’普通高校动画专业拔尖创新艺术人才培养示范教材”系列，一套引领和推动中国动漫游高等教育事业和产业发展的优秀教材，是动画教学“产、学、研”一体化全新教学模式的又一次成功尝试。

二、21 世纪中国动漫游高等教育优秀教材出版工程——“‘十四五’普通高校动画专业拔尖创新艺术人才培养《动画创作》”系列，一套提高动画创作者素质与创作能力、指导动画艺术创作实践的优秀教科书。

中国动漫游高等教育方兴未艾，动漫游优秀图书的开发又是一个日新月异的巨大工程。北京电影学院中国动画研究院“动漫游教材研发中心”是一个国际性的开放平台，衷心希望海内外专家，特别是身处教学一线的广大教师加入到我们的策划与编写队伍中来，共同打造出国际一流水平的动漫游系列教材和专著，为推动中国高校动漫游教育事业和产业发展贡献更多的智慧和力量。

孙立军
北京电影学院二级教授、博士生导师
享受国务院政府特殊津贴专家

21世纪中国动漫游高等教育优秀教材出版工程

“十四五”普通高校动画专业拔尖创新艺术人才培养示范教材系列

编　委　会

鸣谢　原文化部文化产业司

前 言 FOREWORD

影视动画节目越来越依赖电脑技术来完成后期的编辑和特效制作了，非线性编辑和数字合成技术是高校影视动画相关专业学生必须掌握的技能。

法国著名剪辑大师让 - 吕克·戈达尔（Jean-Luc Godard）曾说过："优秀的剪辑能给一部原本素然无味的影片增添具有价值的意味，并能使假内行和业余爱好者看不到的、瞬间即逝的优美得到充分体现。"观摩一部剪辑优秀的影片，就如同欣赏一件完整而富有韵律的艺术品，它的每一个画面都能形神兼备，每一组镜头都能一气呵成，流畅而和谐的"气韵"贯穿于每个镜头、叙事段落乃至整部影片的始终……想要达到这样的效果，剪辑技术功不可没。

虽然剪辑软件的更新速度、智能化程度已经很快、很高了，但是软件在剪辑中只是起到一个工具的作用，起决定性因素的还是剪辑师自身的造诣。一名优秀的剪辑师不仅需要拥有较强的软件应用技能，更大程度上还得仰仗其自身的艺术素养。剪辑是影视制作的核心，对整部影片来说，剪辑是可以起成败作用的。

剪辑师必须同时根据本场特有的节奏风格来分析镜头及镜头本身与前后镜头的关系，精心选择最有表现力的镜头并将它们进行组合，最后才有可能使影片形神兼备、画意同一，才有可能成功地表现该段落的情调与特有节奏。

在非线性编辑技术和数字特技应用的早期，那些让传统的后期剪辑人员不可理解的编辑思想和炫目的特技效果，只能在专业的工作站实现。对于广大的非专业人员和影视爱好者来说，使用先进的数字化手段进行影片的编辑和特效制作是一个可望而不可及的奢望。

随着计算机技术的飞速发展，应用在 PC 平台上的非线性编辑和数字合成软件如雨后春笋般地涌现出来，PC 已经成为非线性编辑系统的主流平台。本书选用了在 PC 平台上应用最为广泛的非线性编辑软件 Premiere 和合成软件 After Effects 作为讨论学习的对象，从实际项目中精选风光片《美丽的海滨》、公益片《保护我们的地球家园》和动画短片《Cakes 对战 Monster》等 33 个不同类型的范例，从艺术和技术相结合的新视觉出发，深度讲解现代数字动画影视的非线性编辑和数字合成技术，摆脱了以往软件图书只注重菜单理论而忽视操作应用，或只讲操作不讲原理的写法。同时，在范例制作之前，将先介绍技术原理

本书作者：李晓彬

及艺术指导原则，让读者既懂得原理，还能够在原理的指导下进行艺术化的创作实训。这 33 个范例就是 33 把魔幻钥匙！无论日后你是从事动画专业创作，或是到动画公司、广告公司、电视台等单位工作，这 33 把魔幻钥匙都将为你带来实际的帮助。

本书共 16 章，可分为 3 个部分。第 1~8 章为 Premiere Pro CC 的应用，主要包含非线性编辑技术的原理、Premiere Pro CC 基本编辑、影片剪辑与表现技法、镜头运动的表现技法、视频特效的制作技法、画面叠加的方法与技巧、高级编辑技术及动画短片的制作与输出等内容；第 9~15 章为 After Effects CC 的应用，主要包含初识 After Effects CC 特效合成、遮罩的应用、3D 效果的应用、运动的高级控制、粒子特效的应用技法、抠像技术、跟踪运动与稳定技术等内容；第 16 章为进阶特效的综合应用，主要包含 7 个范例制作，是 Premiere 和 After Effects 的综合应用。

配套的实训册《影视动画数字后期编辑与合成实训》（电子版）是本教材重点知识点和核心技能的延伸拓展，也是笔者多年来通过一线教学和创作积累得到的体会和经验，包含了 18 个与主教程内容同步的实训项目，提出了具体要求和解决问题的思路，可以作为课后巩固和复习的练习。另外，给出了 5 个大作业实训范本，包含 5 部动画的详细制作过程及作者的点评。这是另一形式的技术切磋和交流，可以作为独立制作影视后期栏目前的集训内容。

本书结构清晰，范例典型，配套的学习资源丰富，特别适合广大院校影视动画、数字媒体艺术、游戏设计等相关专业的学生、影视后期编辑与合成的制作人员、相关培训学校和动画制作爱好者使用。

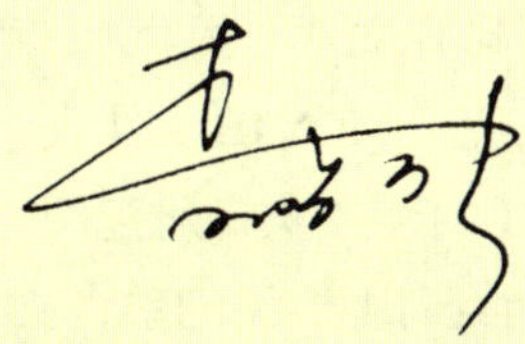

李晓彬

于北京电影学院动画学院

《影视动画数字后期编辑与合成》学时建议表（总学时：96）

章节	学时安排	章节	学时安排
第1章　非线性编辑技术	1	第9章　初识After Effects特效合成	4
第2章　基本编辑（Premiere）	4	第10章　遮罩的应用	8
第3章　影片剪辑与表现技法	4	第11章　3D效果的应用技法	8
第4章　镜头运动的表现技法	4	第12章　运动的高级控制	8
第5章　视频特效的制作技法	4	第13章　粒子特效的应用技法	11
第6章　画面叠加的方法与技巧	4	第14章　抠像技术	8
第7章　高级编辑技术	4	第15章　跟踪运动与稳定技术	4
第8章　动画短片的制作与输出	4	第16章　进阶特效的综合应用	16

教学资源说明

本书的学习资源包中主要包含 5 部分的内容：素材与工程文件、实训册配套的范例文件、电子版实训册、拓展文档和参考答案，见图 1。

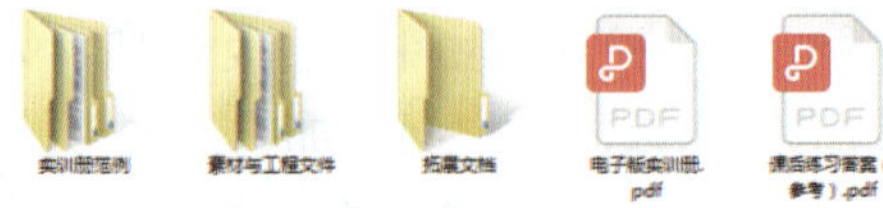

图1 资源包的主要内容

一、素材与工程文件

（1）在“素材与工程文件”文件夹中，按章存储了主教程中实例的素材文件、工程文件和影片文件样本，见图 2。

素材文件：提供每章范例制作中所需的素材，位于 source 文件夹中，见图 3。

工程文件：提供每章范例制作的工程文件样本，位于 project 文件夹中，见图 4。

影片文件：提供每章范例制作的最终影片文件，位于 MOVIE 文件夹中。

（2）在“实训册范例”文件夹中，按章存储了配套实训册相关的素材文件、工程文件和视频文件样本，与主教程的存储方式相同。

图2 “素材与工程文件”文件夹

图3 素材文件展示（第8章，按范例名称分类存储）

图4 工程文件展示（第8章，按范例名称分类存储）

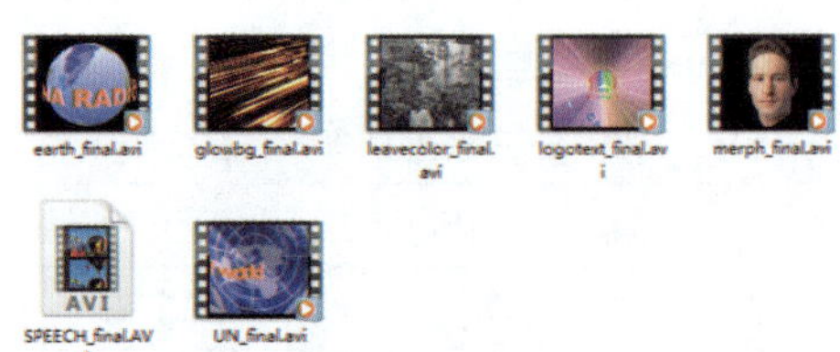

图5 影片文件展示（第8章）

二、电子版实训册

“电子版实训册.pdf”文档为实训册《影视动画数字后期编辑与合成实训》（电子版），是从重点知识和核心技能延伸出来的全真模拟实战，包含了 18 个实训项目和 5 个大作业实训范本。

（1）18 个实训项目

与书中内容同步，提出了具体要求和解决问题的思路，旨在提高读者的艺术素质和操作技能。表 1 为 18 个实训项目的名称。

（2）5 个大作业实训范本

为 5 部动画的详细制作讲解，作者对每个大作业都有专业的点评和指导。这也是另一形式的技术切磋和交流，旨在启迪和激发读者专业创作的思维。表 2 为 5 个大作业实训范本的名称。

表1　18个实训项目

章名	实训名
第3章　影片剪辑与表现技法	实训 3-1　自己动手做专题宣传片
第4章　镜头运动的表现技法	实训 4-1　《体育播报》栏目包装
第5章　视频特效的制作技法	实训 5-1　制作公益广告
第6章　画面叠加的方法与技巧	实训 6-1　制作片头动画
第7章　高级编辑技术	实训 7-1　制作 MTV
第8章　动画短片的制作与输出	实训 8-1　制作动画短片
第9章　初识After Effects特效合成	实训 9-1　制作娱乐片
第10章　遮罩的应用	实训 10-1　制作小动画——《牧童》
第11章　3D效果的应用技法	实训 11-1　制作三维特效
第12章　运动的高级控制	实训 12-1　制作复杂的动画效果
第13章　粒子特效的应用技法	实训 13-1　粒子特效动画
第14章　抠像技术	实训 14-1　制作电视栏目片头——《夕阳无限好》
第15章　跟踪运动与稳定技术	实训 15-1　物体跟踪变化效果
第16章　进阶特效的综合应用	实训 16-1　跟做专题宣传片——《飘扬的北京冬奥会旗帜》
	实训 16-2　制作变形特效
	实训 16-3　制作特效字幕
	实训 16-4　制作复杂动画
	实训 16-5　制作电视栏目片头

表2　5个大作业实训范本

章名	实训名
第17章　大作业实训	实训 17-1　《夜晚》特效
	实训 17-2　奥运宣传片《北京欢迎你》
	实训 17-3　公益片《功夫》
	实训 17-4　奥运宣传片《奥运北京》
	实训 17-5　特效片《流动的光线》

三、拓展文档和参考答案

“拓展文档”文件夹中包含本书的相关拓展文档，涉及软件安装、插件下载、界面参数详解等内容。“课后练习答案（参考）.pdf”文档为各章习题的参考答案。

四、PPT 电子课件

为方便院校老师教学和读者自学，激发学习兴趣，提供了与教材内容相符的 PPT 电子课件。需要者请与 010-82665789 或 lelaoshi@163.com 联系。

目　录

Contents

影片《流浪地球》的后期特效画面

Premiere 的开始运行画面

以音频单位显示

风光短片《美丽的海滨》的片段画面效果

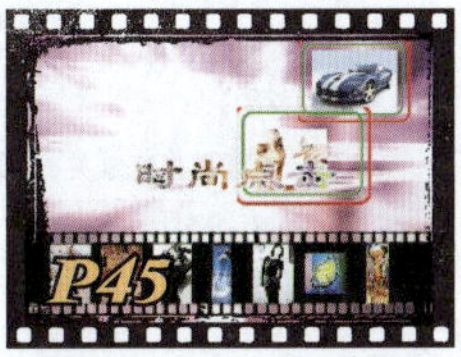

《时尚点击》栏目包装的片段画面

公益片《保护我们的地球家园》的片段画面

《信息时代》栏目片头的片段画面

MTV《自然之旅》宣传片的片段画面

动画短片《Cakes 对战 Monster》的片段画面

动画短片《寿司历险记》的片段画面

娱乐片《节日的焰火》片段画面

特效片《雨中的城市》的片段画面

动画《林中小鹿》的片段画面

宣传片《跳芭蕾舞的女孩》的片段画面

风景片《水中倒影》的片段画面

宣传片《查看地图》的片段画面

教育片《爱心》动态背景特效的片段画面

《流星雨》特效的片段画面

《新闻播报》栏目包装的片段画面

动画片《回忆》背景特效的片段画面

《小魔术》跳动特效的片段画面

《替换 Logo》的片段画面

《国际新闻》栏目片头动画的片段画面

幽默小动画《演讲》特效的片段画面

1 非线性编辑技术

本章重点

- 发展概况
- 基本概念
- 非线性编辑的工作流程
- 常见的非线性编辑软件

教学环境

多媒体教室、电脑（配备视音频采集卡）、投影、公放、DVD

学时建议

1 学时

学习建议

了解非线性编辑技术的发展概况和基本概念，以及非线性编辑的工作流程和非线性编辑软件的特点，为后面的深入学习打下基础。

1.1 发展概况

随着计算机技术的发展，尤其是计算机多媒体技术的广泛应用，市面上的非线性编辑产品已经日益成熟和完善，非线性编辑系统也被广泛应用于电视台、影视制作公司、广告公司，甚至是家庭娱乐。

早期电视节目的编辑方式沿用了电影的剪辑方式。它首先借助放大镜对磁带上的磁迹进行定位，然后用刀片或切刀在特定的位置切割磁带，找出一段段节目片段后，用胶带把它们粘在一起。

随着录像技术的发展和录像机功能的完善，电视节目的编辑进入了电子编辑的阶段。由于能够使用快进和快速倒带功能在磁带上寻找编辑点，以及使用暂停功能控制录像机的录制和重放，编辑人员可以连接一台放像机、一台录像机和相应的监视器，构成一套标准的非线性编辑系统，实现从素材到节目的转录。电子编辑摆脱了物理剪辑的操作模式，避免了对磁带的物理损伤，节目制作人员在编辑过程中可以查看编辑结果，并及时进行修改。

之后，受电影胶片的片孔号码定位的启发，美国电子工程公司研制了 EECO 时码系统。在电视节目后期制作中，各种基于时码的编辑控制设备和大量编辑技术和编辑手段不断涌现，如录机与放机同步预卷编辑、编辑预演、自动串编、脱机粗编和多对一编辑。尽管如此，由于信号记录媒体的固有限制，仍然无法实现实时编辑点的定位等功能，磁带复制造成的信号损失也无法彻底避免。

自从 1970 年美国出现了世界上第一套非线性编辑系统以来，经过近五十年的发展，现在的非线性编辑系统已经实现完全数字化以及与模拟视频图像信号的高度兼容，广泛应用于电影、电视、广播、网络等传播领域。当前影视媒体已经成为大众化的、颇具影响力的媒体形式之一。从好莱坞大片所创造的幻想世界到电视新闻所关注的现实生活，再到铺天盖地的电视广告，无不深刻地影响着我们的生活，如图 1-1 和图 1-2 所示。

图 1-1　后期片头画面

图 1-2　影片《流浪地球》的后期特效画面

1.2 基本概念

1.2.1 线性与非线性

在对非线性编辑技术进行讲解之前，应先了解和区分什么是非线性（Non-linear），什么是线性（Linear）。这里讲解的非线性和线性的概念与一般数学物理上的线性变化、非线性变化的含义完全不同。它们主要是从视音频信息存储的方式来进行定义的。

1. 线性

线性是指连续的磁带存储视音频信号的方式。信息存储的物理位置与接受信息的顺序是完全一致的，即录在前面的信息存储在磁带开头，录在后面的信息存储在磁带末端。信息存储的样式与接受信息的顺序密切相关，这就是“线性”的概念。基于磁带的编辑系统则称为线性编辑系统。

2. 非线性

非线性是指用数字硬盘、磁带、光盘等介质存储数字化视音频信息的方式。其实，非线性编辑并不是一个新术语，凡是对电影进行过剪辑的人都知道，电影胶片剪辑的全过程就是一个非线性编辑的过程。注意，我们这里要讲的现代的非线性编辑是指应用计算机图像技术，在计算机中对各种原始素材进行各种编辑操作，并将最终结果输出到计算机硬盘、光盘、磁带、录相带等记录设备上这一系统完整的工艺过程。现代“非线性”的概念是与“数字化”的概念紧密联系在一起的。

非线性表达出数字化信息存储的特点——信息存储的位置是并列平行的，与接受信息的先后顺序无关。这样，我们便可以对存储在硬盘或其他介质上的数字化视音频素材进行排列组合，改变其他地址指针而与其存储的物理位置无关。如果对操作后的结果不满意或者出现了问题，又可以很方便地进行修改。这就是非线性编辑的巨大优势。而对于磁带的编辑系统的线性编辑，节目制作者通过走带、倒带在磁带上来回搜寻要用的场景，记下时码，然后在编辑控制器的控制下，通过走带机将有用的场景组编在一起，十分浪费时间。图 1-3 是 Xpress Pro+Mojo 剪辑工具组合说明。

图 1-3 Xpress Pro+Mojo 剪辑工具组合

插图说明：

革命性的 Avid Mojo 数字非线性加速器与 Avid Xpress Pro 软件完美结合，将桌面电脑、甚至便携电脑变成真正的实时编辑工作室。通过 DV、复合、S-Vedio 端子及可选的分量输入 / 输出接口。Xpress Pro+Mojo 剪辑工具能够处理从 DV 到非压缩标清等各种格式的视频，通过标准的火线（Firewire）接口，提供优秀的图像及高质量的音频。全面兼容所有的 Avid 编辑系统及网络系统。Xpress Pro+Mojo 剪辑工具是电影及视频专业制作人员理想的便携式工具。

1.2.2 脱机与联机编辑

在非线性编辑过程中，人们常常提起“脱机（Off-Line）”与“联机（On-Line）”编辑这两个术语。

1. 脱机编辑

脱机编辑又称为离线编辑，主要是指采用较大压缩比（如 100:1）将素材采集到计算机中，按照脚本要求进行编辑操作并得到记录编辑信息的列表，更具体地说就是节目制作者在编辑过程中，不断选择各种有用的场景片段，这些片段都有一个地址，这就需要将这些地址存储在一个表中，这种存储场景选择信息的表称为编辑决策列表（Editorial Determination List，EDL）。

2. 联机编辑

联机编辑又称为在线编辑，它是以较小压缩比（如 2∶1）将存在 EDL 的存储磁盘或介质插入编辑控制器内，控制广播级录相带（Beta 带）按 EDL 进行广播级成品带的编辑。从联机编辑的概念可以看出，联机编辑过程是线性的，其涉及的素材数量少，图像质量较高，可达到广播级质量的最终产品。

脱机编辑与联机编辑的区别：脱机编辑主要是编辑 EDL，联机编辑主要编辑的是播出节目；脱机编辑存储素材数量大，一般存储素材时间与成品时间之比为 8∶1，联机编辑存储素材数量少，存储素材时间与播出节目时间之比为 1.5∶1。

在实际的制作过程中，通常采用脱机编辑与联机编辑的相互配合，即利用脱机编辑来得知联机编辑动作的 EDL。这样可以大大地缩短工作时间，提高工作效率，降低工作成本。

1.2.3 采集

我们在对视音频信号进行非线性编辑处理之前，要将模拟的视音频信息转化为数字信号存储到计算机硬盘中。这个过程称为采集，又可称为素材数字化。采集过程其实是一个模数转换的过程。对于视频信号来说，一般是以 YUV 模式分三路进行模数转换，而视频信号的这三个分量的模数转换是分别进行的，这里又涉及另一个概念——采样格式。

采样格式是指 Y、U、V 三种信号采样速率的比率，目前有“4∶4∶4”“4∶2∶2”“4∶1∶1”及“4∶2∶0”4 种。其中“4∶4∶4”方式是指 Y、U、V 三种信号采用相同的采样速率，在使用非线性编辑系统进行电影剪辑和电影特技制作时，一般采用此方案。而其他几种方式则是利用人眼对亮度信号（Y）敏感而对色度信号（U）不敏感的特点，降低色差信号的采样频率以提高采集效率。如 ITU-RBT.601 标准规定对 YUV 信号的采样方案为“4∶2∶2”，即亮度信号采样频率约为副载波频率的 4 倍，为 13.5MHz。色度信号的采样频率是亮度信号采样频率的一半，为 6.75MHz。在 DV 格式、DVCAM 格式和 DVCPRO 格式等数字视频格式中，则采用“4∶1∶1”方案。

1.2.4 压缩比

将模拟视音频信号采集到计算机，如不进行压缩，其数据量是非常大的。如果采用无压缩比的采集和存储方法，1GB 硬盘只能存储不到 50 秒的视频素材。要解决这一问题，只有采用图像压缩技术，即我们即将了解的另一重要概念——压缩比。图像压缩可以分为两大类，有损压缩和无损压缩。

1. 无损压缩

采用无损压缩的方法压缩数据，可以得到没有损失的原始图像。这种压缩方法的数据量仍然很大，采用该方法进行压缩的实际意义不大。

2. 有损压缩

采用有损压缩，解压后的图像相对于原始图像来说画质会有所降低，信息有一定损失，但其误差并不大，往往人们都不能觉察出来，而且能获得较大的压缩比。

通过上面我们对图像有损压缩和无损压缩的解释，可以总结出压缩比的概念：数字化视频信息压缩前后文件大小（信息量）的比率。不同压缩比对画质的影响是不同的，较小的压缩比对画质影响不大，较大的压缩比会使画质明显降低。

3. M-JPEG 有损压缩算法

它是目前非线性编辑系统中应用较为广泛的有损压缩算法。M-JPEG 采用帧内压缩，符合视频编辑逐帧进行的要求，对称式压缩分解压缩结构，编解码可用相同的软件、硬件实现，算法简单，运算速度快，编辑精确到帧，这也是其在非线性编辑系统中广泛运用的原因。下面给出 M-JPEG 压缩比与硬盘存储的关系表，如表 1-1 所示。

表 1-1　M-JPEG 压缩比与硬盘存储的关系

压缩比	模拟视频质量	1GB 硬盘存储的素材时长
1∶1	无压缩 D1	49 秒
2∶1	数字 Betacam.D5	1 分 37
（5 ~ 8）∶1	Betacam-SP,M2	4 分 ~ 6 分 30 秒
（10 ~ 15）∶1	U-matic，Hi-8	8 分 ~ 12 分
20∶1	S-VHS	16 分
（30 ~ 40）∶1	VHS	24 分 ~ 32 分
60∶1	脱机	48 分
90∶1	脱机	72 分
120∶1	脱机	96 分

4. DV 格式压缩方法

许多录像机生产厂家使用的家用数字录像机格式——DV 格式压缩方法，也是大多数非线性编辑设备允许使用的格式。DV 代表着一种全新的格式，同时又代表着一种数字压缩标准，其压缩比为 5∶1，视频信号采样采用“4∶1∶1”（PAL“4∶2∶0”）分量结构，亮度信号采样频率和广播级的一样（13.5MHz）。

1.2.5　帧和帧速率

在进行非线性编辑的时候，经常会碰到一个帧速率（Frames Per Second，FPS）的概念。

1. 帧（Frame）

一帧就是视频媒体中一个完全静止的图像。视频媒体则是由一系列帧组成的，以一定的顺序播放，就生成了有动感的电影。

2. 帧速率（FPS）

帧速率是指视频中每秒的图像帧数。通常情况下，帧速率是由合成视频的类型决定的。例如，NTSC（The National Television Standards Committee）是全国电视标准委员会制式，NTSC 信号是被 NTSC 所采用的标准复合视频信号，其帧速率为 29.97 帧 / 秒，线数为 525。美国、加拿大和日本等国家都采用这种制式。PAL（Phase Alternating Line）是逐行倒相制式。PAL 信号是在欧洲应用最为普遍的复合视频信号，其帧速率为25帧/秒，线数为625，我国也采用这种制式。

1.2.6 场（Field）与场的顺序

在将光电信号转换为电信号的扫描过程中，扫描总是从图像的左上角开始，水平向前行进，同时扫描点也以较慢的速率向下移动。

1. 水平消隐

当扫描点到达图像右侧边缘时，扫描点快速返回左侧，重新开始在第1行起点的下面进行第2行扫描，行与行之间的返回过程称为水平消隐。一幅完整的图像扫描信号，由水平消隐间隔分开的行信号序列构成，称为一帧。

2. 垂直消隐

扫描点扫描完一帧后，要从图像的右下角返回到图像的左上角，开始新一帧的扫描，这一时间间隔叫作垂直消隐。对于PAL信号来说，采用每帧625行扫描；对于NTSC制信号来说，采用每帧525行扫描。

3. 交错扫描场

大部分的广播视频采用两个交换显示的垂直扫描场构成每一帧画面，叫作交错扫描场。交错视频的帧由两个场构成，其中一个扫描帧的全部奇数场，称为奇数场，也叫上场；另一个扫描帧的全部偶数场，称为偶数场，也叫下场。场以水平分割线的方式隔行保存帧的内容，在显示时首先显示第1个场的交错间隔内容，然后再显示第2个场来填充第一个场留下的缝隙。简单地说，场是视频帧的一半，奇数或偶数的扫描线。每一帧由奇偶两场组成。电影胶片类似于非交错视频，它每次是显示整个帧的。

解决交错视频场的最佳方案是分离场。在分离场的时候，我们需要选择场的优先顺序。表1-2中列出了一般情况下，各种视频标准录像带的场优先顺序。

贴心提示

在选择场顺序后开始播放影片，需要观察影片是否能够平滑地进行播放。如果出现了跳动的现象，则说明场的顺序是错误的。

表1-2 各种视频标准录像带的场优先顺序

格式	场顺序
DV	下场
640×480 NTSC	上场
640×480 NTSC Full	下场
720×480 NTSC DV	下场
720×480 NTSC D1	通常是下场
768×576 PAL	上场
720×576 PAL DV	下场
720×576 PAL D1	上场
HDTV	上场或下场

1.2.7 隔行视频

大多数的电视节目视频是隔行的，它们的每个帧由两个依次显示的场组成。一个场包括该帧的奇数扫描线，另一个场包含该帧的偶数扫描线。电视在整个屏幕之上显示交互线的第一场，然后显示第二场来填充由第一个场留下的交互缺口。图 1-4 为 Avid DS Nitris 系统。

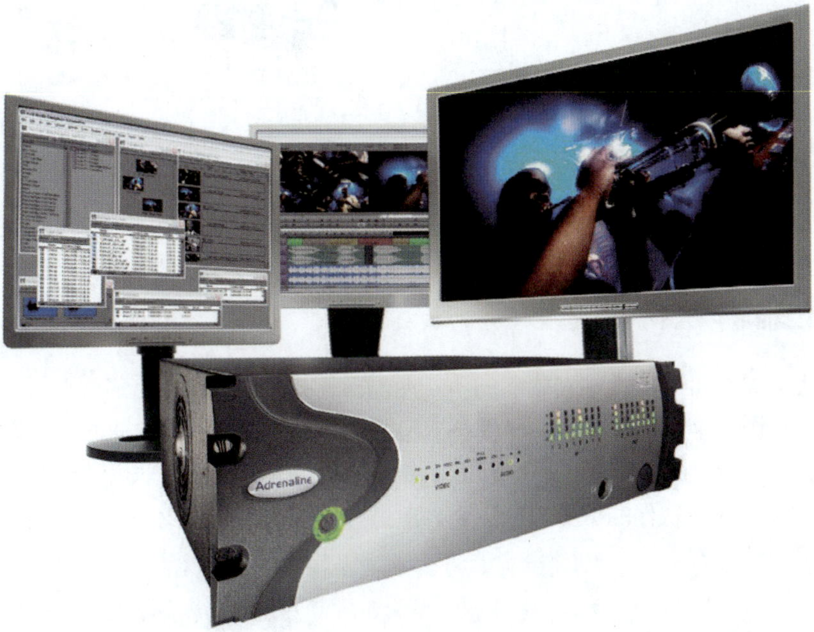

插图说明：

在艺术自由与采编通用性方面，Avid DS Nitris 系统在单一完整的界面里组合了令人惊奇的创新工具，包括绘画、合成、3D DVE 以及字符生成、动态效果、图像处理等诸多功能。强有力的编辑和采编工具集包括高级色彩修正、调音、顺相位图形以及对多通道音频混合的支持。而且，其近乎无限层的 I/O 格式和解决方案、高清晰度通用原版制作使得编辑者可以快速、便捷地一次编辑并输出所需要的任何格式。

图 1-4 Avid DS Nitris 系统

1.2.8 时码（Time Code）

为确定视频素材的长度及每一帧画面的时间位置，以便在播放和编辑时对其精确控制，现在国际上采用 SMPTE 时间代码来给每帧视频图像编号，这就是时码。SMPTE 时码的表示方法：

时码 = 小时（h）:分（m）:秒（s）:帧（f）

例如，这样一条时码为 00:03:20:15 的素材，表示的长度为 3 分 20 秒 15 帧。

1.3 非线性编辑的工作流程

从非线性编辑系统的组成可以得到非线性编辑的工作流程，我们以模拟视音频信号素材为例，非线性编辑的工作流程如图 1-5 所示。

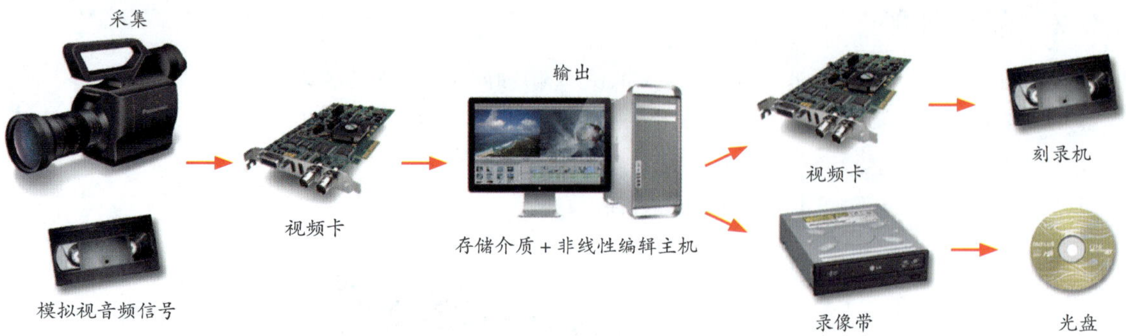

图 1-5　非线性编辑工作流程图

影响非线性编辑速度及质量的因素主要取决于计算机 CPU 的运算速度、采集卡中专用图形处理器的运算速度及压缩比。

1.4　常见的非线性编辑软件

随着计算机图像技术的发展，各种非线性编辑软件的不断涌现，既有在专业工作站平台上运行的、价格昂贵的、专业的非线性编辑软件，也有在 PC 机上运行的、价格低廉的、非专业的非线性编辑软件。对于众多的非线性编辑软件，我们可以从软件的功能上来大致区分出哪些非线性编辑软件更适合于数字合成，哪些非线性编辑软件的编剪功能更强，更适合于编辑。下面我们把当今较为常见的一些非线性编辑软件介绍给大家。

（1）Avid Media Composer

这是一款专业的非线性编辑软件，主要用于编辑电影、电视节目、广告或其他视频，可以有效地加速和简化工作流程，支持高清视频输出。

（2）Vegas

Vegas 是一款 PC 平台上用于视频编辑、音频制作、合成、字幕和编码的专业产品。它具有漂亮直观的界面和功能强大的音视频制作工具，为 DV 视频、音频录制、编辑和混合、流媒体内容作品和环绕声制作提供完整的集成解决方法。

（3）After Effect

After Effect（简称 AE）是 Adobe 公司推出的一款非线性特效制作软件，用于处理图形和视频，属于层类型后期软件。

（4）Maya

Maya 集成了 Alias、Wavefront 先进的动画及数字效果技术。它不仅包括一般三维和视觉效果制作的功能，而且还与先进的建模、数字化布料模拟、毛发渲染、运动匹配技术相结合。

（5）Premiere

Adobe 公司推出的基于非线性编辑设备的视频编辑软件，在影视制作领域取得了巨大的成功。其被广泛的应用于电视台、广告制作、电影剪辑等领域，成为 PC 和 MAC 平台上应用广泛的视频编辑软件。

（6）EDIUS

EDIUS 非线性编辑软件专为广播和后期制作环境而设计，特别针对新闻记者、无带化视频制播和存储。EDIUS 拥有完善的基于文件工作流程，提供了实时、多轨道、多格式混编、合成、色键、字幕和时间轴输出功能。

（7）会声会影

会声会影是一款针对家庭娱乐、个人纪录片制作之用的简便型非线性编辑软件。

（8）C4D（CINEMA 4D）

C4D 应用广泛，在广告、电影、工业设计等方面都有出色的表现。在制作影视作品时，可以使用 C4D 制作场景。

在实际工作中，节目制作的导演如果不了解非线性编辑系统和软件，那么所要求的特技效果就有可能制作不出来。因此，希望大家在了解这些软件后，可以针对所要制作的节目需要，选择合适的非线性编辑系统及相关软件。这样既可以提高工作效率，又能避免制作节目时出现不必要的麻烦。

本章小结

本章主要讲解非线性编辑技术发展的基本概况、基本概念、非线性编辑的工作流程和当下流行的非线性编辑软件特点，为后面的深入学习奠定基础。

本章作业

一、简答题

1. 什么是线性编辑？
2. 什么是非线性编辑？
3. 什么是脱机编辑？
4. 什么是联机编辑？
5. 什么是场？

二、填空题

1. 受到电影胶片的________________的启发，美国电子工程公司研制了时码系统。
2. 非线性编辑和线性编辑的概念主要是从________________的方式来区别的。
3. 采样格式是指________________、________________和________________三种信号采样速率的比率。
4. 非线性编辑系统中应用较为广泛的是________________有损压缩算法。
5. NTSC 信号的帧速率是________________，线数为________________。
6. PAL 信号的帧速率为________________，线数为________________。
7. 符合广播级标准的压缩比是 ________________；脱机的压缩比是________________。

2 基本编辑（Premiere）

本章重点

- 艺术指导原则
- 项目设置
- Premiere CC 的操作界面与控制面板
- 素材剪接的基本方法

教学环境

多媒体教室、电脑（配备视音频采集卡）、投影、公放、DVD

学时建议

4 学时

学习建议

了解非线性编辑的艺术指导原则，熟悉非线性编辑软件 Premiere CC 的操作界面和控制面板，掌握基本的 Premiere 编辑方法。

2.1 艺术指导原则

在动画影片的制作中，剪辑是动画制作中极其重要的一环。它相当于产品生产的总成工序，前期的创意、构思和拍摄的素材，只有通过剪辑才能组成一个完整的影视作品。

在我们利用非线性编辑软件来制作影视作品时，不仅需要能熟练操作软件，熟悉软件的功能，而且需要依靠影视制作方面的艺术构思和表现手法。因此，在动手操作软件之前，我们还需要学习一些指导非线性编辑的艺术原则和规律——镜头、景别、运动摄像、蒙太奇及镜头组接应遵循的规律。这些是在制作影视动画过程中会经常用到的概念。大家在掌握这些概念的同时，更要在实践中灵活应用这些规律和原则，将艺术和技术有机结合，并不断积累和总结经验，提高创作水平。

2.1.1 镜头

镜头是指摄像机连续拍摄的、在时间和空间上都具有连续性的片段。非线性编辑的处理对象就是这样的片段素材。当然，实际拍摄下来的一个镜头在后期非线性编辑中也可能被分成若干个片段。图 2-1 为动画片《飞屋环游记》中主人公与妻子共度最后时光的一组镜头。

图 2-1　动画片《飞屋环游记》中主人公与妻子共度最后时光的镜头画面（迪士尼公司出品，美国，2009）

2.1.2 景别

我们拍摄的人和物在画面中的大小范围不同，包含的信息就有所差别，这就是景别的概念。在摄影中，景别主要分为远景、全景、中景、近景和特写 5 种，如图 2-2 所示。

远景

全景

中景

近景

特写

图 2-2 《冰河世纪 3》中的 5 种（远景、全景、中景、近景和特写）镜头画面

远景是视距最远的景别，主要表现为巨大的整体空间环境，由于其包含内容较多，所以镜头时间应该是最长的，以便将大量的内容细节传达给观众。特写主要是表现拍摄对象的某一局部特点，如人的头部、手部等，特写镜头包含的内容最少，但重点突出，给观众强烈的视觉冲击。由于特写镜头的这些特点，其时间长度应该是最短的。全景、中景、近景这 3 种景别则是介于远景和特写之间，包含不同大小的内容和信息，表达不同的镜头语言。

2.1.3 运动摄像

利用摄像机在推、拉、摇、移、跟、甩等形式的运动中拍摄的方式，是突破画面边缘框架的局限、扩展画面视野的一种方法，如图 2-3 所示。

① 推镜头

② 拉镜头

③ 摇镜头

④ 移镜头

图 2-3　动画片《狮子王》中的“推、拉、摇、移”镜头画面

2.1.4　蒙太奇

蒙太奇是剪辑中的基本概念。蒙太奇是法语 Montage 的音译，原指建筑学上的搭配、构成。在非线性编辑中，“蒙太奇”转变为“剪辑、组合剪接”的含义，即影片构成形式和构成方法的总称。

蒙太奇主要功能在于通过镜头、场面、段落的分切和组合，对素材进行选择，使表现内容主次有序，集中概括；引导观众的思想和注意力，诱发观众参与思考，创造独特的影视时空；形成变化多样的影视节奏，使影视作品生动自然，产生强烈的艺术感染力。实践中人们总结出几种蒙太奇的模式，如叙述蒙太奇、表现蒙太奇等。

叙述蒙太奇在影视艺术中又被称为叙述性蒙太奇。它按照情节的发展时间、空间、逻辑顺序及因果关系来组接镜头、场景和段落。它表现了事件的连贯性，推动情节的发展，引导观众理解内容，是影视节目中常用的叙述方法。

表现蒙太奇也被称为对称蒙太奇，它是以镜头序列为基础，通过相连或相叠镜头在形式或内容上的相互对照、冲击，从而产生单独一个镜头本身不具有的或者更为丰富的含义，以表达创作者的某种情感情绪，给观众在视觉上和心理上造成强烈的影响，增加情绪的感染力，其美学作用在于激发观众的联想，启迪观众思考。表现蒙太奇的目的不是叙述情节，而是表达情绪、表现寓意和揭示内在含义。

2.1.5 镜头组接应遵循的规律

我们对拍摄或制作而得到的素材进行编辑处理，即将一系列分散的镜头按照一定的内容和主题思想串联成一个完整的统一体。在该过程中，我们要遵循一定的规律来进行镜头组接。

（1）镜头的组接要符合观众的思维方式和影视表现的规律。

（2）景别的变化要循序渐进，尽量做到舒缓平滑。这样可以使镜头之间的连接比较顺畅，而不致于使观众有转换突然和迷惑的感觉，如图 2-4 所示。

图 2-4　动画片《狮子王》中的几个镜头连接画面

（3）镜头组接时一般不能出现“跳轴”。这是因为镜头的视角代表了观众的视角，它决定了画面中各个物体的运动方向及相互位置关系，如果摄像机拍摄时跳过了物体运动或不同物体之间的轴线，这样的镜头组接在一起就会产生运动与位置的混乱。

（4）镜头组接一般要遵循“动接动”（图 2-5）、“静接静”的规律。当然，为了实现特殊效果，也有“动接静”或“静接动”的镜头。

图 2-5　动画片《狮子王》中遵循“动接动”规律组接的镜头画面

（5）镜头组接的时间长度。不同景别的镜头持续时间长短不同。远景、中景等景别大的画面包含的内容较多，观众需要看清楚这些画面上的内容，所需的时间就相对长些；而对于近景、特写等景别小的画面，所包含的内容较少，观众只需要短时间即可看清楚，所以画面停留时间可短些。

（6）镜头组接中光线、色调的统一。在前期拍摄时，某些镜头的光线与色调有可能存在一定的偏差，在后期的合成或非线性编辑中应该对其进行调整，尽量实现光线、色调的整体统一。

（7）镜头组接应体现一定的节奏感。影视节目的题材、样式、风格以及情节的环境气氛、人物的情绪、情节的起伏跌宕等因素是影视节目的节奏的总体依据，如图 2-6 所示。

图 2-6　动画片《狮子王》中一组节奏感强的镜头分解画面（迪士尼公司出品，美国，1994）

2.2　项目设置

现在数字技术在大制作的影片中被广泛应用。笔者认为，掌握一些非线性编辑技术和数字合成技术是非常必要的。本书选择当前应用广泛的非线性编辑软件 Premiere 作为讨论和学习的对象。如果将来有机会接触到其他的非线性编辑软件就会发现，不管是高级视频工作站上的 Media Composer，还是 Avid Express DV，几乎所有的非线性编辑的方法和思路都是相似的。我们在掌握软件技术和功能的基础上，一定要注重对非线性编辑技术原理的理解。

当我们正常运行 Premiere CC 后，最先映入我们眼帘的是开始运行画面，如图 2-7 所示。

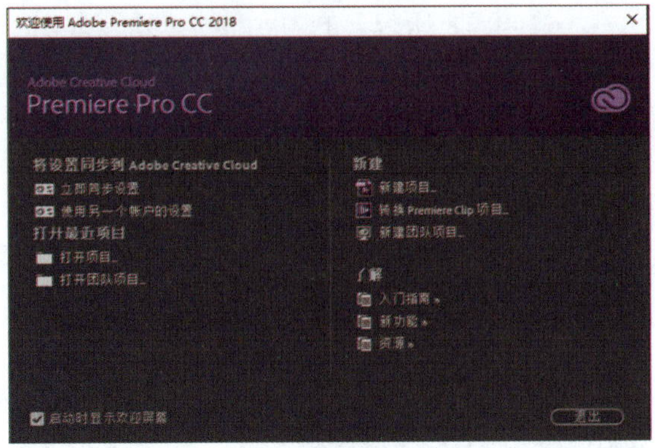

图 2-7　Premiere 的开始运行画面

在开始运行画面中，可以进行相关的项目设置。在这之前，我们要知道什么是项目。简单地说，项目是包含编辑素材所需的媒体单元的一个组织单元，即通过这个项目实现原始素材、组合连接、滤镜效果及运动特技等一系列处理对象与方法的集中管理。在图 2-7 中，我们单击“新建项目”按钮，打开“新建项目”对话框，如图 2-8 所示。

设置完成后需要创建一个序列，选择“**文件→新建→序列**”命令，打开“新建序列”对话框，如图 2-9 所示。

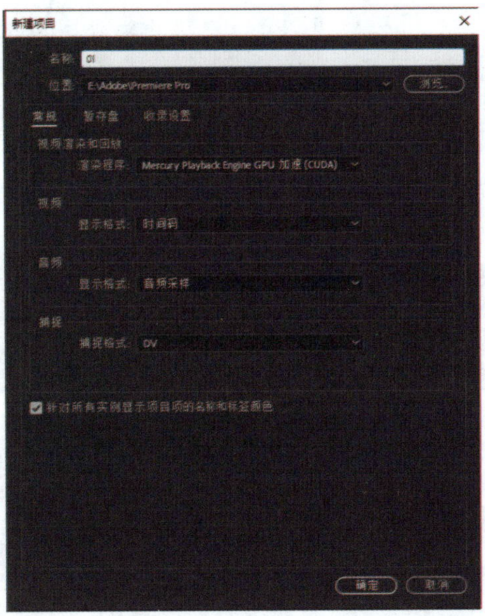

图 2-8　“新建项目”对话框

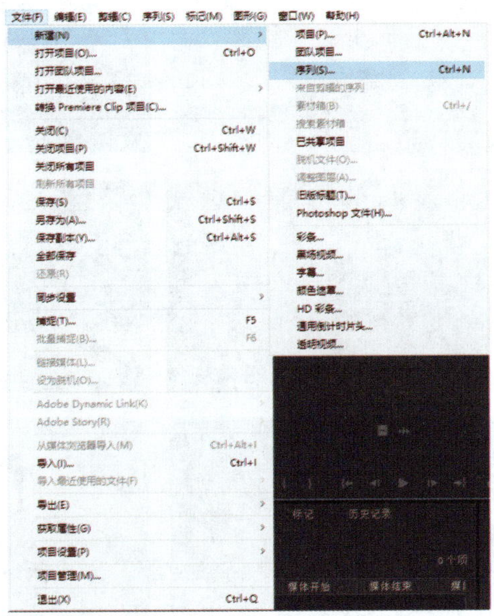

图 2-9　“新建序列”对话框

在“新建序列”对话框中，可以根据需要加载 Premiere 程序预先设定好的项目设置，如一些常用的 DV-NTSC 和 DV-PAL 的设置，在右边窗口中可以看到每种预设值的细节描述，还可以单击“设置”“轨道”“视频”等标签进入各个参数项的设置（详见拓展文档《在“新建序列”对话框中定义“设置”“轨道”“视频”等标签的属性》）。

2.3　操作界面与操作窗口的功能应用

项目设置完成后，就进入到了 Premiere CC 的工作界面。工作界面中主要包含了节目监视器、源监视器、项目面板 、效果面板、历史面板和工具面板等面板，如图 2-10 所示。

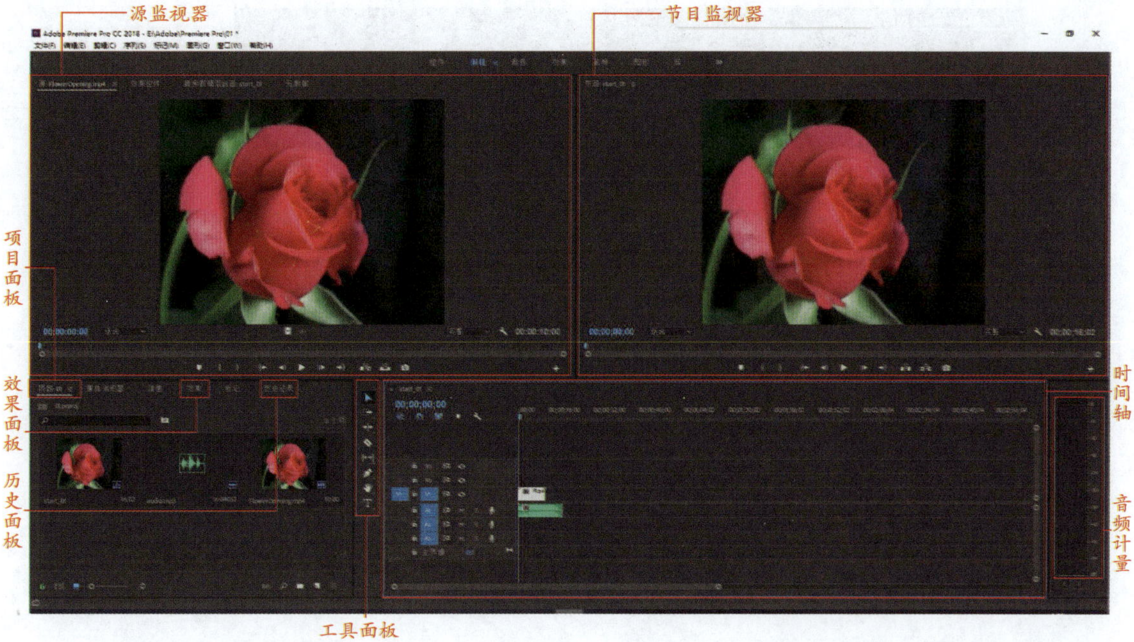

图 2-10　工作界面

2.3.1　项目面板

项目面板是用于管理项目素材和片段的面板，是素材文件的存储库。那么如何将素材导入到项目面板中呢？

Premiere 支持多种视频和图像文件格式，如 MP4、AVI、MOV、GIF、JPG、TIF、PSD、PVD、TGA、BMP、FLM、FLC、SGI 等；支持 WAV、AIF、MP3 等格式的音频文件。下面我们动手完成数字图像文件的导入。

步骤 1　选择“**打开→导入**”命令，打开“导入”对话框，找到存放素材的目录，从中选择需要的素材文件后，单击“打开”按钮，该文件就被导入到项目面板中，如图 2-11 所示。

步骤 2　在项目面板中，我们还可以对素材进行组织管理：①将导入的素材放入素材箱，②显示素材，③新建片段、字幕和彩条。（详见拓展文档《对素材进行组织管理》）

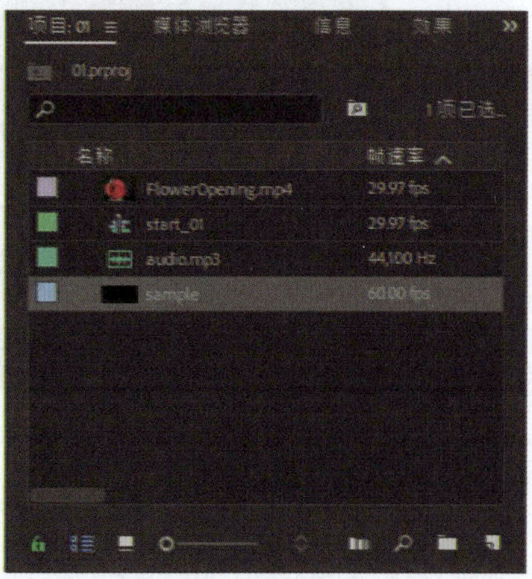

图 2-11　项目面板中的素材文件

2.3.2　源监视器与节目监视器

执行“**窗口→源监视器**”和“**窗口→节目监视器**”命令把监视器的两个面板显示出来，这样在剪辑时会更加方便。在下图左边的相当于源监视器，就好像是传统编辑过程中的放机，这里显示用于编辑的素材，如图 2-12 所示；右边的相当于录入节目的监视器，就好像是传统编辑过程中的录机，用来显示片段，也可以称为节目监视器，如图 2-13 所示。

图 2-12　源监视器

图 2-13　节目监视器

在源监视器中，单击“**按钮编辑器**”按钮，弹出“按钮编辑器”对话框，可将常用的按钮拖到默认按钮之后使用，如图 2-14 所示。

（注：阅读拓展文档《监视器面板中常用按钮的功能说明》，可了解“按钮编辑器”对话框中各按钮的功能。）

在节目监视器，通过单击鼠标右键，在弹出的

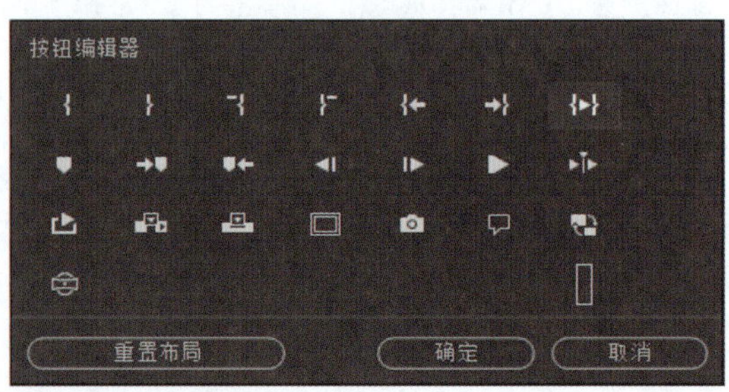

图 2-14　“按钮编辑器”对话框

菜单中选择“**显示模式→多机位**”命令则可以打开一个新窗口以多相机方式显示，如图 2-15 所示。

图 2-15　多相机方式显示

2.3.3　时间轴

时间轴面板（以下简称时间轴）就是按时间编辑素材的面板，以图形表示正在做的编辑。在时间轴中，我们可以看到被剪辑的各种素材按时间排列的顺序以及编辑点，我们称此为一个序列。它与节目监视器是相互对应的。

在一个项目中，可以创建多个节目序列，节目序列之间可以嵌套使用。

选择“**打开→新建→序列**”命令，或者在项目面板中单击鼠标右键，从弹出的菜单中选择“**新建项目→序列**”命令（或者直接单击项目面板下方的“**新建项**”按钮），从弹出的菜单中选择“序列”命令，都可以新建一个序列，如图 2-16 所示。

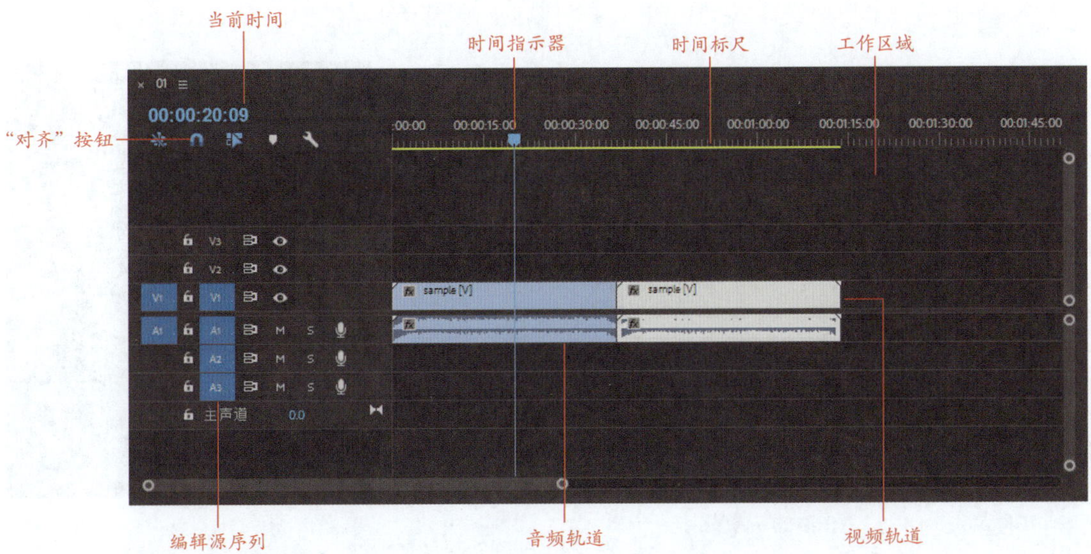

图 2-16　时间轴

2.3.4 效果面板

效果面板主要显示常用的特效与命令，包括音频效果、音频过渡效果、视频效果和视频过渡效果。通过为对象应用视频效果，可以调整对象的色调、透明度并施加各种效果。应用音频效果，可以调整对象音量、均衡和施加效果，如图 2-17 所示。

2.3.5 效果控件面板

效果控件面板用于控制对象的运动、透明度、时间重映射等属性，如图 2-18 所示。

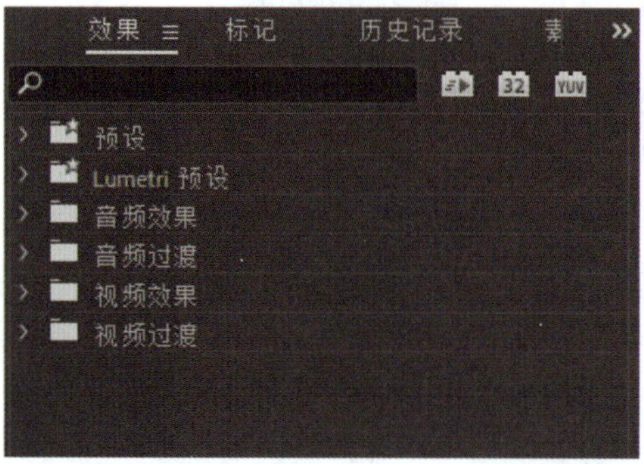

图 2-17　效果面板

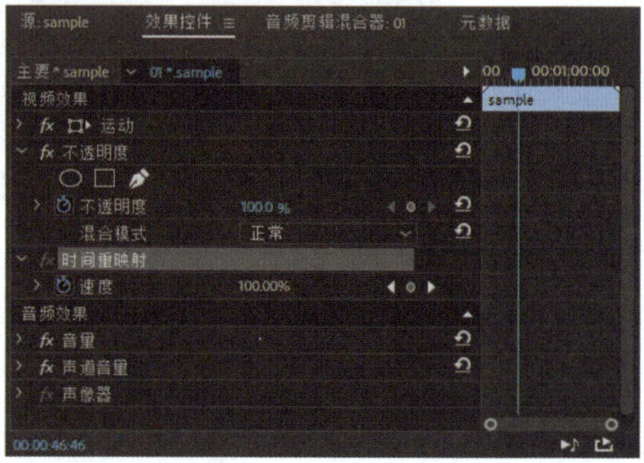

图 2-18　效果控件面板

2.3.6 工具面板

工具面板包括编辑使用的必备工具，如图 2-19 所示。

信息面板主要提供素材的信息，显示所选剪辑或过渡素材的有关信息，如图 2-20 所示。

历史记录面板记录用户的每一步操作，用户可以返回到若干步前的操作，如图 2-21 所示。

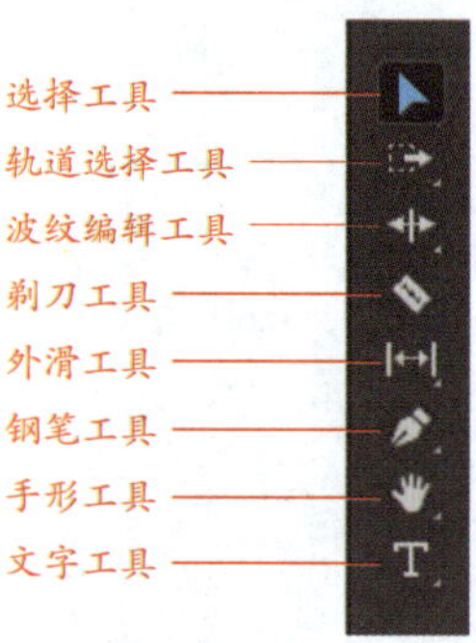

图 2-19　工具面板

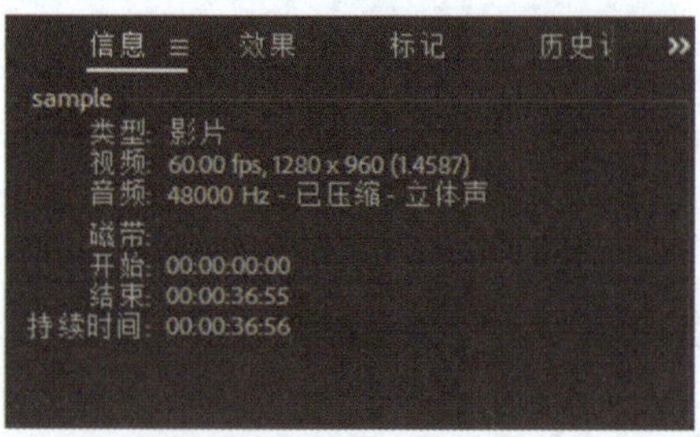

图 2-20　信息面板

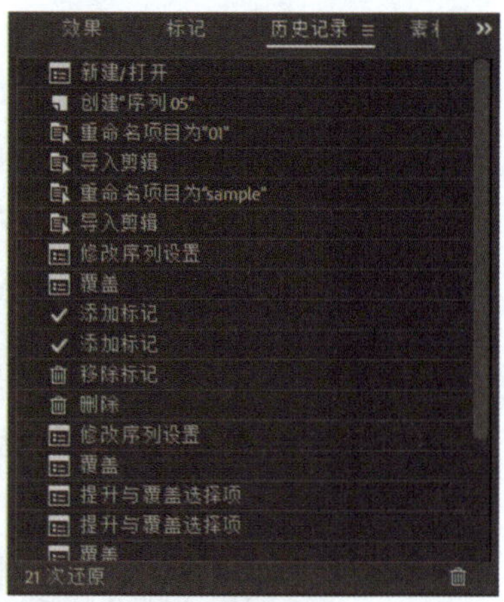

图 2-21　历史记录面板

现在我们可以将工作结果保存起来了。选择**“文件→保存”**命令保存项目，Premiere 项目文件的后缀是“.prproj”。退出程序后，若要再次进入我们刚才设置的项目，可以使用**“文件→打开”**命令打开先前所保存的项目，即可继续进行编辑制作。

贴心提示

保存项目可以保存编辑结果、源文件的引用和程序窗口的最新排列。为了保护工作，我们可以设置自动保存的间隔时间，如通过**“编辑→首选项→常规→自动保存”**命令来设定的间隔时间自动保存项目。

2.4 素材剪接的基础应用

2.4.1 起始操作

在素材准备好了后，我们就可以进行编辑了。

步骤 1 在素材面板中浏览素材，然后标定入点、出点，修剪素材。同时，在素材面板的右下方可以看到标定入点、出点后素材的时间长度信息。

步骤 2 用“**插入**”按钮或“**覆盖**”按钮将素材面板中标定入点、出点的素材剪辑到节目监视器上。此时节目监视器上的时码显示的是片段的时间信息。下面结合实例来讲解如何标定入点、出点修剪素材，使用“**插入**”按钮和“**覆盖**”按钮来连接素材。

2.4.2 在素材面板中剪辑素材

在时间轴中编辑影片，可以从项目面板中直接拖动素材到时间轴的轨道中。我们并不提倡这样的编辑方法，因为导入到项目面板中的素材在很多方面都不符合编辑的要求。在此之前，一般都需要对源素材进行一些修剪。在素材面板中修剪过的素材，并不会覆盖源素材。

步骤 1 将项目面板中的素材拖入到素材面板中，或在项目面板中双击素材，将其在素材面板中打开。

步骤 2 在素材面板左下方的时码区键入入点的时码，或拖动时间指示器到入点位置，单击“**入点**”按钮，也可以直接按 I 键，设定入点（入点就是剪辑开始时的帧），如图 2-22 所示。

图 2-22 设置入点

步骤 3 用类似的方法完成出点的设定。在素材面板左下方的时码区键入出点的时码，或拖动时间指示器到出点位置，单击“**出点**”按钮，也可以直接按字母“O”键，设定出点（出点就是剪辑最后的帧），如图 2-23 所示。

图 2-23 设置出点

步骤 4 确保 V1 轨道是被激活的，也就是说，我们将剪辑好的素材放在 V1 轨道上，然后使用“**插入**”按钮或“**覆盖**”按钮，将修剪过的素材剪切到节目监视器中。同时在时间轴从时间指示器停留的位置将素材剪辑到 V1 轨道上，如图 2-24 所示。

步骤 5 在剪辑后续的素材时，一般使用“**对齐**”按钮，这也是在时间轴中对齐素材的默认操作。那么，后面被剪辑到时间轴的轨道中的素材与其他素材边缘紧贴对齐，而且在拖动素材时，会自动吸附到需要对齐的素材边缘。

步骤 6 对于声音同步要求严格时，可以为音频素材设置高精度的入点、出点。音频素材的入点和出点可以以高达 1/600 秒的精度来调整。在源监视器中选择音频文件，以音频单位显示，如图 2-25 所示。

图 2-24 将素材剪辑到 V1 轨道上

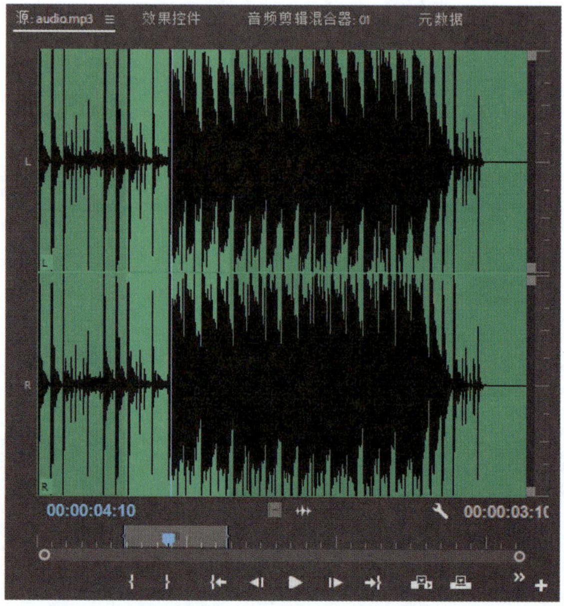

图 2-25 以音频单位显示

把素材剪辑到节目监视器后，就可以在节目监视器中播放刚刚剪辑过来的片段了。那么，是不是节目监视器中的片段就不能修改了呢？答案是否定的。其实，Premiere 给我们提供了很好的功能，即便是节目监视器中的片段，如果不满意，还是可以通过节目监视器下方的“**标记入点**”按钮、“**标记出点**”按钮（或按字母 I、O 键）来标注新的入点和出点，对已经剪辑过的素材再次进行修剪。在时间轴上，还可以**剃刀工具**直接在片段上进行修剪。

2.4.3 在节目监视器或时间轴中再次裁剪片段

1. 在节目监视器中设置入点、出点

步骤 1 在片段中，标定一段需要删除的片段的入点、出点，单击节目监视器下方的“**提升**”按钮举出内容，留下时间段空隙（即在前一个剪辑和后一个剪辑之间有一段空白），后面素材段的位置不变。这个时间段需要用新素材的相同长度来填补，或将后面的片段向左移动来填补这个空白，如图 2-26 所示。

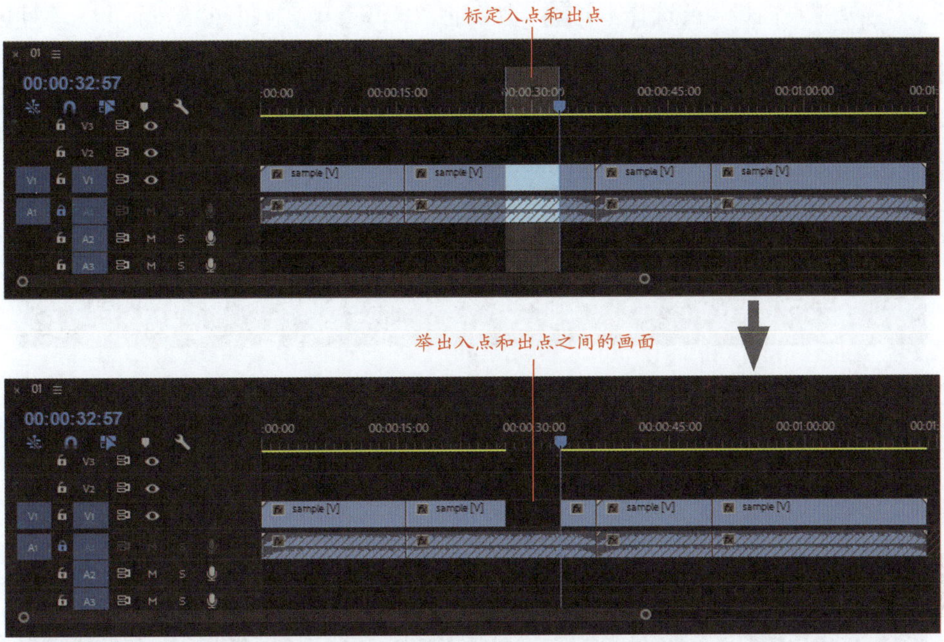

图 2-26　举出入点和出点之间的画面内容

步骤 2　使用“**提取**”按钮剪掉内容，后面的片段序列会自动填补，如图 2-27 所示。

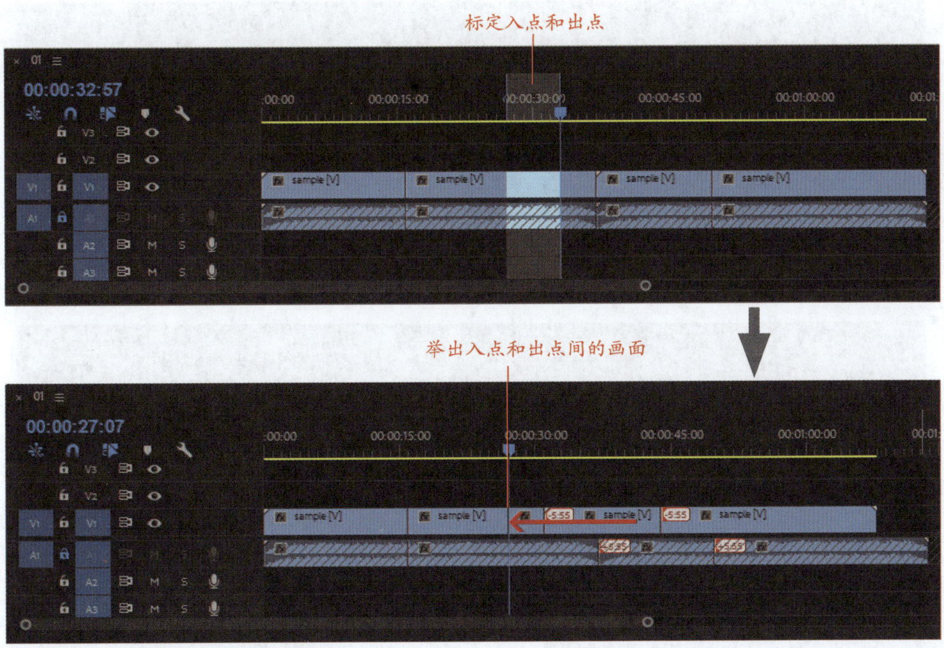

图 2-27　使用“提取”按钮裁剪片段

2. 在时间轴中修剪片段

在时间轴中要修剪片段，有以下两种办法。

方法 1：选择工具面板中的**选择工具**，然后把鼠标移到剪切点上，当光标变为图标或时，按住鼠标左键并拖动鼠标即可修改片段的入点和出点，如图 2-28 和图 2-29 所示。

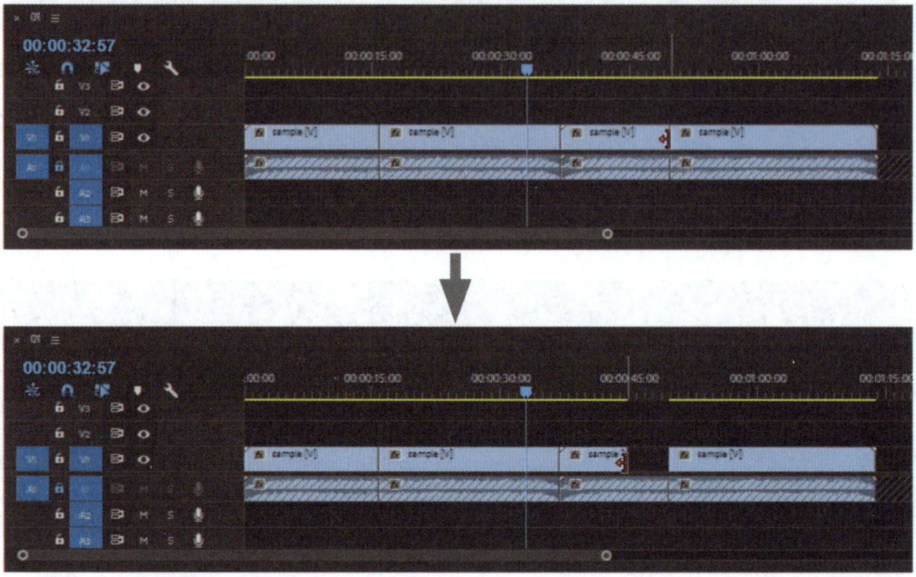

图 2-28　修改片段的出点

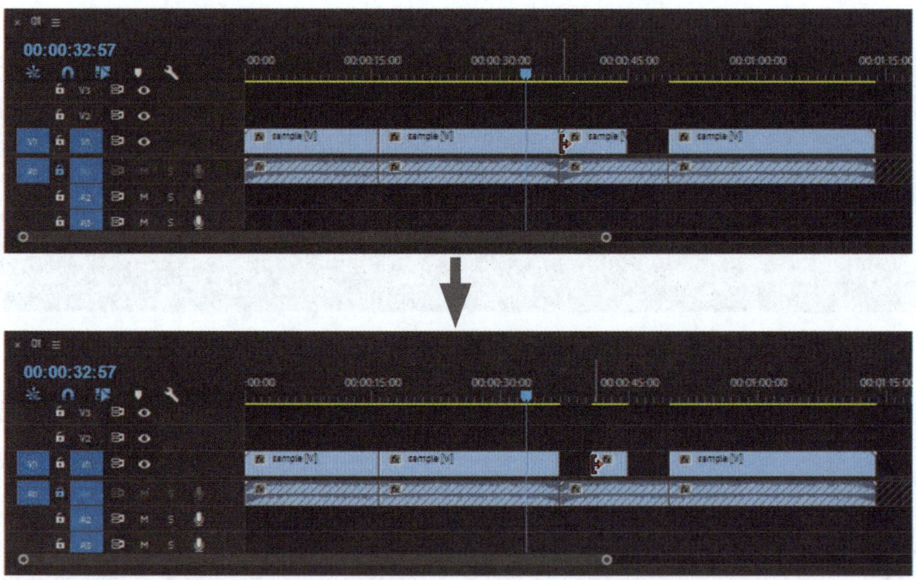

图 2-29　修改片段的入点

方法 2：利用工具面板中的**剃刀工具**进行裁剪；该工具可以在时间轴的序列中切割一个单独的素材使其成为两个或更多个单独的素材。当切割一个素材时，实际上是建立了该素材的两个副本。

步骤 1　将一个素材切割成两个素材时，为不影响其他轨道上的素材，可以先将其他轨道锁定，对于素材本身既有视频，也有音频，如果想只对视频切割，可以先锁定音频轨道。

步骤 2 使用**剃刀工具**，在素材需要切割的位置单击，该素材就被切割成两段素材，每段素材都有其独立的长度、入点和出点，如图 2-30 所示。

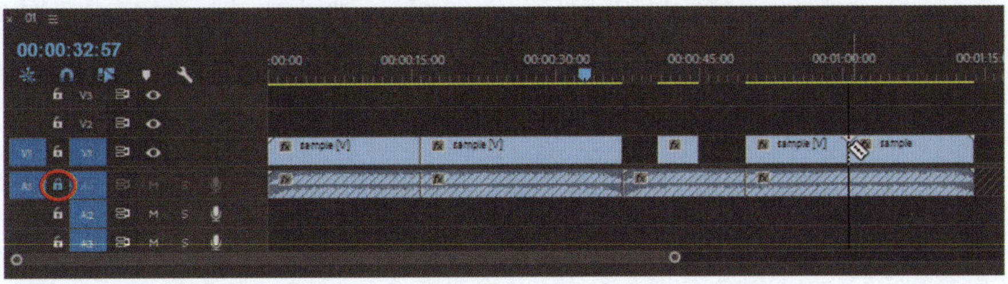

图 2-30 将一个素材切割成两个素材

步骤 3 如果要将多个轨道上的素材在同一时间点分割，可按住 Shift 键，显示多重刀片，然后单击即可。于是轨道上所有未锁定的素材都在该点位置分为两段，如图 2-31 所示。

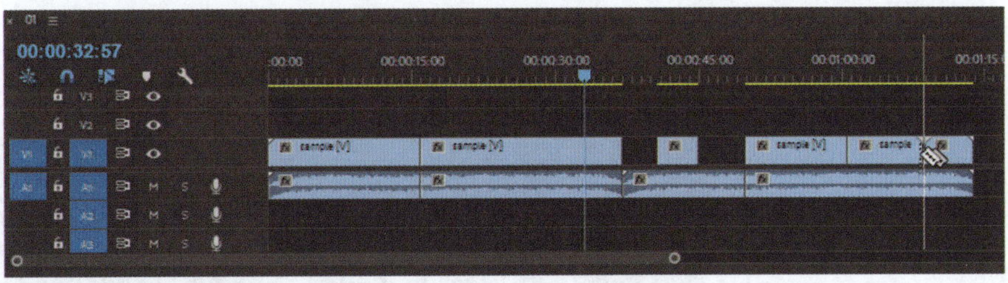

图 2-31 切割多个素材

3. 利用菜单命令分割素材

步骤 1 将时间指示器定位在素材要分割的时间点上。

步骤 2 选择“**序列→添加编辑**”命令，在时间指示器处将素材分割成两段，如图 2-32 所示。

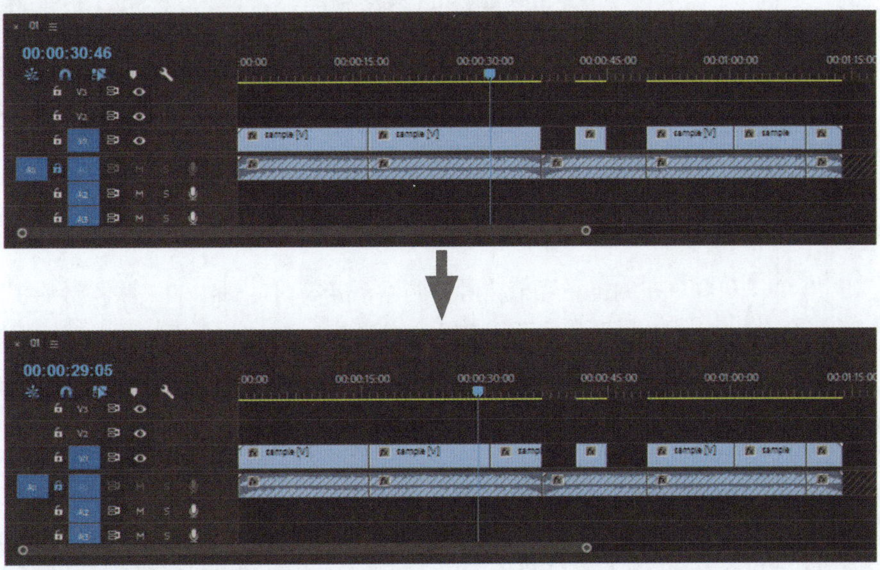

图 2-32 利用菜单命令分割素材

2.4.4 修剪和剪辑音频素材

上面我们的操作基本上只是针对视频素材做的修剪和剪辑。那么，如何对音频素材进行修剪和剪辑呢？下面我们来添加声音并进行剪辑。

步骤 1 在第二个声音轨道中导入并放置一个音频文件给影片添加一些音乐效果。音频文件中的音乐在录音棚中录制并被数字化，然后在 Premiere 中进行组合处理。同导入视频素材一样，先将音频文件导入到项目面板中，然后从项目面板中将音频文件用鼠标拖到时间轴中。或者同修剪视频素材一样，将音频素材拖放到素材面板中，设定入点、出点，然后选择 A2 轨道（即激活 A2 轨道），将时间指示器停留在音乐出现的位置，用“覆盖”按钮将音乐素材放到相应的音频轨道中。

步骤 2 如果想要查看音频的波形，可以拖动 A2 轨道左边的向下间隔，从而将该轨道展开，显示音频的波形。波形显示声音随时间而变化音量的大小，波形的峰值点表明最大音量。在后面的课程中，我们会讲到怎么使影像与音乐同步。

步骤 3 现在我们单击 A2 轨道左边的小方框显示出图标来锁定声音轨道，让它随后在编辑影像时不会产生移动和错位，如图 2-33 所示。

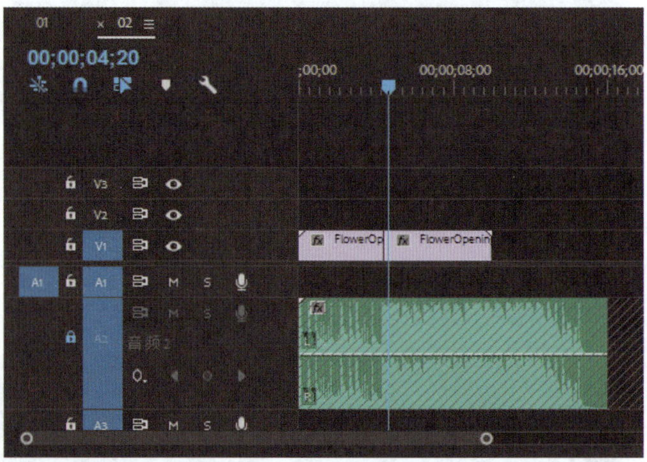

图 2-33 锁定声音轨道

> **贴心提示**
>
> ① 在时间轴中编辑时，如何快速找到定位时间很重要，时间轴左下方的时间单位菜单表示当前所用的时间尺度。当想看更多细节或影像时，可以调整时间尺度。例如，你想要在时间轴中每个时间标尺刻度上显示一帧，可以以一帧的时间比例，此时可以非常精确地进行编辑。
> ② 在放大或缩小当前的时间比例时可以方便地使用快捷键。按“—”（短划线），缩小一级；按“=”放大一级；按“\”把整个影像放在时间轴的可见区域。
> ③ 利用设置的标记点快速寻找到目标位置。首先在素材面板或节目监视器中选择要设置标记点的位置，然后单击图标，或按“*”键，将在该处添加一个不带数字的标记点。

> **贴心提示**
>
> 在制作影视节目时，视频素材和音频素材的剪辑哪个在先哪个在后，要根据影视节目的类型而定。制作 MTV，一般我们要先添加声音，也就是将音频素材修剪好后，将声音铺到音频轨道上，然后锁定音频轨道，剩下的就是根据节奏和所要表达的内容来剪辑视频的素材了。剪辑电视剧时，可能就是先剪辑画面，然后再加声音，主要包括对白和背景音乐等声音。还有些素材既有影像又有声音，剪辑就会简单一些，可以同时编辑。

2.4.5 分离和关联素材

在编辑影片节目时，经常需要将时间轴中的关联素材的视频和音频部分分离，即用户可以完全打断或暂时释放关联素材的关联关系并重新放置到其他各部分。在很多时候，我们也需要将各自独立的视频和音频关联在一起，作为一个整体调整。

1. 关联素材

步骤 1 在时间轴的序列中，使用**选择工具**选择要进行关联的视频素材片段，然后按住 Shift 键再在要与视频关联的音频素材片段上单击，将其选中。

步骤 2 单击鼠标右键，从弹出的菜单中选择“链接”命令，视频片段与音频片段就被关联在一起，作为一个整体进行操作。

2. 分离关联素材

在序列中，要分离刚才关联的视音频素材。只需选中素材片段，单击鼠标右键，从弹出的菜单中选择“取消链接”命令，即可把素材的音频和视频分离开。

其实 Premiere 对音频有很强大的处理能力，可以通过使用音频剪辑混合器面板，如图 2-34 所示。该面板使用类似专业调音台的工作方式来控制声音，具体使用方法将在后续章节中讲解。

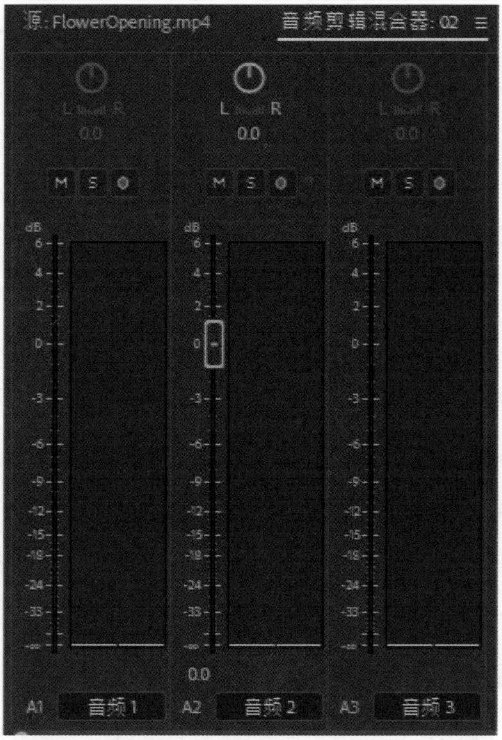

图 2-34　音频剪辑混合器面板

2.4.6 预览影片

当把一个个素材剪辑到节目监视器中，就产生了影片序列。我们可以随时回放影片序列预览效果。预览回放影片有很多种方法。

方法 1： 使用 **“播放”** 按钮▶播放影片。在节目监视器，单击”按钮▶，就会播放影片；单击 **“停止”** 按钮■停止播放。

方法 2： 使用快捷键播放影片。在节目监视器中，按空格键，开始播放影片；再次按空格键，停止播放。按 J 键，还可以进行倒放。

到目前为止，我们也只是讲了进行非线性编辑所需要的预备知识，虽然这些知识很基础，但确实是很重要的，对今后的编辑大有帮助。

本章小结

在这一章的开始，我们介绍了一些非线性编辑的艺术指导原则。在进行剪辑之前，对于了解非线性编辑的艺术指导原则是很重要的；接着介绍了开始制作影片时的项目设置及相关参数的属性。为了使读者尽快熟悉 Premiere 的操作界面与控制面板，我们还介绍了它们的作用和功能。

本章作业

一、填空题

1. 多媒体常用的帧尺寸为__________，可以将帧速率调整为__________。

2. __________是调频的音质，__________是 CD 的音质，__________都是数字高保真音质。

3. 设置入点的快捷键是__________，设置出点的快捷键是__________。

4. 在摄影中，景别主要分为__________、__________、__________、__________、__________5 种。

5. 录像带上的模拟或数字动态视音频信号通过________________进行数字化采集，进入到计算机中形成数字图像文件。

6. 在调色过程中，需要不断地在__________、__________和__________之间进行比较观察。我们可以通过__________功能来进行操作。

二、简答题

1. 什么是溢出扫描？
2. 什么工具可以将素材面板中的片段直接插入到时间指示器位置的当前轨道中？
3. 什么工具可以用素材面板中的片段替换时间轴中时间指示器位置的片段？
4. 什么是序列的嵌套？
5. 通过哪项菜单命令来设定自动保存项目的时间间隔？
6. 在时间轴中，如何利用鼠标修改片段的入点和出点？
7. 如何为音频素材设置高精度的入点、出点？

3 影片剪辑与表现技法

本章重点

- 艺术指导原则
- 修剪素材的方法
- 过渡特效的添加与修改
- 工具的应用
- 影片的生成与预览

教学环境

多媒体教室、电脑（配备视音频采集卡）、投影、公放、DVD

学时建议

4 学时

学习建议

通过制作风光短片《美丽的海滨》，熟悉视频剪辑的基本流，掌握剪辑过程中影片片段的连接技法、“过渡特效”的应用、配音的原则及相关设置、预览效果、影片生成和输出等内容。

3.1 艺术指导原则

在第 2 章我们已经学习并掌握了非线性编辑的基本编辑方法，接下来我们就可以用自己所学的知识来进行剪辑工作了。在剪辑时我们还可以学习片段的连接技巧，常用的片段与片段的过渡特效也叫转场特技。过渡特效是在影视节目和动画片剪辑中经常使用的特技，这种剪辑手法是影视的叙述手法，即蒙太奇手法的运用，主要用来分割段落，表现时间和空间的变化，以及表现次要情节的重要变化，如图 3-1 所示。

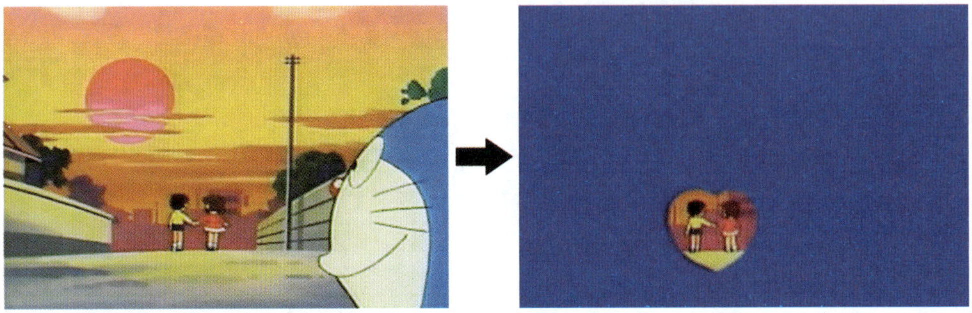

图 3-1　动画电视系列片《机器猫》的过渡特效镜头画面

在过渡特效中经常被使用的是淡入淡出（或叫渐隐渐显）特技，如图 3-2 所示。淡入淡出特技可以会为影片镜头增加一些主观氛围，表现不同的情绪和节奏，如主人公的思考、回忆等主观情绪等。镜头的切入切出是从一个剪辑到另一个剪辑的突然变化，淡入淡出特技比基本编辑影片镜头的切入切出更加舒缓，而且也不像切入切出那么生硬。淡入淡出特技在影视节目中应用十分广泛，经常出现在故事片、动画片、专题片和 MTV 中。

图 3-2　动画片《飞屋环游记》中渐隐渐显的过渡特效镜头画面

3.2 范例制作——风光短片《美丽的海滨》

接下来我们就来剪辑一段有关旅游的风光短片。短片通过画面介绍海滨的魅力，告诉人们那里是美好的旅游胜地。在剪辑风光片时，综合利用不同的转场特技使画面衔接显得紧凑、丰富。

3.2.1 影片介绍

本片讲述的是一段美丽海滨风光的小短片。海浪拍打着礁石，激起层层白雾，然后叠画出波浪向前涌动的画面。一个闪白显现出一个横向的摇镜头画面，展现出长长的、绵延不断的远方岛屿。随着一个圆形展开的转场，一下子将人们的眼光吸引到海上驾驶快艇驰骋的游人身上；然后，画面快速从中心分开，展现出海滩上休闲的人们，或在漫步海边、或在享受阳光的照耀、或在水中嬉戏；最后，随着分裂过渡特效，画面像自动门一样打开，显露出汹涌的浪涛，一浪高过一浪，最后一个长长的拖尾缩放将美丽的大海变成一个小黑点……

3.2.2 观看影片

播放影片文件（素材与工程文件 \Chapter03\ASSORT03\MOVIE\sight_end.avi），通过观看影片，进一步了解风光短片《美丽的海滨》范例制作的主要内容，如图 3-3 所示。

图 3-3 风光短片《美丽的海滨》的片段画面

3.2.3 制作流程（步骤）及技巧分析

首先创建新项目，设置项目的各种参数，然后根据影片特点配乐，最后根据不同的画面添加不同的过渡特效。整个制作流程可分为 4 个部分，如图 3-4 所示。

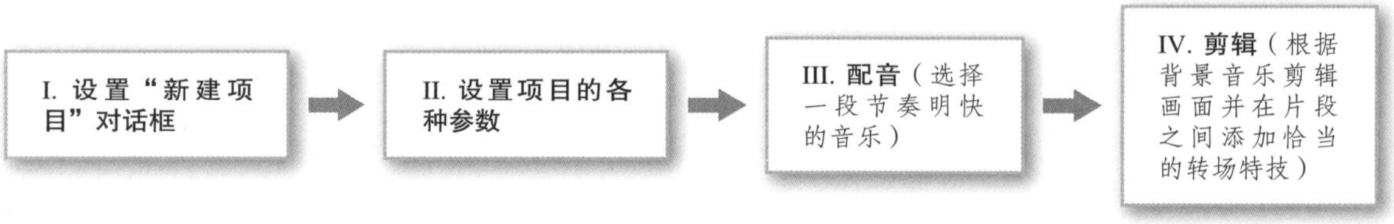

图 3-4 风光片《美丽的海滨》的制作流程图

3.2.4 剪辑与合成

1. 设置“新建项目”对话框

步骤 1 首先创建一个新项目，然后将要剪辑风光片的影片素材导入（“素材与工程文件\Chapter03\ASSORT03\PROJ\source03”文件夹），选中所有素材，导入素材，将项目保存为“sight.prproj”。

步骤 2 根据需要，先在“新建项目”对话框中作如下设置：

（1）单击“常规”标签，设置“视频渲染和回放”中的渲染程序为“Mercury Playback Engine GPU 加速（CUDA）”。

（2）视频、音频、捕捉选项都采用默认设置。单击“确定”按钮，关闭“新建项目”窗口。

> **贴心提示**
> “新建项目”时，在“新建项目”对话框中，在“名称”文本框中输入项目要保存的名字：sight。在“位置”文本框中，单击“浏览”按钮，将项目的工程文件保存在我们需要的地方。

2. 设置“新建序列”对话框

> **贴心提示**
> 渲染程序是 Premiere 中十分重要的功能，它可以使用 GPU（显卡）来加速渲染和预览的时间。

步骤 1 创建新项目序列时，在“新建序列”对话框中，设置编辑模式为“AVC-Intra 100 720p”、时基为“25 帧 / 秒”。

步骤 2 根据需要，先在“新建序列”对话框中单击“设置”选项，打开“序列设置”对话框，进行参数设置，如图 3-5 所示。

（1）设置编辑模式为“AVC-Intra 100 720p”、时基为“25 帧 / 秒”。

（2）在“视频预览”栏中，设置宽度为 1280、高度

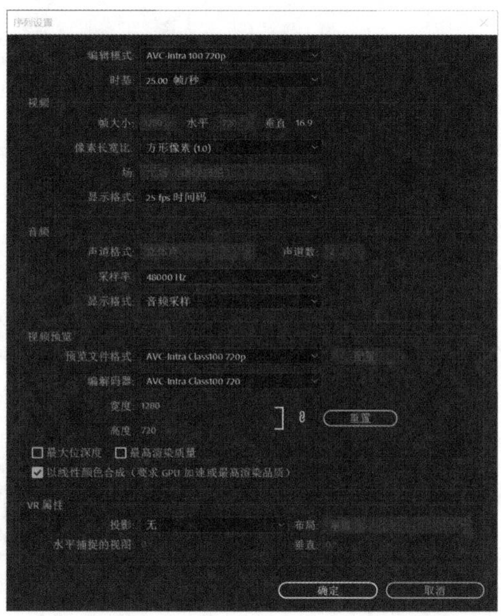

图 3-5 设置标签中的参数

为 720。

（3）在“音频”栏中，设置采样率为“48000Hz”（数值越大，声音越清晰）、显示格式为“音频采样”。

（4）单击“确定”按钮，返回到“新建序列”对话框。

（5）在“新建序列”对话框最下方的“序列名称”文本框中输入项目名称 sight。单击“确定”按钮，关闭对话框。

3. 配音乐

根据影片的特点进行配乐。

步骤 1 选择一段节奏明快、动听的音乐。

步骤 2 直接将音乐素材从项目面板拖到时间轴的 A1 音频轨道上。

步骤 3 把声音铺好，锁定 A1 音频轨道。

在做影视节目后期剪辑时，可以先将音乐铺好，然后锁定音频轨道，再剪辑视频画面，这种剪辑方法常常在剪辑 MTV 或一些专题片时采用。**另外一种剪辑方法**：先剪辑视频画面，等视频画面都剪辑完成后，再铺上音乐、动效和对白。剪辑电视剧或动画片一般会采用此方法。当然，选择剪辑方法，一定要根据具体情况来选择。

4. 剪辑画面

根据背景音乐节奏剪辑画面。

步骤 1 素材 beach03：现在把素材 beach03 放到名为“源”的素材面板，浏览后确定下来要哪一部分片段，标定入点、出点。确保时间指示器在时间轴的开始位置，用“**插入**”按钮将片段剪到节目监视器。**注意**：此时 V1 视频轨道是被选中的，这样 beach03 片段就显示在 V1 轨道中。

步骤 2 素材 beach06：现在我们把素材 beach06 放到源监视器中，在节目监视器中播放、浏览后，标定入点和出点，得到 beach06 片段，如图 3-6 所示。

步骤 3 添加过渡特效：在节目监视器中，可以拖动滑块浏览刚才编辑的两个影片片段。现在我们给片段 beach03 和 beach06 之间加上一个过渡特效，这里添加淡入淡出过渡，淡入淡出效果是第一个影片结束时由亮逐渐变暗，第二个影片开始时由暗变亮。为了创建片段 beach03 和 beach06 两个剪辑之间的过渡，需要在片段 beach03 和 beach06 的相接处加入过渡特效效果，选择“**窗口→工作区→效果**”命令，打开效果面板。面板中包含各种特技，这些特技根据作用分类，存放在各个文件夹中，如图 3-7 所示。

图 3-6 设置 beach06 片段的入点和出点

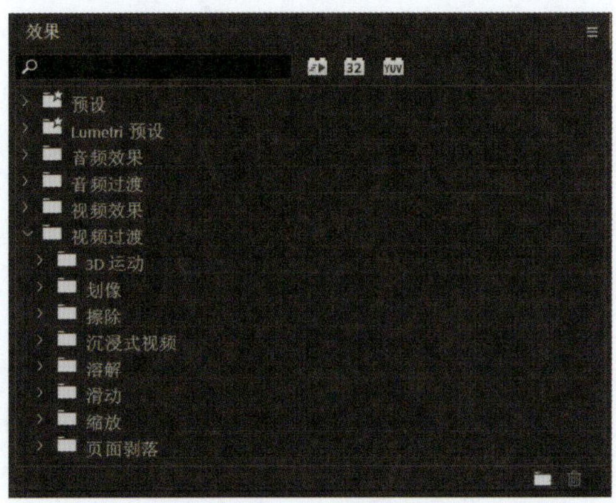

图 3-7 效果面板

步骤 4 添加过渡特效：单击“**视频过渡→溶解**”左侧的图标，展开文件夹，显示该文件夹下的所有过渡特效，我们选中“交叉溶解”特效，按住鼠标左键将其拖动到序列并放在两个片段相接处，如图 3-8 所示。

步骤 5 改变时间单位：在剪辑时，为了更易于在时间轴中查看，可以随时改变视图。通过滑动时间轴下方改变时间单位的滑钮，改变时间单位。

步骤 6 预览效果：在节目监视器中，按空格键或单击节目监视器下的“**播放**”按钮播放影片，预览效果。

步骤 7 修改：如果想修改这个过渡特效，可以单击过渡图标打开效果控件面板，来修改过渡的方向、过渡影响的区域以及过渡的对齐方式等内容，如图 3-9 所示。

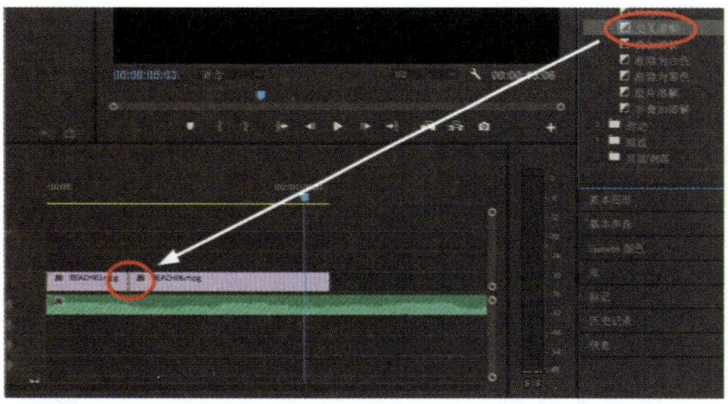

图 3-8 添加“交叉溶解”特技效果

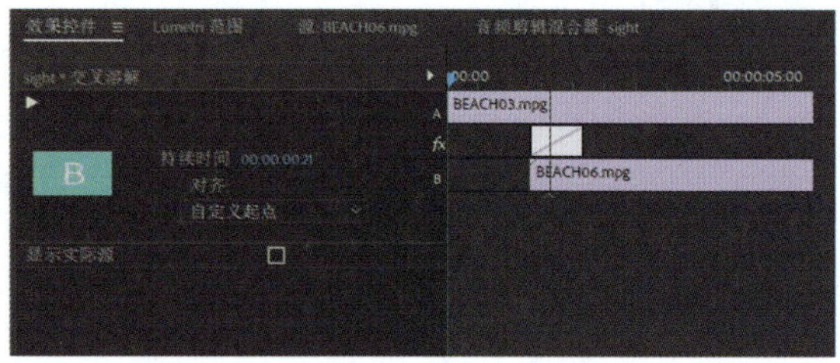

图 3-9 效果控件面板

步骤 8 默认过渡：效果控件面板的右边为时间线区域，可以设置过渡的长度和位置。在两段影片片段之间加入过渡特效后，时间线上会出现一个重叠部分，这个重叠部分就是发生过渡的范围。与时间轴中只显示入点和出点之间的影片不同，在效果控制面板的右边会显示影片的完全长度，边角带有小三角即表示影片到头了。这样设置的好处是可以随时修改影片参与过渡的位置。

在添加过渡特效后，选中该过渡特效，在效果面板的右上方单击图标，然后在弹出的菜单中选择“将所选过渡设置为默认过渡”命令，如图 3-10 所示，将当前选定的过渡设置为默认过渡。

在“设置默认过渡持续时间”选项中，可以设置每次加入过渡的持续时间，如图 3-11 所示。

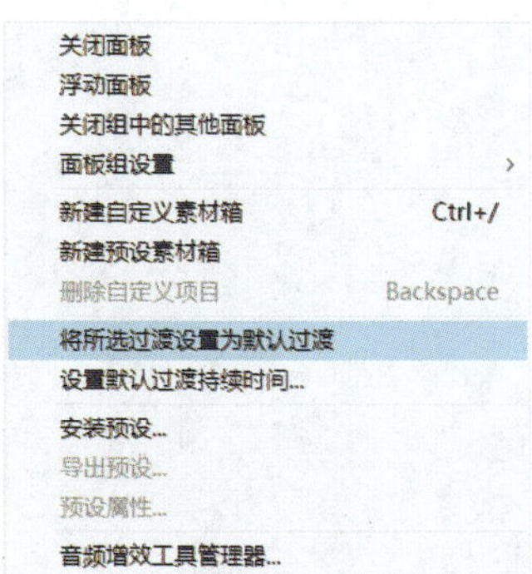

图 3-10 当前选定的过渡设置为默认过渡

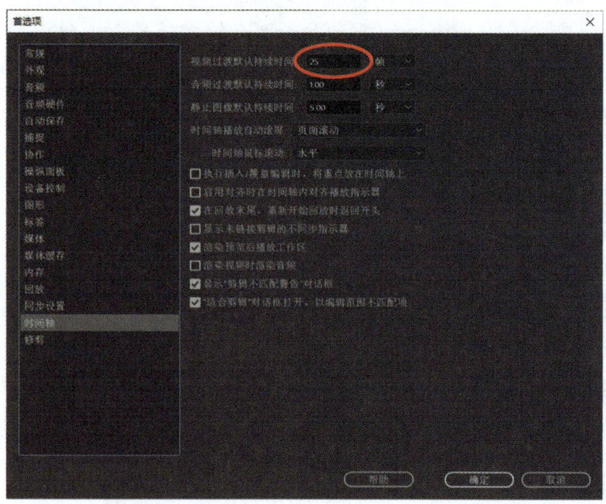

图 3-11 设置默认的过渡时间

步骤 9 保存结果：到此为止，赶快把我们的工作成果保存起来吧。

步骤 10 添加过渡特效：根据叙事的需求，下面两个片段也需要加一个过渡特效，这里我们加上“叠加溶解”过渡特效。这种过渡特效与“交叉溶解”过渡特效有类似之处，所不同的是前后两个片段在转换的时候色调以及光调有所不同。现在，将素材 beach01 从项目面板直接拖放在 V1 视频轨道中，细心的读者发现了吗？素材 beach01 没有剪辑就放到时间轴中了。这里我们来练习在时间轴中剪辑素材——将 beach01 的开头和结尾部分的一些片段裁剪掉。

步骤 11 裁剪的方法是这样的：为了便于裁剪，可以滑动时间轴的左下角滑钮，以 1 帧为单位显示。反复拖动时间指示器查看片段 beach01，以此来确定该片段的裁剪范围。使用工具面板中的**选择工具**，并把时间指示器定位到片段 beach01 左边缘，此时时间指示器变成单项箭头，向右拖动边缘直到该片段需要保留的地方，我们看到片段 beach01 前面的一些画面就被裁剪掉了。

步骤 12 修剪：还需要裁剪片段 beach01 的结尾部分，只需将时间指示器定位到片段 beach01 的右边缘，此时时间指示器变成单项箭头，向左拖动边缘直到该片段结尾需要保留的地方，至此片段 beach01 的剪辑就完成了，如图 3-12 所示。

步骤 13 拖动 beach01：我们也可以称 beach01 剪辑后的片段为 beach01Clip 的子 Clip。现在仍然使用**选择工具**选中 beach01，向左拖放到与 beach06 相接的位置。

步骤 14 插入特效：在效果面板中，选择“**视频过渡→叠加溶解**”过渡特效，然后将其拖入时间轴中 beach06 与 beach01 相接处，预览转场特技效果，如图 3-13 所示。在效果控件面板中，改变过渡特效的持续时间，并设置“对齐”选项为“终点切入”。

图 3-12 在时间轴中修剪素材片段

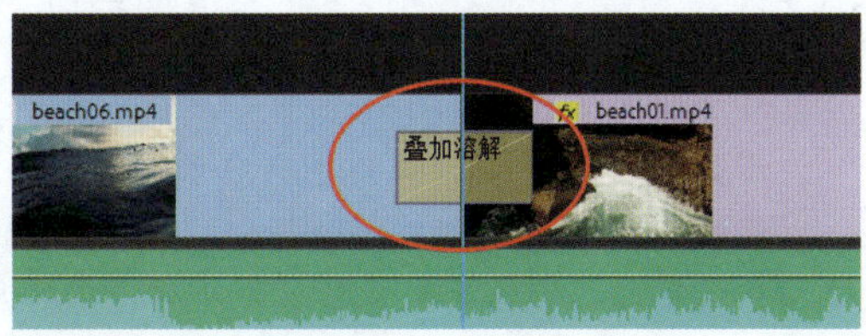

图 3-13 添加“叠加溶解”过渡特效

步骤 15 添加特效：将时间指示器定位在 beach01 与 beach10 的相接处，在效果面板中选择“**视频过渡→划像→圆划像**”过渡特效，该特效使后面片段的镜头影像呈圆形从前面片段的镜头影像中展开。这种表现技巧可以让观众的注意力集中到镜头中的某些细节上，起到特写的作用，有点类似于拍摄技巧中推镜头的感觉。首先要将 beach10 进行剪辑，在源监视器中，找到要设定的入点，单击“**标记入点**”按钮或按字母 I 键；在片段中要设定结束点的地方，单击“标记出点”按钮或按字母 O 键，此时在窗口底部右边会将片段新的延时值显示出来。

步骤 16 片段相接处：将剪辑后的 beach10 从源监视器中直接拖到时间轴的 V1 轨道中并与 beach01 相接，然后把“圆划像”特效拖放到两个片段的相接处，转场特技的转换时间长度为自动适合长度。

步骤 17 设置参数：在效果控件面板中，可以对“圆划像”特效参数进行设置，还可以在“开始”和“结束”栏中显示过渡的开始画面和结束画面，如图 3-14 所示。

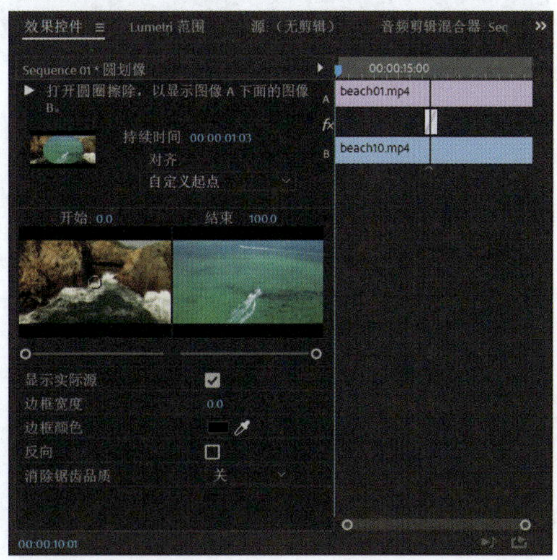

图 3-14 效果控件面板

步骤 18 设置参数：在效果控件面板中，勾选“反向”选项，可以改变转场的顺序；在“边框宽度”选项中可以为圆形展开效果设置一个边缘，并调整边缘的宽度；在“边框颜色”选项中设置边缘的颜色；在“消除锯齿品质”选项中设置抗锯齿的质量，产生一个锐利或者柔化的边缘，这样过渡效果就不会太突兀，如图 3-15 所示。

步骤 19 预览效果：按空格键播放影片，预览效果，如图 3-16 所示。

图 3-15 “圆划像”参数设置

图 3-16 “圆划像”过渡特效效果

步骤 20 添加转场特效：接下来，我们将 beach09 与 beach10 相接，选择“**视频过渡→溶解→胶片溶解**”特效，将其拖入到 beach09 与 beach10 的相接处，如图 3-17 所示。我们用“胶片溶解”过渡特效变换两个影片片段，使过渡看起来比较连贯，没有生硬切换的感觉。

步骤 21 调整：双击时间轴中 V1 道中的“胶片溶解”过渡特效的图标，在打开的效果控件面板中，设置持续时间为 0:00:01:00。

步骤 22 预览效果：现在让我们预览这个过渡，按空格键播放影片，预览效果。

步骤 23 添加特效：再把 beach11 与 beach09 相接，并添加“**视频过渡→滑动→中心拆分**”转场特技，该特技使前面的影像从中心分裂为四块，向四角滑动，显现出后面的影像，如图 3-18 所示。

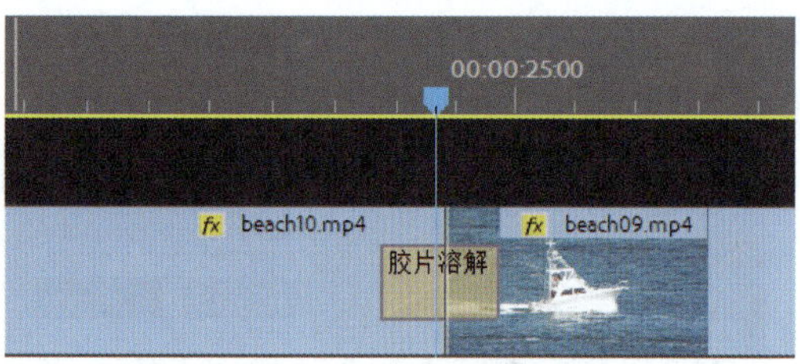

图 3-17 为 beach10 和 beach09 添加“胶片溶解”转场特技

图 3-18 “中心拆分”过渡特效效果

步骤 24 加入图片素材：接下来我们在序列中加入 5 个图片素材，然后根据音乐节奏，对这一组画面进行一连串的转场特技处理。从项目面板中选择图片素材 beach20，单击鼠标右键，从弹出的菜单中选择“速度 / 持续时间”命令，在打开的对话框中，把图片素材 beach20 持续时间长度设置为“1 秒 10 帧”。其他的图片素材做同样的设置。先选中 beach20，接着按 Shift 键，最后选中 beach25，这样将 beach20~beach25 这 5 个素材全部选中，将它们从项目面板拖放到 V1 轨道中的 beach11 后面，如图 3-19 所示。

步骤 25 调整位置顺序：先预览效果，可以调整图片的前后位置顺序。在 beach11 与 beach20 之间添加“**视频过渡→擦除→带状擦除**”特效，并在对应的效果控件面板中，设置持续时间为 18 帧，单击“**自定义**”按钮，打开“带状擦除设置”对话框，设置擦除条数为 9，如图 3-20 所示。

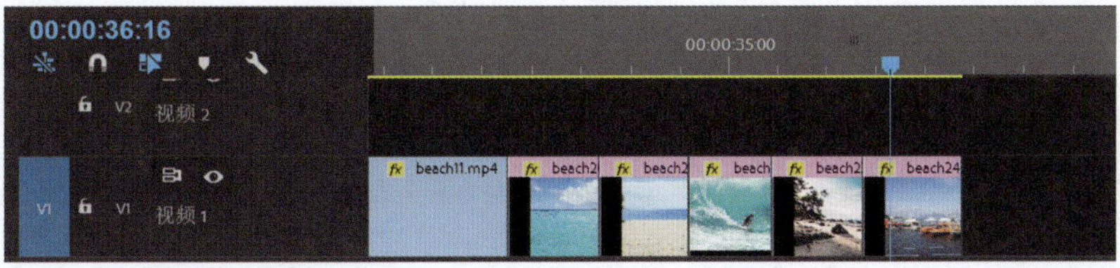

图 3-19　V1 轨道

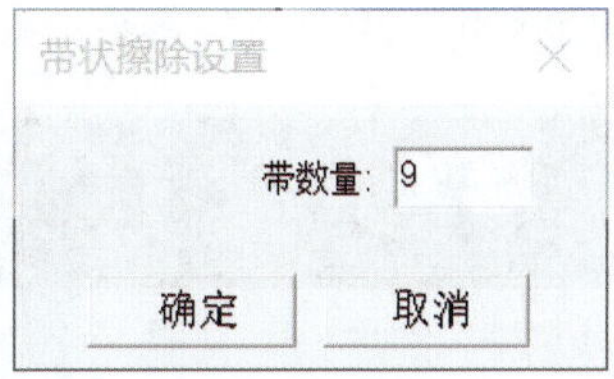

图 3-20　“带状擦除设置”对话框

步骤 26　添加“双侧平推门”过渡特效：在 beach20 和 beach21 之间添加“**视频过渡→擦除→双侧平推门**”特效，并对应的效果控件面板中，设置持续时间为 18 帧。该特技使前面的影像以开门和关门的方式过渡转换到后面的影像，效果如图 3-21 所示。

步骤 27　添加“棋盘擦除”过渡特效：在 beach21 和 beach22 之间添加“**视频过渡→擦除→棋盘擦除**”过渡特效，设置持续时间为 20 帧。该特技使前面的影像以棋盘状消失并转换到后面的影像，效果如图 3-22 所示。

图 3-21　“双侧平推门”过渡特效效果

图 3-22　“棋盘擦除”过渡特效效果

步骤 28　添加“时钟式擦除”过渡特效：在 beach22 和 beach23 之间添加“**视频过渡→擦除→时钟式擦除**”过渡特效，并设置持续时间为 18 帧。该特技使前面的影像以时钟旋转的方式过渡转换到后面的影像，效果如图 3-23 所示。

步骤 29　添加“棋盘”过渡特效：在 beach23 和 beach24 之间添加“**视频过渡→擦除→棋盘**”过渡特效，设置持续时间为 18 帧。该特技使后面的影像以棋盘方格逐行出现并覆盖前面的影像，效果如图 3-24 所示。

步骤 30　添加“风车”过渡特效：将 sindy1 剪辑出三段合适的视频，分别命名为“sindy1-1”“sindy1-2”“sindy1-3”，在 beach24 和“sindy1-1”之间添加“**视频过渡→擦除→风车**”过渡特效，并设置持续时间为 20 帧。该特技使后面的影像以风车旋转状态覆盖前面的影像，效果如图 3-25 所示。

步骤 31　添加“楔形擦除”过渡特效：将“sindy1-2”在素材面板中进行修剪后，拖放到“sindy1-1”之后，在“sindy1-1”和“sindy1-2”之间添加“**视频过渡→擦除→楔形擦除**”过渡特效，设置持续时间为 16 帧。该特技使后面的影像呈扇形擦除扫入，效果如图 3-26 所示。

步骤 32　添加“划出”过渡特效：将“sindy1-3”在素材面板中进行修剪后，拖放到“sindy1-2”之后，在“sindy1-2”和“sindy1-3”之间添加“**视频过渡→擦除→划出**”过渡特效，设置持续时间为 18 帧。该特技使后面的影像逐渐擦除前面的影像，效果如图 3-27 所示。

图 3-23 “时钟式擦除”过渡特效效果

图 3-24 “棋盘”过渡特效效果

图 3-25 “风车”过渡特效效果

图 3-26 “楔形擦除”过渡特效效果

步骤 33 添加“随机块”过渡特效：把 beach05 在素材面板中进行修剪后，拖放到“sindy1-3”后面，在“sindy1-3”和 beach05 之间添加**“视频过渡→擦除→随机块”**过渡特效，设置持续时间为 12 帧。该特技使后面的影像以小方块的方式随机出现，擦除并替换前面的影像，效果如图 3-28 所示。

步骤 34 添加“立方体旋转”过渡特效：将 beach02 在素材面板中进行修剪后，拖放到 beach05 之后相接，在 beach05 和 beach02 之间添加**“视频过渡→ 3D 运动→立方体旋转”**过渡特效，设置持续时间为 14 帧，效果如图 3-29 所示。

步骤 35 添加“中心拆分”过渡特效：把影片片段 Sindy2 在素材面板中进行修剪后，拖放到影片片段 beach02 之后，在 beach02 和 Sindy2 之间添加**“视频过渡→滑动→中心拆分”**过渡特效，设置持续时间为 12 帧。该特技使前面的影像从正中心分裂成四块并滑动到角落以显示后面的影像，效果如图 3-30 所示。

图 3-27 “划出”过渡特效效果

图 3-28 “随机块”过渡特效效果

图 3-29 “立方体旋转”过渡特效效果

图 3-30 “中心拆分”过渡特效效果

步骤 36 添加“推”过渡特效：将 beach09 在素材面板中进行修剪后，拖放到 Sindy2 后面，在 Sindy2 和 beach09 之间添加“**视频过渡→滑动→推**”过渡特效，并设置持续时间为 1 秒。该特技使用后面的影像将前面的影像推到一边，效果如图 3-31 所示。

步骤 37 添加“菱形滑像”过渡特效：将 beach04 在素材面板中进行修剪后，拖放到 beach09 之后，在 beach04 和 beach09 之间添加“**视频过渡→划像→菱形划像**”过渡特效，设置持续时间为 12 帧。该特技从前面影像的中心切入菱形状的后面影像，效果如图 3-32 所示。

步骤 38 添加“拆分”过渡特效：将 beach07 在素材面板中进行修剪，拖放到 beach04 之后，在 beach04 和 beach07 之间添加“**视频过渡→滑动→拆分**”过渡特效，设置持续时间为 14 帧。该特技使前面的影像就像自动门一样

贴心提示

在时间轴上，选中特技图标，按“Delete”键即可删除已经添加的特技。如果要更换特技，只需将新特技拖放到原来特技的图标上，即可完成更换。

打开，从而显露出后面的影像，效果如图 3-33 所示。

图 3-31 “推”过渡特效效果

图 3-32 “菱形划像”过渡特效效果

步骤 39 添加“螺旋框”过渡特效：在 beach07 结尾处，添加“**视频过渡→擦除→螺旋框**”过渡特效，设置持续时间为 1 秒 15 帧。该特技使前面的影像缩小并带有拖尾地消失，效果如图 3-34 所示。

图 3-33 “拆分”过渡特效效果

图 3-34 “螺旋框”过渡特效效果

步骤 40 结尾处理：到现在为止，我们完成这个风光小短片的画面的剪辑过渡处理。下面对于背景音乐的结尾处我们也做一点处理，通过调整声音的音量让声音渐渐隐默下去。单击 A1 左边的图标，解除锁定，通过调整 A1 音频栏右侧的滑动栏来放大或者缩小音频栏。在放大的音频栏中，可以看到中间有一条横线，这条线可以控制整个音频的音量，我们将通过显示出来的音频素材音量的黄线，对声音进行处理，如图 3-35 所示。

步骤 41 结尾添加控制点句柄：从工具面板中选择**钢笔工具**，在离结尾约 1 秒 15 帧处，按 Ctrl 键将光标移动到音频淡化器上，光标变成带有加号的笔头，单击鼠标左键产生一个控制点句柄。同样，在结尾处，也添加一个控制点句柄，如图 3-36 所示。

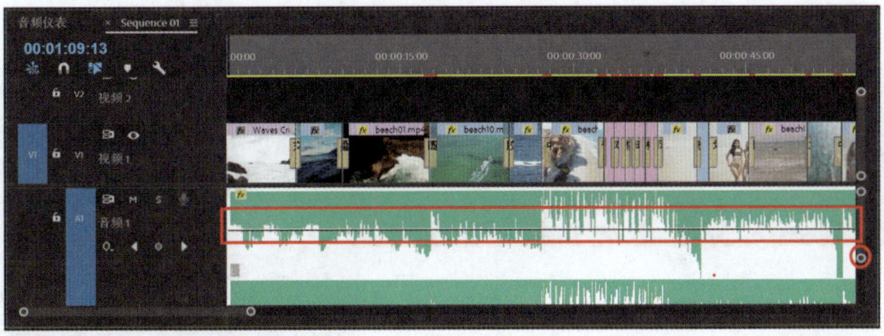

图 3-35　显示音频淡化器

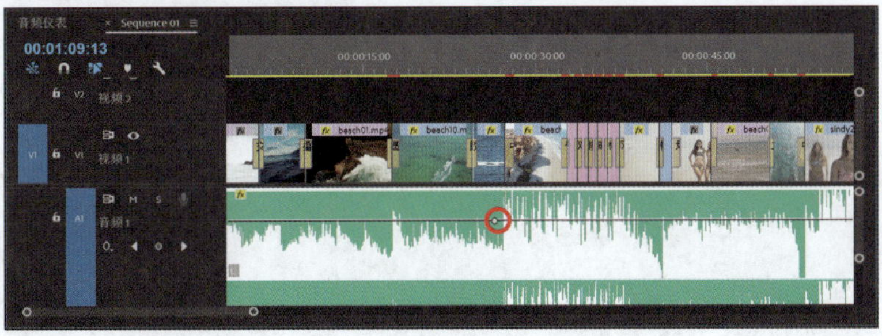

图 3-36　增加控制点句柄

步骤 42　音频的淡出：按住鼠标左键将结尾处的控制点句柄向下拖动到最低位置，在第一个句点中单击鼠标右键，在弹出的菜单中选择“缓出”命令；在第二个句点鼠标右键，在弹出的菜单中选择“缓入”命令，句柄之间的递减直线指示音频的淡出，如图 3-37 所示。

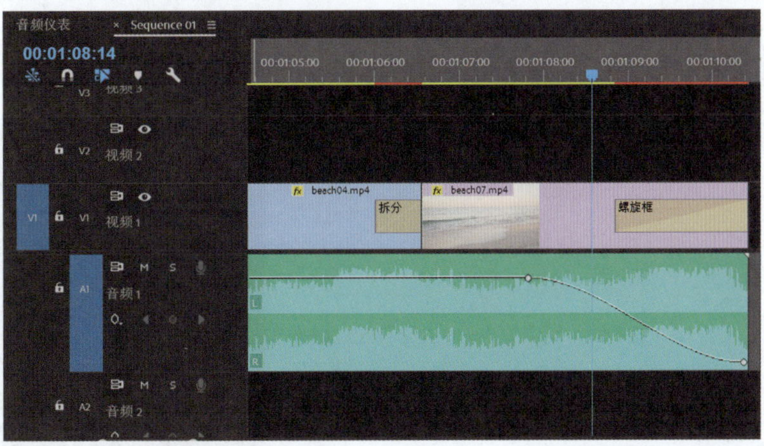

图 3-37　利用控制点句柄使音量淡出

步骤 43　播放：声音处理完成后，我们来播放一下，注意检查声音是否渐渐消失了。

步骤 44　播放整个影片：最后，我们从头播放整个影片，查看我们刚才所做的特技效果，然后尽快把我们的工作成果保存下来。

步骤 45　输出：如果对效果满意，我们就可以输出这个小短片了。单击时间轴的任何地方将其激活，这样可以保证输出整个项目。

步骤 46　设置参数：选择“**文件→导出→媒体**”命令，在“导出设置”对话框中，设置格式为AVI、预设为“自定义”，并勾选“导出视频”和“导出音频”选项，如图 3-38 所示。

图 3-38　“导出设置”对话框

步骤 47　命名：在打开的“另存为”对话框中，设置文件名为“sight_end.avi”，如图 3-39 所示。

步骤 48　对视频选项进行设置：单击“视频”选项，可以设置视频编解码器；在“基本视频设置”选项组中可以重新设置视频的大小和比例；在“高级设置”中可以设置关键帧间隔（帧）、优化静帧图像、帧重排序、强制时间码轨道等参数，读者可以根据自己的需要来调整参数。本例采用默认设置。

步骤 49　对音频进行设置：单击“音频”选项，可以对音频进行设置。本例采用默认设置，如图 3-40 所示。

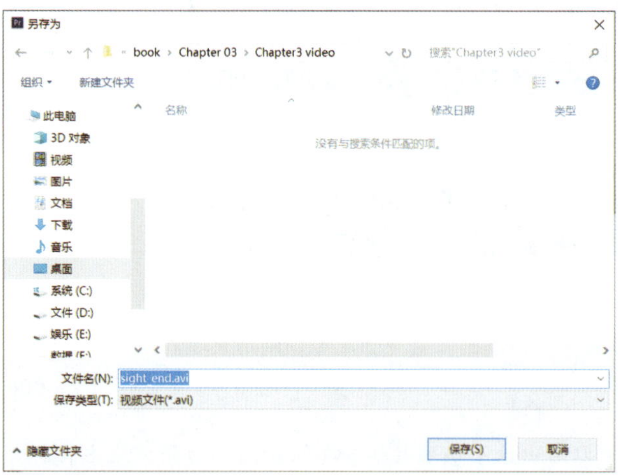

图 3-39　设置文件名

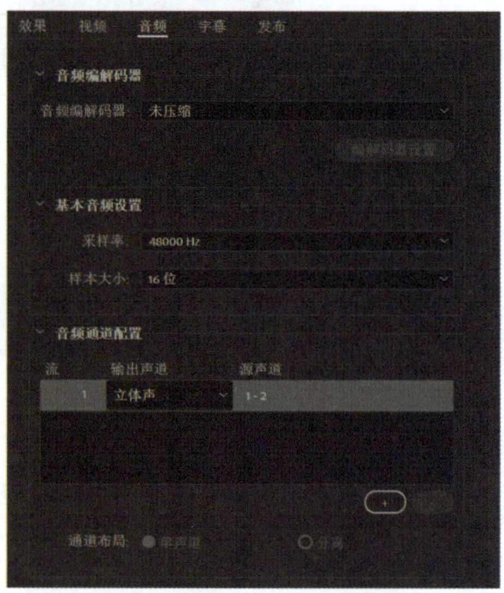

图 3-40　音频参数设置

步骤 50 观影：单击“导出”按钮，这时显示一个对将要花费时间提供估计的状态条，当电影制作完成后，会将影片放到项目面板，将其拖放到素材面板，单击“**播放**”按钮▶，观看制作的小影片，是不是很有成就感呢？

步骤 51 影片输出：影片节目的输出方式与影片的播出方式有关。用于广播电视播出的影片输出往往需要硬件压缩。用于计算机、互联网媒体播放的影片输出一般采用软件压缩的方法。

贴心提示

影片在播放的过程中可能一些帧被降低，这取决于所使用的系统和输出电影的帧速率。

本章小结

在本章范例风光短片《美丽的海滨》中，我们介绍了几个过渡特效。当然，在影片片段的连接技巧方面我们还用到了一些特殊效果的过渡，这些特技往往需要与其他的图形图像软件综合使用，如 Photoshop 等图像处理软件。

本章主要讲解影片片段的连接、过渡特效的应用技巧。本章介绍的过渡特效只是少数的几个，我们还会在后面的范例中陆续讲到其他特技。在运用过渡特效的时候，除了要表达蒙太奇的含义及增加一些视觉效果外，我们还要考虑利用它们实现一些更复杂的效果，而不应该只是局限于过渡特效的简单应用。

本章作业

一、简答题

1. 要使第 1 个影片片段结束时由亮逐渐变暗，第 2 个影片片段开始的时候由暗变亮的效果，应该添加哪个过渡特效？

2. 预览过渡的两种方法是什么？

3. 如何设置过渡的默认持续时间？

4. 如何调整已经添加的过渡特效时间？

5. 在编辑影片节目时，锁定某个轨道以后，在编辑其他轨道中的片段时，对其有没有影响？

6. 模仿本章范例——《美丽的海滨》，使用过渡特效等技法，编辑一个 3 分钟长度的小短片。

二、练习与实训

实训 3-1　自己动手做专题宣传片

详细内容请参见配套的电子版实训册《影视动画数字后期编辑与合成实训》中的第 3 章。

4 镜头运动的表现技法

本章重点

- 运用 Photoshop 处理素材图片
- 导入图像文件
- 视频镜头运动的设置
- 综合运用特技技巧，实现复杂的画面效果
- 编辑轨道片段
- 导出电影

教学环境

多媒体教室、电脑（配备视音频采集卡）、投影、公放、DVD

学时建议

4 学时

学习建议

通过制作《时尚点击》栏目包装，掌握运用 Photoshop 处理素材、视频镜头运动的设置、实现复杂的画面效果和综合运用特技等内容。

4.1 艺术指导原则

影视节目的形式多种多样。下面我们来为电视台的时尚栏目做一个栏目包装，制作栏目片头。时尚节目要突出时尚情调，既具有运动感，又简洁明快、富有节奏感，体现当代时尚风貌。栏目的定位决定了我们将采用何种方法和特技手段来表达。

4.2 范例制作——《时尚点击》栏目包装

4.2.1 影片简介

本片讲述的是一个时尚栏目《时尚点击》中的有关时装、化妆品、以及名车的宣传广告。在动感十足的背景音乐衬托下，出现了一个不断变换闪耀的画面，前景是一组图片不断聚集分开，翻出各种花样，图片色彩鲜艳纷呈，点题之笔的英文 Fashion 始终显示在画面中，最后画面下方一排连续的微缩图像划过，随着中心转动的花朵，栏目标题“时尚点击”急速地飞入人们的眼帘。

4.2.2 观看影片

播放影片文件（素材与工程文件 \Chapter04\ASSORT04\MOVIE\fashion_end.move），通过观看影片，进一步了解《时尚点击》栏目包装范例制作的主要内容，如图 4-1 所示。

图 4-1 《时尚点击》栏目包装的片段画面

4.2.3 制作流程（步骤）及技巧分析

本片运用镜头运动技巧来对一个时尚栏目进行包装设计。首先选取一些有关时装、化妆品广告及名车的图片素材并在 Photoshop 中进行处理，制作栏目标题文字效果；然后再为广告配乐和制作前景、背景等，图片色彩鲜艳纷呈，英文的 Fashion 始终显示在画面中；最后画面下方一排连续的微缩图像划过，随着中心转动的花朵，显示栏目标题。整个流程可以分为3个部分，如图4-2所示。

I. 收集素材并处理（①收集有关时装、化妆品广告、以及靓车的图片素材；②在Photoshop中进行处理） → **II. 运用Photoshop制作特效**（①制作文字特效；②制作栏目标题特效） → **III. 制作片头**（大量运用镜头运动技巧进行包装设计）

图4-2 《时尚点击》栏目包装的制作流程图

4.2.4 编辑与合成

在实际制作影视动画节目时，往往要用到很多软件结合起来才能够完成。本范例中就要涉及图像处理的知识，在制作片头之前，我们要应用Photoshop对素材图片进行一些处理加工，并在Photoshop中制作文字特效。

1. 用Photoshop处理第1个素材——模特的褐色裙子

步骤1 打开第1个素材：运行Photoshop，打开“a001.tif”素材文件（素材与工程文件\Chapter04\ASSORT04\PROJ\source04\CH04_sources\tu3\a001.tif），如图4-3所示。

步骤2 勾绘裙子：在工具面板中选择**钢笔工具**，在图像中勾绘出需要突出显示的裙子，如图4-4所示。

步骤3 选择：在工作区域内单击鼠标右键，在弹出的菜单中选择“建立选区”命令，得到如图4-5所示的路径选择区域。

图4-3 打开素材

图4-4 用钢笔工具勾绘裙子

图4-5 路径选择区域

步骤4 羽化：使用“Ctrl+Shift+I”快捷键进行反选，再使用鼠标右键单击选区，在弹出的菜单中选择“羽化”命令进行羽化操作。在打开的对话框中，设置羽化半径为2像素，单击“确定”按钮，关闭对话框。

步骤5 调整饱和度：选择“**图像→调整→去色**”命令，使所选区域的图像变成灰度图像效果，如图4-6所示。

步骤6 取消选择区域：按“Ctrl+D”快捷键取消选择区域，得到突出模特裙子的视觉效果。

步骤7 增加新图层：再给该图加上一个外边框。先在图层面板中，单击“**新建图层**”按钮，增加一个新图层1。

步骤 8 拖出一个框：使用工具面板中的**圆角矩形工具**，沿着图像的边缘拖出一个框来，此时在路径面板会出现圆角矩形路径，使用鼠标右键单击路径，在弹出的菜单中选择“建立选区”命令，得到路径选择区域。使用鼠标右键单击图层面板中的圆角矩形图层，在弹出的菜单中选择“栅格化图层”命令。

步骤 9 描边：选择“**编辑→描边命令**”命令，打开“描边”对话框，设置描边宽度为“8 像素”、颜色为“蓝色”，单击“确定”按钮，描边效果如图 4-7 所示。

图 4-6 去色效果

图 4-7 描边效果

步骤 10 设置：选择工具面板中的**魔棒工具**在蓝色的边框上单击，得到蓝色边框的选区，然后在图层面板中，单击“添加图层样式”中的“**混合选项**”按钮，打开“图层样式”对话框。在“图层样式”对话框中，勾选“斜面和浮雕”选项，如图 4-8 所示。

步骤 11 效果：单击“确定”按钮，使蓝色边框呈立体效果，如图 4-9 所示。

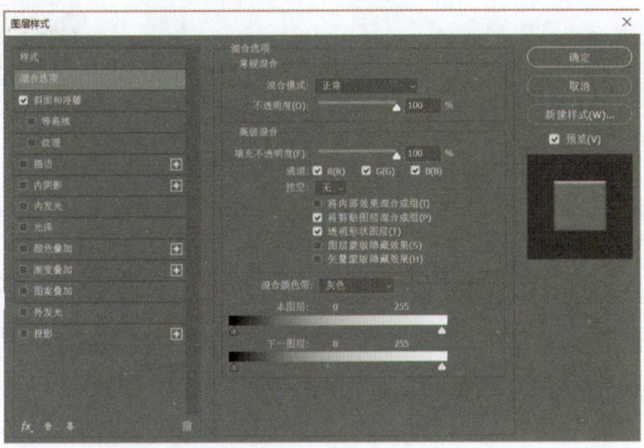

图 4-8 “图层样式”对话框

图 4-9 使边框呈立体效果

步骤 12 合并：在图层面板中，单击右上角的图层面板菜单，从中选择“合并图层”命令，合并图层。选择“**文件→另存为**”命令，将图像保存为“a01.tif”。

至此，第 1 个素材就制作完成了。

2. 用 Photoshop 处理第 2 个素材——变色模特的白裙子

步骤 1 勾绘白裙子：在 Photoshop 中，打开“b001.tif”素材文件（素材与工程文件\Chapter04\ASSORT04\PROJ\source04\CH04_sources\tu3\b001.tif）。选择工具面板中的**套索工具**，将模特的白裙子勾绘出来，如图 4-10 所示。

步骤 2 设置颜色：设置前景色为蓝色、背景色为白色，选择“**图像→调整→渐变映射**”命令，选择第一种渐变的方式，改变白裙子的颜色，如图 4-11 所示。

步骤 3 保存：按“Ctrl+D”快捷键取消选区，保存文件为“b002.tif”。

步骤 4 上色：设置前景色为粉色，选择工具面板中的**画笔工具**，选择柔和边缘的笔刷和适当大小的笔触，设置模式为“颜色”。用笔刷在选择区域中上色，采用这种模式上色，可以保持原有图像的亮度和对比度，如图 4-12 所示。

图 4-10 使用套索工具勾选

图 4-11 改变裙子的颜色

图 4-12 笔刷上色

步骤 5 保存：按“Ctrl+D”快捷键取消选区。用前一个素材制作边框的方法给“b001.tif”“b002.tif”“b003.tif”加上边框，保存文件为“b02.tif”。

3. 用 Photoshop 处理其他素材

步骤 1 勾绘模特：在 Photoshop 中，打开“f001.tif”素材文件（素材与工程文件 \Chapter04\ASSORT04\PROJ\source04\CH04_sources\tu3\f001.tif）。选择工具面板中的**套索工具**，将模特勾绘出来。

步骤 2 添加滤镜特效：选择“**滤镜→滤镜库→风格化→照亮边缘**”命令，对选择区域进行滤镜特效处理，效果如图 4-13 所示。

步骤 3 保存：再给图像加上外框，保存文件为“f002.tif”。

图 4-13 添加“照亮边缘”滤镜

我们还要在 Photoshop 中制作一些文字效果的图片。当然，我们也可以在后期制作软件中利用它的字幕功能来制作一些文字效果，但要制作出复杂的文字效果，仍然需要借助专业的图像处理软件，如 Photoshop。

4. 用 Photoshop 制作文字特效

步骤 1 新建文件：在 Photoshop 中，选择“**文件→新建**”命令，在打开的对话框中，设置文件的大小为“200 × 150”像素，设置背景选项为“透明”。

步骤 2 输入文字：选择工具面板中的**文字工具**，在图像上单击，输入英文 Fashion，设置字体为“Cooper Std”、字号大小为“30 点”等，然后选中文字，如图 4-14 所示。

步骤 3 变形文字：单击**变形文字工具**，打开“变形文字”对话框，设置样式为“旗帜”，如图 4-15 所示。

步骤 4 查看效果：文字变形后效果，如图 4-16 所示。

步骤 5 栅格化：选择其他工具，退出文字编辑状态。选中图层面板的文字图层，单击鼠标右键，在弹出来的菜单中选择“栅格化文字图层”命令，将文字图层栅格化。

图 4-14　选中文字

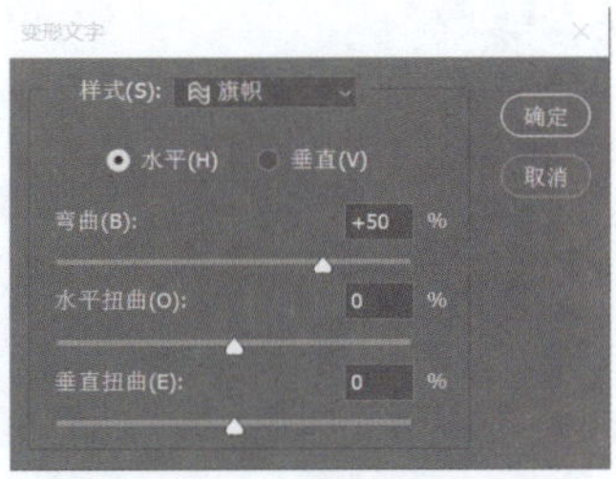

图 4-15　“变形文字”对话框

图 4-16　文字变形的效果

步骤 6　选中文字：按 Ctrl 键后，在文字图层的 区域单击，把文字选中为选区，如图 4-17 所示。

步骤 7　填充渐变色：选择工具面板中的**渐变工具**，选中“线性渐变”选项，选择需要的渐变色彩，然后在文字选择区域中，从左到右拖拉鼠标给文字填充渐变色，如图 4-18 所示。

步骤 8　立体效果：在图层面板中，单击“**添加图层样式**”按钮，选择“斜面和浮雕”选项，将文字制作成立体效果。

步骤 9　取消选区：按“Ctrl+D”快捷键，取消选区。到这里文字特效就完成了，如图 4-19 所示。

图 4-17　选中文字

图 4-18　填充渐变色

图 4-19　立体文字的效果

步骤 10　保存：预览效果，保存文件为“t01.tif”。

步骤 11　新建：新建一个透明背景的文件，再做一个文字效果。

步骤 12　确定：选择**文字工具**，输入文字。在上边文字属性条中选择字体、字号大小等，给文字填充绿色。

步骤 13　设置参数：单击图层面板下方的“**添加图层样式**”按钮，选择“投影”选项，在打开的对话框中，设置阴影的参数，如图 4-20 所示。

步骤 14　倾斜：按“Ctrl+T”快捷键，进入自由变形状态，按“Ctrl+Alt+Shift”快捷键的同时，将上方中点控制点向右移动，让文字倾斜，如图 4-21 所示。

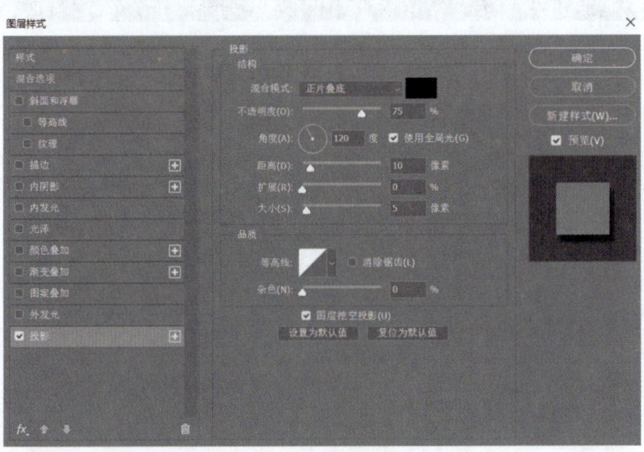

图 4-20　设置阴影参数

图 4-21　文字倾斜

步骤 15　保存：保存文件为“t02.tif”。

5. 用 Photoshop 制作栏目标题特效

步骤 1 新建：新建一个图像文件，设置图像的尺寸为“320×200”像素。

步骤 2 设置参数：打开一个色彩丰富艳丽的图片（素材与工程文件 \Chapter04\ASSORT04\PROJ\source04\CH04_sources\tu2\m0045.jpg），选择**矩形工具**，设置样式为“固定大小”、宽度为 320 像素、高度为 200 像素。

步骤 3 拖动：在打开的图像上单击，得到一个矩形选区，然后使用**移动工具**将选区的图像拖到新建的图像上。

步骤 4 蒙板：选择**文字蒙板工具**，在新建图像上单击，进入到蒙板状态，如图 4-22 所示。

图 4-22　进入到蒙板状态

步骤 5 输入文字：输入文字“时尚单击”，设置字体和大小，尽量选择粗一点的字体。

步骤 6 选取文字：使用**选择工具**退出文字编辑状态，此时文字部分呈现选择状态，把光标放到选区中，可以移动选取。

步骤 7 设置颜色：按“Ctrl+Shift+I”快捷键反选，设置前景色为黑色，按“Alt+Delete”快捷键将用前景色进行填充。

步骤 8 描边：按“Ctrl+Shift+I”快捷键反选文字，选择“**编辑→描边**”命令，打开“描边”对话框，设置描边的宽度和颜色，以及描边的方式，如图 4-23 所示。

步骤 9 预览效果：按“Ctrl+D”快捷键取消选区，效果如图 4-24 所示。

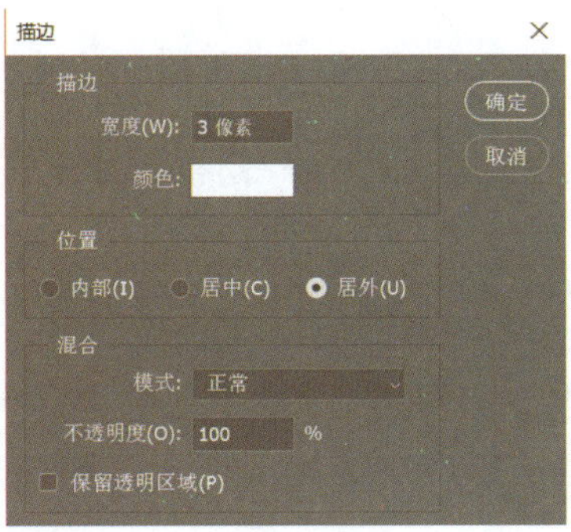

图 4-23　描边设置

图 4-24　文字效果

步骤 10 保存为 Alpha 通道：在图层面板中，按住 Ctrl 键在文字图层的区域上单击，得到文字的选区，打开通道面板，单击通道面板下方的存储选区为通道按钮，将选区保存为 Alpha 通道。保存文件为“t03.tif”（这是为了后面到 Premiere 中文字可以直接合成到背景上）。

至此，我们对一些图片素材进行了处理，也做了几个文字效果。下面就要把在 Photoshop 中处理好的图片导入到后期编辑程序中。

6. 剪辑制作片头

运行 Premiere 后，创建一个新项目，将项目保存为“fashion.prproj”。

步骤 1 导入素材：下面将视频素材和音频素材导入到项目中。导入“Chapter04\ASSORT04\PROJ\source04”文件夹中所有的素材文件。在项目面板中，单击“**新建素材箱**”按钮，建立一个“Bin 01”素材箱，选择“**文件→导入**”命令，将本章所要使用的音乐文件和背景文件导入到“Bin 01”素材箱中。

步骤 2 配音乐：选择动感十足的音乐“music.wav”，将其从项目面板拖放到 A1 轨道上。因为我们不需要编辑该音乐素材，所以单击时间轴 A1 轨道左边的图标🔒，锁定该轨道。锁定音频轨道的目的是为了在剪辑视频画面时不受影响，这一点很重要。

贴心提示

在创建新序列时，设置编辑模式为“AVC-Intra 50 720p”、图像尺寸为“320×240”像素、帧速率为 25 帧 / 秒。

步骤 3 拖放素材：伴随着节奏明快的音乐，在一个闪动的背景视频上，一组图片在前景快闪而过。我们运用视频运动特技来实现这些图片的效果，就是我们要重点讲的“画中画”效果。其实“画中画”效果可以通过过渡特效中的 Zoom 来实现，也可以通过在视频运动设置中的 Zoom 参数来实现。两者的差别在于视频运动设置中能否精确地定位坐标，而使用 Zoom 过渡特效只能够进行直观地设置。将背景视频素材“bg.avi”从项目面板拖放到 V1 中。注意在拖放之前，确保时间指示器在 0:00:00:00 处，即开始的位置。最后锁定 V1 轨道，如图 4-25 所示。

图 4-25　锁定音频轨道和视频背景轨道

步骤 4 增加轨道菜单：对前景中的图像制作快速缩放闪动的效果。想要做出这样的效果，就要用到视频运动特技。原本我们了解到的影视运动只是拍摄时的胶片运动。事实上，影视运动的概念不仅包含拍摄的运动，还应该包括影视节目中时间与空间的转移。这里的视频运动与上面说的两种运动不属于一个概念。它应该是一种影视后期制作与合成中的技术，即特技。下面我们要做的特技需要多个视频轨道，首先添加视频轨道，在设置窗口右击 V3 的名称，在弹出的菜单中选择“添加轨道”命令，如图 4-26 所示。

步骤 5 增加视频和音频轨道：在打开的“添加轨道”对话框中，可以增加视频和音频轨道。在本例中我们只需要增加 2 个视频轨道，单击“确定”按钮，如图 4-27 所示。

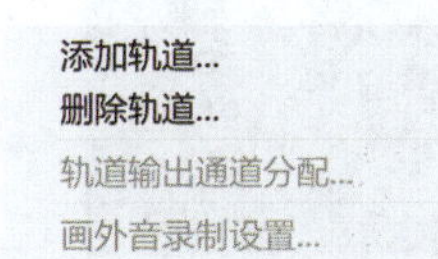

图 4-26　增加轨道菜单

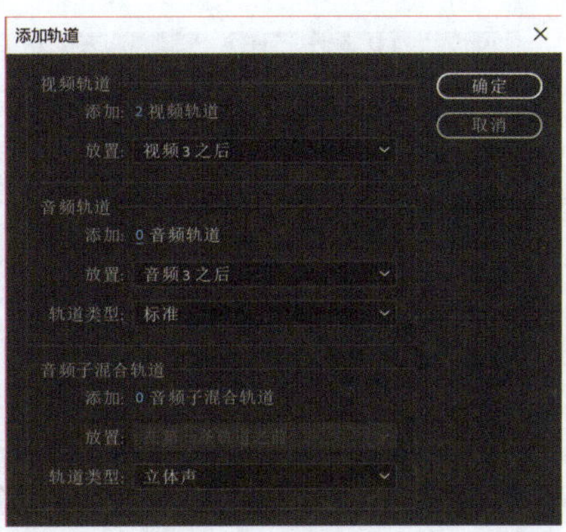

图 4-27　“添加轨道”对话框

贴心提示

静止图像的延时是0:00:00:20，这是因为系统缺省设置。其实我们可以使用以下两种方法来设定：
① 在时间轴中用**选择工具**把静止图像片段拖拉为新的长度。
② 在导入静止图像之前，选择“**编辑→首选项→时间轴**”命令，在“首选项”对话框的“时间轴”选项卡中，将静止图像默认持续时间设置为想要的帧数，如图4-29所示。

步骤6　建立“Bin 02”素材箱：现在我们要将图片素材导入到项目面板中，单击“**新建素材箱**”按钮，建立一个“Bin 02”素材箱，然后选择“**文件→导入**”命令，将“Chapter04\ASSORT04\PROJ\source04\CH04_sources\tu3”文件夹中的图片全部选择导入到“Bin 02”素材箱中，这样建立多个Bin可以将素材分类管理。

步骤7　选择图片文件：在项目面板中，选择一个图片文件，在窗口上方可以看到有关图片文件的一些信息，我们可以知道图片的延长时间，如图4-28所示。

图4-28　图片文件信息

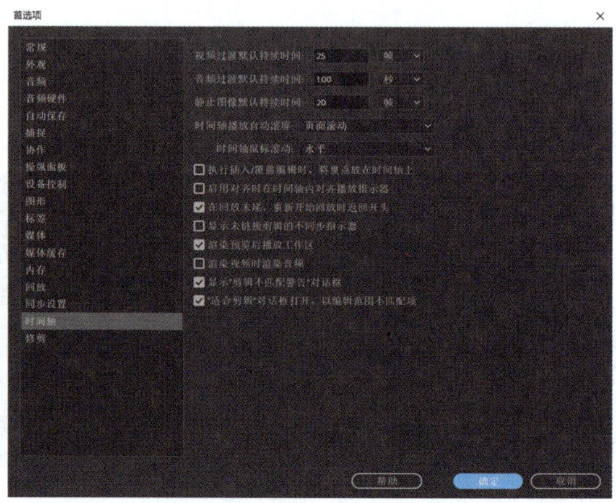

图4-29　“首选项”对话框

好了，了解到静止图像的一些信息之后，我们就要将它们剪辑到节目中了。

贴心提示

图像的轨道越高，图像就越在前边。

步骤8　选择图片：从项目面板中，将图片“a001.tif”拖放到V3中，我们要让图片a001在V1轨道的背景画面上做运动。

步骤9　调整图片a001的延时长度：确保工具面板中的**选择工具**是被选择的，调整图片a001右边缘，直到图片a001延时长度为25帧。

步骤10　设置参数：选择菜单“**窗口→工作区→效果**”命令，打开效果控件面板，单击“运动”栏左侧的三角图标，展开“运动”栏，在其中设置图像的缩放和位置等属性，如图4-30所示。

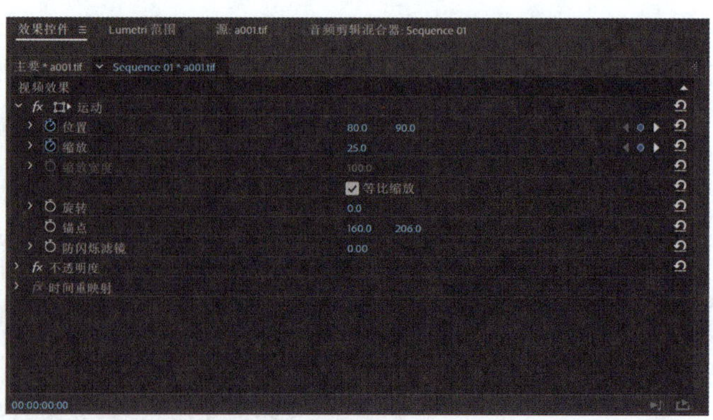

图4-30　设置“运动”栏中的缩放和位置等属性

在"运动"栏中，对视频镜头运动进行设置。这跟同动画原理相似，对运动设置也是建立在关键帧的基础上的。这里的运动是针对于视频镜头的，包括视频镜头在画面上的运动、变形和缩放等效果。

步骤 11 为图片 a001 设置动画效果：单击"位置"和"缩放"属性左边的动画"**切换动画**"按钮，使之变成图标，此时在时间编辑指示针停留的位置就增加了一个关键帧。

步骤 12 增加关键帧：在"运动"栏左下方的时间上单击，定位时间指示器停留的时间位置。我们在设置时间的时候，还可以通过拖动时间轴下方的滑块，随时调整时间轴的显示比例。单击"**添加/移除关键帧**"按钮，在此处增加一个关键帧。在时间轴中，右击图片 a001，在弹出的菜单中选择"显示剪辑关键帧"命令，根据需要选择该命令下的子菜单，并改变"位置"和"缩放"属性参数，如图 4-31 所示。

> **贴心提示**
>
> 在"运动"栏中，除了位置、缩放、旋转等属性外，还有锚点位置属性。在 Premiere 中以锚点作为基准进行相关属性的设置，默认状态下，锚点在对象的中心，可以对锚点进行动画设置。锚点是为对象的旋转或缩放等属性设置的坐标中心，随着锚点的位置不同，对象的运动状态也会有变化。

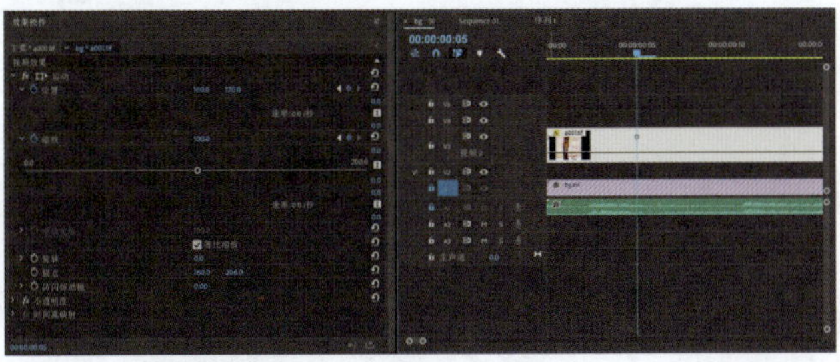

图 4-31 增加关键帧

步骤 13 设置关键帧：用同样方法，分别在 00:00:00:10、00:00:00:15、00:00:00:20、00:00:00:24 处设置关键帧，并改变"位置"和"缩放"属性参数，效果如图 4-32 所示。

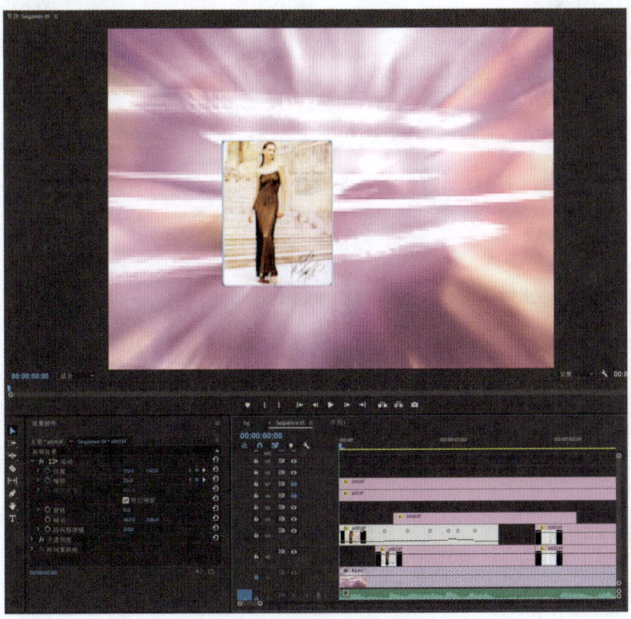

图 4-32 图片 a001 的运动动画效果

步骤 14　预览：单击节目监视器下方的“**播放**”按钮▶，预览效果。在预览效果时，可以单击“**运动**”按钮[运动]，在节目监视器中显示对象的路径和框线。如果需要调整某个关键帧的值，可以再到效果控件面板中单击图标◀和▶，快速找到关键帧的位置进行调整。移动关键帧的位置很容易，只需将该关键帧拖动到新的位置，释放鼠标即可。如果要恢复运动最开始时的设置可以单击“**重置参数**”按钮。

步骤 15　运动设置：我们来做图片“a002.tif”的运动设置。将图片 a002 从项目面板拖放到 V2 轨道中，图片 a002 的延时长度也调整为 25 帧。图片 a002 的位置要与图片 a001 有一些重叠。

步骤 16　复制：将刚才的运动设置复制，粘贴到其他镜头片段的运动上。在时间轴中，选择 a001，在效果控件面板中，在“**运动**”按钮[运动]上单击鼠标右键，从弹出的菜单中选择“复制”命令，然后选择 a002 镜头片段，在效果控件面板中的“**运动**”按钮[运动]上单击鼠标右键，从弹出的菜单中选择“粘贴”命令，这样图片 a002 的运动与图片 a001 的运动轨迹就是一样的了。

步骤 17　调整 a002 的运动：对运动的第 2 个和第 3 关键帧的值进行调整，效果如图 4-33 所示。

步骤 18　调整：用同样方法将图片 a003 拖放到 V4 轨道上，其位置要与图片 a002 有一些重叠。打开它的效果控件面板，依次单击“位置”“缩放”“旋转”属性左侧的“**切换动画**”按钮，在不同的时间处，设置不同的值，让图片 a003 始终靠屏幕的右下方运动。在调整位置时，可以单击“**运动**”按钮[运动]，在节目监视器中显示对象的路径和框线，直接用鼠标移动图片的位置和缩放图片的大小，效果如图 4-34 所示。

图 4-33　调整 a002 图片的运动

图 4-34　图片 a003 的运动效果

步骤 19　设置运动轨迹：下面对第 2 组图片制作运动特技。将图片“b001.tif”拖放到 V3 中，与图片 a002 片段的右边对齐。利用工具面板中的**选择工具**▶调整图片 b001 的持续时间为 2 秒，在效果控件面板中，设置图片 b001 的运动——从屏幕的左上方入画，到大屏幕的中下方，再从屏幕的右上方出画，如图 4-35 所示。

图 4-35　b001 的运动轨迹

步骤 20 运动设置：将图片“b002.tif”拖放到 V2 中，与图片 b001 片段的两边对齐。在效果控件面板中，设置图片 b002 的运动从屏幕右上方入画，到大屏幕中下方，再从屏幕左上方出画。

步骤 21 运动设置：将图片“b003.tif”拖放到 V4 中，与图片 b002 片段右边对齐。在效果控件面板中，设置图片 b003 的运动随着图片 b001、图片 b002 向从屏幕两边的上方飞出时，它的运动是从屏幕中心处由小变大，然后再快速缩放两次，如图 4-36 所示。

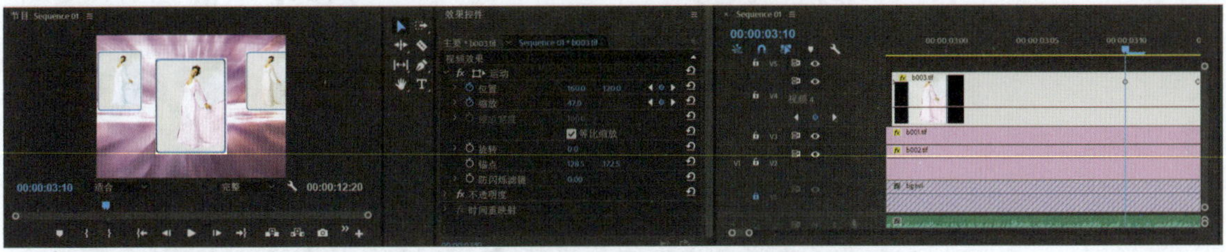

图 4-36 b003 运动设置

步骤 22 运动设置：下面对第 3 组图片制作运动特技。将图片“c001.tif”拖放到 V2 中，与 b002 片段的右边对齐。利用工具面板中的**选择工具**调整 b001 的持续时间长度。在效果控件面板中，设置 c001 的运动从屏幕的左上方旋转着入画，到大屏幕的中下方，再旋转着飞向屏幕的右下方，如图 4-37 所示。

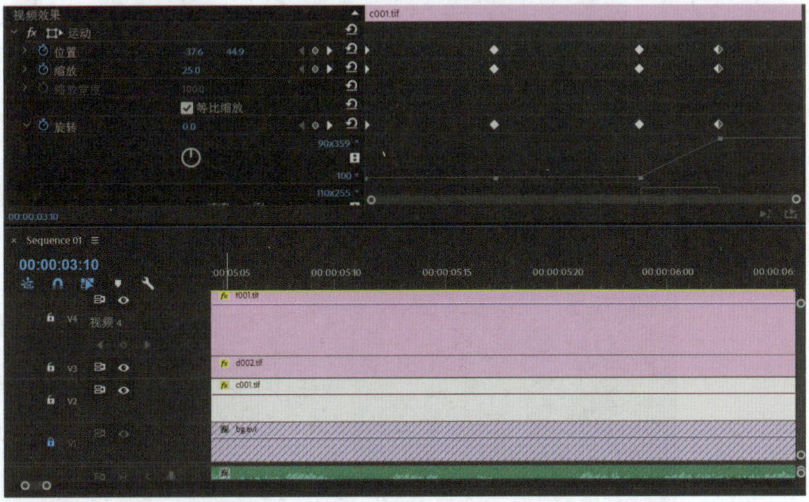

图 4-37 c001 的运动设置

步骤 23 运动设置：用同样方法，将图片 d001、图片 f001 做类似的操作。节目监视器中的排列分布如图 4-38 所示。

步骤 24 运动设置：再增加两个视频轨道。把文字“zi01.tif”拖放到 V6 中，调整它的时间延续长度。展开效果控件面板中的“运动”栏，依次单击“位置”“缩放”和“旋转”属性左侧的“**切换动画**”按钮，添加关键帧，在不同的时间位置为这些属性设置不同的参数，如图 4-39 所示。

步骤 25 运动设置：把文字“zi02.tif”拖放到 V7 中，调整它的时间长度。展开效果控件面板中的“运动”栏，依次单击“位置”和“缩放”属性左侧的“**切换动画**”按钮，添加关键帧，在不同的时间位置为这些属性设置不同的参数，

步骤 26 保存：做到此时，我们先选择“**文件→保存**”命令，保存工作成果，然后右击时间轴的标记入点和出点，覆盖所有运动特技，选择“**序列→渲染入点到出点**”的效果命令，或直接按 Enter 键。此后，我们可以看到渲染生成预览的同时显示一个状态条，渲染生成后，预览节目。

图 4-38 图像的排列效果

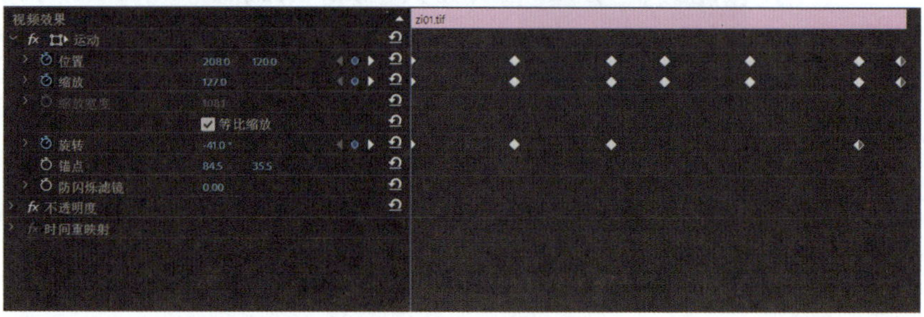

图 4-39 文字 zi01 的运动设置

目前的画面效果看起来还很单调，下面我们再添加一些其他画面的运动来丰富整个片头。

在影视动画节目制作中，尤其是在节目片头中，我们经常会看到在一个镜头画面上面连续飞过许多其他的镜头画面，有点像老式的“拉洋片”效果。下面使用镜头运动实现“拉洋片”的效果。

贴心提示

以这样的方式导入序列图片后，他们将成为一个镜头片段，每幅图是一帧，它与“首选项”对话框的“时间轴”选项卡中设置的“静止图像默认持续时间”属性参数无关。

步骤 27 文件导入：首先把本例中要用到的素材导入到项目面板的“Bin 3”中。选择“**文件→导入**”命令，把“素材与工程文件 \Chapter04\source04\CH04_sources”目录下的 tu1 和 tu2 文件夹以序列的方式导入。在打开的“导入”

对话框中，选择第一个文件名后，勾选下方的“图像序列”选项，这样就可以将这个图像序列以一个文件导入，它的长度正好是2秒，如图4-40所示。

图4-40　以“图像序列”的方式导入

步骤28　添加视频轨道：因为这个效果需要更多的轨道，所以首先要再增加几个视频轨道。

步骤29　设置参数：把动画m001拖放到V3中，与d002片段的右边对齐。在效果控件面板中，展开“运动”栏，设置缩放为10；将时间指示器停在开始位置，单击“位置”属性左侧的“**切换动画**”按钮，增加一个关键帧，设置位置为“-20，194.6”，使动画m001刚好在左边屏幕之外；将时间指示器停在结尾位置，单击“位置”属性左侧的“**切换动画**”按钮，增加关键帧，设置位置为“305，194.6”，使动画m001刚好在屏幕右侧的边缘。在“**运动**”按钮运动上单击鼠标右键，从弹出菜单中选择“复制”命令，将其运动参数复制下来。

步骤30　粘贴：拖动时间指示器到动画m001刚好进入到屏幕左侧时的位置，将动画t001拖放到V4中。打开效果控件面板，在“**运动**”按钮运动上单击鼠标右键，从弹出的菜单中选择“粘贴”命令将m001的运动属性粘贴到t001上。

步骤31　修改：由于t001中的图像尺寸和比例与m001的不同，我们还要对其尺寸做一些修改。取消勾选“等比缩放”选项，展开“缩放”属性，设置缩放宽度和缩放高度，如图4-41所示。

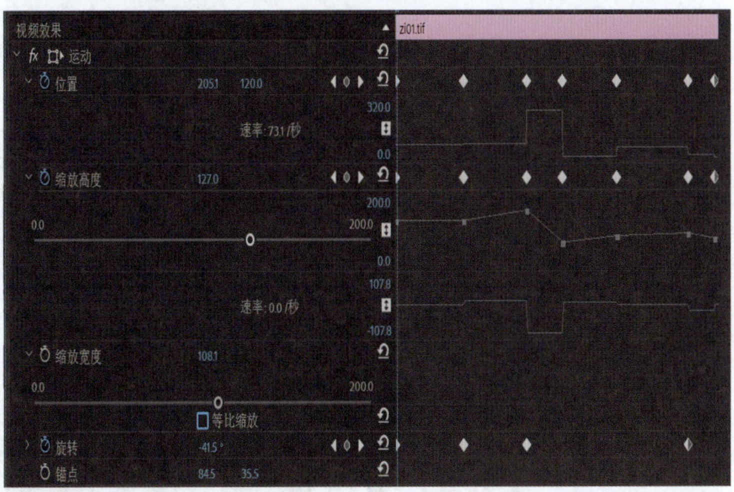

图4-41　调整缩放宽度和缩放高度

步骤32　预览：拖动时间指示器，可以看到两个片段的画面并排移动了。

步骤33　复制：下面我们通过轨道片段的复制和粘贴，把下面几个片段的并排移动制作出来。拖动时间指示器到第二个画面刚进入屏幕左侧的时间位置，选择V3上的m001片段，单击鼠标右键，从弹出的菜单中选择“复制”命令。

步骤34　粘贴：选择V5轨道，选择菜单“**编辑→粘贴**”命令，将V3上的m001片段，粘贴到V5轨道中。

> **贴心提示**
> 在制作这样的效果时，要求每一个片段的持续时间长度要一致。另外，可以通过标注入点和出点来计算出片段之间相差的时间，即后一个镜头与前一个镜头的时间差是一个固定的数值。这样就能够保证每个片段保持同步的运动了。

步骤 35 粘贴：再拖动时间指示器到第 3 个画面刚进入屏幕左侧的时间位置，选择 V4 上的 t001 片段，单击鼠标右键，从弹出的菜单中选择“复制”命令，然后选择 V6 轨道，选择菜单“**编辑→粘贴**”命令，将 V4 上的 m001 片段粘贴到 V5 轨道中。

步骤 36 复制和粘贴：照此方法，交替复制和粘贴，直到第 11 轨道完成。

步骤 37 调整：下面把在 Photoshop 中制作的黑色的类似胶片的图片 black 拖放到 V2 轨道中，调整持续时间长度为上面 9 个片段的总时间长度，如图 4-42 所示。

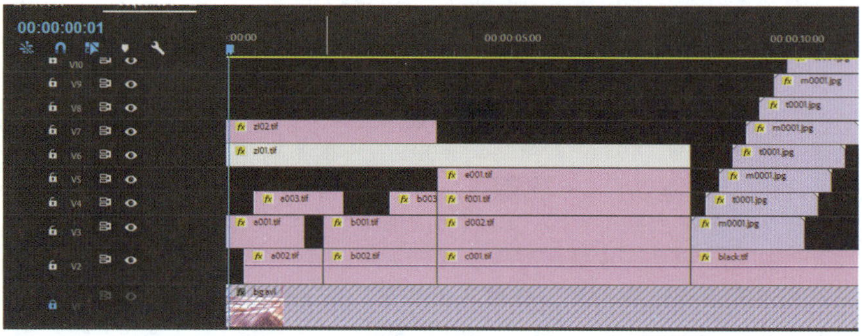

图 4-42 时间轴中各片段的排列情况

步骤 38 运动设置：现在来设置 black 片段的运动，单击“位置”属性左侧的“**切换动画**”按钮，设置运动。为保证 black 片段与 m001 同步进入到屏幕的左边，设置其位置为“-175，194.6”、缩放值为 109.8；在 m001 将要出画时，再增加一个关键帧，设置位置为“150，194.6”；在 m001 出画时，增加一个关键帧，设置位置为“430，194.6”。

步骤 39 预览效果：单击“**播放**”按钮，预览效果，如图 4-43 所示。

图 4-43 回放效果

步骤 40 添加运动效果：我们再来添加一些图片的运动效果。在时间轴上，将时间指示器停在 00:00:08:05 处，将图片“h001.tif”拖放到 V11 轨道中，并适当延长时间长度，单击“旋转”属性左侧的“**切换动画**”按钮，设置旋转运动，其参数值如图 4-44 所示。

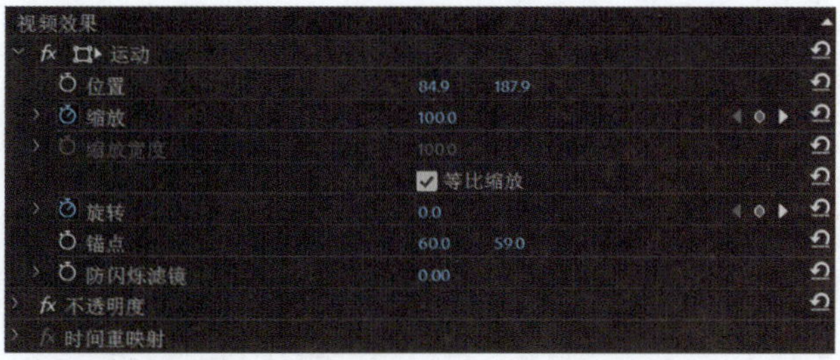

图 4-44　h001 的运动设置

步骤 41　运动设置：同样将时间指示器停在 00:00:08:05 处，将图片“car2.tif”和“g001.tif”分别拖放到 V12 和 V13 轨道中，适当延长时间长度到 00:00:12:20，分别单击 car2 和 g001 的“位置”属性左侧的“**切换动画**”按钮，设置运动，效果如图 4-45 所示。

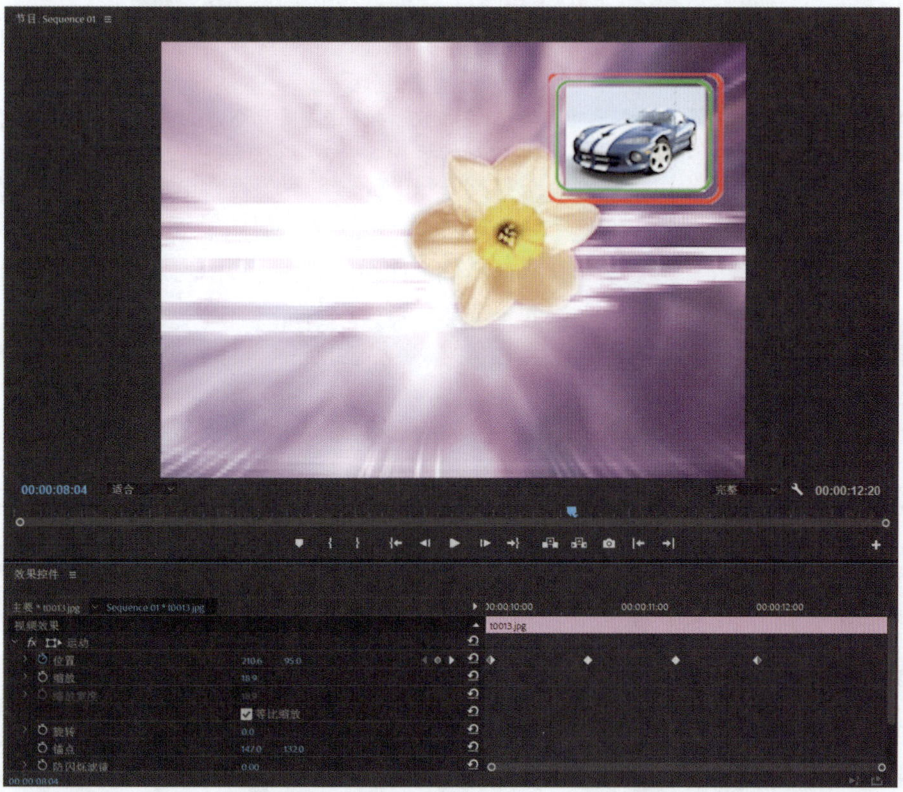

图 4-45　car2 和 g001 运动设置效果

步骤 42　运动设置：将时间指示器停在 00:00:09:21 处，将图片“t0013.tif”和“g001.tif”分别拖放到 V14 和 V15 轨道中，适当延长时间到 00:00:12:20，分别对 t0013 和 g001 进行运动设置。

步骤 43　运动设置：将时间指示器停在 00:00:11:03 处，将图片“h001.tif”拖放到 V7 轨道中，并适当延长时间长度到 00:00:12:20，对 h001 进行运动设置，让图片上的花一直在转动。

步骤 44　运动设置：最后将栏目标题打出。将时间指示器停在 00:00:09:03 处，将栏目标题文字图片“zi03.tif”拖放到 V16 轨道中，并适当延长时间长度到 00:00:12:20，对 zi03 进行运动设置，使文字从屏幕中心的位置以很小的缩放值逐渐放大，然后停在屏幕上，如图 4-46 所示。

图 4-46　整体效果

步骤 45　播放影片：在节目监视器中，单击“**播放**”按钮▶播放影片，然后保存文件。

步骤 46　输出：下面我们将整个片头输出为视频文件。

当然，我们编制的是一个电视栏目片头，其剪辑的分辨率应该符合电视台标准，以便它们能以最佳状态呈现在 PAL 制式的显示器上，时基为 25 帧 / 秒，还要使用一个“硬件压缩 / 解压缩”卡导出项目并把最终电影输出到录像带中。后面我们会详细讲解影片输出的方法与技巧。本例是仅用于教学，因此仍可使用“320×240”像素的分辨率，用软件来导出项目。

步骤 47　导出影片：选择“**文件→导出→媒体**”命令，在打开的对话框中，设置文件名为“fashion_end.avi”。单击“**保存**”按钮，导出影片。

步骤 48　播放影片：导出完成后，会在一个单独的剪辑窗口中打开，单击“**播放**”按钮▶，播放影片，最终效果如图 4-47 所示。

图 4-47　最终的效果

本章小结

在这一章中，我们比较完整地制作了《时尚点击》电视栏目的片头，从中学习到镜头运动的知识和技巧，主要包括利用 Photoshop 图像处理软件处理素材图片、导入图像文件、视频镜头运动的设置、综合运用特技的技巧实现复杂的画面效果、编辑轨道的片段（复制与粘贴）、导出电影等方法与技巧。除此之外，我们需要思考——如何应用丰富的技巧把创意完美地表现出来。我们掌握的技巧越丰富，在制作影视节目时就会越轻松，越不容易受到限制。当然要说明一点，我们并不是一味地强调技术的重要性，创意也是非常重要的一环。如何能让一个节目抓住观众的心，让观众觉得好看呢？一方面是因为创意，另一方面则表现在创意的技术处理上，两者缺一不可。

本章所展开的范例制作——《时尚点击》栏目包装，就是灵活地运用了镜头运动技术来实现我们在影视动画片头中常见的制作手法，读者还可以思考或模仿影视节目中常用的表现手法，应用所学的技术展开创作实践。

本章作业

一、选择题

1. 在 Photoshop 中，进行图像色彩校正的操作命令在_______菜单中。

A. 文件　　B. 编辑　　C. 图像　　D. 视图

2. Photoshop 中重复使用刚刚用过的滤镜，应按____________快捷键；打开刚刚使用滤镜的对话框，按__________快捷键；设置刚刚使用滤镜的不透明度及合成方式，按__________快捷键。

A.Ctrl+Shift+F　　B.Shift+F　　C.Ctrl+Alt+F　　D.Ctrl+F

3. 动感效果可以使用_________滤镜。

A. 高反差保留　　B. 动感模糊　　C. 水波　　D. 极坐标

4. 在 Photoshop 中，图层特效不可以用于_______。

A. 普通图层　　B. 文字图层　　C. 背景图层

5. 在 Photoshop 的路径操作中，使用钢笔工具_______鼠标左键可以产生角点；_______鼠标左键可以产生平滑点。

A. 单击　　B. 双击　　C. 拖动

二、简答题

1. 如何在时间轴上添加视频轨道？
2. 在导入静止图片前，如何设置静止图片的持续时间？
3. 在镜头运动设置时，如何快速调整运动路径？
4. 在运动路径中添加关键帧的方法？
5. 如何锁定音频和视频轨道？锁定轨道有何重要性？

6. 在本章的范例中，我们制作了多个镜头连续在画面下方水平运动。在此基础上，试着实现另外 5 个镜头连续在画面右侧从下方向上方做垂直运动的效果。

三、练习与实训

实训 4-1 《体育播报》栏目包装

详细内容请参见配套的电子版实训册《影视动画数字后期编辑与合成实训》中的第 4 章。

5 视频特效的制作技法

本章重点

- 视频滤镜的使用
- 复制特技效果并设置
- 影视节目中常用的闪白技巧
- 字幕的制作
- 建立多个节目序列
- 声音过滤器的使用
- 使用特技制作复杂画面效果

教学环境

多媒体教室、电脑（配备视音频采集卡）、投影、公放、DVD

学时建议

4 学时

学习建议

通过制作 2 个范例——公益片《保护我们的地球家园》和广告《动画学院标志》，进一步掌握视频特效的应用方法和技巧。

5.1 艺术指导原则

在影视动画后期制作中，要用到许多滤镜特技。它们经常用来改变图像的色彩或增加动感模糊，有时候还用于影片的后期处理。这是为了弥补前期拍摄中遗留下来的遗憾和不足，修补影像和声音素材中的缺陷，例如改变影像剪辑中的色彩平衡或从对话中除去噪声等。本章我们将运用滤镜特技并结合前面所讲到的知识，制作一部公益短片和一个标志小广告动画。

5.2 范例制作——公益片《保护我们的地球家园》

人类只有一个地球，她是我们生活的家园。如果不注意保护环境，我们的家园将不再有鲜花、绿草和蓝天，那将是可怕的……我们将结合前 4 章所学的知识来制作这个公益片。

5.2.1 影片简介

本片是一部号召人类保护地球环境的公益短片。画面开始是从黑场淡入一个在深邃的宇宙中不停转动的地球。一个闪白，又变换到了原本纯净、美好的地球上。天空是纯蓝的，太阳是金灿灿的，草地是绿茵茵的，树木是繁盛的。然而，在绿草茵茵的大地上，人们盖起了厂房，而且越盖越多，工厂肆无忌惮地排放着浓烟。一眼望去，绿地没有了，满眼都是钢筋混凝土的建筑。我们的世界变得一片昏黄，鲜花也失去了往日的颜色。如果再这样下去，地球终有一天会……赶快警醒，让大家都来呵护地球，爱护地球。

5.2.2 观看影片

播放影片文件（素材与工程文件 \Chapter05\ASSORT05\MOVIE\commercial.avi）。通过观看影片，进一步了解公益片《保护我们的地球家园》范例制作的主要内容，片段画面如图 5-1 所示。

图 5-1　公益片《保护我们的地球家园》的片段画面

5.2.3 制作流程（步骤）及技巧分析

本片是结合 Premiere 视频编辑技术与视频效果，利用一些滤镜特技来完成制作。整个制作可分 4 个阶段，如图 5-2 所示。

图 5-2　公益片《保护我们的地球家园》的制作流程图

5.2.4 编辑与合成

1. 准备工作

步骤 1　新建项目：建立新项目，并将项目命名为“commercial.prproj”。采用默认设置，新建序列，设置编辑模式为“自定义”、时基为 25 帧 / 秒、场为“无场（逐行扫描）”、像素长宽比为“方形像素（1.0）”、帧大小为“320 水平，240 垂直”。

步骤 2　导入素材：选择“**文件→导入**”命令，导入“素材与工程文件\Chapter05\ASSORT05\MOVIE”文件夹中的所有影片文件。

2. 开始编辑

步骤 1　导入音乐：首先将一段音乐素材拖放到 A1 轨道中，然后锁定 A1。

步骤 2　剪辑素材：将视频素材“01.avi”在源监视器中修剪后，拖放到时间轴的 V1 视频轨道，注意此时应确保时间指示器停在 00:00:00:00 处。

步骤 3　显示淡化线：视频片段 01 是一个旋转的地球，我们要让画面随着时间的推移逐渐由黑场变亮，实现淡入的效果。这是很多影视节目或动画片开始时的惯用手法。选中轨道上的视频片段 01 后，单击鼠标右键，在弹出的菜单中选择“**显示剪辑关键帧→不透明度**”命令。将轨道的透明控制线显示出来即淡化线。上拉 V1 视频轨道，找到“**添加 / 移除关键帧**”按钮，如图 5-3 所示。

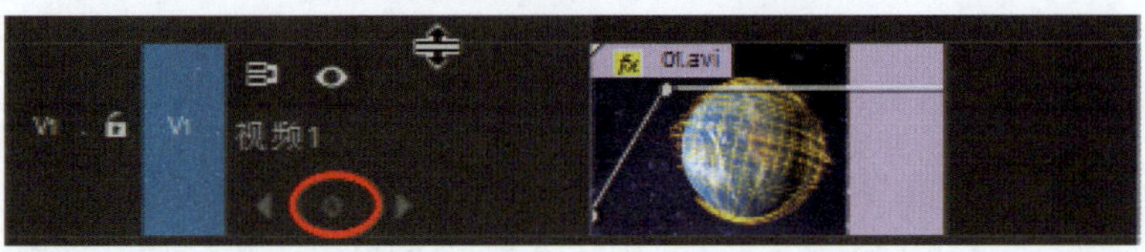

图 5-3　找到“添加 / 移除关键帧”按钮

步骤 4　增加关键帧：将时间指示器停在視频片段 01 的开始位置，单击“**添加 / 移除关键帧**”按钮，增加一个初始关键帧；将时间定位到 1 秒处，单击“**添加 / 移除关键帧**”按钮，增加一个关键帧，如图 5-4 所示。

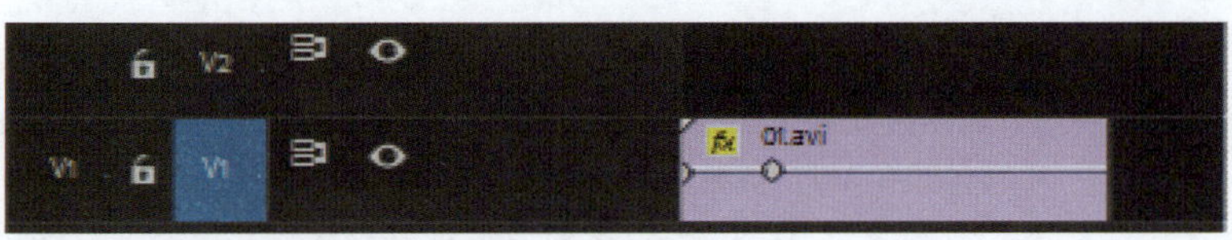

图 5-4　在淡化线上增加一个关键帧

贴心提示

"叠加溶解"过渡特效也是影视后期剪辑中常用到的一种特技手法，它与"交叉溶解"过渡特效类似，也是淡入淡出的效果，只是"交叉溶解"前后两个素材在过渡的时候色调和光调都有所下降，出现一个接近黑场的效果；而"叠加溶解"前后两个素材在过渡的时候色调和光调都有所提高，从而产生一个闪白的效果。

步骤 5 淡入效果：使用**选择工具**，按下住鼠标左键将第一个关键帧处向下拖动到底部，如图 5-5 所示。拖动时间指示器预览效果，可以看到画面随着时间的推移逐渐变亮，实现了淡入效果。

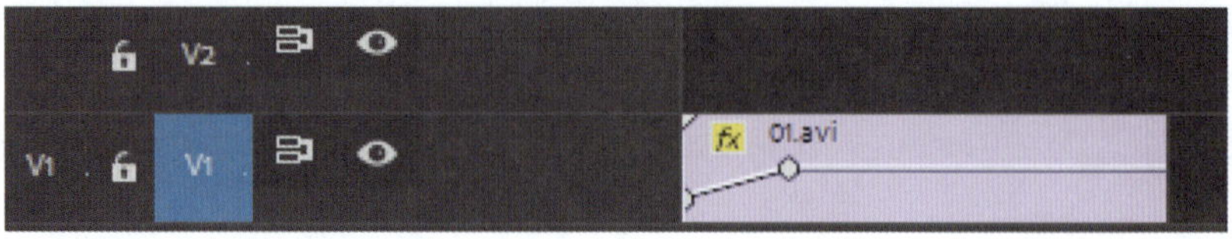

图 5-5 拖动第一个关键帧到底部

步骤 6 闪白效果：视频片段 01 的一个闪白后，出现视频片段 02。该闪白效果可以利用一个白板和视频片段 01 做"叠加溶解"过渡来实现。

步骤 7 制作白板：首先我们来制作一个白板。选择"**文件→新建→颜色遮罩**"命令，打开"拾色器"对话框，在右边的 R、G、B 框中分别输入 255、255、255，如图 5-6 所示。

步骤 8 命名：单击"确定"按钮，出现"选择名称"对话框，将白板命名为 White，如图 5-7 所示。随后我们将会看到白板 White 在项目面板出现。

图 5-6 "拾色器"对话框

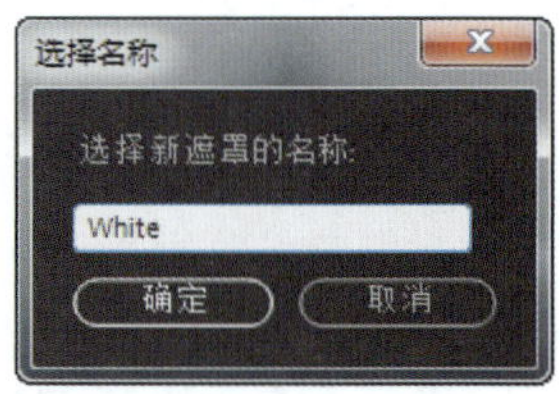

图 5-7 "选择名称"对话框

下面我们来做视频片段 01 和白板的过渡。

步骤 9 延长时间：把时间指示器停在相接处，将 White 拖放到 V1 轨道中并捕捉时间指示器，然后调整 White 的延长时间为 10 帧。

步骤 10 添加"叠加溶解"过渡特效：把时间指示器停在视频片段 01 和 White 相接处，选择"**窗口→效果**"命令，打开效果面板。选择"**视频过渡→溶解→叠加溶解**"过渡特效，将它拖放到视频片段 01 和 White 的相接处，如图 5-8。

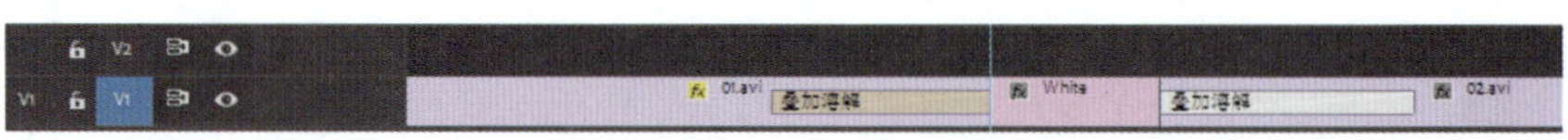

图 5-8 加叠加溶解过渡

步骤 11 添加视频片段：将视频片段 02（一组手绘效果的动画）拖入到 V1 轨道中，使其紧接在 White 之后，将时间指示器停在 White 和视频片段 02 的相接处，把"叠加溶解"特效拖放到该处，如图 5-6 所示。拖动时间指示器浏览视频片段 01 和素材 02 的闪白过渡效果。

我们将在后面详细介绍字幕的制作。在后期制作中，字幕可以直接用非线性编辑软件制作，也可以利用其他软件制作，如 Photoshop 或 Illustrator 等软件。下面我们将用 Premiere 中的“旧版标题”面板创建字幕。

步骤 12 淡出字幕：选择“**文件→新建→旧版标题**”命令，新建一个字幕窗口，单击“旧版标题”面板中的**文字工具**，在工作区域中输入文字“如果……”，设置字体为黑体、字号为 60，如图 5-9 所示。

步骤 13 设置倾斜：选中文字，在“旧版标题属性”面板的“属性”栏中，设置倾斜为 25°，如图 5-10 所示。

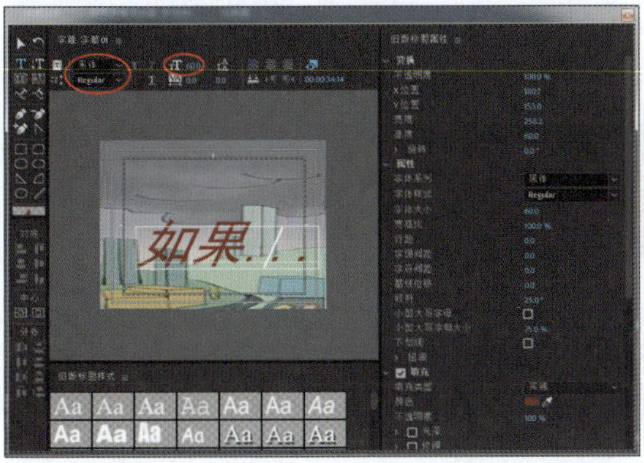

图 5-9 设置字体与字号

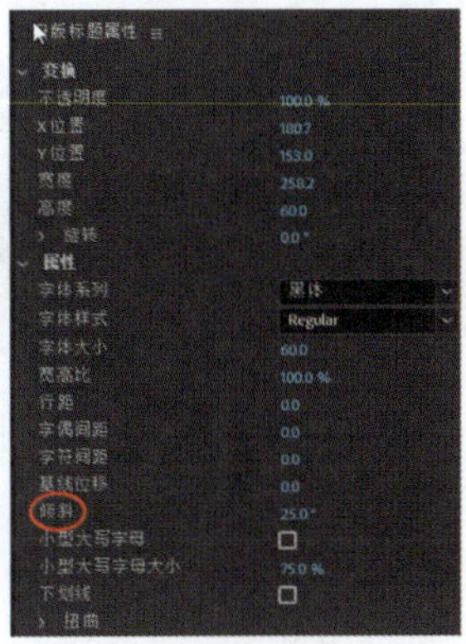

图 5-10 设置倾斜

步骤 14 调整位置：我们把文字的位置放置在工作区域的中心位置。选中文字“如果……”，单击鼠标右键，从弹出的菜单中选择“**位置→水平居中对齐**”命令，此时可以看到文字已在水平位置上居中；再次单击鼠标右键，从弹出的菜单中选择“**位置→垂直居中对齐**”命令，此时文字已经垂直方向上居中。这样的两次操作就可以将文字“如果……”居中于字幕工作区域的中心。

步骤 15 调整文字的颜色：选中文字，在右边的“旧版标题属性”面板中展开“填充”栏，设置填充类型为“实底”，单击“颜色”右侧的方块，打开“拾色器”选择颜色为暗红色，如图 5-11 所示。

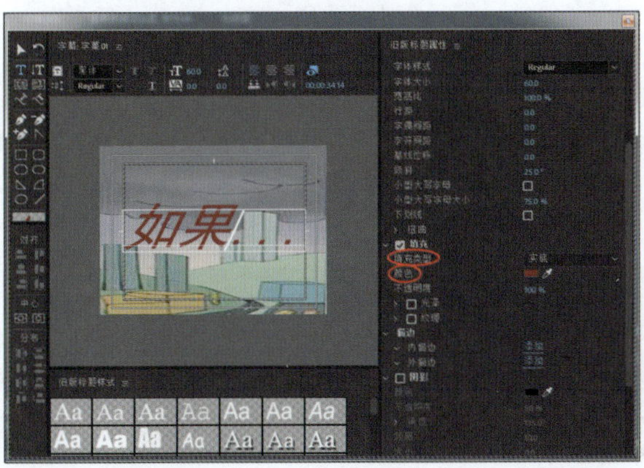

图 5-11 设置文字的颜色

步骤 16 保存字幕：关闭字幕窗口，随后字幕 01 会自动导入到项目面板中。

步骤 17 制作另外的字幕：用同样方法再做另外两个字幕——“将

贴心提示

在影视节目制作中，往往要准备一些单色的色板。它们其他画面相接或叠加，产生不同的效果。例如，利用黑色的色板可以制作一个镜头画面与另一个镜头画面之间的一个长时间的黑场。当然，一个镜头与另一个镜头在时间轴轨道中，中间留有一定的空隙也能造成黑场的效果。但是一般来说，为了避免输出影片时可能出现问题，笔者建议还是用黑板来制作黑场效果比较稳妥。

会……”和“希望每个人都能……”。

下面我们来制作字幕的淡出淡入效果。

步骤 18 缩短延时长度：将字幕 01 从项目面板拖放到时间轴的 V2 视频轨道中。根据需要，先将字幕 01 的延时缩短，利用**选择工具**拖动字幕 01 片段右边缘缩短其延时长度。

步骤 19 设置不透明度：上拉 V2 视频轨道，找到“**添加 / 移除关键帧**”按钮。此时，淡化器的位置处于最大值，不透明度为 100%，即完全不透明。

步骤 20 制作淡入淡出效果：把时间指示器停在字幕片段开头位置，单击“**添加 / 移除关键帧**”按钮增加关键帧。依次在距开头 1 秒 12 帧处、距结尾 1 秒 12 帧处和结尾处单击“**添加 / 移除关键帧**”按钮增加关键帧。拖动淡化器上的第一个关键帧到最底部，拖动淡化器上的最后一个关键帧到最底部，如图 5-12 所示。拖动时间指示器浏览淡入淡出效果。采用同样的方法，做字幕 02 的淡入淡出效果。

图 5-12　淡入淡出效果

下面的一组素材将展示的内容：如果人们不保护地球、不爱护环境将会出现的情景。在对这一组素材的处理上，我们将原有的鲜艳色彩去掉，变成棕色色调的单色景象，做成老照片的效果。我们可以利用一些过滤特技来达到目的。

步骤 21 淡入效果：将视频片段 03 从项目面板导入到时间轴的 V1 轨道中，与字幕 02 有一些重叠，如图 5-13 所示。选中视频片段 03，利用在淡化线增加关键帧，做出淡入效果。

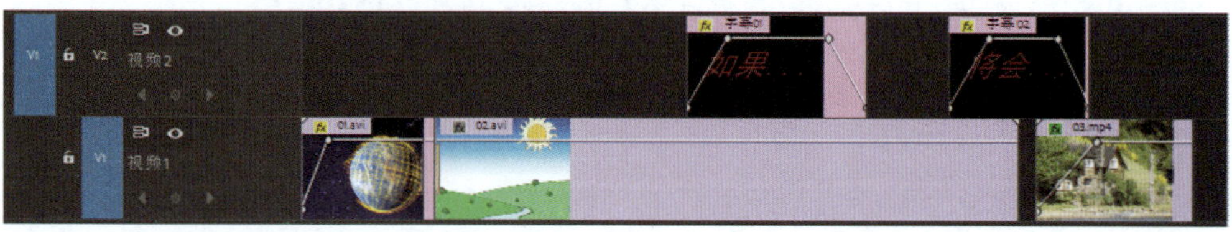

图 5-13　视频片段 03 的淡入效果

步骤 22 添加“色彩”滤镜：在效果面板中，选择“**视频效果→颜色校正→色彩**”效果，将其拖放到时间轴中的视频片段 03 上。

步骤 23 设置参数：在打开的效果控件面板中，设置“色彩”的各项参数值。单击“将黑色映射到”的色彩框打开“拾色器”对话框，在中间黑棕色颜色上单击，将其作为色调（R=13，G=11，B=7）。在“将白色映射到”的色彩框上单击，打开“拾色器”对话框，在中间棕色颜色上单击，将其作为色调（R=181，G=156，B=105）。设置着色量为 75%，如图 5-14 所示。

图 5-14　“色彩”滤镜参数设置

步骤 24 预览：在时间轴中，拖动时间指示器浏览效果，我们看到的是一个灰暗的世界，如图 5-15 所示。

图 5-15 “色彩”滤镜效果

下面我们可以把视频片段 03 上建立的滤镜效果应用到另外几个素材片段上，也就是说其他几个素材片段上要使用相同的滤镜和设置。这里我们介绍一个非常容易的方法，快速将相同的滤镜和设置应用到其他的视频片段上。

步骤 25 添加特效：将视频片段 04 拖放到 V1 视频轨道中，使其与视频片段 03 相接。在效果面板中，选择“**视频过渡→擦除→随机块**”滤镜，将其拖到视频片段 03 与视频片段 04 的切点，将鼠标放置在过渡效果上，出现如图 5-16 所示图标后，即可拖动图标调整效果的持续时间。我们也可以在效果控件面板中修改持续时间，将对齐方式改为“中心切入”，如图 5-17 所示。

图 5-16 调整效果的持续时间

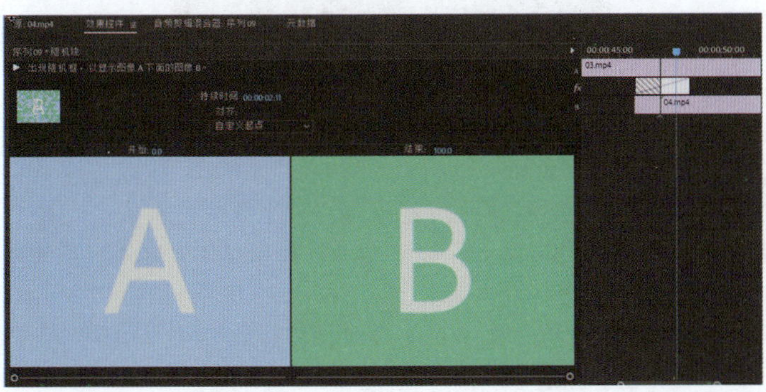

图 5-17 “随机块”过渡特效

贴心提示

在一个素材片段上可以运用多个滤镜效果。注意，滤镜的应用顺序会影响最终的结果。如果在一个素材片段上应用了多个滤镜效果后，需要调整这些滤镜的顺序，只需在效果控件面板中选中要调整的滤镜，然后上下拖动，即可排列合适的顺序。如果需要删除某个滤镜，可以在效果控件面板中选择该滤镜，按 Delete 键即可删除。

步骤 26 复制：在时间轴中，选中视频片段 03，单击鼠标右键，在弹出的菜单中选择菜单“**编辑→复制**”命令。

步骤 27 粘贴属性：选中视频片段 04，单击鼠标右键，在弹出的菜单中选择“**编辑→粘贴属性**”命令，将视频片段 03 上的滤镜和设置施加到视频片段 04 上了。

步骤 28 设置着色量：在视频片段 04 的效果控件面板将“**色彩→着色量**”设置到 100，拖动时间指示器来预览视频片段 04 应用滤镜后的效果。

步骤 29 接入视频片段 02：将视频片段 02 从项目面板拖放到源监视器中，设置入点和出点，然后将其拖放到 V1 视频轨道中与视频片段 04 相接，并在相接处添加“交叉溶解”过渡特效。

步骤 30 复制滤镜：将视频片段 03 的滤镜连同所选的设置也应用到视频片段 02 上（参考步骤 26 和 27）。现在，视频片段 03 的滤镜和设置便应用在视频片段 02 上了。

步骤 31 延长视频：由于视频片段 02 后面一段的时间有点短，需要将视频片段 02 的后面一段重复，从源监视器中将视频片段 02 的后面一段拖放到 V1 视频轨道与前面的视频片段 02 相接。

步骤 32 复制滤镜：选中前面的视频片段 02，在效果控件面板选中“色彩”滤镜，单击鼠标右键，从弹出的菜单中选择“复制”命令，将其滤镜属性复制下来。

步骤 33 粘贴属性：选中后面的视频片段 02，在效果控件面板的空白处单击鼠标右键，在弹出的菜单中选择“编辑→粘贴属性”命令，这样就将前面的视频片段属性应用到后面的视频片段 02 上了。

步骤 34 添加特效：将视频片段 06 拖放到源监视器中，设置入点和出点进行修剪，然后拖放到 V1 轨道中与视频片段 02 相接，并添加“交叉溶解”过渡特效，效果如图 5-18 所示。

> **贴心提示**
>
> 在制作影视节目过程中，对于多次重复的特效参数设置是十分耗费精力的，所以对于使用相同特效的不同镜头，只需设置一个镜头的特效参数，然后将参数复制下来，应用到其他镜头上，有的只需稍修改就可以了，这样可以提高工作效率。

图 5-18 “交叉溶解”过渡特效效果

步骤 35 闪白效果：在视频片段 06 后面做一个闪白效果，将 White 拖放到视频片段 06 的后面，因为这里的闪白要稍微慢一些，所以要将 White 的时间长度适当延长，将时间指示器停在相接处，在效果面板中，选择“**视频过渡→溶解→叠加溶解**”过渡特效，并将其拖放到相接处，这样燃烧的地球就有了一个闪白效果。

步骤 36 增加关键帧：在 White 后面接素材 07 片段，上拉 V1 轨道，选中素材 07 片段，把时间指示器停在素材 07 片段开头位置，单击“**添加 / 移除关键帧**”按钮添加初始关键帧。在距开头 1 秒 12 帧处、距素材 07 片段结尾

1 秒 12 帧处和结尾处单击“**添加 / 移除关键帧**”按钮增加关键帧。

步骤 37 制作淡入淡出效果：选中**选择工具**，将鼠标移到第一个关键帧处，按左键向下拖动到底部，拖动时间指示器预览效果，可以看到画面随着时间的推移逐渐变亮，实现了淡入效果。将鼠标移到最后一个关键帧处，按左键向下拖动到底部，拖动时间指示器预览效果，可以看到视频片段 07 画面随着时间的推移逐渐黑下去，实现了淡出效果，如图 5-19 所示。

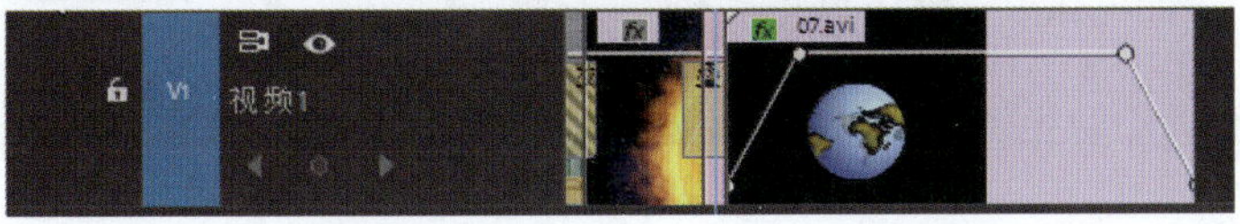

图 5-19 在淡化线上设置关键帧

步骤 38 添加特效：视频片段 07 不仅从黑场淡入出来而且画面由模糊变清晰，这是模拟摄像机焦距的变化。在效果面板中，选择“**视频效果→ Obsolete →快速模糊**”特效，并拖放到素材 07 片段。

步骤 39 设置动画：在效果控件面板中，展开“快速模糊”特效属性，单击“模糊度”属性左侧的“**切换动画**”按钮，在开始处，设置模糊度为 50；在距开始关键帧 4 秒处，单击“**添加 / 移除关键帧**”按钮增加一个关键帧，设置模糊度为 0、模糊维度为“水平方向”，如图 5-20 所示。

步骤 40 移动位置：视频片段 07 是一个旋转的地球，我们将地球向上移动一些。在效果控件面板中，展开“运动”栏，设置“位置”属性的 y 坐标为 55。

步骤 41 调整位置：将时间指示器定位到视频片段 07 的开始位置，把素材 08 拖放到 V2 轨道中并捕捉到时间指示器与视频片段 07 对齐，这是一个托起手的静止图片。调整素材 08 手的位置，让手正好在地球的下方，好像手托着地球，呵护着地球。在效果控件面板中，展开“运动”栏，设置“位置”的 y 坐标值为 150。

步骤 42 设置动画：同样上拉 V2 轨道，选中素材 08，把时间指示器停在素材 08 的开头位置，单击“**添加 / 移除关键帧**”按钮增加关键帧。在距开头 1 秒 12 帧处、距素材 08 结尾 1 秒 12 帧处和结尾处单击“**添加 / 移除关键帧**”按钮增加关键帧。这样就做出了与视频片段 07 片段同步的淡入淡出效果。

步骤 43 加入字幕：将字幕 03 拖放到 V3 轨道中，并与素材 08 的开始位置对齐。在效果控件面板中，单击“不透明度”属性左侧的“**切换动画**”按钮，分别在字幕 03 的开始处、距开始 1 秒 10 帧处、结尾处和距结尾 1 秒 10 帧处设置关键帧。在开始处和结尾处，设置不透明度为 0；在距开始 1 秒 10 帧处和距结尾 1 秒 10 帧处，设置不透明度为 100。这样就做出了字幕的淡入淡出效果，如图 5-21 所示。

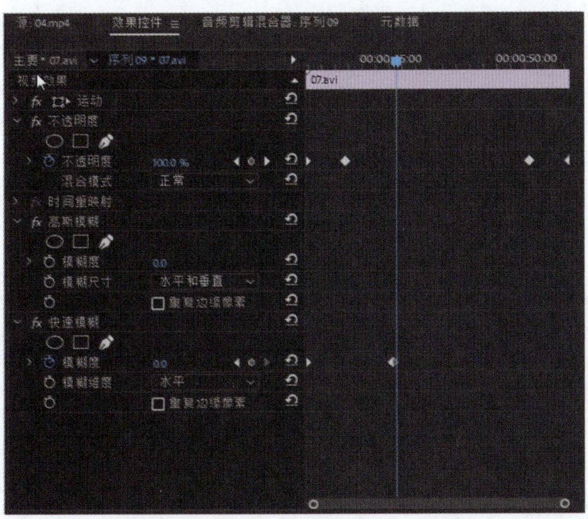

图 5-20 “快速模糊”特效属性设置

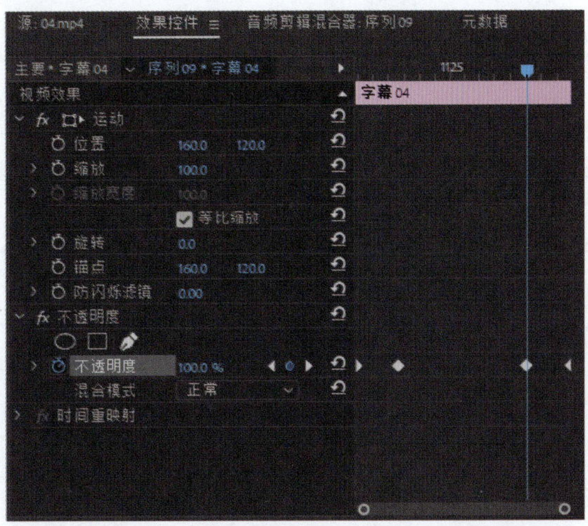

图 5-21 设置“不透明度”值

步骤 44 设置声音：最后在音频轨道上的音乐结尾处制作声音渐落下去的效果。选择 A1 轨道，将锁定解除，单击鼠标右键，在打开的菜单中选择“**显示剪辑关键帧→音量→级别**”命令，如图 5-22 所示。

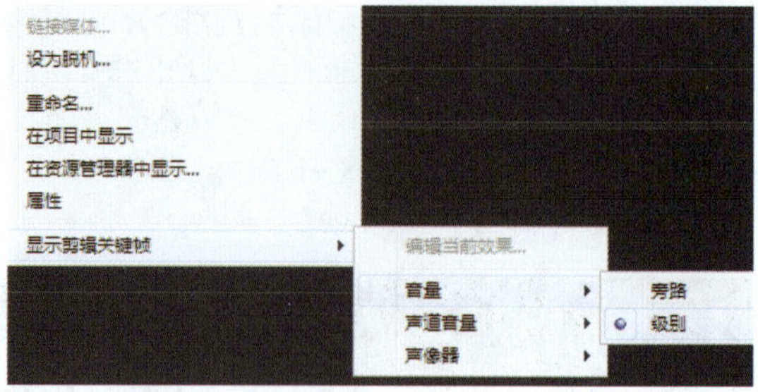

图 5-22 A1 轨道的显示选项

步骤 45 添加关键帧：将时间指示器定位到 00:00:47:17 处，上拉 A1 轨道，单击“**添加 / 移除关键帧**”按钮，增加一个关键帧；在音乐结束的位置，单击“**添加 / 移除关键帧**”按钮增加另一个关键帧。

步骤 46 调整音量：使用**选择工具**，把鼠标移到最后一个关键帧处，按住鼠标左键向下拖动到底部，此时声音音量成为 0。这样从前一个关键帧到后一个关键帧之间，声音就做出了渐落的效果，如图 5-23 所示。

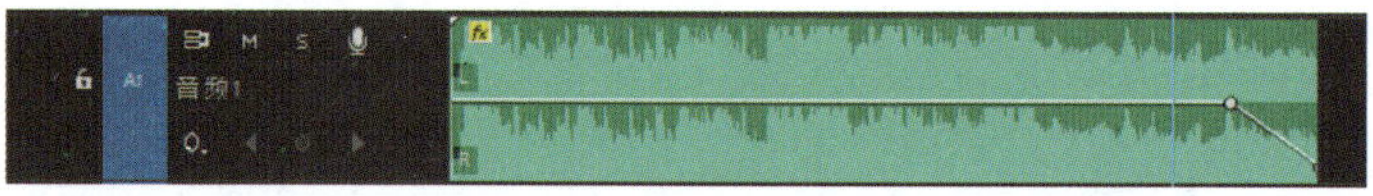

图 5-23 A1 轨道音频的淡化线

步骤 47 保存项目：做到此时，可以保存项目了。时间轴中各个素材片段的排列，如图 5-24 所示。

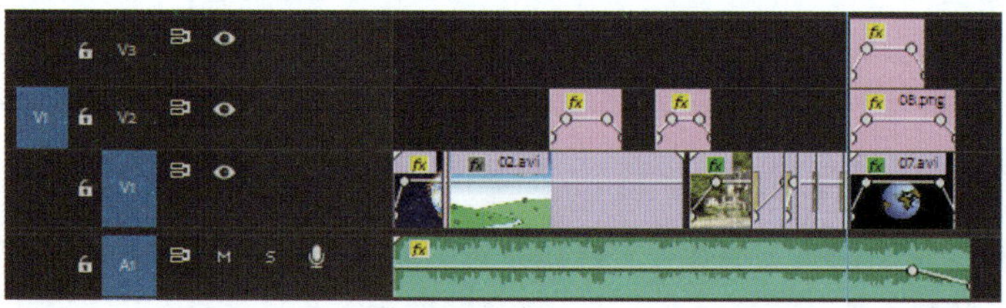

图 5-24 时间轴中各个素材片段的排列

步骤 48 影片输出：选择“**文件→导出→媒体**”命令，打开对话框，设置格式为 AVI。在“输出名称”选项中，设置输出位置及文件名称，这里设置文件名为“commercial_end.mov”。

5.3 范例制作——广告《动画学院标志》

本例仍然结合过渡特效与视频特效的复杂操作手法来做一个标牌广告。实际上，只要能够将前面所学的知识融会贯通、灵活应用，就能够制作出很多有趣且实用的效果了。

5.3.1 影片简介

本片是一个介绍北京电影学院动画学院标志的小广告，时长约 5 秒。在一段实拍的水边背景中，首先将动画学院标志通过过渡特效、透明度的设置和扭曲变形的特效做出在水中飘动的效果；然后水中的标志跃出水面，由模糊很快转为清晰；最后标志不断变换颜色，直至影片结束。

5.3.2 观看影片

播放影片文件（素材与工程文件 \Chapter05\ASSORT05\MOVIE\billboard.avi）。通过观看影片，

进一步了解广告《动画学院标志》范例制作的主要内容，如图 5-25 所示。

图 5-25　广告《动画学院标志》的片段画面

5.3.3　制作流程（步骤）及技巧分析

本例制作手法简洁明快。我们将前面所学的知识融会贯通、灵活应用，结合过渡特效与视频特效的复杂操作手法来做一个动画学院的标志广告。整个制作流程可分为 3 个部分，如图 5-26 所示。

图 5-26　广告《动画学院标志》的制作流程图

5.3.4　编辑与合成

步骤 1　新建序列：在项目 commercial 中，选择“**文件→新建→序列**”命令，打开“新建序列”对话框，在“序列名称”文本框中输入 billboard，作为新建节目序列的名字。设置编辑模式为“自定义”、时基为 25 帧 / 秒、帧大小为“320 水平、240 垂直”、像素长宽比为“方形像素（1.0）”、场为“无场（逐行扫描）”，如图 5-27。

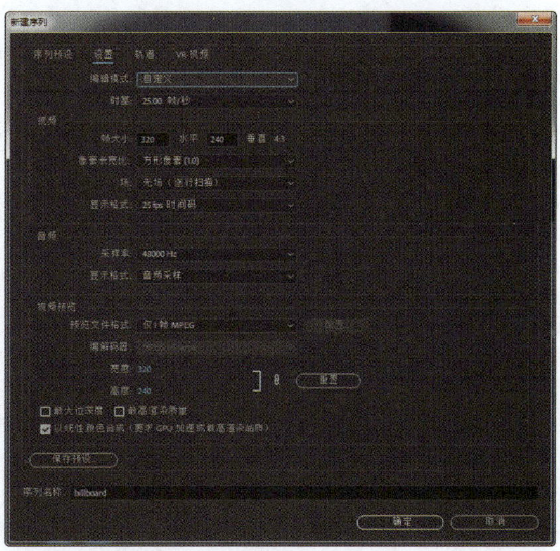

图 5-27　“新建序列”对话框

步骤 2　导入素材：建立了新的节目序列后，在项目面板中，单击“**新建素材箱**”按钮■，建立“Bin 3”。选择“Bin 3”，然后按“Ctrl+I”快捷键打开“导入文件”对话框，在本章素材文件夹（素材与工程文件 \Chapter05\ASSORT05\PROJ\source05\billboard）中，把本例所需要的素材全部选中，导入到“Bin 3”中。

步骤 3　将素材拖入时间轴：将素材“sight.avi”从项目面板中拖放到 V1 视频轨道中。注意：在导入之前，要将时间指示器定位在 00:00:00:00 处，素材导入后，锁定 V1 视频轨道。再次将时间指示器停在 00:00:00:00 处，从项目面板中把素材“logo.tif”拖放到 V2 视频轨道中。

步骤 4　调整时间长度：选择工具面板中的**选择工具**，将鼠标移到 logo 的右边缘，拖动鼠标调整它的时间长度与 sight 的时间长度一样，如图 5-28 所示。

步骤 5　切割片段：打开素材 logo 的效果控件面板，适当调整 logo 的大小和位置。用**剃刀工具**对 logo 进行 3 份切割（logo 需要做 3 种效果，因此要切割成 3 份），如图 5-29 所示。

图 5-28　logo 与 sight 长度相同

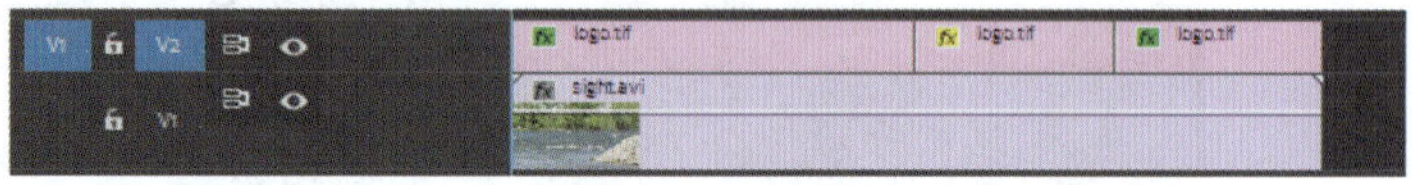

图 5-29　logo 的切割

步骤 6　添加特技：打开效果面板，选择“**视频效果→扭曲→变换**”特效，将其拖放到 logo 的第 1 段。

步骤 7　设置属性：选中 logo 的第 1 段，在效果控件面板中，展开“变换”栏，设置倾斜为 -22、旋转为 23，如图 5-30 所示。调整位置到水面，展开“运动”栏，设置缩放为 45、不透明度为 40%。

步骤 8　添加特效：在效果面板中，选择“**视频效果→扭曲→波形变形**”特效，将其拖放到 logo 素材第 1 段。该特效可以在片段中产生画面波动的效果，就像水面的涟漪一样，如图 5-31 所示。

图 5-30　设置参数

图 5-31　“波形变形”特效

步骤 9　设置参数：在效果控件面板中，设置“波形变形”特技的参数。设置波形类型为“正弦”，适当调整波形的高度和宽度。设置波形方向为 180° 、波形速度为 0.3，如图 5-32 所示。

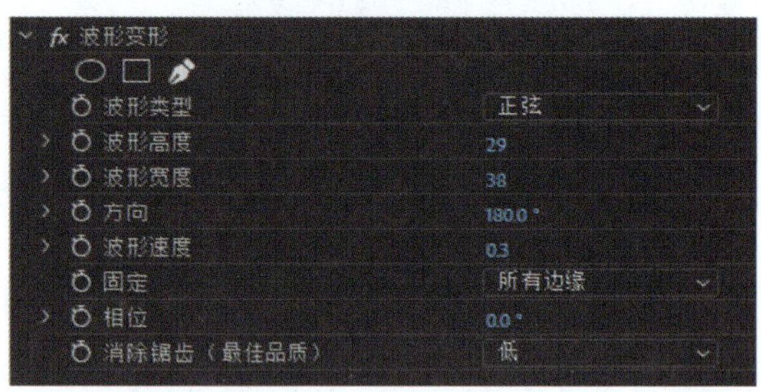

图 5-32　设置“波形变形”效果

步骤 10　预览效果：在节目监视器中，单击“**播放**”按钮，预览效果。我们看到 logo 标志在水中，随着水波飘动起来。

步骤 11　添加特效：给 logo 添加一个“快速模糊”特效，使图像在停止波动的同时，快速由模糊变为清晰。在效果面板中，选择“**视频效果→过时→快速模糊**”特效，将其拖放到 logo 素材第 2 段中。

步骤 12　设置参数：在效果控件面板中，设置“快速模糊”参数及动画效果。展开“模糊维度”栏，设置模糊方向为“水平方向”；在 logo 第 2 段的开始处，为“模糊度”属性增加一个关键帧，设置模糊度为 0；在 logo 素材第 2 段后 1/3 处，增加第 2 个关键帧，设置模糊度为 66；在 logo 第 2 段临近结尾处，再增加第 3 个关键帧，设置模糊度为 0，logo 由模糊快速变为清晰，参数设置如图 5-33 所示。

步骤 13　预览效果：在节目监视器中，单击“**播放**”按钮，预览效果。

效：在效果面板中，选择“**视频效果→颜色校正→通道混合器**”特效，
以用当前颜色通道的混合值修改一个颜色通道。通过设置每个颜色通
色调的图。它的参数通道（平衡）数值越大，输出颜色的强度越高，
出到目标通道前反转颜色通道。Monochrome 对所有输出通道应用相
像。“通道混合器”特效对图像中的各个通道进行混合调解，虽然调
高。当需要改变影片色调时，应该首先考虑使用“通道混合器”特

控件面板中，设置“通道混合器”特效的参数及动画效果。在
’关键帧，设置“红色 - 红色”为 0。同时在此位置，增加“红色 - 恒量”
在 00:00:07:10 处，增加“红色 - 恒量”关键帧，设置“红色 - 恒量”
设置“红色 - 红色”为 100，参数设置如图 5-34 所示。

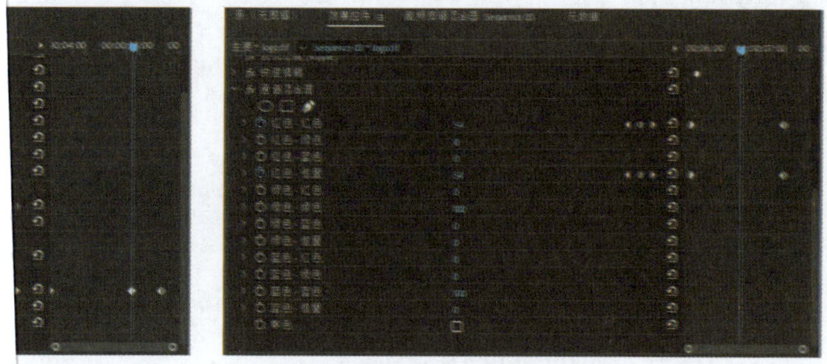

图 5-34 “通道混合器”特效参数设置

在节目监视器中，单击“**播放**”按钮▶，预览效果，最终效果如

billboard 输出为视频，并命名为“billboard_end.avi”。

本章小结

本章通过范例——公益片《保护我们的地球家园》和标志广告《动画学院标志》的制作，重点练习了应用视频特技制作效果的技法。在运用的过程中，可以使用视频滤镜、复制特技效果和设置影视节目中常用的技巧闪白，掌握字幕的制作、声音过滤器的使用及复杂画面效果的特技使用。Premiere 中的视频特技效果按不同类别存放在效果面板的不同文件夹中。例如，对视频的颜色校正和调整的特技都放在“颜色校正”文件夹下，而对图像进行色彩调整的特技都放在“图像控制”文件夹下。读者还可以将其他的一些特效施加到影像片段上，从而获得相应的效果。

本章作业

一、填空题

1.“交叉溶解”效果会让前后两个素材在过渡的时候色调和光调都有所____________________，出现一个接近黑场的效果；而“叠加溶解”效果会让前后两个素材在过渡的时候色调和光调都有所____________________。

2. 可以使画面便模糊的特效在______________特效文件夹下。

3. 可以用于制作水波涟漪效果的特效是_______________。

4. 图像调色使用的特效在_______________文件夹中。

二、简答题

1. 当应用多个滤镜时，滤镜的应用顺序会影响最终的结果吗？为什么？

2. 将相同的滤镜和设置应用于多个片段中最快的方法是什么？

三、练习与实训

实训 5-1　制作公益广告

详细内容请参见配套的电子版实训册《影视动画数字后期编辑与合成实训》中的第 5 章。

6 画面叠加的方法与技巧

本章重点

- 利用视频叠加效果
- 改变素材片段的速度
- 应用 Track Matte 轨道挡板控键
- 利用色度键来对素材进行抠像和合成
- 使用序列的嵌套技术制作复杂的效果

教学环境

多媒体教室、电脑（配备视音频采集卡）、投影、公放、DVD

学时建议

4 学时

学习建议

通过制作栏目片头动画《信息时代》，掌握应用抠像技术达到多画面的合成效果的方法和技巧；掌握常用抠像特技效果的适用性和抠像的原理、视频叠加效果、改变素材片段的速度的方法和技巧；掌握 TrackMatte 轨道挡板控键的具体操作、使用序列的嵌套技术制作复杂的效果等技法。

6.1 艺术指导原则

在影视动画节目制作中，常常会把一些静止的画面或视频画面重叠起来，这就要求顶层轨道中的画面有透明度或者某一部分变成透明，使底层的影片画面露出来。在 Premiere 中有多种方法在被重叠的影片片段上建立透明区域，或指定某个范围的色彩为透明。

6.2 抠像技术

在数字技术进步的今天，通道提取成为数字合成的重要功能，我们把通道提取称为抠像。当我们要将一个图像与其他背景合成时，需要使用软件生成的 Alpha 通道。在实际生活当中，大部分素材为摄像机拍摄的画面，而摄像机拍摄的素材并不带有 Alpha 通道的。那要怎样做才能够让摄像机拍摄的画面与其他背景进行合成呢?

这就需要在前期拍摄的时候，将要与其他背景进行合成的主体放到一个特定的背景下来拍摄。例如，选择蓝色或绿色背景进行拍摄，然后将拍摄的素材数字化并使用抠像技术，将背景颜色透明使之合成到其他的背景上。注意：素材质量的好坏直接影响到抠像效果。在拍摄时，背景的布光是非常重要的，合适且均匀的布光和对拍摄素材的色彩还原起到了关键性作用。当然除了必备的、优质的抠像素材外，一个功能强大的抠像工具也是完美抠像效果的先决条件。

Premiere 提供了多种抠像特效，可以很容易地剔除素材的背景。下面我们将详细地介绍 Premiere 的多种抠像特效。在效果面板中，选择“**视频效果→键控**”文件夹，这里存放的都是抠像特效。不同的抠像方式用于不同的素材，要实现一个较完美的抠像效果，可以叠加使用多种抠像特效。

6.2.1 颜色键

> **贴心提示**
> 蓝屏幕技术是提取通道的最主要的手段。它是在单色的背景前拍摄人物或其他前景内容，然后利用色度的区别，把单色背景去掉，所以蓝屏幕技术有个学名叫颜色键。

颜色键允许在素材中选择一种颜色或一个颜色范围，并使之透明，这是常用的键出方式。使用颜色键，首先需要在明亮和均匀的背景上录制一个对象，背景的色彩必须与对象有明显反差，这样才可将对象从背景中分离出来。

（1）吸取颜色。在素材上应用颜色键后，可以在效果控件面板中，选择吸管工具，在需要抠去的颜色上单击，进行吸取颜色。

（2）调整容差度。通过调整“颜色容差”参数控制与键出颜色的容差度。“颜色容差”的值越大，与指定颜色相近的颜色被透明得越多，相反则越少。“羽化边缘”调整边缘的柔和程度。

（3）观察效果。一般情况下，在调整抠像效果时，都要在 Mask 和最终效果间不断切换，来观察效果。这是因为使用 Mask 可以更好地观察抠像后产生的 Alpha 通道情况，以避免在观察最终效果时出现背景颜色的干扰。

（4）去色。抠像后，在边缘处可能会有一些细微的遗留颜色不能清除干净。可再次使用“移除遮罩”特技效果，然后在“遮罩类型”下拉列表中选择清除的颜色。如果边缘遗留的颜色较深，则选择“黑色”，反之选择“白色”。“移除遮罩”特技效果对“黑色背景产生的遮罩 Alpha 通道”的对象和“以白色背景产生的遮罩 Alpha 通道”的对象的边缘遗留颜色同样有清除作用。

6.2.2 亮度键

在影视节目制作中，经常利用亮度的区别进行抠像，这称为“亮度键”。亮度键可以在键出图像灰度值的同时保持它的色彩值。通过亮度键的参数“阈值”和“屏蔽度”控制要附加的灰度值并调整这些灰度值的亮度。

这种方法可用于非常明亮或自身发光的物体。把它们放在黑暗的背景前拍摄，灯光只打亮被摄物体，就可以拍到背景全黑、前景明亮的画面，然后利用它们的亮度差别来提取通道。

6.2.3 超级键

超级键适合绿屏或蓝屏背景的视频。绿屏用在纯绿色为背景的画面上，创建透明时，屏幕上的纯绿色变得透明。蓝屏用在纯蓝色为背景的画面上，创建透明时，屏幕上的纯蓝色变得透明，如图 6-1 所示。

图 6-1　蓝屏抠像

6.2.4 差值遮罩

差值遮罩通过一个对比蒙版与抠像对象进行比较，然后将抠像对象中的位置和颜色与对比蒙版中相同的像素键出。在无法使用纯色背景抠像的大场景拍摄中，这是一个非常有用的抠像效果。

贴心提示

差值遮罩对拍摄设备有着非常苛刻的要求。为了保证两遍拍摄拥有完全相同的轨迹，必须使用计算机精密控制的设备。

6.2.5 Alpha 调整

Alpha 调整可以控制素材的 Alpha 通道，可以选择“忽略 Alpha”选项从而忽略素材的 Alpha 通道；也可以选择“反转 Alpha”选项，从而反转 Alpha 通道。

6.2.6 非红色键

非红色键用于在蓝色和绿色背景的画面上创建透明，它可以用“混合”选项，混合两个片段或创建一些半透明的对象。下面我们通过一些图像了解抠像键控技术的应用，如图 6-2 所示。

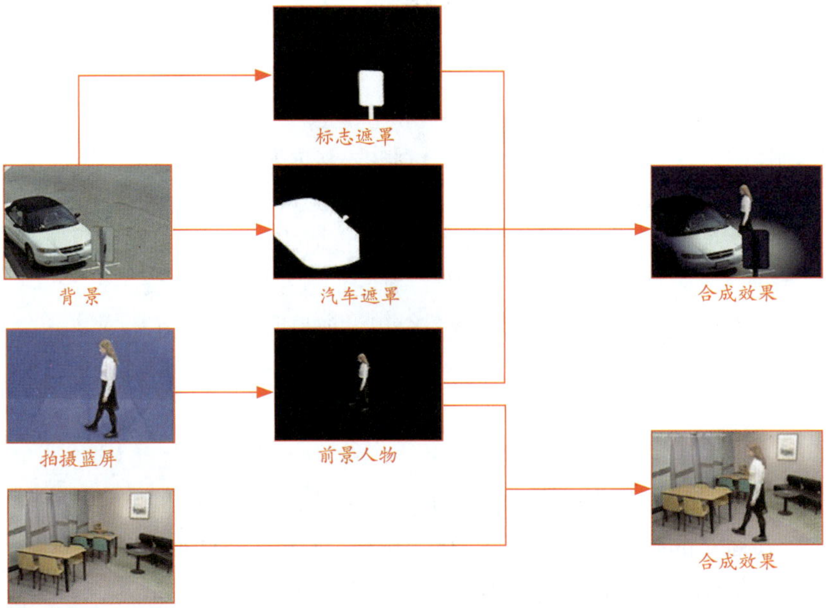

图 6-2 抠像技术的应用

6.3 范例制作——《信息时代》栏目片头

将一个画面叠加到另一个画面上，这是影视节目中常用的表现手法。例如，在被重叠素材片段上建立透明的区域，包括设定素材片段中的某个部分（制作一块遮罩），或是制定某个范围的色彩为透明。在电视或影片制作中，通常用键控或遮罩将一个上层轨道上的素材片段叠在其他轨道上的素材片段上播放；让上层的素材片段的某一部分变成透明，使底层的素材片段能够透过来。

6.3.1 影片简介

本片是一部有关当代信息栏目《信息时代》的片头动画。太空中遨游的通信卫星、高度现代化城市高速公路上湍急的车流，通过“圆形展开”特技将这些画面推进到在封闭的隧道中高速行驶的汽车，预示着通往信息的高速路。

当汽车冲出隧道后，出现一个旋转的天空。同时长叠出握手的特写，表示社会人类的合作，然后切换到快速敲击计算机的手指特写，背景上有不断变换的数字，紧接着切换到在高楼林立的背景下，人们互相交流经验和信息。镜头快速推上，推进女士的眼睛里。在眼睛里看到了不断闪动的数字和旋转太空中无数星球的画面，表示还有很多奥秘要去探索。快速旋转镜头的同时将镜头拉出来，此时标题文字“信息时代”从放大模糊到急剧缩小并清晰可见，最终定格在黑色的背景上。

6.3.2 观看影片

播放影片文件（素材与工程文件 \Chapter06\Assort06\Movie\info_end.avi）。通过观看影片，进一步了解《信息时代》栏目片头制作的主要内容，如图 6-3 所示。

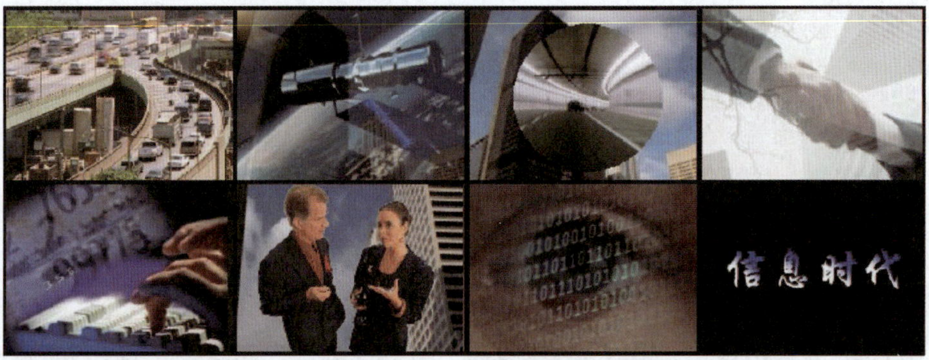

图 6-3 《信息时代》栏目片头的片段画面

6.3.3 制作流程（步骤）及技巧分析

这是一个有关当代信息栏目的片头。整个制作流程可分为 4 个部分，如图 6-4 所示。

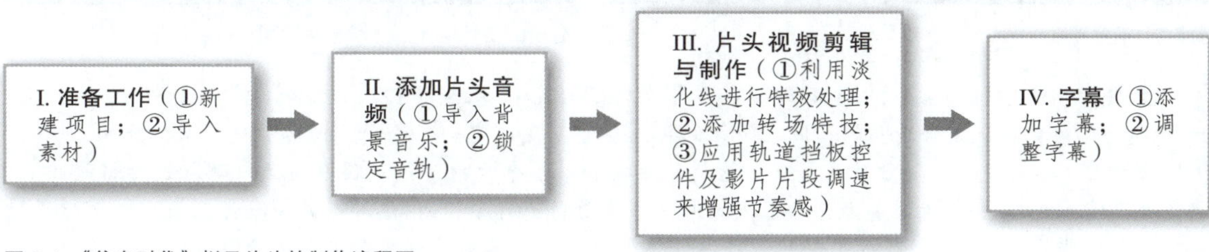

图 6-4 《信息时代》栏目片头的制作流程图

6.3.4 编辑与合成

1. 准备工作

步骤 1 建立新项目：新建项目，选择“**文件→新建序列**”命令，在打开的对话框中，设置编辑模式选为“自定义”、时基为“25 帧 / 秒”、图像尺寸上为“320×240”像素，完成设置后，将项目保存为“communication.ppj”。

步骤 2 导入素材：将视频和音频素材输入到项目中，选择“**文件→导入**”命令，导入“素材与工程文件 \Chapter06\Assort06\Proj\Source06”文件夹中的所有文件。

2. 编辑制作片头

步骤 1 背景音乐素材：首先将背景音乐素材从项目面板中拖放到 A1 中，然后锁定 A1。

步骤 2 修剪素材：将素材“01.mp4”在源监视器中修剪后拖放到时间轴的 V1 视频轨道。注意，此时应确保时间指示器在开始处。

步骤 3 信息面板：将时间指示器返回到时间轴的开始处，选择“**窗口→信息**”命令，打开信息面板，如图 6-5 所示。让它作为一个参考使用，然后按 Home 键将时间指示器返回到时间轴的开头，用该方法可以将时间指示器快速定位到时间轴的开始处。

步骤 4 设置轨道：拖动以调整 V1 轨道的高度，展开 V1 轨道，此时 V1 轨道的淡化线显露出来，素材片段简图下方的黄色方框里的线就是淡化线。

步骤 5 增加关键帧：通过在淡化线上增加关键帧，上下移动关键帧制作淡入和淡出的效果，还可以利用**钢笔工具**来创建阴影、透明度和多素材效果。单击视频轨道上的“**时间轴显示设置**”按钮，选择“显示视频关键帧”选项，下面我们要让素材“01.avi”从黑场淡入出来。

步骤 6 新的关键帧：在开始处，单击“**添加 / 移除关键帧**”按钮产生一个新的关键帧，使用**选择工具**，将时间指示器放在素材剪辑淡化线的关键帧上，按住鼠标左键拖动关键帧到轨道底部，对应的暗度为 0%，这样素材片段在开始时完全透明。

步骤 7 调整：在 00:00:01:00 处，单击“**添加 / 移除关键帧**”按钮产生一个新的关键帧。如果新关键帧不在正确的位置，可以将它移动到正确的位置。不需要的关键帧还可以按 Delete 键删除。在 00:00:01:00 处，不用改变关键帧的透明度，如图 6-6 所示。

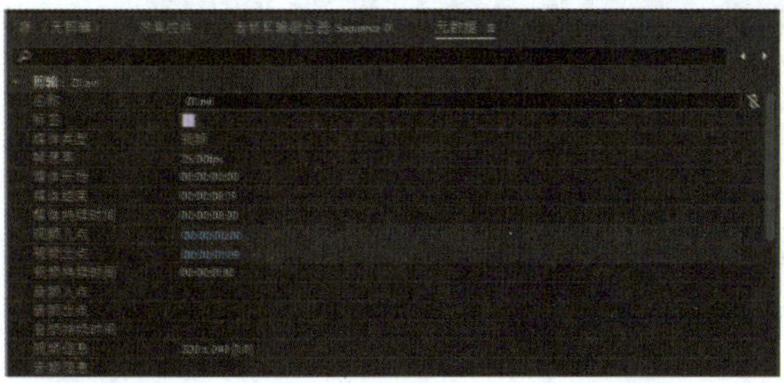

图 6-5 信息面板

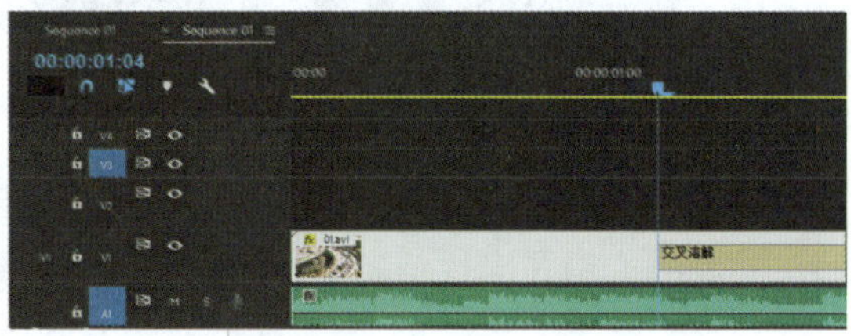

图 6-6 利用淡化线制作淡入效果

步骤 8 预览效果：拖动时间指示器，预览素材“01.avi”从黑场淡入的效果。我们看到当素材“01.avi”在开始播放时是完全透明的，即完全黑的，然后逐渐变成完全不透明，使画面完全显示出来。

步骤 9 添加过渡特效效果：第 2 个素材片段要和第 1 个素材片段实现“交叉溶解”过渡特效效果，将素材“02.avi”从项目面板拖放到 V1 轨道中，并与素材“01.avi”相接。在效果控件面板中，调整素材“02.avi”的缩放值为 130。从效果面板中，选择“**视频过渡→溶解→交叉溶解**”过渡特效，将其拖放到时间轴中“01.avi”与“02.avi”的相接处。

步骤 10 做长叠效果：第 3 个素材片段和第 2 个素材片段做成长叠效果。在背景的上方长叠出卫星和地球的影子。将素材“03.avi”从项目面板拖放到“编辑”窗口的源视窗中，设置新的入点和出点。

步骤 11 调整：在时间轴中，把时间指示器停在 00:00:01:19 处，激活 V2 视频轨道（单击 V2 图标），用“覆盖”按钮将修剪好的素材“03.avi”拖入 V2 轨道中并捕捉到时间指示器。在效果控件面板中，调整素材“03.avi”的缩放值为 130。

步骤 12 调整轨道的高度：拖动以调整 V1 轨道的高度，单击视频轨道上的“**时间轴显示设置**”按钮，选择“显示视频关键帧”。

下面使用**钢笔工具**制作淡入淡出效果和两个素材的长叠效果。

步骤 13 添加关键帧：在素材“03.avi”的淡化线上加 4 个关键帧，如图 6-7 所示。

步骤 14 移动关键帧位置：使用**钢笔工具**将第 1 个关键帧和第 4 个关键帧移动到轨道底部，然后移动第 2 个关键帧和第 3 个关键帧之间的淡化线上面，向下拖动到大约中间的位置，设置透明度为 50%，如图 6-8 所示。

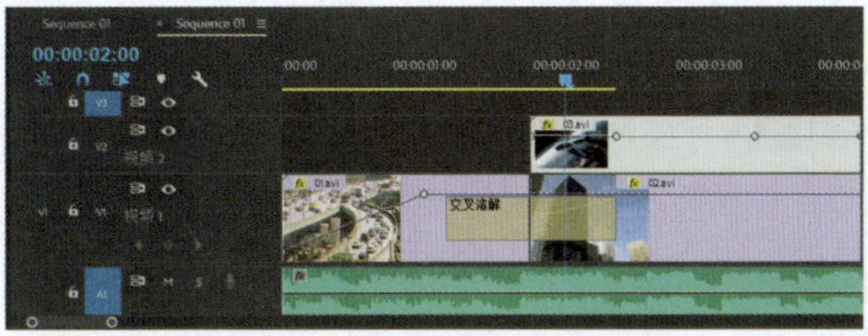

图 6-7 “素材 03.avi“片段的淡化线上加关键帧

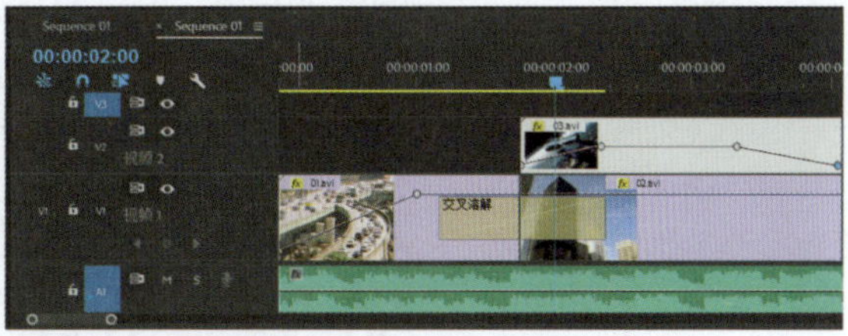

图 6-8 使用钢笔工具调整透明度

步骤 15 预览效果：拖动时间指示器，预览素材“02.avi”和“03.avi”的长叠效果，如图 6-9 所示。

图 6-9 长叠效果

步骤 16 保存项目：折叠 V3 轨道，选择“文件→保存”命令，保存项目，保存我们的工作成果。

步骤 17 加速设置：将素材“car02.avi”剪切到素材“03.avi”之后，拖放到 V2 轨道中，选择素材“04.avi”片段后面的子片段，单击鼠标右键，从弹出的菜单中选择“剪辑速度 / 持续时间”命令，设置速度为 120%，将速度加快；对素材“05.mp4”后面的子片段也作同样设置，如图 6-10 所示。

步骤 18 过渡特效：从效果面板中，选择“**视频过渡→划像→圆划像**”过渡特效，将其拖放到素材“04.avi”的开始处，做出“car02.avi”影像呈圆形中展开效果，如图 6-11 所示。

步骤 19 握手素材：下面将素材“05.avi”拖放到 V1 中素材“04.avi”之后。将时间指示器停在时间 00:00:06:18 处，再把素材“06.avi”拖放的 V2 轨道中，并使素材“06.avi”的右边缘与素材“05.avi”的右边缘对齐。

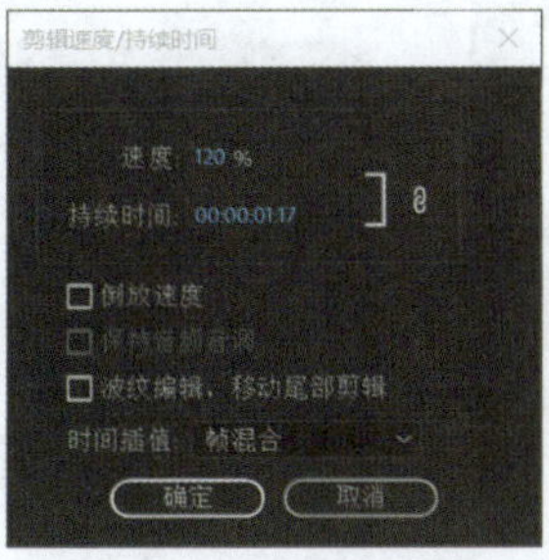

图 6-10 “剪辑速度 / 持续时间”对话框加速设置

图 6-11 “圆划像”过渡特效

步骤 20　调整不透明度：拖动以调整 V1 轨道的高度，单击 V1 视频轨道上的“**时间轴显示设置**”按钮，选择“显示视频关键帧”，并显示 V2 轨道的淡化线，现在使用**钢笔工具**来调整该轨道的不透明度，使之成为半透明。

步骤 21　切开素材：从工具面板中选择**剃刀工具**，再按住 Shift 键，在时间 00:00:07:20 处，单击鼠标左键，将素材“05.avi”和素材“06.avi”在此处切开，变成两个子片段，如图 6-12 所示。

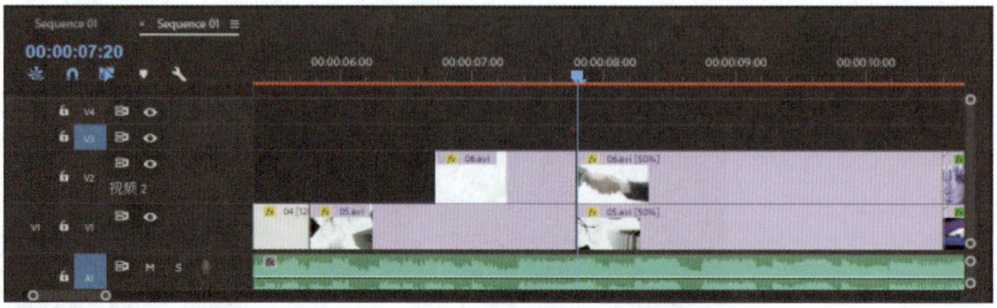

图 6-12　剃刀工具切开素材“05.avi”和“06.avi”

步骤 22　调整速度：我们需要改变素材“06.avi”片段的回放速度。我们可以使其播放的速度更快或更慢。选择素材“06.avi”片段后面的子片段，单击鼠标右键，从弹出的菜单中选择“剪辑速度 / 持续时间”命令，在打开的对话框中，设置速度为 50%，将速度放慢；对素材“05.avi”片段后面的子片段也进行同样的操作，如图 6-13 所示。

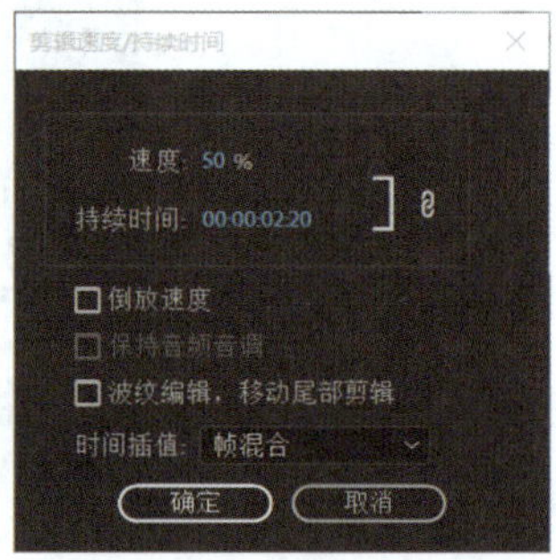

图 6-13　“剪辑速度 / 持续时间”对话框

贴心提示

当设置的速度大于 100% 时，则是加快播放速度；当设置的速度小于 100% 时，则是减慢播放速度；勾选“倒放速度”选项，则是进行倒放。

步骤 23　设置边缘羽化值：将素材“07.avi”拖放到素材“05.avi”之后，将素材“08.mov”拖放到素材“06.avi”之后。调整素材“07.avi”的位置，然后从效果面板中，选择“**视频效果→变换→羽化边缘**”特技，将其拖放到时间轴中的素材“07.avi”上。在效果控件面板中，展开“羽化边缘”项，设置数量为 17，如图 6-14 所示。

步骤 24　调整：将素材“08.mov”调整位置和旋转角度后，再加上相同的“羽化边缘”特技效果，画面效果如图 6-15 所示。

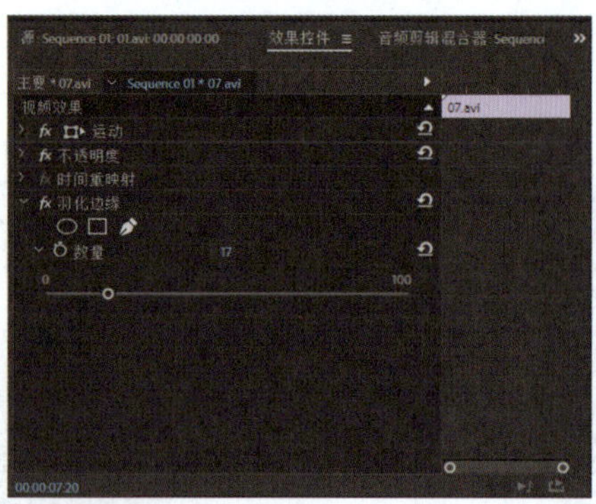

图 6-14　设置边缘羽化值

图 6-15　合成效果

下面我们通过一个遮罩来让影片素材的一部分在另一素材的屏蔽上播放出来。

步骤 25 屏蔽播放：将背景素材“09.avi”拖放到时间轴的 V1 中，与素材“07.avi”片段相接。

步骤 26 调整：在素材“09.avi”之上，将要被屏蔽的素材“10.avi”片段拖放到 V2 中，将它的屏蔽素材“10m.avi”拖放到 V3 中，并使他们端点对齐，长度一样。

步骤 27 选择：选择屏蔽素材“09.avi”片段，再从效果面板中，选择“视频效果→键控→轨道遮罩层”键控特技，将其拖放到“09.avi”上。

“轨道遮罩层”这个轨道遮挡特效把序列中一个轨道上的影片作为透明的遮罩。它可以使用任何素材片段或静止图像作为轨道遮罩；可以通过像素的亮度值定义轨道蒙版层的透明度。屏蔽中的白色区域不透明，黑色区域可以创建透明的区域，灰色区域可以生成半透明区域。为了创建叠加片段的原始颜色，可以用灰度图像作为屏蔽。

步骤 28 设置属性：在效果控件面板中的“遮罩”选项中选择 V3，在“合成方式”下拉列表中选择“Alpha 遮罩”选项，如图 6-16 所示。

步骤 29 键控特技：选择被屏蔽素材“10.avi”片段，在效果面板中，选择“**视频效果→键控→颜色键**”键控特技，将其拖放到“10.avi”片段上。“颜色键”键控特技是可以选择一种色彩或色彩范围来进行透明，还可以为键出对象设置投影。

步骤 30 背景色：在效果控件面板中，单击吸管图标，将素材“10.avi”的背景色吸取，设置相似性为 61%，如图 6-17 所示。

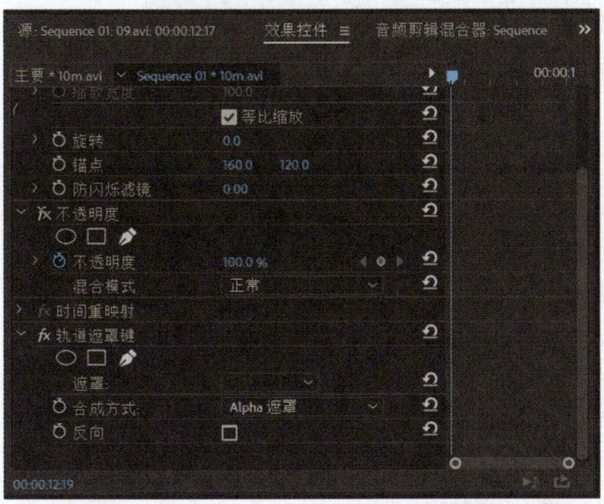

图 6-16　设置

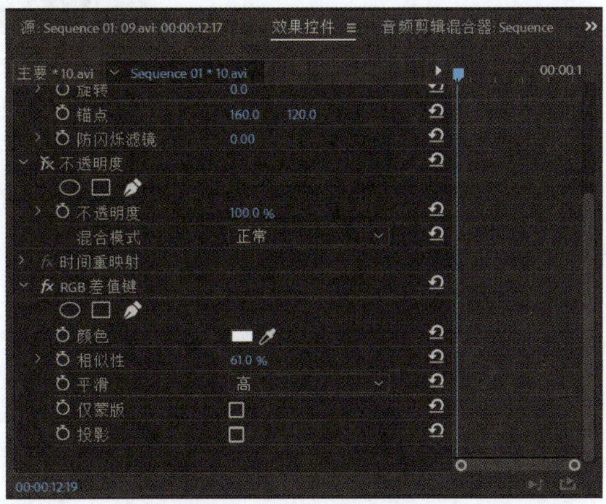

图 6-17　属性设置

步骤 31 效果：这两个抠像后，画面效果如图 6-18 所示。

图 6-18　抠像后的画面效果

步骤 32 特写：在效果控件面板中，展开素材“10.avi”和“10m.avi”的“运动”栏，单击“位置”和“缩放”属性前的“**切换动画**”按钮，设置关键帧，让画面变大，在画面中出现女士的脸部特写。

步骤 33 设置属性：在效果控件面板中，选择素材“10.avi”片段的“运动”属性，单击鼠标右键，从弹出的菜单中，选择“复制”命令，选择“10.avi”片段。在效果控件面板中，选中素材“10.avi”片段的“运动”栏，单击鼠标右键，从弹出的菜单中选择“粘贴”命令，将素材“10.avi”片段的运动属性粘贴给素材“10m.avi”，这样它们的运动就是同步的了，如图 6-19 所示。

下面我们要利用序列嵌套制作“从眼睛里飞出很多闪动的数字”的效果，随后是一片闪动的数字效果。

步骤 34 调整：选择“**文件→新建→序列**”命令，新建一个序列 Sequence2，将计算机生成的闪动数字的素材拖放到序列 Sequence2 的 V1 中，同时调整时间长度。把在 Photoshop 中已经做好的图片文件“matte.tif”作为屏蔽，拖放到 V2 中。

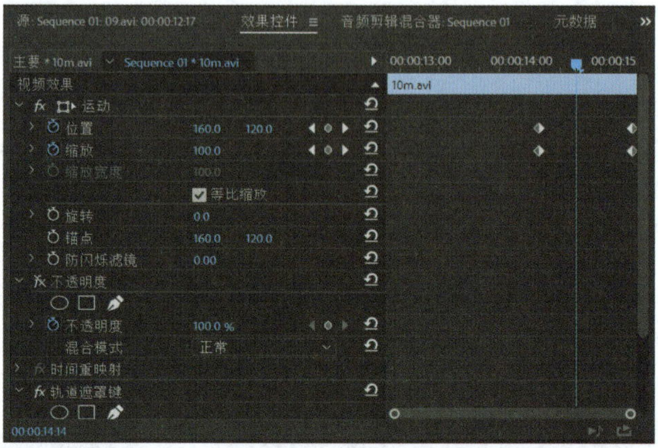

图 6-19　设置 Motion 运动

> **贴心提示**
>
> 在从 Photoshop 中引入文件时，应该用一个黑白或灰度的文件，因为彩色的文件会产生意想不到的结果。

步骤 35 蒙版：在效果面板中，选择“**视频效果→键控→图像遮罩层**”键控特技，将其拖放到时间轴中的“matte.tif”上。该键控特技使用一张指定的图像作为蒙版，蒙版就是一个轮廓图，在为对象定义蒙版后，将建立一个透明区域，在该区域显示其下层图像。蒙版图像的白色区域使对象不透明，显示当前对象；黑色区域使对象透明，显示背景对象；灰度区域为半透明，混合当前对象与背景对象。

步骤 36 选择：在效果控件面板中，单击“图像遮罩键”栏右侧图标，打开“选择蒙版图像”对话框，从查找范围的文件夹中选择“matte.tif”作为蒙版，在合成使用下拉列表中选择“Alpha 遮罩”选项，如图 6-20 所示。

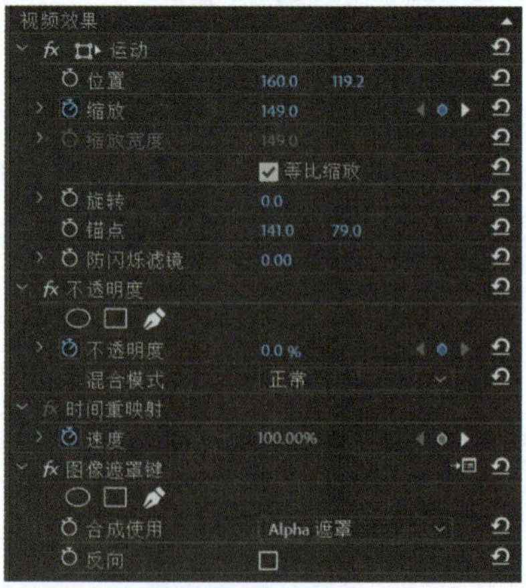

图 6-20　“图像遮罩键”设置

步骤 37 设置动画：在素材“matte.tif”的效果控件面板中，展开“运动”栏，单击“缩放”属性左侧的“**切换动画**”按钮，设置动画，让“matte.tif”中的图像逐渐从小到大。

步骤 38 序列嵌套：结束 Sequence02，在时间轴中打开 Sequence01。素材“11.avi”片段是一个眼睛的特写，把素材“11.avi”拖放到 V1 轨道中，与素材“09.avi”片段相接。将 Sequence02 从项目面板中拖放到 V2 轨道中，使其与素材“11.avi”对齐。这就是序列的嵌套，如图 6-21 所示。

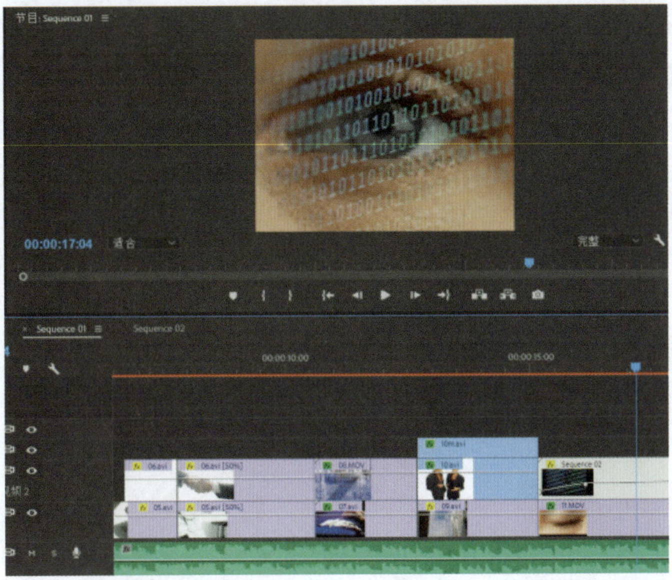

图 6-21　序列的嵌套效果

步骤 39 增加关键帧：在时间轴中，选中嵌套的 Sequence02 片段。在效果控件面板中，设置“不透明度”动画效果。单击“不透明度”属性左侧的“**切换动画**”按钮，设置动画。在片段开始位置增加一个关键帧，设置不透明度为 0；在片段结束的位置增加一个关键帧，设置不透明度为 100。这样随着眼睛的睁开，闪动的数字范围也逐渐清晰起来。

步骤 40 拖放素材：从项目面板中，将素材“13.avi”拖放到 V1 中，使其与素材“11.avi”相接。

步骤 41 制作字幕：进入字幕的编辑状态，制作字幕“信息时代”，保存字幕为 title1。

步骤 42 调整：将字幕 title1 拖放到素材“13.avi”之后，对字幕 title1 做“缩放”的动画设置，让字幕快速地由大到小并停在屏幕中央。

步骤 43 特技属性设置：在效果面板中，选择“**视频效果→ Impact Directional Blur**”特技，将其拖放到 title1 上（该特技并不是 Premiere 软件自带的，需要读者自行下载）。在效果控件面板中，展开“Impact Directional Blur”栏，设置 Angle 为 270°，如图 6-22 所示。

步骤 44 预览效果：单击“**播放**”按钮，预览效果，如图 6-23 所示。

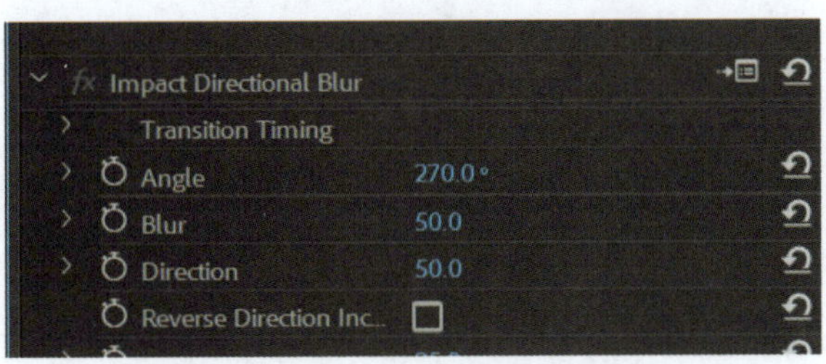

图 6-22　设置“Impact Directional Blur”特技属性

图 6-23　字幕的最终效果

步骤 45 导出：选择“**文件→导出→媒体**”命令，设置“格式”为 AVI、源范围为“整个序列”，单击 OK 按钮，退出设置。

步骤 46 设置保存路径：单击“输出名称”选项，指定保存文件的路径并命名为“info_end.avi”，单击“保存”按钮。

步骤 47 播放影片：在制作电影的同时会显示一个导出电影所需时间状态条。导出完成之后，我们使用媒体播放器播放影片文件。至此，我们完成了本片头的制作。

本章小结

我们在范例《信息时代》栏目片头的制作中，应用了抠像技术达到多画面的合成效果，并详细地介绍了有关常用抠像特技效果的适用性和抠像的原理。利用视频叠加效果和改变素材片段速度的方法和技巧、应用“轨道遮罩”轨道挡板控键的具体操作、使用序列的嵌套技术来制作复杂效果等内容。希望读者在了解了抠像技术原理的基础上灵活应用，尝试在实际创作中应用抠像、视频叠加以及节目序列的嵌套等技术制作影视节目。

本章作业

一、简答题

1. 改变素材片段帧速率的两种方法是什么？

2. 蓝屏幕技术的用途是什么？

二、选择题

1. 将时间指示器返回到时间轴的开头快捷键是________键。(　　)

A.PageUp　　B.Ctrl+Home　　C.Shift+Home　　D.Home

2. 在视频轨道的淡化线上，使用哪种工具单击可以增加关键帧控制点？(　　)

A. 　　B. 　　C. 　　D. 

3. 在视频轨道的淡化线上，选用哪种工具可以调整该轨道的不透明度？(　　)

A. 　　B. 　　C. 　　D. 

4. 在抠像技术中，哪种键控类型能通过一个电影的屏蔽部分播放另一个电影？(　　)

A.Alpha 通道　　B. 轨道遮罩层　　C. 差值遮罩　　D. 颜色键

三、练习与实训

实训 6-1　制作片头动画

详细内容请参见配套的电子版实训册《影视动画数字后期编辑与合成实训》中的第 6 章。

7 高级编辑技术

本章重点

- 将视频片段中的画面冻结
- 字幕的制作
- 滤镜特效的高级应用

教学环境

多媒体教室、电脑（配备视音频采集卡）、投影、公放、DVD

学时建议

4 学时

学习建议

通过制作 MTV《自然之旅》宣传片，进一步掌握字幕的编辑模式、制作静态字幕和滚动字幕的方法和技巧，精修素材片段、匹配素材之间的动作、调整镜头之间的衔接的方法与技巧，以及制作画面的冻结效果等高级编辑技术。

7.1 艺术指导原则

在制作影视动画节目时，素材与素材之间的过渡、素材之间在哪一帧进行切入，实际上是非常讲究的。尤其是在节目已经基本完成时，我们要反复斟酌素材之间的切入点和切出点，使影片看起来更加流畅和舒服。我们常常利用后期非线性编辑软件提供的精确控制修整素材片段的功能来匹配素材之间的动作。

7.2 字幕制作

7.2.1 字幕的形式

在影视节目中，文字和图形对传送信息常会起到重要的作用。Premiere 的字幕窗口可以用于创建文字和图形，而这些文字和图形可以导入并重叠在影像上。在这里，我们将详细介绍文本字幕的制作和滚动文本字幕的制作。

在完成 MTV 宣传片的制作之前，我们先来了解下各种字幕的制作，然后再介绍 MTV《自然之旅》宣传片的制作。Premiere 支持三种形式的字幕：静止字幕、垂直滚动字幕和水平滚动字幕。选择“**文件→新建→旧版标题**”命令，进入到静止字幕编辑状态，如图 7-1 所示。

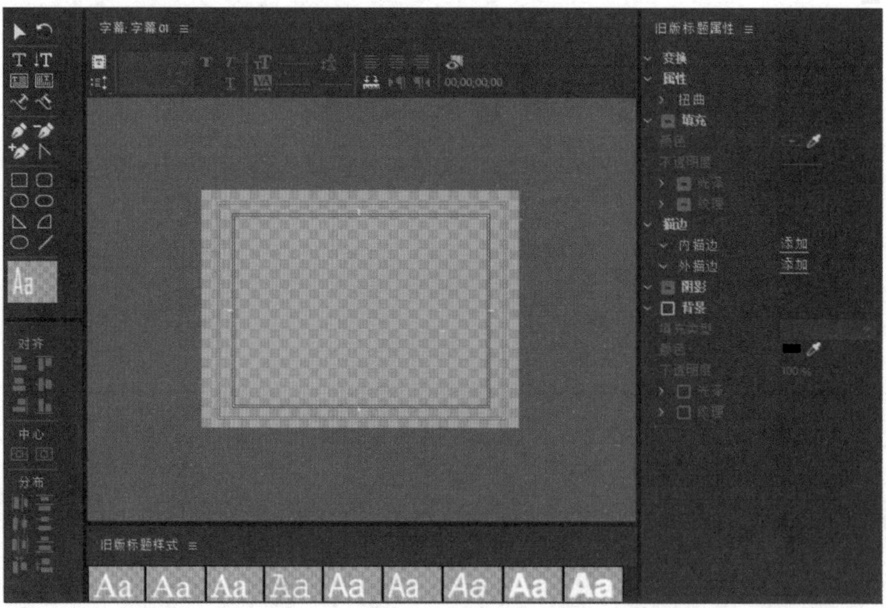

图 7-1　字幕窗口

7.2.2 字幕工具面板

字幕的工具面板中有多种用于创建、编辑文字与图形的工具，如图 7-2 所示。

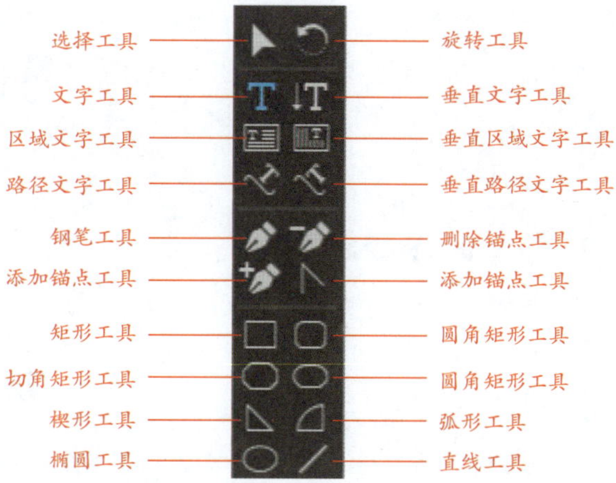

图 7-2　字幕的工具面板

7.2.3　风格化设置

在字幕窗口中输入的文字后，可以利用“旧版标题属性”面板对文本对象进行风格化设置。“旧版标题属性”面板中包含有“变换”“属性”“填充”“描边”和“阴影”等栏，如图 7-3 所示。

- “属性”栏：对字幕的属性进行设置，如文本的尺寸大小、比例、行间距、字间距、倾斜角度和扭曲等属性。
- “填充”栏：指定文本的填充状态，使用颜色或者纹理来填充对象。
- “描边”栏：为对象设置一个描边效果。
- “投影”栏：为对象设置一个阴影效果。

7.2.4　风格化预制效果栏

在“旧版标题样式”栏中，提供了大量预制的风格化效果库。选中需要设置效果的对象，在“旧版标题样式”栏中单击要应用的风格化效果，如图 7-4 所示。

图 7-3　风格化设置栏

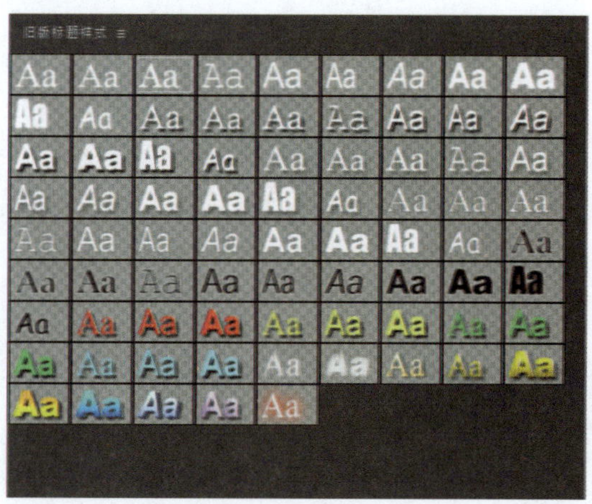

图 7-4　预制的风格化效果库

如果需要将设定的文本效果保存下来，以备随时使用，可以选中文本，单击“旧版标题样式”栏右上方的图标，在弹出的菜单中选择“新建样式”命令，在打开的对话框中输入风格化效果的名称，单击“**确定**”按钮，完成文本效果的保存。

7.2.5 制作静态字幕

步骤 1 打开字幕窗口：执行“**文件→新建→旧版标题**”命令，打开字幕窗口。

步骤 2 键入“大海故乡”：选择**文字工具**并在窗口文本安全区的下方单击。在文本框中输入文字“大海故乡”，并设置字体和字号。

步骤 3 调整和填充：在“**旧版标题属性→属性→字符间距**”中调整字符间距，在“填充”栏中设置字体的填充样式，如图 7-5 所示。在这里我们采用由蓝到白的渐变色，读者也可以根据需要设置填充效果。

步骤 4 位置：选中文本，移动文本的位置，将文本放置在窗口水平居中的位置，如图 7-6 所示。

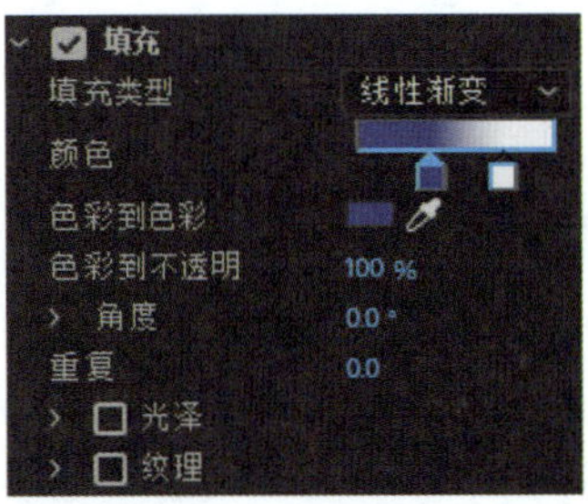

图 7-5 填充字体的颜色

图 7-6 设置文本在窗口中的位置

步骤 5 保存文件：保存字幕文件并关闭字幕窗口，字幕文件的扩展名为“.prtl”。

步骤 6 合成轨道：Premiere 会自动将字幕文件输入到项目面板里，下面只需将其拖放到合成轨道上就可以了。

7.2.6 制作滚动字幕

接下来我们来制作滚动字幕。滚动字幕有两种滚动方式：一种是在垂直方向上滚动，另一种是在水平方向上滚动。下面以垂直方向上滚动字幕为例，介绍滚动字幕的制作方法，主要包括 6 个步骤。

步骤 1 打开字幕窗口：选择“**文件→新建→旧版标题**”命令，打开字幕窗口。

步骤 2 选择滚动方向：单击字幕窗口左上方的图标，在打开的对话框中选择字幕类型为“滚动”，如图 7-7 所示。

步骤 3 输入文字：在字幕工具面板中选择**文字工具**，在字幕安全区域

> **贴心提示**
> 如果要制作水平滚动的字幕，则在对话框中选择“向左游动”或“向右游动”。

框中输入字幕。如输入文字“I'll be here...，I'll be wating...，I promise...”，然后进行字体、字型、大小和颜色等属性设置，如图 7-8 所示。

步骤 4 设置：单击字幕窗口上方的图标，打开“滚动 / 游动选项”对话框。在对话框中勾选“开始于屏幕外”选项，让字幕开始不在画面之内，也就是字幕从屏幕外进入画面。在“过卷”选项下的文本框中输入 30，使得停留时间为 30 帧，即字幕滚动结束时要在屏幕上停留 30 帧，如图 7-9 所示。最后保存字幕并关闭字幕窗口。

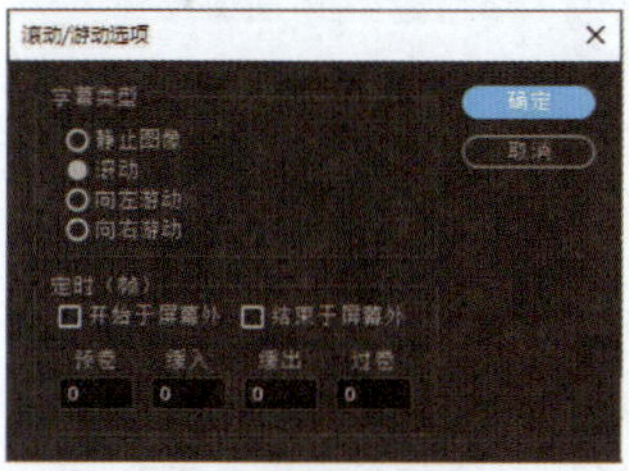

图 7-7 设置字幕类型

图 7-8 多行文本

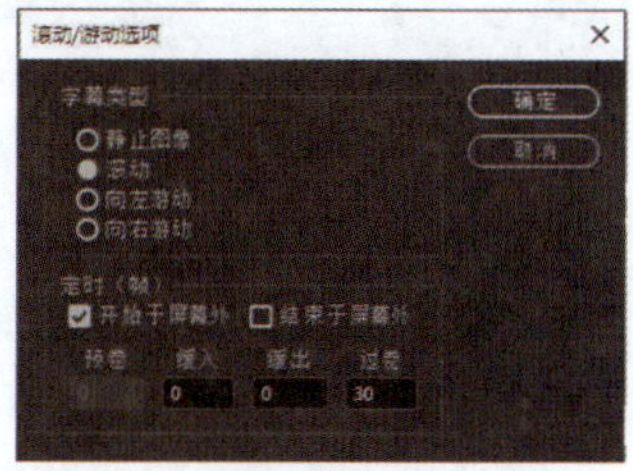

图 7-9 设置字幕滚动

保存后的字幕文件会自动输入到项目面板的当前素材箱中，将其拖放到合成轨道上就可以使用了，拖动时间指示器预览字幕的运动效果。

> **贴心提示**
>
> 字幕片段滚动的速度快慢与字幕片段的时间长度有关。字幕片段的时间越长，滚动的速度越慢；字幕片段的时间越短，滚动的速度越快。

7.3 微调剪辑

在节目已经基本完成时，我们还要反复斟酌素材之间的连接切入点和切出点，来匹配素材之间的动作，使影片看起来更加流畅。在这里我们把几个素材连起来，然后利用微调工具重新修整素材片段，更精确地匹配素材之间的动作。

步骤 1 创建一个新项目：在创建新项目时，设置编辑模式为 QuickTime、时基为 25 帧 / 秒。对于影片的输出设置这些参数（具体数值可根据剪辑需求进行调整）：设置压缩器为 Vedio or Video、图像尺寸为“320×240”像素、帧速率为 25 帧 / 秒，设置关键帧和渲染栏中的场项为“无场（逐行扫描）”。将项目保存为“Trans.ppj”。

步骤 2 导入素材：将影片素材导入到项目面板，选择“文件→导入”命令，选中“素材与工程文件\Chapter07\ASSORT07\PROJ\source07”文件夹中的所有文件，单击“**打开**”按钮。

步骤 3 接入素材：从项目面板中选择素材 k01，将其拖放到时间轴的 V1 视频轨道中。从项目面板选择素材 k02，将时间指示器放置在素材 k01 之后，单击节目监视器上的“**插入**”按钮，将素材 k02 片段录到节目监视器中。依次将素材 k03 接到素材 k02 之后，素材 k04 接到素材 k03 之后。

步骤 4 调整素材的切点：在工具面板中，选中**滚动编辑工具**。将时间指示器放在素材 k01 和素材 k02 的切点，按住鼠标左键并向左拖动，如图 7-10 所示。

它的作用是将素材 k01 片段原来的出点向左移了，也就是素材 k01 片段的出点提前了。而素材 k02 的入点也提前了相同的帧数，我们可以看到只是调整了素材 k01 和 k02 的切点，并没有改变整个节目的长度。

步骤 5 预览：单击“**播放**”按钮，仔细观看修整后的效果。

步骤 6 调整：现在我们还需要对素材 k02 片段的入点和出点进行调整。选择工具面板中的**外滑工具**，将时间指示器放在素材 02 的切入点上，按住鼠标左键向右移动，如图 7-11 所示。注意：这里只调整了素材 k02 片段的入点和出点，确保素材 k02 片段的持续时间长度不变，并没有影响到前后两个素材的入点和出点，而且节目的长度没有改变。

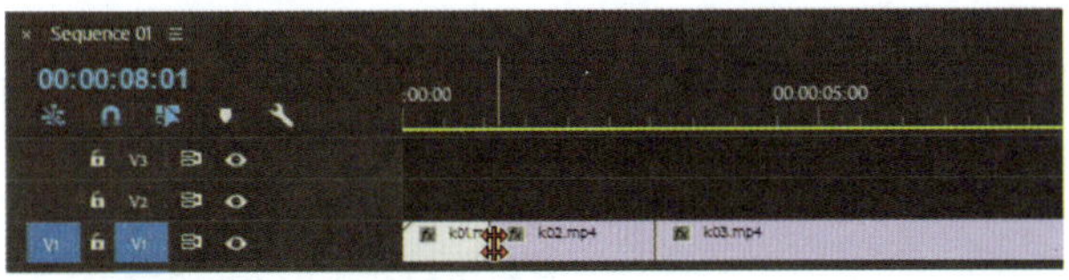

图 7-10 使用滚动编辑工具调整

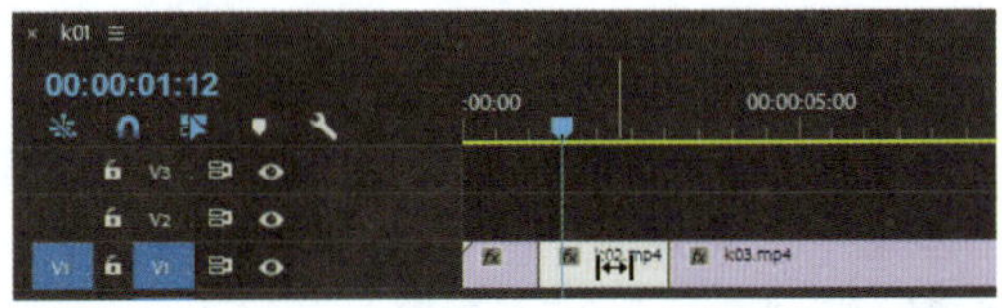

图 7-11 使用外滑工具调整

步骤 7 观看结果：单击“**播放**”按钮，仔细观看修整后的效果。

步骤 8 调整：下面我们要在不影响素材 02 的切入点和切出点的前提下，来调整素材 k01 片段的出点和素材 k03 片段的入点，同时不改变整个节目的长度。在工具面板中，选择**内滑工具**。将时间指示器放在素材 k01 片段的切出点上，然后按住鼠标左键，向右移动 3 帧。当**内滑工具**被选中且长按鼠标左键向右移动的时候，会看到有框线跟随鼠标一起移动，当同步这些动作时，素材 k02 片段的入点和出点没有改变，只有素材 k01 片段的出点和素材 k03 片段的入点同时发生了变化，如图 7-12 所示。

步骤 9 素材匹配：上面的调整是为了在不影响素材 k02 片段的前提下来匹配素材 k01 片段和素材 k03 片段之间的动作。

步骤 10 观看结果：单击“**播放**”按钮，仔细观看修整后的效果。

步骤 11 最后调整：调整 k04 的入点向右移动 5 帧，选择工具面板中的**波纹编辑工具**，随着鼠标的移动素材k04 片段的入点也往后移动了，相邻对象的时间长度不变，节目的总时长发生改变，如图 7-13 所示。

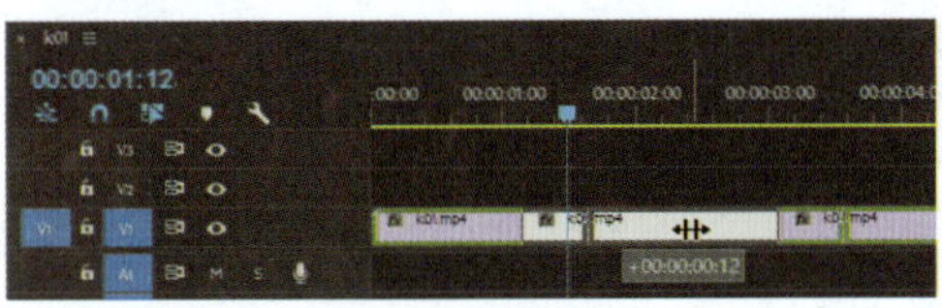

图 7-12 使用内滑工具进行调整

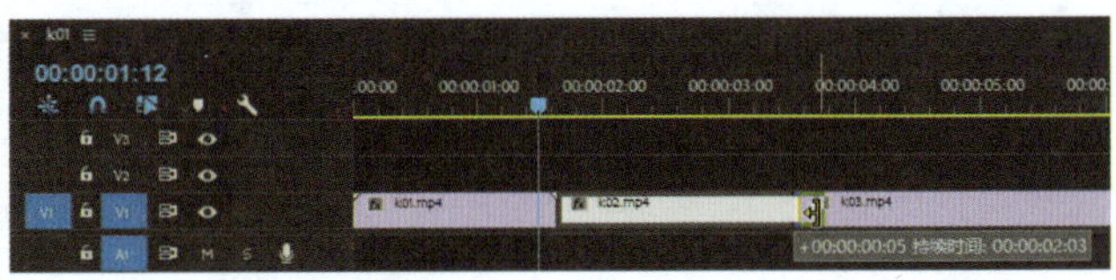

图 7-13 使用波纹编辑工具调整

步骤 12 保存：如果满意效果，单击“**文件→保存**”命令，保存项目。

7.4 范例制作——MTV《自然之旅》宣传片

在影视动画节目制作的过程中，有时为了达到某种视觉或听觉效果，往往会改变素材片段的播放速率，比如我们常常看到的模拟高速摄影的慢素材效果，这在后期制作中是很容易做到的。一个素材片段的速度就是相对于它被拍摄时速率的动作的回放速率，同样对于一个声音剪辑片段的速度就是相对于它被录制时速率的声音的回放速率。最初的速度与剪辑片段被导入或捕捉时的速度相同。改变一个素材片段的速度可以改变它的源帧速率，但这样可能会导致许多帧被丢失或重复。下面将结合范例讲解在影视动画节目中的慢动作效果的制作方法和技巧。

7.4.1 影片简介

这是一部主人公漫游他国的风景宣传片。影片以明快安静的风格为主，恬静的大自然中生机勃勃，鸟语花香，展示人类与自然的和谐共处。自然的旅程蕴藏了人类对自然的敬畏以及积极向上的生活态度。

7.4.2 观看影片

播放影片文件（素材与工程文件 \Chapter07\ASSORT07\MOVIE\mtv.mp4）。通过观看影片，进一步了解 MTV《自然之旅》宣传片制作的主要内容，如图 7-14 所示。

图 7-14 MTV《自然之旅》宣传片的片段画面

7.4.3 制作流程（步骤）及技巧分析

本片拍摄的素材中运用了大量的镜头运动，需要特别注意镜头间的衔接处理，一定要保证画面的流畅。在 Photoshop 中制作一个由黑到透明的渐变图片，再运用到 Premiere 中，起到另一种渐变过渡的效果。第 1 个视频画面的静帧是将动态视频素材在 Premiere 中制作的，以上两个画面叠加后，添加渐变擦除效果。一个闪白，接一个从下往上摇镜头的画面，直到画面完全出现后停止。接下来，叠映出阳光下的花卉，渐渐拉近镜头，一幅生机勃勃的景象。最后运用多个慢镜头组接，展示主人公漫游他国的自然风景。本片的制作流程主要包括 4 个部分，如图 7-15 所示。

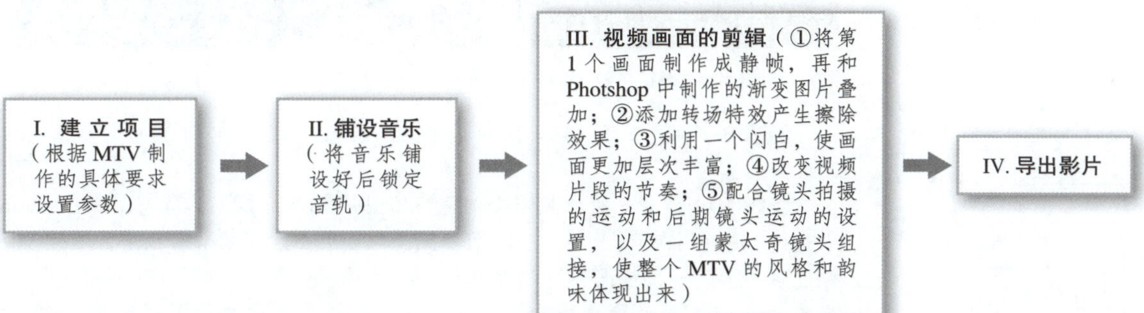

图 7-15 MTV《自然之旅》宣传片制作流程图

7.4.4 编辑与合成

步骤 1 新建项目：创建一个项目，在“设置”对话框中，设置编辑模式为“自定义”、时基为 25 帧 / 秒、帧大小为“720×576”像素（具体数值可根据剪辑需求调整）、像素比为“D1/DVPAL 宽银幕 16∶9（1.4587）”、场为“无场（逐行扫描）”。选择“**文件→保存**”命令，将项目保存为“mtv.prproj”。

步骤 2 导入素材：选择“**文件→导入**”命令，将视频和音频素材导入项目中。

步骤 3 轨道：首先把背景音乐素材从项目面板中拖放到时间轴上的 A1 音频轨道中，然后锁定该轨道。

步骤 4 标定入点和出点：影片的开头是第 1 个画面的静帧，将“素材 001.mp4”从项目面板拖放到节目监视器中，将播放头拖到第 1 帧处。单击“**导出帧**”按钮，将第 1 帧画面输出一个静帧。在“导出帧”对话框中，设置名称为 f1、格式为 BMP，在“路径”文本框中输入项目所在文件夹，勾选“导入到项目中”选项，如图 7-16 所示。单击“确定”按钮，文件已导入到项目面板中。

步骤 5 调整：将刚刚导出的“f1.bmp”拖放到 V1 中的开始时间位置，调整时间长度。在节目监视器中对画面进行缩放，调整大小，使画面居中（尺寸不合适的素材都可以用此方法调整）。

步骤 6 添加滤镜特效：在效果面板中，选择“**视频效果→图像控制→黑白**”滤镜，将其拖放在“f1.bmp”上；也可以使用“颜色过滤”滤镜，在打开的对话框中设置参数，就能够得到本例中所需的效果。

步骤 7 预览效果：拖动时间指示器来预览效果，可以看到素材 f1 的色调变成了黑白。再将“f1.bmp”拖放到时间轴的 V2 视频轨道中，并与 V1 视频轨道中的“f1.bmp”对齐。

步骤 8 过渡特效：在效果面板中，选择“**视频过渡→溶解→交叉溶解**”过渡特效，将其拖放到 V2 轨道中的“f1.bmp”的入点处。使用**选择工具**将时间指示器放在过渡特效右侧边缘处并向右拖动，使它完全跨过“f1.bmp”，如图 7-17 所示。

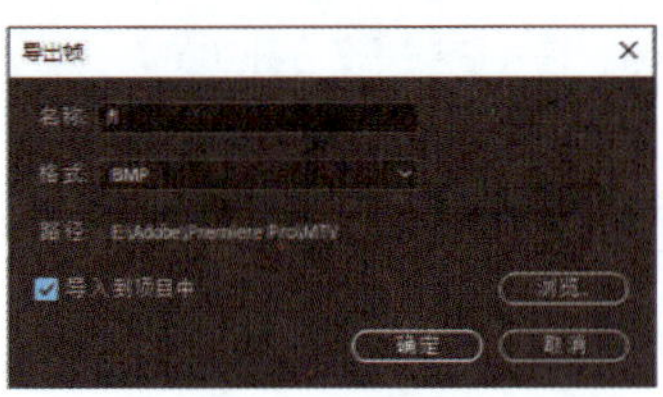

图 7-16 输出一个静帧

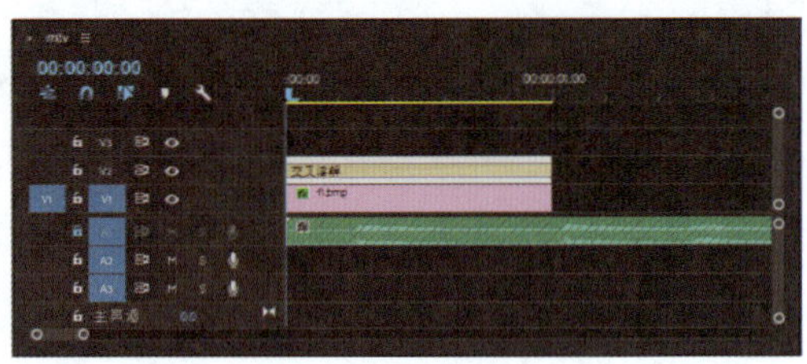

图 7-17 施加“交叉溶解”过渡特效

步骤 9 预览效果：拖动时间指示器来预览效果，可以看到画面的色调由黑白变成彩色。

步骤 10 调整：将由黑渐变到透明的图片“bb.png”（已事先在 Photoshop 中制作）拖放到在 V3 中的开始时间位置并调整大小。在效果面板中，选择“**视频过渡→溶解→叠加溶解**”过渡特效，将其拖放到 V3 轨道中的“bb.png”的出点处。调整过渡特效的持续时间，三个轨道最后的画面效果如图 7-18 所示。

贴心提示

本例所讲的方法也适合于其他有关影响图像质量的滤镜，如色度、饱和度和对比度等。

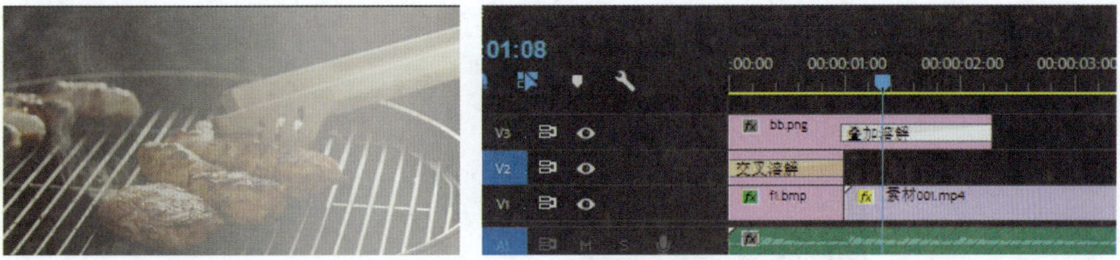

图 7-18　画面特效效果

步骤 11　创建白板：将“素材 001.mp4”重新修剪后接到 V1 的“f1.bmp”后面。在“素材 001.mp4”后面是一个闪白的效果。选择“**文件→新建→颜色遮罩**”命令，创建一个白板，命名为 White。将 White 拖放到“素材 001.mp4”后面，设置持续时间为 8 帧。

步骤 12　添加特效：在效果面板中，选择“**视频过渡→溶解→叠加溶解**”过渡特效，将其拖放到 V1 轨道中的 White 片段与“素材 001.mp4”的相接处。在效果控件面板中，设置持续时间为 10 帧，如图 7-19 所示。

步骤 13　添加特效：将“素材 002.mp4”修剪后，将其拖放到 White 之后。为了使影片的色调一致，在效果面板中选择“**视频效果→颜色校正→通道混合器**”滤镜特效，将其拖放到 V1 轨道中的“素材 002.mp4”上。在效果控件面板中，设置“通道混合器”滤镜特效参数，设置“蓝色 - 蓝色”为 0、“红色 - 红色”为 126，如图 7-20 所示。

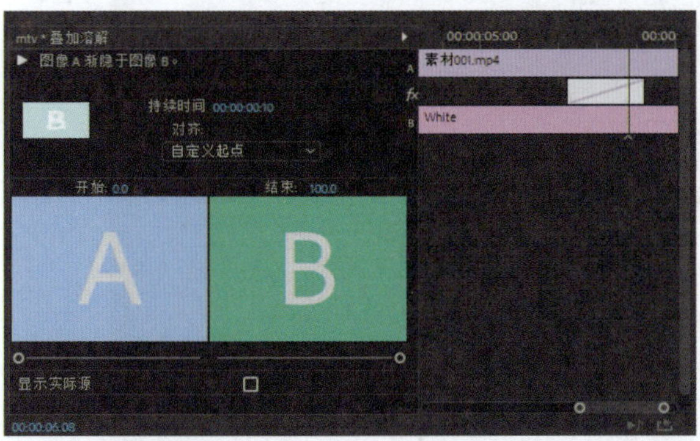

图 7-19　设置持续时间

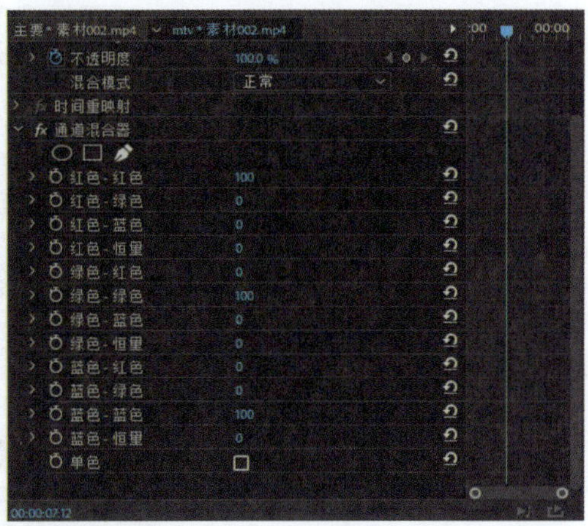

图 7-20　设置参数

步骤 14　慢放效果：将“素材 003.mp4”修剪后，将其拖放到“素材 002.mp4”的后面。为了使影片的画面节奏也一致，需要为“素材 003.mp4”制作慢放效果，我们可以使用两种不同的方法来实现——使用速度功能或**比率拉伸工具**。

步骤 15　速度调整：对“素材 003.mp4”进行速度调整，使“素材 003.mp4”刚好以原速度 50% 的速度播放。选中“素材 003.mp4”，单击鼠标右键，在弹出的菜单中选择“速度 / 持续时间”命令，打开“剪辑速度 / 持续时间”对话框。在对话中，设置速度为 50%，单击“确定”按钮，如图 7-21 所示。

步骤 16　色调调整：对于“素材 003.mp4”也要进行色调的调整，方法同“素材 002.mp4”的调整一样，请参见上面的步骤 17。

步骤 17　施加特效：等“素材 003.mp4”的速度和色调都调整完以后，在效果面板中选择“**视频过渡→溶解→叠加溶解**”过渡特效，将其拖放到“素材 002.mp4”和“素材 003.mp4”的相接处，使用“叠加溶解”过渡特效的效果如图 7-22 所示。

贴心提示

①在“剪辑速度/持续时间”对话框中，当链锁按钮为锁定状态图标时，速度为50%就意味着现在的持续时间是初始时间的2倍；如果链锁按钮为非锁定状态图标时，速度为50%，现在的持续时间不发生改变。②上述操作中我们只将素材的速度放慢了，有时我们还需要将素材的速度加快，或使素材片段倒放，要想做出这样的效果，我们也可以在“剪辑速度/持续时间”对话框设置速度。③要使素材的速度加快，其参数要大于100%。④勾选“倒放速度”选项，素材就会被倒放。

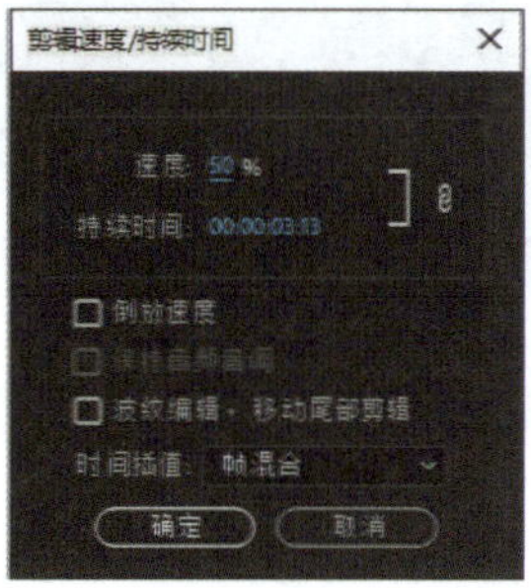

图7-21 “剪辑速度/持续时间”

图7-22 “叠加溶解”过渡特效

步骤18 连接素材并调整：将“素材004.mp4”接到“素材003.mp4”之后。对“素材004.mp4”进行缩放调整，使图像渐渐变大。在效果控件面板中，设置缩放动画效果。在开始处，添加关键帧（单击“缩放”属性左侧的“**切换动画**”按钮），设置缩放为27.6；在结尾处，添加关键帧，设置缩放为54.9。

步骤19 亮度调整：对“素材004.mp4”进行亮度调整，从效果面板中选择“**视频效果→调整→光照**”滤镜特效，将其拖放到V1轨道中的“素材004.mp4”上。在效果控件面板的“光照1”栏中，设置强度为30，如图7-23所示。

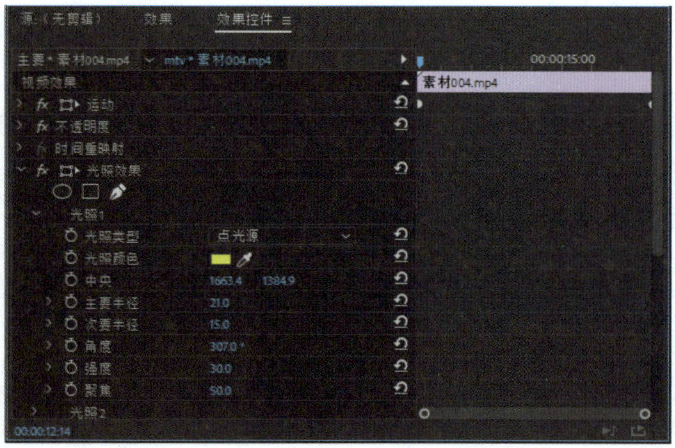

图7-23 设置强度属性

步骤20 设置参数：将“素材005.mp4”拖放到V1视频轨道中的“素材004.mp4”之后，对于“素材005.mp4”进行色调和亮度的调整。在效果控件面板中，对“通道混合器”和“亮度与对比度”滤镜特效进行参数设置，如图7-24所示。

贴心提示

通过改变素材片段的速度，可以将原始片段中的画面数目有效地减少或增加。这样会影响视频片段中的动作质量，也会影响声音片段中的音质。

步骤21 调慢速度：在“素材005.mp4”后面依次接入“素材006.mp4”和“素材007.mp4”。调整“素材006.mp4”色调和速度。这里我们用另一种方法来改变“素材006.mp4”的速度。从工具面板中选择**比率拉伸工具**，然后将鼠标放在“素材006.mp4”的右端，按住鼠标左键并向右拖动，直到“素材006.mp4”的末端捕捉到“素材007.mp4”，如图7-25所示。

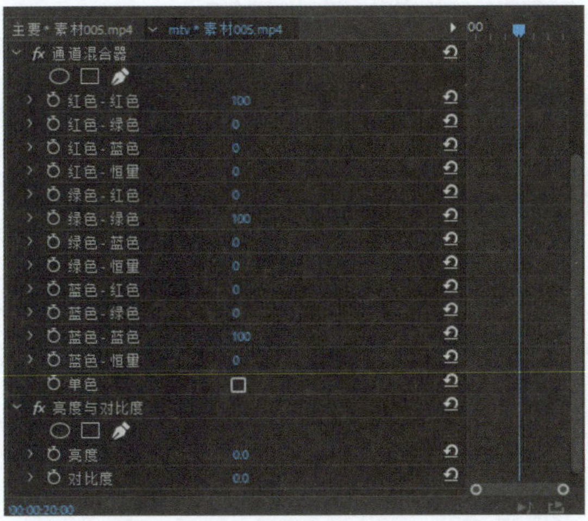

图 7-24　设置“通道混合器”和“亮度与对比度”滤镜特效

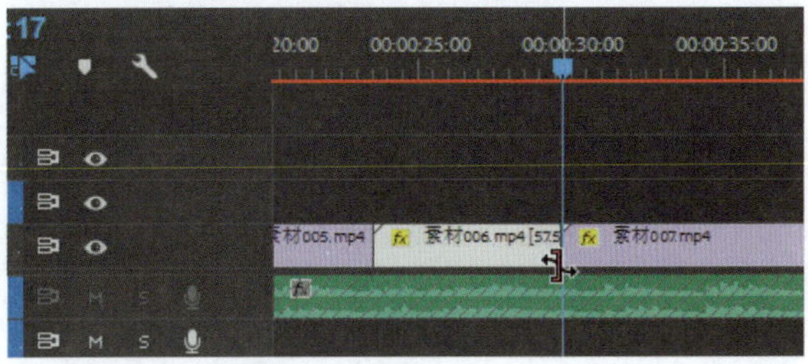

图 7-25　使用速率调整工具调慢速度

步骤 22　参数设置：在“素材 007.mp4”的后面接入“素材 008.mp4”。对“素材 008.mp4”进行色调和亮度的调整，对“通道混合器”和“亮度与对比度”滤镜特效进行设置，如图 7-26 所示。

步骤 23　添加特效：在“素材 008.mp4”的后面接入“素材 009.mp4”。在时间轴中，选中“素材 009.mp4”，在效果面板中选择“**视频效果→变换→水平翻转**”特效。该特效是从左向右翻转片段中的每一帧画面，但片段仍以向前的方向播放，从而创建一种从背后观看片段的效果。

步骤 24　添加特效：对“素材 008.mp4”进行裁剪，将其后段拖放到 V2 视频轨道中，与 V1 中的“素材 008.mp4”对齐。选中 V2 中的“素材 008.mp4”，在效果控件面板中，设置不透明度为 72%，同时在“通道混合器”特效中进行调色，属性设置如图 7-27 所示。

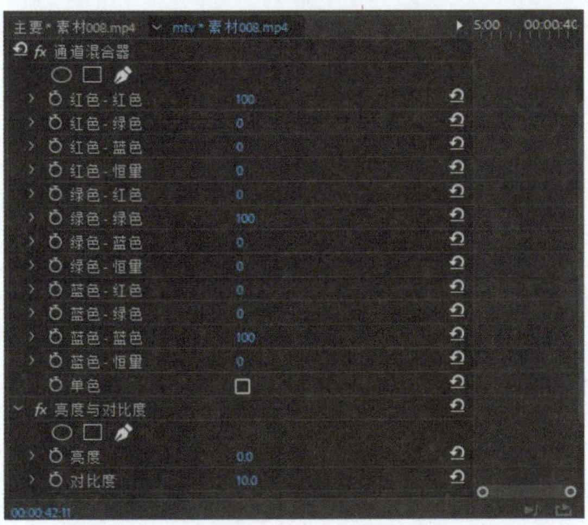

图 7-26　设置“通道混合器”和“亮度与对比度”滤镜特效

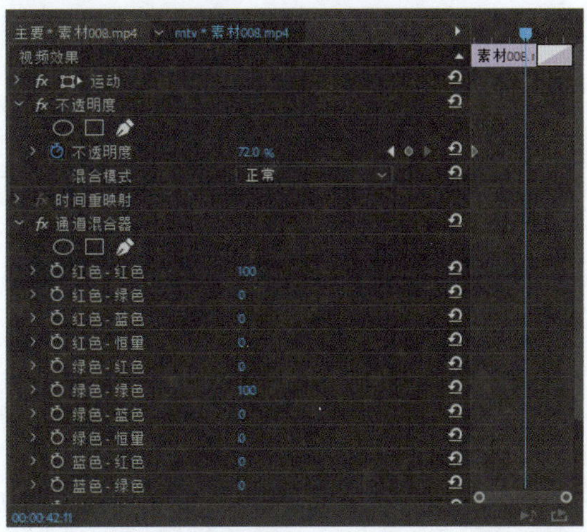

图 7-27　设置不透明度并调色

步骤 25　施加特效：对 V2 中的“素材 008.mp4”和 V1 中的“素材 009.mp4”添加“**视频过渡→溶解→叠加溶解**”过渡特效，如图 7-28 所示。

步骤 26　创建字幕：选择“**文件→新建→旧版标题**”命令，打开字幕窗口，创建字幕“自然之旅”，并保存为 Title。将“素材 010.mp4”拖放到 V1 轨道中，与“素材 007.mov”片段相接，后面接“素材 010.mov”片段。“素材 010”片段为背景，将 Title 字幕放在其上，如图 7-29 所示。

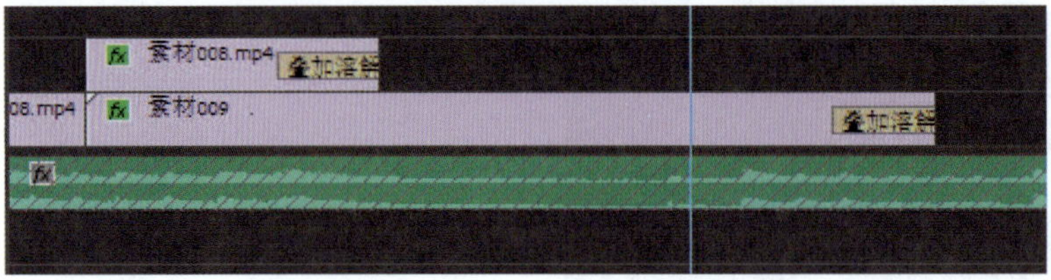

图 7-28 “叠加溶解”过渡特效

图 7-29 叠加字幕

步骤 27 预览并导出影片：单击“**播放**”按钮▶，预览效果。导出影片，完成制作。

本章小结

在本章中，我们详细介绍了字幕编辑模式和滚动字幕的制作。在影片制作基本完成后，需要精确修整素材片段并调整编辑来匹配素材之间的动作。为此，我们重点学习了运用微调工具调整镜头之间的衔接，这是高级编辑中的一项技术。同时，结合范例详细讲解了画面冻结效果的制作方法与技巧、滤镜特效的高级应用，希望读者能够从中获得启发。

本章作业

一、简答题

1. 如何控制滚动字幕的速度？

2. 使用哪个工具可以同时调整两个相邻镜头的入点和切点且不改变整个节目的长度？

3. 有些滤镜特效不能通过添加关键帧的方法使其随时间的变化而改变。对于这些滤镜特效，我们怎样让其随时间变化而改变呢？

二、练习与实训

实训 7-1 制作 MTV

详细内容请参见配套的电子版实训册《影视动画数字后期编辑与合成实训》中的第 7 章。

8 动画短片的制作与输出

本章重点

- 导入序列帧
- 导入静止图片
- 导入动画文件
- 建立一个全画面的实色遮罩
- 使用音频链接和音频调整工具
- 编制电影的输出和数字视频压缩方式
- 捕捉电影片段

教学环境

多媒体教室、电脑（配备视音频采集卡）、投影、公放、DVD

学时建议

4 学时

学习建议

通过制作动画短片——《Cakes 对战 Monster》《寿司历险记》，进一步掌握导入序列帧、导入静止图片、导入动画文件（GIF）、建立一个全画面的实色遮罩、使用音频链接和音频调整工具的方法，以及电影的输出和数字视频的压缩方式。

8.1 艺术指导原则

利用后期编辑软件完成动画短片的后期制作也是需要读者了解和掌握的技能。范例《Cakes 对战 Monster》是一部二维动画短片，短小精悍、节奏紧凑。实际上，这部片子的大部分工作在前期已经完成，后期我们只需要将其中的一部分画面连接起来。同时，在镜头之间添加过渡特效，再给影片添加声音效果，使它更加完整，观看效果更好。范例《寿司历险记》是将游戏中的一些实时片段在后期编辑软件中剪辑连接，再配上背景音乐，合成为一部动画短片。

8.2 范例制作——动画短片《Cakes 对战 Monster》

8.2.1 影片简介

本片是一部讲述机器人 Cakes 大战怪物 Monster 的故事片，片长约 46 秒。Cakes 勇敢机智地与怪物 Monster 激烈对战，最终摧毁了 Monster，取得了胜利。通过制作本动画短片，我们可以从中掌握一些新的内容，同时还能把所学的内容进行实践与应用。

8.2.2 观看影片

播放影片文件（素材与工程文件 \Chapter08\ASSORT08\MOVIE\Carton_end.avi）。通过观看影片，进一步了解制作动画短片《Cakes 对战 Monster》的主要内容，如图 8-1 所示。

图 8-1 动画短片《Cakes 对战 Monster》的片段画面

8.2.3 制作流程（步骤）及技巧分析

在本例中，我们准备这些素材：①在 Photoshop 中制作好序列帧；②在 ImageReady 中制作 GIF 小动画。根据故事的发展将各个段落的片段连接起来。镜头与镜头的处理应用了闪白、黑场。在个别镜头的处理上，制作局部大特写的效果，如对兵器给出了特写镜头。整部影片短小精悍，运用的后期编辑手法简单易学，画面节奏合理。本片的制作流程主要包括 4 个部分，如图 8-2 所示。

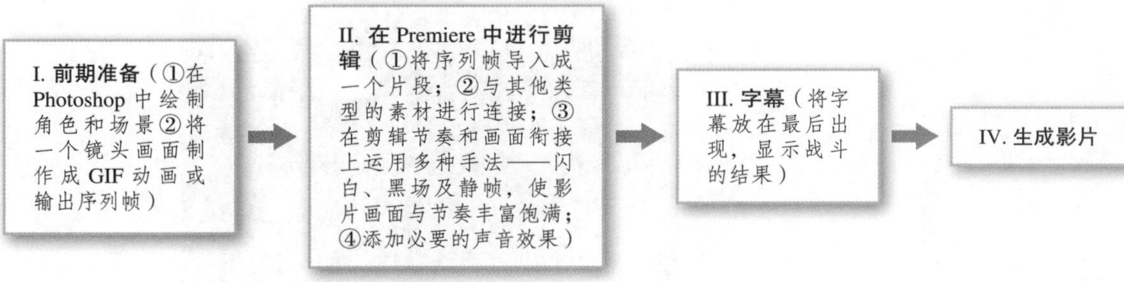

图 8-2 动画短片《Cakes 对战 Monster》的制作流程图

8.2.4 编辑与合成

步骤 1 新建项目：创建一个新项目，采用默认设置。在“新建序列”对话框中，设置编辑模式为“自定义”、时基为 25 帧 / 秒、场为“无场（逐行扫描）”、像素长宽比为“方形像素（1.0）”、帧大小为“320 水平，240 垂直”。

步骤 2 导入素材：选择“**编辑→首选项→时间轴**”命令，在打开的对话框中，设置静止图像默认持续时间为 25 帧。选择“**文件→导入**”命令或按“Ctrl+I”快捷键，打开存放静止图片的文件夹（本例的素材文件存放在“素材与工程文件\Chapter08\ASSORT08\PROJ\source08\Carton”文件夹中），选中所有的静止图片文件，单击“确认”按钮，将选中的静止图片文件导入到项目面板中。

> **贴心提示**
>
> 考虑到每一幅画面的持续时间，在这里我们就不采取直接导入序列帧的方法导入素材了。如果按导入序列帧的方式导入，Premiere会自动把序列文件结合为一个片段，序列文件中的每个文件都是一帧，不能调整每帧画面的持续时间，这样一来就不太方便。因此，在导入静止图片之前我们首先设定静止图片的持续时间。

步骤 3 以序列帧的方式导入图片素材：选择“**文件→导入**”命令，打开存放图片的文件夹（素材与工程文件\Chapter08\ASSORT08\PROJ\source08\Carton\s_00000），在第一个图片文件“s_00000.jpg”上单击选中该文件并勾选对话框下方的“图像序列”选项，单击“确认”钮。Premiere 会自动把序列文件结合为一个片段导入到项目面板中。将其他序列帧也按同样的方法导入。

> **贴心提示**
>
> 在导入静止图片文件时，在文件夹中选中了第一个静止图片文件后，如果勾选对话框下方的“图像序列”选项，Premiere会自动把序列文件结合为一个片段导入到项目面板中，而且序列文件中的每个文件都是一帧，它不受“静止图像默认持续时间”选项的影响。

步骤 4 导入 GIF 动画和声音文件：选择“**文件→导入**”命令或按“Ctrl+I”快捷键，在打开的对话框中选择 GIF 动画文件，单击“确认”按钮，将动画文件导入到项目面板中。导入声音文件“sound.wav”。

实色遮罩可以将一个片名重叠到一个实色的背景上，也可以作为镜头之间过渡时使用的小技巧。

步骤 5 创建一个背景遮罩：选择“**文件→新建→颜色遮罩**”，打开“拾色器”对话框，在对话框中选取一个颜色给遮罩。这里我们选取白色，单击“确认”按钮，如图 8-3 所示。最后，为遮罩命名为 White。此时在项目面板中，会出现名字为 White 的一个静止图片。用同样的方法再创建一个黑色的遮罩。

> **贴心提示**
> 遮罩的持续时间是“编辑→首选项→时间轴”对话框中的“静止图像默认持续时间”选项的影响。刚才我们设置的“静止图像默认持续时间”选项为 25 帧，所以这里遮罩的持续时间也是 25 帧。

图 8-3 “拾色器”对话框

下面在时间轴上对素材画面进行排序与剪辑。

步骤 6 添加效果：将序列帧“s_00000.jpg”拖放到时间轴的 V1 轨道上，并将“001.gif”接到“s_00000.jpg”的后面。在“s_00000.jpg”与“001.gif”的切点处添加“交叉溶解”过渡特效，制作淡入淡出效果。

步骤 7 闪白效果：将“002.gif”接到“001.gif”的后面。下面我们要做一个闪白的效果，过渡到下一个镜头。在“002.gif”的末尾将项目面板中的 White 遮罩拖放到 V1 中，调整遮罩的持续时间为 8 帧。在效果面板中，选择“**视频过渡→溶解→叠加溶解**”过渡特效，将其拖放到时间轴的“002.gif”画面与“White”的切点上。如果要调整闪白效果的时间长度，可以双击过渡特效的图标，打开“叠加溶解”过渡特效对话框，在其中修改过渡的持续时间。

步骤 8 将时间指示器定位在影片的末尾，将 GIF 动画文件“003.gif”“004.gif”接到后面，在后面接入素材“a_00000.jpg”。在“a_00000.jpg”之后接一个静帧画面“a02.tif”，对静帧画面“a02.tif”制作淡出到黑场的效果。选中时间轴上的“a02.tif”素材，单击鼠标右键，在弹出的菜单中选择“**显示剪辑关键帧→不透明度**”命令，将透明的控制线显示出来。将鼠标放到 V1 与 V2 轨道之间，显示出光标后，向上拖动轨道，直到显示出“**添加 / 移除关键帧**”按钮。如图 8-4 所示。

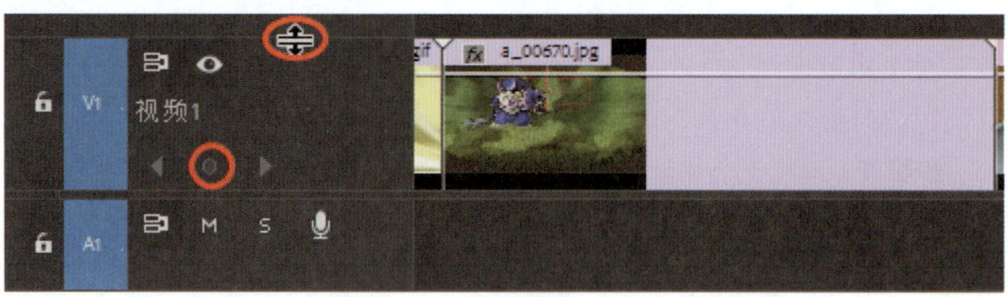

图 8-4 “添加 / 移除关键帧”按钮

步骤 9 添加关键帧：单击“**添加 / 移除关键帧**”按钮，在“a02.tif”结尾和中部增加两个关键帧，使用**选择工具**将结尾处的关键帧拖到轨道底部，如图 8-5 所示。

步骤 10 添加声效：将动画素材“005.gif”接到“a02.tif”的后面，在 00:00:23:06 处，将声音效果 sound 素材拖放到 A1 轨道中。这是一个爆炸声，与画面上的爆炸对应。这是远处传来的爆炸声，我们需要将声音的音量进行调整。

图 8-5　将结尾处的关键帧拖到轨道底部

步骤 11　调整音量：选中时间轴上的 sound，单击鼠标右键，在弹出的菜单中选择“**显示剪辑关键帧→音量→级别**”命令，将 A1 轨道的音量控制线显示出来。使用**选择工具**将音量控制线拖到轨道的偏下方，这样声音的音量就减小了，如图 8-6 所示。

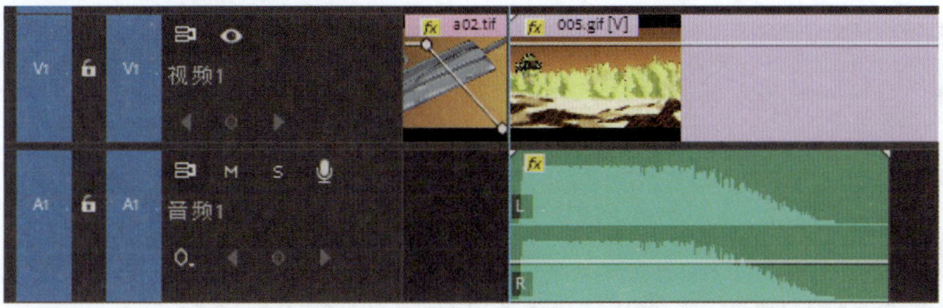

图 8-6　调整音量

现在，画面部分和声音部分是分离的。如果我们要对已经完成声画对位的某一部分进行调整，很可能会让声音与画面不同步，造成错误。为了将声音和画面在位置上对应好，我们可以建立声音片段和视频片段的链接，将声音片段和视频片段链接到一起。这样，当我们对画面位置进行调整时，声音片段也会随之被调整。

步骤 12　链接声音和画面：选中 V1 中的“005.gif”和 A1 轨道中的 sound，单击鼠标右键，从弹出的菜单中选择“链接”命令，将声音和画面链接到一起。

步骤 13　添加关键帧：从项目面板中将 sound 再一次拖放到 A1 中，将鼠标放到 A1 和 A2 轨道之间，显示出光标后，向下展开 A1 轨道，显露出音量控制线。单击“**添加 / 移除关键帧**”按钮，使用**钢笔工具**在 sound 的开始处和结尾处增加 4 个关键帧，使用**选择工具**调整刚刚增加的 4 个关键帧。这次是添加近处的爆炸声，所以要将音量调大，为画面增加更强的冲击力，如图 8-7 所示。

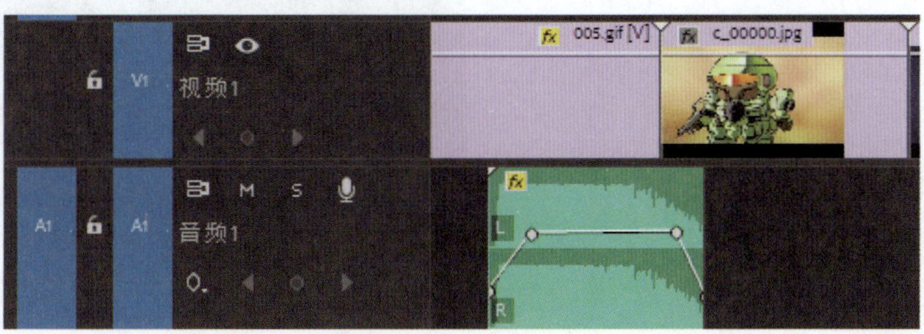

图 8-7　调整关键帧音量增大

贴心提示

① 如果要将已经建立了链接的音频片段和视频片段断开，也是很容易做到的。我们只需要在视频片段上单击鼠标右键，从弹出的菜单中选择“取消链接”命令，即可断开画面与声音片段的链接。

② 我们在这里将视频片段和音频片段链接起来的方法是一种软性链接，当被软性链接起来的片段在项目面板中，依然为各自独立的实体。既然我们把上面这种链接称为软性链接，那么就有硬性链接，对了，在 Premiere 的声音片段与视频片段之间，有两种形态的链接——硬性链接和软性链接。硬性链接是在被引入到 Premiere 项目之前就是建立好的，即我们引入到项目面板的素材本身就有画面和声音。对于硬性链接的片段，也可以暂时将一个硬性链接断开，方法同①。一旦断开链接，声音和视频部分也就变成了分开的片段，可以在时间轴中单独处理。

步骤 14 接入素材：在“005.gif”后，依次接入 3 素材片段“c_00000.jpg”“007.gif”“d_00000.jpg”。在“007.gif”和“d_00000.jpg”的相接处添加音效。伴随着战斗画面的是激烈的枪炮声和爆炸声。

步骤 15 预览：预览效果，注意声音的变化。

步骤 16 制作字幕：选择“**文件→新建→旧版标题**”命令，打开字幕窗口，创建字幕“DESTROYED…”，设置文字的字体、颜色并调整字幕的位置，最后保存字幕为 title。用同样的方法再制作一个字幕 END，保存字幕为“字幕 01”。

步骤 17 添加字幕：在时间轴中，将时间指示器定位到影片的结尾处，把字幕 title 从项目面板拖放到 V1 视频轨道中并调整字幕的持续时间。

步骤 18 制作一些闪动的效果：在效果面板中，选择“**视频效果→颜色校正→通道混合器**”特效，将其添加到 title 字幕上。在效果控件面板中，依次单击“红色 - 红色”“绿色 - 绿色”“蓝色 - 蓝色”左侧的“**切换动画**”按钮，对这 3 个属性设置关键帧，制作动画效果，属性设置如图 8-8 所示。

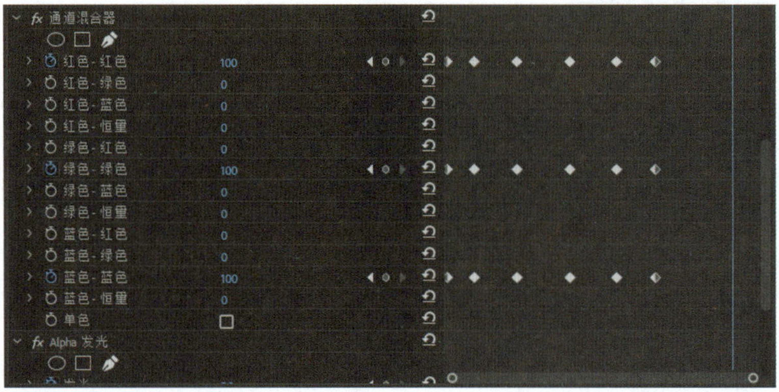

图 8-8 “通道混合器”参数动画设置

步骤 19 添加特效：在效果面板中，添加“**视频效果→风格化→ Alpha 发光**”特效，勾选“使用结束颜色”和“淡出”选项，动画设置如图 8-9 所示。

图 8-9 “Alph 发光”参数动画设置

步骤 20 预览：按 Enter 键，播放影片，预览效果，如图 8-10 所示。

步骤 21 添加效果：利用 V1 轨道的透明控制线，将字幕 title 做出淡出到黑场的效果，如图 8-11 所示。

步骤 22 导出帧：在字幕 title 后面接“e_00000.jpg”，对于最后帧画面使它定格。将时间指示器定位在“e_00000.jpg”的最后一帧，单击节目监视器下的“**导出帧**”按钮，在“导出帧”对话框中，设置名称为 a03、格式为 TIFF，勾选“导入到项目中”选项，选定存放的路径，单击“确定”按钮，如图 8-12 所示。

图 8-10 字幕特效

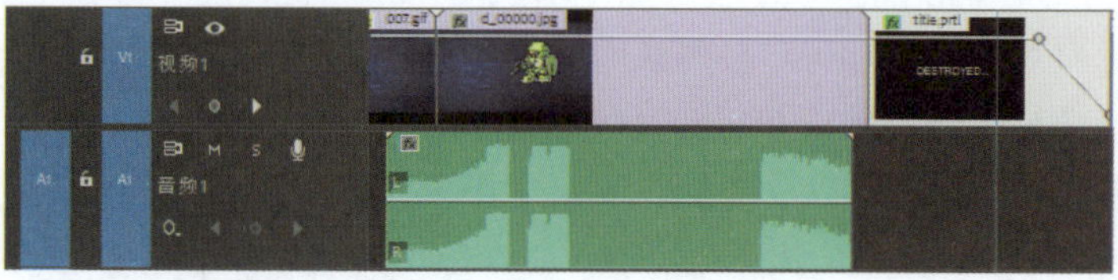

图 8-11　字幕淡出到黑场设置

图 8-12　“导出帧”对话框

步骤 23　接入结束字幕：把“a03.tif”接到“e_00000.jpg”的后面，然后接入另一个字幕——影片结束字幕。

到此为止，我们的后期编辑工作基本完成了，保存项目为“Carton.prproj”。剩下的就是影片输出工作了，我们将在 8.4 节中详细介绍。

8.3　范例制作——动画短片《寿司历险记》

8.3.1　影片简介

本片讲述的是一位名叫寿司的小男孩冒险寻找好友青芥的故事，片长 37 秒。在冒险途中，寿司遇到了敌人的重重阻挠，慢慢变强，并最终打败了大 boss 田腐罗，救回了好友。

8.3.2　观看影片

播放影片文件（素材与工程文件 \Chapter08\ASSORT08\MOVIE\ 寿司历险记片花 .mov）。通过观看影片，进一步了解动画短片《寿司历险记》的主要内容，如图 8-13 所示。

图 8-13　动画短片《寿司历险记》的片段画面

8.3.3 制作流程（步骤）及技巧分析

本片的素材是游戏测试者在游戏《寿司历险记》中进行测试的几段视频，以转场字幕的方式出现游戏介绍。配合日式的背景音乐，我们用不到一分钟的时间将游戏的主要内容呈现给玩家。本片的制作流程主要包括 4 个部分，如图 8-14 所示。

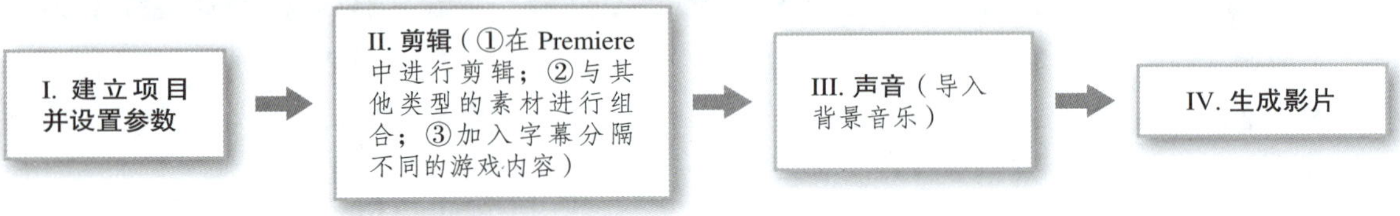

图 8-14　动画短片《寿司历险记》制作流程图

8.3.4 编辑与合成

步骤 1　新建项目：创建一个新项目，在“序列设置”对话框中，设置“编辑模式”为“自定义”、时基为“25 帧 / 秒”、图像尺寸为“1280×960”像素、场为“无场（逐行扫描）”、编解码器为“Intel IYUV 编码解码器”，如图 8-15 所示。

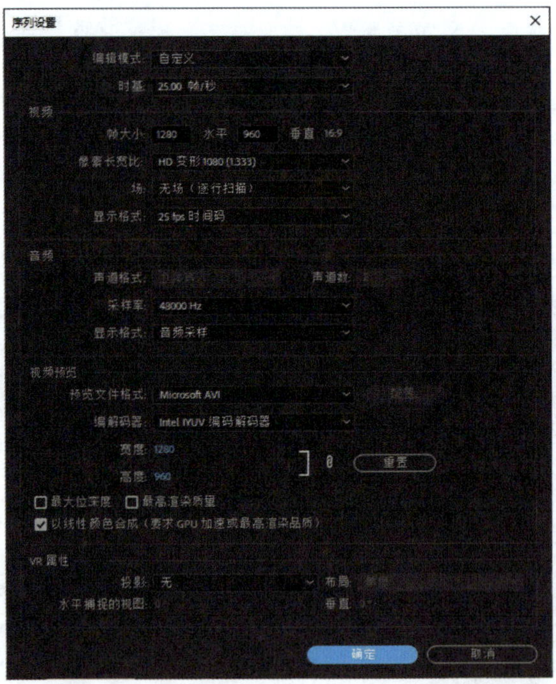

图 8-15　“序列设置”对话框

步骤 2　导入视频和音频素材：选择“**文件→导入**”命令，将“素材与工程文件\Chapter08\ASSORT08\PROJ\source08\寿司历险记”文件夹中的视频和音频文件导入到项目面板中。在项目面板选择“01.mp4”，将其拖放到时间轴的 V2 视频轨道中。

步骤 3　标记出点和入点：在源监视器中，对“01.mp4”进行预览，选取合适的片段并标记入点和出点，如图 8-16 所示。

图 8-16　在源监视器中标记入点和出点

步骤 4　剪切素材：单击**剃刀工具**，按照标记对“01.mp4”进行剪切。选中“01.mp4”中不需要的部分，按 Delete 键删除，如图 8-17 所示。

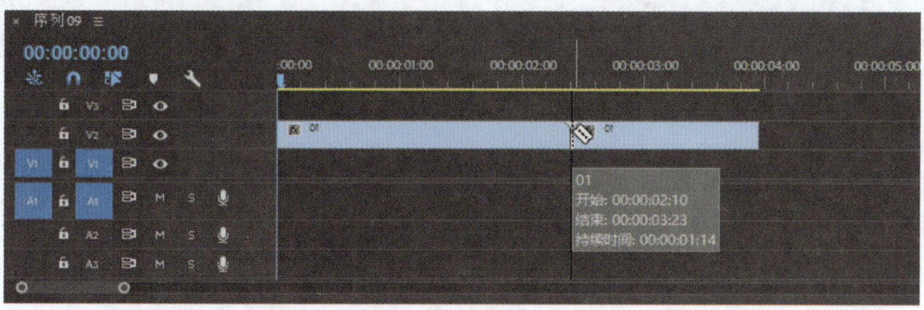

图 8-17　使用剃刀工具剪切素材

步骤 5　接入素材：在源监视器中对“02.mp4”“03.mp4”标记入点和出点，裁剪出合适的片段。将裁剪后的“02.mp4”“03.mp4”依次接入到时间轴 V1 轨道的“01.mp4”之后。

步骤 6　制作转场字幕：选择“**文件→新建→旧版标题**”命令，新建一个字幕。在“新建字幕”对话框中，设置尺寸为“1280×960”像素、时基为 25 帧 / 秒、名称为“字幕 01”，如图 8-18 所示。

步骤 7　输入字幕：使用**文字工具**输入字幕“一场为救回朋友而踏上的冒险之旅”，调整文字的字体和字号。单击字幕右上方的“**关闭**”按钮，保存字幕并关闭字幕窗口，生成字幕文件“字幕 01.prtl”，如图 8-19 所示。

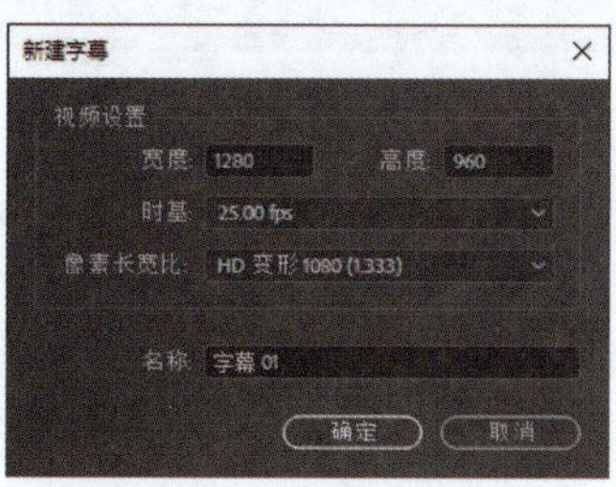

图 8-18　新建字幕设置

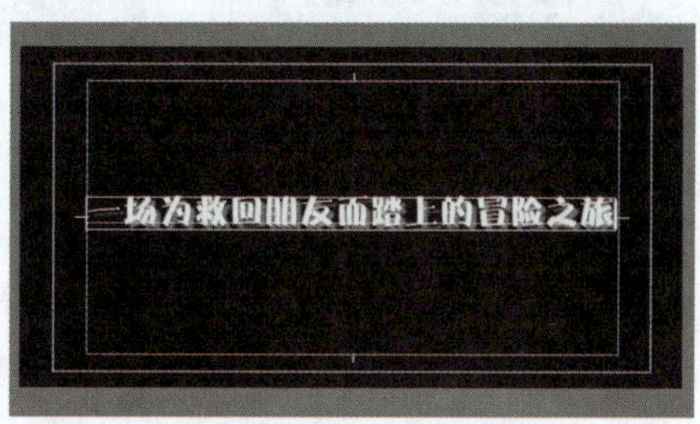

图 8-19　调整文字

步骤 8 添加字幕与视频：将刚刚生成的“字幕 01”拖放到时间轴的 V1 视频轨道中，并将“02.mp4”和“03.mp4”依次拖到“字幕 01”之后，如图 8-20 所示。

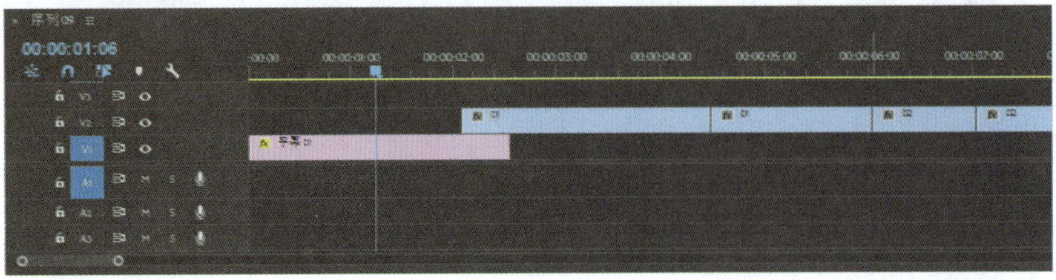

图 8-20 拖入素材

步骤 9 添加特效：在效果面板中，选择“**视频过渡→溶解→交叉溶解**”过渡特效，将该特效拖到“字幕 01”的前段，如图 8-21 所示。

步骤 10 添加特效：在效果面板中“**视频过渡→擦除→划出**”过渡特效，将该特效拖到“01.mp4”的前段，见图 8-22。

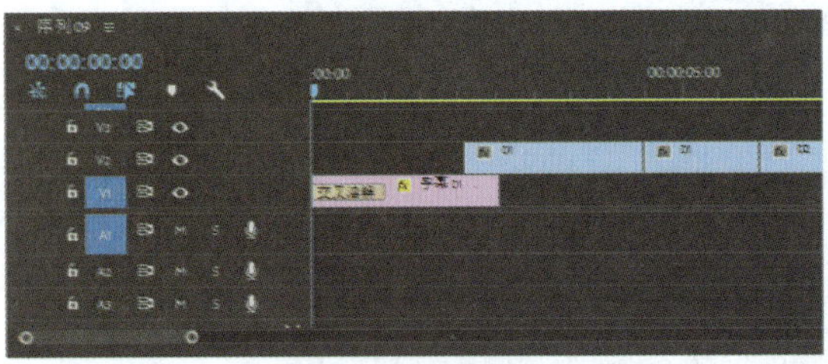

图 8-21 添加“交叉溶解”过渡特效

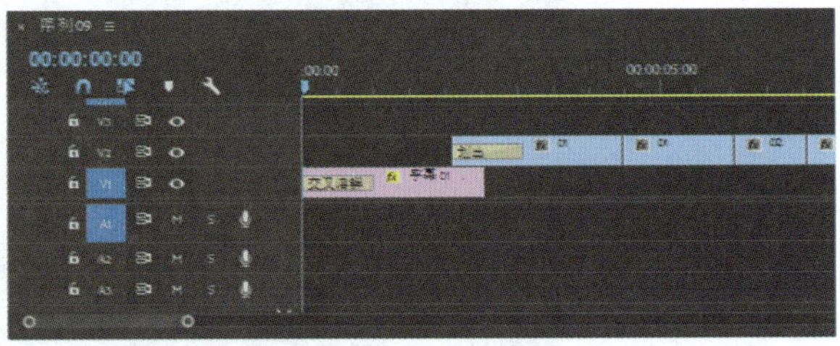

图 8-22 添加“划出”特效

步骤 11 新建字幕：打开“**文件→新建→旧版标题**”命令，新建一个字幕，设置尺寸为“1280×960”像素、时基为 25fps、名称为“字幕 02”。使用**文字工具**在字幕窗口中输入文字“一群危险而充满挑战的未知敌人”，设置文字的字体和字号，如图 8-23 所示。

步骤 12 关闭字幕：单击字幕窗口右上方的关闭按钮，保存字幕文件并关闭字幕窗口。

步骤 13 接入字幕并添加特效：将“字幕 02”拖入时间轴的 V1 视频轨道，并在“字幕 02”的前段和后段添加“交叉溶解”特效，如图 8-24 所示。

图 8-23 输入文字

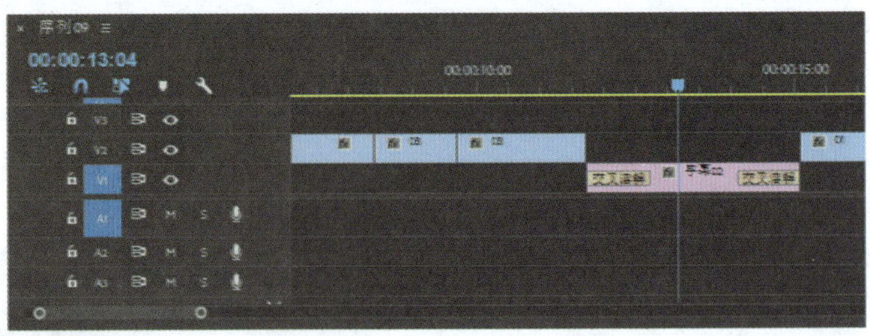

图 8-24 添加“交叉溶解”特效

步骤 14 创建新字幕：在项目面板中选中“字幕 02”，复制粘贴“字幕 02”，得到新字幕并命名为“字幕 03”。

步骤 15 修改字幕：双击项目面板中的“字幕 03”，打开字幕窗口，修改文字为“寿司能否救回他的朋友？”，保存并关闭字幕。将“字幕 03”拖入时间轴的 V1 视频轨道，置于所有视频素材之后，并在“字幕 03”的前段添加“交叉溶解”特效，如图 8-25 所示。

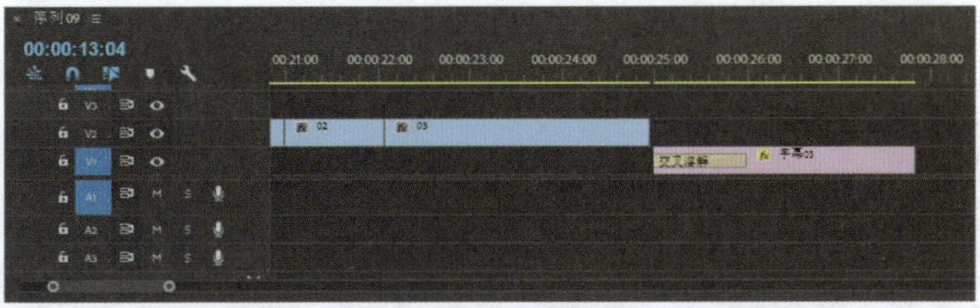

图 8-25　字幕 03

步骤 16　创建字幕：创建新字幕“字幕 04”“字幕 05”，文字内容分别为“2019 年 5 月”“《寿司历险记》带来答案”，依次放在“字幕 03”之后，如图 8-26 所示。

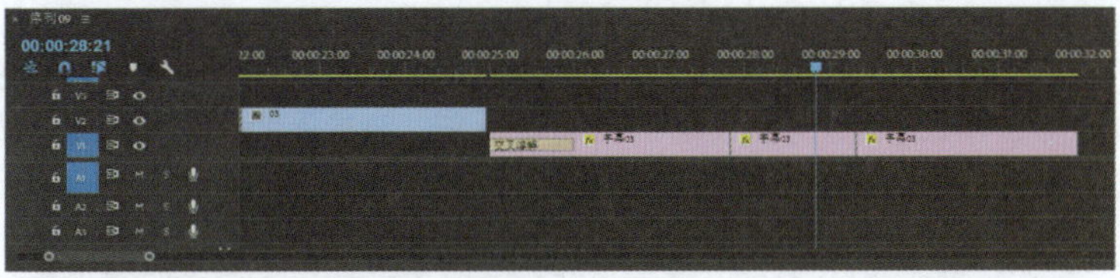

图 8-26　字幕 04 和字幕 05

步骤 17　添加特效：在效果面板中，选择“**效果→视频过渡→擦除→随机擦除**”特效，将该特效依次拖到“字幕 04”和“字幕 05”的前段，如图 8-27 所示。

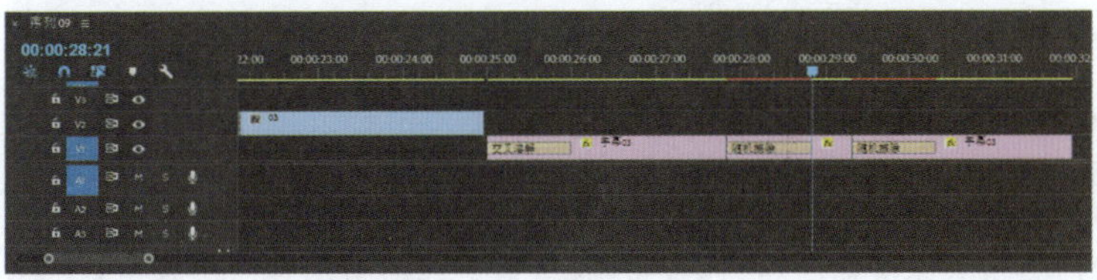

图 8-27　字幕 04 和字幕 05

步骤 18　制作片尾字幕：打开“**文件→新建→旧版标题**”命令，新建字幕，设置尺寸为“1280×960”像素、时基为 25 帧 / 秒、名称为“字幕 06”。单击“**滚动 / 游动选项**”按钮，设置字幕类型为“滚动”，并勾选上“开始于屏幕外”和“结束于屏幕外”选项，单击“**确定**”按钮，如图 8-28 所示。

步骤 19　输入文字：在安全区内输入 3 段字幕文字“制作：捌壹肆”“《寿司历险记》”和“2019.5”，每段文字之间留出间隔，如图 8-29 所示。

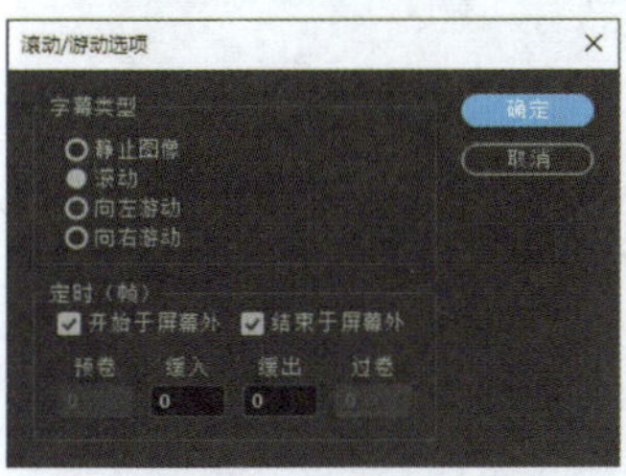

图 8-28　滚动字幕设置

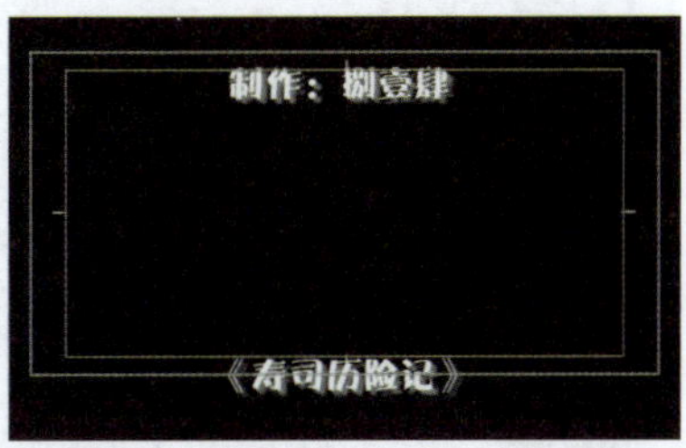

图 8-29　分段文字

步骤 20　在字幕中插入图片：在字幕空白处单击鼠标右键，在弹出的菜单中选择“**图形→插入图形**”命令，选择要插入的图片（图片路径为“素材与工程文件 \Chapter08\ASSORT08\PROJ\source08\ 寿司历险记 \ 头像 .png”），插入图片并调整图片的位置，如图 8-30 所示。

步骤 21 导入音频：打开“**文件→导入**”命令，在文件中选择音频文件“さくら .mp3”，将该音频文件导入到项目面板中，再将该音频文件从项目面板中拖入到时间轴中的 A1 轨道中，如图 8-31 所示。

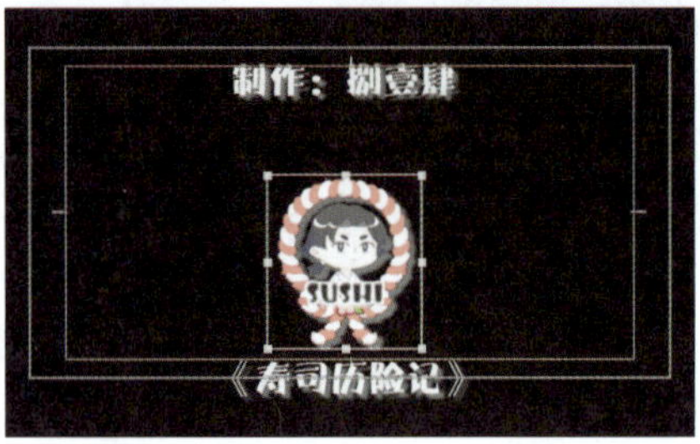

图 8-30 调整图片位置

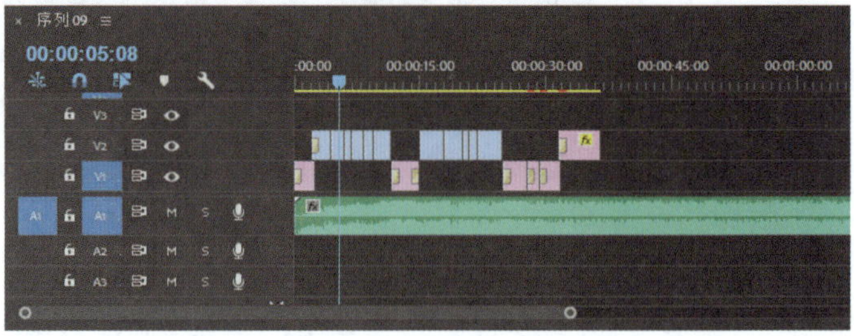

图 8-31 插入音频

步骤 22 裁剪音频：使用**剃刀工具**依次在 00:00:19:01 处和 00:00:56:05 处剪裁音频文件。将音频的前段和后段删除，留下中间部分并拖至时间轴的开始处，如图 8-32 所示。

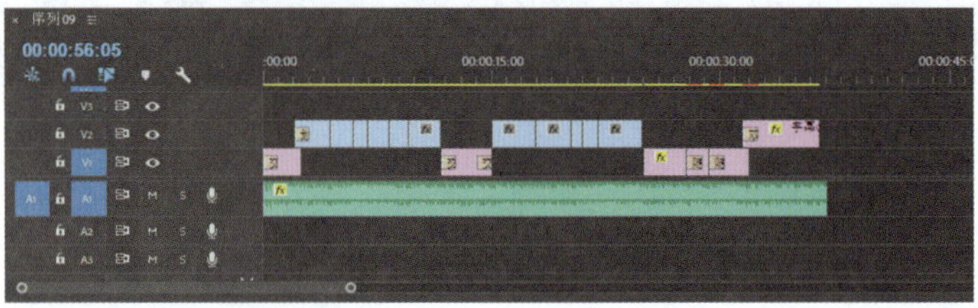

图 8-32 保留部分音频

步骤 23 导出 mov 视频：选择“**文件→导出→媒体**”命令，在“导出设置”对话框中，设置源范围为“自定义”、格式为 QuickTime、预设为“自定义”。单击“输出名称”选项右侧的蓝色字体，在弹出的文件夹中选择导出视频的位置并命名为“寿司历险记片花”，勾选“导出视频”“导出音频”选项，在“基本视频设置”栏下单击“匹配源”按钮，将输出文件的持续时间调整为 00:00:37:10。最后，单击“导出”按钮，将视频导出，如图 8-33 所示。

图 8-33 导出设置

步骤 24 保存项目：导出视频后，选择“文件→保存”命令或按“Ctrl+S”快捷键，保存项目。

8.4 影片的输出

8.4.1 媒体格式

前面，我们完成了卡通片的编辑与特技的制作，接下来就可以生成一个完整的影片，使其能够在其他的媒体上播放。因此，最终生成和输出的影片必须具有良好的兼容性，可以在不同的媒体上播放。在最终的节目输出中，一般分为两大类的输出；一类用于广播电视播出（硬件压缩的方式），另一类用于计算机播出的数码格式（一般采用软件压缩的方式）。本书侧重讲述在计算机上播放的媒体格式，即采用软件压缩的数字视频，主要包括 H.264、QuickTime 等格式，其中 QuickTime 主要用于 Macintosh 机（简称 Mac）。每一种压缩格式都包括多种数字编码器，不同的压缩编码器有着不同的用途。

8.4.2 常见的压缩编码器

在计算机上进行播放的时候，使用的都是软件压缩或者解压缩，这就需要在影片输出的时候，选择适当的压缩编码器对影片进行压缩输出。

在输出影片时，如果在输出影片设置对话框的“格式”项中选择了 QuickTime 视频类型，就会有多种压缩编码可以选择，如 Cinepak、NxHR/DNxHD、Component Vedio、MPEG-4 Vedio 等编码。

8.4.3 输出影片的设置

一般情况下，我们会将编辑好的影片节目录制到录像带上，或输出到其他支持 H.264 或 QuickTime 的应用中。输出影片时的大部分设置会与项目的设置相同。项目设置主要是针对节目序列进行的设置，而影片输出的设置则是针对最终输出的影片来进行的设置。

1. 输出影片的基础设置

步骤 1 导出：选中需要输出的序列，选择“**文件→导出→媒体**”命令，弹出“导出设置”对话框，如图 8-34。

步骤 2 设置格式：在“导出设置”对话框中，在“格式”下拉列表中选择输出使用媒体格式，可以将输出的数字电影设定为不同的格式，来满足不同的需要。

- 输出 MP4 格式的数字电影，选择 H.264。
- 输出 AVI 格式的数字电影，选择 AVI。
- 输出基于 Mac OS 操作平台的数字电影，选择 QuickTime(MAC 标准视频格式）。
- 输出 WMV 格式的数字电影，选择 Windows Media。
- 输出序列格式可根据不同格式要求选择 BMP、GIF、JPEG、PNG、TARGA、TIFF。

在“源范围”下拉列表中选择“整个序列”选项，将序列中的所有影片全部输出；选择“工作区域”选项，将序列中工作区域内的影片输出；在“导出视频”和“导出音频”选项中，选择要导出的视频或音频，则可同时导出。

图 8-34 “导出设置”对话框

步骤 3 导出：单击“导出”按钮，进行渲染并导出影片。

如果我们在计算机中安装了 Adobe Media Encoder 软件，且需要导出的文件较多时，可以单击“队列”按钮，将文件在 Abode Media Encoder 中排队导出。

2. 视频输出设置

步骤 1 设置格式：在“导出设置”对话框中，选择要导出的视频格式，再在“预设”下拉列表中选择预设的格式。

步骤 2 设置文件名和路径：在“输出名称”文本框中可以修改导出文件的名称和存储路径。

步骤 3 设置视频编解码器：在“视频编解码器”下拉菜单中选择视频编解码器，如 QuickTime 等，如图 8-35。

步骤 4 属性匹配：在“视频”栏中，可以单击“基本视频设置”中的“匹配源”按钮，与时间轴的源视频素材进行属性匹配。

步骤 5 比特率编码：一般“比特率编码”设置为“VBR，1 次”。比特率数值和最终输出的影片分辨率及容量成正比，即比特率越高，视频越清晰，容量也就越大。在商业作品里，不是比特率越高越好，投放平台和播放硬件决定了视频质量的高低。

步骤 6 渲染质量：勾选“使用最高渲染质量”选项，可以使渲染更加精细，但同时也会增加渲染的时间。

步骤 7 预览：如果 Premiere 中已生成预览文件，勾选“使用预览”选项，可以在导出时使用预览文件并加快渲染。

步骤 8 导入到项目面板：勾选“导入到项目中”选项，可以将导出的视频自动导入到项目面板中。

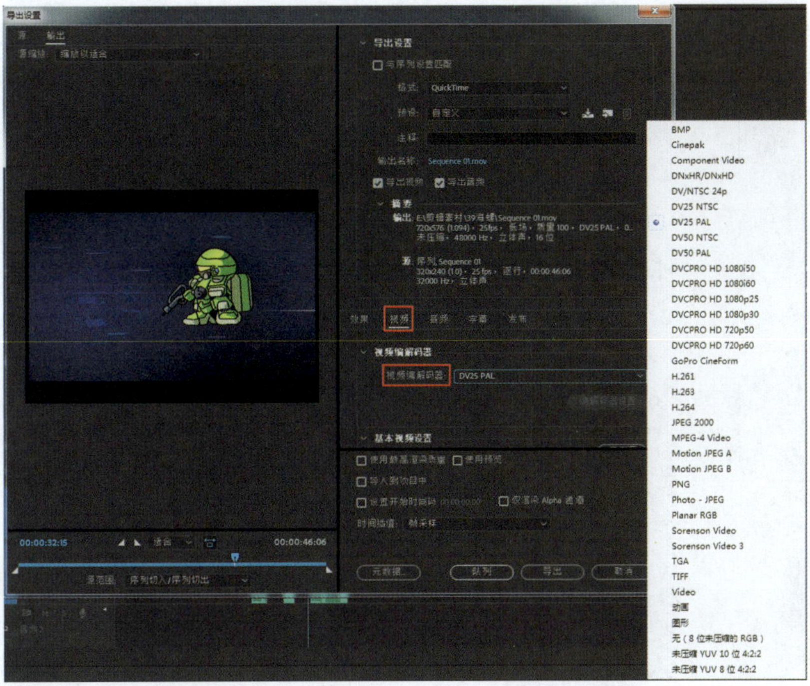

图 8-35　选择视频编解码器

步骤 9　时间插值：根据视频的类型可以选择不同的时间插值。在“时间插值”下拉列表中，包含“帧采样”“光流法”“帧混合”3 种选项。

- “帧采样”选项：在调整视频的播放速度之后，多出来的帧或空缺的帧按现有的帧来生成。渲染速度最快。
- “光流法”选项：软件根据上、下帧来推断像素移动的轨迹，自动生成新的空缺帧。渲染速度最慢。
- “帧混合”选项：混合上、下两帧来生成一个新的帧。

3. 音频输出设置

步骤 1　音频格式：在“导出设置”对话框中，我们根据需求在“格式”下拉列表中选择音频格式，如 MP3 或 AAC 音频。

步骤 2　音频编解码器：在“音频”栏的“音频编解码器”下拉列表中选择音频编解码器，如图 8-36。

步骤 3　采样率：在“基本音频设置”中，可以设置音频的采样率。采样率高，播放的音质就越好，但也需要更大的磁盘空间，并占用较多的处理时间。

步骤 4　声道：在“声道”下拉列表中选择采用立体声或单声道。

步骤 5　量化位数：“样本大小”选项决定了输出节目所使用的声音量化位数。想要获得较好的音质的细节，就要使用较高的量化位数。

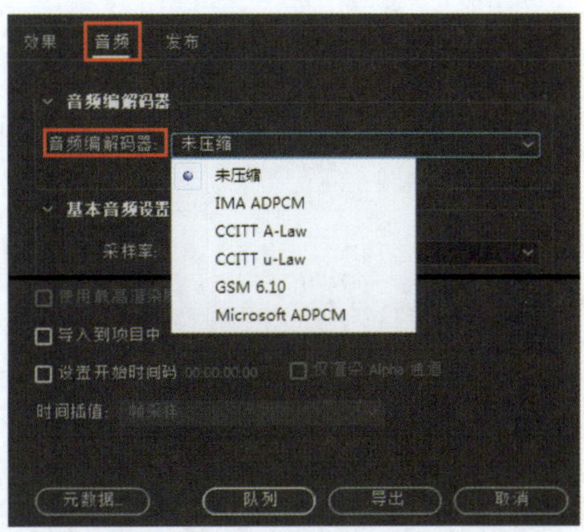

图 8-36　选择音频编解码器

贴心提示

在影视动画影片中，音效包括影视语言、音乐和音效三大要素。

在现代影视动画制作中，声音的组合形式以及声音的艺术处理是相当重要的，一般将声音的组合形式概括为以下几类：

① 声音的并列与混合：即几种声音在同一时间出现。

② 声音的对比：含义不同的声音同时出现，使主体声音在鲜明的对比中产生反衬的作用。

③ 声音的盖罩：在同一镜头画面上并列出现多种同类声音中，有一种声音凌驾在其他声音之上，引起观众对发声体的注意。

④ 声音与静默的突然交替："无声"是一种具有积极意义的表现手法。

8.4.4 输出其他视频格式的影片

由于编辑制作的影视动画节目除了用于电视播放外，还有一些其他的需求。一般来说，涉及3个方面：①现在大量需求的DVD、VCD、SVCD等；②普通的视频文件，如MP4和MOV文件；③网络视频，如RM和WMV文件。针对不同需要，对视频的发布进行相应的调整。

本章小结

在本章中，我们通过制作两部动画小短片——《Cakes对战Monster》《寿司历险记》，学习了导入序列帧、静止图片和动画文件（GIF格式）的导入方法和技巧，掌握了创建一个全画面的实色遮罩的方法、音频链接和音频调整工具的使用方法、编制电影的输出和数字视频压缩方式等内容。

本章作业

一、简答题

1. 用序列帧导入一系列图片与一次性导入多个静止图片的区别是什么？

2. 如何将视频片段与音频片段建立软链接？

3. 怎样把一个硬性链接的视频片段与音频片段暂时断开链接？

二、练习与实训

实训8-1　制作动画短片

详细内容请参见配套的电子版实训册《影视动画数字后期编辑与合成实训》中的第8章。

9 初识 After Effects 特效合成

本章重点

- 认识 After Effects 的工作界面
- 通过实例认识图层
- 运用 Photoshop 制作的静态文件
- 将 Premiere 的项目文件导入 After Effects
- 背景色的调整及关键帧的设置
- After Effects 进行合成工作的基本流程
- 输出影片
- Premiere 与 After Effects 的协同应用

教学环境

多媒体教室、电脑（配备视音频采集卡）、投影、公放、DVD

学时建议

4 学时

学习建议

熟悉 After Effects 的工作环境、各面板的功能、影片的合成流程和方法；综合运用 Premiere 和 After Effects 制作娱乐片《节日的焰火》。

9.1 艺术指导原则

从本章开始，我们将开始 After Effects 软件的学习。我们知道，要制作一部令人赞叹、完美的影片，如果仅依靠一个软件来完成，常常会存在不少缺陷，给制作者带来很多困难。一般来说，在影片的实际制作过程中，经常需要多个软件相互配合。比如说，本书介绍的两个后期制作软件——Premiere 和 After Effects，就经常一起用于影片的制作。

那么，After Effects 软件是做什么用的呢？ After Effects 是一款用于高端视频特效系统的特效合成软件。虽然它也可以剪辑影片，但该软件主要是为了合成影片和特效制作而设计的。它更适合用于制作时间较短、图像层次复杂、精细完美的视觉效果。

9.2 After Effects 的工作界面

下面我们先来熟悉 After Effects 的工作界面，如图 9-1 所示。

图 9-1　After Effects 的工作界面

运行 After Effects 后，会自动创建一个项目。选择“**文件→新建→新建项目**”命令也可以新建一个项目，或者选择“**文件→打开项目**”命令打开一个已经存储的项目文件。

9.2.1 项目面板

将素材导入项目面板后，可以对项目面板中的素材进行管理，进行标识、删除、注释等操作。在项目面板中，通过属性面板查看每个文件的各项属性，如文件名、文件类型、文件大小、持续时间等，如图 9-2 所示。

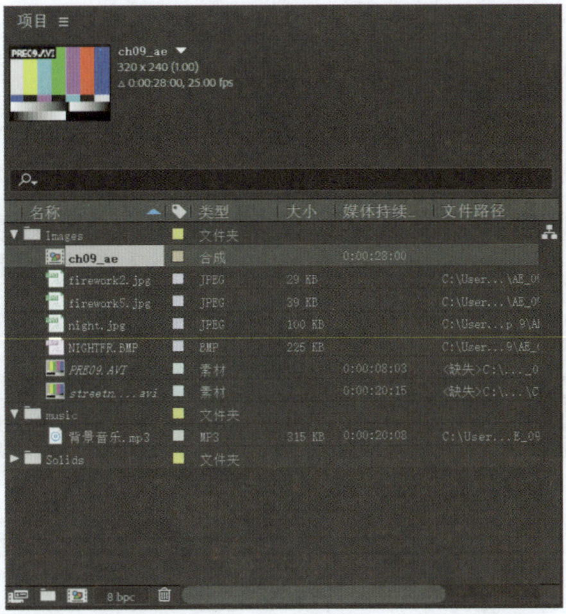

图 9-2　项目面板

9.2.2　合成面板

要在一个新项目中编辑与合成影片，首先要创建一个合成，用于输出的成片，在合成面板中通过使用各种素材，进行编辑、合成，使其丰富起来。创建一个新的合成后，会自动打开一个合成面板和与其相对应的时间轴。在合成面板中可以预览影片、查看合成效果，还可以对素材的部分属性进行操作，如移动、缩放、旋转和创建遮罩等操作，如图 9-3 所示。

图 9-3　合成面板

9.2.3 时间轴面板

每一个合成的合成面板和时间轴面板是并存的。在合成面板中，可以预览合成效果，主要对图层的空间位置进行操作。在时间轴面板（简称“时间轴”）中，可以调整素材图层在合成中的时间、位置、素材长度、叠加方式等属性，如图 9-4 所示。

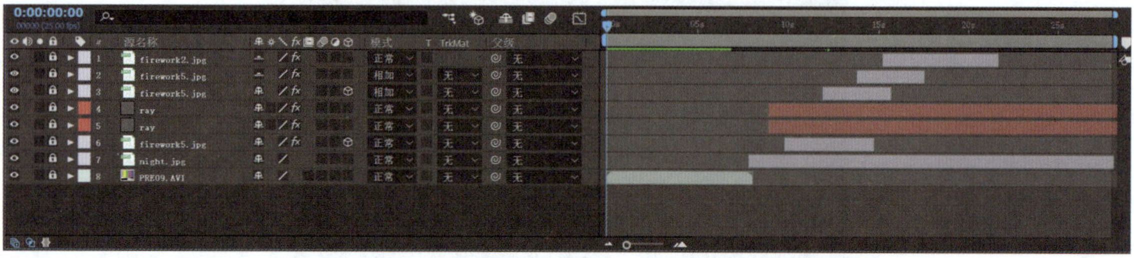

图 9-4　时间轴面板

通过时间轴中的图层区域对图层进行控制，大部分的图层编辑操作都在这个区域中完成，如图 9-5 所示。

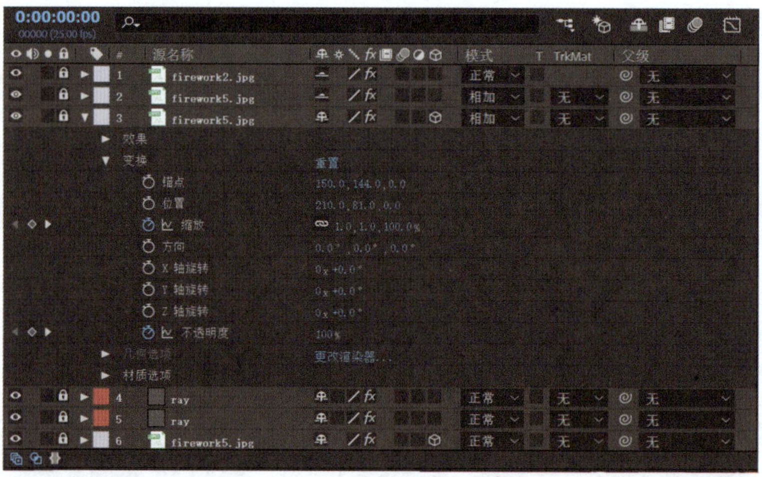

图 9-5　图层区域

9.2.4 流程图视窗

通过流程图视窗，可以清晰地观察到工作项目中元素之间的关系。单击项目面板和合成面板中的“**流程图视窗**”按钮，或者选择“**窗口→流程图**”命令打开流程图视窗即可，如图 9-6 所示。

在流程图视窗中，我们可以灵活移动流程图视窗中的各个元素，不会影响合成，可以在流程图视窗中显示或隐藏图层和效果。

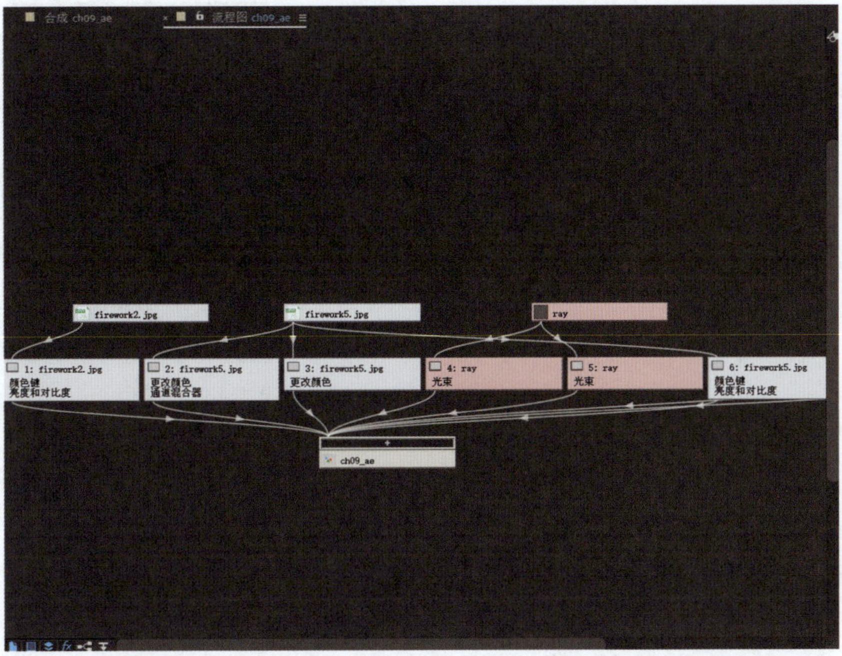

图 9-6　流程图视窗

> **贴心提示**
>
> 在流程图视窗中选中的元素，在项目面板或合成面板、时间轴中相应元素也会被选中。

9.2.5　工具面板

工具面板中有合成对象进行操作的工具，如**选取工具**、**手形工具**、**缩放工具**、**旋转工具**、**统一摄像机工具**、**向后平移（锚点）工具**、**矩形工具**、**钢笔工具**、**横排文字工具**、**画笔工具**、**仿制图章工具**、**橡皮工具**、**Roto 笔刷工具**、**操控点工具**，如图 9-7 所示。

图 9-7　工具面板

9.2.6　预览面板

通过预览面板，可以对素材、图层、合成内容进行回放，还可以在其中进行缓存设置，如图 9-8 所示。

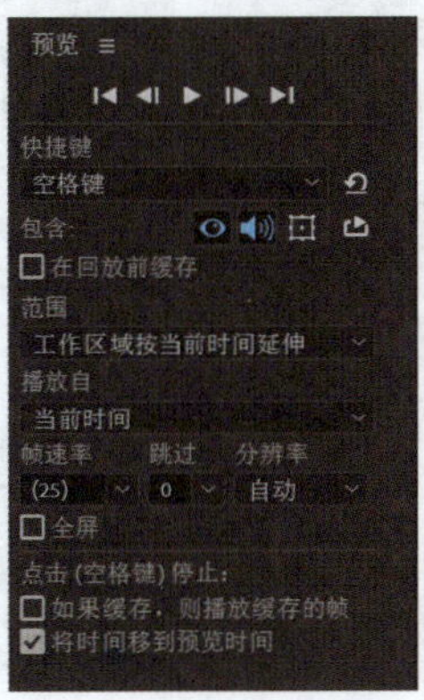

图 9-8　预览面板

9.2.7　音频面板

音频面板显示播放时音量级别。可以在音频面板中调整所选图层左、右声道的音量。利用时间轴和音频面板可以为音量设置关键帧，也可以设置分贝数值的变化范围，如图 9-9 所示。

音频面板的左侧为音量表，显示音频播放时音量的大小。音量表分为左声道与右声道两部分。音量表顶部的红色区域标示系统所能处理的音量极限。音频面板的右侧为调整音量的滑杆区域，通过滑动滑杆即可调整音量。

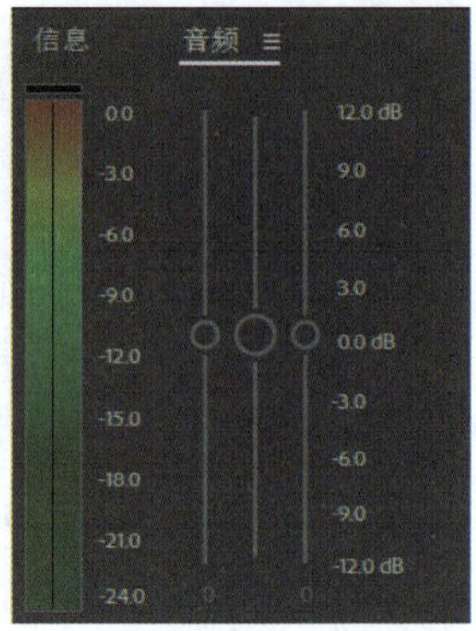

图 9-9　音频面板

9.2.8　信息面板

信息面板用来显示来自合成面板、图层面板或素材的信息，面板中的 R、G、B、A 参数用来描述合成各个通道的参数，X、Y 参数用来描述目前表达的信息的具体位置，如图 9-10 所示。

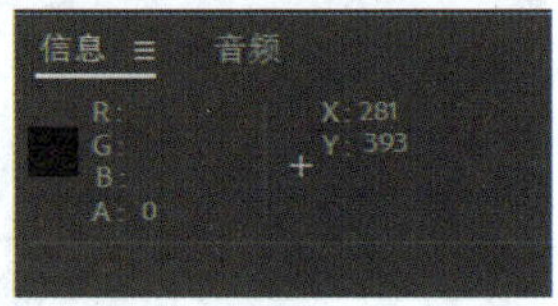

图 9-10　信息面板

9.3　范例制作——娱乐片《节日的焰火》

现在我们已大致了解了 After Effects 的工作环境。下面我们通过一个范例来熟悉影片的制作流程和制作方法。我们知道在影视动画节目的制作过程中，只依靠一个软件往往会受到很多限制，常常达不到想要的效果，本范例我们将运用 Premiere 和 After Effects 来制作一个短片。

9.3.1　影片简介

本片讲述的是节日夜晚下上海外滩的景色。街道和周围的建筑在五彩缤纷的灯光照耀下光彩夺目，与礼花绽放的绚丽美色组成了一幅喜悦、欢乐、祥和的美丽画卷。

9.3.2　观看影片

播放影片文件（素材与工程文件 \Chapter09\ASSORT09\MOVIE\fireworks_end.avi）。通过观看影片，进一步了解娱乐片《节日的焰火》的主要制作内容，片段画面如图 9-11 所示。

图 9-11　娱乐片《节日的焰火》片段画面

9.3.3 制作技巧分析与流程

通过本范例的制作，进一步熟悉 After Effects 工作环境、工作流程及与 Premiere 的组合应用。

首先在 Premiere 中制作夜晚街道视频与焰火画面的转场特效；然后使用 After Effects，在上海外滩的夜景画面上运用渲染光束特效增加动态的两道光束。为了增添节日气氛，再在背景的夜空中制作礼花绽放的效果，如图 9-12 所示。

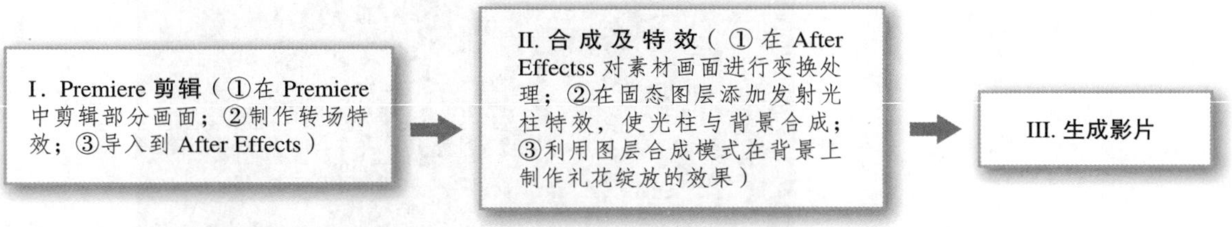

图 9-12 娱乐片《节日的焰火》的制作流程

9.3.4 编辑与合成

1. 在 Premiere 中制作短片前一部分的转场效果

步骤 1 新建项目：首先创建项目，导入素材文件“streetnight.avi”和“firework2.jpg”。

步骤 2 调整速度：将“streetnight.avi”拖放到时间轴的 V1 视频轨道上，由于影片素材是一个推镜头的运动画面，而且推镜头的速度也比较缓慢，我们需要调整片段速度并将推镜头的运动转成一个拉镜头运动。在“streetnigh.avi”上单击鼠标右键，在弹出的菜单中选择“速度 / 持续时间”命令。在打开的对话框中，设置为“–200%”。

步骤 3 输入静帧：对源素材的第 1 帧输出一个静帧。在源监视器中，在第 1 帧设置入点和出点。选择“**文件→导出**”命令，在导出设置中选择 BMP 格式，在打开的对话框中输入静帧文件的名字为“nightfr.bmp”。

步骤 4 调整时间：将“nightfr.bmp”拖放到 V1 视频轨道中“streetnight.avi”之后，调整“nightfr.bmp”的持续时间。

步骤 5 制作转场：将“firework2.jpg”拖放到 V1 视频轨道上，并与“nightfr.bmp”相接，我们要制作一个转场效果。

步骤 6 选择 Pinwheel：在效果面板中，选择“**视频过渡→擦除→风车**”效果，将其拖放到“firework2.jpg”与“nightfr.bmp”的切点上。

步骤 7 对“风车”添加运动特效：右击 V1 视频轨道上的“风车”效果，在效果控件面板中，设置运动的参数。

步骤 8 设置关键帧：在对话框中，设置关键帧，并对位置进行调整。

步骤 9 保存：保存项目，命名为“pre09.prproj”。

步骤 10 输出：将影片输出为 AVI 格式，命名为“pre09.avi”。

2. 在 After Effects 中合成

步骤 1 新建项目：运行 After Effects，创建工作项目。选择“**文件→新建→新建项目**”命令，创建一个新项目。

步骤 2 新建合成：选择“**合成→新建合成**”命令，打开“合成设置”对话框，设置合成名称为名“ch09_ae”，再设置合成的尺寸、帧速率和持续时间，如图 9-13 所示。

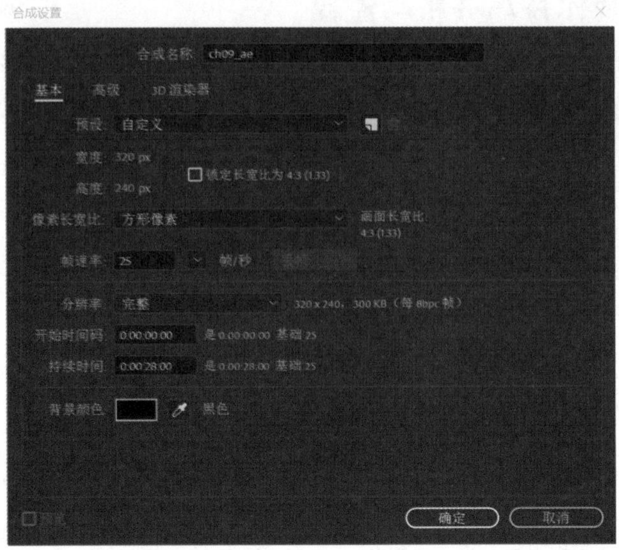

图 9-13　合成设置

步骤 3　导入素材：导入项目中要用到的素材文件。选择“**文件→导入→文件**”命令，导入视频文件“pre09.avi”。

步骤 4　导入其他素材：选择“**文件→导入→文件**”命令，把其余要用的素材文件导入。导入到 After Effects 项目面板中的视频文件，如果它的播放速率与项目所设的帧速率不同，可以在项目面板选择它，单击鼠标右键，在弹出的菜单中选择“**解释素材→主要**”命令，或选择“**文件→解释素材→主要**”命令，设置素材属性。

步骤 5　设置：在打开的对话框中，勾选“帧速率 ”栏中的“匹配帧速率”选项，并设置为 15 帧 / 秒，如图 9-14 所示。

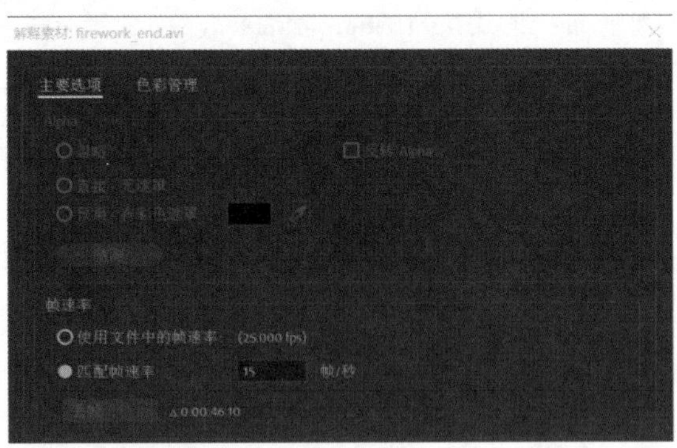

图 9-14　“解释素材”对话框

注意：让导入的素材文件的播放速率与合成的帧速率相同，可以加快 After Effects 的预演速度。

步骤 6　时间轴：选中项目面板中的素材文件“pre09.prproj”，双击打开合成面板。从 After Effects 的时间轴可以看到在 Premiere 里的每一个素材片段和转场特效都占据一图层影轨位置，而且不同的影轨属性有不同的颜色标示。

贴心提示

我们发现在 Premiere 中使用的转场特效在 After Effects 中是无效的。这里需要解释一下，我们一般是在 After Effects 中制作特效或合成后，再回到 Premiere 中与其他影片片段进行剪接，最后通过 Premiere 输出，所以在 After Effects 中看不看得到转场的效果并不重要。本例中我们想在 After Effects 中将整个影片完成输出，所以需要把 Premiere 中制作的前半部分影片直接导入到 After Effects 中使用。

步骤 7 拖动素材：在项目面板选中素材文件“pre09.avi”，按住鼠标左键将其拖动到合成面板并捕捉到面板的中心点。

步骤 8 设置动画：在时间文本框 0:00:00:00 中，输入 706，按 Enter 键，将时间指示器停在 7 秒 06 帧处（即 0:00:07:06）。在时间轴上选中“pre09.avi”图层，单击其左侧的图标▶，展开图层属性。单击“变换”栏左侧的图标▶，展开“变换”栏，将“不透明度”属性左侧的**“时间变化秒表”**按钮按下，将图标变成，为“不透明度”属性设置动画。在 7 秒 06 帧处，设置不透明度为 100%；在 8 秒 02 帧处，设置不透明度为 0%，制作出淡出效果。

步骤 9 设置参数：在时间文本框 0:00:00:00 中，输入 722，按 Enter 键，将时间指示器定位到 7 秒 22 帧处（即 0:00:07:22）。

步骤 10 调整：将素材文件“night.jpg”拖放到合成面板中。在时间轴中，可以看到素材图层导入合成时的起始位置正好捕捉到时间指示器，调整“night.jpg”的持续时间约为 20 秒。

步骤 11 淡入效果：展开**“变换→不透明度”**属性，按下将“不透明度”属性左侧的**“时间变化秒表”**按钮，在 7 秒 22 帧处，设置不透明度为 0%；在 9 秒 22 帧处，设置不透明度为 100%，制作淡入效果，如图 9-15 所示。

图 9-15　设置不透明度

步骤 12 调整：在时间文本框 0:00:00:00 中，输入 900，按 Enter 键，将时间指示器定位到 9 秒处（即 0:00:09:00），从项目面板中将“night.jpg”再拖放到合成面板中，然后调整持续时间长度。

步骤 13 重命名：在时间轴中，选中“night.jpg”图层，按 Enter 键，将其重命名为“nightup1”。

步骤 14 图层开关：为了不影响其他图层，可按下“pre09.avi”和“night.jpg”图层前的**“锁定”**按钮，将两个图层锁定。

步骤 15 添加滤镜：现在我们来做两束光，在背景上来回照射，来烘托节日的气氛。在时间轴中，选中“nightup1”图层，添加内置的光束滤镜。选择**“效果→生成→光束”**命令，添加“光束”效果，再选择**“效果→效果控件”**设置效果。

步骤 16 设置参数：效果控件面板中设置起始点为“106，190”、结束点为“318，-47”、长度为“100%”、结束厚度为 59、柔和度为 50%、内部颜色为粉红色、外部颜色为红色、3D 透视为“开”，最后单击“结束点”“结束厚度”“内部颜色”和“外部颜色”属性左侧的**“时间变化秒表”**按钮添加一个关键帧，如图 9-16 所示。

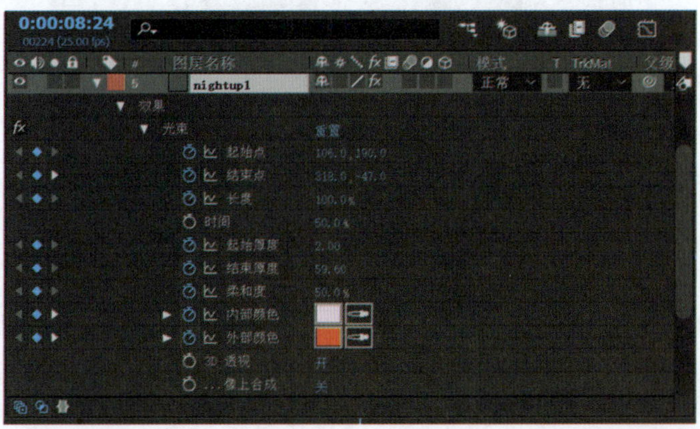

图 9-16　设置“光束”效果

步骤 17 颜色设置：在 10 秒 18 帧处，设置结束点为“315.5，−57.9”、内部颜色为粉色、外部颜色为红色，如图 9-17 所示。在 13 秒 15 帧处，设置结束点为“−64，−11”、内部颜色为浅黄、外部颜色为深黄。在 18 秒 20 帧处，设置结束点为“337，−56”、内部颜色为浅粉色、外部颜色为红色。在 24 秒 03 帧处，设置结束点为“−28，−47”、内部颜色为浅蓝、外部颜色为深蓝。从时间轴展开 nightup1 图层的“光束”效果可以看到，在相应的时间点设置了关键帧，标识图标为◆。

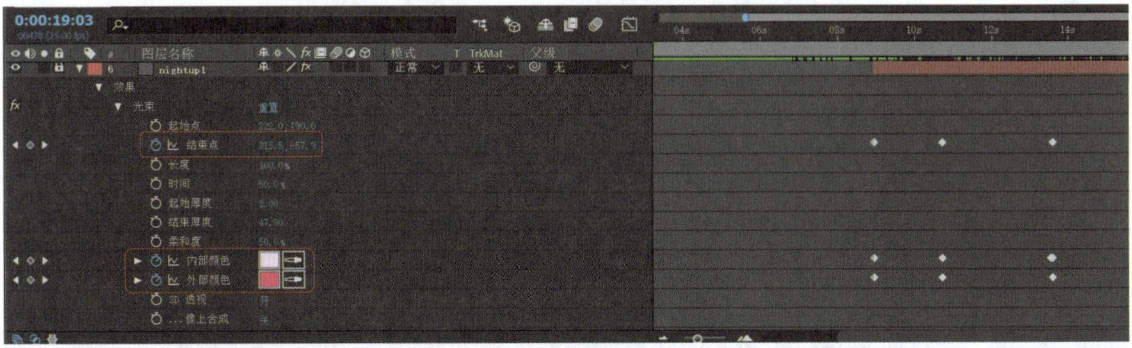

图 9-17　相应的时间点设置了关键帧

步骤 18 调整透明度：在时间轴选中 nightup1 图层，按“Ctrl+D”快捷键，对图层进行复制。选中位于上方的 nightup1 图层，将其重命名为 nightup2。按 T 键显示 nightup1 图层的“不透明度”属性，设置不透明度为 85%，将图层“质量和采样”显示为实线╱，即图层质量显示为 Best，效果如图 9-18 所示。

图 9-18　高质量显示的光束效果

步骤 19 调整：下面对 nightup2 图层的光束效果进行调整。单击 nightup2 图层左侧对应的图标▶展开图层属性，再单击“效果”栏左侧的图标▶，展开该栏的属性。设置光束的起始点为“148，343”，然后对结束点和内部颜色、外部颜色的关键帧的值进行修改：在 8 秒 24 帧处，设置结束点为“318，−47”、内部颜色为浅粉色、外部颜色为红色；在 10 秒 18 帧处，设置结束点为“−56，−52”、内部颜色为浅黄、外部颜色为绿色；在12秒22帧处，设置结束点为“361，-46”、设置内部颜色为浅粉、外部颜色为紫色。在18秒20帧处，设置结束点为“50，-48”、内部颜色为浅蓝色、外部颜色为深蓝；在24秒03帧处，设置结束点为“285，-61”、内部颜色为浅黄、外部颜色为绿色。设置后的效果如图9-19所示。

图9-19　两个光束的效果

步骤20　再合成：接下来再合成上去一朵绽放的礼花。在时间轴上，将时间指示器定位到10秒04帧，将项目面板中的素材文件“fireworks5.jpg”拖到合成面板。

步骤21　转换对象：在时间轴的开关栏中，单击“**3D图层**”按钮，将其转换为3D图层，这是为了方面后续调整礼花的纵深效果。

步骤22　重命名：每拖放一个素材文件到合成面板中，就会在时间轴中自动生成一个同名的图层，选中该图层，按Enter键可以重命名图层。这里我们将“fireworks5.jpg”图层重命名为firework1。

步骤23　调整图片背景：选择“**效果→过时→颜色键**”命令，去掉礼花图片上的黑色背景。在对话框中单击颜色色块，在新出现的颜色对话框中选择主色为黑色，并设置其他相应参数，单击“确定”按钮，如图9-20所示。

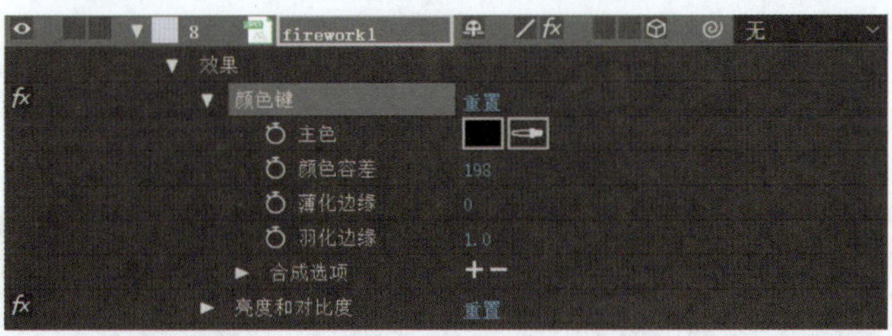

图9-20　“颜色键”效果设置

步骤24　设置动画：调整fireworks1图层的大小缩放，单击“缩放”属性左侧的“**时间变化秒表**”按钮设置关键帧动画。在10秒04帧、12秒23帧、14秒12帧和17秒处，分别设置缩放为6.3%、60%、66%、30%。在14秒12帧和17秒处，分别设置位置为“165，20，187”和“165，40，244”。在10秒04帧、12秒23帧、15秒11帧和17秒处，分别设置不透明度为1%、100%、100%和0%。

3. 增加滤镜效果

下面我们给礼花添加“亮度和对比度”滤镜效果。

步骤 1 设置动画：选择“**效果→颜色校正→亮度和对比度**”命令，添加“亮度和对比度”效果。在效果控件面板中，激活“亮度”属性左侧的“**时间变化秒表**”按钮，为“亮度”属性设置动画。在 11 秒 12 帧、14 秒 16 帧、16 帧和 16 秒 29 帧处，分别设置亮度为 0、57、34 和 0，如图 9-21 所示。

图 9-21 设置“亮度和对比度”效果

步骤 2 调整图层的顺序：将 fireworks1 图层拖放到 nightup1 图层的下方，如图 9-22 所示。

步骤 3 丰富画面效果：我们在不同的时间再制作两个礼花绽放的效果，而且我们将采用其他方法来制作。将时间指示器定位到 12 秒处，再次将素材文件“firework5.jpg”拖放到 12 秒处，调整素材的延时长度为 3 秒 20 帧，并重命名图层为 firework2，如图 9-23 所示。

图 9-22 调整图层的顺序

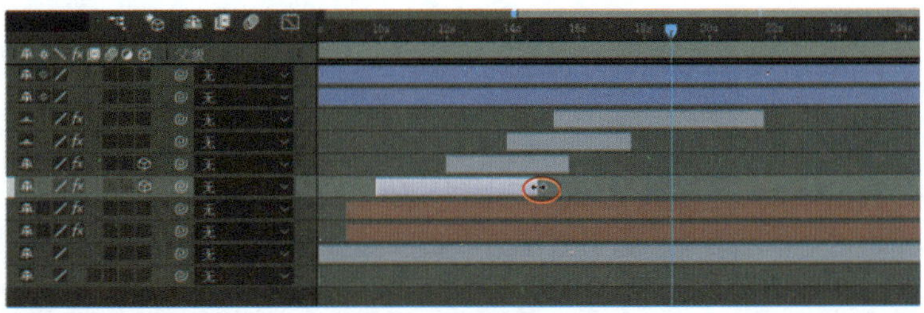

图 9-23 修剪素材长度

步骤 4 去掉 firework2 素材的背景：单击时间轴左下方的“**展开或折叠‘转换控制’窗格**”按钮展开图层模式，将其合成模式改为“相加”，去掉黑色背景，如图 9-24 所示。

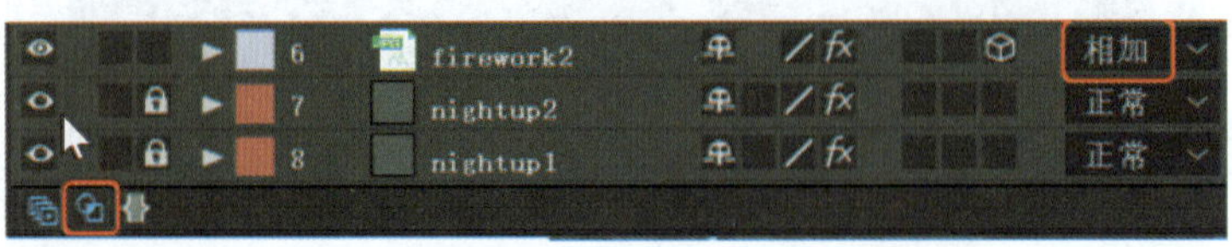

图 9-24 展开图层模式

步骤 5 调整：展开 fireworks2 图层属性，展开“变换”栏，设置位置为“210，81，0”，激活“不透明度”和“缩放”属性左侧的“**时间变化秒表**”按钮，设置动画。在 12 秒处，设置缩放为“1%，1%，100%”；在 12 秒 20 帧处，设置缩放为“37%，37%，100%”。通过不透明度的变化来模拟礼花闪烁和熄灭的效果。在 14 秒 04 帧处，设置不透明度为 100%；在 14 秒 20 帧处，设置不透明度的值 50%；在 15 秒 05 帧处，设置不透明度为 100%；在 15 秒 21 帧处，设置不透明度为 0%。

步骤 6 改变颜色：添加“更改颜色”效果，改变礼花的颜色。从效果和预设面板中找到“更改颜色”

效果，将其拖放到 fireworks2 图层上，如图 9-25 所示。在效果控件面板中，设置色相变换为 158.6，如图 9-26 所示。

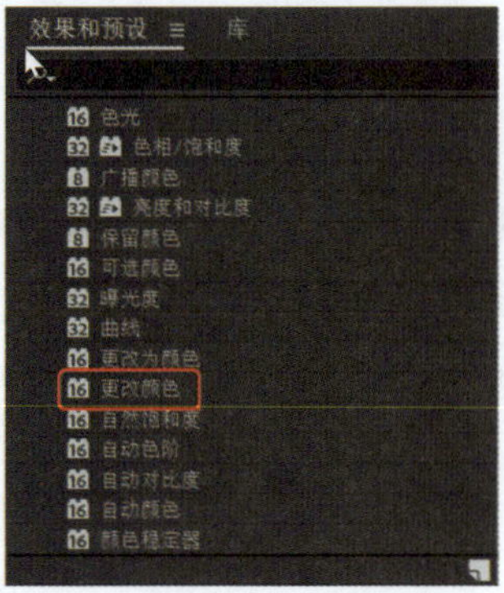

图 9-25 “更改颜色”效果

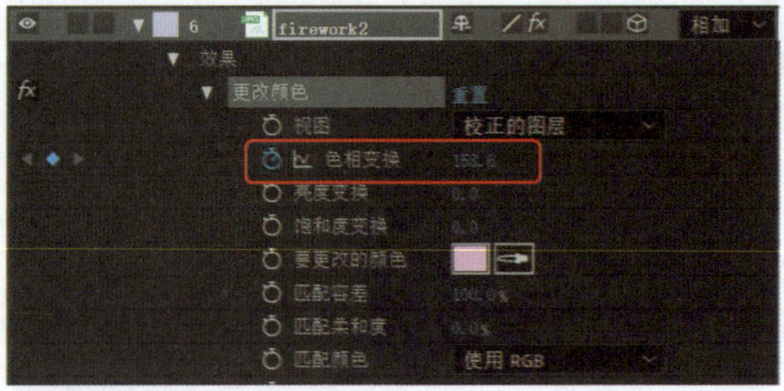

图 9-26 设置色相变换参数

步骤 7 再做两个礼花绽放效果：用类似的方法再做两个礼花绽放效果。至此，基本完工了，选择“**文件→保存**”命令，保存文件，命名为“AE09Beam.aep”。

步骤 8 预览：执行“**合成→预览**”命令，预览最终效果了，效果如图 9-27 所示。

图 9-27 动画效果

步骤 9 输出影片：选择“**合成→添加渲染到队列**”命令，在渲染队列面板中，单击“输出模块”，在打开的“输出模块设置”对话框中，设置格式为 QuickTime。在“输出到”选项中选择影片的存储路径以及定义影片的名称，如图 9-28 所示。

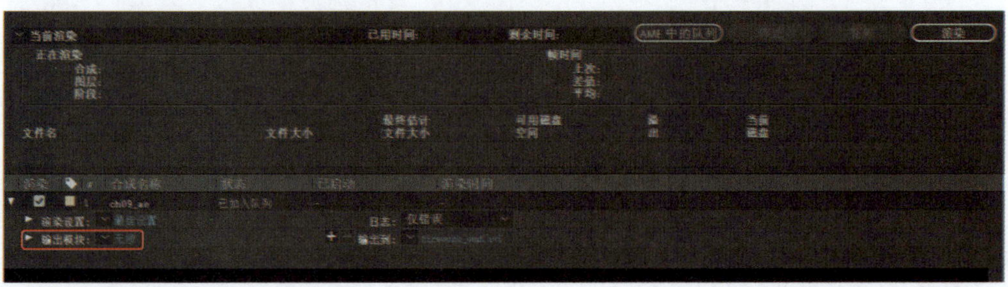

图 9-28 渲染队列面板

步骤 10 播放影片：单击渲染队列面板右上角的“渲染”按钮，将合成渲染到影片（可能需要等待几分钟）。我们可以用多媒体播放软件来欣赏影片。

本章小结

在本章中，我们详细介绍了 After Effects 的工作环境和各个面板，最后还制作了一个简单的范例——娱乐片《节日的焰火》，让读者熟悉 After Effects 的工作流程，加深对图层的认识，了解导入由 Photoshop 制作的静态文件和 Premiere 的项目文件、调整背景色及通过关键帧设置动画的方法与技巧。此外，还学习了绚丽夺目烟花效果的制作方法和技巧，以及 After Effects 中影片输出的基本设置。

本章作业

一、简答题

1. 如果导入视频文件的播放速率与项目所设的帧速率不同，如何让其帧速率与项目所设的帧速率相同？

2. 使用什么快捷键可以复制图层？

3. 图层的排列顺序会影响合成的最终效果吗？

二、选择题

1. 在合成面板中，可以调出安全区域的按钮是_____。

A. 　B. 　C. 　D. 

2. 时间轴中有多个图层，单击哪个按钮将在合成面板中仅显示当前图层的图像？（　　）

A. 　B. 　C. 　D. 

3. 控制素材在合成面板中的显示运动模糊的是哪个按钮？（　　）

A. 　B. 　C. 　D. 

4. 在项目面板中如何打开素材面板，对素材文件进行修剪？（　　）

A. 按 Shift 键并双击素材　B. 按 Alt 键并双击素材

C. 按 Ctrl 键并双击素材　D. 直接双击素材

三、练习与实训

实训 9-1　制作娱乐片

详细内容请参见配套的电子版实训册《影视动画数字后期编辑与合成实训》中的第 9 章。

10 遮罩的应用

本章重点

- 遮罩的创建
- 遮罩形状的修改及设置
- 利用遮罩制作动画效果
- 图层的重组
- 特效的应用
- 动画关键帧的设置
- 图层的自动排列
- 外挂滤镜的应用

教学环境

多媒体教室、电脑（配备视音频采集卡）、投影、公放、DVD

学时建议

8 学时

学习建议

通过制作 5 个范例——特效片《雨中的城市》、手写字动画《书法 1“美”》、手写字动画《书法 2“清”》、宣传片《滑雪的女孩》和动画《林中小鹿》，掌握遮罩的创建、修改及其属性设置，以及制作动画效果、设置关键帧、生成影片的技巧和方法。

10.1 艺术指导原则

合成特效就是把两个或多个画面合并为一个画面的过程。在实际的制作过程中，有很多种常见的合成方式。我们可以在 After Effects 的时间轴中选择两个图层的合成方式，也可以通过 Alpha 通道（Alpha 通道用来记录图像的透明信息）把画面直接合成到背景上去，但是实际拍摄的画面就没有 Alpha 通道，这就需要制作一个通道或者遮罩。遮罩的应用在后期影视动画合成技术中是相当广泛的。本章我们将结合 5 个范例，来学习利用遮罩进行画面合成及制作视觉效果的知识和技巧。

10.2 如何创建遮罩

10.2.1 遮罩的基本定义

当一些素材（照片等实际拍摄的画面）不具有 Alpha 通道时，就需要通过遮罩来创建一个透明区域。遮罩是一个路径或轮廓图，在为对象定义一个遮罩后将创建一个透明区域，该区域将显示其下图层的图像。After Effects 中提供了创建遮罩功能，也可以直接将 Photoshop 或 Illustrator 中的路径直接调入使用。

贴心提示

开放的路径遮罩不能产生透明区域，它主要用来应用特效。

10.2.2 引入遮罩的路径

After Effects 可以从 Photoshop 或 Illustrator 中直接引入路径，步骤如下：

步骤 1 创建：运行 Photoshop 或 Illustrator，创建路径。

步骤 2 复制：选择要复制到 After Effects 中的路径上的所有点，选择“**编辑→复制**”命令，复制路径。

步骤 3 粘贴：切换到 After Effects，选择要粘贴遮罩的图层，选择“**编辑→粘贴**”命令，即可将 Photoshop 或 Illustrator 中的路径引入到 After Effects 中了。

After Effects 支持在同一个图层上创建多个遮罩，最多可创建 128 个开放或封闭的遮罩。在各个遮罩之间可以进行多重叠加，还可以使用遮罩模式来制作各种复杂的几何形状，形成不同变化透明级别，如图 10-1 所示。

图 10-1 多个遮罩

调整遮罩时，可以单独选择路径上的一个或几个点（被选择的点以实心表示，未被选择的点则以空心表示），调整点的位置。按住 Alt 键再选中整个遮罩（或双击遮罩），这样就可以对整个遮罩进行移动、旋转和缩放操作了。

按住 Alt 键可以用鼠标移动遮罩。单击遮罩边界，选中整个遮罩，即可拖动遮罩；还可以使用键盘上的方向键进行精确的位置移动。如果保持遮罩位置不变，需要移动遮罩后面的图层，则选择工具面板的**向后平移（锚点）工具**，在合成面板中直接拖动遮罩后面的图层。

贴心提示

遮罩的形状尽量简单，控制点尽量少，这样可以更方便地调整遮罩形状，运算速度也会更快。

10.3 范例制作——特效片《雨中的城市》

在动画片中，可以利用遮罩在建筑物的背景加上急速飘动的云，预示着暴风雨将要来临；街上的人们急匆匆地赶路；紧接着天空变暗，淅淅沥沥地下起了雨。制作飘动的云和雨景需要用到 After Effects 特效滤镜和外挂滤镜。

10.3.1 影片简介

本短片主要展示大雨中的城市景色。一座建筑物的上空涌动着大量的云层，人们在匆匆赶路。突然天色变暗、电闪雷鸣，倾盆大雨从天而降，街道上已空无一人，只有一辆红色的小汽车在磅礴的大雨中飞驰……

10.3.2 观看影片

播放影片文件（素材与工程文件 \Chapter10\ASSORT10\MOVIE\raining_final.avi）。通过观看影片，进一步了解特效片《雨中的城市》的主要内容，片段画面如图 10-2 所示。

图 10-2 特效片《雨中的城市》的片段画面

10.3.3 制作流程（步骤）及技巧分析

在本例中，我们将对一段街景的视频片段进行编辑，在建筑物背景的天空上制作涌动的云层，然后天色变暗，电闪雷鸣，倾盆大雨从天而降。

本例是运用遮罩原理，再叠加外挂特效制作出理想的效果。我们将利用遮罩在建筑物的背景上添加急速飘动的云，预示着雨将要来临，街上的人们急匆匆地赶路，紧接着天空变暗，淅淅沥沥下起了雨。制作飘动的云和雨景要用到特效滤镜和外挂的滤镜，整个制作流程可分为 3 个阶段，如图 10-3 所示。

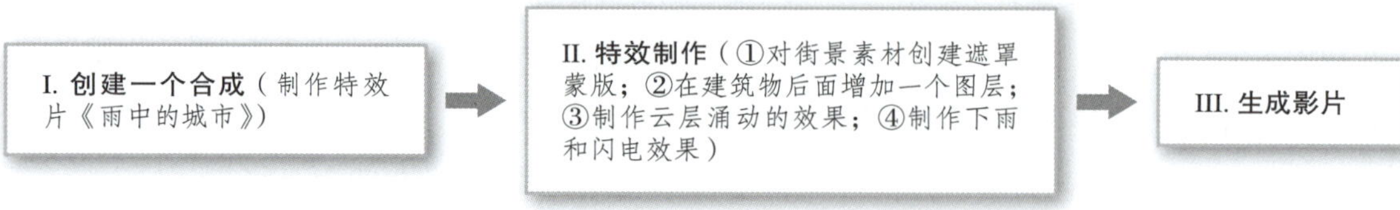

图 10-3　特效片《雨中的城市》的制作流程图

10.3.4　编辑与合成

步骤 1　创建项目：创建工作项目，选择“**文件→新建→新建项目**”命令，创建一个工作项目。

步骤 2　创建合成：创建一个新合成，单击项目面板下方的“**新建合成**”按钮，打开“合成设置”对话框，“合成名称”文本框中输入“合成 2”，设置尺寸为“320×240”像素、帧速率为 25 帧 / 秒、持续时间为 7 秒。

步骤 3　导入文件：导入所需文件，选择“**文件→导入→文件**”命令，选择需要引用的文件“city07.avi”。

步骤 4　调整：在项目面板中，选中刚刚导入的文件，按住鼠标左键将其拖放到合成面板的中心位置释放，这样素材图像的中心就与合成面板的中心对齐了，如图 10-4 所示。

步骤 5　勾画遮罩：下面我们去掉灰色的天空，换上飘动的云。在工具面板中，选择**钢笔工具**，在合成面板或时间轴中双击“city07.avi”图层，打开图层面板勾画出封闭的遮罩，如图 10-5 所示。

图 10-4　图像与合成面板的中心对齐

图 10-5　勾画出封闭的遮罩

步骤 6　修整遮罩：在图层面板中，利用**选取工具**选中要移动的顶点或控制手柄，来调整遮罩的形状。选择**钢笔工具**，在路径上增加控制点并修改控制点的曲率，如图 10-6 所示。

步骤 7　边缘柔化：在时间轴中，单击“city07.avi”图层左侧的图标，展开图层属性，再依次展开“蒙版→ Mask 1”栏，设置蒙版羽化为“4.0，4.0”像素，如图 10-7 所示。

步骤 8　创建固态图层：在时间轴的空白处单击鼠标右键，从弹出的菜单中选择“**新建→纯色**”命令，创

图 10-6　在图层面板中调整遮罩

建一个纯色的固态图层，颜色任意，尺寸与合成面板的尺寸相同，如图 10-8 所示。

贴心提示

对遮罩边缘进行羽化设置时，改变遮罩边缘的柔和度，系统对路径两边的像素进行扩展以实现羽化效果。

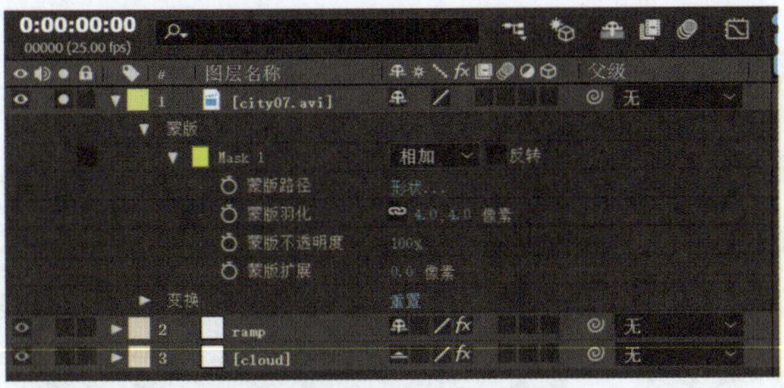

图 10-7　设置遮罩的蒙版羽化

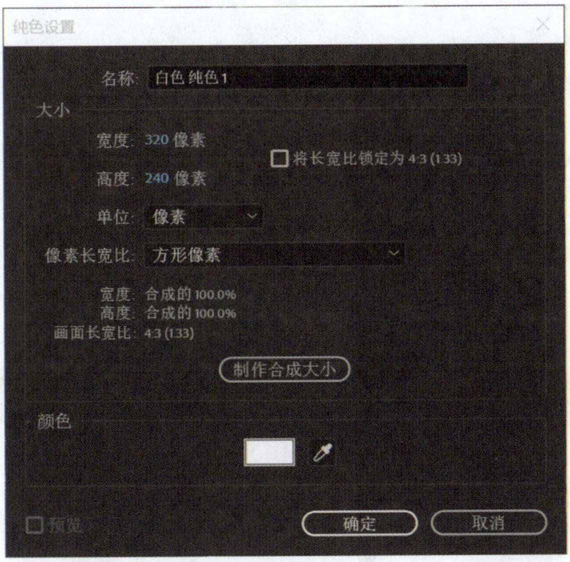

图 10-8　创建一个纯色的固态图层

步骤 9　调整图层顺序：在时间轴中选择“纯色 白色 1”图层，按 Enter 键，重命名图层为 cloud，并调整图层到“city07.avi”图层的下方，如图 10-9 所示。

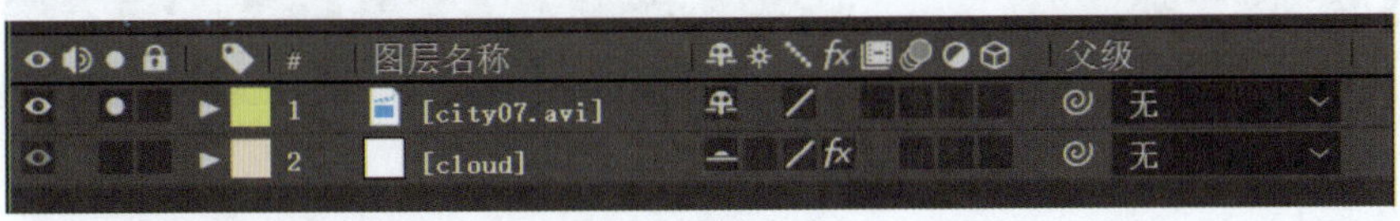

图 10-9　调整图层顺序

步骤 10　内置滤镜：对 cloud 图层使用“分形杂色”内置滤镜，制作云层。“分形杂色”可以为影片产生分形噪波，可以模拟出真实的烟雾、云等自然效果。在 cloud 图层上单击鼠标右键，在弹出的菜单中选择“**效果→杂色和颗粒→分形杂色**”命令，出现如图 10-10 所示的效果。

步骤 11　调整参数：在“分形杂色”效果控件面板中，设置分形类型为“阴天”、杂色类型为“样条”、对比度为 160、亮度为“–35”，如图 10-11 所示。

图 10-10　使用“分形杂色”内置滤镜

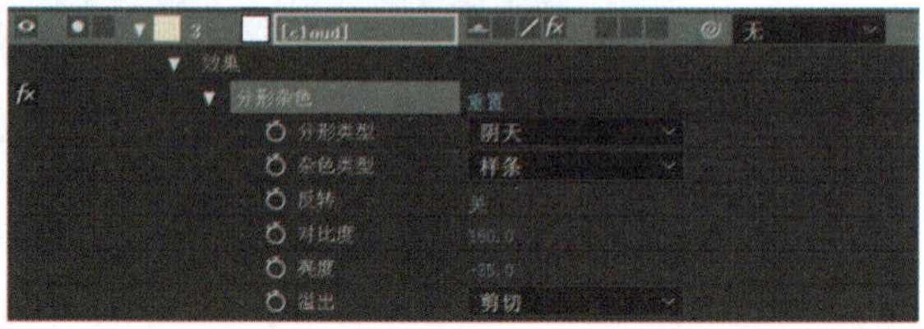

图 10-11　设置“分形杂色”效果

步骤 12　设置定位点：展开“变换”栏，取消勾选“统一缩放”选项（可以不等比地缩放噪波），再设置“缩放高度”为 32，这样可以产生压扁云层的效果。设置“分形杂色”定位点在图像的上方，这样可以使图像上方的云较厚，如图 10-12 所示。

步骤 13　设置动画：在开始处，激活“旋转”属性左侧“**时间变化秒表**”按钮，设置“旋转”为 0；在 3 秒处，设置“旋转”为 30，制作出云层移动的效果。

步骤 14　添加“色调”效果：在时间轴中选中 cloud 图层，单击鼠标右键，从弹出的菜单中选择“**效果→颜色校正→色调**”命令，对图层使用“色调”效果，使画面呈现出蓝天白云的效果。在效果控件面板的“色调”中，设置“将黑色映射到”属性为蓝色（把图像上的黑色映射为蓝色）、着色数量为 100%，效果如图 10-13 所示。

图 10-12　设置“分形杂色”定位点

图 10-13　使用“色调”的特效

步骤 15　让效果更真实：为了使云层更真实，我们要让远处的云层呈现灰白色的效果。新建一个固态图层并命名为 ramp，将 ramp 图层放置在“city.avi”图层和 cloud 图层的中间，如图 10-14 所示。

步骤 16　添加“渐变”效果：选中 ramp 图层，选择“**效果→生成→梯度渐变**”命令，添加“梯度渐变”效果。在效果控件面板中，设置起始颜色为蓝色、结束颜色为白色，移动“渐变起点”效果点到图像的上方、“渐变终点”效果点到图像的中间位置，如图 10-15 所示。

步骤 17　设置动画：激活“起始颜色”和“渐变终点”属性左侧的“**时间变化秒表**”按钮，设置关键帧动画。在 3 秒处，设置起始颜色为蓝色，移动“渐变终点”效果点到图像的中间位置；在 3 秒 12 帧处，设置起始颜色为黑蓝色；在 7 秒处，移动“渐变终点”效果点到图像底部的 1/3 处。

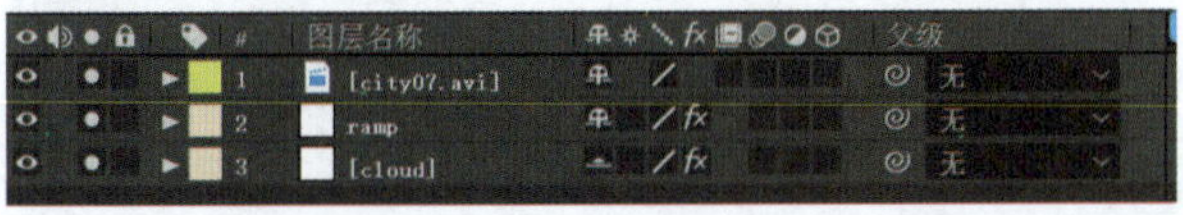

图 10-14　调整图层顺序

图 10-15　设置“梯度渐变”效果点位置

步骤 18　设置参数：在时间轴中，选中 ramp 图层，按 T 键展开“不透明度”属性，并激活“不透明度”属性左侧的“**时间变化秒表**”按钮，设置关键帧动画。在 0 秒处，设置不透明度为 70%；在 3 秒 12 帧处，设置不透明度为 100%，如图 10-16 所示。

步骤 19　下雨的效果：为了制作下雨的效果，我们先将图层重组。选择所有的图层，选择“**图层→预合成**”命令。在打开的对话框中，设置新合成名称为 bg，勾选“将所有属性移动到新合成”选项，重组选择的图层，如图 10-17 所示。

图 10-16　设置“不透明度”属性动画

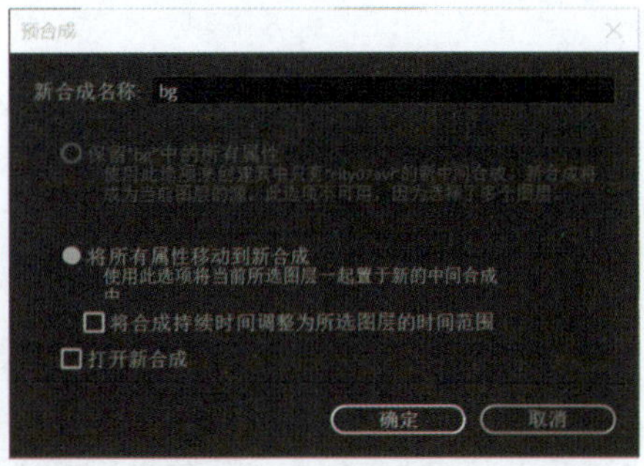

图 10-17　“预合成”对话框中

步骤 20　调整出点和入点：按“Ctrl+D”快捷键，复制 bg 图层，并将复制的图层命名为 bg1。单击“**视图→转到时间**”命令，打开“转到时间”对话框，在文本框中输入 300，单击“确定”按钮，定位时间指示器到 3 秒处（也可以直接在时间轴中定位）。选中 bg1 图层，按“Alt+]”快捷键，调整 bg1 图层的出点；选中 bg 图层，按“Alt+[”快捷键，调整 bg 图层的入点，如图 10-18 所示。

图 10-18　修整图层 bg1 和图层 bg

步骤 21　添加滤镜：选中 bg 图层，选择“**效果→模拟→ CC Rainfall**”命令。在效果控件面板中，添加内置滤镜 CC Rainfall 效果。在效果控件面板中，设置 Wind 为“-1000”，如图 10-19 所示。

步骤 22　预览：选择“**文件→保存**”命令，命名为 Rain。选择“**合成→预览→播放当前预览**”命令，等到实时播放时可以看到影片的效果，效果如图 10-20 所示。

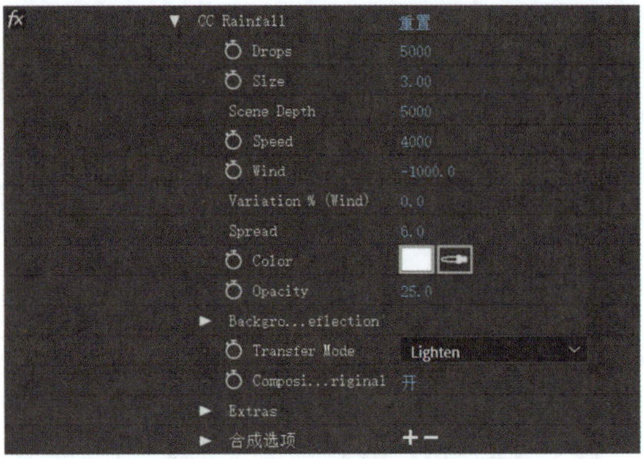

图 10-19　内置滤镜 CC Rainfall 的效果控件面板

图 10-20　Rain 效果

步骤 23　剪辑图层：选中 bg 图层，将时间指示器定位在 5 秒处，按“Shift+Ctrl+D”快捷键，将 bg 图层在该时间位置剪辑为两段，这样可以保留被剪辑的部分，继续进行处理，如图 10-21 所示。

图 10-21　剪辑图层

步骤 24　添加“闪光”效果：下面我们再做一道耀眼的闪电。选中前面一段 bg 图层，选择“**效果→生成→闪光**”命令，添加“闪光”效果。在效果控件面板中对“闪光”效果进行设置，如图 10-22 所示。

步骤 25　将图像质量设置为 Best：在时间轴中，将 bg 图层对应的“质量和采样”选项设置为“\”，即将图像质量设置为 Best，闪电特效如图 10-23 所示。

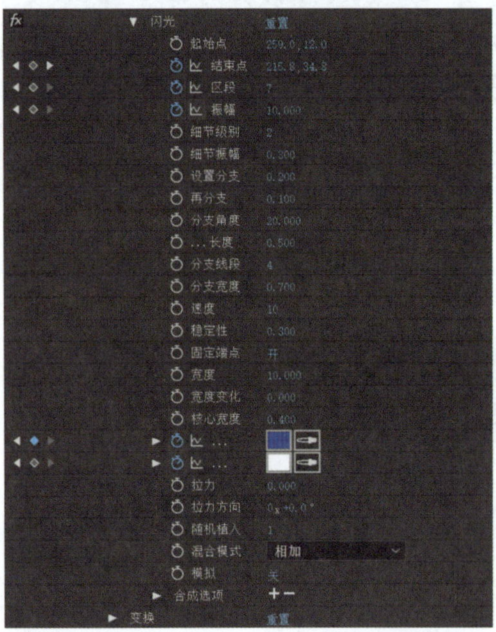

图 10-22　设置“闪光”效果

图 10-23　闪电特效

步骤 26 输出设置：选择“**合成→添加到渲染序列**”命令，在“输出到”选项中设置影片的存储路径和影片名，在“输出模块”中选中“无损”选项，如图 10-24 所示。

图 10-24 “渲染队列”设置

步骤 27 生成影片：单击“渲染”按钮，等待几分钟，即可完成。

10.4 范例制作——手写字动画《书法 1“美”》

在影视动画中，手写字效果是常见的特效之一。我们可以使用两种方法来模拟人们练书法（手写字）的过程。第一种是利用遮罩设置动画，制作写字的动画；另一种是利用“写入”效果制作写字的动画。

特效片《雨中的城市》（详见 10.3 节）中，我们应用遮罩把城市的天空给替换了，该范例中的遮罩是静态的。实际上，遮罩也可以是动画的，利用动画的遮罩我们可以做出很多有趣的效果。

10.4.1 影片简介

本影片模拟人们在练书法时的书写过程。影片以一幅中国书法的长卷为背景，左下角有一个小动画活跃在画面，手写书法“美”字跃然于纸上，一气呵成。

10.4.2 观看影片

播放影片文件（素材与工程文件\Chapter10\ASSORT10\MOVIE\write_final.avi）。通过观看影片，进一步了解手写字动画《书法 1“美”》的主要内容，片段画面如图 10-25 所示。

图 10-25 手写字动画《书法 1“美”》的片段画面

10.4.3 制作流程（步骤）及技巧分析

导入带有 Alpha 通道的书法文字图“美”。首先在书法文字图层创建遮罩；然后通过对遮罩形状设置关键帧，让遮罩动起来；最后合成到背景上，就完成了写字的动画效果。本范例的重点技术为遮罩动画技术。整个制作流程可分为 3 个阶段，见图 10-26。

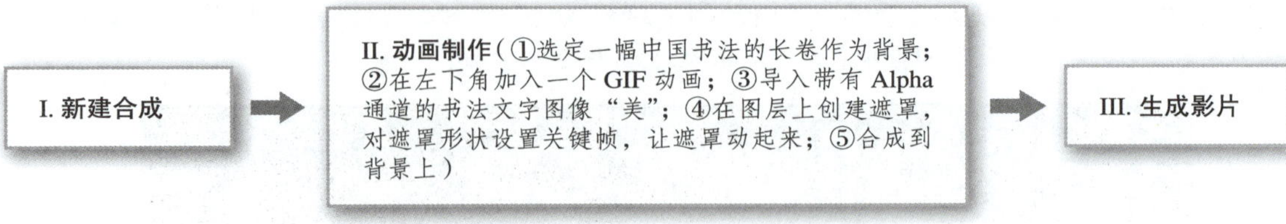

图 10-26　手写字动画《书法 1“美”》的制作流程图

10.4.4　编辑和合成

步骤 1　导入素材：在项目面板双击，导入所需的素材文件“write01.jpg”“Chinapaint.gif”和“handwrite.psd”。

步骤 2　设置：在项目面板中，选中素材文件“write1.jpg”，将其拖到项目面板下方的“**新建合成**”按钮上，设置合成的尺寸与素材文件“write1.jpg”的尺寸相同、持续时间为 6 秒。

图 10-27　合成面板中的效果

步骤 3　调整：把素材文件“Chinapaint.gif”拖放到时间轴，这是一个中国画的 GIF 动画文件，按 S 键展开“Chinapaint.gif”图层的“缩放”属性，调整图像的大小。将鼠标移动到合成面板中，移动图像到合成面板的左下方。

步骤 4　施加特效：因为该图像带着原图的白色背景，我们使用“**效果→过时→颜色键**”效果，将白色背景去掉。现在我们看到合成面板中的效果如图 10-27 所示。

步骤 5　复制：由于合成的持续时间是 6 秒，而“Chinapaint.gif”图层中的动画只有 1 秒 12 帧，所以要将“Chinapaint.gif”图层在复制 3 次。选择“Chinapaint.gif”图层，按“Ctrl+D”快捷键，复制 3 次，然后将复制后的图层首尾相接，在时间轴中排列，如图 10-28 所示。

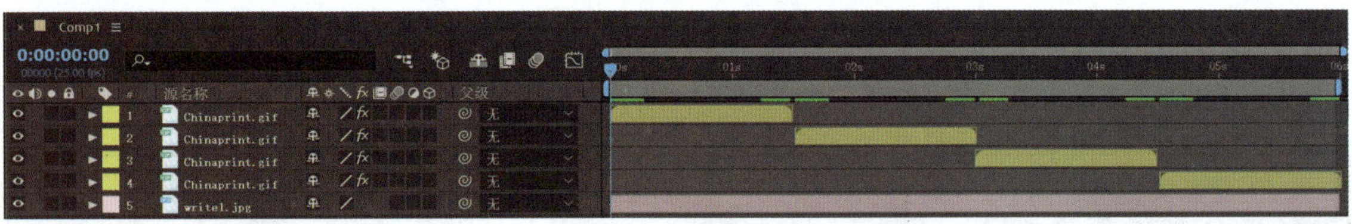

图 10-28　排列复制的图层

步骤 6　“颜色键”效果：将所有图层锁定。把素材文件“handwrite1.psd”拖放到时间轴并调整大小和位置。选中“handwrite1.psd”图层，选择“**效果→过时→颜色键**”命令，添加“颜色键”效果。展开该图层的属性，在“**效果→颜色键**”栏中，设置主色为白色（使用右侧的吸管工具在“handwrite1.psd”图层的白色背景上单击）、颜色容差为 34、薄化边缘为 1、羽化边缘为 0.7，如图 10-29 所示。

图 10-29　设置“颜色键”

步骤 7　观看效果：在时间轴中预览效果，如图 10-30 所示。

步骤 8　创建遮罩：在时间轴中双击“handwrite1.psd”图层，打开图层面板，在工具面板中选择**钢笔工具**，创建一个封闭的遮罩，我们会在合成面板和图层面板看到遮罩，如图 10-31 所示。

图 10-30　与背景合成效果

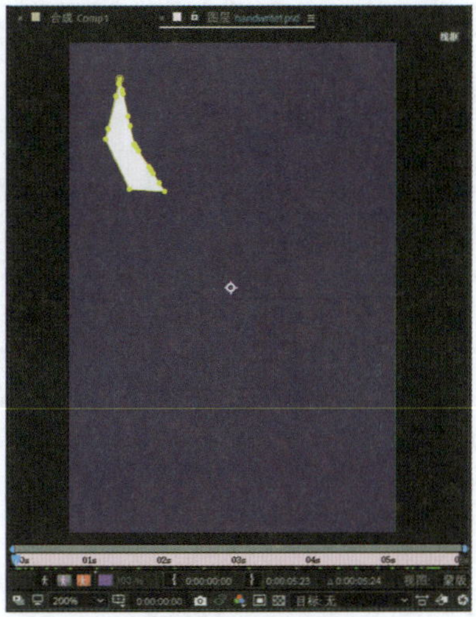

图 10-31　面板中显示的遮罩

步骤 9　设置动画：在时间轴中展开“handwrite1.psd”图层的“**蒙版→Mask 1**”栏，激活“蒙版路径”左侧的“**时间变化秒表**”按钮，如图 10-32 所示。

图 10-32　“蒙版路径”设置动画

步骤 10　调整遮罩形状：按 PageDown 键，将时间指示器向后移两帧，再到“handwrite1.psd”图层面板中利用**选取工具**可以调整遮罩形状。重复上述操作，每隔 1 帧加一个关键帧控制遮罩的形状。直到把艺术字“美”的轮廓全部勾勒出来，如图 10-33 所示。

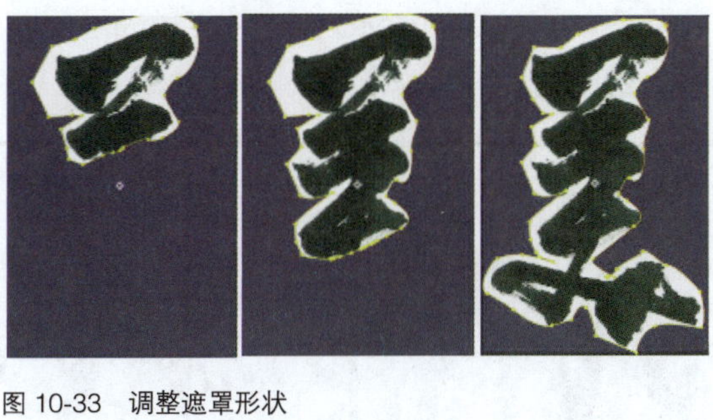

图 10-33　调整遮罩形状

贴心提示

在调整遮罩形状时，没有勾勒到的笔画，则不能呈现在遮罩中。因此，在调整遮罩形状的过程中，可以根据需要在路径上增加控制顶点，以此来适应遮罩的复杂形状。

步骤 11　预览效果：手写文字效果完成后，预览动画效果。如果不满意，可返回到图层面板修改遮罩。单击空格键，播放当前预览，效果如图 10-34 所示。

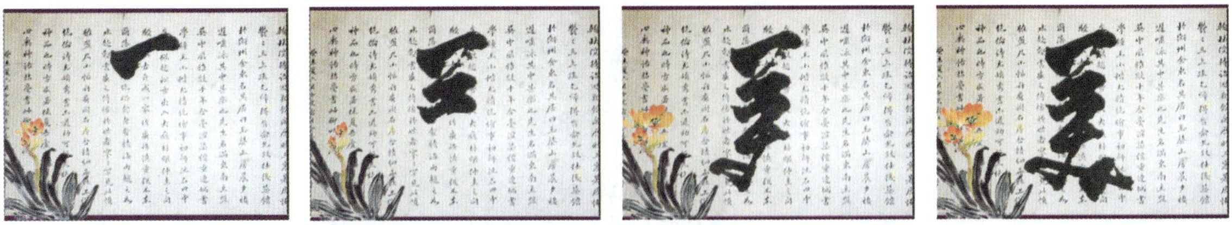

图 10-34　书法动画效果

步骤 12　生成影片：选择“**合成→添加到渲染序列**”命令，打开“渲染队列”面板。单击“输出到”选项，打开“输出到”对话框，设置存储路径和文件名，单击“保存”按钮；单击“输出模块”下的“无损”选项，打开“输出模块设置”对话框，设置格式为“QuickTime”，单击“确定”按钮。单击“渲染”按钮，进行生成计算。等待几秒，即可生成影片。

10.5　范例制作——手写字动画《书法 2“清”》

在手写字动画《书法 1“美”》中，我们对遮罩进行动画设置，制作了艺术字“美”的书写动画。下面我们使用利用 After Effects 提供的“写入”的功能做出同样的写字动画效果。这种方法更适合笔画有交叉的文字或图形。

“写入”效果功能是 After Effects 中功能强大的矢量绘画工具，利用它可以在图层上绘制线条，还可以实时记录绘画的过程，以动画的形式回放出来，对一个图层添加“写入”效果，其效果控件面板如图 10-35 所示。

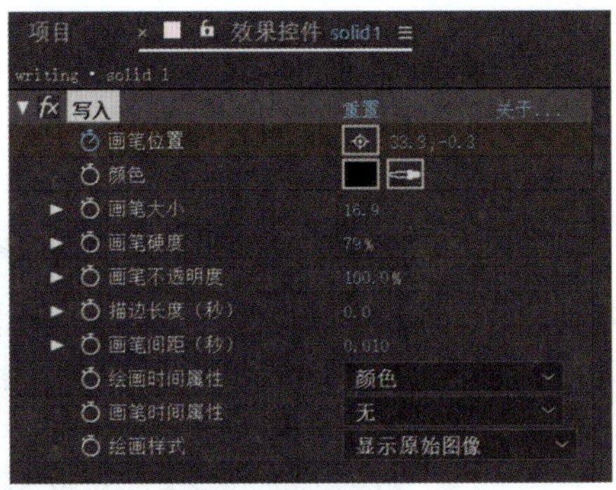

图 10-35　“写入”效果

10.5.1　影片简介

本影片模拟写书法的过程。首先用一个国画风格的 GIF 动画作背景，然后运用矢量画笔特效记录中国毛笔文字“清”字的动态书写过程，从而模拟出书法效果。

10.5.2　观看影片

播放影片文件（素材与工程文件 \Chapter10\ASSORT10\MOVIE\write_final1.avi）。通过观看影片，进一步了解手写字动画《书法 2“清”》的主要内容，片段画面如图 10-36 所示。

图 10-36　手写字动画《书法 2“清”》的片段画面

10.5.3　制作流程（步骤）及技巧分析

本例中首先创建文字笔画的遮罩，再利用矢量画笔功能，记录笔画的动态过程，从而形成了写字效果。“矢量画笔”效果与遮罩的应用是本次制作的重点技术。整个制作流程可分为 3 个阶段，如图 10-37 所示。

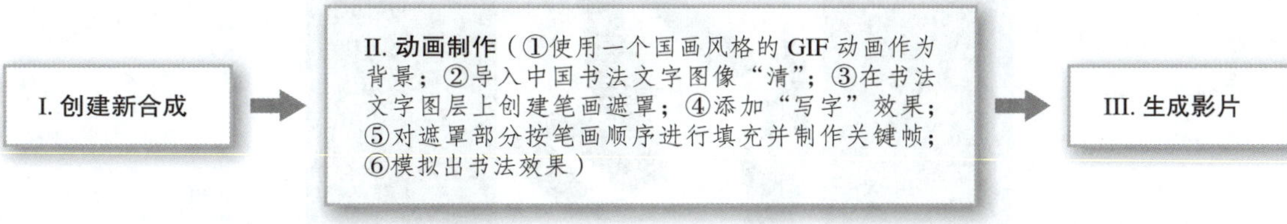

图 10-37　手写字动画《书法 2“清”》的制作流程图

10.5.4　编辑和合成

步骤 1　新建：新建项目文件，将素材导入到项目面板中。

步骤 2　合成：创建一个合成，设置合成的尺寸为“320×240”像素、持续时间为 9 秒。选择“**合成→合成设置→背景颜色**”命令，将合成的背景色设置为白色。

步骤 3　调整 GIF 素材：将素材“国画 2.gif”导入 Photoshop 软件，选择“**文件→导出→渲染视频**”命令，在打开的对话框中，单击“渲染”按钮，渲染出背景素材文件“国画 2.mp4”。

步骤 4　调整背景：将背景素材文件“国画 2.mp4”拖到时间轴中，调整大小和位置使其在合成面板的左下角，如图 10-38 所示。

图 10-38　调整背景素材的位置和大小

步骤 5　复制：因为背景是一个动画，时长不够 9 秒，我们需要按“Ctrl+D”快捷键再复制两次，如图 10-39 所示。

步骤 6　自动对位排列：将时间轴中的 3 个图层都选中，选择“**动画→关键帧辅助→序列图层**”命令，在打开的“序列图层”对话框中，单击“确定”按钮，可实现图层的首尾相接，如图 10-40 所示。

图 10-39　复制背景图层

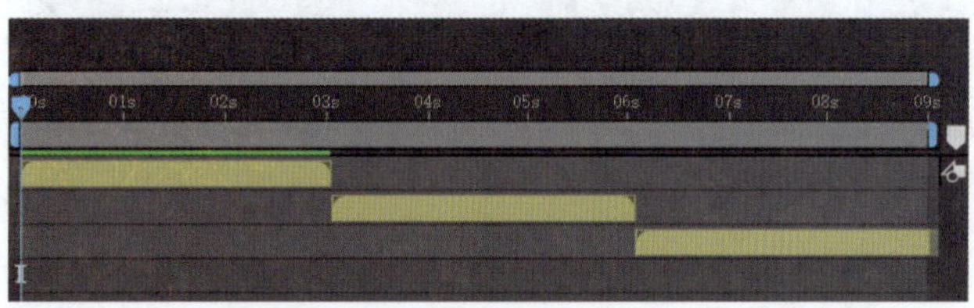

图 10-40　图层自动排列

步骤 7　调整位置：将项目面板中的素材文件“书法 2”拖放到合成面板中，并调整位置。

步骤 8　勾画遮罩：下面我们利用工具面板中的**钢笔工具**，将文字的轮廓勾勒出来，每一个连笔都是一个封闭的遮罩。双击“书法 2”图层打开图层面板，在图层面板中勾勒出遮罩，如图 10-41 所示。在图层面板中勾勒遮罩时，要取消勾选“渲染”选项（位于图层面板右下方），这样在勾勒遮罩的过程中，可以始终看到文字图像。

步骤 9　复制图层：选中“书法 2”图层，按“Ctrl+D”快捷键复制该图层 3 次，按从下往上的顺序依次将图层命名为 solid1、solid2、solid3，下面我们将每个图层保留一个连笔画的遮罩。

图 10-41　笔画勾勒出遮罩

步骤 10　保留遮罩：展开 solid1 图层属性中的“蒙版”栏，可以看到有“Mask 1”“Mask 2”“Mask 3”属性，将“Mask 2”“Mask 3”属性删除，只保留“Mask 1”，即保留文字“清”中三点水笔画的遮罩。同样 solid2 图层只保留“Mask 3”属性；solid3 图层只保留“Mask 3”属性，如图 10-42 所示。

步骤 11　矢量画笔工具：选中 solid1 图层，单击鼠标右键，在弹出的菜单中选择“**效果→生成→写入**”命令，在效果控件面板中出现“写入”栏，其中“画笔大小”“画笔硬度”“笔画颜色”等属性如图 10-43 所示。

图 10-42　每个图层保留一个连笔画的遮罩

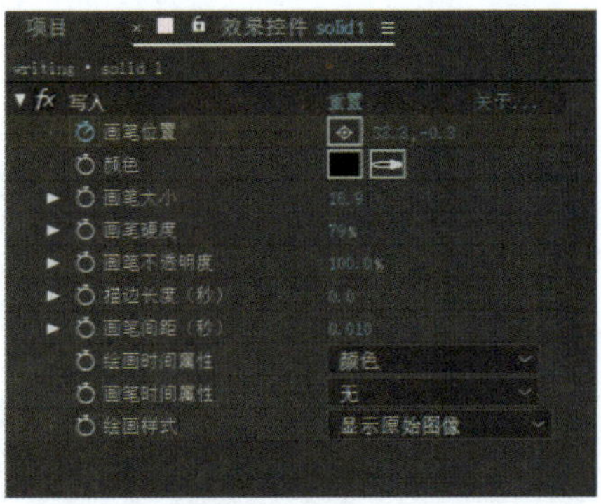

图 10-43　“写入”矢量画笔工具

步骤 12　设置动画：单击“画笔位置”属性左侧的“**时间变化秒表**”按钮，在适当的区域设置关键帧。在 1 秒 17 帧处，设置画笔位置为“9.0，147.5”；在 2 秒处，设置画笔位置为“11.0，165.3”；在 2 秒 6 帧处，设置画笔位置为“31.8，157.5”；在 2 秒 11 帧处，设置画笔位置为“42.8，115.8”。设置完成后，预览动画效果，观察书写的速度是否合适。如果觉得有些不合适，可以调整关键帧的位置。

步骤 13　修剪：将时间指示器停在 solid1 图层的笔画书写完成后的时间处，选中 solid2 图层，按“Alt+[”快捷键，修剪 solid2 图层。对 solid2 图层同样使用“写入”矢量画笔，绘画出其他的笔画。

步骤 14　排列：将时间指示器停在 solid2 图层的笔画书写完成后的时间处，选中 solid3 图层，按“Alt+[”快捷键，修剪 solid3 图层，图层的排列如图 10-44 所示。对 solid3 图层同样使用“写入”矢量画笔，绘画出其他的笔画。

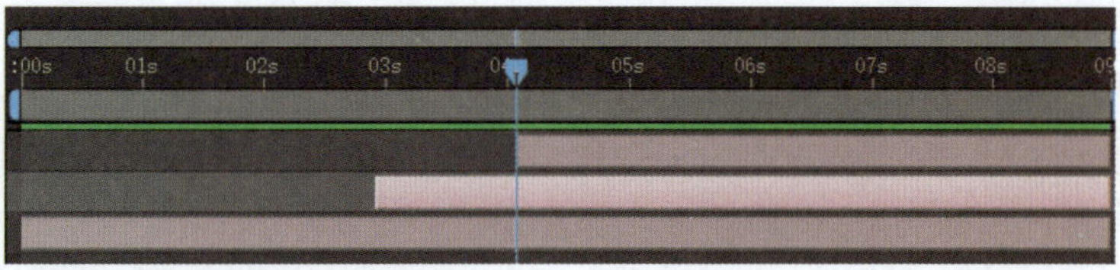

图 10-44　按笔画顺序图层的排列

步骤 15　预览效果：绘画全部完成后，预览动画效果。这时，我们发现这些笔画只是覆盖在书法文字之上。下面我们将上面的书写过程作为一个蒙版图层，使笔画在书写的过程中透出文字来。

步骤 16　设置轨道遮罩：选中 solid1 图层、solid2 图层和 solid3 图层，选择“**图层→预合成**”命令，将这些图层重组为一个预合成，命名为 writing。在时间轴中，在“书法 2”图层的 TrkMat 下拉列表中选择“Alpha 遮罩 [writing]”选项，将 writing 图层作为蒙版，如图 10-45 所示。

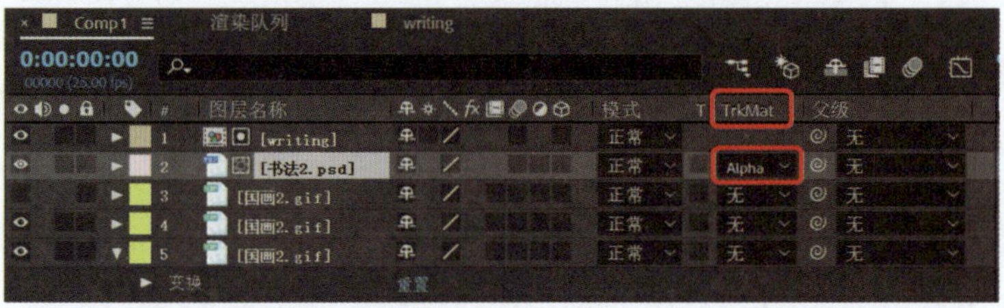

图 10-45　设置轨道遮罩

步骤 17　生成影片：单击“**播放**”按钮▶，预览动画效果，如图 10-46 所示。保存文件，生成视频文件。

图 10-46　动画效果

10.6　范例制作——宣传片《滑雪的女孩》

10.4 和 10.5 节范例用到的遮罩是加在图层上的，通过遮罩可以对图层的图像进行遮挡和设计动画等。此外，还有一种遮罩是轨道遮罩，它拥有一个单独的图层，我们称之为 TrkMat 图层，用来定义本图层或下图层图像的透明度。在时间轴中，TrkMat 图层位于上图层，下图层是被定义透明度的图层。更直观的解释就是通过上图层的“洞”来显示下图层的画面。因此，轨道遮罩需要两个图层来实现，即一个图层作为遮罩图层，另一个图层填充遮罩图层上的“洞”。当上图层被定义为下图层的 Matte 图层后，上图层的视频开关则自动关闭，因为遮罩图层只用来定义透明信息。

在 TrkMat 中常用 Alpha 通道或亮度遮罩来定义透明。用亮度遮罩来定义透明，常常是因为作为 TrkMat 的那一图层不带 Alpha 通道或者是输入的素材是通过其他应用程序得到的，而该应用程序不能创建 Alpha 通道。

按 F4 键，切换到图层融合模式。在时间轴中，单击下图层的 TrkMat 下拉列表，可以看到以下的几种选项：

- 没有轨道遮罩：上图层 Matte 不起作用，作为普通图层使用。
- Alpha 遮罩：以遮罩图层的 Alpha 通道作为本图层图像的透明通道。
- Alpha 反转遮罩：反转遮罩图层的 Alpha 通道作为本图层图像的透明通道。
- 亮度遮罩：以遮罩图层的亮度值来确定本图层图像透明程度。
- 亮度反转遮罩：反转遮罩图层的亮度值来确定本图层图像透明程度。

下面通过范例制作，进一步理解和掌握轨道遮罩的应用。

10.6.1 影片简介

本影片是一部宣传片，叙述一位滑雪的女孩在白雪皑皑的森林中自由滑翔。

10.6.2 观看影片

播放影片文件（素材与工程文件 \Chapter10\ASSORT10\MOVIE\ski_final.avi）。通过观看影片，进一步了解宣传片《滑雪的女孩》的主要内容，片段画面如图 10-47 所示。

图 10-47 宣传片《滑雪的女孩》的片段画面

10.6.3 制作流程（步骤）及技巧分析

在本例中，将两个独立拍摄的视频片段——雪天的背景和滑雪的女孩，巧妙地运用画面运动效果使它们完美结合，几乎看不出合成的痕迹。轨道遮罩的应用将是本例的重点技术。整个制作流程可分为 3 个阶段，如图 10-48 所示。

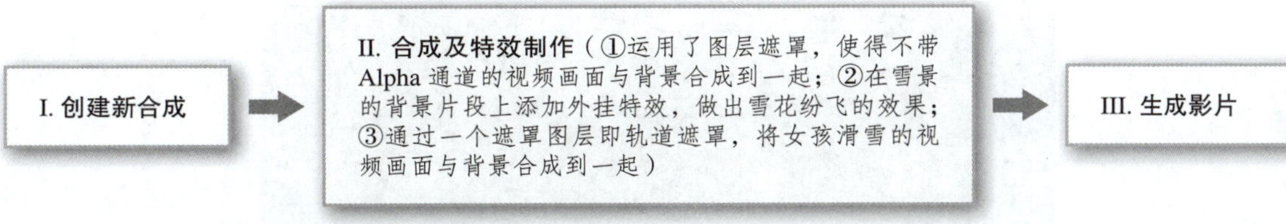

图 10-48　宣传片《滑雪的女孩》的制作流程图

10.6.4　编辑与合成

步骤 1　新建：新建一个项目文件，将素材导入到项目面板中。

步骤 2　合成：单击项目面板下方的“**新建合成**”按钮，创建一个合成，设置合成的持续时间为 4 秒。

步骤 3　对齐：将背景素材“snow.avi”拖放到时间轴中，素材会自动位于合成面板的中心，如图 10-49 所示。

步骤 4　制作雪花飘飘的效果：时间轴中，选中“SNOW01.AVI”图层，选择“**效果→模拟→CC Snowfall**”命令，打开效果控件面板，设置“CC Snowfall”效果，如图 10-50 所示。

步骤 5　预览：单击“**播放**”按钮，预览效果，即可看到雪花飘飘的效果了，如图 10-51 所示。

图 10-49　素材自动位于合成面板的中心

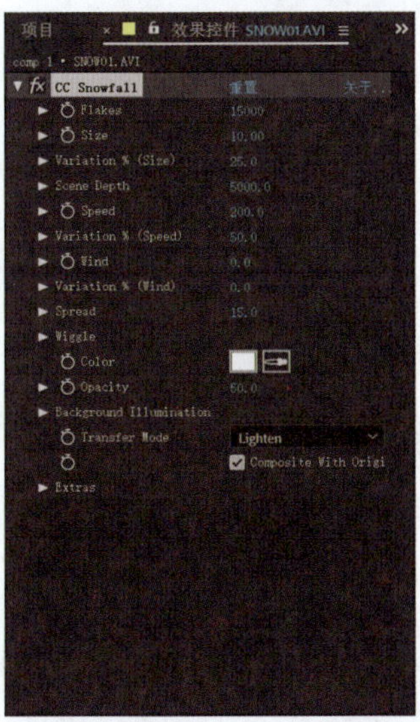

图 10-50　设置“CC Snowfall”效果

图 10-51　“CC Snowfall”效果

步骤 6　排列顺序：首先把一个滑雪女孩的视频素材“ski.avi”拖放到时间轴中，然后把黑白视频“skim.avi”拖放到时间轴中，排列图层顺序，将“skim.avi”图层放到“ski.avi”图层之上，如图 10-52 所示。

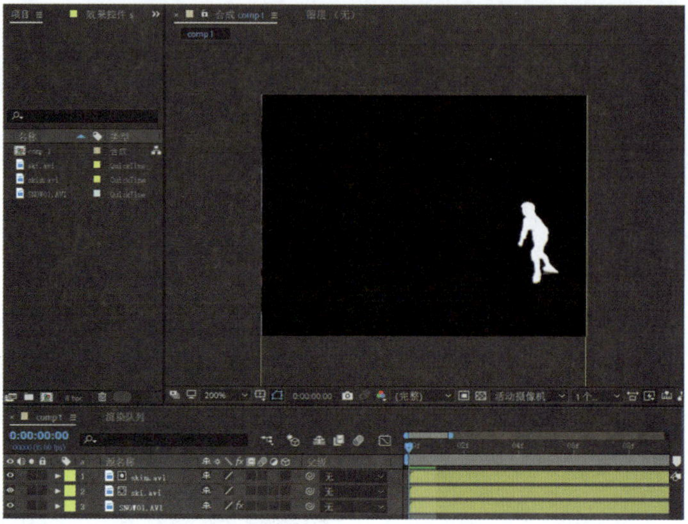

图 10-52　排列图层顺序

步骤 7　模式：按 F4 键，切换到图层融合模式。在“ski.avi”图层面板中显示遮罩模式的选择区域，按下该区域，选择遮罩模式为“亮度遮罩‘skim.avi’”，如图 10-53 所示。

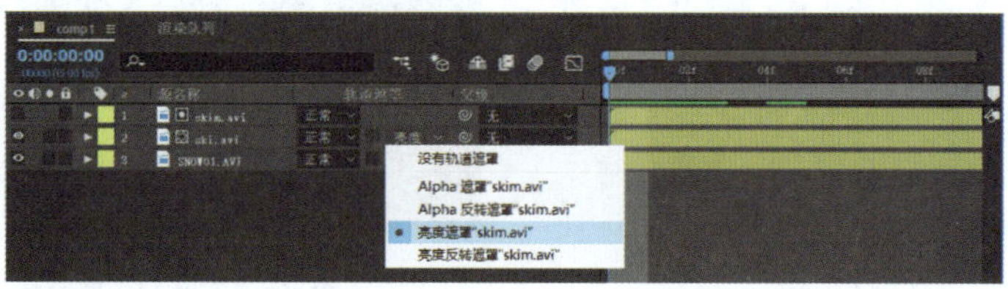

图 10-53　选择遮罩模式

步骤 8　背景：此时在时间轴中，可以看到“skim.avi”图层被遮住了。在合成面板中，我们看到下面的“ski.avi”图层中的图像合成到雪花飞舞的背景上了，如图 10-54 所示。

图 10-54　滑雪女孩合成到背景上

步骤 9　调整参数：为了让前景的滑雪女孩与背景更自然，设置“skim.avi”图层和“ski.avi”图层的位置为“160,174”，如图 10-55 所示。

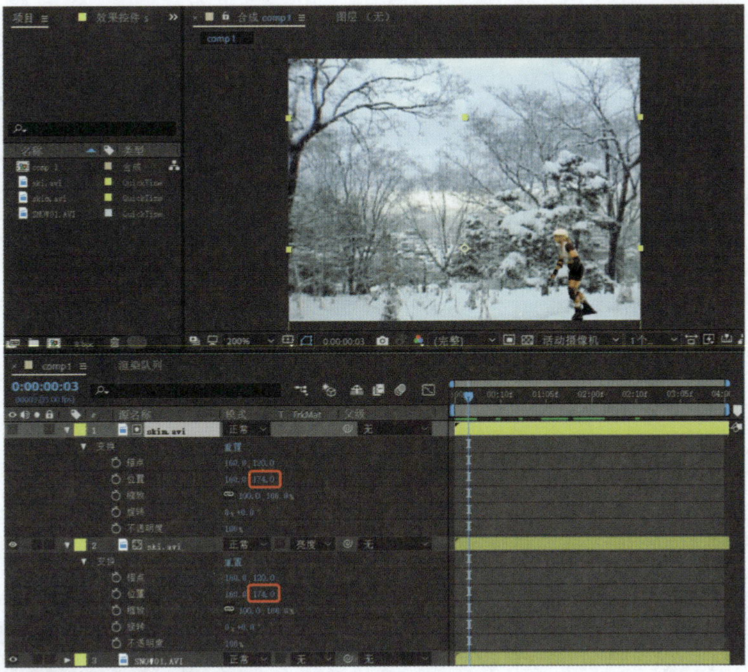

图 10-55　调整位置参数

步骤 10　输出：保存项目，输出视频文件。

10.7　范例制作——动画《林中小鹿》

10.7.1　影片简介

利用一系列静态的图片素材，通过手绘的方式制作树影的背景，将色彩处理成蓝色调的月夜树林，营造出静谧氛围，制作出灵动的小鹿在树林中欢快奔跑和跳跃的场景。

10.7.2　观看影片

播放影片文件（素材与工程文件 \Chapter10\ASSORT10\MOVIE\Deer.avi）。通过观看影片，进一步了解动画《林中小鹿》的主要内容，如图 10-56 所示。

图 10-56　动画《林中小鹿》的片段画面

10.7.3 制作流程（步骤）及技巧分析

在本例中，将制作一段小鹿在林中穿行跳跃的小动画。“抠像”效果与“湍流置换”效果为本例的重点技术。整个制作流程可分为 3 个阶段，如图 10-57 所示。

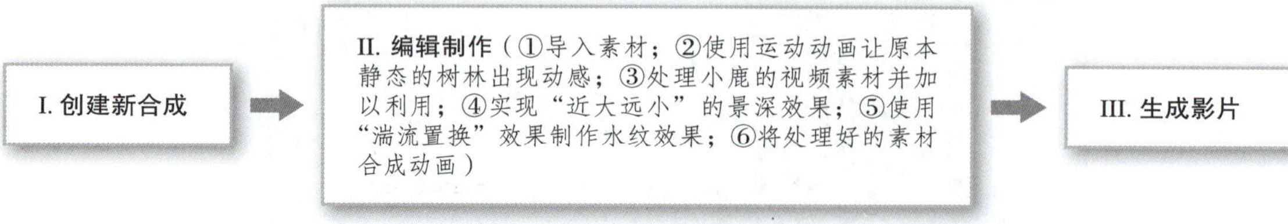

图 10-57 动画《林中小鹿》的制作流程图

10.7.4 编辑与合成

1. 运动的森林

步骤 1 导入素材：导入素材文件“树林（光影）.psd”，设置导入种类为“合成”，如图 10-58 所示。PSD 素材中的图层可同步导入 After Effects 中，导入前请区分图层。

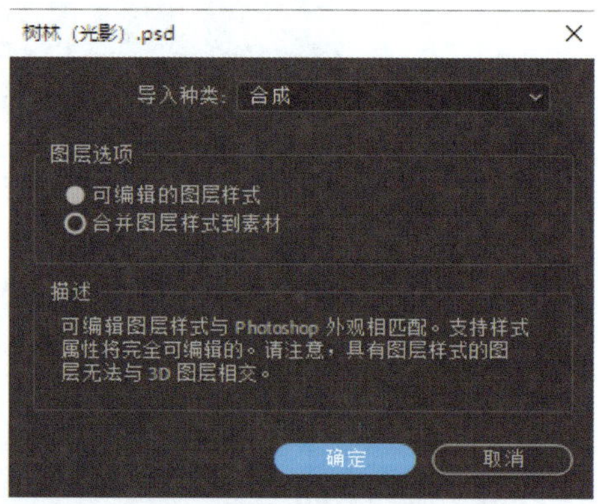

图 10-58 多图层 PSD 文件导入

步骤 2 将图片素材编辑成动画：双击项目面板中的“树林（光影）”合成文件进入编辑模式，“树林（光影）”合成文件包括“前”“中”“后”3 个图层，对“前”图层的“位置”设置关键帧。展开该图层的属性，对“变换”栏中的“位置”属性进行编辑，激活“位置”属性左侧的“**时间变化秒表**”按钮，设置动画，此时将默认设置入点锚点。在时间轴上，拖动图层到视频结束的时间节点，在预览面板中用鼠标拖动图像，完成图像位置运动，做出镜头在树林中运动的效果动画，该操作自动生成结束锚点，如图 10-59 所示。

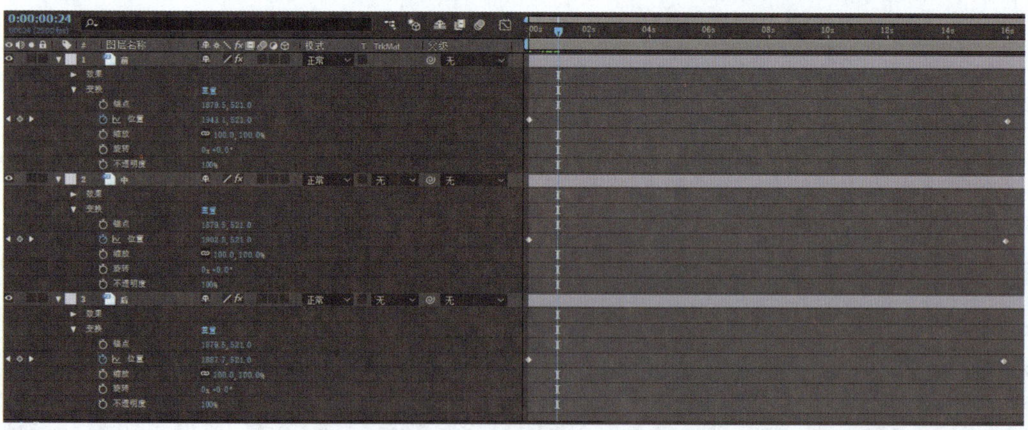

图 10-59 运动的树林

步骤 3 编辑图层：按照上述方式依次对“中”图层和“后”图层完成编辑，拖动图像完成位置运动的距离不必完全一样，可根据“近快远慢”的原则做出图层的层次效果。

步骤 4 颜色调整：选择“**窗口→效果和预设**”命令，显示效果和预设面板。在该面板中选择“**颜色校正→更改为颜色**”效果。在效果控件面板中单击“更改”下拉菜单，选择“色相、亮度和饱和度”选项，再单击用“至”选项后的“**吸管**”按钮，选取合适的颜色，即可为图像更换不同颜色，如图 10-60 所示。

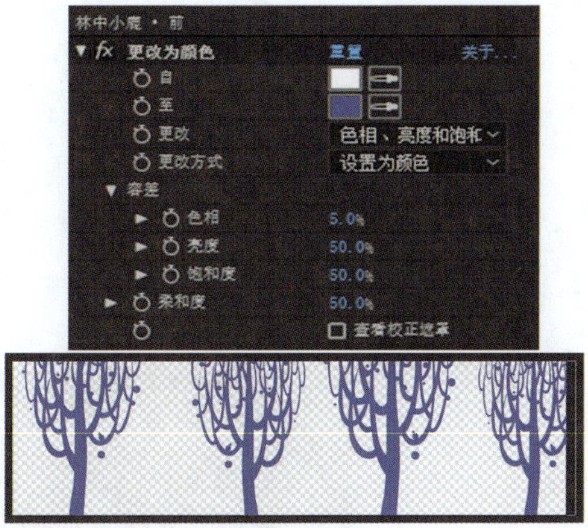

图 10-60 更换颜色

2. 编辑小鹿素材

由于素材文件是一个综合了多种鹿奔跑形态的视频文件且视频中带有灰幕背景，下面需要对视频进行抠像与剪辑操作。

步骤 1 新建项目：在项目面板中创建一个合成项目，命名为“小鹿”，导入素材“鹿 .mp4”。

步骤 2 抠像：选择“**窗口→效果和预设**”命令，显示效果和预设面板。在效果和预设面板中，依次单击“**抠像→颜色范围**”效果。在对应的效果控件面板中，单击“**吸管**”按钮，再单击视频中的灰幕背景，即可将视频中的灰幕背景隐藏，如图 10-61 所示。

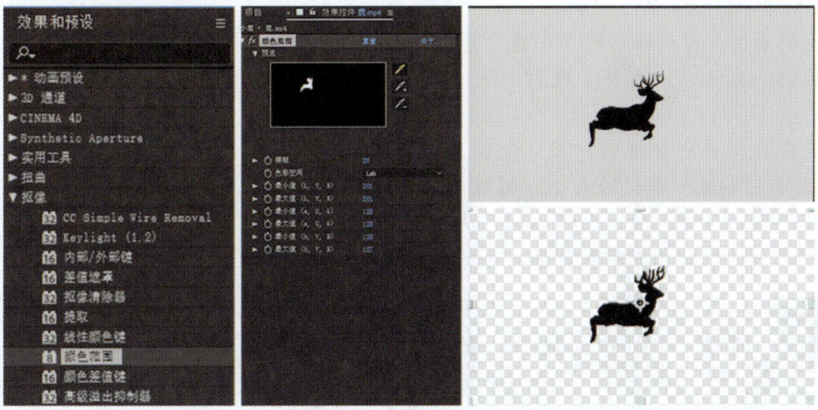

图 10-61 抠像

步骤 3 剪辑：将时间指示器定位到截取后视频的开始位置，按“ALT+[”快捷键（去除时间指示器前面的内容）；将时间指示器定位到截取后视频的结束位置，按“ALT+]”快捷键（去除时间指示器后面的内容），完成视频的截取，如图 10-62 所示。

图 10-62 剪辑

步骤 4 颜色调整：采用“运动的森林”的调色方法进行调色（同“1. 运动的森林”中的步骤 4）。

步骤 5 淡入淡出的效果：对小鹿视频进行淡入淡出的设置。编辑对“前”图层的“不透明度”设置关键帧。展开“前”图层属性，激活“不透明度”属性左侧的“**时间变化秒表**”按钮，此时将默认设置入点锚点，设置不透明度为 0%；将时间指示器定位到小鹿出现的时间，设置不透明度为 100%，调整不透明度的操作会自动生成锚点，在这段时间中，小鹿的状态便是在奔跑中淡入。同理设置“淡出”效果：将时间指示器定位到小鹿开始消失的时间，单击“不透明度”属性最左侧的菱形图标手动生成锚点；将时间指示器定位到视频结尾，设置不透明度为 0%，完成小鹿运动中的“淡出”效果，如图 10-63 所示。

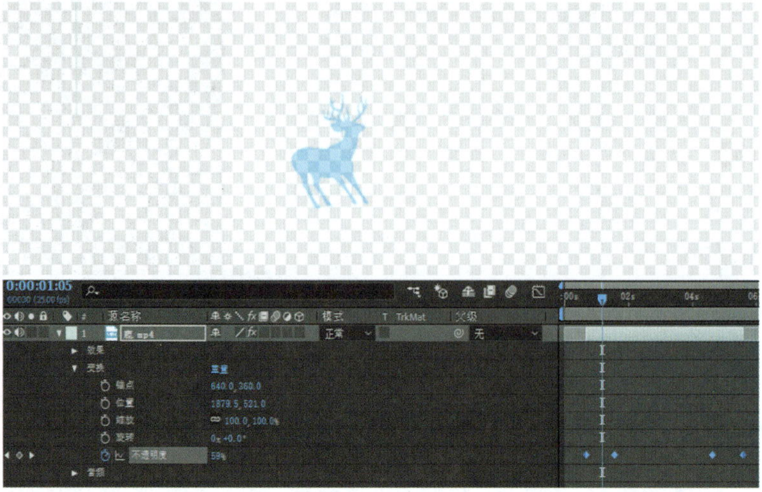

图 10-63　淡入淡出效果

3. 鹿群在树林中穿梭

步骤 1　复制素材：将编辑后的“小鹿”素材复制到“1. 运动的森林”中的“树林（光影）”中。

步骤 2　编辑小鹿运动：调整小鹿的出场位置，利用“1. 运动的森林”中编辑树木运动的方法编辑小鹿的运动。

步骤 3　鹿群在树林中穿梭的效果：复制多组小鹿，拖动运动轴设置小鹿交替出场与消失的时间，在预览面板中调整“小鹿”素材的大小，制作出“近大远小”的景深效果。在编辑小鹿运动时，可设置不同的距离体现小鹿的奔跑速度，将不同的“小鹿”素材与“树林（光影）”素材中的“前”“中”“后”3个图层相互穿插放置，制作出鹿群在树林中穿梭的效果，如图 10-64 与图 10-65 所示。

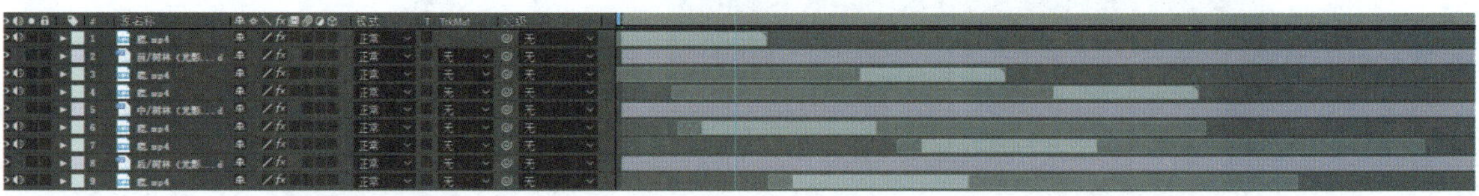

图 10-64　时间轴中的相关设置

图 10-65　小鹿在树林中穿梭的效果

步骤 4　打包：框选全部图层，按“Ctrl+Shift+C”快捷键打包，命名为“林中小鹿”。

4. 树木上投影

步骤 1　导入文件：导入素材文件“树（背景）.psd”，设置导入种类为“合成”；该 PSD 素材中的图层在 After Effects 中可同步导入，导入前需要区分图层。

步骤 2 制作树木上的投影：将先前制作并打包好的“林中小鹿”文件复制到“树（背景）”编辑栏中的“后排树”图层上方，再复制一个“后排树”图层，并命名为“后排树 2”。将“后排树 2”图层放置在“林中小鹿”图层的上方并隐藏“后排树 2”图层。单击“林中小鹿”图层 TrkMat 栏中的下拉列表，选择“Alpha 遮罩‘后排树’”选项，制作出“林中小鹿”动画投射在背景树墙上的效果。

步骤 3 制作效果：用同样的方法制作出投射在“前排树木”上的动画投影，选中“林中小鹿”文件在预览面板中进行放大并调整位置，做出投影在前排树木上时“近大远小”的效果，如图 10-66 所示。

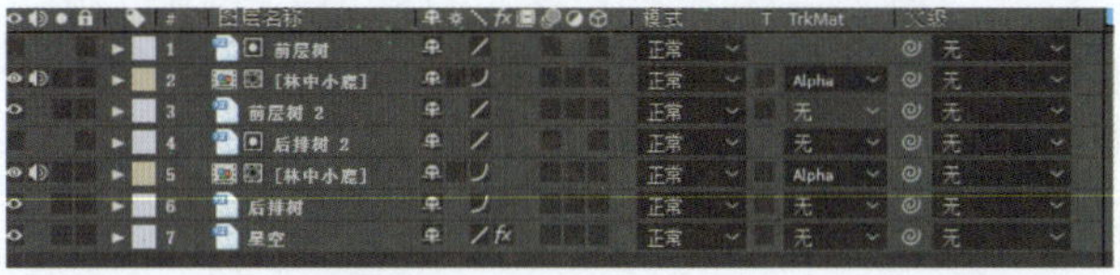

图 10-66 树上投影设置

步骤 4 对比：降低用于后排树木投影的“林中小鹿”动画文件的不透明度，与前排树墙投影形成“近实远虚”的对比效果，如图 10-67 所示。

图 10-67 前后景深效果

步骤 5 打包：框选全部图层，按“Ctrl+Shitf+C”快捷键打包图层，命名为“投影”。

5. 水中投影

步骤 1 制作水纹效果：复制一个“投影”文件并重命名为“水中倒影”，单击鼠标右键，在弹出的菜单中选择“**变换→垂直翻转**”命令，将其垂直翻转，然后拖到“投影”文件的下方，降低“水中倒影”图层的不透明度，做出虚化效果。选择“**窗口→效果和预设**”命令，显示效果和预设面板。在效果和预设面板中，选择“**扭曲→湍流置换**”效果，制作水中倒影的水纹效果，如图 10-68 所示。

图 10-68 最终效果

步骤 2 生成影片：保存项目文件，命名为“林中小鹿”。输出影片，完成制作。

本章小结

通过本章的学习，读者了解了遮罩的创建和应用，以及内置特效的添加与使用。我们利用遮罩形状的变化制作动画效果，对于复杂的特效还需要进行图层的重组。通过特效片《雨中的城市》、手写字动画《书法 1“美”》、手写字动画《书法 2“清”》、宣传片《滑雪的女孩》和动画《林中小鹿》5 个范例的制作，我们对写字特效、遮罩和遮罩的功能有了基本的了解。实际上，在影视动画节目的制作中，很多地方可以利用遮罩制作出特别的效果，而且多个遮罩的综合应用也是非常多。

本章作业

一、简答题

1. 如何在图层上创建遮罩？
2. 如何保持遮罩位置不变，移动遮罩后面的图层？
3. 利用什么工具可以修改遮罩形状？
4. 遮罩边缘的羽化设置可以通过遮罩的哪个属性控制？
5. 蒙版与 TrkMat 的区别是什么？

二、练习与实训

实训 10-1 制作小动画——《牧童》

详细内容请参见配套的电子版实训册《影视动画数字后期编辑与合成实训》中的第 10 章。

11 3D 效果的应用技法

本章重点

- 了解三维空间中的坐标系空间
- 将 2D 图层转变为 3D 图层
- 设置灯光效果及灯光的动画
- 摄像机的设置和调整
- 在三视图中进行调整
- 路径文字的制作
- 在合成中添加音乐
- 3D 图层及灯光的应用
- 3D 图层与遮罩的应用

教学环境

多媒体教室、电脑（配备视音频采集卡）、投影、公放、DVD

学时建议

8 学时

学习建议

通过制作 2 个范例——宣传片《跳芭蕾舞的女孩》和风景片《水中倒影》，掌握三维图层的合成方法和属性设置技巧，为三维场景图层设置灯光和摄像机，以及光影应用的方法和技巧。

11.1 艺术指导原则

After Effects 不仅拥有强大的平面图像合成功能，还具有三维场景的合成功能。在 After Effects 中，如何利用 2D 的素材制作出三维的效果？我们可以运用增加灯光和摄影机等方式，制作具有真实 3D 空间效果的动画。

11.2 3D 合成的基本原理

After Effects 作为一款特效合成软件，它具有三维空间的合成功能，可以把一个图层转换为 3D 图层，然后对该图层进行三维空间中的位置、角度等设置，还可以在合成图像中新建摄像机，在摄像机视图中对摄像机进行调整。一般来说，如果在三维空间中进行特效合成，最后输出的影片都是摄像机视图中所显示的影片。在制作合成时，需要在三个视图中进行调整，利用这些视图，可以从不同角度观察三维空间中的对象，如图 11-1 所示。

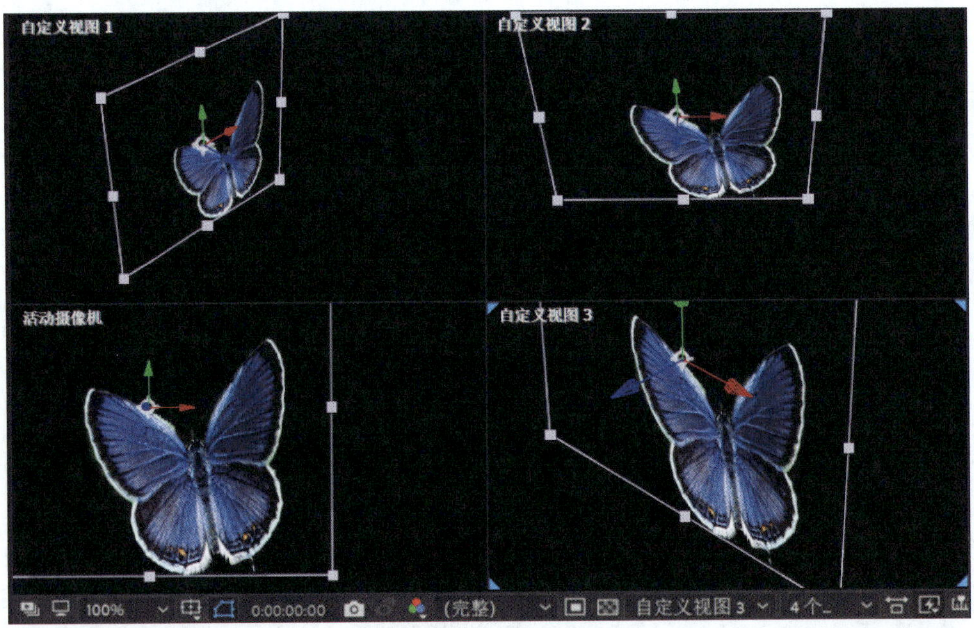

图 11-1　显示多个角度三维空间

在 3D 空间进行特效合成时，After Effects 提供了三种坐标模式：本地轴模式、世界轴模式和视图轴模式。选择 **“图层→ 3D 图层”** 命令，即可将这三种这模式工具显示到工具面板中。

- 本地轴模式：可以对当前对象的坐标系统进行变换，是最常用的坐标系。
- 世界轴模式：可以使用合成图像的坐标系进行变换。这是一个绝对坐标系，当对合成图像中的图层进行旋转时，可以发现坐标系没有发生任何改变。实际上，当创建一个摄像机，使用摄像机工具调整摄像机视角时，可以直观地看到世界轴坐标系的变化。
- 视图轴模式：使用当前视图定位坐标系。

11.2.1 2D 图层转为 3D 图层

在时间轴中，单击图层区域中的“**3D 图层**”按钮，即可将图层转为 3D 图层。展开图层的属性，可以看到移动、缩放、旋转等属性变成了三维坐标轴（X、Y、Z 轴）。在合成面板中也会看到图像上方出现了分别由红色、绿色、蓝色代表 X、Y、Z 轴的三维坐标轴，如图 11-2 所示。

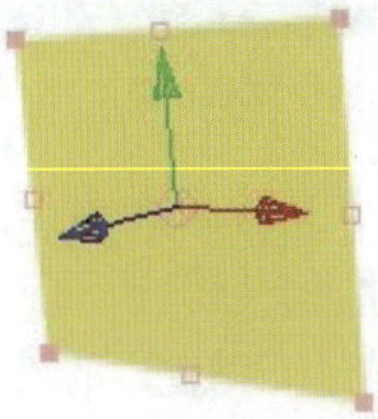

图 11-2 三维坐标轴

11.2.2 3D 图层的“变换”属性操作

创建 3D 图层后，需要对它进行调整。首先要选中该图层，然后在工具面板中选择**旋转工具**，在相应的坐标轴方向上拖动即可进行旋转。使用**选取工具**在相应的坐标轴方向上拖动即可在该方向上移动。选择**向后平移（锚点）工具**，即可改变该图层轴心点的位置。

> **贴心提示**
> 在对 3D 图层进行调整变换时，按 Shift 键，可以使图层移动或旋转的幅度加大。

11.2.3 3D 图层的“材质选项”

在时间轴中，展开任意一个 3D 图层下方的属性栏，可以看到 3D 图层比 2D 图层多了一个“材质选项”栏，如图 11-3 所示。

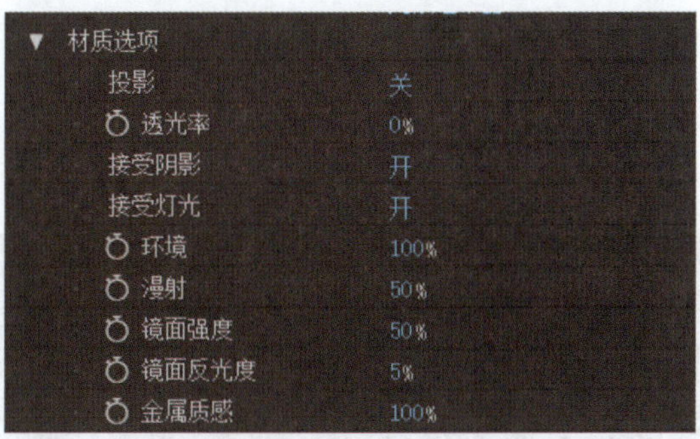

图 11-3 “材质选项”属性

> **贴心提示**
> 只有将灯光图层的“投影”属性和 3D 图层的“投影”“接受阴影”两个属性都打开，才可以看到灯光投射阴影的效果。

11.2.4 灯光图层

选择“**新建→图层→灯光**”命令，即可创建一个灯光图层，如图 11-4 所示。灯光图层只是对 3D 图层起作用，2D 图层并不受灯光的影响。

贴心提示

①对灯光阴影边缘进行羽化设置后，将使系统的运算时间加长。
②在时间轴上单击“**草图 3D**”按钮，在合成面板中将显示被关闭照明和投射的阴影，这样可以加快刷新的速度，但不影响最终的照明和投射阴影的渲染。
③在设置了 3D 图层的阴影和运动动画后，一定要设置三维渲染引擎。选择“**合成→合成设置**”命令，在打开的“合成设置”对话框中选择 3D 渲染器。“经典 3D”渲染器支持运动模糊、阴影照明、深度场等高级三维特效，对所有对象都可以进行标准的 3D 渲染并按照任何方式进行交错，能够正确地抗锯齿显示，交错移动可以正确地进行动态模糊，传输模式可以在交错的图层中显示。但是，它不能对三维空间中交叉的图层产生正确的消隐结果，也不能支持高级的光线追踪效果。

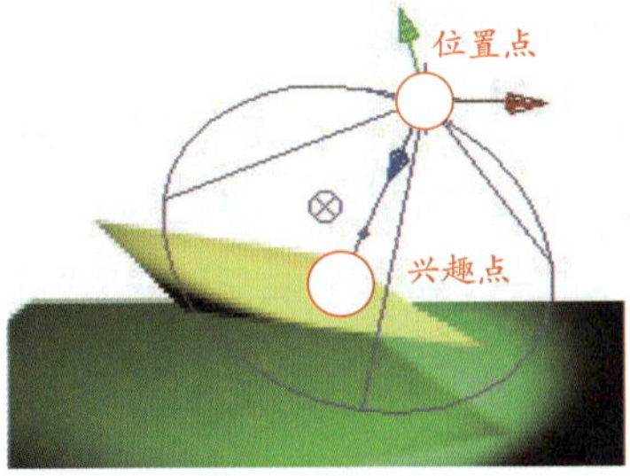

图 11-4　灯光的位置和兴趣点

灯光有平行光、聚光灯和点光源三种类型。我们可以像 3D 图层那样移动或旋转灯光。我们在时间轴上展开灯光图层下方的属性栏，即可设置灯光的颜色、强度、灯光夹角、投影、阴影明暗度和阴影边缘羽化等属性。

11.3　范例制作——宣传片《跳芭蕾舞的女孩》

11.3.1　影片简介

宣传片《跳芭蕾舞的女孩》影片讲述一名芭蕾舞女演员在舞台上翩翩起舞，一束不断变换色彩的光始终照射在她的身上。在制作的过程中，需要模拟出真实的舞台气氛，同时前景会有一排文字随着音乐节奏和女演员的舞姿跳动。

11.3.2　观看影片

播放影片文件（素材与工程文件 \Chapter11\Assort11\Movie\BELLET_end.mp4）。通过观看影片，进一步了解宣传片《跳芭蕾舞的女孩》的主要内容，如图 11-5 所示。

图 11-5　宣传片《跳芭蕾舞的女孩》的片段画面

11.3.3 制作流程（步骤）及技巧分析

本例主要是利用图层特点，在一段芭蕾舞表演的视频片段上添加灯光，对舞台上的追光灯一直追随演员的真实效果进行模拟。整体制作流程可分为 3 个阶段，如图 11-6 所示。

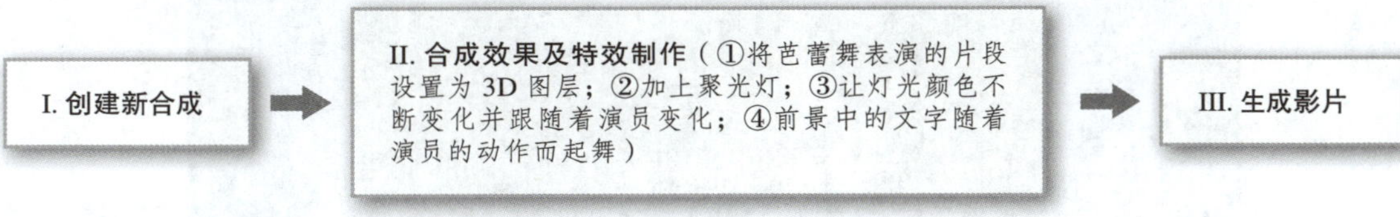

图 11-6　宣传片《跳芭蕾舞的女孩》的制作流程图

11.3.4 编辑与合成

步骤 1　建新项目：启动 After Effects 后，新建一个项目并保存为“Ballet.p”。

步骤 2　新建合成：选择“**合成→新建合成**”命令，新建合成。在“合成设置”对话框中设置宽度和高度为“320×240”像素，持续时间为 6 秒，帧速率为 25 帧 / 秒。

步骤 3　导入素材：选择“**文件→导入→文件**”命令，在存放素材的 Source11 文件夹（素材与工程文件 \Chapter11\Assort11\Proj\Source11）中选择要导入的文件，如“BALLET.mp4”和“Audio_11.mov”。

步骤 4　剪辑素材：在项目面板中选中素材“ballet.mp4”，双击鼠标左键，打开该素材文件的“剪辑”面板，将时间指示器移到 6 秒 8 帧处，单击“**将入点设置为当前时间**”按钮，设置新的入点；再将时间指示器移到 13 秒 9 帧处，单击“**将出点设置为当前时间**”按钮，设置新的出点，如图 11-7 所示。

图 11-7　素材的剪辑

步骤 5　修剪素材：单击剪辑面板右下角的“**插入编辑**”按钮，将修剪后的素材导入到合成面板中，如图 11-8 所示。

步骤 6　拖放素材：将项目面板中的音频文件“Audio_11.mov”拖放到合成面板中释放，可以看到音频素材也占据一个图层。

步骤 7　调整图层：将“BALLET.mp4”图层转成 3D 图层，在时间轴中，单击该图层对应的“**3D 图层**”按钮。展开“BALLET.mp4”图层的“位置”属性，调整该图层的位置。

图 11-8　将素材导入到合成面板

步骤 8　设置灯光类型：单击“Audio_11”图层和“BALLET.mp4”图层左侧的图标，锁定图层。然后在时间轴的空白处单击鼠标右键，在弹出菜单中选择“**新建→灯光**”命令，打开“灯光设置”对话框，设置灯光类型为“聚光”，如图 11-9 所示。

步骤 9　设置灯光选项：在时间轴中，展开的“灯光选项”栏，设置灯的“强度”“锥形角度”等属性，如图 11-10 所示。

步骤 10　设置灯光动画：在 0 秒处，展开“Light 1”图层的属性，单击“变换”栏左侧的图标，展开“变换”栏。激活“目标点”属性左侧的“**时间变化秒表**”按钮，并用鼠标在“目标点”属性右侧的几个数值上左右拖动，使光线恰好照到演员的身上，如图 11-11 所示。此时为灯光增加一个位置关键帧。

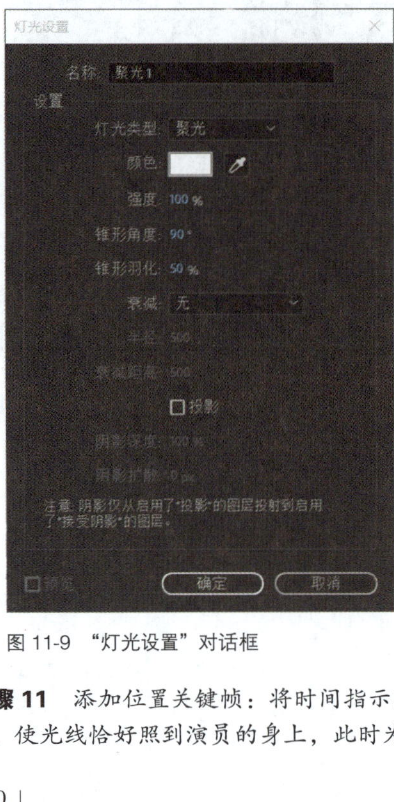

图 11-9　“灯光设置”对话框

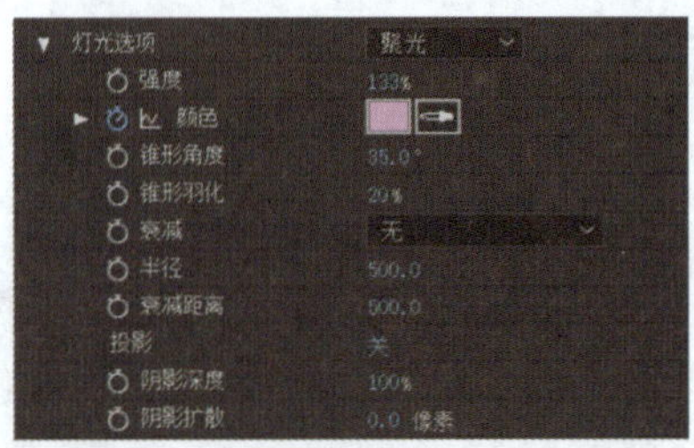

图 11-10　“灯光选项”栏

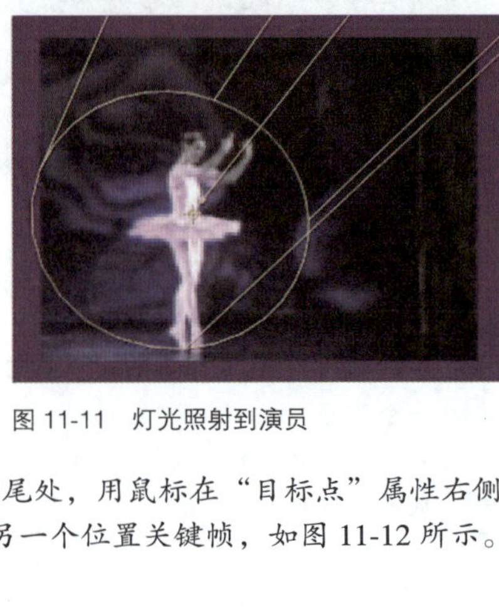

图 11-11　灯光照射到演员

步骤 11　添加位置关键帧：将时间指示器移动到结尾处，用鼠标在“目标点”属性右侧的数字上左右拖动，使光线恰好照到演员的身上，此时为灯光增加另一个位置关键帧，如图 11-12 所示。

图 11-12　设置“目标点”属性

步骤 12　为灯光的颜色变化设置动画：单击“Light 1”图层中的“灯光选项”栏左侧的图标▶展开“灯光选项”栏，激活“颜色”属性左侧的“**时间变化秒表**”按钮⏱，设置颜色的关键帧。在 0 秒处，设置颜色为粉色；在 1 秒处，设置颜色为黄色；在 2 秒处，设置颜色为蓝色；在 3 秒处，设置颜色为橘红色；在 4 秒处，设置颜色为淡绿色；在 5 秒处，设置颜色为红色；在 6 秒处，设置颜色为青色；在 7 秒处，设置颜色为淡粉色；在 8 秒处，设置颜色为白色，如图 11-13 所示。

图 11-13　设置灯光颜色的动画

步骤 13　开启景深：选择“**图层→新建→摄像机**”命令，选项保持默认值，新建一个摄像机 Camera1。在时间轴中，单击 Camera1 的“摄像机选项”栏左侧的按钮▶，展开“摄像机选项”栏，设置景深为“开”，如图 11-14 所示。

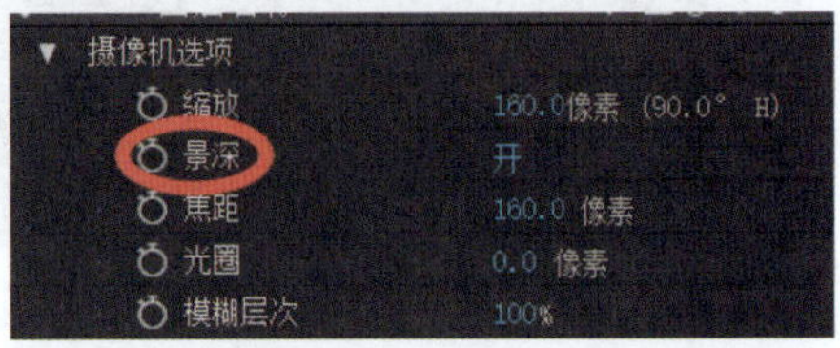

图 11-14　开启景深

步骤 14　增加一个灯光：在工具面板中选择**统一摄像机工具**，按住鼠标右键向上拖动，即可沿 Z 轴推近摄像机视图。选择“**图层→新建→灯光**”命令，增加一个灯光 Light2，选择环境光，给舞台增加一些亮度，如图 11-15 所示。

步骤 15　添加路径文字：在时间轴的空白处单击鼠标右键，在弹出的菜单中，选择“**新建→空对象**”命令，并将固态图层放置在最顶图层，选中刚刚新建的“空 1”图层，将其重命名为 text。在 text 图层上单击鼠标右键，在弹出的菜单中选择“**效果→过时→路径文本**”命令，添加一个路径文字，设置文字的颜色为红色，如图 11-16 所示。

图 11-15　增加环境光

图 11-16　添加路径文字

步骤 16　调整并设置动画：将 text 图层转成 3D 图层（单击“**3D 图层**”按钮），调整 3D 图层的位置，接着为文字设置动画。在时间轴中，展开 text 图层属性，激活“**效果→路径文本→路径选项→控制点**”栏中的“切线 1/ 圆点”“顶点 1/ 圆心”“切线 2”和“顶点 2”属性左侧的“**时间变化秒表**”按钮⏱，可以为这些属性设置关键帧。依次展开text图层的“**效果→路径文本→字符→字符间距**”属性，激活“字符间距”属性左侧的“**时间变化秒表**”按钮，设置关键帧。

步骤 17 文字动画设置：在0秒处，设置“切线1/圆点”“顶点1/圆心”“切线2”和“顶点2”和“字符间距”属性，如图11-17所示；在2秒处，设置“切线1/圆点”“顶点1/圆心”“切线2”和“顶点2”和“字符间距”属性，如图11-18所示；在4秒处，设置“切线1/圆点”“顶点1/圆心”“切线2”和“顶点2”和“字符间距”属性，如图11-19所示；在6秒处，设置“切线1/圆点”“顶点1/圆心”“切线2”和“顶点2”和“字符间距”属性，如图11-20所示；在8秒处，设置“切线1/圆点”“顶点1/圆心”“切线2”和“顶点2”和“字符间距”属性，如图11-21所示。

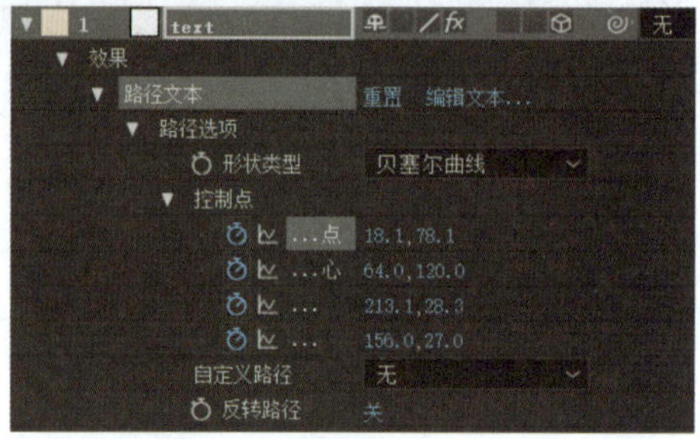

图 11-17　属性设置（0 秒处）

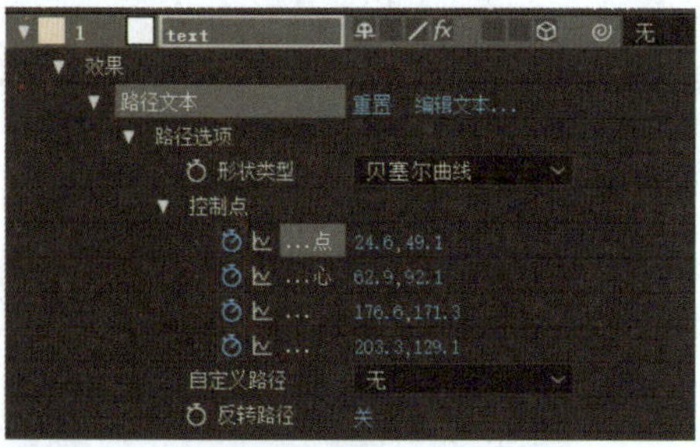

图 11-18　属性设置（2 秒处）

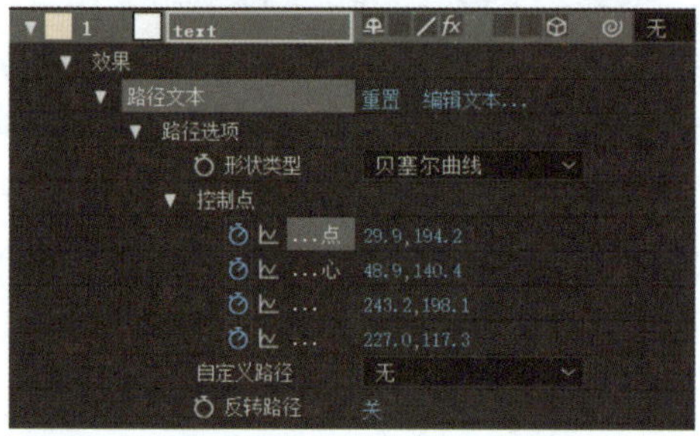

图 11-19　属性设置（4 秒处）

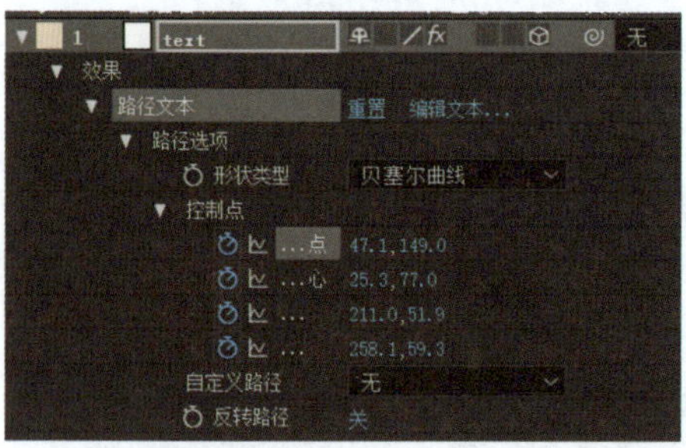

图 11-20　属性设置（6 秒处）

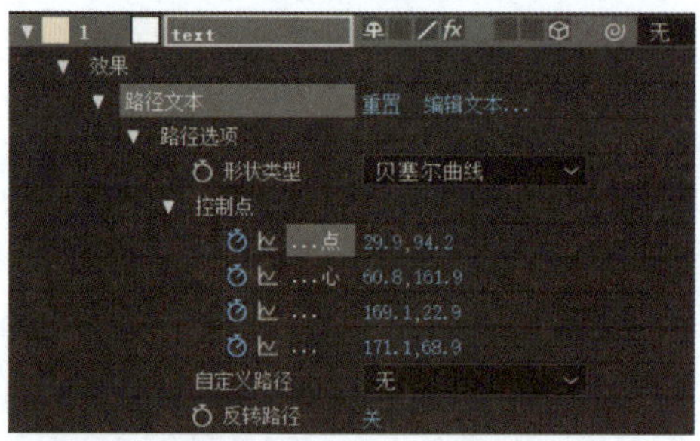

图 11-21　属性设置（8 秒处）

步骤 18 预览效果：单击“**播放**”按钮，预览合成效果。

步骤 19 输出影片：保存项目为“BALLET.aep”，将文件的图片质量设置为Best（设置方法：在时间轴中将所有图层的“质量与采样”列都设置为实线样式）。选择“**合成→添加到渲染队列**”命令，设置渲染设置为“最佳设置”，输出模块为“无损”，并在“输出到”文本框中输入存储路径。

11.4　范例制作——风景片《水中倒影》

11.4.1　影片简介

一个非常可爱的小女孩站在微风吹拂的湖边小船上，小女孩目不转睛地看着飘落在水中的鲜花，水中倒映出小女孩的身影，而远处是错落有致的美丽建筑和茂密的树林。

11.4.2 观看影片

播放影片文件（素材与工程文件 \Chapter11\Assort11\Movie\shadow_end.avi）。通过观看影片，进一步了解风景片《水中倒影》的主要内容，如图 11-22 所示。

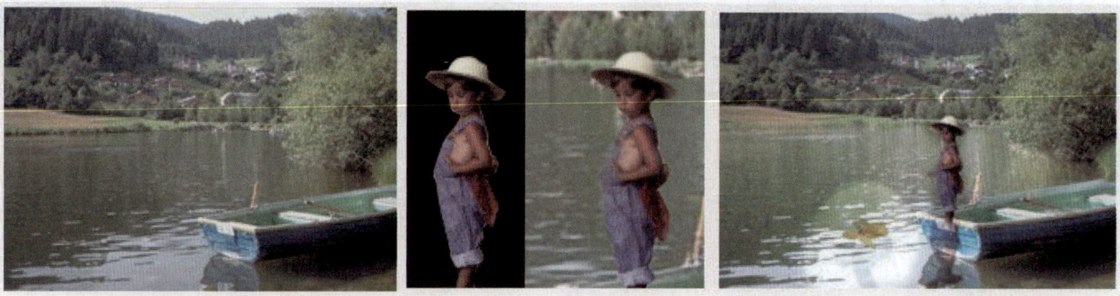

图 11-22 风景片《水中倒影》的片段画面

11.4.3 制作流程（步骤）及技巧分析

本例我们将用到 3D 图层的阴影投射，以及通过阴影传输模式制作真实的倒影效果。制作上充分利用遮罩和 3D 图层的结合，再加上水波纹特效，使画面生动，富有童趣，整个制作流程可分为 3 个阶段，如图 11-23 所示。

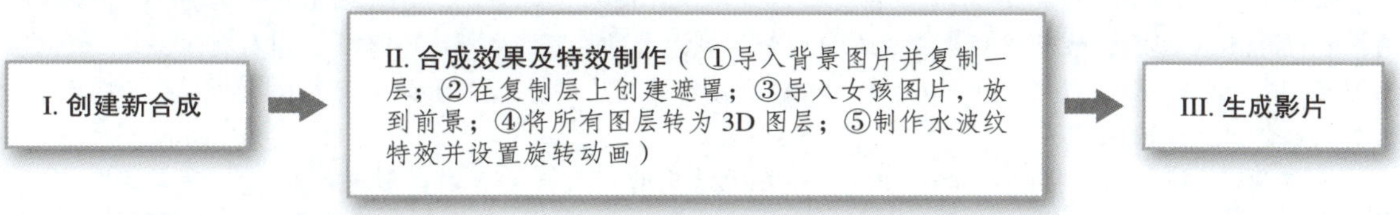

图 11-23 风景片《水中倒影》的制作流程

11.4.4 编辑与合成

步骤 1 新建合成：新建项目。在新建的项目中，新建一个合成，设置尺寸为“600×430”像素、持续时间为 3 秒。

步骤 2 导入素材：打开素材所在文件夹“素材与工程文件 \Chapter11\Assort11\Proj\Source11”，在导入带有 Alpha 通道的素材文件时，需要在打开的对话框中选择“直接 - 无遮罩”选项，如图 11-24 所示。

步骤 3 制作 3D 图层：从项目面板中选择素材文件“bg.jpg”，拖放到合成面板的中央位置释放。按“Ctrl+D”快捷键，复制该图层，将复制的“bg.jpg”图层重命名为 water。选中 water 图层，单击“**3D 图层**”按钮，将其转换为 3D 图层。

步骤 4 勾绘：使用**钢笔工具**在合成面板中勾勒出水面的部分，如图 11-25 所示。

步骤 5 设置 water 图层属性：在时间轴中，选中 water 图层，展开图层属性。在“材质选项”栏中，设置接受阴影为“开”、接受灯光为“开”，使该图层接受阴影，如图 11-26 所示。

步骤 6 设置 girl 图层属性：从项目面板中选择素材 girl 并拖放到合成面板中，将该图层转为 3D 图层，并调整位置、大小和其他属性，如图 11-27 所示。

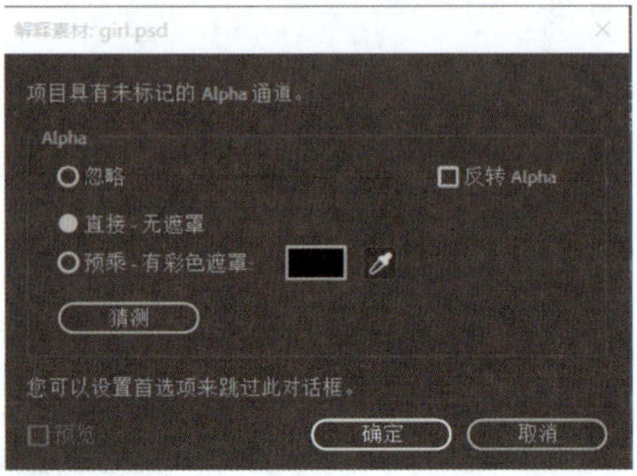

图 11-24 选择 Alpha 类型

图 11-25 勾勒出的 Mask

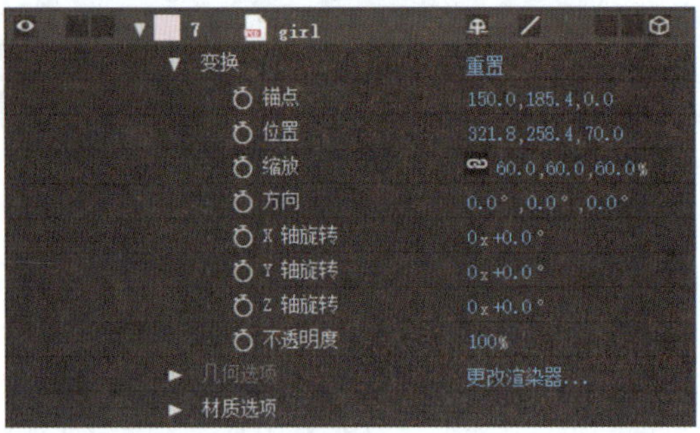

图 11-26 设置 water 图层的属性

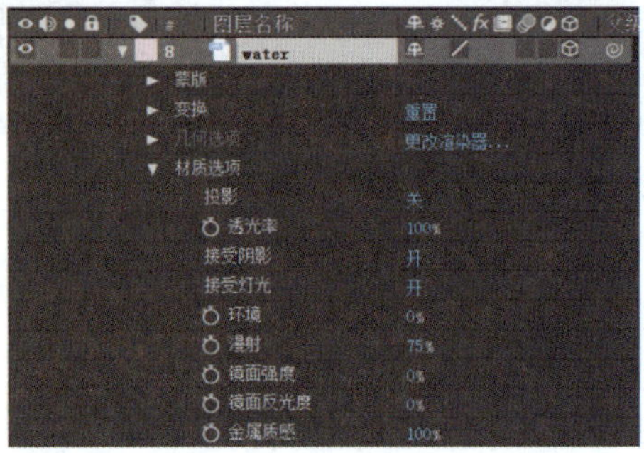

图 11-27 设置 girl 图层的属性

步骤 7 调整阴影：按“Ctrl+D”快捷键，复制 girl 图层，将复制的 girl 图层重命名为 girlshadow。选中 girlshadow 图层，展开图层属性。在“材质选项”栏中，设置投影为“仅”，图层将只显示出阴影，原图层不可见；设置透光率为 100%，透光率表示灯光的穿透性，它用于调整阴影传输模式，数值越高，透明效果越强，如图 11-28 所示。

步骤 8 新建灯光：增加一个平行光，作为场景中的主光源。在时间轴的空白处，单击鼠标右键，在弹出的菜单中选择“**新建→灯光**”命令，增加一个平行光，将灯光图层命名为 Light1，调整灯光图层的属性，如图 11-29 所示。

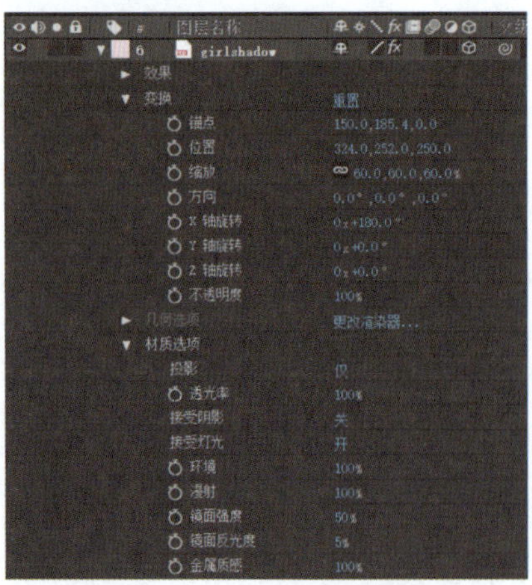

图 11-28 girlshadow 图层属性设置

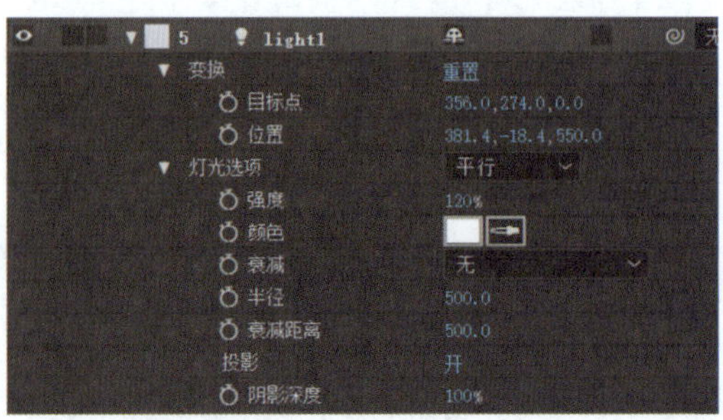

图 11-29 调整灯光图层 light1 的属性

图 11-30　利用三视图方式调整灯光

贴心提示

调整灯光时，可以利用三视图方式进行调整，在视图面板底部找到 Camera 后面的下拉框，选择“4 个视图”选项，以 4 个视窗（顶部、正面和右侧三个视图，再加摄像机视角）显示不同的角度，如图 11-30 所示。

步骤 9　增加一个补光：现在我们看到合成面板中的投影了，但小女孩本身却是黑的，如图 11-31 所示。这就需要增加一个补光了。在时间轴的空白处，单击鼠标右键，在弹出的菜单中选择“**新建→灯光**”命令，增加一个聚光灯，将灯光图层命名为 light2，并展开该图层的属性。该灯光只是用来照亮小女孩的，因此这里就不需要设置“投影”属性了，只需设置“灯光选项”栏中的“投影”属性为“关”即可，如图 11-32 所示。

图 11-31　小女孩在合成中呈现黑色

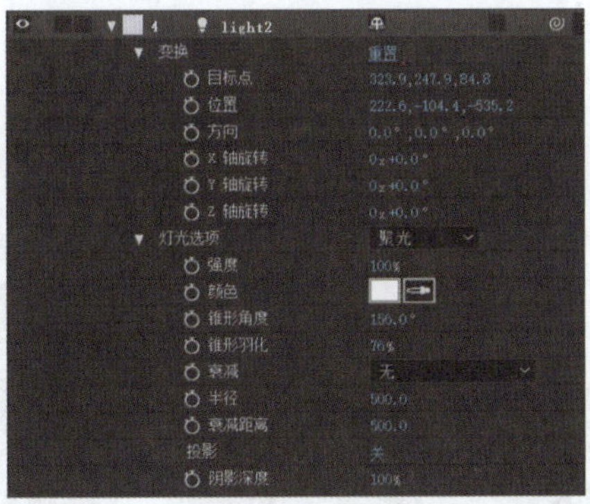

图 11-32　light2 属性设置

步骤 10　模糊水中的影子：为了画面更真实，可以让水中的影子模糊一些。选中 girlshadow 图层，单击鼠标右键，在弹出的菜单中选择“**效果→模糊和锐化→快速方框模糊特效**”命令，设置“模糊度”值为 4，如图 11-33 所示。

步骤 11　“花朵慢慢旋转着浸入水中”效果：将素材文件“flower.psd”拖放到合成面板中，单击“**3D 图层**”按钮，将其转换为 3D 图层，调整位置和大小。展开该图层属性，在“灯光选项”栏中，设置投影为“开”，图层显示出阴影；设置透光率为 0%。在“变换”栏中，激活“方向”属性左侧的“**时间变化秒表**”按钮，设置动画。在开始处，设置方向为“298.0°，0.0°，0.0°”；在结尾处，设置方向为“298.0°，0.0°，243.0°”。参考上述方法，设置“位置”和“不透明度”动画，让花旋转着，慢慢浸入水中，花也变得不那么清晰了，如图 11-34 所示。

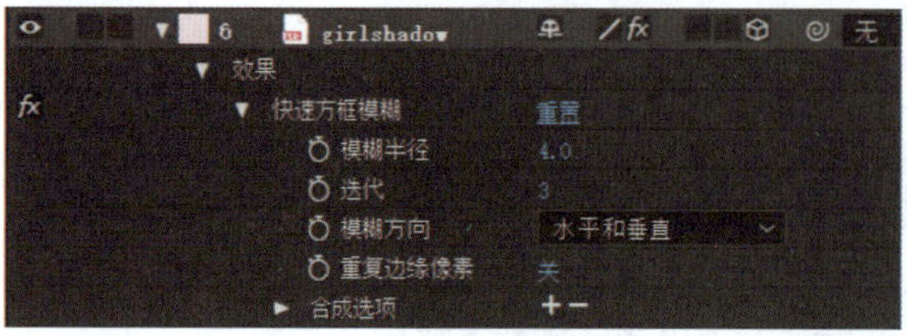

图 11-33 “快速方框模糊”特效属性设置

图 11-34 花浸入水中

步骤 12 分割图层：为了做出花浸入水中后，水面出现波纹效果，我们将“flower.psd”图层剪切为两部分，将时间指示器停在花刚刚浸入水中的时间处，按“Shift+Ctrl+D”快捷键，将“flower.psd”图层分割为两个图层，如图 11-35 所示。

图 11-35 将“flower.psd”图层分割为两个图层

步骤 13 波形变形：选中后一个“flower.psd”图层，选择“**效果→扭曲→波形变形**”命令，添加“波形变形”效果。该特效可以在图像上产生波浪效果，可以根据需要定义波浪的形状，该效果自动生成动画，不需要设置关键帧。“波形变形”效果的属性设置，如图 11-36 所示。

步骤 14 增加聚光灯：为了让花朵显得亮一点，再增加一个聚光灯，命名为“Light 3”。调整灯光让光照在花上，展开“Light 3”图层的属性，在“灯光选项”栏中，设置锥形羽化为 20、投影为“开”（产生阴影）、阴影深度为 100%（控制投影的颜色深度，数值越小，投影的颜色越浅），如图 11-37 所示。

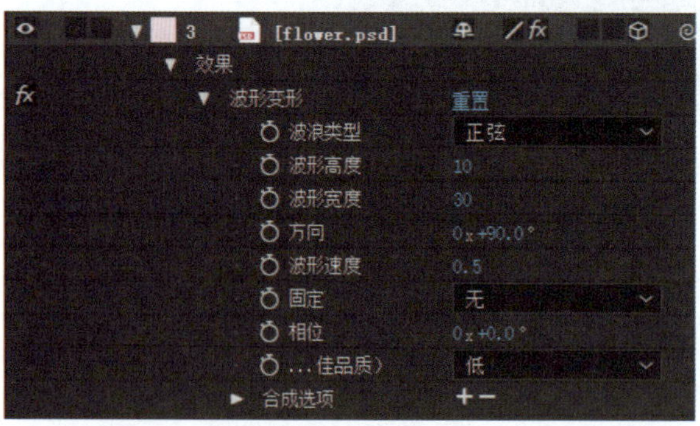

图 11-36 “波形变形”效果的属性设置

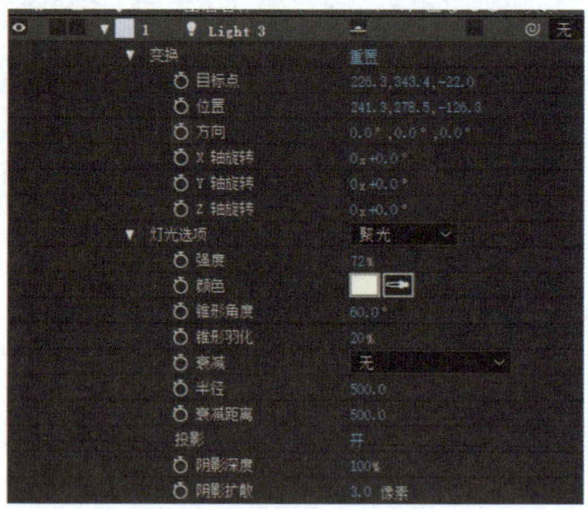

图 11-37 “Light 3”图层的属性设置

步骤 15 添加摄像机：在时间轴的空白区域单击鼠标右键，在弹出的菜单中选择“**新建→摄像机**”命令，弹出“摄像机设置”对话框，在这里使用默认值，单击“确定”按钮，添加一个摄像机。

步骤 16 设置摄像机：现在可以使用工具面板中的**旋转工具**和**摄像机工具**对新创建的摄像机进行操作和调整（可以利用四个视窗来调整摄像机），并设置摄像机属性，如图 11-38 所示。

步骤 17 设置渲染器：选择“**合成→合成设置**”命令，打开“合成设置”对话框，在“3D 渲染器”

栏中设置渲染器为“经典 3D”。使用“经典 3D”引擎进行渲染，所有对象都可以进行标准的 3D 渲染并以任何方式进行交错，可以正确地抗锯齿显示。

步骤 18 预览效果：单击“**播放**”按钮▶，播放影片，即可预览影片效果，如图 11-39 所示。

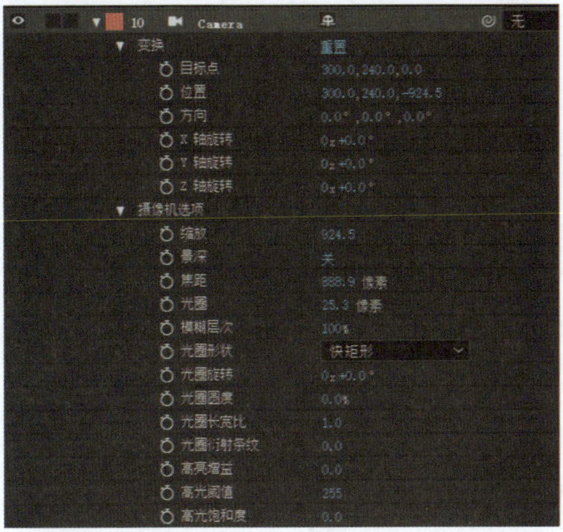

图 11-38 设置摄像机的属性

图 11-39 最后的效果

步骤 19 导出影片：保存项目文件为“shadow.p”。将文件的图片质量设置为最佳，即确保时间轴中图层右边的都是实线“/”。选择“**合成→添加到渲染队列**”命令，打开“渲染队列”面板。单击“输出到”选项，打开“输出到”对话框，设置存储路径和文件名，单击“保存”按钮；单击“输出模块”的“无损”选项，打开“输出模块设置”对话框，设置格式为“QuickTime”，单击“确定”按钮。单击“渲染”按钮，进行生成计算。等待几秒，即可生成影片。

本章小结

在本章中，我们学习了 3D 图层的合成方法和属性设置，掌握了为场景设置灯光和摄像机，以及设置灯光阴影效果的方法。展开图层属性，将“灯光选项”中的“投影”属性设置为“开”后，场景中的对象物体仍然没有阴影。这是因为阴影不仅受灯光的影响，还受对象材质的影响。我们一定要将场景中的 3D 图层分析透彻，搞清楚哪个物体产生阴影，哪个物体接受阴影。把它们的关系弄清楚，这样就能很容易地制作出阴影效果了。本章通过两个范例的制作，使读者熟练掌握在三视图中进行调整灯光、图层对象和摄像机等技术的应用，并掌握了制作路径文字、在合成中添加音乐的方法。

本章作业

一、简答题

1. 哪项设置支持运动模糊、阴影照明、深度场等高级三维特效？

2. 如何快速、精确地定位时间指示器？
3. 使用哪个工具可以沿 Z 轴推近摄像机视图，如何操作？
4. 如何到三视图中对灯光和摄像机进行设置？
5. 如何在合成中添加音乐？

二、选择题

1. 对合成图像中的图层进行旋转时，哪种坐标系不会发生任何改变？（　　）

A. 　　B. 　　C. 

2. 选择哪个工具，可以使 3D 图层在相应的坐标轴方向上任意旋转？（　　）

A. 　　B. 　　C. 　　D. 

3. 3D 图层的哪些属性决定产生灯光投射阴影的效果？（　　）(多选)

A. 透光率　　B. 投影　　C. 接受阴影　　D. 镜面

4. 下面哪个属性是控制图层受环境光影响程度？（　　）

A. 镜面反光度　　B. 漫射　　C. 环境　　D. 金属质感

5. 时间轴中的哪个按钮可以控制刷新的速度，且不影响最终的照明和投射阴影的渲染？（　　）

A. 　　B. 　　C. 　　D. 

三、练习与实训

实训 11-1　制作三维特效

详细内容请参见配套的电子版实训册《影视动画数字后期编辑与合成实训》中的第 11 章。

12 运动的高级控制

本章重点

- 运用时间重映射功能对影片播放进行高级控制
- 利用运动草图功能绘制运动路径
- 运用插值的方式对关键帧进行控制
- 时间变换功能
- 图层之间的父子关联
- 运用表达式控制复杂动画

教学环境

多媒体教室、电脑（配备视音频采集卡）、投影、公放、DVD

学时建议

8 学时

学习建议

通过制作 2 个范例——动画片《阿拉丁》和宣传片《查看地图》，掌握设置动画的关键帧运动速度、为图层添加运动路径、对视频素材进行加速和减速等高级控制的方法和技巧。

12.1 艺术指导原则

前面我们学习了在 After Effects 中进行图像的合成，对图像设置特效和动画也有了一定的了解。After Effects 对于动画的关键帧运动还提供了高级的控制方法，通过对关键帧插值运算的调整，可以对图层的运动路径进行平滑处理，对视频进行加速、减速等操作；还可以利用运动草图技术制作生动、具有视觉冲击力的效果。

12.2 速度调整

在后期剪辑合成中，经常要对视频和动画等素材的播放速度进行调整。有的素材需要慢速播放效果，有的素材则需要加快速度，还有的素材需要倒放效果。通过对关键帧运动的高级控制方法，调整关键帧插值运算，对图层的运动路径进行平滑处理，对素材进行加速、减速播放。

12.2.1 插值控制

首先我们要理解值图、速度图和速率图的概念。

通过插值方式对关键帧进行控制。插值可以使关键帧产生多变的运动效果，在 After Effects 中提供了多种插值方法对运动进行控制。例如，对图层某个参数定义了关键帧后，在时间轴中展开这些属性，单击该属性左侧的按钮并单击时间轴上方的**“图表编辑器”**按钮后，在时间轴的右侧打开图表编辑器，在该编辑器中展示参数变化的曲线，如图 12-1 所示。

图 12-1 图表编辑器

图表编辑器中的曲线可以用多种方式编辑，如以参数曲线变化值的方式编辑、以速度变化的方式编辑。单击图表编辑器下方的**“选择图标类型和选项”**按钮来选择相应的编辑方式，如图 12-2 所示。

在值图曲线上增加关键帧点的方法：①按 Ctrl 键的同时在曲线上单击，则在该时间点增加一个控制点，即关键帧点；也可以利用**钢笔工具**在值图曲线上单击，即可增加关键帧点。曲线上的控制点可以向上或向下移动，从而增大或减小关键帧的数值；也可以拖动值图曲线点上的句柄，改变属性的变化幅度，如图 12-3 所示。

同一个参数变化曲线在调整时可以切换到速度曲线图中查看数值变化的快慢，同时也可以直接进行编辑，方法同数值图编辑方法相同，速度曲线图如图 12-4 所示。

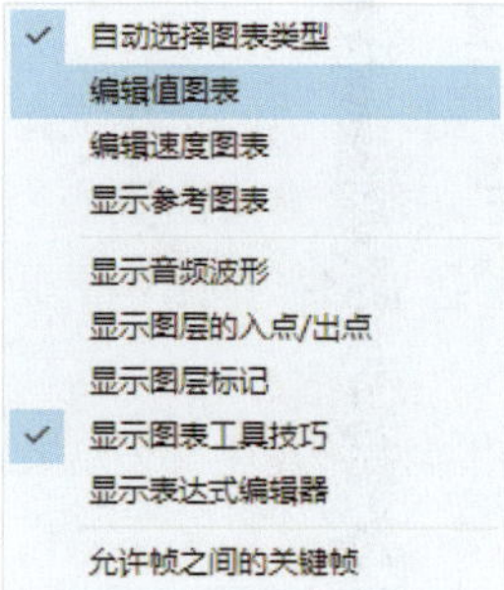

图 12-2 图标类型和选项

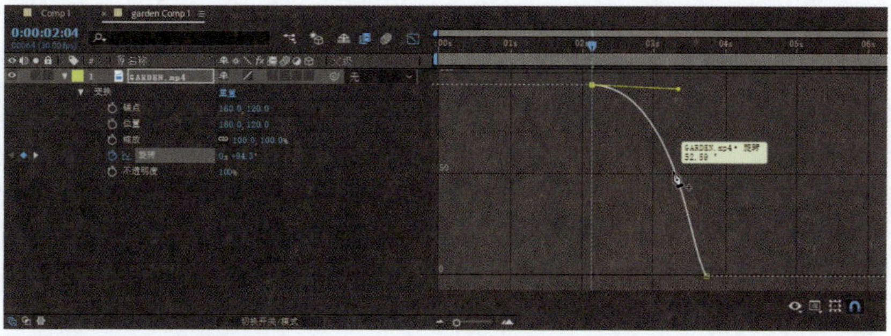

图 12-3 在曲线上增加关键帧点

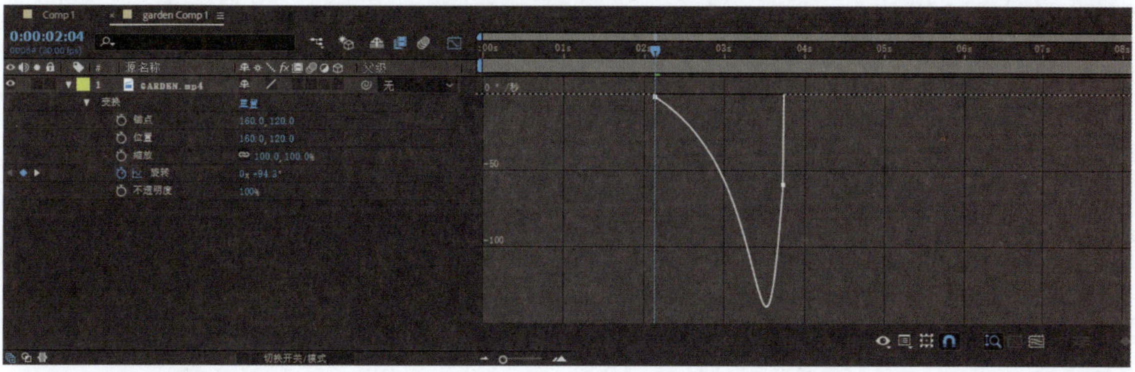

图 12-4 速度曲线图

12.2.2 插值类型

插值类型可以控制关键帧之间的线性变化、平滑变化或其他方式的变化。在 After Effects 中基于贝塞尔曲线进行插值控制，通过调整关键帧方向句柄，对插值的属性进行调整。After Effects 有线性插值、贝塞尔插值、连续贝塞尔插值、自动贝塞尔插值、定格插值 5 种插值类型。

（1）线性插值是系统默认的插值设置。它对关键帧产生相同的变化率，其变化节奏比较强，相对比较机械，如图 12-5 所示的关键帧都是线性插值，每两个关键帧之间的连线为直线，关键帧之间是匀速变化的。

（2）贝塞尔插值方法可以通过调整句柄来改变值图形状和运动路径，为关键帧提供精确的插值。可单独调整每一个关键帧点的句柄，通过调整句柄改变关键帧的变化率，具有较高的可控性，如图 12-6 所示。

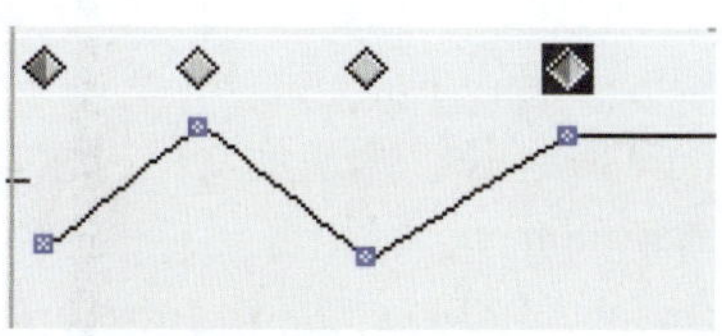

图 12-5 线性插值

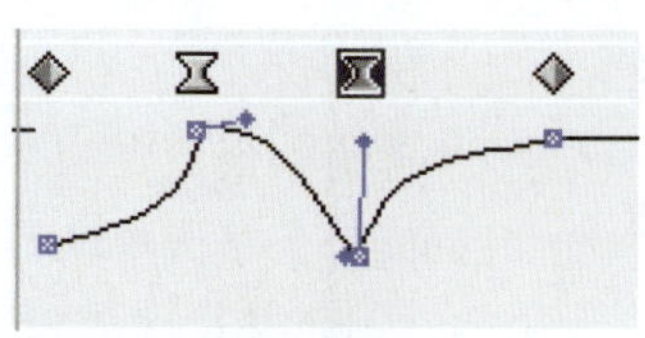

图 12-6 贝塞尔插值

（3）连续贝塞尔插值与贝塞尔插值相似，贝塞尔插值在传过一个关键帧时，会产生一个平稳的变化率。其方向句柄总是处于一条直线，如图 12-7 所示。

（4）自动贝塞尔插值在通过关键帧时产生一个平稳的变化率。它可以对关键帧两边的值图或运动路径进行自动调整，如图 12-8 所示。如果以手动方式调整自动贝塞尔插值，则关键帧插值变为连续贝塞尔插值，如果图层上的所有关键帧都使用自动贝塞尔插值，则图层的运动路径都由平滑曲线构成。

（5）定格插值随时间改变关键帧的值，关键帧之间没有任何过渡，可以使属性值发生突变，在曲线形状上表现为阶梯状，如图 12-9 所示。

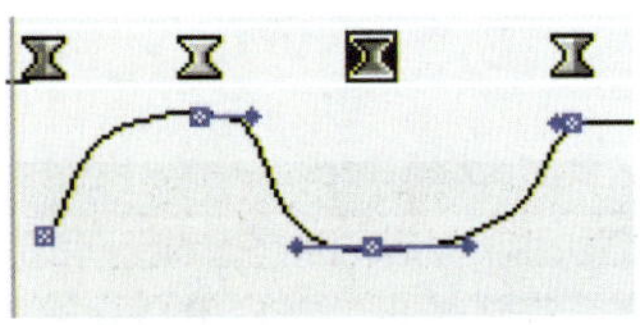

图 12-7　连续贝塞尔插值

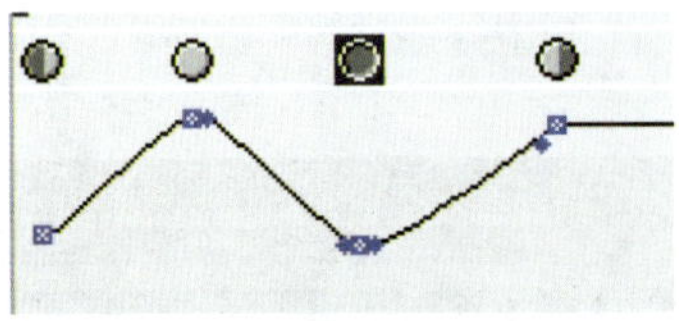

图 12-8　自动贝塞尔插值

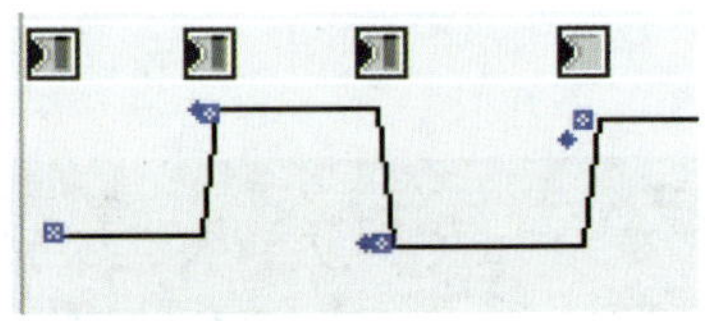

图 12-9　定格插值

不同类型的插值关键帧在时间轴中显示为不同的形状。线性插值的形状为◆，贝塞尔插值和连续贝塞尔插值的形状为⧗，自动贝塞尔插值的形状为●，定格插值的形状为◀。

12.2.3　改变关键帧的插值类型

选中关键帧，选择“**动画→关键帧插值**”命令，或按“Ctrl+Alt+K”快捷键，进行插值调整。

12.2.4　改变关键帧属性值

改变关键帧属性的方法有两种：①在图表编辑器中，双击关键帧，在弹出的对话框中输入数值；②选中关键帧点，单击鼠标右键，在弹出的菜单中选择“关键帧速度”命令，在打开的对话框中设置出点速度影响范围。

12.2.5　速度变化

通过时间轴中的速率图和速度图可以对图层的动画进行精确调整。速率图提供了所有空间值在合成中的变化率的全部信息及值的控制；速度图提供所有非空间值在合成中的变化率的全部信息及值的控制。

在合成面板中，运动路径上点的间隔显示速度的变化。在速率或速度图中，高度变化意味着速度的改变。高的值表示增加速度，水平表示正常速度。同时，在曲线上点的密集程度也可显示速度变化；点越疏则速度变化越快，点越密则速度变化越慢。

影响速度变化的几个因素：

（1）时间：时间对速度影响最大。两个关键帧的时间间隔越长，则速度变化越慢，反之则变化越快。调整关键帧的时间间隔，是调整动画速度变化最直接的办法。

（2）值差别：相邻关键帧间值的差别对速度变化也有影响，关键帧间的值差别越大，变化越快；反之变化越慢。

（3）插值类型：关键帧的插值类型对速度的变化也有影响。线性插值很难使关键帧的值变化平稳，而贝塞尔插值可以通过调整句柄精准地调整变化率。

12.2.6 调整速度

通过调整两个关键帧间的空间或时间距离对动画速度进行调整。在合成面板或图层面板中调整两个关键帧的距离，距离越大速度越快，反之则速度越慢。在时间轴中，调整两个关键帧间的距离，距离越大速度越慢，反之则越快。

另外，还可以通过速率图或速度图对图层的动画进行精确调整。通过调整速率图或速度图中的关键帧控制点上的句柄，可以产生加速、减速等效果。在时间轴中，打开要调整属性的速度图或速率图，拖动关键帧控制点上的句柄，调整速度，向上增加速度——向下降低速度；向左或向右拖动句柄，可以扩大或减少句柄对相邻关键帧的影响。当拖动句柄越过速率图或速度图边界时，系统会基于拖动到边界外的量重新计算出最小值或最大值，重画图形。我们可以将鼠标指针定位在速率图或速度图分界线上，上下拖动可以改变速率图或速度图的边界尺寸。

12.2.7 关键帧辅助

为了高效地定义关键帧动画，可以选择“**动画→关键帧辅助**”命令，从子菜单中找到合适的辅助工具。

- 缓动：使进入和离开关键帧的属性变化速度更加平缓，进入该关键帧时逐渐减速，离开该关键帧是逐渐加速。用该工具作用的关键帧左右句柄的影响范围为33.3%，关键帧处的速度为0。
- 缓入：只对关键帧左侧句柄起作用。
- 缓出：只对关键帧右侧句柄起作用。
- 指数比例：将选择的关键帧属性值反转，但必须选择两个以上的关键帧，才可以进行反转操作。

12.2.8 时间控制

After Effects可以通过改变图层的持续时间，来改变素材的播放幅度，还可以对素材进行慢动作播放或快进播放。一般可以通过两种手段改变图层的持续时间或对播放进行加速、反向或中间暂停等操作。

方法1：利用时间延伸命令，来对整个图层的持续时间进行修改，使影片播放速度加快，或慢放等。选中需要调整速度的图层，选择“**图层→时间→时间伸缩**”命令，在打开的对话框中，设置拉伸因数的百分比（图层在播放时与原来播放时间的百分比），或在“新持续时间”选项中设置持续时间，来重新定义图层的播放时间，如图12-10所示。

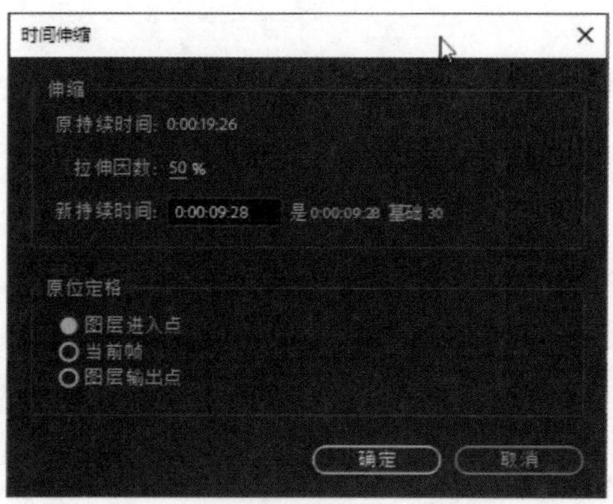

图12-10 “时间伸缩”对话框

方法 2：利用时间重映射的方法来对图层进行时间延伸操作，让播放速度加快或减慢，还能在运动中定格或反向播放等。这种方法更自由，具体操作：选中要调整速度的图层，选择 **"图层→时间→启动时间重映射"** 命令，展开图层属性，可以看到多了一个"时间重映射"属性，如图 12-11 所示。

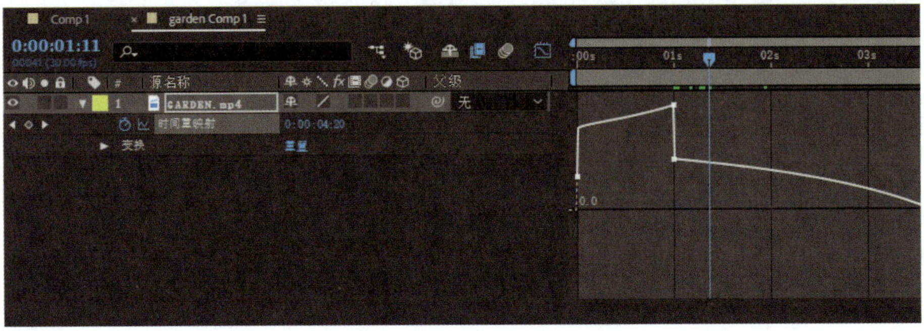

图 12-11 "时间重映射"属性

对图层时间重映射处理后，系统会自动打开其关键帧记录器，产生第一帧和最后一帧的关键帧。关闭关键帧记录器将删除时间重映射。通过在影片时间重映射中插入关键帧来产生复杂的运动。可以在关键帧导航器中添加关键帧后，系统会自动反映在图表编辑器中。此外，还可以从工具面板中选择**钢笔工具**，在图表编辑器的曲线上单击，以此来增加关键帧。

下面介绍几种有效的调速方法。

- 加速：将重映射时间标记向后拖动，使其位于当前时间指示器的右侧，则当前时间指示器之前的素材将被加速播放，在值图中这两个关键帧之间的曲线是呈上的坡状，如图 12-12 所示。
- 减速：先选定关键帧的当前时指示器和重映射时间标记，可以使两个关键帧之间的素材播放减慢。在值图中，这两个关键帧之间的曲线变化较为平缓，如图 12-13 所示。

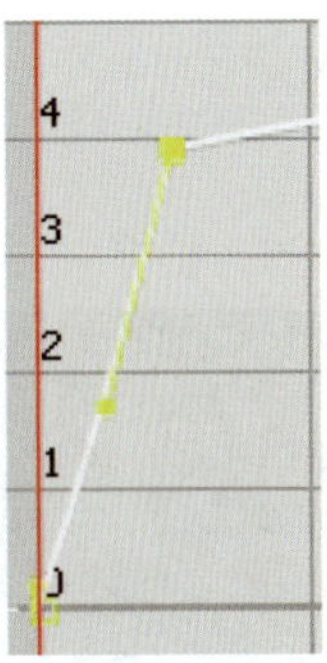

图 12-12 加速

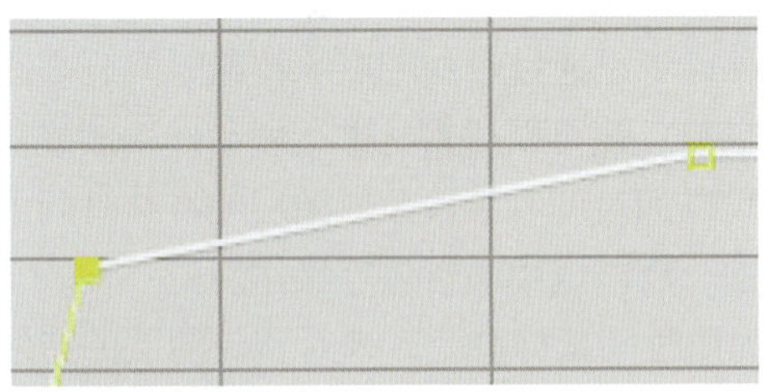

图 12-13 减速

- 定格：将重映射时间标记定位到与上一关键帧的重映射时间标记相同的位置，则这两个关键帧之前的素材将停止播放。在值图中，这两个关键帧之间的连线是水平直线，如图 12-14 所示。
- 倒放：将重映射时间标记向前拖动，使其位于当前时间指示器的左侧，则当前时间指示器之前的素材将进行倒放。在值图中，这两个关键帧之间的曲线呈下坡状，如图 12-15 所示。

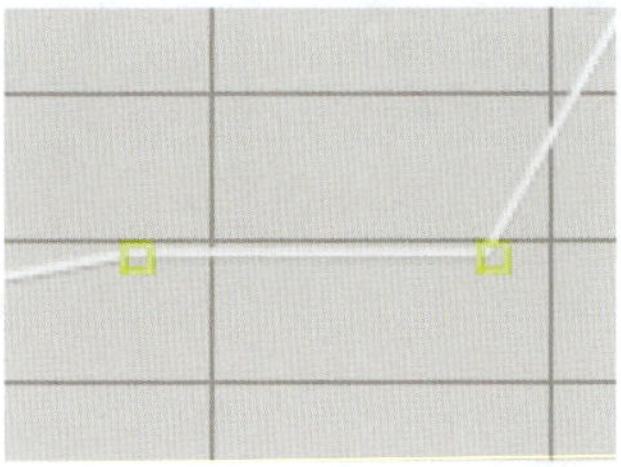

图 12-14　定格

图 12-15　倒放

使用时间调整后，由于帧速率的变化会导致运动质量的变差，播放影片时可能会出现抖动和不流畅的现象，我们可以打开 **“帧混合开关”** 按钮，应用帧混合进行弥补，使动画平滑。注意：一旦应用了帧混合技术，系统就会耗费大量的计算时间。

12.3　范例制作——动画片《阿拉丁》的变速调整

本例运用时间重映射功能将一个镜头中的画面进行不同速度设置及定格处理。本例选用的是动画片《阿拉丁》中的一个片段。

12.3.1　影片简介

本片讲述的是动画片《阿拉丁》中人与老虎争夺一条花围巾的过程。在慢速度的播放下，可以看清每个动作的细节。在花围巾被撕扯破的一瞬间，做一个定格；接着用快速播放来表现角色的激烈情绪；最后制作一个倒放效果，喜剧化地重现了人与老虎争夺一条花围巾的过程。

12.3.2　观看影片

播放影片文件（素材与工程文件 \Chapter12\ASSORT12\MOVIE_Timermap\timemap_final.avi）。通过观看影片，进一步了解动画片《阿拉丁》范例制作的主要内容，如图 12-16 所示。

图 12-16　动画片《阿拉丁》变速调整的片段画面

12.3.3　制作流程（步骤）及技巧分析

在本片中我们运用了 After Effects 的时间变换功能，将影片的不同位置进行局部变速处理，得到更戏剧化的效果。整个制作流程可分为 3 个阶段，如图 12-17 所示。

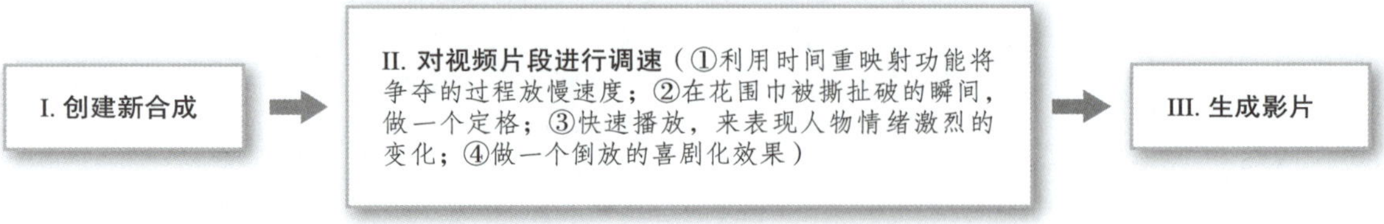

图 12-17　动画片《阿拉丁》的变速调整制作流程图

12.3.4　变速调整与合成

步骤 1　新建合成：新建项目后，选择“**合成→新建合成**”命令，新建一个合成。在打开的对话框中输入合成的尺寸为“320×240”像素（具体数值可根据剪辑需求调整），设置持续时间为 10 秒，单击“确认”按钮。

步骤 2　导入素材：选择“**文件→导入→文件**”命令，在打开的对话框中找到要导入的素材文件，将其导入到项目面板中，如图 12-18 所示。

步骤 3　拖放素材：在项目面板中，选中刚刚导入的素材文件“garden.mov”，将其拖放到合成面板的中心位置，如图 12-19 所示。

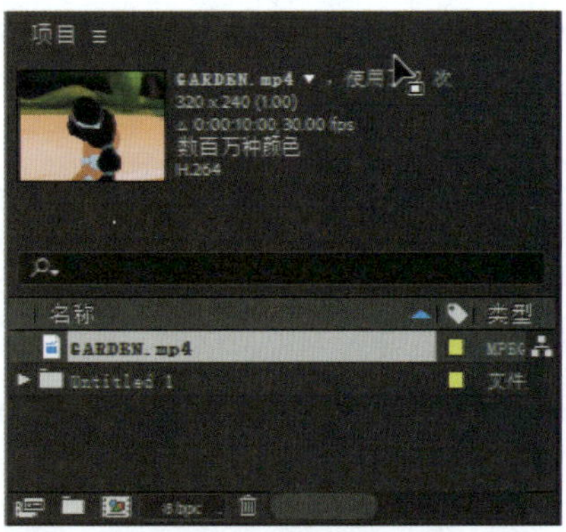

图 12-18　导入素材文件到项目面板

图 12-19　将素材拖放到合成面板

步骤 4　启动时间重映射：选择“**图层→时间→启动时间重映射**”命令，展开图层属性，可以看到多了一个“时间重映射”属性，如图 12-20 所示。

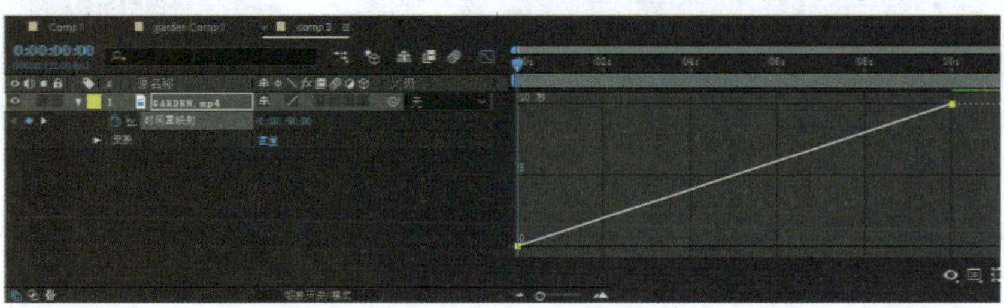

图 12-20　启动时间重映射

步骤 5　定位时间：单击时间轴左上方的时间定位器，更改数值为“00:00:01:00”，定位时间指示器到 1 秒处，如图 12-21 所示。

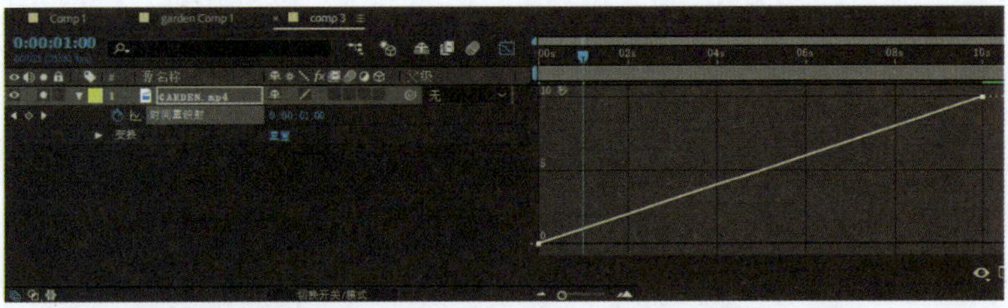

图 12-21　定位时间指示器到 1 秒处

步骤 6　加速播放：在图表编辑器的 1 秒处，按 Ctrl 键同时单击鼠标左键，在曲线上增加一个关键帧。双击该关键帧，打开“时间重映射”对话框，将时间设置为“00:00:03:23”，将开始关键帧到这一关键帧的内容进行加速播放，如图 12-22 所示。

步骤 7　查看曲线变化：此时图表编辑器中的曲线变化如图 12-23 所示。

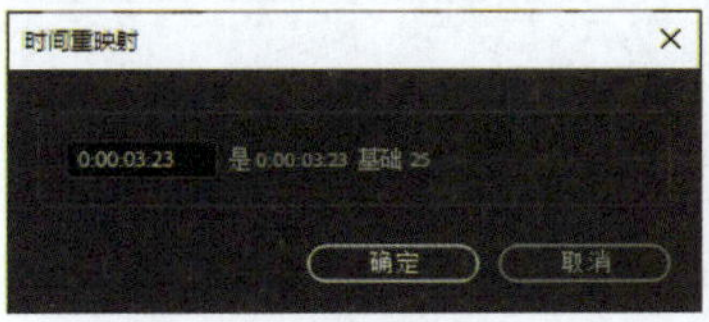

图 12-22　加速播放设置

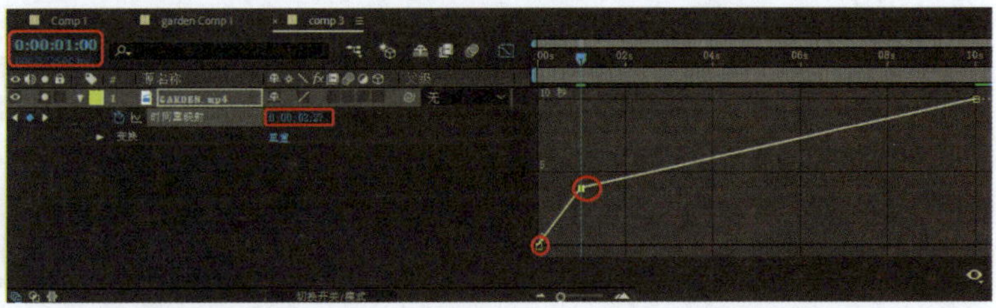

图 12-23　加速运动的曲线变化

步骤 8　慢速播放：下面制作一段慢速播放的效果。将时间指示器定位到 5 秒 13 帧处，在“时间重映射”值图中，将当前时间帧的时间设置为“00:00:04:22”，制作出慢放效果，如图 12-24 所示。

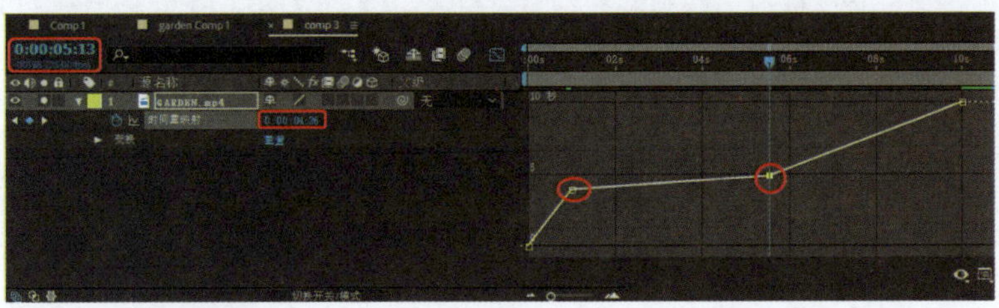

图 12-24　慢速播放设置

步骤 9　制作一个定格：将时间指示器定位到 7 秒 16 帧处，在“时间重映射”值图中，将当前时间帧的时间设置为“00:00:04:22”，制作出定格效果，如图 12-25 所示。

图 12-25　定格效果设置

步骤 10　加速播放：将时间指示器定位到 10 秒处，在“时间重映射”值图中，将当前时间帧的时间设置为“00:00:10:00”，制作加速播放效果，如图 12-26 所示。

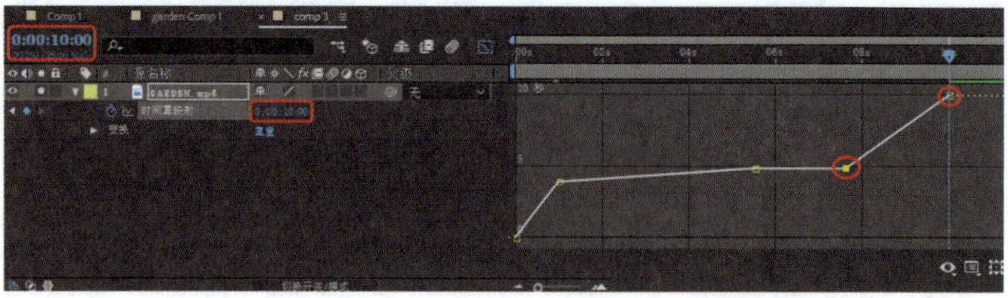

图 12-26　加速播放效果设置

步骤 11　倒放效果：实际上，到这里合成制作已经接近尾声了。因为开始我们把合成的持续时间设置为 10 秒。现在我们需要延长合成持续时间，使当前图层的持续时间也延长。选择“**合成→合成设置**”命令，打开对话框，设置持续时间为 15 秒。接下来又是一个定格，方法同上。紧接着定格后的是一个倒放的效果。将时间指示器定位到 14 秒处，在“时间重映射”值图中，将当前时间帧的时间设置为“00:00:02:00”，制作倒放效果，如图 12-27 所示。

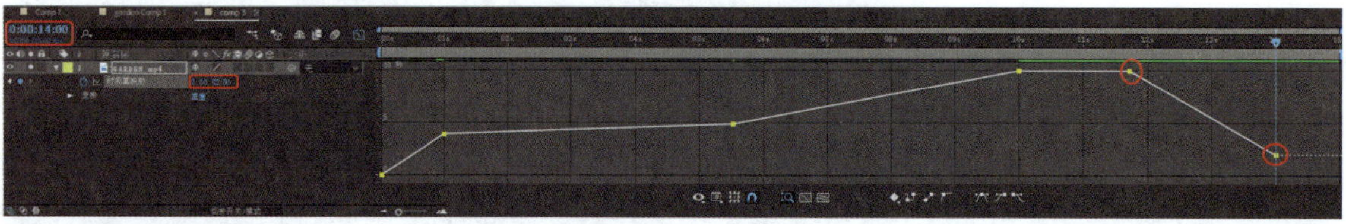

图 12-27　倒放效果设置

步骤 12　预览动画效果：在预览面板中，单击“**播放**”按钮▶，进行预览，我们会发现在影片在慢放时出现了明显的跳帧现象。调速后的视频很容易出现跳帧和抖动。打开图层和时间轴上方的“**帧混合开关**”按钮，再次单击“**播放**”按钮▶，进行预览，我们看到影片播放要平滑多了。

步骤 13　保存：选择“**文件→保存**”命令，将项目文件保存为“Timeramp.aep”。

步骤 14　生成视频：选择“**合成→添加到渲染队列**”命令。

步骤 15　播放最终影片：在“渲染”中单击“输出模块”中的“无损”，在打开的对话框中进行输出模块设置；在“输出到”中单击“尚未指定”，在打开的对话框中选择影片的输出位置。最后，单击右上角的“渲染”按钮，生成影片。现在我们就可以用播放器来播放影片了。对影片进行速度上的处理后，影片看起来会比原来更富有戏剧性。

12.4　动态草图

动态草图功能可以在指定的时间区域内绘制运动路径，系统在绘制的同时还记录了图层的位置和绘制路径的速度。当运动路径创建以后，系统会用合成指定的帧速率，为每一帧产生一个关键帧。

图 12-28　“动态草图”对话框

12.4.1　绘制运动路径

首先在合成面板或时间轴中将图层选定，在时间轴中，设置工作区域标志，指定运动路径时间上的工作区域，然后选择“**窗口→动态草图**”命令，打开“动态草图”对话框，如图 12-28 所示。

在合成面板中长按鼠标左键绘制运动路径，释放鼠标左键结束绘制。

12.4.2 遮罩路径与运动路径的转换

在 After Effects 中具有相同数据的对象之间是可以通过复制和粘贴进行转化的。遮罩路径与运动路径就有相同的数据，可以使用复制和粘贴进行转化。

步骤 1 在合成面板中创建一个遮罩（封闭的或者开放的都行），选择遮罩，按“Ctrl+C”快捷键复制遮罩路径。

步骤 2 在时间轴中，展开图层的属性，选择“变换→位置”属性，按“Ctrl+V”快捷键，系统会以当前时间为起点，粘贴路径，遮罩上的控制点就是路径上的关键帧。

12.4.3 运动和速度的平滑

对于关键帧的运动和速度平滑，可以使用“**窗口→平滑器**”命令进行控制。平滑器对图层的空间或时间曲线进行平滑处理。为图层的空间属性（如位置）应用平滑器，则可以平滑图层的空间曲线，为图层依时间变化的属性（如透明度）应用平滑器，则可以平滑图层的时间曲线。使用运动草图工具产生的曲线会有较复杂的关键帧，在很大程度上会降低处理速度，而使用平滑器可以消除多余的关键帧，对曲线进行平滑处理。

步骤 1 在时间轴中选择需要平滑处理的关键帧，注意不能同时平滑不同属性的关键帧。

步骤 2 选择“**窗口→平滑器**”命令，在弹出的对话框中对选项进行设置，如图 12-29 所示。

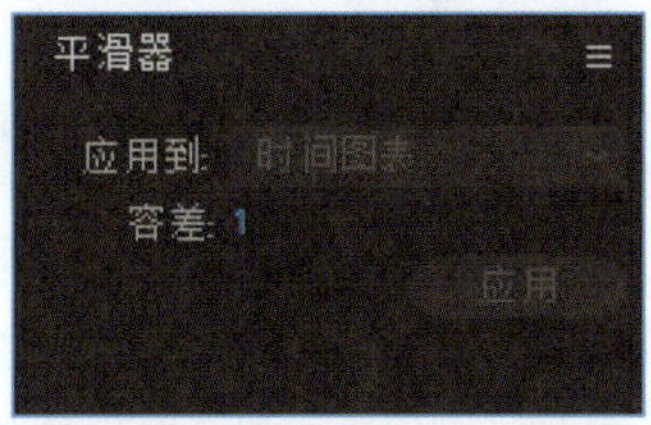

图 12-29 平滑器对话框中

- 应用到：控制平滑器应用到何种曲线。系统根据选择的关键帧属性自动选择曲线类型，主要包括两个选项：①空间路径（空间属性的空间路径），②时间图表（依时间变化的时间图表）。
- 容差：宽容度单位与要平滑的属性值一致，宽容度越高，产生的曲线越平滑，但过高的宽容度可能会导致曲线变形。

步骤 3 单击“应用”按钮，平滑曲线。

12.4.4 摇摆器的应用

通过“摇摆器”工具，可以对依时间变化的属性增加随机性。摇摆器根据关键帧属性及指定的选项，通过对属性增加关键帧或在已有的关键帧中进行随机插值，对原来的属性值产生一定的偏差，使图像产生更为自然的运动。

选择“窗口→摇摆器”命令，在弹出的对话框中进行设置，如图 12-30 所示。最后单击“应用”按钮，完成设置。

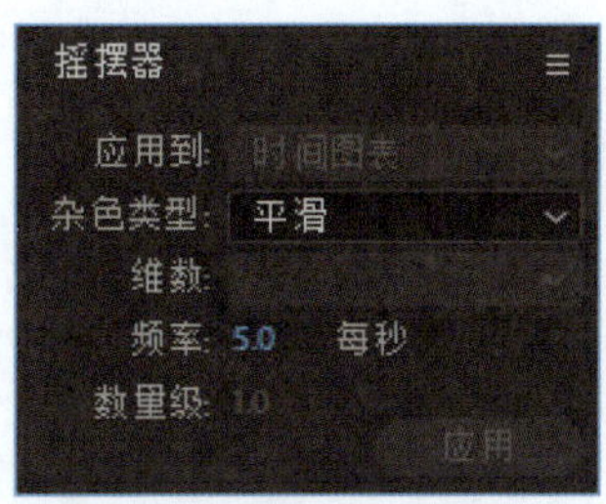

图 12-30 “摇摆器”对话框

12.5 范例制作——宣传片《查看地图》

在本例中，我们用放大镜在一张地图上寻找行车路线。

12.5.1 影片简介

汽车越野比赛的选手在地图上查看行车路线图。画面一转，越野车奔驰在茫茫的草原上，此时打出字幕 JOURNEY。

12.5.2 观看影片

播放影片文件（素材与工程 \Chapter12\ASSORT12\MOVIE_magnifier\carmotion_final.avi）。通过观看影片，进一步了解宣传片《查看地图》范例制作的主要内容，如图 12-31 所示。

图 12-31　宣传片《查看地图》的片段画面

12.5.3 制作流程（步骤）及技巧分析

首先在一张地图上用放大镜寻找行车路线；然后切换到越野汽车在辽阔的原野上驰骋的画面。我们在指定的时间内绘制出放大镜寻找路线的运动路径；然后再利用表达式控制动画，还要用到父子关联关系产生多个图层之间的动画联动。整个制作分为 3 个阶段，如图 12-32 所示。

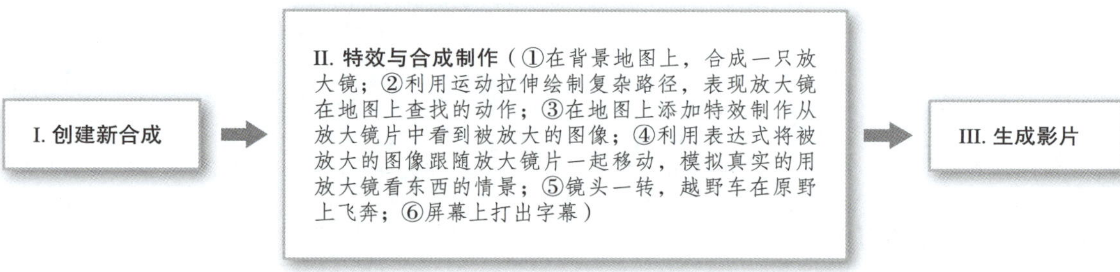

图 12-32　宣传片《查看地图》的制作流程图

12.5.4 编辑与合成

步骤 1　导入素材：导入本例中所需要的素材脚本文件（素材与工程文件 \Chapter12\ASSORT12\PROJ_magnifier\source12），对于包含有图层的图片素材分图层导入。

步骤 2　建新合成：选择“**合成→新建合成**”命令，新建一个合成。在“合成设置”对话框中，设置合成尺寸为“400×300”像素、帧速率为 25 帧 / 秒、持续时间为 20 秒。

步骤 3　修剪素材：从项目面板把素材文件“carmap1.jpg”拖放到合成面板的中心位置。修剪素材，先将时间指示器停在 10 秒的位置，按“Alt+]”快捷键设置新的出点。

步骤 4　修剪素材：从项目面板把素材文件“magnifier.jpg.psd”拖放到合成面板的中心位置释放鼠标。修剪素材，先将时间指示器停在 10 秒的位置，按“Alt+]”快捷键设置新的出点，如图 12-33 所示。

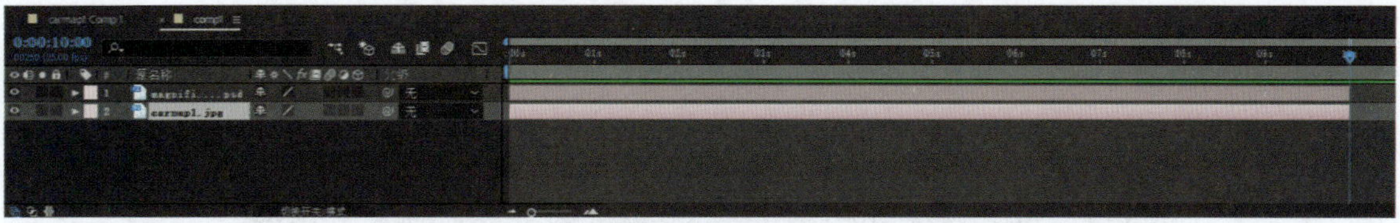

图 12-33　修剪素材

步骤 5　调整锚点：给放大镜绘制查找路线的路径。先调整“magnifier.jpg.psd”图层的锚点，从工具面板中选择**向后平移（锚点）工具**，移动锚点到放大镜的中心点。

步骤 6　绘制运动路径：选择“magnifier.jpg.psd”图层，设置工作区域标志，与素材长度一样，指定运动路径时间上的工作区域，然后选择“**窗口→动态草图**”命令，打开“动态草图”对话框，设置捕捉速度为 100%；勾选“线框”和“背景”选项，单击“开始捕捉”按钮在合成面板中使用鼠标左键绘制运动路径，最后释放鼠标左键结束绘制，如图 12-34 所示。

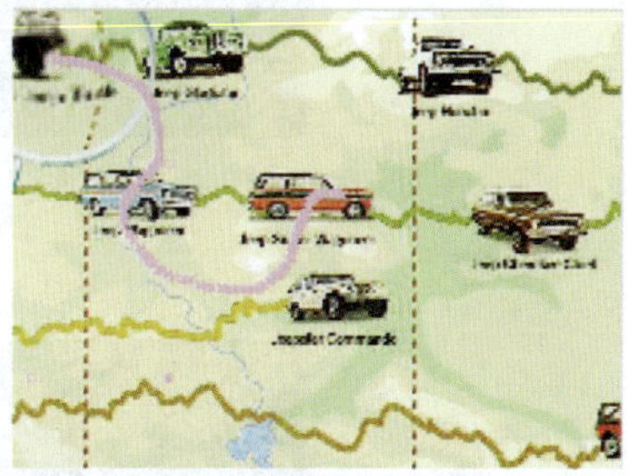

图 12-34　绘制运动路径

步骤 7　产生一个关键帧：展开“magnifier.jpg.psd”图层的“**变换→位置**”属性，可以看到系统为每一帧产生一个关键帧，如图 12-35 所示。

图 12-35　“位置”属性每帧都产生一个关键帧

步骤 8　预览：单击“**播放**”按钮，预览动画，可以看到放大镜随着路径运动了。

步骤 9　设置“凸出”效果：给“carmap1.jpg”图层添加变形效果。选中“carmap1.jpg”图层，选择“**效果→扭曲→凸出**”命令，在效果控件面板中设置水平半径和垂直半径均为 60，与放大镜镜片的大小基本相同。为了过渡自然，勾选“固定所有边缘”选项，如图 12-36 所示。

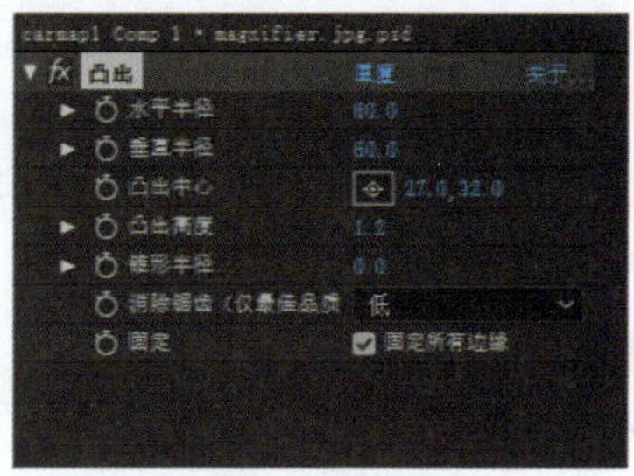

图 12-36　设置凸出特效控制

步骤 10　添加变形效果的动画：在时间轴中展开“magnifier.jpg.psd”图层的属性，为“**效果→凸出**”栏中的“凸出中心”属性设置动画。为了使“凸出中心”的动画轨迹与放大镜的镜片中心的运动路径一致，我们利用表达式来进行控制。在 After Effects 中利用表达式控制动画，是一种非常方便的方法。表达式可以在图层与图层之间进行联动，可以利用一个图层的某个属性来影响其他图层，也可以直接为某个属性创建表达式来控制动画。选择“凸出中心”属性，选择“**动画→添加表达式**”命令，此时在“凸出中心”属性下方会出现表达式属性，同时在右侧会出现“**属性关联器**”按钮和“**表达式语言菜单**”按钮（表达式开关），在时间轴中还显示了一个默认的表达式，如图 12-37 所示。

图 12-37　默认的表达式

步骤 11 赋予属性：长按表达式的“**属性关联器**”按钮，会出现一条直线，将其拖动到“magnifier.jpg.psd”图层的“位置”属性上，使“magnifier.jpg.psd”图层的“位置”属性的运动路径数据赋予“carmap1.jpg”图层的“凸出中心”属性，如图 12-38 所示。

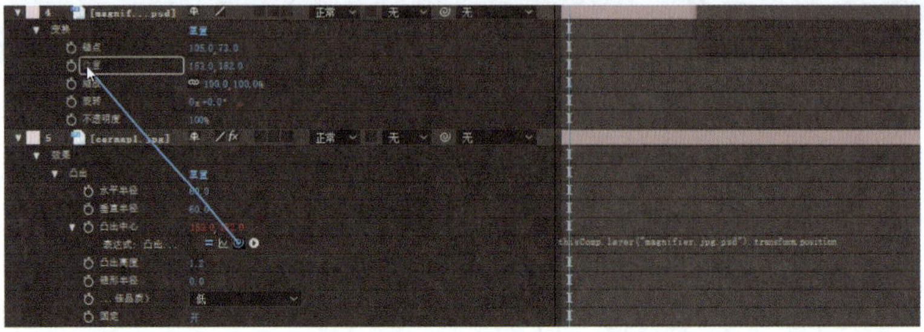

图 12-38 “位置”属性的运动路径数据赋予“凸出中心”属性

步骤 12 属性表达式：此时“凸出中心”属性下的表达式如图 12-39 所示。

图 12-39 “凸出中心”属性表达式

掌握 JavaScript 基础知识的读者还可以在表达式栏中写入动画控制表达式。如果写入了系统无法执行的表达式，会出现警示图标，并弹出对话框，指出错误语句的位置。单击属性右侧的“**启用表达式**”按钮，启用表达式。当“**启用表达式**”按钮呈状时，表示不使用表达式控制动画。我们还可以选择“**动画→关键帧辅助→将表达式转换为关键帧**”命令，将表达式转换为关键帧。

步骤 13 预览：单击“**播放**”按钮，预览动画，可以看到放大镜在运动的过程中，镜片中的画面是被放大了，如图 12-40 所示。

图 12-40 镜片中的画面是被放大

下面做一个淡入淡出的过渡，使画面从地图上过渡到辽阔的原野上飞驰的汽车的画面。

步骤 14 将时间指示器定位在 10 秒处，再次将项目面板中的素材“carmap1.jpg”拖放到合成中，修剪“carmap1.jpg”图层的持续时间为 2 秒 15 帧，设置图层的不透明属性动画。单击“不透明度”属性左侧的按钮，在该图层开始处和结尾处增加 1 个关键帧，设置开始处关键帧的不透明度为 100%，结尾处关键帧的不透明度为 0%，做出淡出效果。

步骤 15 设置不透明度属性动画：将时间指示器定位在 10 秒处，从项目面板中把背景素材“bglong.psd”拖放到时间轴中。设置其“不透明度”属性，制作淡入效果，如图 12-41 所示。

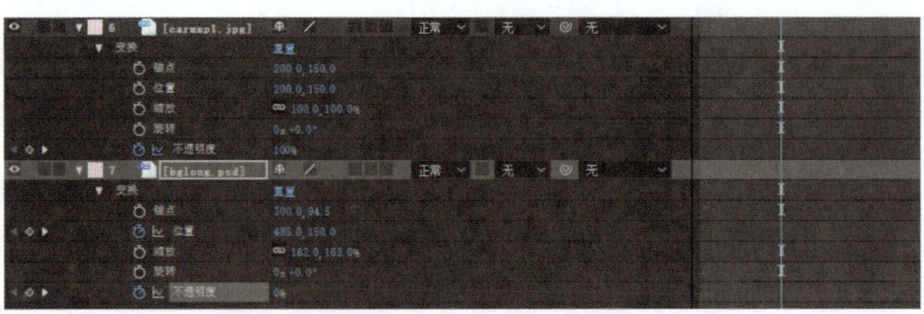

图 12-41 设置“不透明度”属性动画

步骤 16 移动：再对“bglong.psd”图层设置“位置”属性的动画，做出画面从右到左移动的动画。将素材“jeep.psd”越野车的车身、前后车轮一起选中，拖放到合成面板，调整到合适的位置，如图 12-42 所示。

图 12-42 调整车身与前后车轮的位置

步骤 17 命名：在时间轴中选择前车轮的图层名，将其重命名为“wheel_f”。同样给后车轮图层重命名为“wheel_b”，车身图层重命名为 car。

步骤 18 从左到右的运动：选择 car 图层，展开该图层的位置属性，激活“位置”属性左侧的**“时间变化秒表”**按钮，设置 car 图层从左到右运动的位置。

步骤 19 旋转动画：选中“wheel_f”图层，按 R 键展开“旋转”属性，单击“旋转”属性左侧的**“时间变化秒表”**按钮，设置车轮的旋转动画。在“wheel_f”图层开始处的关键帧，设置旋转为 0° ；在结尾处的关键帧，设置旋转为“3x+0° ”。

步骤 20 设置关键帧：对于“wheel_b”图层也做同样的动画。在“wheel_b”图层开始处的关键帧，设置旋转为 0° ；在结尾处关键帧，设置旋转为“3x+0° ”。

步骤 21 联动：下面要让前后车轮一边转动一边跟随车身一起向前运动。这里我们需要利用图层的父子关系，使车轮和车身之间产生联动。在父级面板对图层进行父子关系链接。按住“wheel_b”图层的**“父级关联器”**按钮，将其拖动到 car 图层上，松开鼠标左键（拖动中会出现一条蓝色的直线），如图 12-43 所示。

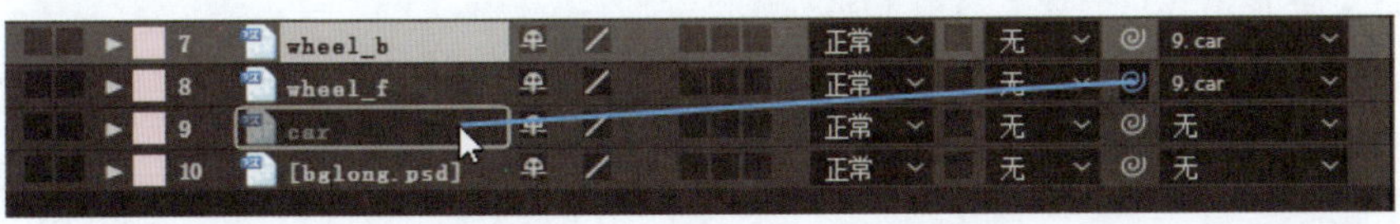

图 12-43 对图层进行父子关系链接

步骤 22 图层的父级：现在“wheel_b”图层的**“父级关联器”**按钮右侧的下拉列表中显示了 car 图层。这表示我们已经将 car 图层设为了“wheel_b”图层的父级。用同样的方法将 car 图层设为“wheel_f”图层的父级，如图 12-44 所示。

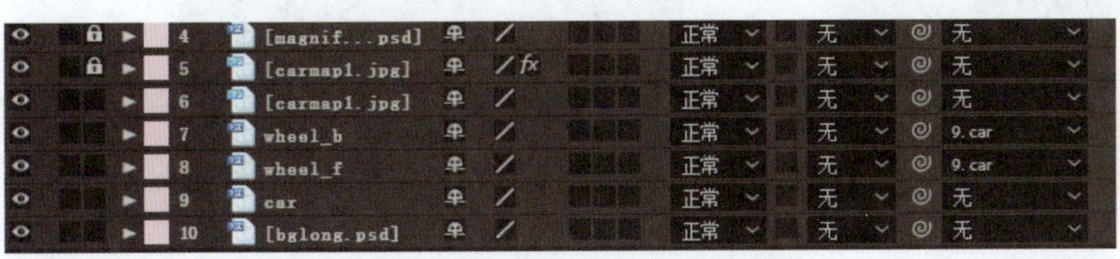

图 12-44 将 car 图层设为“wheel_f”和“wheel_b”图层的父级

> **贴心提示**
>
> 当把一个图层指定为另一个图层的时，这两个图层之间就发生父子关系，它们之间就会产生联动。父级图层的运动会带动子级图层的运动，而子级图层的运动则不会影响到父级图层的运动。图层的父子关系遵循“一个父级图层可以拥有多个子级图层，而一个子级图层则只能有一个父级图层”的原则。一个图层既可以是其他子级图层的父级图层，还可以同时是一个父级图层的子级图层。越顶级的父级图层越具有较高的支配权。我们常常利用父子关联，进行复杂的动画设计。

步骤 23 预览：在预览面板中单击“**播放**”按钮，进行预览。注意：在进行预览时，要保证预览面板中的“**声音**”按钮处于按下状态。

步骤 24 添加文字：将时间指示器定位在 13 秒 2 帧，在时间轴中的空白处单击鼠标右键，从弹出的菜单中选择“**新建→纯色**”命令，创建一个固态图层，颜色任意。选中此图层，单击鼠标右键，在弹出的菜单中选择“**效果→文本→基本文字**”命令，在打开的对话框中输入文字 JOURNEY，设置文字颜色为红色，在合成面板中调整文字的位置，如图 12-45 所示。

图 12-45 调整文字的位置

步骤 25 文字图层的命名：在时间轴中，选中文字图层，按“Ctrl+D”快捷键，复制图层。这时，我们就有了两个文字图层。将上面的文字图层命名为 text1，下面的文字图层命名为 text2。用键盘的方向键，使两个文字图层中的文字位置稍微错开一些。

步骤 26 设置颜色和顺序：创建一个固态图层，设置固态图层的颜色为浅蓝色，图层尺寸与合成的尺寸相同，并命名为 a。至此，图层从上到下的排列顺序为 text1、text2、a。

步骤 27 设置轨道遮罩和混色模式：选中 a 图层，在其 TrkMat 下拉菜单中，选择“Alpha 遮罩‘text 2’”选项，将“text 2”图层设为轨道遮罩，并在“模式”下拉菜单中选择“相加”选项，如图 12-46 所示。

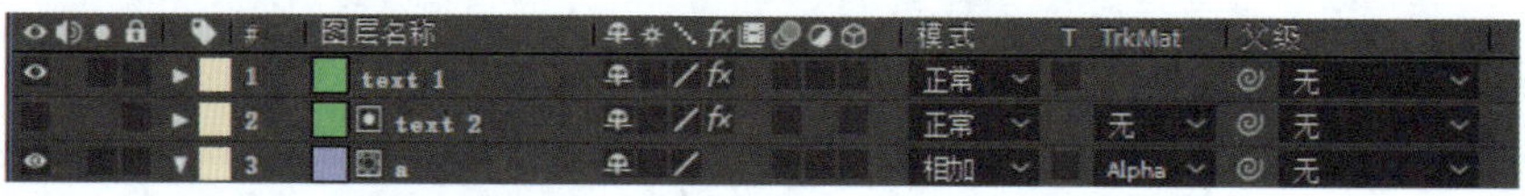

图 12-46 设置轨道遮罩和混色模式

步骤 28 观看文字效果：合成面板中的效果如图 12-47 所示。

步骤 29 边缘柔和：为了使 a 图层的图像边缘柔和，选中 a 图层，选择“**图层→蒙版→新建蒙版**”命令，展开 a 图层的属性，选择蒙版下的蒙版 1，设置蒙版羽化为 30。

步骤 30 设置动画：选择 a 图层，按 P 键展开“位置”属性，单击“位置”属性左侧的“**时间变化秒表**”按钮，设置动画。在 a 图层开始处增加一个关键帧，将 a 图层的移动到文字的左侧；在 a 图层的结尾处增加一个关键帧，将 a 图层的移动到文字的右侧。

步骤 31 预览：在“预览”窗口中单击“**播放**”按钮，进行预览，动画效果如图 12-48 所示。

图 12-47 文字效果

图 12-48 文字动画效果

步骤 32 生成影片：选择“**合成→添加到渲染序列**”命令，打开“渲染队列”面板。单击“输出到”选项，打开“输出到”对话框，设置存储路径和文件名，单击“保存”按钮。单击“输出模块”的“无损”选项，打开“输出模块设置”对话框，设置“格式”为“QuickTime”，单击“确定”按钮。单击“渲染”按钮，进行生成计算。等待几秒，即可生成影片。

本章小结

在本章中，我们学习了速度调整的几种方法、功能和特点，了解了运用时间重映射功能对影片播放进行高级控制和时间变换功能。我们还结合两个实例动画片《阿拉丁》和宣传片《查看地图》进行了实践练习，学习了利用运动草图功能绘制运动路径，同时掌握了通过插值方式对关键帧进行控制、制作复杂动画、创建图层之间的父子关联、灵活运用表达式控制复杂动画等方法和技术。

本章作业

一、简答题

1. 如何对关键帧的运动和速度进行平滑处理？
2. 改变影片播放速度的两种方法是什么？它们的区别是什么？
3. 如何为对象实现复杂的运动轨迹？
4. 如何解决由于图层的时间调整造成的画面跳动、播放不连贯的现象？

二、练习与实训

实训 12-1　制作复杂的动画效果

详细内容请参见配套的电子版实训册《影视动画数字后期编辑与合成实训》中的第 12 章。

粒子特效的应用技法

13

本章重点

- 粒子系统的发生器和粒子的各种属性
- 应用图层映像功能
- 控制影响粒子的各种力及粒子约束的应用
- 破碎效果的控制
- 了解粒子约束遮罩的作用及替换粒子的应用
- Each 与粒子的应用

教学环境

多媒体教室、电脑（配备视音频采集卡）、投影、公放、DVD

学时建议

11 学时

学习建议

通过制作 4 个范例——《动画学院标志》《爱心》《跳动的小球》和《流星雨》，掌握粒子的属性和粒子发生器的应用技巧；熟悉粒子约束遮罩的作用，以及应用图层映像功能控制影响粒子的各种力和破碎效果的知识和方法。

13.1 艺术指导原则

三维软件和后期合成软件中一般都包括粒子特效。粒子特效可以模拟出现实世界中物体间的相互作用，如爆炸、烟雾、雨、雪等效果。在本章节中我们将结合范例介绍 After Effects 中的内置粒子运动。

13.2 粒子发生器

After Effects 中的粒子发生器共有 4 类：发射、网格、图层爆炸和粒子爆炸。

- “发射”粒子发生器在图层上产生粒子流。
- “网格”粒子发生器产生粒子面。
- “图层爆炸”粒子发生器将一个图层爆炸后产生粒子。
- “粒子爆炸”粒子发生器将粒子爆炸后产生新的粒子。

粒子发生器在产生粒子的同时设置粒子属性。由于每个粒子发生器的参数较多，下面我们分别介绍每种粒子发生器的重要参数，然后再结合实例做出相应的效果。

13.2.1 “发射”粒子发生器

“发射”粒子发生器是系统默认的产生粒子的发生器。它就像加农炮一样，可以向外发射连续的粒子流。“发射”粒子发生器的参数如下：

- 位置：粒子发射点的位置。
- 圆筒半径：设置粒子发射的柱体半径尺寸。尺寸较大则扩展柱体，尺寸较小则柱体收缩。正值产生一个方柱体，负值产生一个圆柱体。
- 每秒粒子数：每秒产生粒子的数量。数值越大，粒子密度越大。如果将其设置为 0，则不产生粒子。
- 方向：粒子发射的角度。
- 随机扩散方向：每个粒子随机地偏离粒子发射方向的偏离量。设置的值越小，粒子流越集中；设置的值越高，粒子流分散。
- 速率：粒子发射的初始速度。
- 随机扩散速率：粒子速度的随机量，数值越高，粒子变化速度越快。
- 颜色：圆点粒子或文本粒子的颜色。
- 粒子半径：设置粒子圆点的尺寸（以像素为单位）或字符的尺寸(以 dot 为单位)，如果将其设置为 0，将不产生粒子。

13.2.2 “网格”粒子发生器

“网格”粒子发生器从一组网格交叉点产生连续的粒子面。“网格”粒子的移动完全依赖于重力、排斥力和属性映像等参数。“网格”粒子发生器的控制参数如下：

- 位置：网格中心的 X、Y 坐标。不论粒子是圆点、图层或文本字符，粒子产生都是出现在交叉点中心。
- 宽度：网格的边框宽度。
- 高度：网格的边框高度。
- 粒子交叉：网格区域中水平方向上分布的粒子数。如果将其设置为 0，则不产生粒子。
- 粒子下降：粒子垂直下降。确定网格区域中垂直方向上分布的粒子数。如果将其设置为 0，则不产生粒子。
- 颜色：指定圆点粒子或文本粒子的颜色。
- 粒子半径：设置圆点的尺寸（以像素 px 为单位）或字符的尺寸（以墨点 dot 为单位），如果将其设置为 0，将不产生粒子。

13.2.3 “图层爆炸”粒子发生器

“图层爆炸”粒子发生器将目标图层分裂为粒子，可以用于模拟爆炸、烟火等效果。“图层爆炸”粒子发生器的控制参数如下：

- 引爆图层：选择要爆炸的图层。
- 新粒子的半径：为爆炸所产生的粒子输入一个半径数值，该数值必须小于原始图层的半径。
- 分散速度：决定所产生粒子速度变化范围的最大值。值越高产生的新粒子越分散，值越低则新粒子越聚集。

因为将一个图层“爆炸”后，在合成中会连续不断地产生粒子。若要开始或结束图层爆炸，设置新粒子的半径为 0。如果图层为嵌套合成，可以对嵌套合成中的图层设置不同的透明度，使爆炸图层在不同点透明。

13.2.4 “粒子爆炸”粒子发生器

“粒子爆炸”粒子发生器将一个粒子分裂成许多的新粒子，可以用于模拟爆炸、烟火等效果。爆炸粒子时，新粒子继承了原始粒子的位置、速度、透明度、缩放和旋转等属性。当原始粒子爆炸后，新粒子的移动受重力、排斥力、墙和属性映射器选项的影响。“粒子爆炸”粒子发生器的控制参数如下：

- 新粒子的半径：为爆炸后产生的新粒子输入一个半径，该数值必须小于原始图层的半径。
- 分散速度：决定所产生粒子速度变化范围的最大值。值越高产生的爆炸越分散，值越低新粒子越聚集。
- 影响：该选项组指定哪些粒子受选项的影响。在该选项中我们可以选择粒子发生器或粒子发生器的组合；还可以通过设置一个图层映像，决定在当前选项下影响哪些粒子。选择是根据图层中每个像素的亮度决定的，当粒子穿过不同亮度的图层映像时，所受的影响不同。
- 更老 / 更年轻：给粒子指定受当前选项影响的年龄上限或下限，设置正值影响较老的粒子，负值则影响较年轻的粒子。

- 年龄羽化：控制年龄的羽化。以秒为单位制定一个时间范围，该范围内所有老的或年轻的粒子都会被羽化或柔和。羽化产生一个逐渐变化的效果。

13.2.5 “图层映像”粒子发生器

“图层映像”粒子发生器会指定一个图层来替代粒子的小点。替代粒子的图层可以是静止的图像也可以是动态的动画，如果使用动画素材进行替代，可以设置每个粒子产生时定位在哪一帧，使同一个图层粒子有不同的变化。控制图层映像的参数如下：

- 使用图层：指定用于映像的图层。
- 时间偏移类型：时间位移，指定从哪一帧开始播放用于产生粒子的映像图层，以求得到更真实的效果。
- 时间偏移：控制时间位移效果。
- 影响：控制哪些粒子受选项的影响，即确定影响范围。

13.2.6 影响粒子的因素

影响粒子的因素主要有重力、排斥、墙、永久属性映射器和短暂属性映射器。

- 重力：重力可以控制粒子下落的速度和方向。
- 排斥：排斥力控制粒子相互远离或聚集。当其为正值时，则表示粒子之间的排斥力；当其为负值时，则表示粒子之间的吸引力。
- 墙：像墙一样将粒子约束在一个指定的范围内，这个范围要用一个封闭的 Mask 来决定。
- 永久属性映射器：可以在粒子的生存期内保持它的最近形态，除非有其他力来改变它。
- 短暂属性映射器：在每一帧后恢复粒子的形态为最初状态。

13.2.7 影响粒子的因素

生存期内的粒子属性主要受两个方面影响：①粒子产生时的属性是由粒子发生器决定的；②粒子产生后的属性是由重力、排斥力、墙和属性映射器控制的。

一般情况下，影响粒子状态的因素有：

- 速度：粒子发生器决定粒子产生时的速度，“网格”粒子没有初始速度。粒子产生后，粒子速度则由“重力”和“排斥力”中的“力”选项决定，还受“力半径”“随机扩散力”和“排斥物”等因素的影响。
- 方向：粒子产生时，“发射”粒子发生器指定了方向，“图层爆炸”粒子发生器和“粒子爆炸”粒子发生器在所有方向上发射粒子，“网格”粒子发生器没有初始方向。粒子产生后，方向受到重力中的方向属性的影响。如果使用了“墙”属性，粒子的方向还会受到遮罩的影响。
- 区域：使用“墙”遮罩将粒子约束在边界内或边界外。
- 旋转：粒子产生时，“发射”粒子发生器和“网格”粒子发生器没有旋转，“粒子爆炸”粒子发生器产生粒子会随着爆炸的圆点、图层和字符进行旋转。

下面我们通过范例来进一步掌握粒子特效的应用。

13.3 破碎效果

在 After Effects 中还有一个特效——碎片，可以逼真地模拟物体爆破的过程。它可以控制物体的爆破顺序、碎片形状、碎片材质、场景灯光、摄像机位置等属性。

选中要进行爆破的图层，选择“**效果→模拟→碎片**”命令，打开效果控件面板，“碎片”效果的属性如图 13-1 所示。

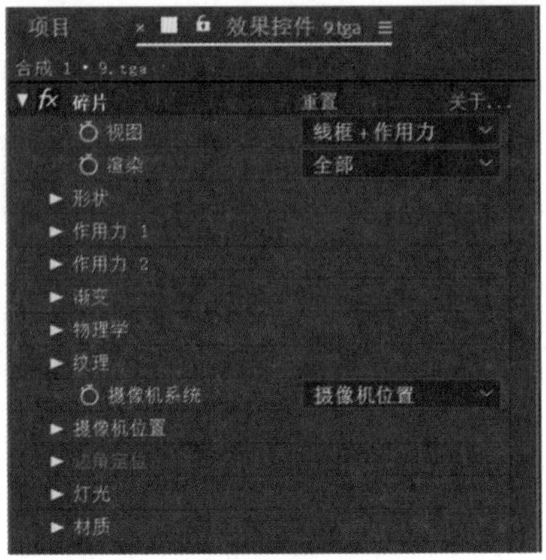

图 13-1 “碎片”效果控件面板

- 视图：选择预览的方式，可以是框线方式加快预览，也可以是最终渲染效果的预览。
- 渲染：选定渲染的方式。
  - ➢ 全部：将破碎后的粒子和残余物体一起渲染；
  - ➢ 块：只渲染破碎后的粒子，或只渲染残余物体；
  - ➢ 图层：将破碎后的粒子和残余物体单独渲染。
- 形状：碎片形状控制。该效果内置了众多的碎片形状，还可以自定义碎片形状。
- 作用力 1 和作用力 2：定义使物体破碎的外力。
  - ➢ 位置：定义在 XY 平面上的位置；
  - ➢ 深度：定义在 Z 轴上的位置。
- 渐变：指定一个渐变图层，利用该图层的明暗渐变来控制粒子的运动方式。
- 物理学：动力学控制。如果设置粘度为 1（最大值）、重力为 0，可以通过摄像机旋转关键帧而产生“时间凝固”的效果。
- 纹理：设置碎片纹理贴图。
- 摄像机位置：控制摄像机的位置，可以设置摄像机动画。
- 灯光：设置光照类型及光照颜色等。
- 材质：设置材质的高光、漫反射等。

13.4 范例制作——《动画学院标志》爆破特效

13.4.1 影片介绍

在深邃的太空中，迎面飞来的地球突然爆炸开来，画面叠映出一个特别的黄色卡通小人——北京电影学院动画学院的标志，随后出现由破碎的颗粒聚集而成的文字“Animation School”。

13.4.2 观看影片

播放影片文件（素材与工程文件 \Chapter13\ASSORT13\MOVIE\logoexploder_final.avi）。通过观看影片，进一步了解制作《动画学院标志》爆破特效的主要内容，片段画面如图 13-2 所示。

图 13-2 《动画学院标志》爆破特效的片段画面

13.4.3 制作流程（步骤）及技巧分析

本例中我们将运用爆破效果制作动画学院动态的学院标志特效，整个流程可分为 3 个阶段，如图 13-3 所示。

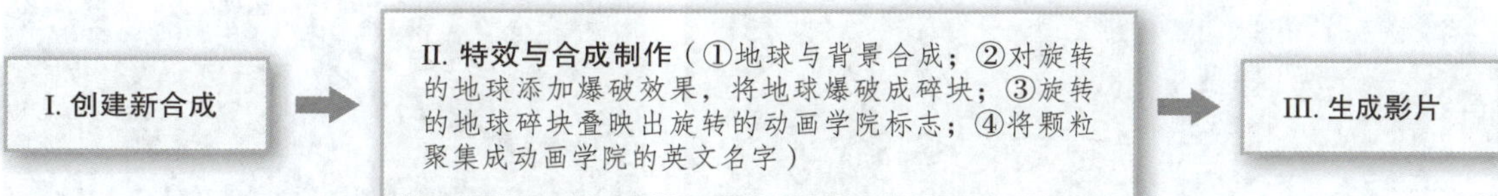

图 13-3 《动画学院标志》爆破特效的制作流程图

13.4.4 编辑与合成

步骤 1 新建项目：新建一个项目，将本例所需素材导入到项目面板中（“素材与工程文件 \Chapter13\ASSORT13\PROJ\PROJ exploder\exploder source”文件夹）。

步骤 2 合成设置：选择“**合成→新建合成**”命令，创建一个新的合成，设置合成的名称为 earthshutter，合成设置如图 13-4 所示。

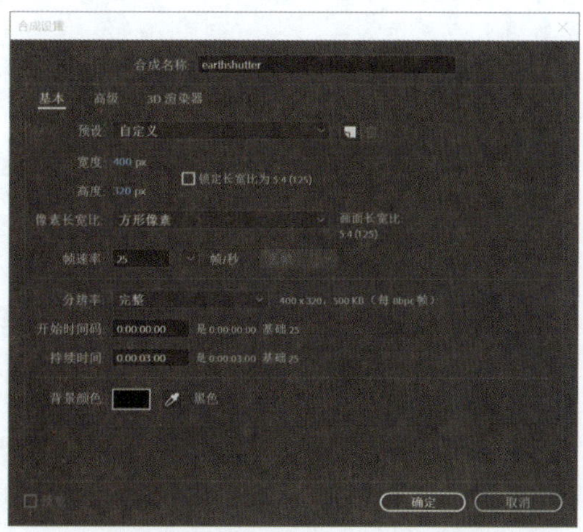

图 13-4 合成设置

步骤 3 拖放素材：将背景素材“bg.psd”拖放到合成面板的中心，然后锁定该图层。

步骤 4 拖放素材：将素材“earth.mov”拖放到合成面板中。在时间轴中，将其重命名为 earth，使其位于“bg.psd”图层之上。

步骤 5 添加破碎效果：我们将对旋转的地球添加破碎效果，让地球在旋转中爆炸成碎片状。选择

“效果→模拟→碎片”效果，将“碎片”效果添加到 earth 图层上。在打开的效果控件面板中，对“碎片”效果参数属性进行设置。

步骤 6 预览效果：选择“碎片”效果下的**“形状→图案→玻璃”**效果，将物体破碎成如同玻璃的碎片状。预览控制选择“全部”。

步骤 7 设置动画：将时间指示器定位在 00:00:00:08 处，激活“作用力 1”和“作用力 2”栏下的“深度”属性左侧的**“时间变化秒表”**按钮，此处增加第一个关键帧，为该属性设置动画，如图 13-5 所示。

步骤 8 设置参数：在 00:00:00:12 处，分别设置“作用力 1”和“作用力 2”栏下的深度为 0.6 和 –0.6，这样地球在破碎时就会朝着不同的 Z 轴方向扩散。

步骤 9 让碎片浮起来：设置碎片之间“粘度”的属性动画。在 00:00:00:14 处，设置粘度为 0.05、重力为 1；在 00:00:00:17 处，设置粘度为 1、重力为 0，这样就可以让碎片飘浮起来。

步骤 10 设置 Y 轴旋转动画：激活**“摄像机位置→ Y 轴旋转”**属性左侧的**“时间变化秒表”**按钮，在此处增加第一个关键帧，设置动画。在 00:00:01:00 处，设置 Y 轴旋转为“0x+0.0° ”；在 00:00:02:20 处，设置 Y 轴旋转为“1x+0.0° ”。同样，激活**“摄像机位置→ Z 轴旋转”**属性左侧的**“时间变化秒表”**按钮，设置动画。在 00:00:02:00 处，设置 Z 轴旋转为 2；在 00:00:02:19 处，设置 Z 轴旋转为 0.6，效果如图 13-6 所示。

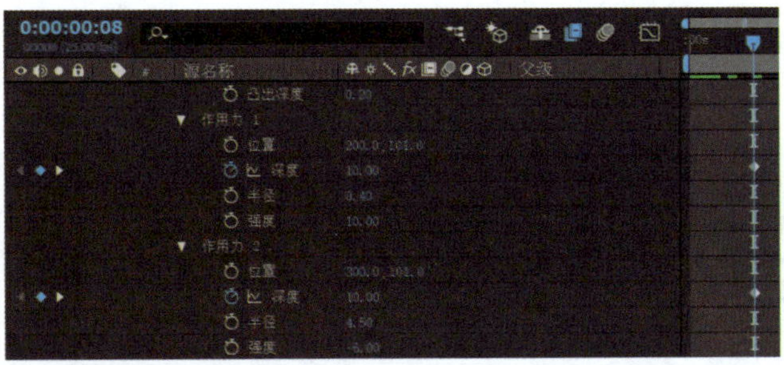

图 13-5 设置“深度”属性的动画

图 13-6 地球破碎效果

步骤 11 创建新的合成：下面我们来制作动画学院 Logo 的爆破效果。在这里我们为了提高效率，利用特效的复制将地球的特效复制到 Logo 上。再创建一个新的合成并命名为 Logoshutter，其他属性设置如图 13-7 所示。

步骤 12 调整属性：在新的合成中，将素材“logo_3D.tif”拖放到合成面板的中央位置，调整缩放属性，让图像缩小。

步骤 13 复制特效：打开合成 earthshutter，在时间轴中，选中 earth 图层下的**“效果→碎片”**效果，使用**“编辑→复制”**命令或按“Ctrl+C”快捷键，将特效复制到剪贴板上。打开 Logoshutter 合成，在时间轴中，选择“logo_3D.tif”图层，选择**“编辑→粘贴”**命令或按“Ctrl+V”快捷键，将特效粘贴到“logo_3D.tif”图层上，如图 13-8 所示。

步骤 14 新建合成：选择**“合成→新建合成”**命令，新建合成并命名为 final，设置尺寸为“400 × 320”像素、持续时间为 7 秒。

步骤 15 图层的分布排列：将合成 earthshutter 和 logoshutter 作为图层拖放到新的合成中。在时间轴中，将 logoshutter 图层的内容安排在 earthshutter 图层的后面，并且使它们有一定的重合，如图 13-9 所示。

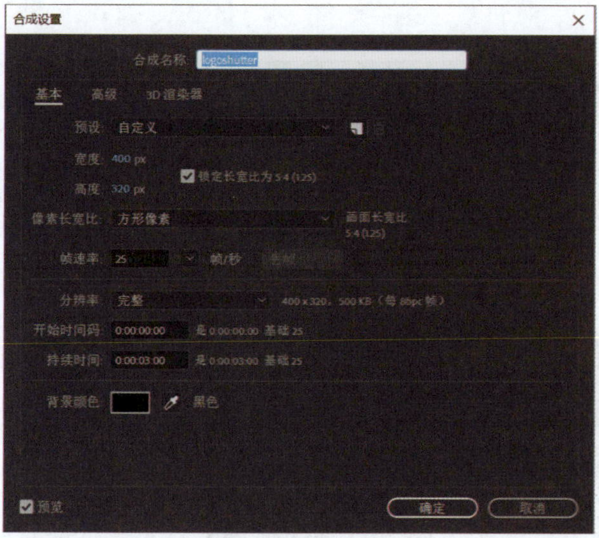

图 13-7 标志合成的设置

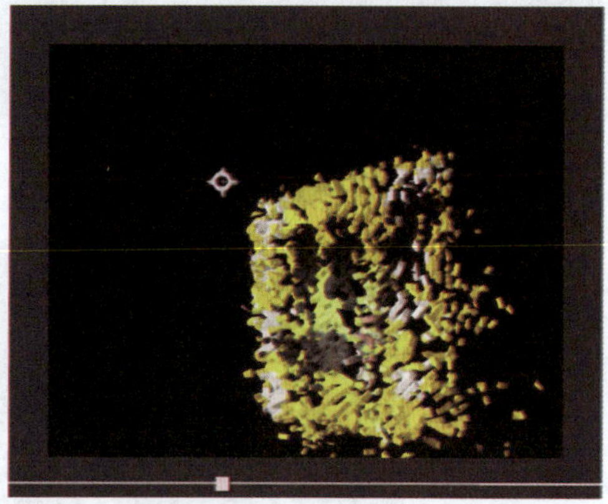

图 13-8 标志破碎效果

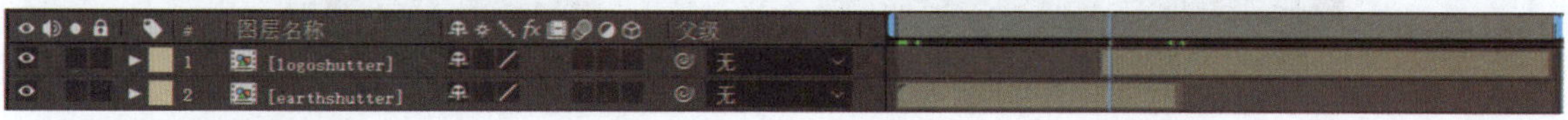

图 13-9 进行图层的分布排列

步骤 16 启用时间重映射：选中 logoshutter 图层，选择“图层→时间→启用时间重映射”命令，在时间轴中，展开 logoshutter 图层的属性，可以看到“时间重映射”属性了。在值图中，将第 1 个控制点拖到上边界线处，将最后一个控制点拖到下边界处，做出倒放效果。延长 logoshutter 的长度，在最后一个控制点的后面再增加 1 个控制点，设置控制点的值与它前一个控制点相同，做出定格效果，如图 13-10 所示。

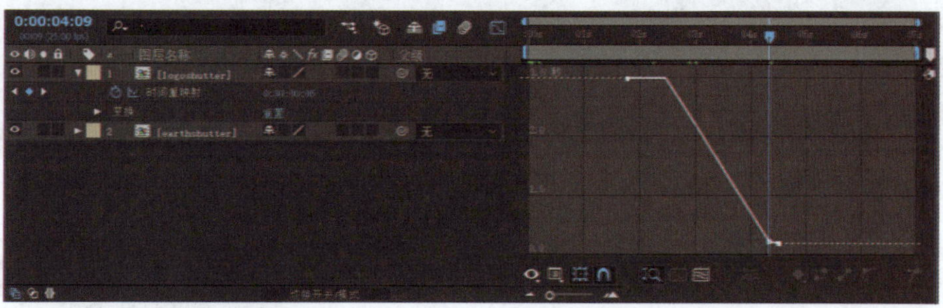

图 13-10 “时间重映射”属性调整

步骤 17 制作过渡效果：依次激活 logoshutter 图层和 earthshutter 图层“变换”栏下的“不透明度”属性左侧的“**时间变化秒表**”按钮，设置动画，制作“淡入淡出”的过渡效果，如图 13-11 所示。

步骤 18 标志和背景合成：按住“Shift+Alt”快捷键的同时拖动鼠标，可以快速将时间指示器定位到图层素材的入点或出点的位置。我们将时间指示器定位到 logoshutter 图层素材的入点位置，然后将星空的背景素材“bg.psd”拖放到时间轴图层区域的最下方，作为标志的背景，如图 13-12 所示。

步骤 19 添加文字：将时间指示器定位在 4 秒处，选择工具面板中的**文字工具**，在合成面板中单击，出现文字输入光标，输入文字“Animation School”，同时在字符面板中设置文字的字体、大小和颜色等样书，如图 13-13 所示。

图 13-11 设置“淡入淡出”的效果

图 13-12 标志和背景合成

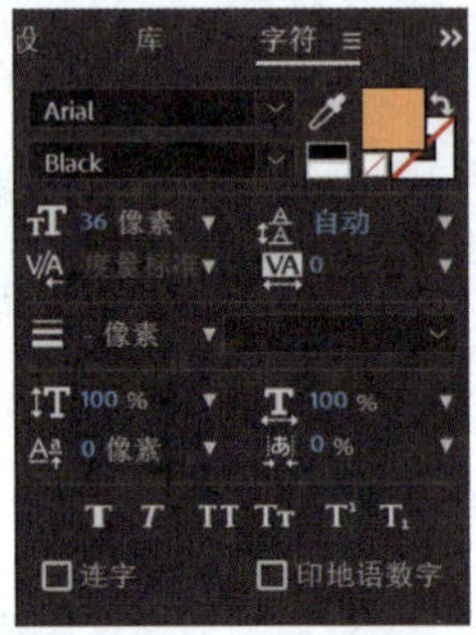

图 13-13 “字符”面板

步骤 20 立体效果：将文字做成立体感效果的文字。选中 text 图层，选择“**效果→透视→斜面 Alpha**”命令，将“斜面 Alpha”效果添加到 text 图层上。在时间轴中，展开 text 图层的属性，激活“斜面 Alpha”栏中“灯光角度”属性左侧的“**时间变化秒表**”按钮，设置动画。在第一个关键帧处，设置灯光角度为“0x+60.0°”；在大约间隔 1 秒处，增加另一个关键帧，设置灯光角度为“0x–60.0°”，如图 13-14 所示。

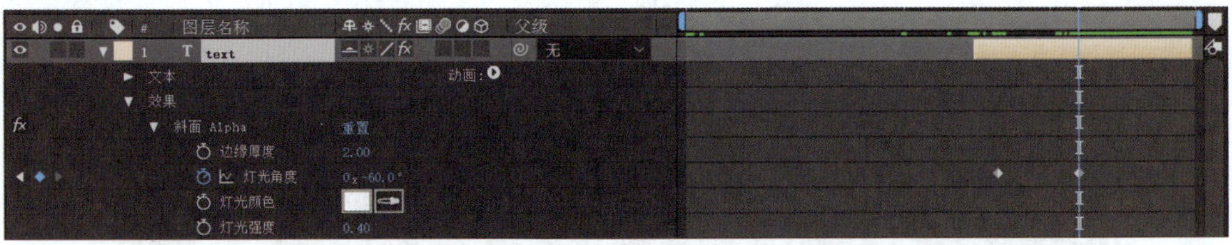

图 13-14 “斜面 Alpha”效果设置

步骤 21 预览效果：单击“**播放**”按钮，预览动画，效果如图 13-15 所示。

步骤 22 特效属性设置：我们还要做一个粉碎的粒子逐渐变成文字的效果。选中 text 图层，选择“**效果→风格化→散布**”命令，将“散布”效果添加到 text 图层上。在时间轴，展开 text 图层的属性。在“**效果→散布**”栏中，激活“散布数量”属性左侧的“**时间变化秒表**”按钮，设置动画。在开始位置，设置散布数量为 160；相隔 20 帧处，再增加一个关键帧，设置散布数量为 0，如图 13-16 所示。

图 13-15 立体文字效果

步骤 23 观看效果：单击“**播放**”按钮，预览动画，如图 13-17 所示。

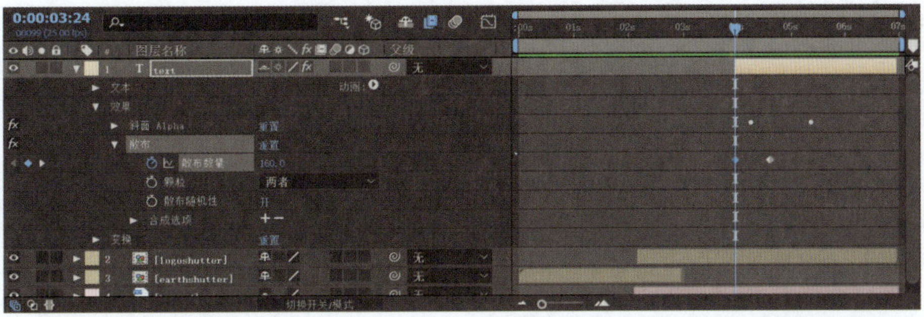

图 13-16 “散布”分散特效属性设置

图 13-17 文字变换效果

步骤 24 生成视频：保存项目文件，生成影片视频。

13.5 范例制作——教育片《爱心》动态背景特效

13.5.1 影片简介

本片制作的是教育片《爱心》的动态背景特效。在五彩的背景上，由少到多的粒子在闪烁，随意散落的爱心和 LOVE 文字逐渐跃出画面，渲染后的画面变得非常亮丽动人。

13.5.2 观看影片

播放影片文件（素材与工程文件 \Chapter13\ASSORT13\MOVIE\layermap_final.avi）。通过观看影片，进一步了解制作教育片《爱心》动态背景特效的主要内容，片段画面如图 13-18 所示。

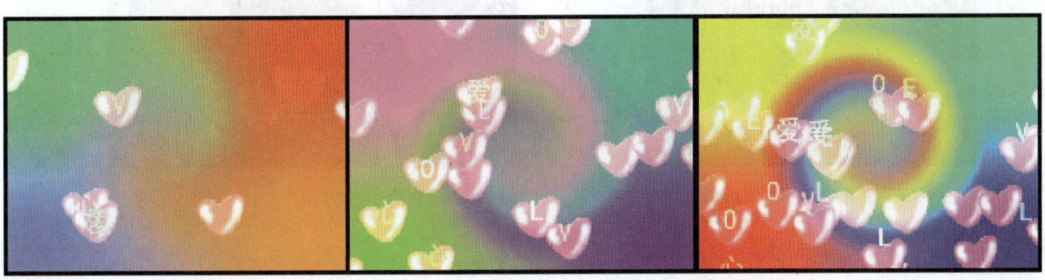

图 13-18 教育片《爱心》动态背景特效的片段画面

13.5.3 制作流程（步骤）及技巧分析

本例利用粒子特性和粒子贴图效果，制作动态背景。整个制作流程可分为 3 个阶段，如图 13-19 所示。

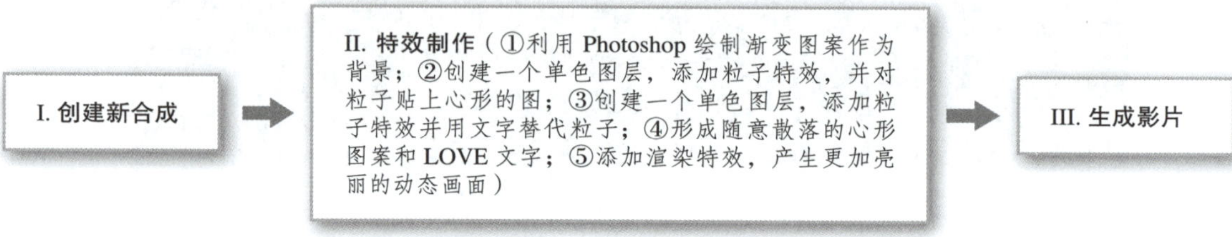

图 13-19 教育片《爱心》动态背景特效的制作流程图

13.5.4 编辑与合成

步骤 1 创建合成：新建项目，导入素材，选择“**合成→新建合成**”命令，创建一个合成，设置合成尺寸为“320×240”像素、帧速率为 25 帧 / 秒、持续时间为 5 秒。

步骤 2 创建固态图层：选择“**图层→新建→纯色**”命令，创建一个固态图层，尺寸与合成相同，颜色为任意，命名为“Solid 1”。

步骤 3 拖放素材：从项目面板中将素材“heart.tga”拖放到时间轴中，使其位于“Solid 1”图层之下。

步骤 4 添加粒子特效：选中“Solid 1”图层，单击鼠标右键，从弹出的菜单中选择“**效果→模拟→粒子运动场**”命令，为“Solid 1”图层添加粒子特效。在打开的效果控件面板中设置粒子的基本属性，如图 13-20 所示。

步骤 5 替换图层：在“图层映射”栏的“使用图层”选项中选择“heart.tga”图层，将粒子运动场中的粒子替换为“heart.tga”图层。关闭时间轴中的“heart.tga”图层的“**锁定**”按钮。在“图层映射”栏的“时间偏移类型”下拉列表中选择“相对随机”选项，设置最大随机时间为 1，使粒子随机相对播放影响图层。

步骤 6 预览动画：单击“**播放**”按钮，预览动画，动画效果如图 13-21 所示。

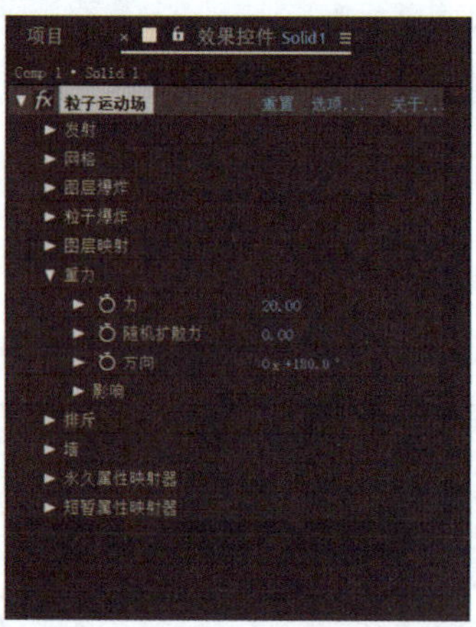

图 13-20 设置粒子的基本属性

图 13-21 粒子贴图效果

步骤 7 新建 Solid2：新建一个固态图层 Solid2，颜色任意，尺寸与合成的尺寸相同。选中 Solid2 图层，单击鼠标右键，从弹出的菜单中选择“**效果→模拟→粒子运动场**”命令，给 Solid2 图层添加粒子特效。在打开的效果控件面板中设置粒子的基本属性，如图 13-22 所示。

步骤 8 替代：下面我们用字符替代粒子。单击效果控件面板上方的“选项”按钮，打开“粒子运动场”对话框，单击“编辑发射文字”按钮，打开“编辑发射文字”对话框，在文本框中输入文字“LOVE 爱心”，如图 13-23 所示。

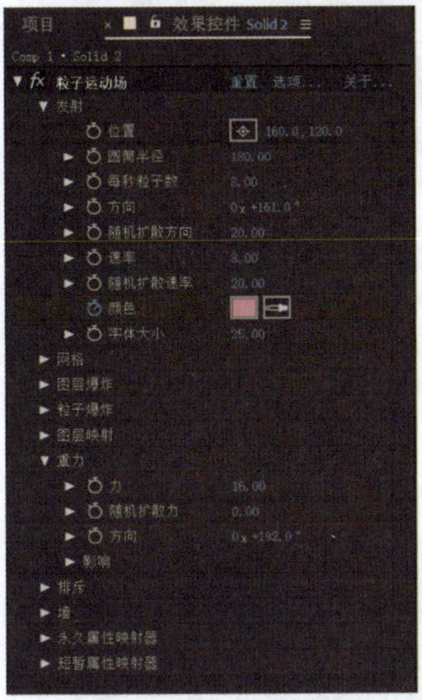

图 13-22 Solid2 图层粒子的基本属性设置

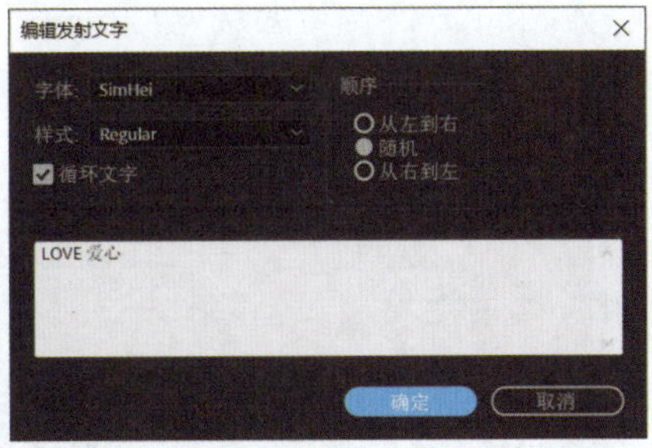

图 13-23 输入文字

步骤 9 添加关键帧：在效果控件面板中，设置“**发射→字体大小**”为 25。激活“颜色”左侧的“**时间变化秒表**”按钮，为文字颜色设置动画效果，在不同的时间位置增加 6 个关键帧，在不同的关键帧设置不同的颜色，效果如图 13-24 所示。

步骤 10 创建“Solid 3”图层：选择“**图层→新建→纯色**”命令，创建一个固态图层，与合成的尺寸相同，颜色为黑色，命名为“Solid 3”。将其放置在图层区域的最上方，在图层模式面板中设置图层的融合模式为“相加”模式，使合成图像整体变亮，如图 13-25 所示。

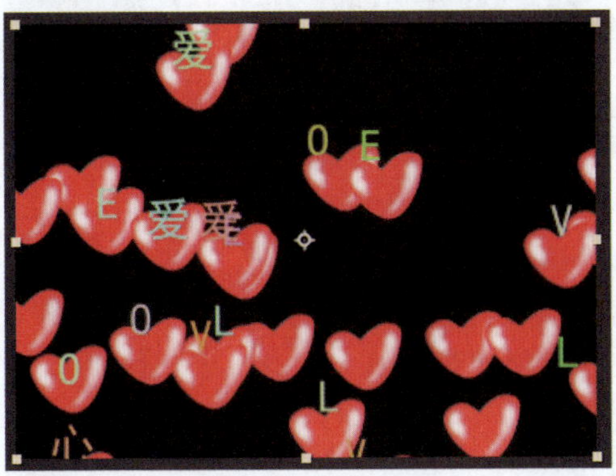

图 13-24 文字替代粒子的效果

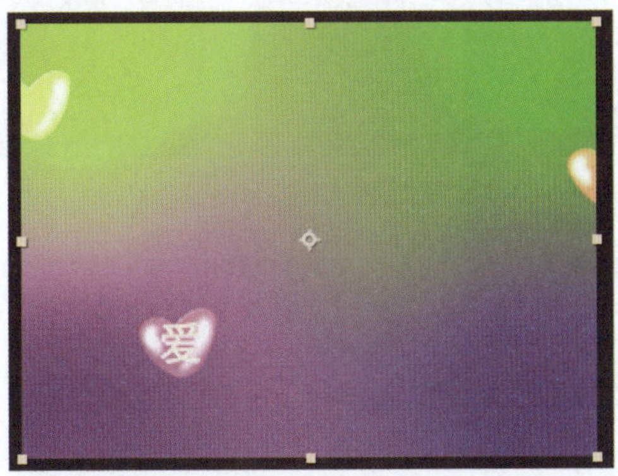

图 13-25 设置图层的融合模式为“相加”模式

步骤 11 添加渐变特效：选中“Solid 3”图层，单击鼠标右键，从弹出的菜单中选择“**效果→生成→四色渐变**”命令，为“Solid 3”图层添加“四色渐变”效果。

步骤 12 设置颜色：在效果控件面板中，激活“位置和颜色”栏中的“颜色 1”“颜色 2”“颜色 3”和“颜色 4”属性左侧的“**时间变化秒表**”按钮，为 4 个颜色设置动画，如图 13-26 所示。

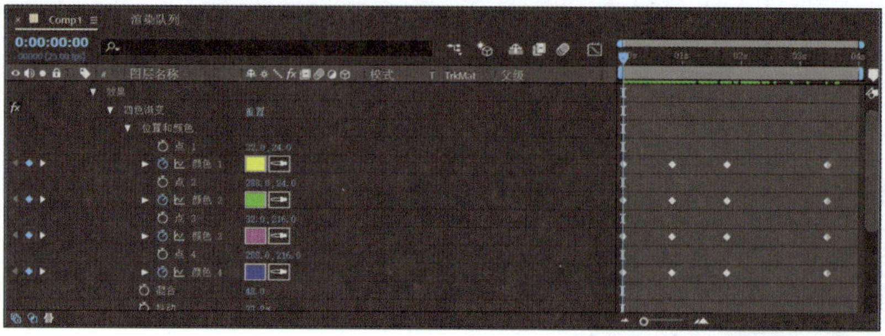

图 13-26　为 4 个颜色设置动画

步骤 13　添加特效：选中“Solid 3”图层，单击鼠标右键，在弹出的菜单中选择“**效果→扭曲→旋转扭曲**”命令，为“Solid 3”图层添加“旋转扭曲”效果。在效果控件面板中，激活“**旋转扭曲→角度**”属性左侧的“**时间变化秒表**”按钮，在开始处，设置角度为“0x+0.0°”；在结尾处，增加一个关键帧，设置角度为“1x+90°”，如图 13-27 所示。

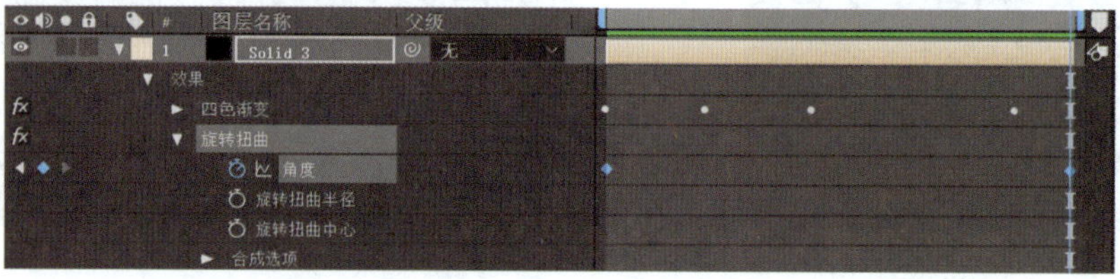

图 13-27　“旋转扭曲→角度”效果设置

步骤 14　预览动画：单击“**播放**”按钮，预览动画，动画效果如图 13-28 所示。

图 13-28　动态背景的最终效果

步骤 15　生成影片：选择“**合成→添加到渲染序列**”命令，打开“渲染队列”面板。单击“输出到”选项，打开“输出到”对话框，设置存储路径和文件名，单击“保存”按钮；单击“输出模块”的“无损”选项，打开“输出模块设置”对话框，设置“格式”为“QuickTime”，单击“确定”按钮。单击“渲染”按钮，进行生成计算。等待几秒，即可生成影片。

13.6　范例制作——《跳动的小球》动画特效

13.6.1　影片简介

许多闪亮的小球在一个圆形区域中互相碰撞跳动。用圆形图案作为背景，在前景中添加粒子特效。最后再添加“涟漪”效果后，使画面变得生动有趣。

13.6.2 观看影片

播放影片文件（素材与工程文件 \Chapter13\ASSORT13\MOVIE\jumpball_final.avi）。通过观看影片，进一步了解制作《跳动的小球》动画特效的主要内容，片段画面如图 13-29 所示。

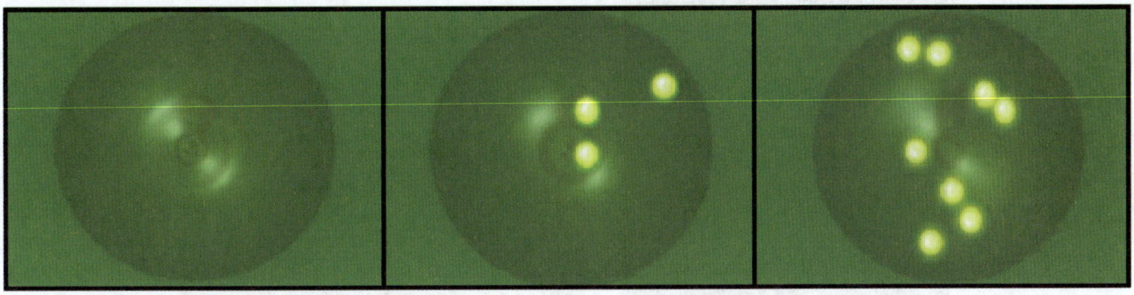

图 13-29 《跳动的小球》动画特效的片段画面

13.6.3 制作流程（步骤）及技巧分析

本例用圆形图案作为背景。在前景中添加粒子特效，并使粒子在圆形区域中互相碰撞跳动，再添加“涟漪”效果，使许多闪亮的小球在圆形区域中互相碰撞。整部影片的制作可分为 3 个阶段，如图 13-30 所示。

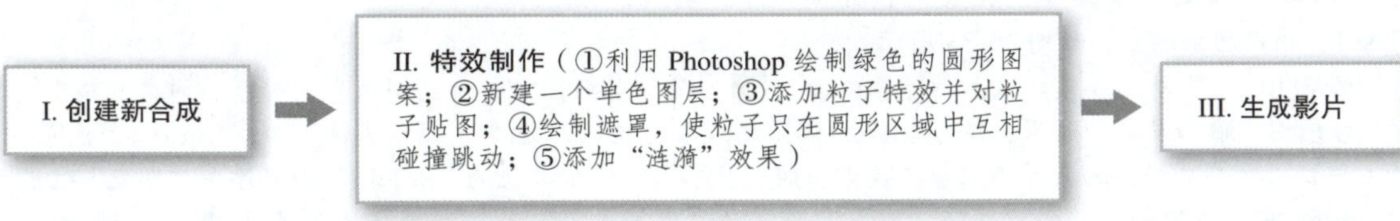

图 13-30 《跳动的小球》动画特效的制作流程图

13.6.4 编辑与合成

步骤 1 新建合成：新建项目，导入素材。选择“**合成→新建合成**”命令，创建一个合成，设置合成的尺寸设置为“320×240”像素、帧速率为 25 帧 / 秒、持续时间为 5 秒。

步骤 2 设置背景色：选择“**合成→合成设置**”命令，将对话框中的“背景颜色”设为绿色，如图 13-31 所示。

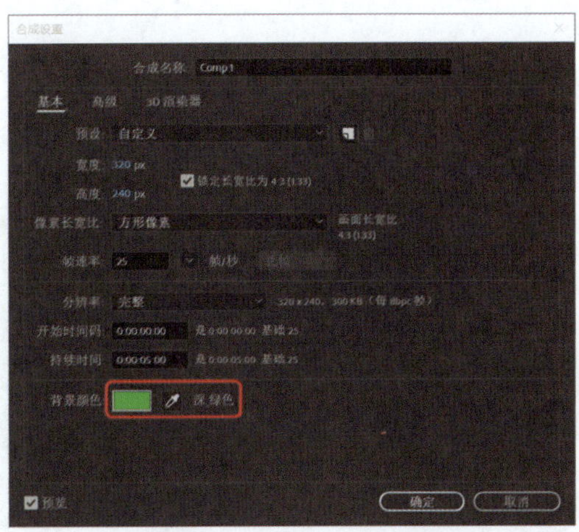

图 13-31 设置合成

步骤 3 新建“Solid 1”图层：从项目面板将素材“9.tga”直接拖放到时间轴中。新建一个固态图层“Solid 1”，颜色任意，尺寸与合成的尺寸相同。

步骤 4 添加粒子特效：选中“Solid 1”图层，单击鼠标右键，从弹出的菜单中选择“**效果→模拟→粒**

子运动场”命令，为“Solid 1”图层添加粒子特效。在打开的效果控件面板中设置粒子“发射”的基本属性，如图 13-32 所示。

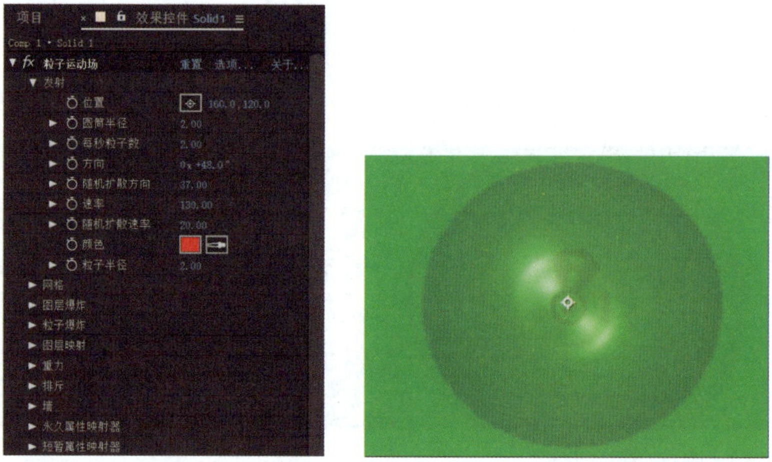

图 13-32　为“Solid 1”图层添加粒子特效

步骤 5　给粒子贴图：从项目面板把素材“8.tga”拖放到时间轴中，并关掉图层的“**锁定**”按钮。选中“Solid 1”图层，打开其效果控件面板，展开“图层映射”栏，在“使用图层”中选择“8.tga”图层，将粒子运动场中的粒子替换为“8.tga”图层。

步骤 6　产生反弹：下面我们让这些小球在背景“9.tga”图层的圆形区域中产生反弹。在“Solid 1”图层上绘制一个遮罩，使用**椭圆工具**，在合成面板中沿着“9.tga”图层的圆形区域拖出一个圆形路径。

步骤 7　指定约束遮罩：在效果控件面板中，打开“墙”属性栏，在“边界”下拉列表中选择 Mask1，指定约束遮罩，如图 13-33 所示。

步骤 8　预览动画效果：单击“**播放**”按钮，预览动画，可以看到小球在圆形区域内来回跳动。

步骤 9　添加发光的效果：给小球添加发光的效果，使小球看起来闪闪发光。在“Solid 1”图层上单击鼠标右键，从弹出的菜单中选择“**效果→风格化→发光**”命令，为“Solid 1”图层添加“发光”效果。

步骤 10　设置动画：依次激活“发光”栏下的“发光半径”和“发光强度”属性“**时间变化秒表**”按钮，设置动画，如图 13-34 所示。

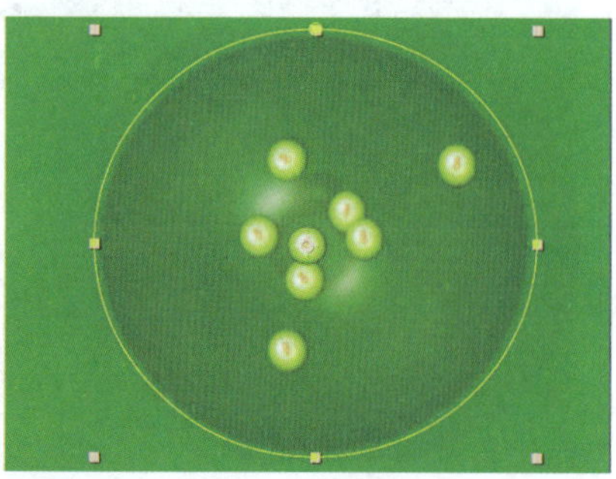
图 13-33　绘制遮罩指定约束

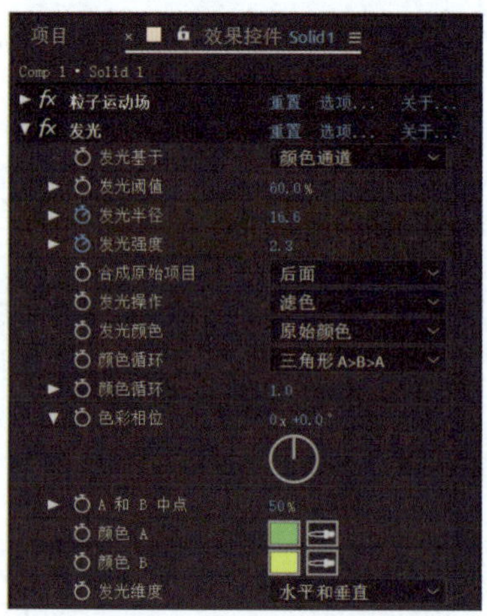

图 13-34　设置“发光”动画

步骤 11 预览动画：单击“**播放**”按钮，预览动画，效果如图 13-35 所示。

步骤 12 新建“Solid 2”图层：创建一个固态图层，并命名为“Solid 2”图层，在该图层上添加“**效果→扭曲→波纹**”命令，为“Solid 2”图层添加“涟漪”效果，以圆心为中心向四周扩散。在效果控件面板中，依次激活“波纹”栏中的“半径”“波形宽度”“波形高度”和“波纹相”属性左侧的“**时间变化秒表**”按钮，设置动画，如图 13-36 所示。

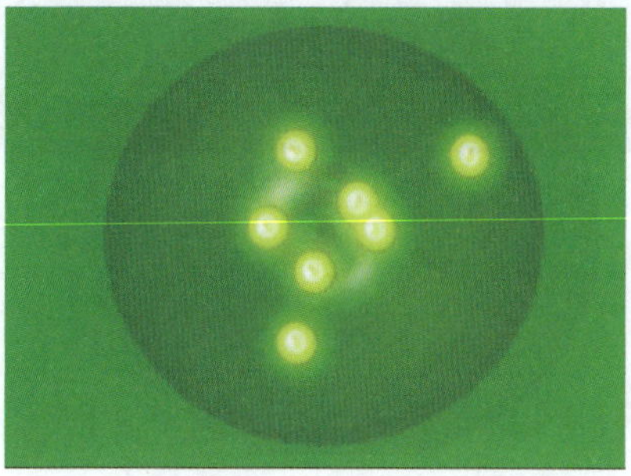

图 13-35 “发光”的效果

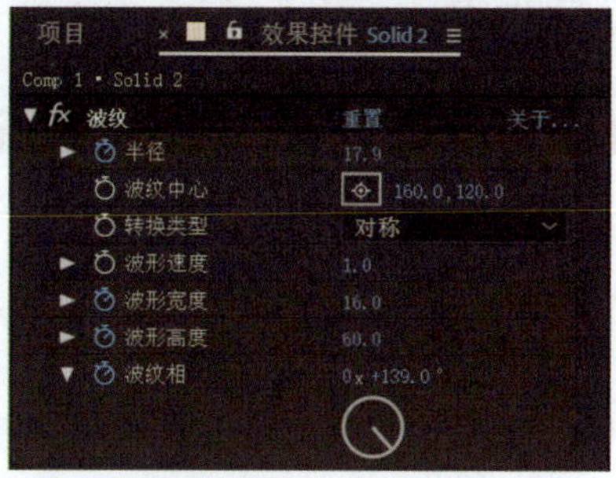

图 13-36 设置“波纹”动画效果

步骤 13 改变背景画面：在时间轴中，单击“**调整图层**”按钮，使“Solid 2”图层成为一个调整图层来影响其下方“9.tga”图层的效果，如图 13-37 所示。

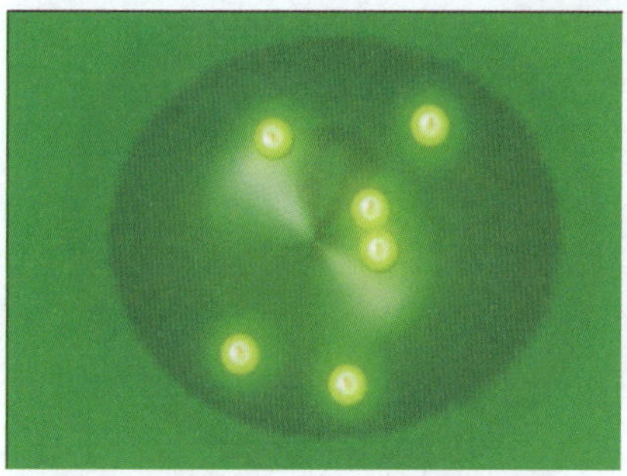

图 13-37 利用调整图层改变背景画面效果

步骤 14 预览动画：单击“**播放**”按钮，预览效果。

步骤 15 生成影片：保存文件，生成视频文件。

13.7 范例制作——《流星雨》特效

13.7.1 影片简介

本片是一个夜晚天空景色的特效。寂静的夜空繁星点点，不时有流星划过长空，夜鹰在空中盘旋，身后留下长长的幻影，原来看似平静的夜空并不平静。

13.7.2 观看影片

播放影片文件（素材与工程文件 \Chapter13\ASSORT13\MOVIE\fallstar_final.avi）。通过观看影片，进一步了解制作《流星雨》特效的主要内容，片段画面如图 13-38 所示。

图 13-38 《流星雨》特效的片段画面

13.7.3 制作流程（步骤）及技巧分析

在本例中，我们通过制作几颗流星和夜鹰飞过的动画，掌握运用粒子特效和回声效果制作流星闪烁和拖尾动画的技巧。整部片子的制作可分为 3 个阶段，如图 13-39 所示。

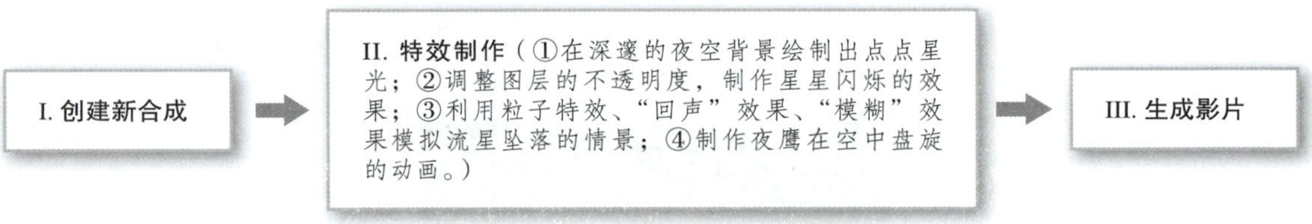

图 13-39 《流星雨》特效的制作流程图

13.7.4 编辑与合成

步骤 1 新建项目：选择“**文件→新建→新建项目**”命令，创建项目。

步骤 2 导入文件：导入需要引用的素材文件。选择“**文件→导入→文件**”命令，在打开的对话框中，选择需要引用的素材文件“night.psd”，单击“打开”按钮。当询问 PSD 文件的导入方式时选择“分图层导入”，因为需要对背景图像中的星星制作动画；再导入动画素材文件“agle1.gif”。

步骤 3 创建合成：从项目面板中选择“**background → night**”背景文件，将其拖放到项目面板下面的“**新建合成**”按钮上，系统将以背景文件的尺寸创建一个合成。

步骤 4 设置文件名：选择“**合成→合成设置**”命令，打开“合成设置”对话框，在“合成名称”文本框中输入文件名，设置持续时间为 4 秒，单击“确定”按钮。

步骤 5 背景合成：在项目面板选中其他背景文件，将其拖放到合成面板的中央释放，调整图片大小以适应窗口大小，如图 13-40 所示。

图 13-40 星星合成到夜色的背景上

步骤 6 星星闪烁的动画：在时间轴中，选中星星所在的图层，将其重命名为 star1。下面我们为星星图层的不透明度设置关键帧动画，制作星星忽明忽暗的闪烁动画效果。选中 star1 图层，展开图层属性，在“变换”栏中，激活“不透明度”属性左侧的“**时间变化秒表**”按钮设置动画。在 0 秒处，设置不透明度为 100%，此时星星最为清晰；在 1 秒 17 帧处，设置不透明度为 40%，让星星变得暗一些；在 2 秒 18 帧处，设置不透明度为 90%，让星星又变得清晰一些；在 3 秒 17 帧处，设置不透明度为 65%，让星星再变得暗一些；这样就做出了星星的闪烁动画效果。

步骤 7 设置 star2：从项目面板中选中素材 star1，将其拖放到合成面板中，并在图层中将新图层重命名为 star2。对 star2 图层我们同样对它的“不透明度”属性设置动画。注意：star2 图层中的星星闪烁要与 star1 图层的有一定的时间差，而且闪烁的频率也要稍微快些，这样看起来效果就会更自然，如图 13-41 所示。

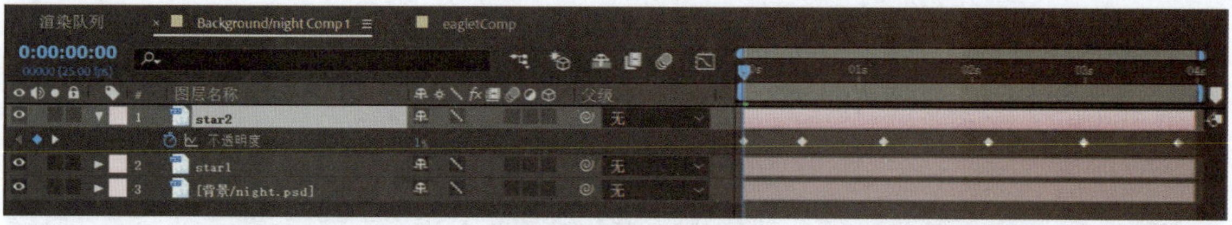

图 13-41 设置“不透明度”属性动画

步骤 8 预览效果：单击“**播放**”按钮▶，预览星星闪烁的效果。

步骤 9 添加图层：下面我们在深邃的夜空中加上几颗流星，使它们划过苍穹。在时间轴的空白处，单击鼠标右键，从弹出的菜单中选择“**新建→纯色**”命令，增加一个单色固态图层。在打开的对话框中，将其命名为“Dark Gray Solid 1”，使单色固态图层的尺寸与合成的尺寸一致，颜色任意。

步骤 10 添加粒子特效：现在我们要添加特效，产生流星。在“Dark Gray Solid 1”图层上单击鼠标右键，从弹出的菜单中选择“**效果→模拟→粒子运动场**”命令，添加粒子特效。利用 After Effects 的粒子特效来模拟几颗流星从天空坠落的现象。

步骤 11 调整参数：我们使用“发射”粒子发生器产生粒子，选中“Dark Gray Solid 1”图层，对效果控件面板中的“发射”栏进行设置。设置每秒粒子数为 1，即每秒产生 1 个粒子；设置方向为“0x−132.0° ”，让粒子朝左下角的方向发射；设置颜色为白色、粒子半径为 3；设置速率为 100，即发射的初始速度为 100；单击“变换”栏中“位置”属性右侧的图标，再到合成面板的右上角单击，确定发射点的位置，如图 13-42 所示。

图 13-42 确定粒子发射点的位置

步骤 12 设置方向：下面我们展开粒子的“重力”栏，设置方向为“0x+242.0° ”，如图 13-43 所示。

步骤 13 预览效果：单击“**播放**”按钮▶，预览动画，如图 13-44 所示。

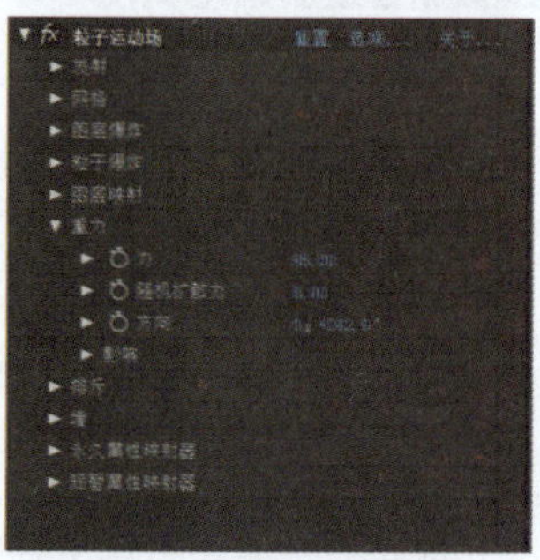

图 13-43 设置重力场的方向

图 13-44 增加的粒子特效

步骤 14 设置属性：从效果上看，还不像流星。我们还需要添加一些特效，让它们看起来更像流星。在添加特效之前，我们要将“Dark Gray Solid1”图层选中，选择“**图层→预合成**”命令，将该图层转变成一个预合成，并命名为“Dark Gray Solid 1 Comp 1”，选择“将所有属性移动到新合成”选项，把选择图层的所有属性和特效都转移到新合成中，单击“确定”按钮。这时，项目面板中也会出现新生成的文件。

步骤 15 属性调整：在时间轴中，我们看到“Dark Gray Solid 1 Comp 1”图层有一个合成的图标，而且它的颜色变成了灰色。展开“Dark Gray Solid 1 Comp 1”图层属性，发现只有“变换”栏，没有“效果”栏。因此，我们不能在预合成中对粒子效果进行修改和调整，如图 13-45 所示。

图 13-45　时间轴中的“Dark Gray Solid1 Comp1”图层

步骤 16 增加拖尾特效：下面我们对预合成“Dark Gray Solid1 Comp1”增加拖尾特效。选中该图层，选择“**效果→时间→残影**”命令，添加“残影”效果。当“残影”效果使用到图层时，图层上的其他特效会失效。这就是为什么我们事先要将图层进行预合成。在效果控件面板中，对“残影”的几个属性进行设置，设置残影时间为 –0.033（负值表示回声图像在图像之后出现；正值表示回声图像在图像之前出现），设置残影数量为 5、起始强度为 1、衰减为 0.5、“残影运算符”混合方式为“相加”，如图 13-46 所示。

步骤 17 预览：单击画面中的图标，设置图像质量为“自适应分辨率”。单击“**播放**”按钮，预览动画，如图 13-47 所示。

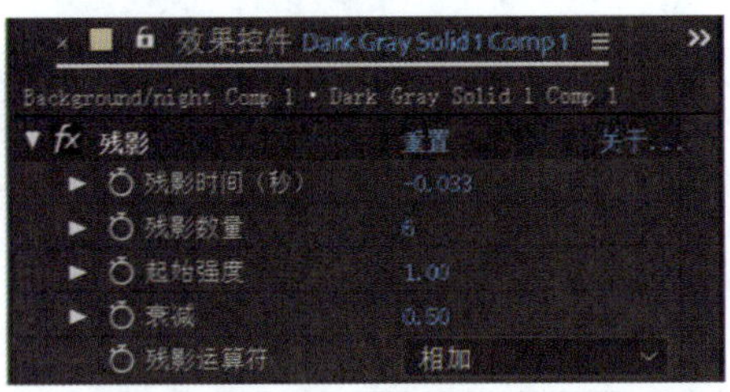

图 13-46　设置“残影”效果

图 13-47　效果预览

步骤 18 添加特效：我们发现还是不太像流星，需要再进行一些处理。选择“**效果→模糊和锐化→高斯模糊**”命令，增加一个“高斯模糊”效果。打开效果控件面板，设置“高斯模糊”栏中的“模糊度”属性为 6。再进行预览，效果如图 13-48 所示，现在看起来就比较像流星了。

步骤 19 保存文件：锁定所有图层，选择“**文件→保存**”命令，设置文件名为“fallingstar1.aep”。

接下来我们要制作“夜空下，有一只夜鹰在天空中盘旋，向灌木丛飞去”效果。

步骤 20 调整：从项目面板中把素材文件“eagle.mp4”拖放到合成面板中。在时间轴中的 eagle 图层上单击鼠标右键，从弹出的菜单中选择“**效果→过时→颜色键**”命令，打开效果控件面板。单击“主色”属性右侧的吸管图标，在合成面板中的白色背景区域上单击，将白色键出，再设置颜色容差为 0、薄化边缘为 1、羽化边缘为 2。“颜色键”效果的作用是将指定键出颜色变为透明，从而保留图像主体。此时，夜鹰就完美地合成到夜空的背景上了，如图 13-49 所示。

图 13-48　添加“高斯模糊”效果后的效果

图 13-49　使用键控后的效果

步骤 21　转换成 3D 图层：为了使夜鹰的盘旋飞翔更加自然，我们需要将 eagle1 图层转换成 3D 图层（单击“**3D 图层**”按钮）。在工具面板中选择**旋转工具**，沿着 Y 轴和 X 轴旋转一定的角度，使用**选取工具**，调整“变换”的值。

步骤 22　设置动画：激活“位置”属性左侧的“**时间变化秒表**”按钮，设置动画。在 0 秒处，确保**选取工具**是被选定的，在合成面板中将夜鹰移到合成面板的左上角，设置位置为“5.5，55.4，0.0”；在 1 秒 10 帧处，设置位置为“127，80，–147”；在 2 秒 13 帧处，设置位置为“153，136，–173”；在 3 秒处，设置位置为“215，130，–98”；在 3 秒 19 帧处，设置位置为“248，166，-170”，如图 13-50 所示。

步骤 23　加上回声的特效：确定了鹰的运动路径后，我们给它也加上回声的特效。同样，先选中 eagle1 图层，选择“**图层→预合成**”命令，将该图层转变成一个预合成，并命名为 eagle1Comp，选择“将所有属性移动到新合成”选项，把 eagle1 图层的所有属性和特效都转移到新合成中，单击“确定”按钮。

步骤 24　设置参数：选择“**效果→时间→残影**”命令，添加“残影”效果。在效果控件面板中，对“残影”栏下的属性进行设置。设置残影时间为 –0.1、残影数量为 3、起始强度为 1、衰减为 0.75、残影运算符为“从前至后组合”。将图像质量设置为“关（最终品质）”，单击“**播放**”按钮，预览动画，如图 13-51 所示。

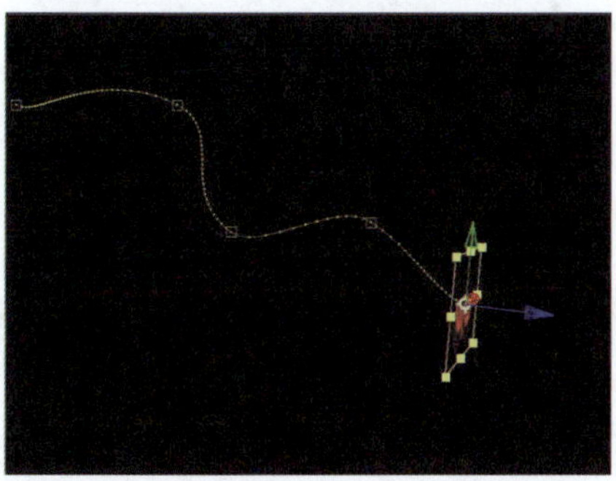

图 13-50　夜鹰运动的路径

图 13-51　夜鹰的回声特效

步骤 25　保存文件：将工作区域条覆盖整个时间轴长度，如图 13-52 所示。单击“**文件→保存**”命令，保存文件。

图 13-52　工作区域条

步骤 26　渲染设置：选择“**合成→预渲染**”命令，选择保存视频文件的文件夹，并将视频命名为

"fallingstar1.avi"，单击"确定"按钮，返回到"渲染队列"面板。单击"渲染设置"，打开"渲染设置"对话框。设置品质为"最佳"，即采用最好的质量渲染影片；设置分辨率为完整；单击"自定义"按钮，可以自定义时间范围，调整影片的开始时间、结束时间和持续时间；单击"确定"按钮，关闭"渲染设置"对话框，再次返回到渲染队列面板。在渲染队列面板中，单击"输出模块"按钮，在打开的"输出模块设置"对话框中，设置格式为QuickTime，即确定输出影片文件或序列文件的格式，本例中没有声音，选择"关闭音频输出"选项，如图13-53所示。

步骤27 输出影片：单击"确定"按钮，返回到"渲染队列"面板，单击"渲染"按钮，生成视频文件。

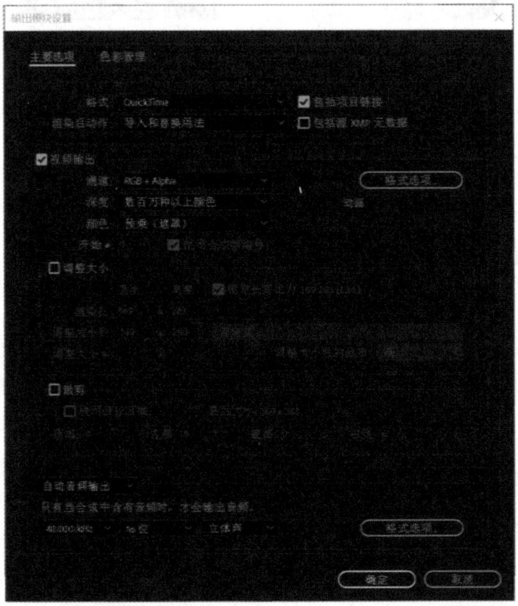

图13-53　输出模块设置

本章小结

在本章中，我们详细介绍了粒子发生器和粒子特效技法，介绍了应用图层映像功能控制影响粒子的力、制作破碎效果及粒子约束遮罩的方法与技巧。通过范例制作，将粒子特效和其他特效综合运用，制作出具有较强视觉效果的动画，掌握了利用预合成文件制作复杂的动画、将动画的单色背景变为透明并合成到动画中、对关键帧设置动画等技能。

本章作业

一、选择题

1. 哪种粒子发生器产生粒子面？（　　）

A. 发射　　B. 网格　　C. 图层爆炸　　D. 粒子爆炸

2. 使用下面哪个属性定义“发射”粒子发生器的柱体半径尺寸？（　　）

A. 方向　　B. 粒子半径　　C. 圆筒半径　　D. 位置

3. 哪个属性可以将粒子约束在一个指定的范围内？（　　）

A. 重力　　B. 排斥力　　C. 永久属性映射器　　D. 墙

4. 影响粒子速度的参数很多，下面哪些参数会影响粒子速度？（　　）（多选）

A. 重力　　B. 力　　C. 时间偏移　　D. 速度

5. 可以产生拖尾效果的特效是________特效。

A. 波纹　　B. 发光　　C. 高斯模糊　　D. 残影

二、简答题

1. “碎片”效果可以逼真地模拟物体爆破的过程，哪种方式可以加快预览？
2. 粒子图层映像的作用是什么？
3. 影响粒子的因素有哪些？
4. “散布”效果与“碎片”效果的区别是什么？

三、练习与实训

实训 13-1　粒子特效动画

详细内容请参见配套的电子版实训册《影视动画数字后期编辑与合成实训》中的第 13 章。

抠像技术 14

本章重点

- 抠像的原理
- 抠像特效的分类
- 抠像特效的使用
- 外挂滤镜 Psunami 与抠像技术
- 内置特效的使用
- 内部 / 外部键抠像技术的应用

教学环境

多媒体教室、电脑（配备视音频采集卡）、投影、公放、DVD

学时建议

8 学时

学习建议

通过制作 2 个范例——《新闻播报》栏目包装和动画片《回忆》背景特效，进一步掌握抠像的基本原理、After Effects 键控工具的使用和分类，以及抠像插件工具的基本功能和应用技法。

14.1　艺术指导原则

在数字技术进步的今天，通道提取成为数字合成的重要功能。蓝屏幕技术是提取通道的主要手段——在单色的背景前拍摄人物或其他前景内容，再利用色度的区别把单色背景去掉。

在影视动画节目制作过程中，常常需要将不同的对象合成到一个场景中去。我们可以使用图像的 Alpha 通道来完成合成工作。计算机生成的图像一般都具有 Alpha 通道，而实际拍摄的画面就没有 Alpha 通道。这时就需要求利用技术手段从画面中提取通道。我们常把这种通道的提取称为抠像，有的也称为键控技术。

14.2　抠像特效

After Effects 内置有各种抠像特效。使用“**效果→抠像**”命令，或者在效果与预设面板的“抠像”栏中，即可选择需要的抠像特效。

14.2.1　线性颜色键

“线性颜色键”效果，是基于 RGB、色相、色度的选择，控制键出的主色产生透明区域，区域的范围可以通过容差来调整，区域的边缘可以柔化处理。另外，还可以使用它来保留键出的颜色。例如，键出背景时将对象身上与背景相似的颜色也键出来了，这时可以应用“线性颜色键”抠像特效，返回对象身上被键出的颜色，如图 14-1 所示。

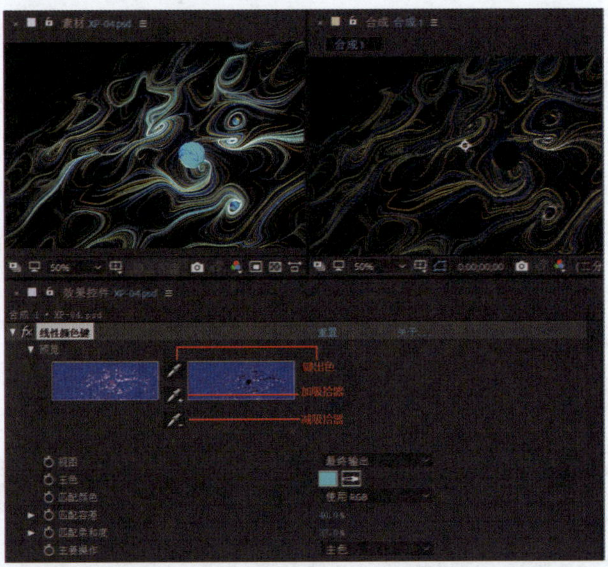

图 14-1　线性颜色键

14.2.2　提取

“提取”效果适合白色或黑色背景的素材，或者背景与前景有较大反差的素材。我们可以按照明亮度、红色、绿色、蓝色、Alpha 通道来控制透明区域的剪除。在效果控件面板中，“提取”栏的“直方图”显示图像各个影调的分布情况，灰色棒覆盖的亮度区域表示不透明区域，可以调整透明区域边缘的柔和度，还可以反转透明与不透明的区域，如图 14-2 所示。

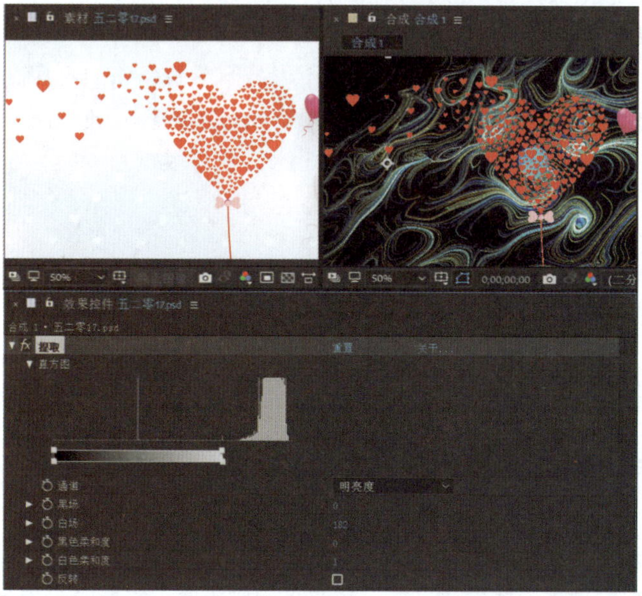

图 14-2 “提取”效果

14.2.3 差值遮罩

“差值遮罩”效果适合用固定机位拍摄的素材。通过比较一个原图层和它的一个差别图层，使颜色与位置都相同的像素变为透明。例如，一个静止背景画面上有人和球飘过。通过“差值遮罩”效果可以将气球合成到其他背景上，如图 14-3 所示。

图 14-3 “差值遮罩”效果

14.2.4 颜色差值键

“颜色差值键”效果把图像分成两个遮罩，即遮罩 A 和遮罩 B。遮罩 B 是键控色区域，遮罩 A 是键控色之外的遮罩区域。组合这两个遮罩，得到第 3 个遮罩，成为 Alpha 遮罩。颜色差值键控产生一个明确的透明值，适合处理含有透明或半透明区域的素材，如图 14-4 所示。其三种吸管的作用如下：

- 从原图中吸取键出色。
- 从预览视图中单击透明区域，透明该区域。
- 从预览视图中单击不透明区域，不透明该区域。

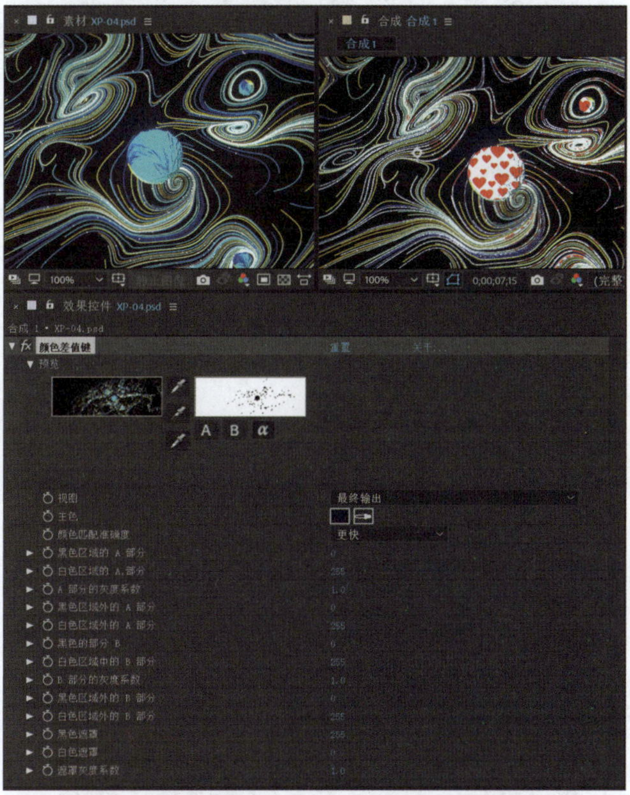

图 14-4 “颜色差值键”效果

14.2.5 颜色范围

“颜色范围”效果可以从“颜色空间”菜单中选择 Lab、YUV 或 RGB。如果使用一种颜色空间难以隔离主体，则尝试使用其他颜色空间。适合有多个背景色、亮度不均匀或背景有阴影区域的蓝背景或绿背景素材的抠像。

颜色空间控制可以调整颜色范围的最大值与最小值，其功能可以用加号吸管和减号吸管分别控制增加键出色和减少键出色。使用“最小值”滑块和“最大值”滑块对颜色范围的开始和结束颜色进行精细调整。L、Y、R 控制指定颜色空间的第一个分量；a、U、G 控制指定颜色空间的第二个分量；b、V、B 控制指定颜色空间的第三个分量；使用“最小值”滑块对颜色范围的开始部分进行精细调整；使用“最大值”滑块对颜色范围的结束部分进行精细调整，如图 14-5 所示。

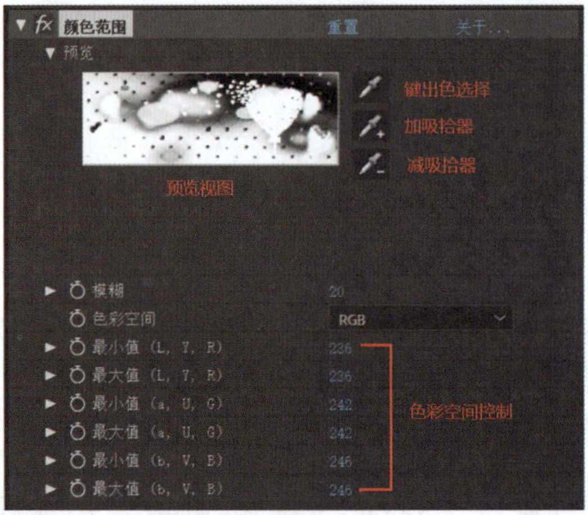

图 14-5 “颜色范围”效果

14.2.6 高级溢出抑制器

由于背景颜色的反射，键出图像的边缘通常会存在背景色的溢出，用溢出控制功能消除图像边缘残留的键出色。如果该效果不明显，可以调整色相与饱和度等因素来降低某种颜色的饱和度，来达到同样的效果，如图 14-6 所示。

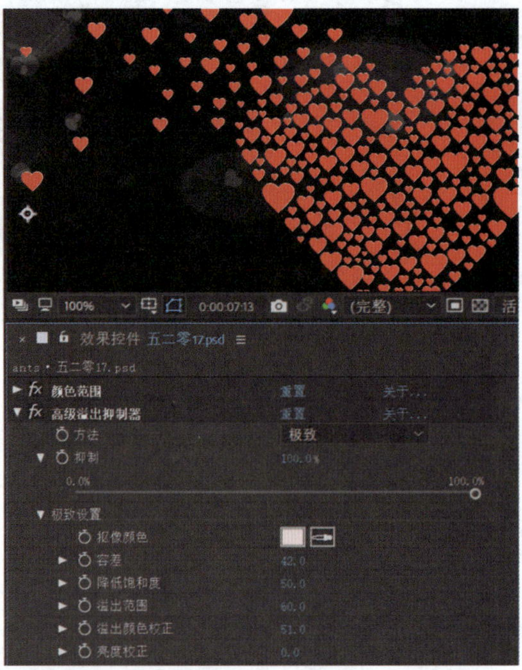

图 14-6 高级溢出抑制器

14.2.7 抠像清除器

对于已经用过键控的图像，边缘可能还残留了一些背景色，或者在键出背景色时，将本该保留颜色的地方也被抠掉了。这时我们可以使用“抠像清除器”效果对遮罩进行微调。在效果控件面板中，调整其边缘半径和强度，如图 14-7 所示。

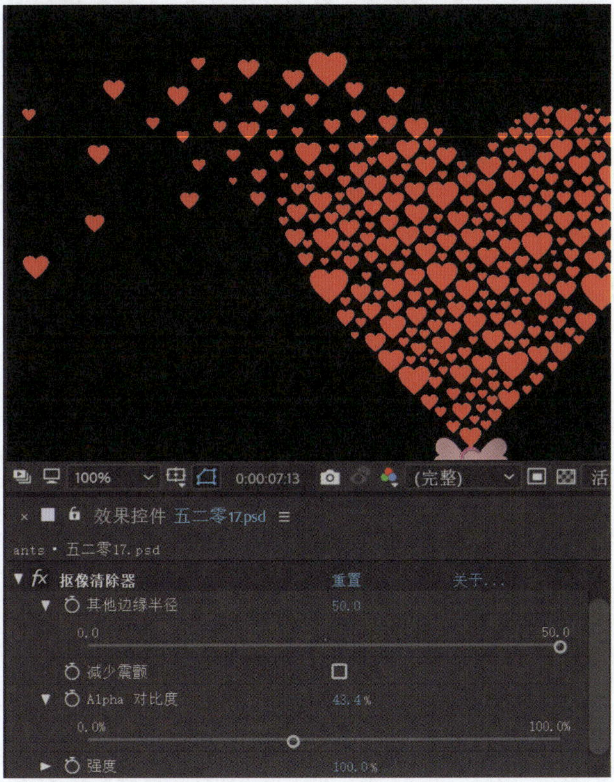

图 14-7 微调遮罩边缘

14.3 范例制作——《新闻播报》栏目包装

14.3.1 影片简介

本例将制作一个电视新闻栏目《新闻播报》的片头动画：一位年轻、端庄、活力四射的美丽女播音员正在播报新闻，背后电视中显示旭日东升的海面。

14.3.2 观看影片

播放影片文件（素材与工程文件 \Chapter14\ASSORT14\MOVIE\finals.avi）。通过观看影片，进一步了解制作《新闻播报》栏目包装的主要内容，了解和学习如何利用抠像和特效制作电视新闻播报的片头，片段画面如图 14-8 所示。

图 14-8 《新闻播报》栏目包装的片段画面

14.3.3 制作流程（步骤）及技巧分析

电视新闻播报栏目的画面通常是播音员在演播室里播报新闻，背景为蓝屏。本例是将播音员播报新闻的画面背景拍摄为蓝屏背景，再将电脑制作的画面与播音员播报画面合成到一起。本例制作流程可分为 3 个阶段，如图 14-9 所示。

I. 创建新合成 → **II. 合成与特效制作**（①利用外挂特效制作海洋和天空的效果；②在旭日东升的海面上出现“新闻播报”字幕；③将画面微缩到电视画框中；④将播音员在演播室拍摄的蓝屏背景的画面放到前景中；⑤利用抠像效果使之合成到背景中） → **III. 生成影片**

图 14-9 《新闻播报》栏目包装的制作流程图

14.3.4 编辑与合成

步骤 1 新建合成：新建一个项目，把本例所需素材导入到项目面板中。创建一个合成，设置合成尺寸为“200×150”像素、持续时间为 5 秒、名称为 news。

步骤 2 新建“Solid 1”图层：新建一个固态图层“Solid 1”，为“Solid 1”图层添加外置效果，选择“**效果→ Psunami**”命令，这个效果可以制作海洋和天空的效果。在效果控面板中设置海洋的属性“Ocean Optics”栏中“Water Color”为蓝色，其他的属性如图 14-10 所示。

图 14-10 海洋的属性设置

贴心提示

Psunami 插件主要用于模拟天空和大海，可以进行精准地控制以及高度的还原，给人以更加真实的感觉。需要下载并安装 Psunami 插件才能在 After Effects 中使用。

步骤 3 增加关键帧：设置“Viewed Size”为 15，激活“**Light 1 → Light Elevation**”属性左侧的“**时间变化秒表**”按钮，设置动画。在开始处，设置 Light Elevation 为“+93°”；在 2 秒处，设置 Light Elevation 为“+80°”。

步骤 4 预览动画：单击“**播放**”按钮，预览动画，查看动画效果，如图 14-11 所示。

步骤 5 新建 Solid2：在 2 秒处，创建一个固态图层 Solid2。选中 Solid2 图层，单击鼠标右键，选择 **“效果→过时→基本文字”**命令，给该图层添加文字效果。

步骤 6 输入文字：在“基本文字”对话框中输入“新闻播报”，单击“确定”按钮。在“基本文字”效果控件面板中，设置填充颜色为蓝色、描边颜色为深蓝，如图 14-12 所示。

图 14-11 Psunami 效果

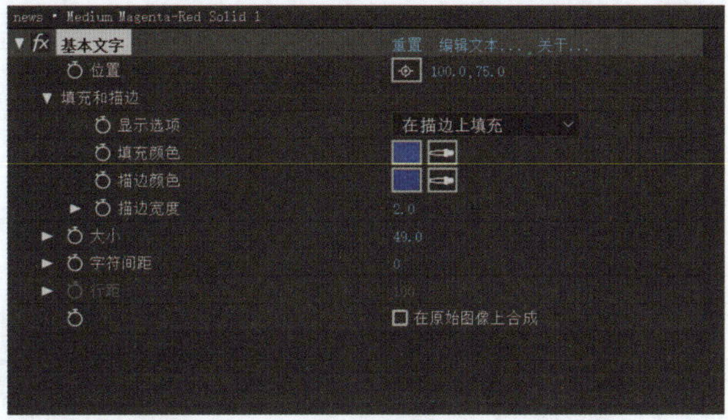

图 14-12 “基本文字”效果

步骤 7 文字效果：下面制作文字“从小变大、渐渐淡出”的效果。在时间轴中，选中 Solid2 图层，展开该图层的缩放和不透明度（按 S 键，按 Shif+T 键），激活它们左侧的**“时间变化秒表”**按钮，设置动画。在开始处，设置缩放为 20%、不透明度为 0；在 2 秒 18 帧处，设置缩放为 100%、不透明度为 100，如图 14-13 所示。

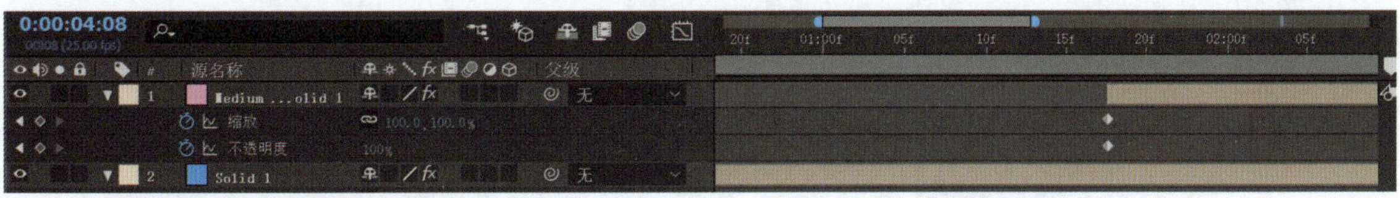

图 14-13 设置文字效果

步骤 8 设置图像质量：将图像质量设置为 Best, 然后预览动画效果，如图 14-14 所示。

步骤 9 新建合成：下面再新建一个合成，设置合成的尺寸为“320×240”像素、持续时间为 5 秒、名称为 Comp1。

步骤 10 拖放素材：将背景素材“bg.avi”拖放到时间轴，选择**“效果→颜色矫正→颜色平衡（HLS）”**命名，给背景添加“颜色平衡”效果。

步骤 11 属性设置：在效果控件面板中，激活“色相”属性左侧的**“时间变化秒表”**按钮，为色相设置动画。在不同时间调整不同的颜色，使背景不断变化颜色，如图 14-15 所示。

图 14-14 文字与海洋天空的合成效果

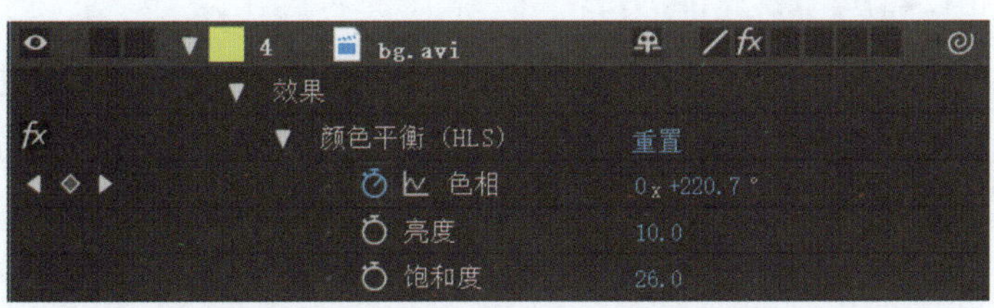

图 14-15 设置“颜色平衡”效果

步骤 12 调整：下面把一个电视的屏幕图像“tv2.tif”拖放到时间轴中，调整位置和大小。把合成 news 作为一个图层拖放到时间轴中，调整 news 图层的大小和位置，让其放置在电视机屏幕的位置。由于电视机是倾斜放置的，要使 news 图层图像能够和屏幕吻合，需要对 news 图层添加“边角钉”特效。选择“**效果→扭曲→边角定位**”效果，图像的边角会出现 4 个控制点，调整控制点使之和电视机屏幕的 4 个角对齐，如图 14-16 所示。

步骤 13 排列图层：排列图层，将 tv2 图层放置在 news 图层之上。最后将播音员的蓝屏视频“蓝屏 1”拖放到时间轴中，放在最上图层，合成面板中的图像如图 14-17 所示。

图 14-16 调整 Corner Pin 特效的边角控制点

步骤 14 属性设置：选择“**效果→抠像→颜色键**”命令，使用“颜色键”抠像效果将蓝色背景去掉，属性设置如图 14-18 所示。

图 14-17 播音员的蓝屏视频

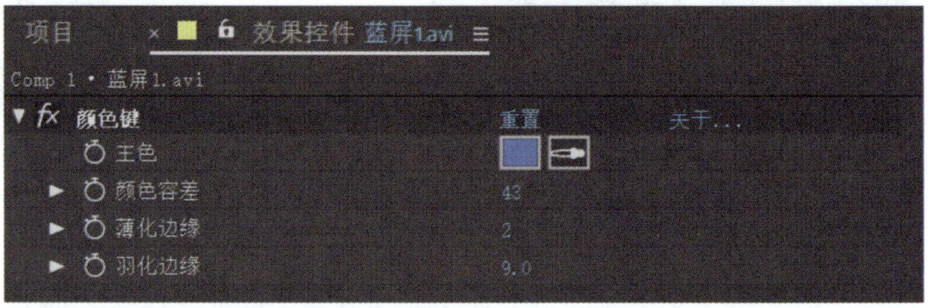

图 14-18 “颜色键”效果

步骤 15 预览动画：单击“**播放**”按钮▶，预览动画，动画效果如图 14-19 所示。

图 14-19 最后合成效果

步骤 16 生成影片：保存文件，生成视频文件。

14.4 范例制作——动画片《回忆》背景特效

14.4.1 影片简介

本片是一部讲述一位美丽的女孩正深深陷入回忆之中的短片。女孩身后的背景——灰色天空、波涛汹涌的海面，还有海鸥不时地从海上飞过，这样的情景氛围也容易引起人们无尽的遐想。

14.4.2 观看影片

播放影片文件（素材与工程文件 \Chapter14\ASSORT14\MOVIE\memery_final.avi）。通过观看影

片，进一步了解制作动画片《回忆》背景特效的主要内容，学习运用一个灰色调的画面表现一种回忆的氛围，片段画面如图 14-20 所示。

图 14-20　动画片《回忆》背景特效的片段画面

14.4.3　制作流程（步骤）及技巧分析

人们常说，回忆是灰色的。本例就以灰色调的画面来营造遐想、回忆的氛围。我们使用内置的键控“内部 / 外部键”技术将女孩从原来画面中分离出来，然后与实拍的背景合成在一起，同时出现一行灰色调的跳动的文字效果。本例制作流程可分为 3 个阶段，如图 14-21 所示。

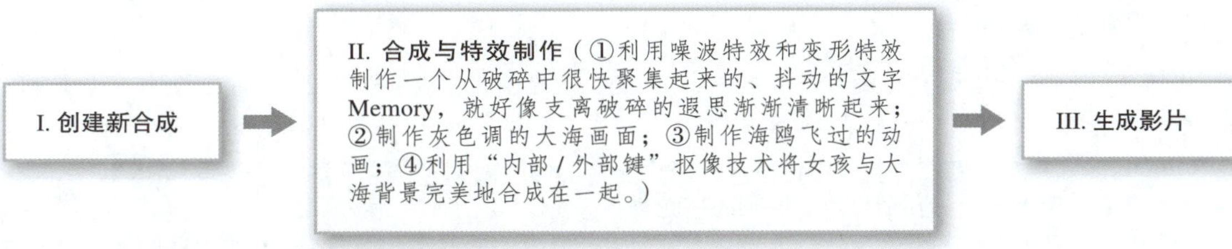

图 14-21　动画片《回忆》背景特效的制作流程图

14.4.4　编辑与合成

步骤 1　新建项目：新建一个项目，导入本例所需素材。创建合成 noise，设置合成的尺寸为“320×240”像素、持续时间为 6 秒。

步骤 2　新建图层：新建一个固态图层并命名为“Solid 1”，选择“**效果→杂色和颗粒→分形杂色**”命令，添加“分形杂色”效果，在效果控件面板中设置属性如图 14-22 所示。

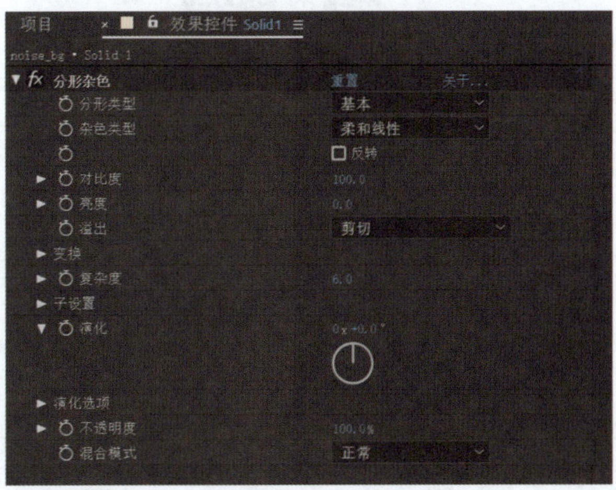

图 14-22　设置“分形杂色”效果

步骤 3　新建合成：新建合成并命名为 text，设置合成的尺寸为“320×240”像素、持续时间为 6 秒。将合成 noise 拖放到新合成 text 中，作为一个图层。

步骤 4　新建图层：新建一个固态图层 Solid，选择“**效果→过时→基本文字**”命令，在打开的文本框中输入文字 memory，设置文字的颜色为灰色。

步骤 5　特效属性设置：在对 Solid 图层应用“**效果→扭曲→置换图**”效果，该效果以指定的图层作为位移图，以其像素颜色值位移水平和垂直的像素为基准变形图层。这种由位移图产生变形的效果变化可能非常大，其变化完全依赖位移图及设置的选项，可以使用任何图层作为位移图。在效果控件面板中，设置置换图层为“2. noise”，选择noise图层作为位移图；单击“最大水平置换”和“最大垂直置换”属性左侧的“**时间变化秒表**”按钮，为它们设置关键帧，其他属性的设置如图14-23所示。

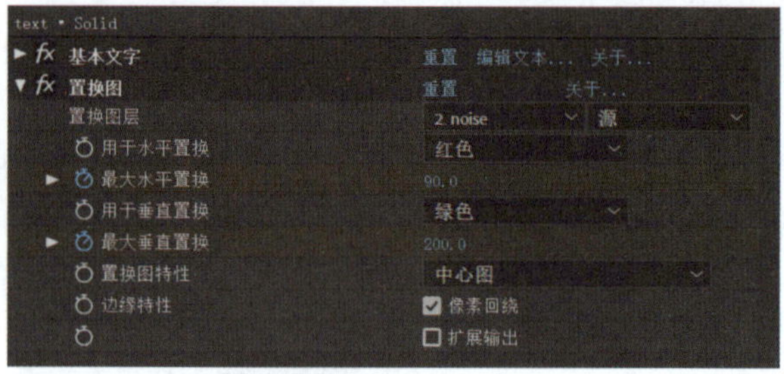

图 14-23 设置“置换图”效果

步骤 6 增加多个关键帧：在不同的时间处再增加多个关键帧，并将所有关键帧选定，单击鼠标右键，在弹出的菜单中选择“关键帧插值”命令，打开“关键帧插值”对话框，在“临时插值”下拉列表中选择“连续贝塞尔曲线”选项，连续贝塞尔插值将产生较平稳的变化率，如图14-24所示。

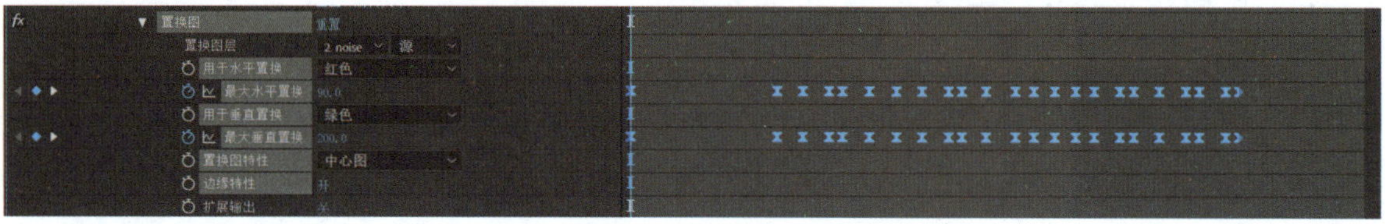

图 14-24 设置关键帧插值类型

步骤 7 新建合成：新建合成并命名为final_comp，设置合成的尺寸为“320×240”像素、持续时间为6秒、背景颜色为粉色（方便抠像时容易观察）。将需要抠像的素材“model.jpg”拖放到时间轴中。双击“model.jpg”图层，打开图层面板，取消勾选“渲染”选项，选择工具面板中的**钢笔工具**，沿着人物轮廓的内侧勾勒出一个封闭的遮罩，如图14-25所示。

步骤 8 勾勒遮罩：再沿着人物轮廓的外侧勾勒出一个封闭的遮罩，如图14-26所示。

图 14-25 内侧轮廓遮罩

图 14-26 外侧轮廓遮罩

步骤 9 属性设置：选中“model.jpg”图层，单击鼠标右键，在弹出的菜单中选择“**效果→抠像→内部/外部键**”命令，在效果控件面板中看到“前景（内部）”属性为Mask1，将遮罩中定义的图像保留；“背景（外部）”属性为Mask2，该遮罩定义图像中键出的像素范围。适当调整薄化边缘和羽化边缘，得到较好的抠像效果，如图14-27所示。

步骤 10 合成：将实拍的一段视频拖放到时间轴图层区域的最下方，再将合成text拖放到时间轴图层区域的最上方。

步骤 11 预览动画：单击“**播放**”按钮，预览动画，动画效果如图14-28所示。

图 14-27　设置“内部 / 外部键”效果

图 14-28　最终的合成效果

步骤 12　生成影片：保存文件，生成视频文件。

本章小结

在本章中，我们首先介绍了抠像的基本原理，然后详细地介绍了 After Effects 中的抠像特效的使用和分类，最后通过两个范例的制作帮助读者能够尽快地掌握抠像技术。

本章作业

一、简答题

1. 什么是图像背景色溢出？如何控制背景色溢出？

2. 这里有一幅人物主体色调与背景没有太大差别的画面，如何去除画面的背景并完好保留人物的发丝？

二、选择题

1. 适合背景、前景有较大反差的素材的抠像方式是________？

A. 线性颜色键　　B. 颜色差值键

C. 提取　　D. 颜色范围

2. 差值遮罩适合对怎样的素材进行抠像？（　　）

A. 单一的背景颜色素材　　B. 白色背景或黑色背景拍摄的素材

C. 背景、前景有较大反差的素材　　D. 适合固定机位拍摄的素材

3. 在范例中，用于制作真实的海洋和天空效果的插件特效是________。

A.Psunami　　B.PrimatteKeyer　　C.Color Balance　　D.Fractal Noise

三、练习与实训

实训 14-1　制作电视栏目片头——《夕阳无限好》

详细内容请参见配套的电子版实训册《影视动画数字后期编辑与合成实训》中的第 14 章。

15 跟踪运动与稳定技术

本章重点

- 跟踪运动的方式
- 跟踪运动的类型
- 调整跟踪区域来提高跟踪精度
- 利用跟踪技术合成效果
- 稳定技术的应用

教学环境

多媒体教室、电脑（配备视音频采集卡）、投影、公放、DVD

学时建议

4 学时

学习建议

通过制作 3 个范例——《小魔术》跳动特效、《替换 Logo》和《画面的稳定》，了解跟踪运动的方式和类型，掌握调整跟踪区域来提高跟踪精度，以及跟踪运动和稳定技术的应用技法。

15.1 艺术指导原则

跟踪运动是后期合成中功能强大的工具，也是被广泛使用的一个工具。跟踪运动的原理是跟踪器以第 1 帧中选择区域中的像素为标准，来记录后续帧的运动。例如，实拍一段小孩在沙滩上奔跑的视频素材，我们可以利用后期的跟踪技术来给小孩头上戴顶帽子。我们在三维软件中制作一顶小红帽，带 Alpha 生成小红帽的文件，然后在后期合成软件中利用跟踪技术，将跟踪小孩的运动轨迹，使小红帽与小孩的运动轨迹相同，最后将小红帽与实拍素材中的小孩的头部合成到一起。合成的结果就是戴着小红帽的小孩在沙滩上奔跑。对于画面抖动的视频，我们还可以利用稳定技术将画面稳定。After Effects 也提供了跟踪运动和稳定功能。

15.2 跟踪运动

在 After Effects 中可以对位置、旋转、位置和旋转、仿射边角和透视边角等内容进行跟踪。对于不同类型的运动要采用不同方式的跟踪，有时还需要定义多个跟踪区域才能完成。

在时间轴中，选中需要进行跟踪操作的图层，选择 **“动画→跟踪运动”** 命令，打开该图层的跟踪预览面板和跟踪器面板，如图 15-1 和图 15-2 所示。

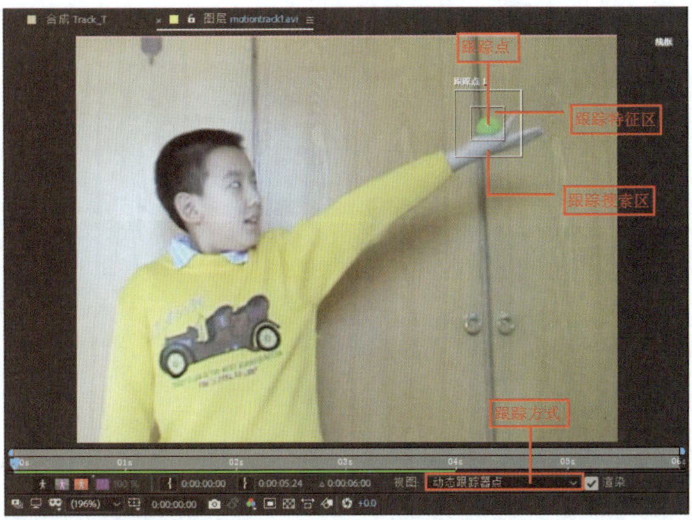

图 15-1　跟踪预览面板

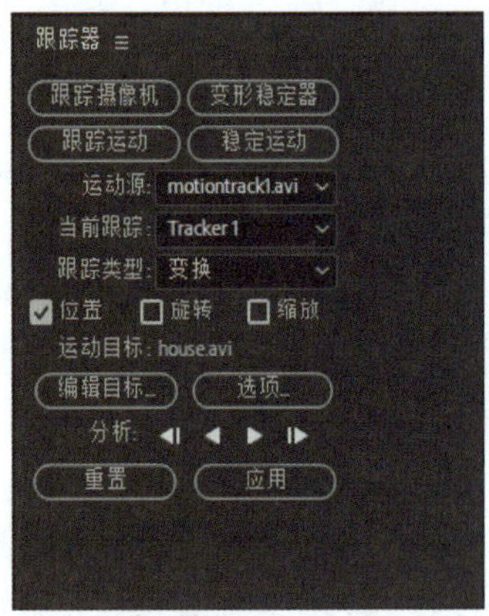

图 15-2　跟踪器面板

15.2.1 跟踪预览面板

在跟踪预览面板中，可以预览跟踪的画面并定义跟踪区域。跟踪范围由两个方框和一个十字点构成，最外面的方框为跟踪搜索区域，较小的搜索区域可以提高跟踪的精度和速度；中间的方框为特征区域，该区域应包含跟踪的特征点，较小的特征区域可以提高跟踪的精度和速度；最里面的十字点为跟踪点，该点将另一图层的锚点位置或图层上效果点的运动与本图层跟踪点的位置联系在一起。在旋转跟踪、位置和旋转跟踪的时候，则不会出现跟踪点。跟踪点不一定要在特征区域的里面，我们可以拖动它到任何地方。

特征区域和搜索区域的大小和位置都可以调整，拖动边框的句柄调整大小，在特征区域中拖动鼠标可以移动特征点：特征区域和搜索区域。如果不想移动特征点，可以按住 Alt 键，在特征区域内拖动鼠标，则特征点不动。在搜索区域与特征区域之间拖动鼠标只移动搜索区域。跟踪时需要调整特征区域和搜索区域尽可能小，这样可以提高跟踪的精度和速度。

应用跟踪时，合成图像中应该至少有两个图层，一个为跟踪目标图层，另一个为连接到跟踪点的图层或带有未知数性效果（该效果必须具备效果点）的图层。

15.2.2 跟踪器面板

在跟踪器面板中，单击“编辑目标”按钮，打开“运动目标”对话框，选择跟踪数据应用的图层或效果点，如图 15-3 所示。

在跟踪器面板中，单击“选项”按钮可以打开“动态跟踪器选项”对话框（图 15-4），在该对话框中可以设置跟踪器增效工具、跟踪方法及跟踪预处理等参数。

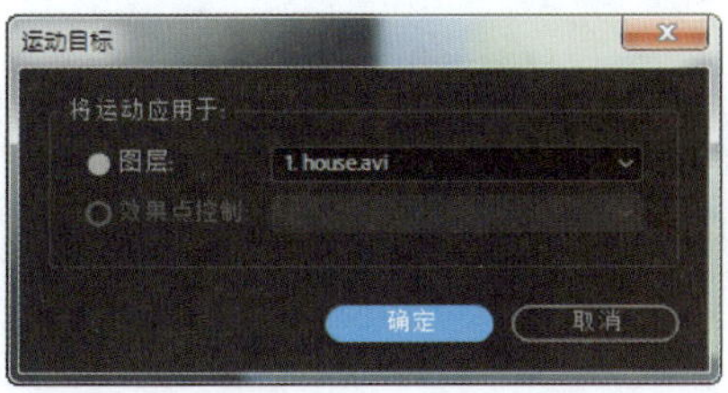

图 15-3 “运动目标”对话框

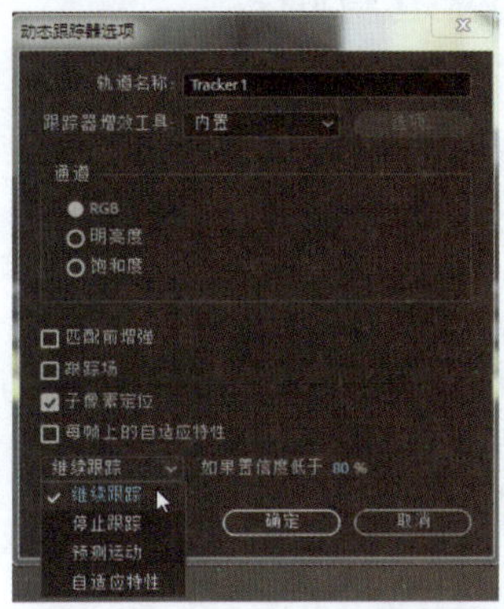

图 15-4 “动态跟踪器选项”对话框

15.3 跟踪方式

15.3.1 位置跟踪方式

位置跟踪方式将其他图层或当前图层中具有位置移动属性的特效参数连接到跟踪对象的跟踪点上，它只有一个跟踪区域。在进行位置跟踪时，可以将一个图层或效果连接到跟踪点上，但因为位置跟踪只能控制一个点，当物体产生歪斜或透视效果时，位置跟踪不能随物体的透视角度发生变化。

15.3.2 旋转跟踪方式

旋转跟踪将被跟踪物体的旋转方式复制到其他图层或是本图层中具有旋转属性的特效参数上，它具有两个跟踪区域。在进行旋转跟踪时，第一个特征区域到第二个特征区域轴上的箭头决定一个角度。跟踪工具通过两个跟踪区域相对的位置移动计算出物件旋转的角度，并且将这个旋转的角度赋值到其他的图层上，使其他图层上的物体对象与被跟踪的物件以相同的方式旋转。

15.3.3 位置和旋转跟踪

位置和旋转跟踪结合了位置跟踪和旋转跟踪的特点，它有两个跟踪区域。在进行这种跟踪时，跟踪工具通过两个跟踪区域相对的位置移动计算出物体的位移及旋转角度，并将这个位移和旋转角度的值应用到其他图层，使其他图层上的物体与被跟踪的物体以相同的方式运动。

15.3.4 平行边角跟踪

平行边角跟踪使用 3 个跟踪点跟踪歪斜并旋转，但不是透视的画面。当对跟踪点进行分析计算后，并根据 3 个跟踪点计算出第 4 个点的位置信息并转化为边角定位的关键帧，系统将自动为连接图层添加边角钉效果，该效果将控制连接图层 4 个角的位置，于是就可以看到连接图层产生歪斜和旋转运动了。

15.3.5 透视边角跟踪

透视边角跟踪与三点跟踪不同，透视边角跟踪形成的四边形可以自由变形，可以模拟各种透视效果。当对跟踪点进行分析计算后，系统自动为连接图层添加边角定位效果，并将 4 个跟踪点的位置信息转化为边角定位参数的关键帧。

15.4 范例制作——《小魔术》跳动特效

15.4.1 影片简介

本片讲述的是一个有趣的小魔术：一个长着一双腿的小房子在小男孩子的手心里跳动。小房子好像粘在小男孩手上似的，跟随着他的手进行上下跳动，非常好玩。

15.4.2 观看影片

播放影片文件（素材与工程文件 \Chapter15\ASSORT15\MOVIE\Track_P.avi）。通过观看影片，进一步了解《小魔术》跳动特效范例制作的主要内容，学习利用位置跟踪技术制作一个有趣的魔术，片段画面如图 15-5 所示。

图 15-5 《小魔术》跳动特效的片段画面

15.4.3 制作流程（步骤）及技巧分析

本例我们利用位置跟踪技术制作“小房子在孩子手里跳动”特效。整个制作流程可分为 3 个阶段，如图 15-6 所示。

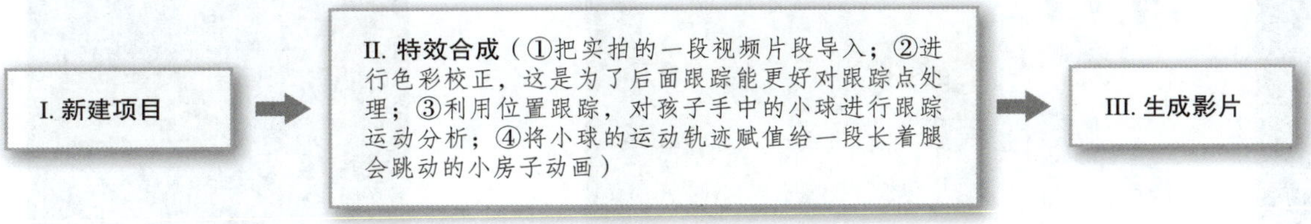

图 15-6 《小魔术》跳动特效的制作流程图

15.4.4 编辑与合成

步骤 1 新建项目：新建一个项目，将跟踪素材和小房子动画素材导入。新建合成并命名为“Track_P”，设置合成的尺寸为“320×240”像素、持续时间为 4 秒。

步骤 2 色彩校正：将跟踪素材“motiontrack1.avi”拖放到时间轴，素材的画面有些偏暗。选择“**效果→颜色校正→曲线**”命令，对图像色彩校正，在效果控件面板中对 Red 通道、Blue 通道和 RGB 通道进行调整，如图 15-7 所示。

步骤 3 小房子动画：将小房子动画素材“house.avi”拖放到时间轴中，并放置在“motiontrack1.avi”图层之上，如图 15-8 所示。

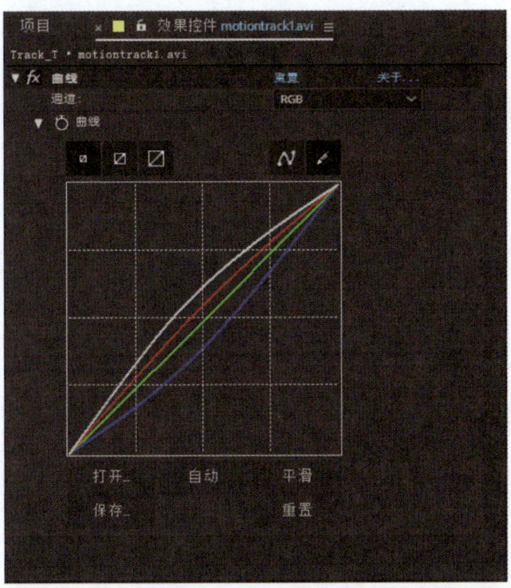

图 15-7 利用“曲线”进行图像色彩校正

图 15-8 将“house.avi”图层放在跟踪图层之上

下面我们要对孩子手中的绿色小球进行位置跟踪。

步骤 4 位置：选中“motiontrack1.avi”图层，选择“**动画→跟踪运动**”命令，打开跟踪预览面板和跟踪器面板。在跟踪预览面板中，将跟踪点调整到绿色小球上并调整跟踪区域和特征区域大小，如图 15-9 所示。

步骤 5 设置跟踪器：在跟踪器面板中，设置跟踪类型为变换，勾选“位置”选项，如图 15-10 所示。

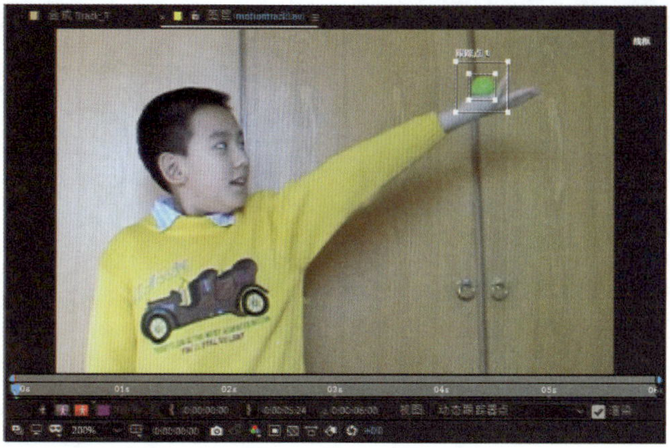

图 15-9　调整跟踪区域、特征区域大小和跟踪点

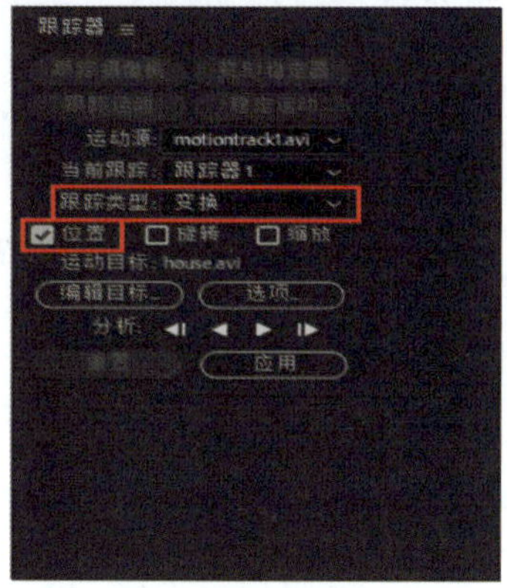

图 15-10　设置跟踪器

步骤 6　设置跟踪方式：单击“选项”按钮，在打开的对话框中，设置通道为 RGB，确定跟踪方式为 RGB 通道，如图 15-11 所示。

步骤 7　分析：单击“分析”栏的“**播放**”按钮▶，系统开始进行分析运算，在跟踪预览面板中查看画面的变化，跟踪区域和跟踪点的位置也在发生相应的变化。当运算完成后，拖动跟踪预览面板中的时间指示器，检查跟踪是否出现偏差。如果跟踪点在某个时间点开始出现偏差，可以将时间指示器定位在该时间点，再重新设置跟踪区域，然后单击“**播放**”按钮▶，重新进行分析运算。直到整个跟踪过程没有偏差。单击“应用”按钮，系统将跟踪结果应用到“house.avi”图层上，在合成面板中可以看到小房子如图 15-12 所示。

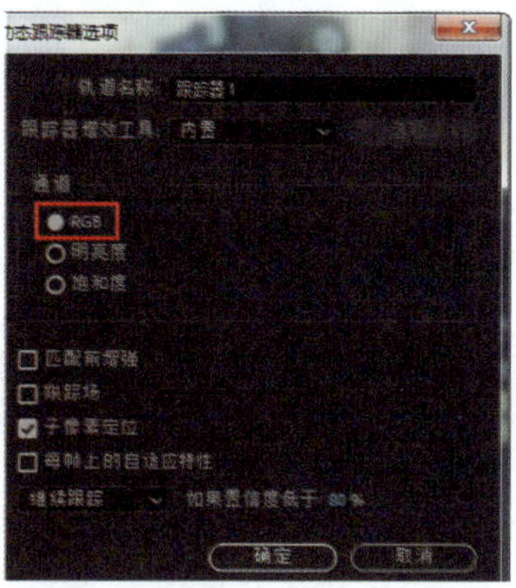

图 15-11　设置跟踪方法

图 15-12　将跟踪结果应用到 house 图层上

步骤 8　预览：单击“**播放**”按钮▶，预览动画，查看动画合成效果，可以看到小房子在孩子的手上跳动，如图 15-13 所示。

图 15-13　最后的跟踪合成效果

步骤 9 输出影片：保存项目文件，输出影片。

15.5 范例制作——《替换 Logo》

15.5.1 影片简介

本片讲述一个不停运动的手袋上的标志被天衣无缝地替换的动画。

15.5.2 观看影片

播放影片文件（素材与工程文件 \Chapter15\ASSORT15\MOVIE\Track_PCP.avi）。通过观看影片，进一步了解制作《替换 Logo》的主要内容，学习利用四点透视边角跟踪对手袋上的标志进行跟踪，然后替换标志，片段画面如图 15-14 所示。

图 15-14 《替换 Logo》的片段画面

15.5.3 制作流程（步骤）及技巧分析

在后期特效中，经常会利用多点跟踪的手段将视频画面中的一些元素替换掉。例如，利用跟踪技术将行驶中的汽车车牌替换成其他牌车牌号码。四点透视边角跟踪适合于对象运动发生透视变化的素材，可以对运动相对复杂的物体进行跟踪，在实际应用中也是最为广泛的。本例就是运用四点透视跟踪将购物袋上的标志替换成另一个标志。整个制作流程分为 3 个阶段，如图 15-15 所示。

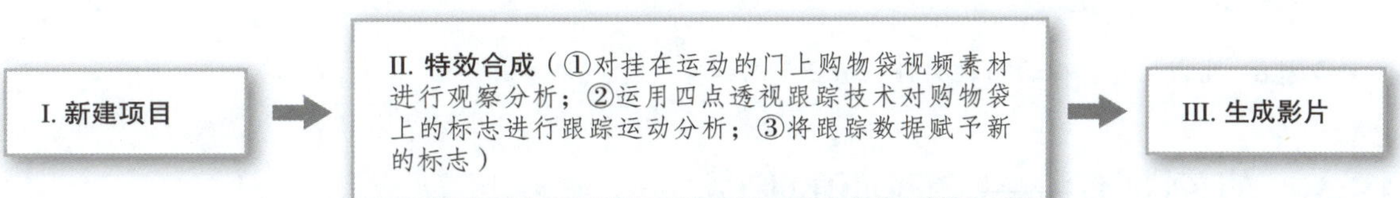

图 15-15 《替换 Logo》的制作流程图

15.5.4 编辑与合成

步骤 1 导入素材：将进行透视边角跟踪的素材“motiontrack5.avi”导入到项目中，将其拖放到项目面板下方的“**创建合成**”按钮上，创建一个合成并命名为“Track_PCP”。

步骤 2 设置跟踪器：将素材“Logo.tif”拖放到合成面板中。选中“motiontrack5.avi”图层，单击鼠标右键，在弹出的菜单中选择“**跟踪和稳定→跟踪运动**”命令，打开跟踪器面板，设置跟踪器类型为“透视边角定位”，如图 15-16 所示。

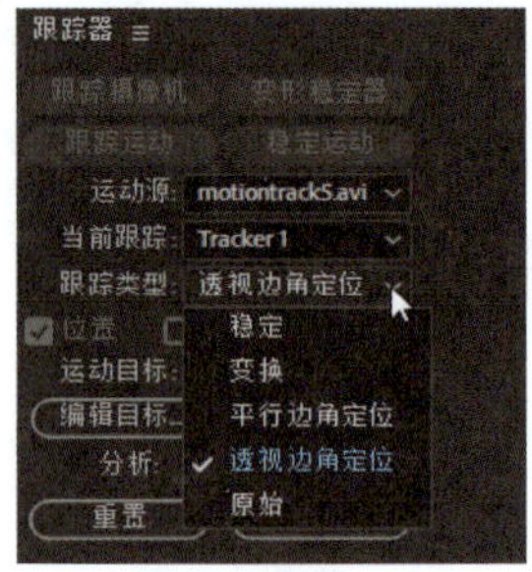

图 15-16　选择跟踪类型

步骤 3　调整跟踪搜索区域：在跟踪预览面板中，可以看到 4 个跟踪搜索区域，分别将 4 个跟踪搜索区域调整到手袋的 4 个跟踪点上，在调整跟踪搜索区域和特征区域时，可以放大视图，尽量精确调整，如图 15-17 所示。

步骤 4　分析：单击“分析”栏上的“**播放**”按钮▶，进行分析运算。跟踪运算结束后，观看跟踪结果是否正确，如果没有出现问题，单击“应用”按钮，将跟踪结果应用到 Logo 图层的 4 个定位点的“位置”属性上，如图 15-18 所示。

图 15-17　调整 4 个跟踪搜索区域和特征区域

图 15-18　跟踪结果应用到 Logo 图层上

步骤 5　预览：单击“**播放**”按钮▶，预览动画，可以看到手袋的 Logo 已被新 Logo 所替代，如图 15-19 所示。

图 15-19　最终合成效果

步骤 6　生成影片：保存项目文件，输出影片。

15.6　范例制作——《画面的稳定》

运动稳定的工作原理是什么？首先根据特征点的起始位置和相对于其他点的起始角度分析运算后续帧特征点的位置和角度；再为图层的“锚点”和“角度”属性添加关键帧，这些关键帧的运动方向和旋转角度都和特征点的运动方向、旋转角度相反，这样就抵消了画面的晃动和旋转。稳定技术是后期合成技术中的重要组成部分。当航拍的画面出现的抖动现象时，我们可以利用后期的稳定技术来处理，从而改善画面的稳定性。

15.6.1 影片简介

本片素材是一段旅游时拍的录像。受拍摄条件的影响，画面极不稳定、晃动厉害。

15.6.2 观看影片

播放影片文件（素材与工程文件 \Chapter15\ASSORT15\MOVIE\stabilize1.avi）。通过观看影片，进一步了解制作《画面的稳定》的主要内容，学习运用 Stabilize Motion 动作稳定功能，来改善画面效果，片段画面如图 15-20 所示。

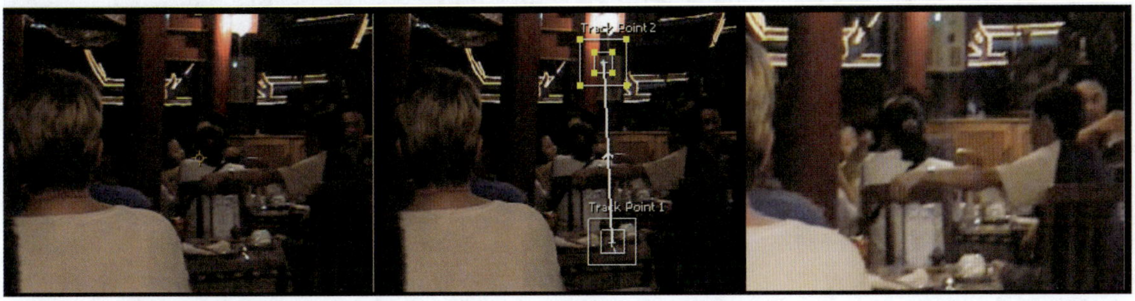

图 15-20 《画面的稳定》的片段画面

15.6.3 制作流程（步骤）及技巧分析

我们利用四点透视稳定技术对画面进行运动分析，使画面得到稳定。整个制作流程可分为 3 个阶段，如图 15-21 所示。

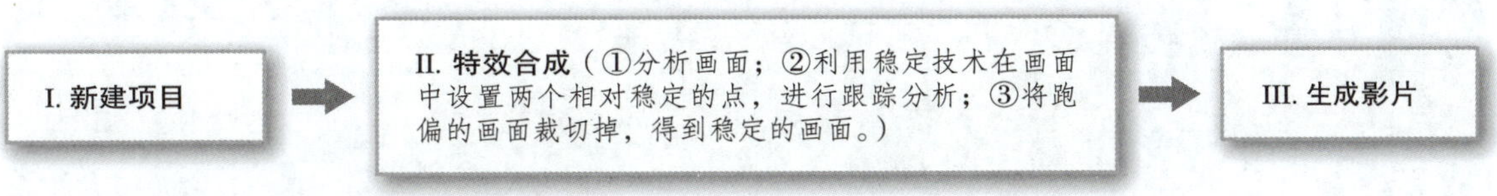

图 15-21 《画面的稳定》的制作流程图

15.6.4 编辑与合成

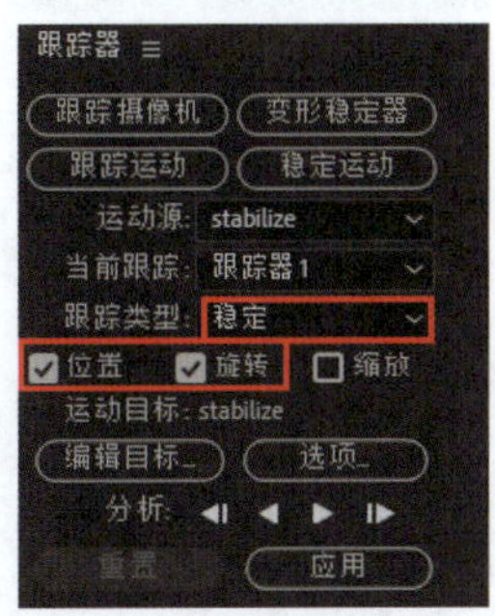

图 15-22 跟踪器面 z 板

步骤 1 导入素材：将素材“tour.avi”导入项目面板，将其拖放到“**新建合成**”按钮上，创建一个合成并命名为 stabilizer，设置合成的尺寸为“320×240”像素。

步骤 2 设置跟踪器：选择“动画→跟踪运动”命令，打开跟踪器面板。在跟踪器面板中，设置跟踪类型为“稳定”，勾选“位置”和“旋转”选项，如图 15-22。

步骤 3 设置通道：单击“选项”按钮，打开“动态跟踪器选项”对话框，设置通道为“明亮度”，如图 15-23。

步骤 4 跟踪稳定：将时间指示器移到素材的开始帧，在稳定预览面板中，将特征点移到桌上的茶杯和画面上方的一个点，作为稳定画面相关位置的参考点，并适当调整跟踪稳定特征区域的大小，如图 15-24 所示。

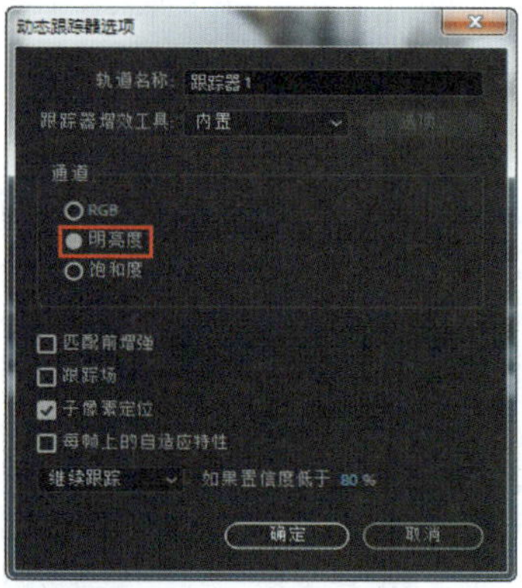

图 15-23　设置通道为“明亮度”

图 15-24　设置稳定参考点

步骤 5　单击“分析”栏中的“**播放**”按钮▶，进行分析运算，同时要注意跟踪的过程和结果。在出现偏离参考点的时间处，重新设置入点，调整跟踪区域及跟踪稳定特征区域的大小和位置，然后继续跟踪，直到完全无误，完成跟踪后，单击“应用”按钮。

步骤 6　查看图层：在时间轴中，选中“tour.avi”图层，按 U 键展示该图层所有关键帧的属性。我们可以看到“tour.avi”图层的“锚点”“位置”“旋转”属性上已自动产生许多关键帧，如图 15-25 所示。

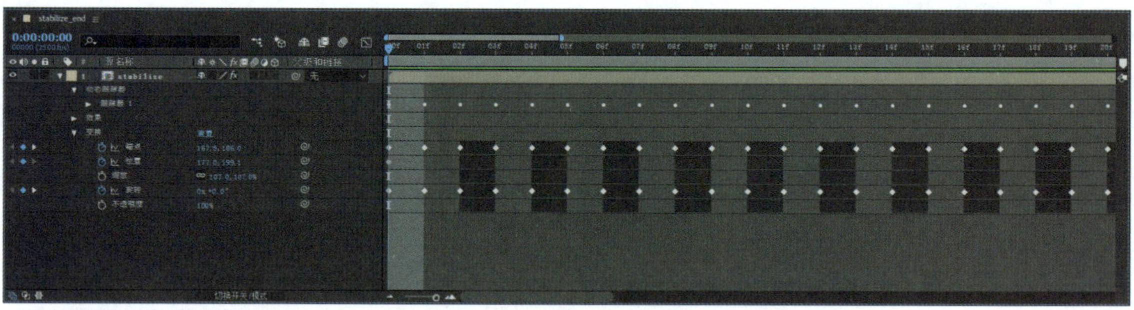

图 15-25　“tour.avi”图层的“锚点”“位置”“旋转”已自动产生许多关键帧

步骤 7　调整缩放：在合成面板中，会发现画面的边缘出现了问题，露出了白色的背底，如图 15-26 所示。调整“tour.avi”图层的“缩放”属性，将画面适当放大，减少背底色。注意：放大太多会造成影片图像质量变差。预览效果，查看是否整个片段都不露背底色，如果还有个别帧出现背底色，再进行下面的调整。

步骤 8　新建合成：新建一个合成，把原来的合成拖放到新的合成中，选择“**合成→合成设置**”命令，设置合成的尺寸为“300×255”像素。

步骤 9　预览效果：单击“**播放**”按钮▶，预览效果，发现画面不再露出背底色了，而且画面也变得非常平稳了，如图 15-27 所示。

图 15-26　调整后画面跑偏

图 15-27　平稳的画面

步骤 10　输出影片：保存项目文件，输出视频文件。

本章小结

在本章中，我们学习了在影视动画合成中非常重要的技术——跟踪运动和稳定技术，熟悉了跟踪运动的方式，了解了跟踪运动的类型以及通过调整跟踪区域来提高跟踪精度的技巧，最后通过范例进一步掌握跟踪运动和稳定技术的应用。

在对影像进行跟踪运动时，有时因为跟踪点比较复杂，而使得跟踪特征区域偏离了跟踪目标，从而跟踪失败。如果遇到这种情况，我们在跟踪运动时，将开始位置设为跟踪入点，调整跟踪区域及其他设置，对整个跟踪区域重新进行跟踪。另外，还可以加大跟踪区域。注意：在跟踪时，要合理调整特征区域和跟踪区域的大小。如果特征区域很小，会提高跟踪精度，但如果过小，也有可能造成跟踪失败。

跟踪成功后，会产生大量的关键帧，我们可以利用 After Effects 的高级工具包提供的关键帧辅助工具对其进行平滑处理。

本章作业

一、选择题

1. 哪项设置适合对有场的素材进行跟踪？（　　）

A. 每帧上的自适应特性　　B. 跟踪场　　C. 子像素定位

2. 透视跟踪是几点跟踪？（　　）

A.1　　B.2　　C.3　　D.4

3. 素材拍摄的画面有些偏暗，不利于跟踪，应用什么命令对其进行校正？（　　）

A. 镜头光晕　　B. 色彩平衡　　C. 曲线　　D. 发光

4. 下面哪些设置可以提高跟踪的精度和速度？（　　）(多选)

A. 扩大特征区域　　B. 缩小特征区域

C. 扩大搜索区域　　D. 缩小搜索区域

二、简答题

平行边角跟踪与透视边角跟踪的区别是什么？

三、练习与实训

实训 15-1　物体跟踪变化效果

详细内容请参见配套的电子版实训册《影视动画数字后期编辑与合成实训》中的第 15 章。

16 进阶特效的综合应用

本章重点

- 扭曲特效
- 变形特效
- 文字特效
- 眩光特效
- 外置特效
- 表达式

教学环境

多媒体教室、电脑（配备视音频采集卡）、投影、公放、DVD

学时建议

16 学时

学习建议

通过制作 7 个范例——栏目片头动画国际台《CRI》、宣传片《国际新闻》、《动画网站》片头动画、特效片《脸部变形》、专题片头动画《联合国旗上飘动的文字》、幽默小动画《演讲》、《保留颜色》特效，进一步掌握 After Effects 的内置和外置插件特效的综合应用的方法和技巧。

16.1 艺术指导原则

在影视动画作品中，光效的应用是非常广泛的。在三维软件中制作光效非常耗时耗力，而在后期合成软件中却可以很快地制作出炫目的光效。同时，还可以结合外置特效（即第三方插件），制作出震撼力更强的画面效果。

16.2 范例制作——国际台《CRI》台标

16.2.1 影片简介

综合利用 After Effects 的多个滤镜特效，制作一个炫目多彩的国际台标动画。

16.2.2 观看影片

播放影片文件（素材与工程文件 \chapter16\ASSORT16\MOVIE\logotext_final.avi）。通过观看影片，进一步了解制作国际台《CRI》台标的主要内容，学习利用路径文字工具，内置特效勾画、发光、分形杂色、极坐标等工具制作电视台台标的动画效果，片段画面如图 16-1 所示。

图 16-1 国际台《CRI》台标的片段画面

16.2.3 制作流程（步骤）及技巧分析

许多电视台都拥有一个绚丽的台标。这些台标大部分都是由专业软件制作而成的。After Effects 也能做出很好的台标动画。本范例综合运用多个滤镜特效（发光、变色、文字流动等），制作一个动画台标。整体制作流程可分为 3 个阶段，如图 16-2 所示。

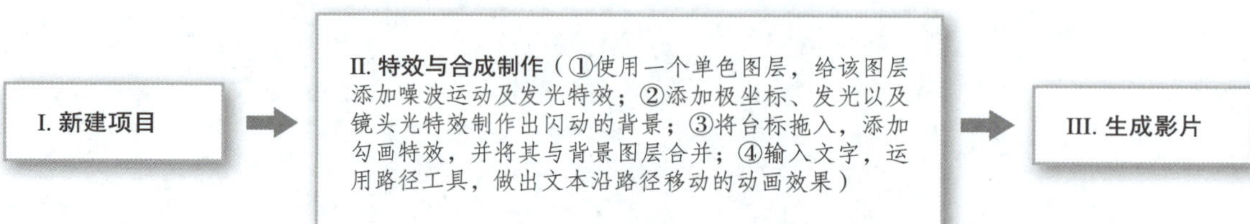

图 16-2 国际台《CRI》台标的制作流程图

16.2.4 编辑与合成

步骤 1 新建项目：新建项目，并创建合成 raybg。设置合成的尺寸为“320×240”像素、持续时间为 4 秒。

步骤 2 添加“分形杂色”效果：创建一个固态图层，命名为 ray1。选中 ray1 图层，选择“**效果→杂色和颗粒→分形杂色**”命令，添加“分形杂色”效果。在效果控件面板中，设置杂色类型为“柔和线性”，提高对比度降低亮度；激活“演化”属性左侧的“**时间变化秒表**”按钮，设置动画，使杂色产生运动，如图 16-3 所示。在开始处，设置演化为 0；在结尾处，设置演化为 2，。

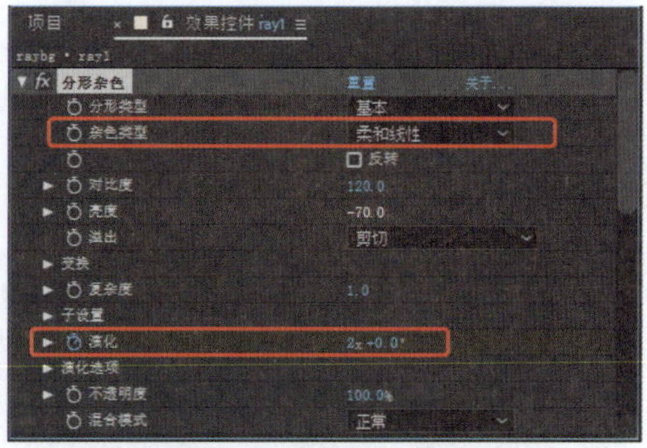

图 16-3 设置“分形杂色”效果

步骤 3 添加“发光”效果：选中 rag1 图层，选择“**效果→风格化→发光**”命令，添加“发光”效果。在效果控件面板中，设置发光半径为 80、发光强度为 8，发光颜色为“A&B 颜色”、颜色 A 为蓝色、颜色 B 为粉色，如图 16-4 所示。

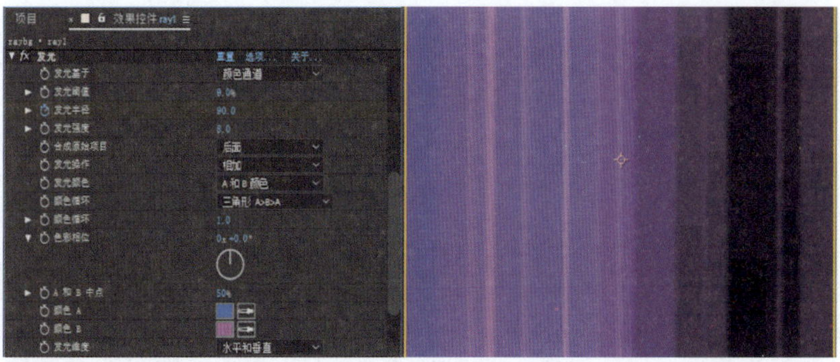

图 16-4 设置“发光”效果

现在还没有看出放光的效果，接下来添加极坐标效果。

步骤 4 添加“极坐标”效果：选中 rag1 图层，选择“**效果→扭曲→极坐标**”命令，属性设置如图 16-5 所示。

步骤 5 丰富“发光”效果：为了使发光效果更丰富，复制 rag1 图层，将复制的图层命名为 ray2。改变 ray2 图层“分形杂色”效果的“演化”属性的动画设置，使其与 ray1 图层的相反。在效果控件面板中，设置颜色 A 为红色、颜色 B 为黄色、图层的融合模式为“屏幕”，效果如图 16-6 所示。

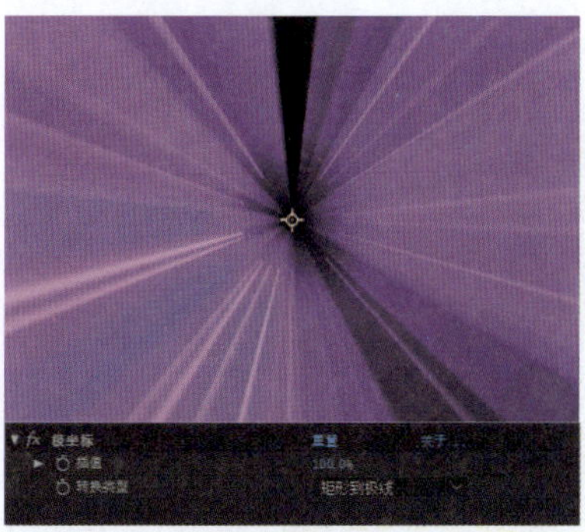

图 16-5 设置“极坐标”效果

图 16-6 光效叠加后的效果

下面我们再增加一些镜头光效果，使得光效更加耀眼。

步骤 6 添加“镜头光晕”效果：创建一个固态图层并命名为 flare。选中 flare 图层，选择“**效果→生成→镜头光晕**”命令，添加“镜头光晕”效果，属性设置如图 16-7 所示。

步骤 7 观看效果：设置 flare 图层融合方式为“屏幕”在合成面板中的效果如图 16-8 所示。

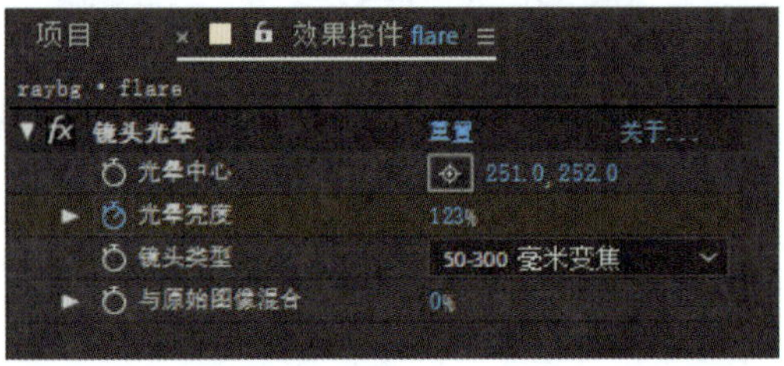

图 16-7 设置“**镜头光晕**”效果

图 16-8 添加镜头光晕后的效果

到现在为止发光的背景就完成了，下面我们将其与台标合成到一起并添加其他特效。

步骤 8 新建合成：新建合成并命名为 logotext，设置尺寸为“320×240”像素、持续时间为 4 秒。将合成 raybg 作为一个图层拖放到 logotext 合成中。

步骤 9 加关键帧：导入台标素材“logoCRI_b.tif”（位于“素材与工程文件\Chapter16\ASSORT16\PROJ\source16\CRI LOGO”文件夹），将其拖放到时间轴并放置在 raybg 图层之上，并重命名为 logoCRI。接下来为 logoCRI 图层的“缩放”属性设置动画（激活“缩放”属性左侧的“**时间变化秒表**”按钮）。在开始处和 2 秒处各加一个关键帧，分别设置缩放为 60%、120%。

步骤 10 艺术化描边：选择“**效果→生成→勾画**”命令，为台标添加沿图像轮廓或指定路径进行艺术化描边的“勾画”效果。在效果控件面板中，激活“旋转”属性左侧的“**时间变化秒表**”按钮，设置动画。在开始处，添加一个关键帧，设置旋转为 0°；在结尾处，添加一个关键帧，设置旋转为“1x+0°”。激活“宽度”属性左侧的“**时间变化秒表**”按钮，设置宽度动画。在图层上加 4 个关键帧，分别设置宽度为 0.5、6、2、0.5。激活“颜色”属性左侧的“**时间变化秒表**”按钮，设置颜色动画，在图层上添加 3 个关键帧，分别设置颜色为黄色、绿色、红色；其他属性设置如图 16-9 所示。

步骤 11 预览效果：合成面板中的效果如图 16-10 所示。

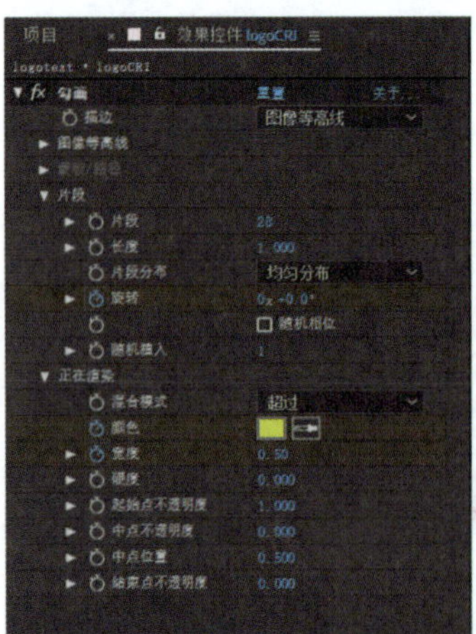

图 16-9 设置“勾画”效果

图 16-10 合成后的效果

步骤 12 添加文字效果：创建固态图层 text，选择“**效果→过时→路径文本**”命令，添加“路径文本”效果。单击效果控件面板上方的“编辑文本”，在打开的对话框中，输入文字。在效果控件面板中，设置“**路径选项→形状类型**”为“循环”，使文字沿圆周循环；勾选“反转路径”选项；设置“**填充和描边→填充颜色**”为蓝色、“**字符→大小**”为 25、“**字符→字符间距**”为 7、“**段落→对齐方式**”为“左对齐”、激活“左边距”属性左侧的“**时间变化秒表**”按钮，设置动画，使文本沿路径移动。在开始处，设置左侧距为 550；在结尾处，设置左侧距为 –700；其他属性设置如图 16-11 所示。此时合成面板的效果如图 16-12 所示。

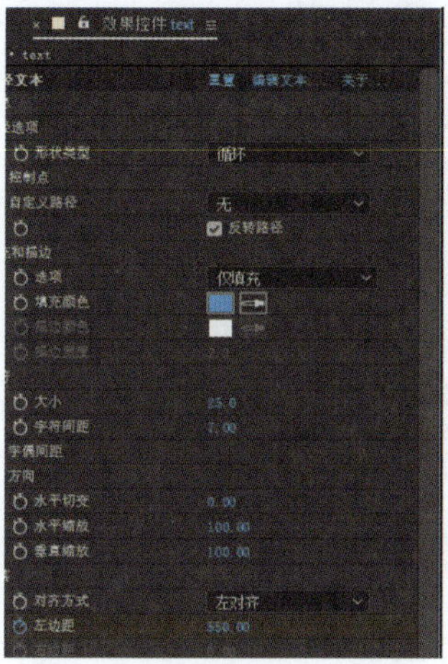

图 16-11 设置“路径文本”效果

图 16-12 添加路径文字后的效果

步骤 13 添加声音：将声音素材 music 拖放到合成面板中，声音会单独占据一个图层。

步骤 14 预览动画：单击“**播放**”按钮▶，预览动画，最终效果如图 16-13 所示。

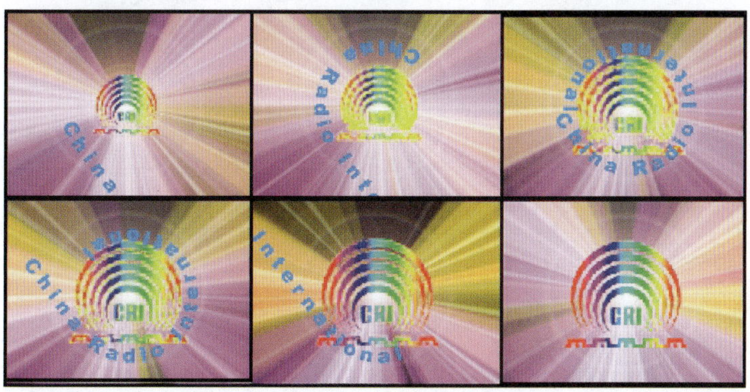

图 16-13 最终效果

步骤 15 输出影片：保存项目文件，输出影片。

16.3 范例制作——《国际新闻》栏目片头动画

16.3.1 影片简介

本范例将制作一个国际新闻广告栏目的片头动画。国际新闻广播栏目特效文字

"INTERNATIONAL"环绕在旋转的地球上，朝着人们的眼帘急速地飞来。

16.3.2 观看影片

播放影片文件（素材与工程文件\Chapter16\ASSORT16\MOVIE\earth_final.avi）。通过观看影片，进一步了解制作《国际新闻》栏目片头动画的主要内容，学习利用外置特效 CC Cylinder、Boris Sphere、CC Light Burst 2.5 和内置特效，制作国际广播栏目片头，片段画面，如图 16-14 所示。

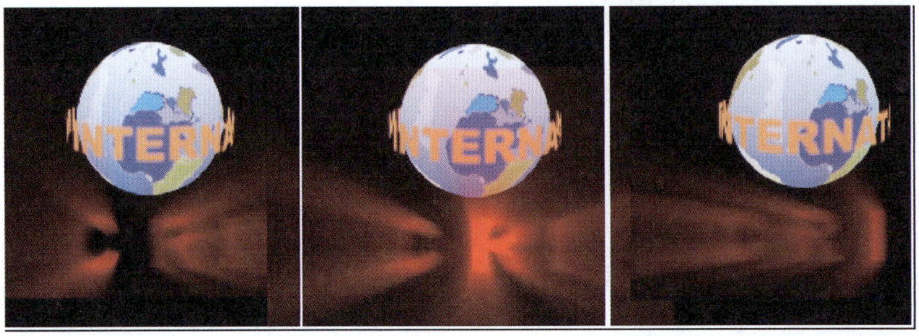

图 16-14 《国际新闻》栏目片头动画的片段画面

16.3.3 制作流程（步骤）及技巧分析

本例为国际新闻广播节目制作一个片头动画。制作时首先要突出它的国际性。这里我们可以用旋转的地球表示，再加上文字环绕动画和特效制作栏目的片头动画。整个制作流程分为 3 个阶段，如图 16-15 所示。

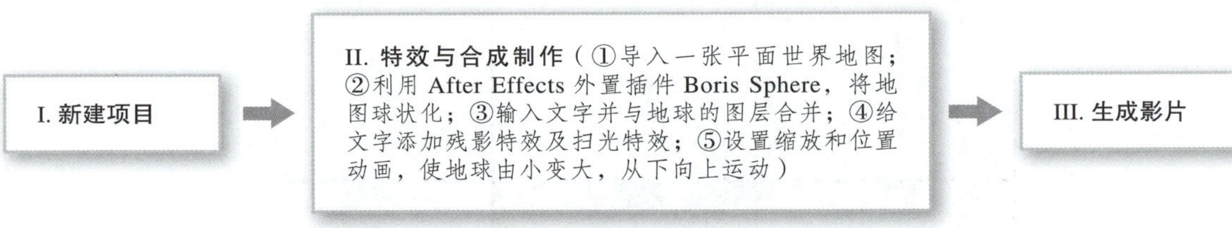

图 16-15 《国际新闻》栏目片头动画的制作流程图

16.3.4 编辑与合成

步骤 1 新建项目：创建项目，导入素材（位于"素材与工程文件\Chapter16\ASSORT16\PROJ16\source16\earth"文件夹）。新建合成并重命名为 earth，设置合成的尺寸"320×240"像素、持续时间为 5 秒。

步骤 2 设置参数：将素材"map.tif"拖放到时间轴中，并将新图层命名为 map。下面我们要对 map 图层添加外置特效。选中 map 图层，选择"**效果→BBC Perspective→Boris Sphere**"命令，打开效果控件面板，设置 Scale 为 130、Tumble 为 10°；激活 Spin 属性左侧的"**时间变化秒表**"按钮，设置动画。在开始处，增加一个关键帧，设置 Spin 为 0°；在结尾处，增加一个关键帧，设置 Spin 为 –230°，其他属性设置如图 16-16 所示。

步骤 3 添加文字：创建一个固态图层 textf，选择"**效果→过时→基本文字**"命令，添加文字，打开"基本文本"对话框，单击"确认"按钮，关闭对话框。在效果控件面板中，设置填充颜色为橘红色、大小为 20，其他属性设置如图 16-17 所示。合成面板中的效果如图 16-18 所示。

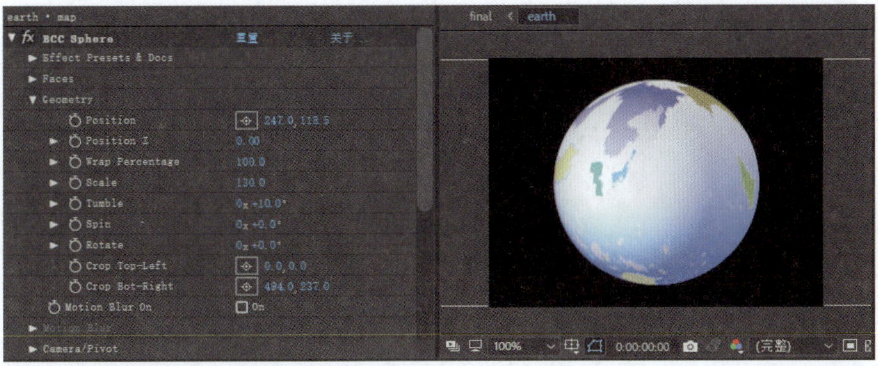

图 16-16 设置“Boris Sphere”效果

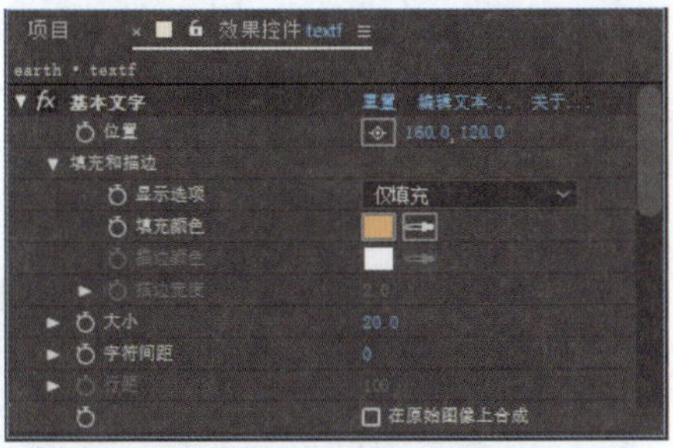

图 16-17 设置“基本文字”效果

图 16-18 文字效果

步骤 4 文字环绕地球：选择“**效果→透视→ CC Cylinder**”命令，在效果控件面板中，设置 Radius 为 220、Rotation X 为 5° 、Render 为 Outside ；激活“Rotation Y”属性左侧的“**时间变化秒表**”按钮，设置动画，让文字绕着地球旋转起来。在开始处，增加一个关键帧，设置 Rotation Y 为 0° ；在结尾处，增加一个关键帧，设置 Rotation Y 为 200° ，其他属性设置如图 16-19 所示。

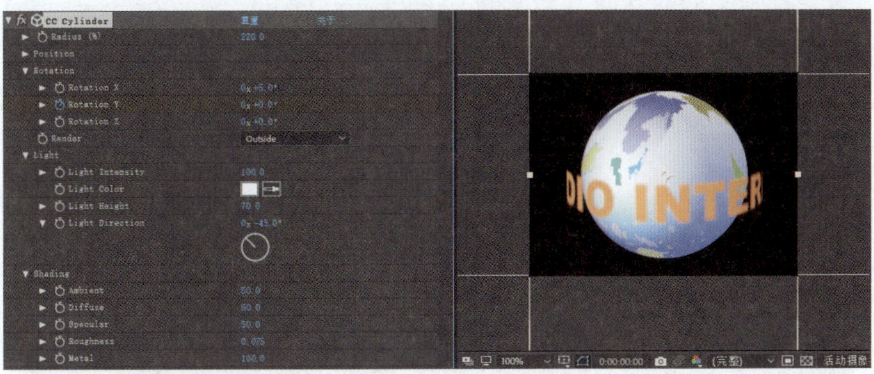

图 16-19 设置“CC Cylinder”效果和文字效果

步骤 5 转到地球后面的文字：现在我们只看到了在地球前面的文字，下面我们再制作转到地球后面的文字。选择 textf 图层，按“Ctrl+D”快捷键复制后的 textf 图层，将复制后的图层命名为 textb。排列图层，将 textb 图层放置到最下层。

步骤 6 修改：在时间轴中，展开 textb 图层的效果，看到“CC Cylinder”效果，双击“CC Cylinder”，打开效果控件面板，设置 Render 为 Inside，其他属性设置如图 16-20 所示。

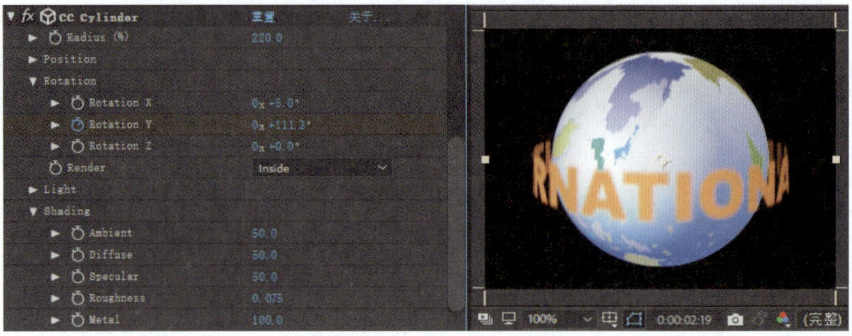

图 16-20　textb 图层“CC Cylinder”特效设置

步骤 7　文字效果。新建合成并命名为“motion.text”，设置合成的尺寸为“320×240”像素、持续时间为 4 秒。创建一个固态图层 solid1，选择“**效果→过时→基本文字**”命令，在打开的“基本文字”对话框输入文字，单击“确认”按钮，关闭对话框。在效果控件面板中，设置填充颜色为红色、大小为 45。

步骤 8　设置动画：在时间轴中，激活“位置”属性左侧的“**时间变化秒表**”按钮，设置动画。在开始处，设置位置为“470，120”；在结尾处，设置位置为“160，120”。

步骤 9　添加内置特效残影：新建合成并命名为“CRI ray”，设置合成的尺寸“320×240”像素、持续时间为 3 秒 13 帧。将合成“motion text”作为图层拖放到时间轴中，选择“**效果→时间→残影**”命令，添加“残影”效果，属性设置如图 16-21 所示。

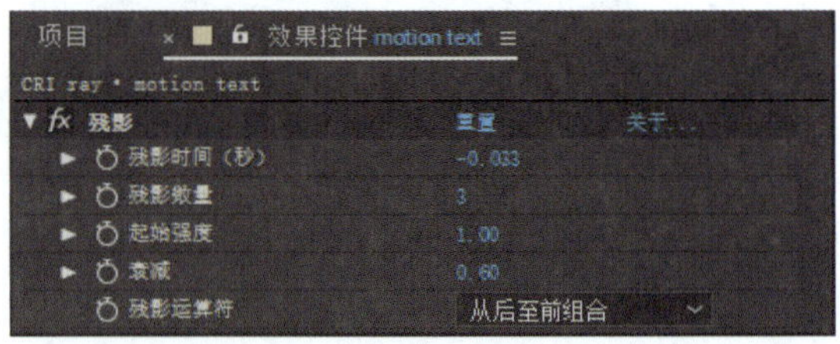

图 16-21　设置“残影”效果

步骤 10　图层排列：按“Ctrl+D”快捷键，复制“motion text”图层，命名新复制的图层为 ray。选中 ray 图层和“motion text”图层，选择“**动画→关键帧辅助→序列图层**”命令，将图层排列，如图 16-22 所示。

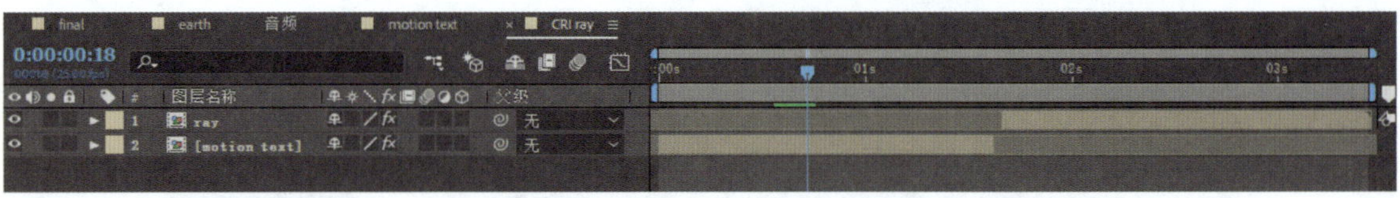

图 16-22　图层排列

步骤 11　文字扫光效果：选中 ray 图层，选择“**效果→生成→ CC Light Burst 2.5**”命令，在效果控件面板中，设置 Intensity（光的因数）为 200、Ray Length 为 170；激活 Center 属性左侧的“**时间变化秒表**”按钮，设置动画。在开始处设置 Center 为“–8，125”；在结尾处，设置 Center 为“325，125”，如图 16-23 所示。

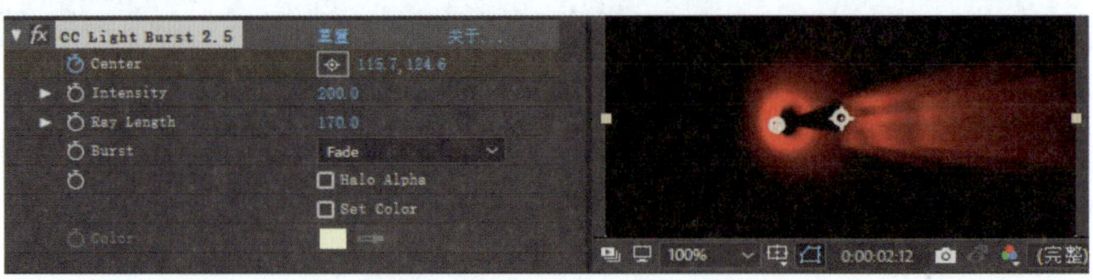

图 16-23　设置“CC Light Burst 2.5”效果

步骤 12 设置缩放和位置动画：新建合成并命名为 final，设置合成的尺寸为“320×240”像素、持续时间为 5 秒。将 earth 合成作为图层拖放到时间轴中，依次激活“缩放”“位置”属性左侧的“**时间变化秒表**”按钮，为图层的“缩放”和“位置”属性设置动画。设置“缩放”和“位置”动画，使地球从小变大，从下向上升起。时间轴中的关键帧如图 16-24 所示。

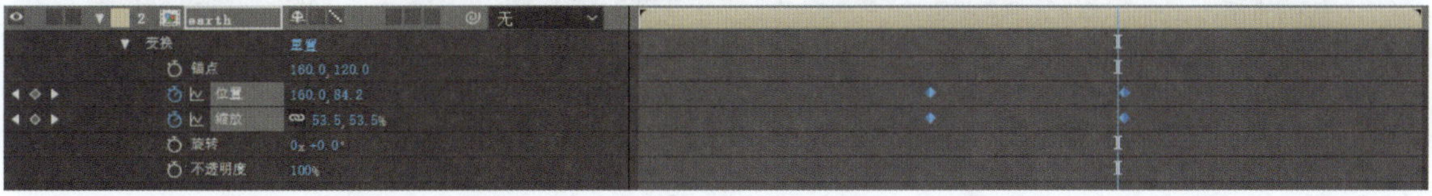

图 16-24 设置“缩放”和“位置”属性的关键帧

步骤 13 调整：将时间指示器定位在 18 帧处，将“CRI ray”合成拖放到时间轴中，并放置在 earth 图层之上，调整其位置和大小。

步骤 14 预览：单击“**播放**”按钮，预览动画，效果如图 16-25 所示。

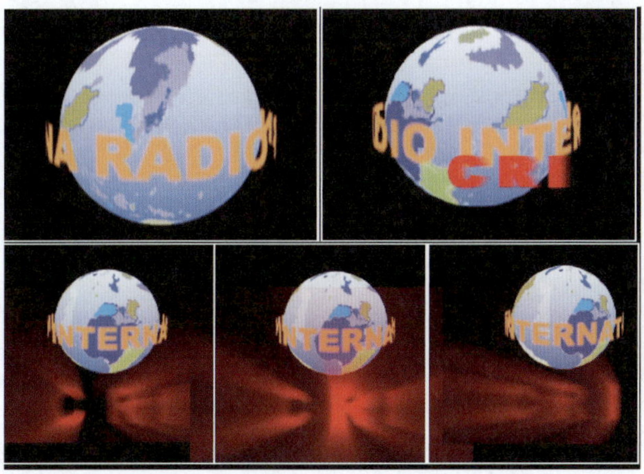

图 16-25 最终效果

步骤 15 输出影片：保存项目文件，输出影片文件。

16.4 范例制作——《动画网站》片头动画

16.4.1 影片简介

本片为北京电影学院动画学院网站的片头动画。在一段很多光线旋转的时空隧道里，打开动画片头所在的网页，就好像通过时空隧道进入了一个动画时空，然后开始显现动画学院的标志。

16.4.2 观看影片

播放影片文件（素材与工程文件 \Chapter16\ASSORT16\MOVIE\glowbg_final.avi）。通过观看影片，进一步了解制作《动画网站》片头动画的主要内容，学习结合 3D 图层的分形噪波特效和摄像机运动产生动态旋转的背景和前景中出现动态文字效果的方法，片段画面如图 16-26 所示。

图 16-26 《动画网站》片头动画的片段画面

16.4.3 制作流程（步骤）及技巧分析

打开北京电影学院动画学院的网站，好像进入了另一个时空。那里没有烦躁，没有焦虑，有的只是天真无邪的快乐和天马行空的自由。本例制作动画学院的网站宣传片头，整个流程可分为 3 个阶段，如图 16-27 所示。

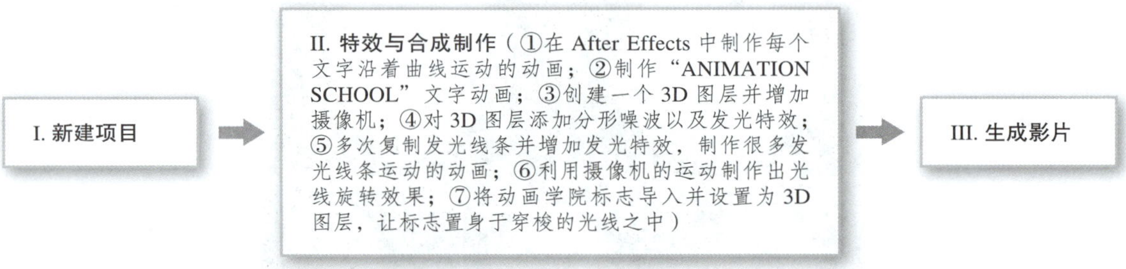

图 16-27 《动画网站》片头动画的制作流程图

16.4.4 编辑与合成

步骤 1 导入素材：创建一个项目，将本例所需素材导入（本例素材位于“素材与工程文件 \Chapter16\ASSORT16\PROJ\source16\glowbg”文件夹中）。其中的文字效果素材存储的是在 Photoshop 中分图层做好的文字，每个字母占据一个图层，如图 16-28 所示。

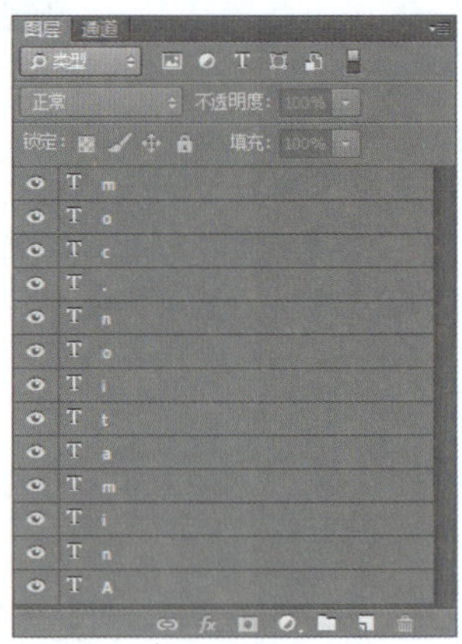

图 16-28 分层存放的字母

步骤 2 设置动画：创建合成 zi1，设置合成的尺寸为“300×105”像素、持续时间为 5 秒。将“Animation.com”文字中的 A 拖放到时间轴中，将新图层命名为 A。单击“**3D 图层**”按钮，将 A 图层转换为 3D 图层。展开 A 图层下的“变换”栏，激活“不透明度”属性左侧的“**时间变化秒表**”按钮，为“不透明度”属性设置动画。在开始帧，设置不透明度为 0；在第 6 帧，设置不透明度为 100%。接下来，激活“旋转”属性左侧的“**时间变化秒表**”按钮，为“旋转”属性设置动画。在开始帧，设置旋转为 180° ；在第 1 秒 10 帧，设置旋转为 0° 。激活“位置”属性左侧的“**时间变化秒表**”按钮，为“位置”属性设置动画。在开始处，设置位置为“193，15，0”；在第 2 秒，设置位置为“28，70，0”。这样就制作了字母 A 的动画——旋转着划过一条曲线落到画面的左下方。

步骤 3 复制图层：选中 A 图层，按“Ctrl+D”快捷键，复制 12 次。将复制的图层依次命名为 n、i、m、…、c、o、m。选中 n 图层，按住 Alt 键同时将字母 n 拖放到 n 图层上，将 n 图层上的字母 A 替换为 n。用同样的方法，将各个图层上的字母 A 替换掉，换成与图层名相同的字母。

步骤 4 修剪：将时间指示器定位到第 8 帧处，移动 n 图层到这里，按 End 键将时间指示器定位到图层结尾处，按“Alt+]”快捷键修剪图层的出点。

步骤 5 预览效果：单击“**播放**”按钮▶，预览动画。查看两个字母的运动和停止的位置是否合适。如果停止的位置不太合适，则需要对“位置”属性的最后一个关键帧的 X 值进行调整，让字母 n 排在 A 后面，如图 16-29 所示。

图 16-29 字母的停止位置

步骤 6 排列图层：用同样的方法对其他字母进行操作，注意图层的开始位置都比前一个图层错后 8 帧，图层排列如图 16-30 所示。

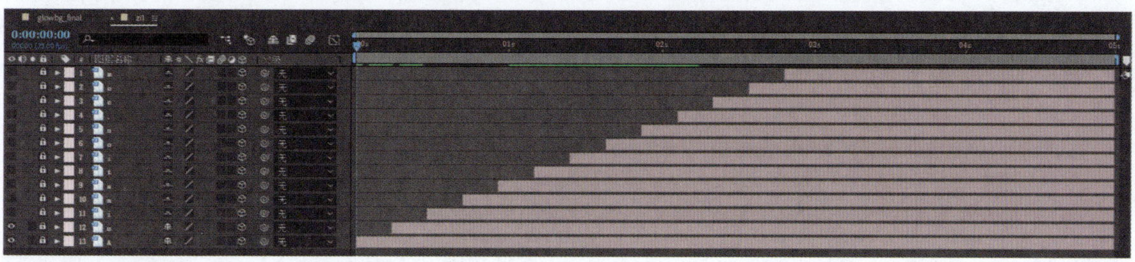

图 16-30 图层排列

步骤 7 合成效果：合成面板中字母的动画效果如图 16-31 所示。

步骤 8 制作另一排文字“ANIMATION SCHOOL”：新建合成并命名为 zi2，设置合成的尺寸为“420×70”像素、持续时间为 4 秒。将字母 A 拖放到合成面板中，并调整其位置，激活“缩放”和“不透明度”属性左侧的“**时间变化秒表**”按钮，设置“缩放”和“不透明度”动画。在开始处，增加一个关键帧，设置缩放为 200%、不透明度为 40%；在第 20 帧处，增加一个关键帧，设置缩放为 100%、不透明度为 100%。制作字母 A 由大到小、从半透明到完全不透明的效果。

步骤 9 关键帧设置：将时间指示器停留在与 A 图层的开始点相距 5 帧的地方，将字母 N 拖放到合成面板中，并调整位置，使之排在字母 A 的后面，同时设置“缩放”和“不透明度”动画，激活“缩放”和“不透明度”属性左侧的“**时间变化秒表**”按钮，在开始处，增加一个关键帧，设置缩放为 200%、不透明度为 40%；在第 25 帧处，增加一个关键帧，设置缩放为 100%、不透明度为 100%。制作字母 N 由大到小、从半透明到完全不透明的效果。

步骤 10 效果：对后面的字母进行同样的操作。注意：每一个图层的开始位置要比前一个图层错后 5 帧，排列和字母的动画效果如图 16-32 所示。

图 16-31　字母的动画效果

图 16-32　图层排列和文字的动画效果

步骤 11　合成：第 2 个文字效果完成后，我们把两个文字效果合成到一起，创建合成并命名为“zi_final”，设置合成的尺寸为“480×250”像素、持续时间为 6 秒。将合成 zi2 和 zi1 分别拖放到合成面板中。在时间轴的图层区域中，将 zi1 图层放置在 zi2 图层之上，并平移 zi1 图层，使 zi1 图层和 zi2 图层的结尾对齐，如图 16-33 所示。

步骤 12　效果：预览文字的合成效果，如图 16-34 所示。

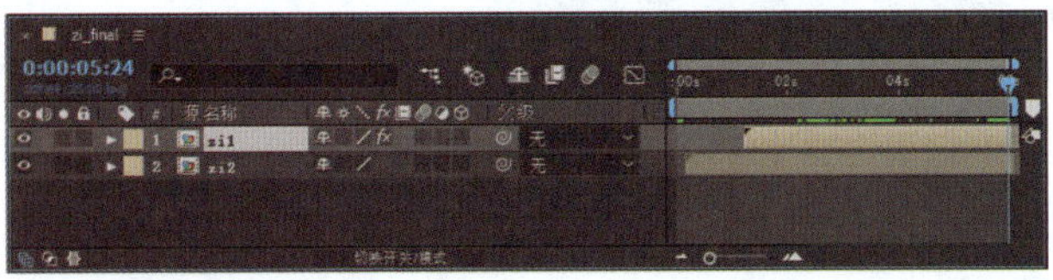

图 16-33　分布排列图层

图 16-34　文字合成效果

步骤 13　闪动背景：下面我们来制作动态旋转的闪动背景。创建合成并命名为“glowbg_final”，设置合成的尺寸为“320×240”像素、持续时间为 6 秒。

步骤 14　调整：创建一个固态图层“Solid 1”，设置尺寸为“800×800”像素，颜色任意。单击“**3D 图层**”按钮，将图层转为 3D 图层，调整图层的位置，设置 X 轴旋转为“0x+90°”，如图 16-35 所示。

步骤 15　添加摄像机：选择“**图层→新建→摄像机**”命令，添加摄像机，摄像机的属性设置如图 16-36 所示。

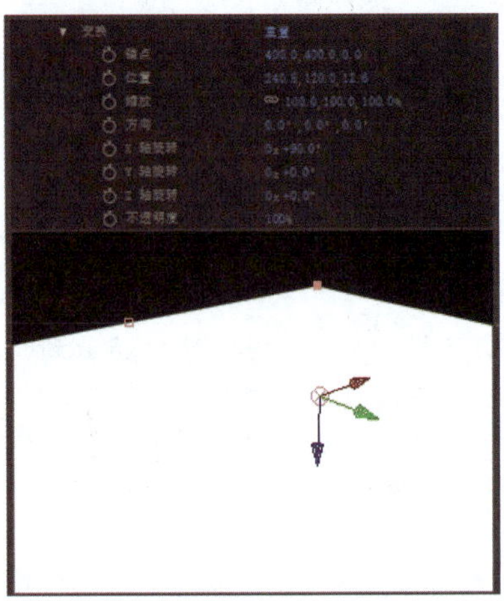

图 16-35　调整图层的位置和旋转角度

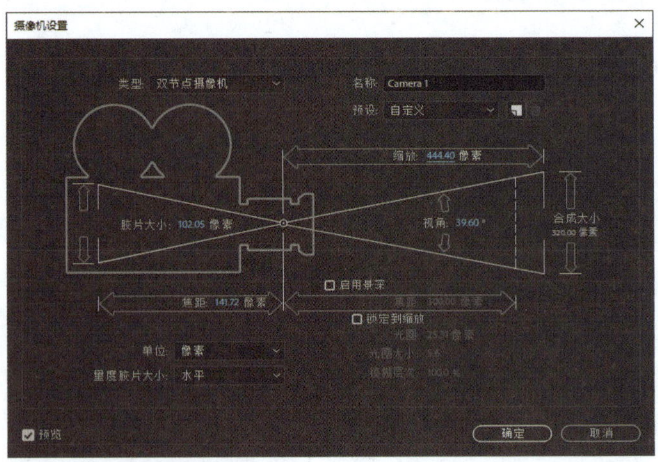

图 16-36　摄像机的属性设置

步骤 16 调整摄像机的方位：在 4 个视图视窗中，利用工具面板中的**旋转工具**、**本地轴坐标系工具**和**世界轴坐标系工具**调整摄像机的方位，如图 16-37 所示。

步骤 17 添加特效：选中“Solid 1”图层，选择“**效果→杂色和颗粒→分形杂色**”命令，添加“分形杂色”效果。在效果控件面板中，激活“演化”属性左侧的“**时间变化秒表**”按钮，设置动画。在“Solid 1”图层的开始处，设置演化为 0°；在 5 秒 10 帧处，设置演化为“1x+0°”，其他属性设置如图 16-38 所示。

步骤 18 预览：在合成面板中预览效果，如图 16-39 所示。

步骤 19 添加“发光”效果：选中“Solid 1”图层，选择“**效果→风格化→发光**”命令，添加“发光”效果。在效果控件面板中，进行属性设置，如图 16-40 所示。

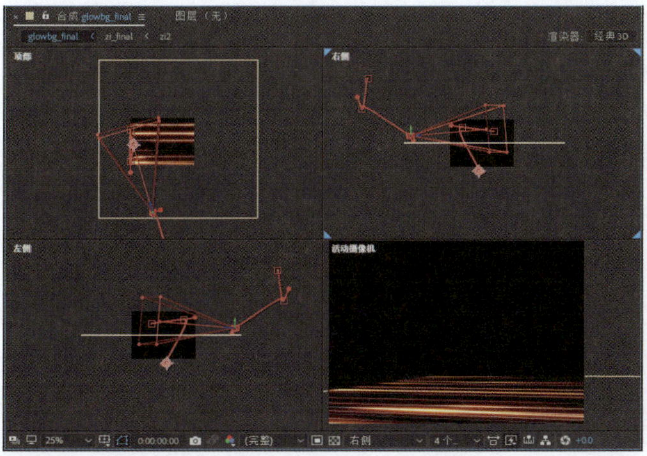

图 16-37 调整摄像机的方位

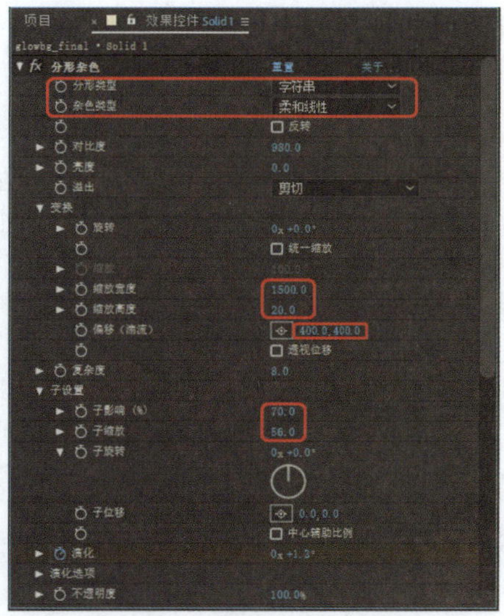

图 16-38 设置“分形杂色”效果

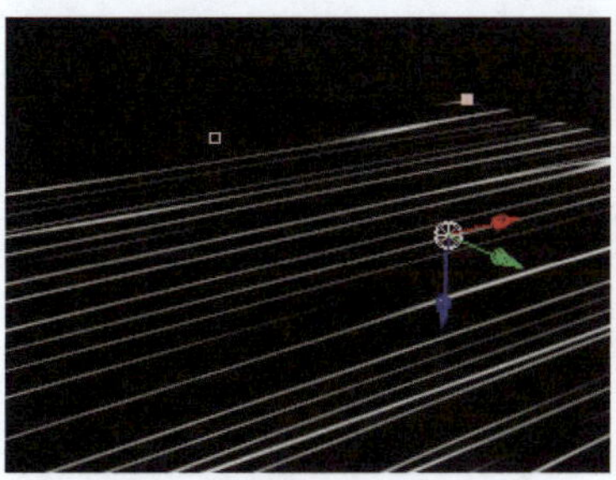

图 16-39 “分形杂色”效果预览

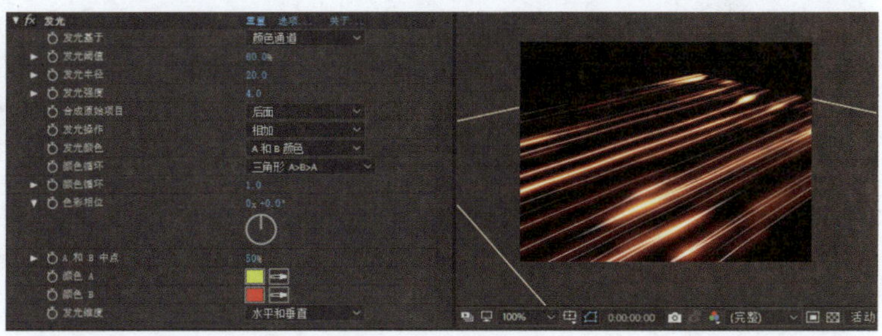

图 16-40 设置和预览“发光”效果

步骤 20 调整：按“Ctrl+D”快捷键，复制“Solid 1”图层，并将复制图层重命名为“Solid 2”，对“Solid 2”图层位置进行微调。选中“Solid 2”图层，在效果控件面板中，激活“演化”属性左侧的“**时间变化秒表**”按钮，设置动画。在开始处，设置演化为 20°；在 5 秒 10 帧处，设置演化为“1x+0°”，其他属性设置不变。修改“发光”效果中的色彩相位为 45°，其他属性保持不变，效果如图 16-41 所示。

步骤 21 新建图层：创建固态图层“Solid 3”，设置图层尺寸为“1000×240”像素，颜色任意，将图层转为 3D 图层，调整图层的位置，如图 16-42 所示。

图 16-41 “Solid 2”图层特效

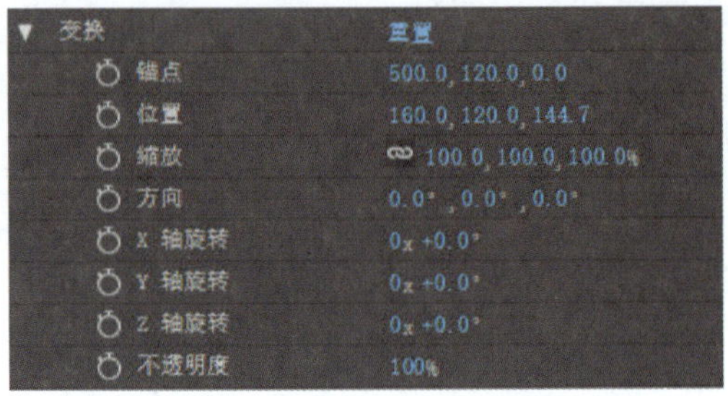

图 16-42 调整“Solid 3”图层位置

步骤 22 添加“分形杂色”和“发光”效果：同样对“Solid 3”图层添加“分形杂色”和“发光”效果，效果控件面板中两种效果的属性设置如图 16-43 所示。

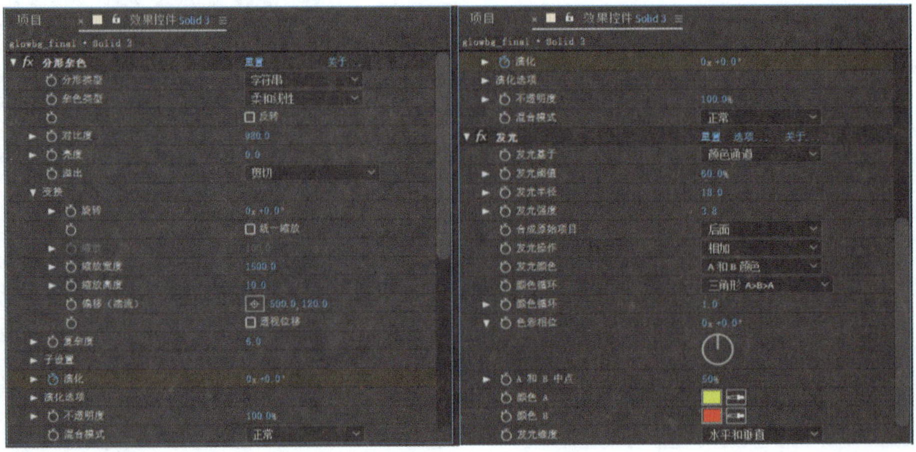

图 16-43 设置“分形杂色”和“发光”效果

步骤 23 预览：将 3 个固态图层的融合方式设置为“相加”，此时合成的效果如图 16-44 所示。

步骤 24 对摄像机设置动画。在时间轴中，展开 Camera 图层的“变换”栏，依次激活“目标点”和“位置”属性左侧的“**时间变化秒表**”按钮，为摄像机的目标点和位置设置动画。在 Camera 图层的开始处，设置目标点为“5.4，21.9，–164.3”、位置为“–273.8，–155.3，–461.2”；在 1 秒 10 帧处，设置目标点为“1.9，38.4，–100.2”、位置为“–20.7，–3.7，–484.1”；在 2 秒处，设置目标点为“0.5，60.7，58.8”、位置为“115，88，– 369.7”。

步骤 25 拖放素材：摄像机动画设置完成后，将学院的标志素材“logo_3D.tif”拖放到时间轴中的最下图层，将 Camera 图层转成 3D 图层，调整其位置，如图 16-45 所示。

图 16-44 三个固态图层合成效果

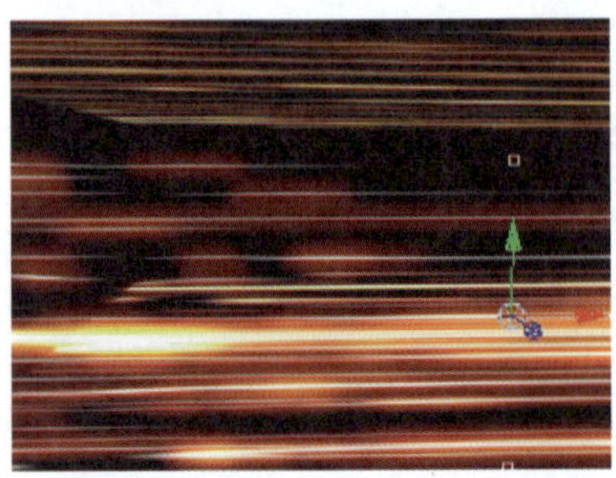

图 16-45 调整“logo_3D.tif”图层位置

步骤 26 排列图层：将合成“zi_final”作为图层拖放到时间轴中，并排列图层，如图 16-46 所示。

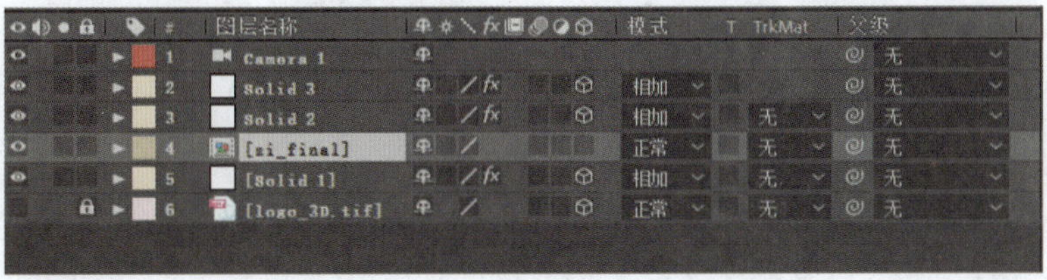

图 16-46 排列图层

步骤 27 预览：至此，宣传片头基本就完成了。单击“**播放**”按钮▶，预览动画，如图 16-47 所示。

图 16-47 最终的动画效果

步骤 28 输出影片：保存文件，输出视频文件。

16.5 范例制作——《脸部变形》特效

变形特效在影视动画及广告中应用非常广泛。有些小软件专门开发了变形特效功能。在 After Effects 中，也有变形特效功能。广告和影视节目中出现了许多有趣的变形特效，比如说一辆奔驰的汽车逐渐变成了一只奔跑的猎豹。

16.5.1 影片简介

本例将一个男人的头部变成一个女人的头部，实现“变脸”的神奇效果。

16.5.2 观看影片

播放影片文件“素材与工程文件 \Chapter16\ASSORT16\MOVIE\merph_final.avi”。通过观看影片，进一步了解制作《脸部变形》特效的主要内容，学习使用 After Effects 提供的“改变形状”效果来制作“改头换面”的神奇效果，片段画面如图 16-48 所示。

图 16-48 《脸部变形》特效的片段画面

16.5.3 制作流程（步骤）及技巧分析

After Effects 提供的“改变形状”效果需要在同一个图层上先创建至少两个封闭遮罩——源遮罩和目标遮罩。源遮罩定义物体初始的形状，目标遮罩定义物体将要变成的形状。“改变形状”效果经常用于制作两个物体间的“改变形状”效果。本例使用“改变形状”效果功能将一个男人的头部变成女人的头部。整个制作流程可分为 3 个阶段，如图 16-49 所示。

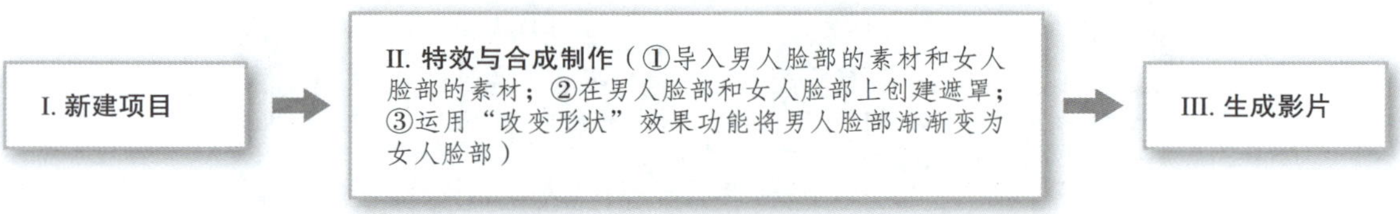

图 16-49 《脸部变形》特效的制作流程图

16.5.4 编辑与合成

步骤 1 新建项目：将本例中所需的素材（位于“素材与工程文件\Chapter16\ASSORT16\PROJ\source16\merph”文件夹）导入到项目面板中。选中素材文件“man.tif”，将其拖到项目面板下方的“**新建合成**”按钮 ，并创建一个合成 morph，设置持续时间为 4 秒，将时间指示器定位在 2 秒 14 帧处，按“Alt+]”快捷键，修剪 man 图层。

步骤 2 排列图层：将素材“woman.tif”拖到时间轴中，并命名为 woman。将 woman 图层与 man 图层重合 23 帧，如图 16-50 所示。

图 16-50 分布排列图层

步骤 3 图层命名：将时间指示器停在 woman 图层的开始处，选中 man 图层，按“Ctrl+Shift+D”快捷键，将 man 图层分割为两个图层，将分割出来的图层命名为“man_c”。

步骤 4 分割图层：将时间指示器停在“man_c”图层的结尾处。选中 woman 图层，按“Ctrl+Shift+D”快捷键，将 woman 图层分割为两图层，将对分割出来的图层命名为“woman_c”，如图 16-51 所示。

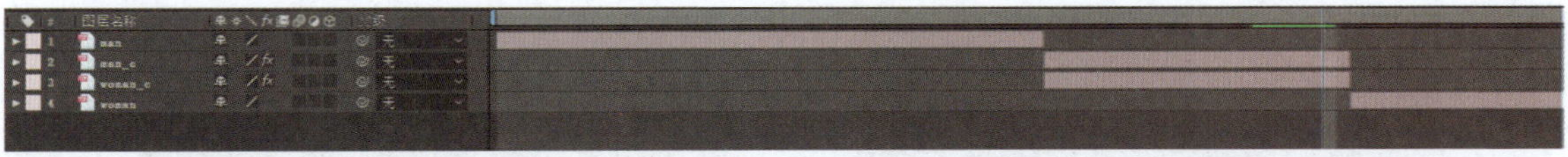

图 16-51　分割图层

步骤 5　轮廓勾勒：双击“man_c”图层，打开图层面板，选择工具面板中的**钢笔工具**，沿着男人头部的轮廓勾勒出一个 Mask1，如图 16-52 所示。

步骤 6　轮廓勾勒：用同样的方法把女人的头部轮廓勾勒出，如图 16-53 所示。

图 16-52　勾勒出男人的头部轮廓

图 16-53　勾勒出女人的头部轮廓

步骤 7　两个遮罩：我们使用“改变形状”效果进行变形，至少需要两个遮罩。一个是变形开始的遮罩，另一个是变形的目标遮罩。选中“woman_c”图层的遮罩 Mask1，按“Ctrl+C”快捷键，复制遮罩；然后选中“man_c”图层，展开它的图层属性，选择 Mask 属性，按“Ctrl+V”快捷键，将“woman_c”图层上的遮罩粘贴到“man_c”图层上，此时该图层有两个遮罩。

步骤 8　复制遮罩：用同样的方法，把“man_c”图层的遮罩复制粘贴到“woman_c”图层上，如图 16-54 所示。

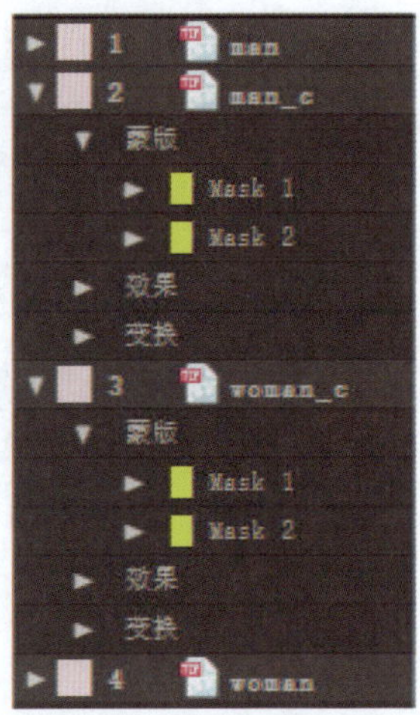

图 16-54　遮罩复制粘贴

步骤 9　添加“改变形状”效果：选中“man_c”图层，选择“**效果→扭曲→改变形状**”命令，给该图层添加“改变形状”效果。在效果控件面板中，设置动画。在“man_c”图层的开始处，设置百分比为 0%；在“man_c”图层的结尾处，设置百分比为 100%，其他属性设置如图 16-55 所示。

步骤 10　变脸：对“woman_c”图层做同样的操作，注意在“源蒙版”属性中指定男人的遮罩（即源遮罩）；在“目标蒙版”属性中指定女人的遮罩（即目标遮罩）。我们发现此时的变形效果并不是我们设置的那样——渐渐地从男人脸部变成女人脸部的，而是从男人脸部突然跳到女人脸部。为了解决这个问题，还需要对“man_c”图层添加一个“渐变擦除”效果进行渐变擦除。

步骤 11　添加“渐变擦除”效果：选中“man_c”图层，选择“**效果→过渡→渐变擦除**”命令，在效果控件面板中，激活“过渡完成”属性左侧的“**时间变化秒表**”按钮，设置动画。在“man_c”图层开始处，设置百分比为 0%；在结尾处，设置百分比为 100%，其他属性设置如图 16-56 所示。

步骤 12　观看效果：单击“**播放**”按钮，预览动画，发现这时变形过程已经很自然平滑了。

步骤 13　生成影片：保存项目文件，输出视频文件。

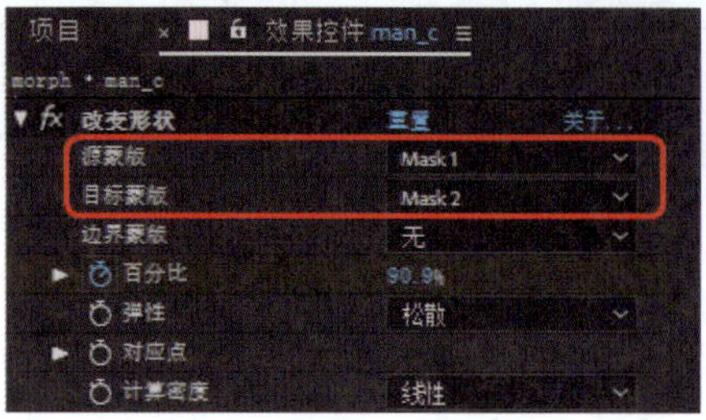

图 16-55 “man_c”图层的“改变形状”效果

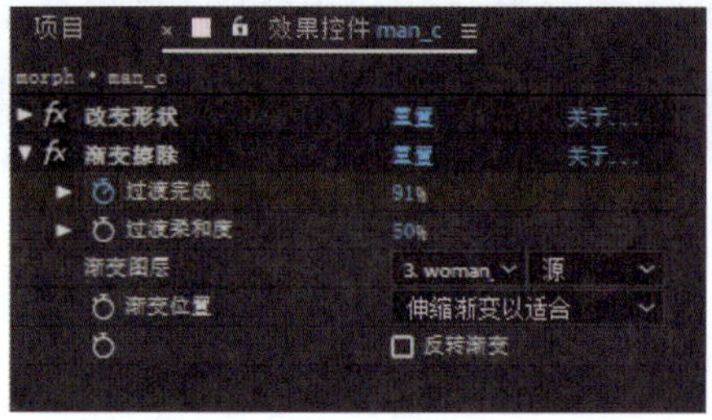

图 16-56 设置“渐变擦除”效果

16.6 范例制作——专题片《在旗子上飘动的文字》的片头

16.6.1 影片简介

本片是一部以世界和平为主题的专题片片头，在旗子上添加世界和平的英文标语动画。

16.6.2 观看影片

播放影片文件（素材与工程文件 \Chapter16\ASSORT16\MOVIE\UN_final.avi）。通过观看影片，进一步了解专题片头《在旗子上飘动的文字》范例制作的主要内容。利用 After Effects 中白灰渐变图的运动和置换图特效制作文字随着旗帜飘动的文字效果，片段画面如图 16-57 所示。

图 16-57 《在旗子上飘动的文字》的片段画面

16.6.3 制作流程（步骤）及技巧分析

在本例中，我们要做一个随着旗子一起飘动的文字效果。我们将巧妙地利用白灰渐变图的运动，加上置换图特效制作文字随着旗子的飘动一起起伏。置换图特效是利用置换图层图像的颜色值使源图层图像的像素发生水平或垂直方向的位移，从而使源图像发生变形。整个制作流程可分为 3 个阶段，如图 16-58 所示。

I. 新建项目 → II. 特效与合成制作（①导入素材；②运用置换贴图特效让文字随着旗帜飘动起来） → III. 生成影片

图 16-58 专题片头《在旗子上飘动的文字》的制作流程图

16.6.4 编辑与合成

步骤 1 新建项目：创建一个项目，导入本例所需的素材（位于“素材与工程文件\Chapter16\ASSORT16\PROJ\source16\UN”文件夹中）。创建一个合成“bw_motion”，设置合成的尺寸为“320×240”像素、持续时间为 4 秒。

步骤 2 拖放素材：将渐变素材“bw.tif”拖放到时间轴。这个素材是在 Photoshop 中做好的带着 Alpha 通道的 TIF 图像，如图 16-59 所示。

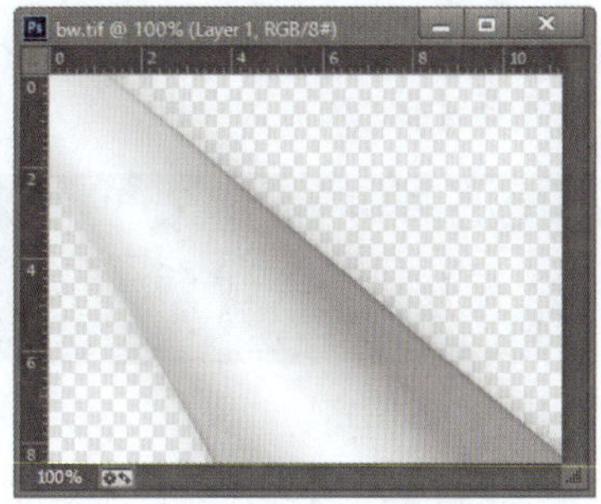

图 16-59 带 Alpha 通道的图像

下面我们要做出文字随着旗子飘动的效果。

步骤 3 设置动画：为了参考旗子的飘动起伏，我们将旗子素材“UN.avi”拖放到时间轴中，并放在 bw1 图层之下。展开 bw1 图层的“位置”属性，激活“位置”属性左侧的“**时间变化秒表**”按钮，设置动画。在设置位移变化时，要参考“UN.avi”图层旗子飘动凸起的位置的运动，使之跟随凸起的位置运动。

步骤 4 调整 bw2 图层：由于旗子是不停飘动的，所以我们要有多个渐变图跟随旗子飘动时的凸起位置运动。再次将素材文件“bw.tif”拖放到时间轴中，并命名为 bw2。调整 bw2 图层的入点时间，然后激活“位置”属性左侧的“**时间变化秒表**”按钮，设置动画。使 bw2 图层的运动跟随另一个飘动时的凸起位置运动。

步骤 5 设置动画：依次对 bw3 图层、bw4 图层、bw5 图层的“位置”属性设置动画，使其分别跟随不同的飘动时的凸起位置运动，如图 16-60 所示。

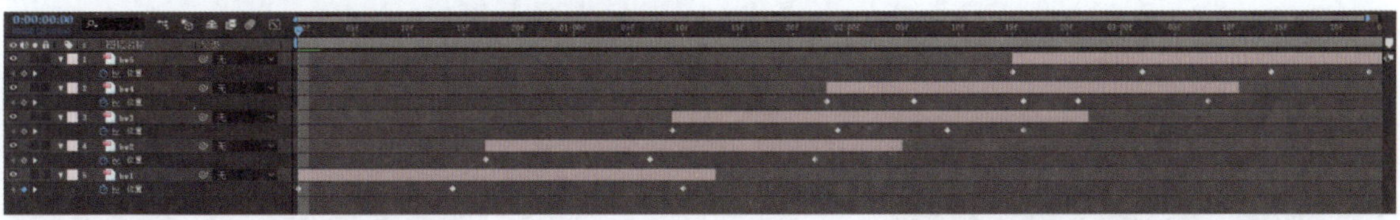

图 16-60 各图层的分布和位置关键帧设置

步骤 6 创建合成：新建合成“text_motion”，设置合成的尺寸为“320×240”像素、持续时间为 4 秒。

步骤 7 添加文字：创建一个固态图层并命名为“Solid 1”图层，颜色任意。选中“Solid 1”图层，选择“**效果→过时→基本文字**”命令，在打开的对话框中输入“Peace of World”，设置文本的属性，如图 16-61 所示。

步骤 8 设置文字的运动：激活“位置”属性左侧的“**时间变化秒表**”按钮，设置动画，如图 16-62 所示。

图 16-61 “基本文字”文本的属性设置

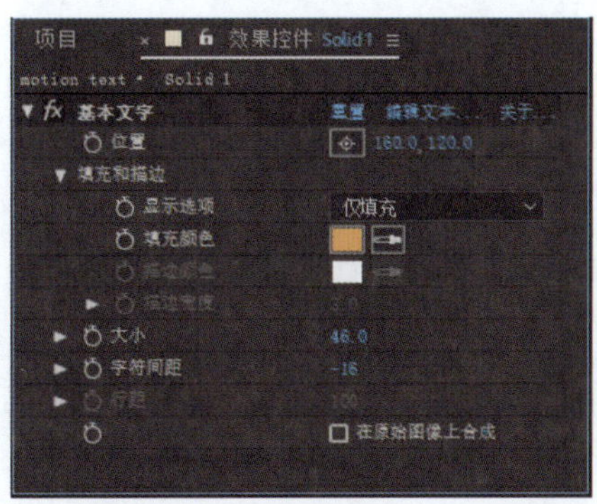

图 16-62 设置文字的运动

下面进行最后的合成。

步骤 9 新建合成：新建合成并命名为“UN_final”，设置合成的尺寸为“320×240”像素、持续时间为 4 秒。将飘动的旗子素材“UN.avi”拖放到时间轴中，将合成“bw_motion”和“text_motion”作为图层分别拖放到时间轴中，图层排列如图 16-63 所示。

图 16-63 图层排列

步骤 10 隐藏图层：单击“bw_motion”图层左侧的“**隐藏**”按钮，隐藏图层。该图层仅作为置换图层使用。

步骤 11 设置 3D 图层：将“text_motion”图层转为 3D 图层，调整文字的方位，展开图层属性。设置方向为“15°，0°，0°”，这样可以与旗子的视觉角度一致。

步骤 12 添加“置换图”效果：选中“text_motion”图层，选择“**效果→扭曲→置换图**”命令，添加“置换图”效果，属性设置如图 16-64 所示。

步骤 13 预览：单击“**播放**”按钮，预览最终效果，如图 16-65 所示。

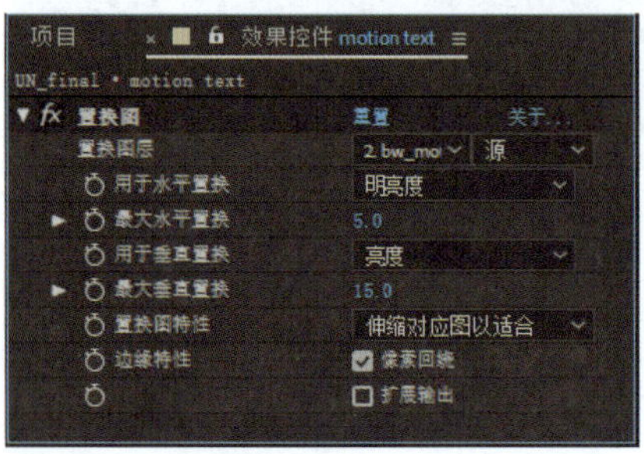

图 16-64 “置换图”效果设置

图 16-65 最后效果

步骤 14 输出影片：保存文件，输出影片。

16.7 范例制作——幽默小动画《演讲》特效

16.7.1 影片简介

本片是一个幽默的小动画。演讲者在滔滔不绝地进行内容冗长的演讲，背景上的钟表指针飞快地旋转着，表示时间飞快地流逝，可是演讲者仍在继续他的演讲。

16.7.2　观看影片

播放影片文件（素材与工程文件 \Chapter16\ASSORT16\MOVIE\SPEECH_final.avi）。通过观看影片，进一步了解制作幽默小动画《演讲》特效的主要内容，掌握使用运用外置插件和表达式制作小动画的方法和技巧，片段画面如图 16-66 所示。

图 16-66　幽默小动画《演讲》特效的片段画面

16.7.3　制作流程（步骤）及技巧分析

本例我们要运用外置插件和表达式制作一个具有幽默感的小动画。我们将利用关键帧的设置、表达式的应用以及运用外置插件 Sound Keys 特效设置动画。整个制作流程可分为 3 个阶段，如图 16-67 所示。

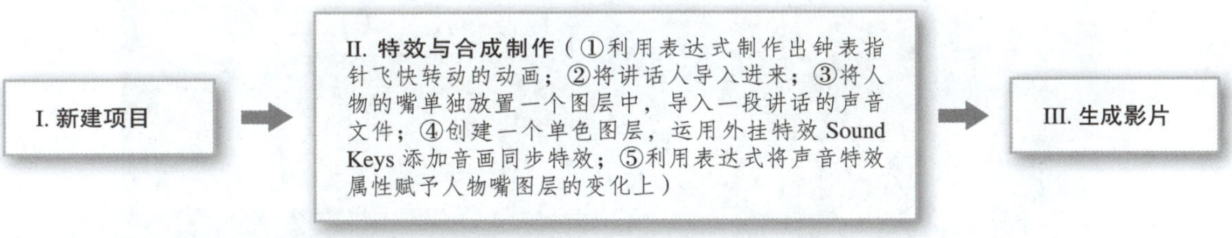

图 16-67　幽默小动画《演讲》特效的制作流程图

16.7.4　编辑与合成

本例将用到一个外置特效 Sound Keys，该特效主要是用音乐的节奏来控制画面元素的属性，如位置、缩放、不透明度等属性变化。

步骤 1　新建项目：创建一个项目，然后新建合成并命名为 speech，设置合成的尺寸为“400×300”像素、持续时间为 6 秒。

步骤 2　导入素材文件：选择“**导入→多个文件...**”命令，导入多个素材（位于“素材与工程文件 \Chapter16\ASSORT16\PROJ\source16\speech”文件夹）。在对话框中找到要导入的文件“Speech.psd”，单击“打开”按钮，在“选择图层”的下拉列表中选择“背景”选项，单击“确定”按钮，再选择文件“Speech.psd”，单击“打开”按钮，在“选择图层”的下拉列表中选择“图层 1”，单击“确定”按钮，照此方法把素材“clock.psd”分图层导入。

步骤 3　拖放素材：在项目面板中，将素材“Speech.psd”和“clock.psd”一起选中，拖放到合成面板的中心位置释放。

步骤 4 调整：排列图层顺序，调整各图层的位置及大小，如图 16-68 所示。

步骤 5 移动轴心点：先调整指针的轴心点位置，选中 h 图层，利用**向后平移（锚点）工具**将 h 图层的轴心点移到钟表的中心处，如图 16-69 所示。利用同样的方法，将 s 图层的轴心点也移到钟表的中心处。

图 16-68 调整各图层的位置及大小

图 16-69 轴心点移到钟表的中心处

步骤 6 设置动画：展开 h 图层的“变换”栏，激活“旋转”左侧的“**时间变化秒表**”按钮，设置动画。在 0 秒处，设置一个关键帧；在 5 秒 24 帧处，设置旋转为“1x+0° ”。

步骤 7 利用表达式设置动画：展开 s 图层的“变换”栏，选中“旋转”属性，然后选择“**动画→添加表达式**”命令，将“**属性关联器**”按钮拖动到 h 图层对应的“旋转”属性上释放，如图 16-70 所示。

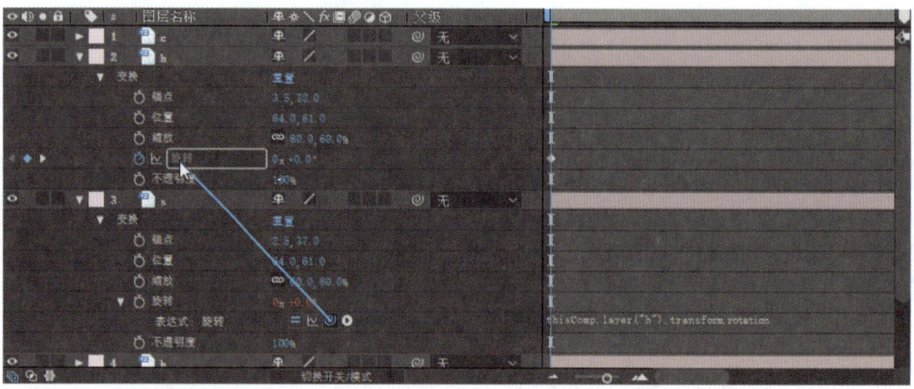

图 16-70 表达式属性关联

步骤 8 修改：时针转 1 圈，分针需要转 12 圈。因此，在 s 图层右侧对应的函数表达式上单击，在末尾处添加“*12”，如图 16-71 所示。选择“**文件→保存**”命令，将项目文件保存为“Speech.aep”。

图 16-71 修改表达式

剩下的部分我们将利用外置的“Sound Keys”特效来为演讲者的嘴部设置动画。

步骤 9　导入声音素材：选择“**文件→导入→文件**”命令，导入声音素材“audio.wav”。

步骤 10　调整：从项目面板选中声音素材“audio.wav”，将其拖入合成面板中。如果有必要，调整声音的音量。在时间轴中选中“audio.wav”图层，让该图层左侧的声音图标处于显示状态，保证声音一直处于监听状态。

步骤 11　修剪声音：展开“audio.wav”图层的属性，依次展开“**音频→波形**”栏，显示声音的波形图。根据波形图将时间指示器移动到约 2 秒的位置，按“Alt+[”快捷键设置声音的新入点，然后用鼠标拖动新的入点到时间轴的 0 秒处；在 5 秒 24 帧处，按“Alt+]”快捷键设置声音的新出点。

步骤 12　添加“音画同步”效果：创建一个固态图层并命名为“Black Solid1”，颜色任意。选择“**效果→ RG Trapcode → Sound Keys**”命令，添加“音画同步”效果。在效果控件面板中，设置参数如图 16-72 所示。

步骤 13　声音控制：属性设置完成后，单击“应用”按钮，输出关键帧。我们只需要进行声音控制，不需要看到频谱图，因此需要将“Black Solid1”图层最左侧的图标取消。

步骤 14　图像被声音控制的动画：展开 mouth 图层的属性，选中“变换”栏中的“缩放”属性，选择“**动画→添加表达式**”命令添加表达式，将“**属性关联器**”按钮拖到“Black Solid1”图层的“Sound Keys”效果中的 Output1 属性上释放，则将音频输出关键帧应用到 mouth 图层的“缩放”属性，如图 16-73 所示。

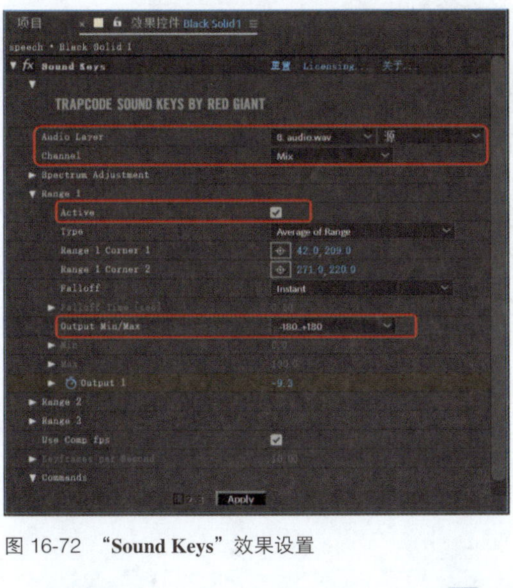

图 16-72　“Sound Keys”效果设置

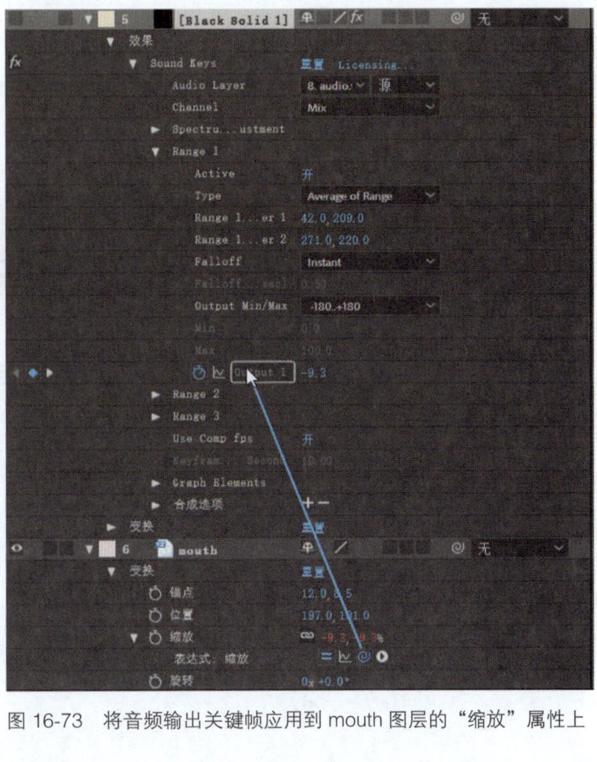

图 16-73　将音频输出关键帧应用到 mouth 图层的“缩放”属性上

步骤 15　预览：单击“**播放**”按钮，预览动画。注意：在进行预览时，要确保预览面板中的图标处于激活状态（呈蓝色）。

步骤 16　生成影片：选择“**合成→添加到渲染序列**”命令，打开“渲染队列”面板。单击“输出到”选项，打开“输出到”对话框，设置存储路径和文件名，单击“保存”按钮；单击“输出模块”的“无损”选项，打开“输出模块设置”对话框，设置“格式”为“QuickTime”，单击“确定”按钮。单击“渲染”按钮，进行生成计算。等待几秒，即可生成影片。

16.8 范例制作——《保留颜色》特效

拥挤的城市、浮躁的人群……在这样的画面中，不会有哪个人会令我们记忆深刻。怎样才能令其中的一个人令我们过目不忘呢？在很多电视广告和电影中，我们看到整个影片的表现手法是黑白的。为了强烈地突出主题将其中一个要突出的物体或局部保留颜色（即保留彩色），以形成强大的反差效果。

16.8.1 影片简介

一条人潮涌动的街道，一个穿绿色上衣的人走入画面，那鲜明的绿色服装与黑白色烘托出来的寂静形成了巨大的反差。

16.8.2 观看影片

播放影片文件（素材与工程文件 \Chapter16\ASSORT16\MOVIE\leavecolor_final.avi）。通过观看影片，进一步了解制作《保留颜色》特效的主要内容，学习运用“保留颜色”特效来制作画面反差强烈的艺术效果，片段画面如图 16-74 所示。

图 16-74 《保留颜色》特效的片段画面

16.8.3 制作流程（步骤）及技巧分析

利用 After Effects 提供的“保留颜色”效果功能来制作反差强烈的场景，整个制作流程可分为 3 个阶段，如图 16-75 所示。

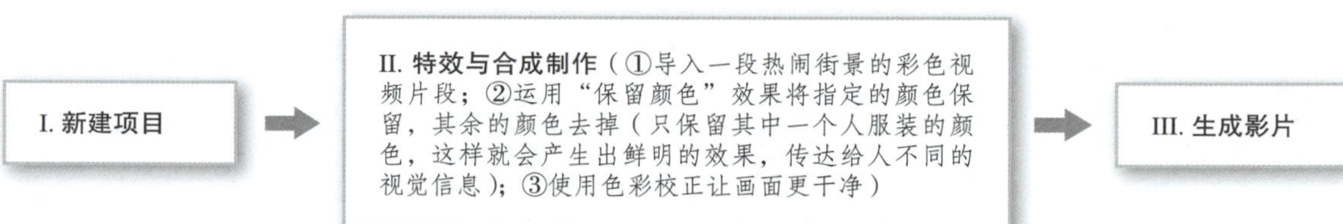

图 16-75 《保留颜色》特效的制作流程图

16.8.4 编辑与合成

这是一个熙熙攘攘的街景视频。我们将保留中间一个人的绿色衣服的颜色，将其余部分的颜色变为黑白。在一个黑白的背景上，跳跃出一个充满生机的绿色。

步骤 1 导入素材：在项目中导入一段素材文件“city.avi”（位于“素材与工程文件\Chapter16\ASSORT16\PROJ\source16\leavecolor”文件夹中）。从项目面板中，将素材“city.avi”拖到“**新建合成**”按钮上，新建一个合成。

步骤 2 色彩转换：选择“**效果→颜色校正→保留颜色**”命令，为“city.avi”图层添加“保留颜色”效果。“保留颜色”效果使图像中的指定颜色保持不变，而把图像中的其他颜色转换为灰色。在效果控件面板中，选择“**匹配颜色→使用色相**”选项。使用**吸管工具**在合成面板的绿色衣服上单击，选择要保留的颜色。设置脱色量为 100，然后调整容差和边缘柔和度，在合成面板中观察效果直至满意，如图 16-76 所示。

步骤 3 提高纯度：此时，影片中还有一些偏绿的颜色，我们需要将保留下来的绿色的纯度提高。选中“city.avi”图层，单击鼠标右键，在弹出的快捷菜单中选择“**效果→颜色校正→色相 / 饱和度**”命令。在“通道范围”下拉列表中选择“绿色”选项，对绿色通道进行操作。“通道范围”控制颜色通道的范围，我们可以看到，两个色条表示其在色轮上的顺序，上面的色条表示调整前的颜色，下面的色条表示在满饱和度下进行的调整对整个色调的影响。当我们对单独的通道进行调整时，下面的色条会显示控制滑杆。拖动白色矩形图标，调整颜色范围；拖动白色三角形图标，调整羽化值；拖动白色竖条，则使竖条内的颜色与画面中保留的绿色相同。调整羽化白色三角，为调整的颜色设置羽化的影响范围，设置绿色饱和度为 100，设置绿色亮度为 –31，如图 16-77 所示。

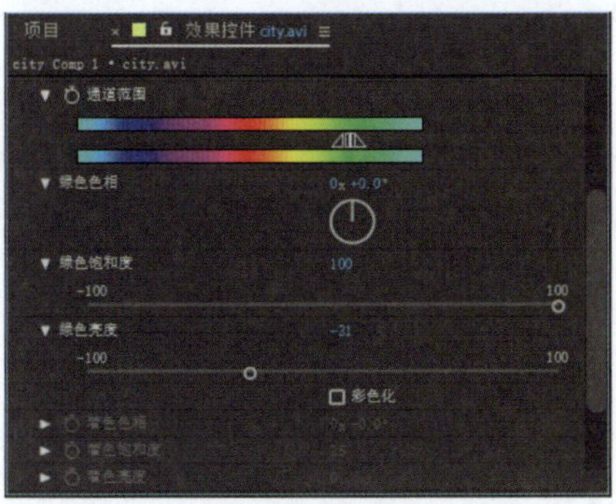

图 16-76 **“保留颜色”**效果设置及预览

图 16-77 **“色相 / 饱和度”**效果设置

步骤 4 提高亮度：选中“city.avi”图层，单击鼠标右键，在弹出的快捷菜单中选择“**效果→颜色校正→亮度和对比度**”命令，在打开的效果控件面板中，设置亮度为 15。

步骤 5 输出影片：保存文件，输出影片。

本章小结

本章通过结合 7 个范例的制作，详细地讲解了 After Effects 的内置和外置特效的综合应用。After Effects 拥有大量的特效可供使用，这里限于篇幅不能逐一讲解。我们在实践过程中，一定要多去尝试，多了解它们的功能和使用方法。通过本章的学习，我们要掌握应用特效产生各种效果的思路。在大部分情况下，单独使用一种特效很难带来满意的效果，而组合使用不同的特效往往会产生出人意料的效果。

本章作业

一、选择题

1. 在滤镜特效面板将滤镜功能分类，添加噪波的滤镜放在哪类特效中？（　　）

A. 风格化　　B. 杂色　　C. 渲染　　D. 扭曲

2. 使用哪种特效命令可以使画面产生镜头晕光效果？（　　）

A. 勾画　　B. 发光　　C. 极坐标　　D. 镜头光晕

3. 两个图像之间的变形特效是下面哪个？（　　）

A. 改变形状　　B. 波形　　C. 波纹　　D. 置换图

4. 用音乐的节奏控制画面元素的特效是哪个？（　　）

A. 低音和高音　　B. 立体声　　C.Sound Keys　　D. 音调

二、练习与实训

实训 16-1　跟做专题宣传片——《飘扬的北京冬奥会旗帜》

实训 16-2　制作变形特效

实训 16-3　制作特效字幕

实训 16-4　制作复杂动画

实训 16-5　制作电视栏目片头

详细内容请参见配套的电子版实训册《影视动画数字后期编辑与合成实训》中的第 16 章。